AF860235

La justice constitutionnelle au Bénin

Logiques politique et sociale

Collection « Études africaines »

dirigée par Denis Pryen et son équipe

Forte de plus de mille titres publiés à ce jour, la collection « Études africaines » fait peau neuve. Elle présentera toujours les essais généraux qui ont fait son succès, mais se déclinera désormais également par séries thématiques : droit, économie, politique, sociologie, etc.

Dernières parutions

LENDJA NGNEMZUE Ange Bergson, *Les Babitchoua. Parenté, chefferie et résistance aux Allemands dans le sud-est bamiléké*, 2016.

BELEBENIE Pierre, *Les transformations de la fiscalité locale au Cameroun*, 2016.

MAKENGO NKUTU Alphonse, *La théorie générale du droit constitutionnel et les institutions politiques, sous la Première, Deuxième et Troisième République de la République démocratique du Congo*, 2016.

EBALÉ Raymond, *Les Accords de Partenariat Economique entre l'Union Européenne et les pays ACP (Afrique, Caraïbes, Pacifique)*, 2016.

MINKALA NTADI Pierre, *La tutelle politique dans la production de l'information de presse en Afrique francophone, Le cas du Congo-Brazzaville*, 2016.

ASSOUMAN Kouadio Amos, *Le rôle des préfets et sous-préfets de Côte d'Ivoire, Gestion et prévention efficaces des conflits communautaires dans un contexte de sortie de crise*, 2016.

BARRY Mamadou, YAYA Hachimi Sanni, DOUMBOUYA Mohamed Lamine, *Les trop dits et les non-dits de l'aide au développement en Afrique. Nouvelles perspectives sur la dispersion et l'absence de coordination des bailleurs*, 2016.

MABANZA N'SEMY Aubin, *Les marques en Afrique francophone. Approches comparatives et critique de la protection à l'OAPI et en R.D Congo*, 2016.

PORTEILLA Raphaël, HAYEM Judith, SÉVERIN Marianne et DIKA Pierre-Paul (dir.), *Afrique du Sud. 20 ans de démocratie contrastée*, 2016.

BAGAYOKO Sidy Lamine, *Écoles Communautaires au Mali, Fonctionnement, gestion et conflits*, 2016.

URSA Liana Maria, *Libéria. La difficile construction nationale*, 2016.

LONGOMO MENGELI Marius, *Les problèmes de l'Administration publique en RDC*, 2016.

MUSINDE SANGWA Sylvain, *Parenté et patrimoine foncier chez les Bena Mambwe de la République démocratique du Congo, La réappropriation de la dépouille de l'épouse par son lignage*, 2016.

Eric M. NGANGO YOUMBI

La justice constitutionnelle au Bénin

Logiques politique et sociale

Préface de Frédéric Joël AÏVO

L'Harmattan

Cet ouvrage a été honoré d'une subvention de l'Agence Universitaire de la Francophonie (AUF), bureau de Montréal (Québec) et de l'Université de Maroua (UMA) Cameroun.

© L'HARMATTAN, 2016
5-7, rue de l'École-Polytechnique, 75005 Paris

www.harmattan.fr
diffusion.harmattan@wanadoo.fr

ISBN : 978-2-343-09348-2
EAN : 9782343093482

Du même auteur :

- Les prérogatives de puissance publique au Cameroun – *La part respective du droit et des perceptions psycho-sociales,* collection « Etudes africaines », l'Harmattan, Paris 2014.

- La Légalité administrative au Cameroun *–de l'objectivation à la subjectivation* (préface de Michel DURUPTY, postface de Jean du BOIS de GAUDUSSON), éditions le Kilimandjaro (DLK), Yaoundé 2015 (étude honorée d'une subvention de l'Agence Universitaire de la Francophonie).

EPIGRAPHES

Extrait n ° 1 : la supraconstitutionnalité

« Considérant (...) que le titre XI de la Constitution organise et encadre la révision de la Constitution du 11 décembre 1990 ; qu'une jurisprudence constante de la Cour précise les limites et modalités de cette révision, qu'elle soit opérée par voie parlementaire ou par référendum ; que la révision opérée dans les formes prescrites, à l'exception des clauses expressément exclues de toute révision et qualifiées 'de clauses intangibles', garantit la stabilité de la Constitution en l'adaptant aux nouvelles aspirations légitimes du peuple souverain ; que la révision de la Constitution résultant de la mise en œuvre du pouvoir constituant dérivé ne peut détruire l'ordre constitutionnel existant et lui substituer un nouvel ordre constitutionnel ; qu'elle n'a donc pas vocation à créer une nouvelle république comme le prétend Monsieur Latifou Daboutou ; que l'avènement d'une nouvelle république ne peut procéder que du pouvoir constituant originaire distinct du pouvoir constituant dérivé prévu et organisé directement par la Constitution elle-même ; que, dès lors, il échet pour la Cour de dire et juger qu'en invitant par une lettre ouverte largement diffusée le président de la République, au terme de son deuxième et dernier mandat, à réviser la Constitution pour prétendre à un nouveau mandat, Monsieur Latifou Daboutou a violé la Constitution ».

Extrait de la Décision de la Cour constitutionnelle du Bénin – DCC 14-199 du 20 novembre 2014, *Emmanuel HOUENOU et Paulin AHOUANDOGBO.*

Extrait n ° 2 : la deprésidentialisation du régime politique

« Le Président de la République pour être Chef de l'Etat et Chef du Gouvernement n'en est pas moins un citoyen de la République titulaire des droits, libertés et devoirs incombant à tout citoyen, sous la seule réserve des obligations spécifiques et fonctionnelles de sa charge ; qu'ainsi les propos par lui tenus (...) en réponse aux déclarations faites (...) par le Front Citoyen pour la sauvegarde des acquis démocratiques : 'je leur opposerai les miens du Bénin profond et ils vont s'affronter (...) je peux leur faire mal ces petits-là qui m'insultent tous les matins' (...) que l'effet produit sur lui par les menaces des citoyens quelle qu'en soit leur ampleur, ne saurait le dispenser de ses obligations de Chef de l'Etat ; que la paix, principe consubstantiel à la démocratie et à l'Etat de droit, s'impose aussi bien aux gouvernés qu'aux gouvernants et particulièrement au Chef de l'Etat, Président de tous les Béninois ; qu'en conséquence, le Président de la République (...) par ses propos (...) a méconnu l'article 36 de la Constitution ».

Extrait de la Décision de la Cour constitutionnelle du Bénin –DCC 13-071 du 11 juillet 2013, *Serge PRINCE AGBODJAN.*

REMERCIEMENTS

Qu'il nous soit permis d'exprimer nos vifs remerciements à un certain nombre d'acteurs, dont l'intervention a été déterminante pour mener à bien cette étude :

Aux organisateurs des « Conférences d'Agrégation » de l'Université de Paris II Panthéon-Assas, où a mûri la présente réflexion ;

Au Président de la Cour constitutionnelle du Bénin, le professeur Théodore HOLO, qui a bien voulu, en dépit de ses lourdes fonctions, nous accorder une audience officielle, au siège de la Cour à Cotonou, le 17 avril 2015 ;

Au Directeur du Centre de documentation de la Cour, Monsieur Coffi AMOUSSOU, pour avoir gracieusement mis à notre disposition, la jurisprudence de la HCR[1] (1991 à juin 1993) ; de la Cour constitutionnelle (1993-2016) et les textes de base sur la Cour ;

Au Doyen de la Faculté de droit de l'Université d'Abomey –Calavi (Cotonou), le professeur Fréderic Joël AÏVO, par ailleurs Président de l'Association Béninoise de Droit constitutionnel et Directeur du Centre de Recherche de Droit constitutionnel, qui a accepté tout naturellement de signer la Préface de l'ouvrage ;

Au Doyen de la Faculté des Sciences Juridiques et Politiques de l'Université de Maroua (Cameroun), le professeur Yawaga SPENER et aux professeurs émérites Michel DURUPTY, Paul-Gérard POUGOUE et Etienne LEKENE DONFACK, pour la constance du soutien ;

A l'Agence Universitaire de la Francophonie et à l'Université de Maroua, pour l'appui à notre recherche ;

A mon épouse, le Docteur Sandrine NDEFFO, qui a supporté avec patience mes escapades diurnes et nocturnes pour les besoins de cette œuvre.

---

[1] Haut Conseil de la République.

PREFACE

La justice constitutionnelle est depuis deux décennies la nouvelle attraction des chercheurs africains. Elle attire les constitutionnalistes et domine toutes les études en droit, public comme privé d'ailleurs, comme la lumière attire les éphémères. C'est pour tout dire, la thématique majeure en droit constitutionnel. Malgré les thèses, les articles les mémoires qui lui sont consacrés, la recherche n'a pas fini d'épuiser son intérêt. La preuve, ce bel ouvrage qui projette un regard nouveau sur l'office du juge béninois et relance de nouvelles interrogations sur une œuvre qui ne laisse indifférent personne. Il faut le rappeler, en Afrique notamment, depuis la fin des années 1990, les questions liées aux juridictions constitutionnelles et aux décisions qu'elles rendent n'ont cessé de susciter la curiosité des chercheurs. Plusieurs colloques et congrès en débattent toujours, des thèses et mémoires creusent le sujet mais ne le vident guère, des recueils de jurisprudence se multiplient et rencontrent toujours et encore l'intérêt des théoriciens et praticiens du droit etc.

Avec une telle effervescence autour de la justice constitutionnelle, il est permis d'être circonspect quant à la pertinence du sujet choisi par Monsieur Eric M. NGANGO YOUMBI. Que pourrait-il écrire de nouveau qui n'ait déjà été fait par d'autres ? Quelle contribution pourrait-il véritablement apporter à la science sur un sujet où tout ou presque semblait avoir été dit et écrit ?

Ces craintes initiales se dissipent dès que l'on entame la lecture de l'ouvrage. L'auteur administre la preuve que la justice constitutionnelle est un sujet inépuisé (inépuisable ?) et que les appréhensions légitimes de son lecteur ne résistent pas à la solidité de ses recherches et au sérieux que revêtent ses analyses. De plus, il choisit son angle avec précision : celui des fonctions politique et sociale de la justice constitutionnelle au Bénin. C'est donc en toute logique que les conclusions de ses travaux sont restituées en deux parties : la garantie de la constitution politique et la garantie de la constitution sociale.

Cette bipartition, qui porte en toile de fond la marque du doyen Maurice HAURIOU, lui a permis de montrer que la Cour constitutionnelle du Bénin est garante des principes de la souveraineté démocratique et de la séparation des pouvoirs. A travers ceux-ci, c'est sur la constitution politique qu'elle veille en permanence. Au-delà, cette Cour protège également les principes de l'Etat de droit et de l'Etat libéral. C'est en cela qu'elle peut être considérée comme garante de la constitution sociale.

L'analyse est fondée sur une vingtaine d'années de jurisprudence de la Cour constitutionnelle du Bénin. Elles équivalent à plus de 3000 décisions. Nul doute donc que l'analyse de ce corpus jurisprudentiel est une œuvre gargantuesque ! Mais, comme on l'enseigne à nos étudiants, la quantité n'est que rarement un bon indicateur de la valeur d'une œuvre scientifique. Cela, Monsieur Eric M. NGANGO YOUMBI, l'a compris. Sa démarche est empreinte de dialectique, de pédagogie, de clarté. Dès les premières pages de l'ouvrage, où il formule ses hypothèses, le lecteur peut en faire le constat. Ce constat demeure jusqu'à la fin de l'ouvrage. C'est d'ailleurs ce qui permet de le suivre et d'adhérer à son raisonnement lorsqu'il bouscule certaines idées reçues comme celle des modèles de justice constitutionnelle, lorsqu'il discute les affirmations de plumes reconnues pour leur qualité au sein de la doctrine constitutionnelle africaine. Certes, on n'adhèrera pas toujours à ses points de vue, mais il est difficilement réfutable que l'auteur fait preuve d'un sens de la dialectique appréciable.

La qualité de ses conclusions m'incite d'ailleurs à m'appesantir sur deux d'entre elles.

En premier lieu, il s'agit du caractère « endogène » du succès de l'expérience de justice constitutionnelle béninoise. Sans mésestimer l'importance des facteurs externes, il faut convenir que ce succès tient avant tout à la volonté des acteurs nationaux : volonté de créer une juridiction constitutionnelle originale, inspirée d'expériences étrangères, mais non réductible à une copie de l'une d'entre elles, volonté de faire de cette juridiction le pilier de la démocratisation et du respect des droits humains, volonté de pérenniser cette juridiction en se soumettant *volens nolens* à ses décisions. Cela, on ne le souligne parfois pas assez.

En second lieu, il s'agit de ce que l'auteur qualifie de *« principes limitatifs fondamentaux »*. A travers eux, c'est la réalité de l'office juridictionnel qui est révélée. Il ne consiste pas toujours à conforter des droits fondamentaux. Parfois, il faut limiter ceux-ci au nom d'autres exigences qui, en l'espèce, paraissent prioritaires. C'est aussi cela l'office du juge constitutionnel. On peut savoir gré à l'auteur de l'avoir montré à travers cet ouvrage riche, actuel et agréable à lire.

Frédéric Joël AÏVO

Professeur de droit public

Doyen de la Faculté de droit et de science politique

Université d'Abomey-Calavi (Bénin)

SOMMAIRE

PRINCIPAUX SIGLES ET ABREVIATIONS

AAI	Autorité Administrative Indépendante
ACP	Afrique Caraïbe et Pacifique
AN	Assemblée Nationale
ANT	Agence Nationale de Traitement
BM	Banque Mondiale
CADHP	Charte Afrique des Droits de l'Homme et des Peuples
CE	Conseil d'Etat
CE	Communauté Européenne
CNS	Conférence Nationale Souveraine
CEA	Commission Electorale d'Arrondissement
CEC	Commission Electorale Communale
CED	Commission Electorale Départementale
CEDEAO	Communauté Economique et Douanière des Etats de l'Afrique de l'Ouest
CES	Conseil Economique et Social
CENA	Commission Electorale Nationale Indépendante
CJCE	Cour de Justice de la Communauté Européenne
CJUE	Cour de Justice de l'Union Européenne
CNFVN	Conférence Nationale des Forces Vives de la Nation
CNRS	Centre National de Recherche Scientifique
COS-LEPI	Conseil d'Orientation et de Supervision de la Liste Electorale Permanente Informatisée
Cour EDH	Cour Européenne des Droits de l'Homme

CP	Code Pénal
CPC	Code de Procédure Civile
CPP	Code de Procédure Pénale
CPS	Commission Politique de Supervision
DC	Décision de la Cour ou Décision du Conseil
DCC	Décision de la Cour Constitutionnelle ou Décision du Conseil Constitutionnel
DG	Directeur Général
DUDH	Déclaration Universelle des Droits de l'Homme
ENAM	Ecole Nationale d'Administration et de Magistrature
EL	Elections Législatives
EL P	Election Présidentielle
FMI	Fonds Monétaire International
GMR	Gouvernement Militaire Révolutionnaire
G7	Ex Groupe des 7
HAAC	Haute Autorité de l'Audiovisuel et de la Communication
HCR	Haut Conseil de la République
Mgr	Monseigneur
ONG	Organisation Non Gouvernementale
OSIWA	Open Society Initiative for West Africa
OUA	Organisation de l'Unité Africaine
PIDCP	Pacte International relatif aux Droits Civils et Politiques
PIDSEC	Pacte International relatif aux Droits Sociaux, Economiques et Culturels
PM	Premier Ministre
Pp	Page (s)
PR	Président de la République
PRPB	Parti Révolutionnaire Populaire du

	Benin
QPC	Question Prioritaire de Constitutionnalité
RDC	République Démocratique du Congo
RFI	Radio France Internationale
RI	Règlement Intérieur
UE	Union Européenne
UEMOA	Union Economique et Monétaire Ouest Africaine
S.	Suivant (e)s (pages)

LISTE DES ANNEXES

1. Constitution de la République du Bénin du 11 décembre 1990 ;

2. Loi n° 91-099 du 04 mars 1991 portant loi organique sur la Cour constitutionnelle, modifiée par la loi du 31 mai 2001 ;

3. Règlement intérieur de la Cour constitutionnelle ;

4. Charte Africaine des Droits de l'Homme et des Peuples ;

5. Loi sur les conditions du recours au référendum ;

6. Liste des Chefs d'État du Dahomey, puis de la République du Bénin depuis l'indépendance de 1960 jusqu'à nos jours.

INTRODUCTION GENERALE

D'où vient cette Cour[2], véritablement puissante et dont on pourrait à sa jurisprudence adresser l'hymne que BAUDELAIRE chantait à la beauté : tu gouvernes tout et ne réponds de rien ! Pour comprendre la genèse et le développement de la justice constitutionnelle au Bénin, il faut remonter aux origines de l'Etat. Après la proclamation de la République du Dahomey, le 4 décembre 1958, l'article 47 de la toute première Constitution adoptée le 15 février 1959 prévit la création d'un Tribunal d'Etat comprenant une *« Section constitutionnelle »*. La Constitution du 26 novembre 1960, consécutive à l'Indépendance du 1er août 1960, disposa en son article 57 : *« la Cour suprême comprend (...) la Chambre constitutionnelle »*. Cette option consistant à créer une Chambre à l'intérieur de la Cour suprême fut commune aux Constitutions des États africains issus de l'occupation française [3], elle fut justifiée essentiellement par des contraintes budgétaires et l'insuffisance de moyens matériels et humains. Comme dans les autres Etats, l'hyperfonctionnalisation de la Cour Suprême connaîtra un retentissant échec. C'est ainsi que les tentatives menées au

---

[2] Préface de Georges VEDEL à l'ouvrage de Guillaume DRAGO, *La légitimité de la jurisprudence du Conseil constitutionnel,* Paris, Economica, 1999, p. 31. Il est inexact de situer le contrôle de constitutionnalité des lois à partir du début du XIXème siècle, car dans la Grèce antiquité, on distinguait plusieurs niveaux de normes : *le nómos* (que l'on peut rapprocher des lois constitutionnelles actuelles) et *le pséphisma* (sorte de règlement de niveau inférieur dans la hiérarchie des normes). S'appliquait alors le principe selon lequel *le pséphisma* ne devait être en contradiction au *nómos,* ni dans son contenu, ni dans sa forme. Si *un pséphisma* « inconstitutionnel » était adopté, il était considéré comme nul, et le membre de l'organe législatif qui l'avait proposé voyait sa responsabilité engagée sur le plan pénal. Pour plus de détails sur ce parallèle, v° CAPPELLETTI (M), *"Judicial Review in Comparative Perspective", California Law Review* (1970), pp. 1021-1022. En Europe, les seuls pays où il n'existe aucune forme de contrôle de constitutionnalité des lois sont : la Hollande et le Royaume-Uni. En Hollande, l'article 120 de la Constitution interdit expressément le contrôle de constitutionnalité des lois ; des propositions de le modifier ont été formulées.

[3] CONAC (G), « Le juge de l'Etat en Afrique francophone », Afrique contemporaine, n° spécial, in *la justice en Afrique*, n° 156, 1990, p.13. ; MANGIN (G), « Quelques points de repères dans l'histoire de la justice en Afrique francophone », in sous dir. De GAUDUSSON (J) et CONAC (G), *La justice en Afrique*, Paris, La Documentation française, 1990, respectivement pp. 13-20 ; 21-26.

Bénin en vue de faire fonctionner la *« Chambre constitutionnelle »* seront vaines, depuis le premier Président de la Cour Suprême, Emile ZINSOU, jusqu'à Léandre AMLON, Président de la Cour Populaire Centrale[4] (CPC). La proposition de loi organisant la *« Chambre constitutionnelle »,* déposée en 1985 sur le Bureau de l'Assemblée Nationale Révolutionnaire ne sera pas suivie d'effet. Interpellé par Robert DOSSOU, le Président de l'Assemblée Nationale Révolutionnaire de l'époque déclara qu'*« aucun juge ne [dût] contrôler le parlementaire »*[5], traduction du principe de *la souveraineté de la loi* qui connut une significative gloire en France avant 1958. Nous pouvons dès lors affirmer que, de l'Indépendance du Bénin jusqu'en 1991, la justice constitutionnelle fut élémentaire, à l'image d'un bébé sur les langes. Selon Théodore HOLO, l'embryon de justice constitutionnelle, fruit de la doctrine libérale française, sera prématurément étouffé par la pandémie du présidentialisme négro-africain qui sévit sur le continent de 1965 à 1990, faisant du Président de la République la source exclusive du pouvoir et du droit dans l'État[6].

La nouvelle Constitution du 11 février 1990 mit en place une Cour constitutionnelle ; toutefois, l'article 159, alinéa 3 prévit que: *« les attributions dévolues par la (...) Constitution à la Cour constitutionnelle [fussent exercées] par le Haut Conseil de la République (HCR) jusqu'à l'installation des institutions nouvelles ».* Le HCR[7], sorte de Parlement de

---

[4] Dénomination de la Cour suprême, prévue par la loi fondamentale de 1977 sous la Révolution béninoise.

[5] DOSSOU (R), « Le nouveau défi de la Cour constitutionnelle » in *Bulletin de la Cour constitutionnelle,* n° 001, p. 5. Robert DOSSOU est ancien Président de la Cour constitutionnelle, Avocat à la Cour, ancien Bâtonnier de l'Ordre des Avocats du Bénin, ancien Doyen de la Faculté de droit de l'Université d'Abomey-Calavi. Il est également l'un des acteurs de la « Conférence des Forces Vives de la Nation » ayant abouti à la Constitution du 11décembre 1990.

[6] HOLO (T), « Émergence de la justice constitutionnelle », *Pouvoirs,* 2009/2, n° 129, p. 101. Théodore HOLO est actuellement Président de la Cour constitutionnelle du Bénin, il est par ailleurs Professeur titulaire de droit public et science politique de l'Université de Cotonou (Abomey-Calavi).

[7] DOSSOU (R), « La Cour Constitutionnelle du Bénin : l'influence de sa jurisprudence sur le constitutionnalisme et les Droits de l'Homme », Communication prononcée lors de la Conférence Mondiale sur la Justice Constitutionnelle (CMJC) à Cap Town en Afrique du Sud du 23 au 24 janvier 2009, p. 3, *inédit.*

transition, issu de la Conférence nationale [8], siégea comme Cour constitutionnelle[9] du 01 avril 1991 au 07 juin 1993 (date de mise en place effective de la Cour constitutionnelle[10]), à l'exclusion de ses membres[11] nommés au Gouvernement ou élus à l'Assemblée Nationale.

Du 07 juin 1993 au 18 avril 2013, la Cour a rendu un total de trois mille cent soixante (3160) décisions, dont deux mille trois cent cinquante cinq (2355) en matière de contrôle de constitutionnalité ; cent quatre vingt un (181) en matière d'élection présidentielle ; six cent sept (607) dans le domaine des élections législatives ; onze (11) en matière de proclamation d'élection présidentielle ; six (06) en matière de proclamation d'élections législatives ; elle a rendu par ailleurs sept (07) avis[12]. Il ne fait pas de doute que le Bénin

---

[8]LALOUPO (F), « La conférence nationale au Bénin : un concept nouveau de changement de régime politique », *l'Année Africaine,* 1992-1993, pp. 89-113 ; MONKOTAN (J.B), « Une nouvelle voie d'accès au pluralisme politique : la conférence nationale souveraine », *Afrique* 2000, n° 7, oct.-déc., 1991, pp. 41-53 ;ADAMON (A), *Le Renouveau démocratique au Bénin* –La conférence nationale des Forces vives et la période de transition, Paris, l'Harmattan, 1995.

[9] Plusieurs Constitutions africaines ont décidé de mettre sur pied des juridictions constitutionnelles autonomes et spécialisées : Bénin (art. 114), Togo (art. 99), Mali (art. 85), Gabon (art. 83), Cote d'Ivoire (Loi constitutionnelle n° 94-438 du 16 aout 1996), Madagascar (art. 105), Mauritanie (art. 81), Algérie (art. 15), Congo (art. 138), République Centrafrique (art. 70) ; Cameroun (art. 46)…

[10] La Cour constitutionnelle, aux termes de l'article 115 de la Constitution, est composée de (7) sept Membres dont (3) trois Magistrats, deux Juristes de haut niveau et (2) deux Personnalités de grande réputation professionnelle. Ses Membres sont nommés pour un mandat de (5) cinq ans, renouvelable une fois à raison de (4) quatre par le Bureau de l'AN et (3) trois par le Président de la République. Le quota du Bureau de l'AN compte (2) deux Magistrats, (1) un Juriste de haut niveau et (1) une Personnalité de grande réputation professionnelle. Trois constats s'imposent à ce niveau : il n'y a pas de membres nommés par l'organe censé représenter le Pouvoir judiciaire, à savoir le Conseil Supérieur de la Magistrature ou même la Cour Suprême ; il n'existe pas des membres de droit comme dans le système français ; le nombre des Juges au Bénin semble relativement réduit, comparativement à certains Etats d'Afrique.

[11] A l'origine, il fut constitué de (7) sept membres, parmi lesquels le Président (Mgr. Isidore de SOUZA) ; le Vice-président (Pr. Maurice AHANHANZO GLELE, qui est le premier Agrégé des facultés de droit du Bénin. Il est Professeur de droit public, considéré comme le père de la Constitution du 11 décembre, dont il a coordonné l'élaboration. Il a siégé à la Cour du 6 juin 1993 au 5 juin 2003) ; le Secrétaire (Pr. Théodore HOLO) qui occupe actuellement les fonctions de Président de la Cour constitutionnelle.

[12] Statistiques établies au 18 avril 2013, v° DOSSOU (R), « Le nouveau défi de la Cour constitutionnelle », *op.cit.,* p. 27. Une comparaison avec le nombre de

est sans conteste aujourd'hui une figure de proue dans la vague des démocratisations en Afrique subsaharienne [13]. La Cour a assuré à la Constitution béninoise du 11 décembre 1990 une grande stabilité permettant un fonctionnement appréciable des institutions et une alternance pacifique au sommet de l'État, preuve d'une certaine vitalité démocratique. Depuis son adoption, le texte constitutionnel n'a fait l'objet d'aucune modification (*la loi de révision constitutionnelle n°2006-13, d'origine parlementaire, adoptée le 23 juin 2006 et portant révision de l'article 80, a été invalidée par la Cour constitutionnelle).*

Qu'est-ce qui explique cet incontestable développement [14] de la justice constitutionnelle au Bénin à partir des années post quatre vingt dix (1990),

---

décisions et avis rendus par la Cour constitutionnelle du Burkina sur une période considérée, doublement plus longue, est fortement illustrative. De 1960 à 2008, soit en 48 ans, le Conseil constitutionnel du Burkina- Faso a rendu un total de 543 avis ; 24 décisions en matière de contrôle de constitutionnalité et 40 décisions dans le domaine du contentieux électoral ; v° LOADA (A), « Avis et décisions commentés de la justice constitutionnelle burkinabé –de 1960 à nos jours », *CGD Info,* num. 0006 - 2009*;* v° aussi YONABA (S), *Les grandes décisions de la jurisprudence burkinabè : droit Administratif,* coll. Précis, Ouagadougou, *Imprimerie Presses Africaines,* Décision n°36, p.272.

[13]Dans le cadre de la célébration des vingt-deux (22) ans de justice constitutionnelle au Bénin, un colloque international sur le thème : « La Cour constitutionnelle et l'édification de l'Etat de droit » a réuni Universitaires et Membres de juridictions constitutionnelles africaines, du 8 au 9 mai 2013 à Cotonou. V° aussi SALAMI (I), *La protection de l'Etat de droit par les Cours constitutionnelles africaines* –Analyse comparative des cas béninois, ivoirien, sénégalais et togolais (Thèse en Droit), Université François Rabelais de Tours, 2005 ; MEDE (N), *Les grandes décisions de la Cour constitutionnelle du Bénin,* Berlin, EUE, 2012 ; MBOLLE (S), *Le nouveau régime constitutionnel du Bénin* –Essai sur la construction d'une démocratie africaine(Thèse de droit),Montpelier 1, 13 décembre 1997.

[14] FALL (A.B), « Le juge constitutionnel béninois, avant-garde du constitutionnalisme africain ? », in Actes du colloque sur la constitution béninoise du 11 décembre 1990 - Un modèle pour l'Afrique ? Mélanges en l'honneur de Maurice AHANHANZO-GLEGLE, l'Harmattan 2014 ; ATANGANA AMOUGOU (J.L), « La Cour constitutionnelle du Bénin comme modèle de justice constitutionnelle en Afrique ? », *ibidem* ; FALL (I) (dir.), *Les décisions et avis du Conseil constitutionnel du Sénégal,* Credila, 2008 ; HOUNTONDJI (E), *L'essor de la justice constitutionnelle au Bénin, au Mali et au Sénégal* (Thèse de droit), Université de Cergy-Pontoise, 2007 ; SOGLOHOUN (P), *Le rôle du juge constitutionnel dans le processus de démocratisation en Afrique* – Les cas du Bénin, du Mali, du Sénégal et du Togo (Thèse de droit), Université d'Abomey-Calavi, 2011 ; ADJOLOHOUN (H), *Droits de l'homme et justice constitutionnelle en Afrique* : le modèle béninois à la lumière de la Charte Africaine des Droits de

contrairement à beaucoup d'Etats d'Afrique noire francophone qui procédèrent certes à une refondation formelle de l'ordre juridique à la faveur des *« Conférences Nationales Souveraines* [15] *»* (CNS), où toutefois les mécanismes de justice constitutionnelle mis en place se révélèrent, soit ineffectifs[16], soit grossièrement inféodés au Pouvoir exécutif[17], soit enfin hermétiques et éloignés des aspirations du citoyen[18] ?

---

l'Homme et des Peuples, Paris, l'Harmattan, 2011 ; RAYNAL (J.J.), « Le renouveau démocratique béninois : modèle ou mirage ? *Afrique contemporaine* n° 160 oct.-déc. 1991, p. 35 ; DALLOZ (J.P), « L'itinéraire du pionnier : sur l'évolution politique béninoise », *Politique africaine* n° 46 pp. 133 et ss. ; COWRAT (J.P), « Le Bénin, un laboratoire de démocratie en Afrique », in la *Tribune de l'expansion*, 24 déc. 1991, pp. 18 et ss.

[15] La première Conférence nationale s'est tenue au Bénin du 19 au 28 février 1990, ensuite elles se sont tenues : au Gabon (mars-avril 1990), au Togo (juillet-aout 1991), au Zaïre (décembre 1991-décembre 1992), au Tchad (janvier-avril 1993). Elles étaient souveraines en ce sens qu'elles avaient reçu *« la plénitude absolue du pouvoir de créer le droit, de bouleverser l'ordonnancement juridique, y compris ses fondements positifs, en l'occurrence son socle constitutionnel »,* KAMTO (M), « Les conférences nationales africaines ou la création révolutionnaire des constitutions », in *La création du droit en Afrique,* dir., DARBON (D) et De GAUDUSSON (J), éd. Karthala, Paris 1997, p. 184. V° également, BOULAGA (E.F), « Les conférences nationales (une affaire à suivre), éd. Karthala, 1993 ; BOURGI (A) et CASTERNAN (E), « Le printemps de l'Afrique », Paris, Hachette, 1991, 186 ; EDDY (A), « La conférence nationale est-elle une solution ? », *'Parlements et francophonie'*, avril-juin 1992, pp. 47-53 ; KOMBI (M), « La conférence nationale africaine - L'émergence d'un mythe politique », *Afrique* 2000, nov. 1991, pp. 35-40.

[16] Au Cameroun par exemple, le Conseil constitutionnel prévu par le texte constitutionnel de 1996 n'est toujours pas effectif. L'article 67 prévoit que la Cour suprême continue d'exercer les fonctions du Conseil constitutionnel en attendant sa mise en place effective. Au Congo (Kinshasa), ce n'est que récemment qu'est intervenue la loi n° 13/026 du 15 octobre 2013 portant organisation et fonctionnement de la Cour constitutionnelle.

[17] En Afrique, le juge constitutionnel fait parfois figure de valet du pouvoir politique, de par son mode de désignation, il est aussi un valet technique, car étant une institution à la disposition du pouvoir politique, V° LATH (S), « Utopie et vraisemblance de l'indépendance du service public de la justice constitutionnelle en Afrique francophone », in *Quel service public de la justice en Afrique francophone ?* Sous la dir. de HOURQUEBIE, Bruylant, Bruxelles, 2013, p. 27-52 ; BIGO (D), « Justice, pouvoir politique et appareil judiciaire en Afrique au Sud du Sahara », in *la justice en Afrique, Afrique contemporaine,* n° spécial, *Documentation française,* 1990, pp. 166 et ss. ; CHEVALLIER (J), « Le juge constitutionnel et l'effet Becket », in *Renouveau du droit constitutionnel,* Mélanges en l'honneur de Louis FAVOREU, Paris, Dalloz, 2007, pp. 83-94.

[18]HOLO (T), « Démocratie revitalisée ou démocratie émasculée ? Les constitutions du renouveau démocratique dans les États de l'espace francophone africain : régime

La formulation de la question impose l'approche *–le positivisme sociologique.* Parvenu à l'âge de la maturité intellectuelle, le juriste bordelais Gaston JEZE, dans la préface du tome 1 de ses *« Principes généraux de droit »*, soulignait : *« [p]lus j'avance en âge, plus je suis convaincu que la seule chose qui importe pour l'étude du droit, c'est une bonne méthode : c'est la méthode d'observation des faits (...) des faits économiques, sociaux, politiques, le milieu dans lequel naissent, se développent et s'appliquent les règles de conduite sociale dont l'ensemble constitue le droit d'un pays donné à un moment donné (...) le rôle du théoricien est avant tout, quel que soit son avis personnel, de dégager des règles, de les classer, de leur donner une forme claire et précise. Il doit aussi expliquer leur origine, montrer leur développement historique, sous la pression des faits sociaux, économiques, politiques (...) Le danger pratique pour celui qui ne connaît que les règles existantes, c'est que, à chaque changement de la législation ou de la jurisprudence, le plus gros des connaissances s'évanouit. C'est l'éponge passée sur l'ardoise, il n'y reste plus rien, c'est une instruction à refaire »*[19]. Nous partageons entièrement cette lecture. Les textes et la jurisprudence ne constituent en fait que l'épiphénomène juridique, la partie visible de l'iceberg, ne laissant pas entrevoir l'importante masse immergée dans les flots des faits historiques, politiques, sociaux, économiques et même culturels. Une approche purement dogmatique qui se contenterait d'un exposé ou un commentaire des décisions constitutionnelles s'exposerait à une compréhension et un compte rendu partiel du phénomène juridique. Pour mieux comprendre la justice constitutionnelle en Afrique et au Bénin particulièrement, il faut nécessairement prendre en compte le contexte qui a appelé à l'existence la nouvelle Constitution de 1990 et son juge. A la lumière de ces précisions épistémologiques, quelques hypothèses sur la question du succès de la justice constitutionnelle au Bénin et de son insuccès dans la plupart des pays d'Afrique francophone peuvent être formulées et

---

juridique et système politique », *Revue Béninoise de Sciences Juridiques et Administratives*, 2006, n°16, pp. 17-18 ; SINDJOUN (L), *Les grandes décisions de la justice constitutionnelle africaine – droit constitutionnel jurisprudentiel et politiques constitutionnelles au prisme des systèmes politiques africains,* Bruxelles, Bruylant, 2009 ; MELEDJE (D),*Les grands arrêts de la jurisprudence constitutionnelle ivoirienne,* Abidjan, CNDJ, 2012 ; RAYNAL (J.J), « Conférence nationale, Etat de droit et démocratie - Quelques réflexions à propos d'une occasion manquée », in *la création du droit en Afrique*, Kartala, Paris, 2000, p. 157.

[19] JEZE (G) (Préface) *Principes généraux de droit administratif...*, t. 1, 3ème édition, 1925.

discutées. En raison de l'approche méthodologie choisie, les propositions d'hypothèses explicatives débordent largement le champ purement juridique. Toutefois, il serait souhaitable d'aboutir à une hypothèse chargée d'un véritable intérêt au plan juridique. Explorons-les une à une.

Le contexte national favorable. L'expérience enseigne que derrière tout mécanisme efficace et proclamation d'envergure des droits et libertés de la personne humaine, il y a une histoire douloureuse d'oppression – qu'elle fût interne ou externe – à l'image d'une rose qui pousse sur du fumier. C'est, libérées des traumatismes des rois anglais, que les (13) treize colonies proclamèrent leur Indépendance et adoptèrent la Constitution américaine de 1787 imprégnée des idées libérales, portées particulièrement par les (10) dix premiers amendements de 1789. Décidée d'en découdre avec les excès de la Monarchie absolue et les abus des Parlements, la France fit sa révolution en 1789, dont le vent emporta Louis XVI rebaptisé injurieusement « Louis Capet » et son épouse Marie Antoinette d'Autriche, loin d'être pourtant le plus odieux des rois de France. C'est, libérée par les anglais à Waterloo, de l'impérialisme démesuré de NAPOLEON BONAPARTE, puis de l'occupation hollandaise, que la Belgique adopta sa Constitution en février 1831 comportant une énumération des droits, non sans avoir banni perpétuellement la famille Orange-NASSAU du trône, par le décret constitutionnel du 24 novembre 1830. La Constitution de Weimar 1919 rompt en Allemagne avec l'Empire bismarckien et wilhelmien, et la place particulière des libertés fondamentales dans la *Grundgesetz für die Bundesrepublik Deutschland* du 8 mai 1949, ainsi que la rationalisation du parlementarisme, répondent aux atrocités du régime nazi et à l'incapacité de la Constitution de Weimar à les empêcher. La réputation de la Cour de Karlsruhe en matière de protection des droits fondamentaux est redevable à ces horreurs du *Nationalsozialismus* allemand. Mêmement, la Constitution espagnole de 1978 a été bâtie en réaction au franquisme. L'effroyable régime d'apartheid pratiqué en Afrique du sud, de 1948 au 30 juin 1991, est l'explication du dynamisme actuel de la Cour constitutionnelle sud-africaine. Le Bénin aurait connu, comme tous ces Etats, une histoire particulière dont quelques grands traits méritent d'être rappelés : depuis l'Indépendance en 1960, le pays vécut une instabilité politico-institutionnelle inégalable, caractérisée par une avalanche de coups d'Etat, ce qui lui valut d'ailleurs le surnom peu flatteur *« d'enfant malade d'Afrique ».* A partir de 1972, une dictature militaire s'installera[20], débouchant sur une crise économique et sociale en 1989.

- *Instabilité politique et institutionnelle.* Depuis son accession à l'Indépendance, le pays connut des régimes militaires dont le plus marquant sera celui institué le 26 octobre 1972. Deux ans plus tard, le 30 novembre 1974, à la stupéfaction de tous, le marxisme-léninisme était proclamé. Toutes les organisations démocratiques furent interdites et le Parti de la Révolution Populaire du Bénin (PRPB) fut créé. Le Gouvernement Militaire Révolutionnaire (GMR) entreprit de tout bouleverser dans la société : tous les secteurs furent soumis à une *« révolutionnarisation »* : de 1972 à 1979, réunions de commissions diverses, séminaires de *« révolutionnarisation »* et conférences se succédèrent dans tous les domaines[21] (éducation nationale, administration territoriale, santé, armée, développement rural, justice, etc.). Le régime du Président KEREKOU fut catastrophique dans les esprits, il s'est caractérisé par une violation massive des droits de l'homme, qui ne fit qu'aggraver la crise économique.

- *Banqueroute économique.* La politique économique et financière pratiquée en 1989 se trouve résumée opportunément dans ces propos du Ministre Richard ADJAHO, Inspecteur des Finances de l'époque : *« pendant de nombreuses années, de 1960 à 1972, l'État béninois a eu recours aux subventions d'équilibre budgétaire de l'État français pour boucler ses fins de mois. Sous le régime « révolutionnaire », la période allant de 1972 à 1975 a coïncidé avec la phase de stabilisation des déséquilibres antérieurs (...) Fidèle à sa logique suicidaire de corruption généralisée et de gestion artisanale des finances de l'État, l'État PRPB n'a rien su, ni pu prendre effectivement aucune mesure pour stabiliser et redresser sa situation financière compromise. C'est donc noyé sous des déséquilibres de toutes sortes, déséquilibres économique, financier, de trésorerie avec la faillite de la quasi-totalité des entreprises publiques, la faillite de tout le système bancaire et sous l'emprise de la banqueroute, que contraint et forcé, l'État a signé le premier programme d'Ajustement Structurel du Bénin en juin*

---

[20] HOLO (T), « Regard sur le contexte national », *Bulletin de la Cour Constitutionnelle –organe d'Information et d'Éducation n° 003,* p.4.

[21] DOSSOU (R), « L'expérience béninoise de la Conférence nationale », *Rapport introductif n° 1, Colloque de Bamako*, p. 595 et ss.

1989 » [22]. A côté de l'explication endogène des mauvais résultats économiques liés notamment à la gestion approximative du régime du Général Mathieu KEREKOU, un facteur exogène de nature politique a également été avancé, qui emprunte à la théorie du complot ou de *« la main invisible »* : l'instauration d'un régime militaire marxiste-léniniste dans les années 1974 sera très mal vue par Paris (France), chargé par les Etats-Unis, dans le contexte de guerre froide, de faire régner par tous les moyens l'ordre capitaliste sur le continent africain. L'asphyxie du pays fut inévitable, le Bénin subira le même châtiment économique que fait peser subrepticement l'Occident sur la Guinée Conakry de Sékou TOURE, l'ex- Zaïre (actuelle RDC) de Patrice LUMUMBA ou encore le Congo-Brazzaville de Denis SASSOU NGUESSO, qui osèrent afficher leurs orientations communistes. Au Bénin, un total de (100) cent entreprises publiques sur (120) cent vingt déposèrent les bilans, laissant sans emploi (10) dix mille fonctionnaires béninois[23]. Cette situation sonnera le tocsin d'une crise sociale et des revendications pour plus de libertés et de mieux-être.

- *Crise sociale.* L'État en faillite ne pouvait plus payer salaires, pensions de retraite, bourses. De janvier à août 1989, tout le secteur public, y compris les trois ordres d'enseignement, se mit successivement en grève illimitée ; le pays fut paralysé. L'État dans la panique réprimait sans discernement ; l'aile extrémiste du mouvement de grève vitriolait travailleurs et étudiants suspectés d'être des *« jaunes »*.

Une telle hypothèse qui attribue, à l'instar des vieilles démocraties dont le constitutionnalisme émerge sur les décombres du totalitarisme[24], le succès de la justice constitutionnelle au Bénin à l'expérience de la dictature marxiste-léniniste, recèle en elle-même ses limites. Si l'on peut soutenir sur base des exemples ci-dessus que le peuple ne découvre le goût de la liberté et trouve la force et la détermination de son combat dans les fers, des contre-exemples viennent démontrer que des peuples qui ont connu des atrocités, tels le

---

[22] ADJAHO (R), *La faillite du contrôle des Finances Publiques au Bénin (1960-1990),* éd. du Flamboyant, Cotonou, 1992, p. 15. V° également ADEKOUNTE (F), *Entreprises Publiques Béninoises : la descente aux enfers,* éd. du Flamboyant et Fondation Hans Seidel, Cotonou, 1996. DOSSOU (R), « L'expérience béninoise de la Conférence nationale », *ibidem*, p. 595.

[23] Ces chiffres sont donnés par l'ancien Président Nicéphore SOGLO, in *Bulletin de la Cour constitutionnelle, op.cit.,* p. 19.

[24] VERDUSSEN (M), *Justice constitutionnelle*, Bruxelles, Larcier, 2009, pp. 50-62.

Rwanda, le Congo-Kinshasa, le Tchad sous Hissène HABRE[25] ou la République Centrafricaine (ex. Oubangui Chari) sous l'Empereur Jean Bedel BOKASSA, n'ont pas toujours des mécanismes juridiques à la mesure de leurs histoires chaotiques : ces peuples-là n'ont sans doute pas fini de se libérer ! Il faudrait dès lors formuler l'hypothèse du succès de la justice constitutionnelle béninoise, ailleurs que dans son histoire tumultueuse, par exemple, dans un acte de volonté libre et sans contrainte, pour un changement.

La volonté de changement. Beaucoup d'auteurs justifient l'échec de la justice constitutionnelle en Afrique par l'absence de volonté pleine et entière de ces Etats. D'une part, les réformes juridiques et constitutionnelles notamment auraient été imposées comme conditionnalités de bailleurs de fonds – étant entendu que la période considérée correspond aux deux chocs pétroliers – et partant, à une crise économique généralisée qui rend inévitable le dialogue avec les institutions financières internationales ; d'autre part, il s'agirait d'un constitutionnalisme *« de paillette », « à l'eau de rose »*, répondant plus à un phénomène de mode qu'à une volonté réelle de changement. Pour les Etats africains, prétendre entrer dans l'ère démocratique sans se doter par exemple d'une Haute juridiction constitutionnelle était un peu comme se présenter à une soirée sans costume de fête[26] .

Sur la première idée, Madame DARGENT explique par exemple que François MITTERAND (à travers notamment son discours de La Baule en 1990[27]), la BM, le FMI, l'UE ou l'ancien G7 subordonneront l'aide au développement à la démocratie. Elle serait un concept étranger, implanté par la contrainte et empêcherait l'appropriation de valeurs selon le rythme et les

---

[25] Surnommé *« le PINOCHET africain »*, Hissène HABRE a été condamné au Sénégal, le 30 mai 2016 par les *Chambres Africaines Extraordinaires,* juridiction pénale spéciale créée dans le cadre de l'Union Africaine. Ce procès marque une révolution dans l'histoire de la justice pénale internationale et témoigne –s'il en était encore besoin, de la capacité de l'Afrique à juger ses dirigeants.

[26] Cette image s'inspire d'André HAURIOU qui affirmait *« Prétendre entrer dans la société internationale sans constitution, serait un peu comme se présenter à une soirée sans costume », Droit constitutionnel et institutions politiques,* Montchrestien, 1980, p. 15.

[27] Discours de François MITTERAND prononcé à La Baule, 20 juin 1990, in *Politique étrangère de la France,* mai -juin 1990, p. 130.

mécanismes choisis par les Etats africains. Cette marche forcée vers la standardisation inciterait au mimétisme dans la mesure où la digestion des principes se fait dans l'urgence et peut encourager l'adoption de solutions de façade[28]. Dans le cas de l'Union Européenne, la thèse de Madame Gaëlle Du SEPULCHRE montre effectivement comment les droits de l'homme et la démocratie sont entrés progressivement dans le champ des conditionnalités économiques en matière de coopération entre la Communauté Européenne (actuelle Union Européenne) et les Etats-ACP[29]. Cette idée est aussi celle de Gertie HESSELING qui estime que *« (...) tous les facteurs qui ont conduit à la réception du droit constitutionnel occidental sont à imputer à la situation d'inégalité et de dépendance dans laquelle se trouvaient les nouveaux Etats vis-à-vis de l'ancienne métropole. Outre la dépendance économique et la pression internationale, il faut souligner que la colonisation avait brisé le lien qui unissait le système politique et les relations sociales et que par conséquent, aucun système cohérent de droit constitutionnel autochtone ne pouvait concurrencer le régime occidental proposé »*[30]. Nous formulerons quelques réserves sur la seconde partie de sa pensée, car elle ne repose sur aucune preuve. Et comme le disaient les scholastiques, ce qui peut être affirmé sans preuves peut tout naturellement être rejeté sans preuves. Rien ne permet de dire qu'aucun système cohérent autochtone de droit constitutionnel ne pût concurrencer le régime occidental proposé. Nous convenons toutefois à l'idée d'un *« constitutionnalisme rédhibitoire »*[31].

Sur la seconde idée, les Hautes juridictions constitutionnelles africaines et d'autres institutions consacrées par les Constitutions, tels le SENAT, le CES, la Cour de compte, ne sont en fait que des phénomènes brillantines, que l'on pourrait comparer aux derniers cris de collection de la mode féminine vers lesquels les Etats africains, comme des jeunes bruxelloises de la rue Neuve à

---

[28] DARGENT (F), « Les échecs du mimétisme constitutionnel en Afrique noire francophone », *Atelier* n°4, *inédit.*

[29] Du SEPULCHRE (G), *La conditionnalité comme instrument européen de promotion des droits de l'homme dans le cadre des relations extérieures de l'Union européenne* (Thèse de droit européen), sous la direction de Marianne DONY, Bibliothèque de l'Université Libre de Bruxelles, 2002, *inédit.*

[30] HESSELING (G) « La réception du droit constitutionnel en Afrique trente ans après: quoi de neuf ? », in C. M. Zoethout : 33-48. HOOKER et al. 1975.

[31] OWONA (J), « L'essor du constitutionnalisme rédhibitoire en Afrique Noire : Etude de quelques « constitutions Janus » », in Mélanges GONIDEC, *L'Etat moderne en Afrique,* Horizon 2000 : Aspects internes et externes, pp. 235-243.

l'ouverture des soldes d'été, se sont pressés pour des raisons plus cosmétiques que nécessaires, afin de ne pas paraître décalés, anachroniques et ringards. C'est ce que décrit fort opportunément le Professeur Luc SINDJOUN lorsqu'il affirme que *« l'enjeu majeur pour la plupart des Etats africains, c'est d'éviter dans une certaine mesure d'être rangés dans le 'jurassic park' des sociétés politiques anachroniques ou dans un musée des curiosités et des monstruosités politiques »*[32]. HESSELING compare la position des pays africains pendant la période des Indépendances à celle qu'ils occupent en 1990, il déduit que la ressemblance est frappante : dans les années 1960, la promulgation d'une Constitution occidentale fut, dans une certaine mesure, le prix d'entrée à la communauté internationale. Trente ans (30) plus tard, au début des années 1990, les réformes constitutionnelles constituent une sorte de permis de séjour dans la communauté internationale. Ces idées sont aussi celles de Nicaise MEDE qui considère que l'histoire des juridictions constitutionnelles en Afrique est comparable à un drame qui se joue en deux Actes : le premier fut celui d'une opération cosmétique dont la finalité était de conférer aux Etats un signe extérieur de modernité ; le second est cette quête fondamentale de liberté qui impose au cœur du dispositif juridique les acquis du patrimoine constitutionnel transnational[33].

Cette hypothèse a quelque intérêt, car si elle explique bien l'échec de la justice constitutionnelle en Afrique, elle rend compte dans le même temps de son succès au Bénin. Trois faits distinguent en effet ce pays de la plupart des Etats francophones : la libre option pour un Etat de droit démocratique, le changement intervenu à la tête de l'Etat suite à la Conférence nationale et le consensus national pour un changement intégral.

La libre option pour l'Etat de droit démocratique. Le processus de démocratisation au Bénin semble plus avoir été porté par un vent intérieur et endogène[34], qu'il n'en est résulté des forces extérieures[35]. Depuis plusieurs

---

[32] SINDJOUN (L), « Les nouvelles constitutions africaines et la politique internationale : contribution à une économie internationale des biens politico-constitutionnels », *Afrique* 2000, n° 21, avril-juin, p. 46.

[33] MEDE (N), Note sous la décision DCC 02-05 du 04 juin 2002, *Afrilex,* n° 4, CERDRADI -BORDEAUX, p. 357-358.

[34] BANEGAS démontre que le changement béninois s'explique essentiellement par l'épuisement de la « politique du ventre » du Régime de Mathieu KEREKOU et le développement, la radicalisation des mobilisations collectives, BANEGAS (R),

années la doctrine africaniste a véhiculé sur le point de départ du processus de démocratisation en Afrique, des vielles lunes aux prémisses fragiles. Pourtant, plusieurs mois (4 mois exactement) avant la Conférence France-Afrique tenue à La Baule en juin 1990 et qui est présentée par la plupart des intellectuels comme le point de départ de démocratisation des Etats africains, le Bénin initia, fort des événements politiques, économiques et sociaux sus-évoqués, *la Conférence Nationale des Forces Vives* (19-28 février 1990), débouchant sur l'option pour une démocratie libérale intégrale, axée sur la construction d'un Etat de droit et la défense des libertés individuelles et collectives. Comme le souligne le politologue Jean-François BAYART, *« une légende plaisante veut que la conférence de La Baule, en juin 1990, ait propulsé l'Afrique dans l'ère du multipartisme, parfois à son corps défendant. C'est oublier la chronologie des faits : la France a pris acte tardivement, et de manière bien ambiguë d'une revendication libérale (...) »* [36] . Idée partagée par Gérard CONAC : « *La revitalisation du constitutionnalisme en Afrique n'a pas été, comme le pensent des observateurs sceptiques, un simple effet de mimétisme. Plus qu'un engouement passager attisé par un vent soufflant de l'Est européen, ce fut d'abord le résultat d'une aspiration au changement que dans chaque pays les forces vives de la société civile exprimèrent à leur manière*[37]. *»* Le cas du Bénin semble conforter ces observations. Selon Robert DOSSOU, *« l'idée de Conférence nationale des Forces Vives au Bénin est le produit d'un consensus national. Le Pouvoir politique en a pris l'initiative. Le peuple y a adhéré tout en restant sur ses gardes. Mais, à chaque difficulté, chacun, pouvoir comme peuple, jetait du lest et faisait des concessions. Un élément essentiel de cet apaisement pendant la Conférence et durant la transition et même après la transition fut Monseigneur Isidore de Souza. Ce sont ces concessions et l'intermédiation constante du président du Haut Conseil de la*

« Mobilisations sociales et oppositions sous Kérékou », *Politique africaine,* n° 54, juin 1995, p. 25-44.

[35]De GAUDUSSON (J), « Soutien au processus démocratique et conditionnalités de l'aide internationale : question sur les dangers d'une liaison fatale », in Etudes à la mémoire de LAPOYADE-DESCHAMPS, Pessac, Presses universitaires de Bordeaux, 2003, p. 665.

[36] BAYART (J.F), « La politique africaine de la France. Ni le Zambèze ni la Corrèze », *Le Monde,* 5 mars 1992.

[37] CONAC (G), « Quelques réflexions sur les transitions démocratiques en Afrique », in G. CONAC (dir.), *l'Afrique en transition vers le pluralisme,* Paris, Economica, 1993, p.5.

République qui ont fait le succès de la conférence nationale au Bénin »[38]. Les élections qui se sont tenues quelques mois après, conduiront à un changement à la tête de l'Etat.

Le changement intervenu à la fonction présidentielle. Alors que les élections de 1991 ont conduit au choix de Nicéphore SOGLO en lieu et place du Général KEREKOU, la plupart des Etats francophones ont, suite aux élections plus que contestées et contestables, maintenu au pouvoir des Présidents contre qui la Conférence était précisément dirigée, entrainant *ipso facto* un reflux insidieux de l'élan révolutionnaire. La rupture ne put donc être que formelle : au Togo, le Président Gnassibé EYADEMA se maintint[39] au Pouvoir ; au Gabon, c'est au prix de l'assassinat du principal candidat de l'opposition que MBONGO conserva le Pouvoir[40] ; au Congo-Brazzaville, élu président de la Conférence Nationale le 12 mars 1991, Mgr Ernest KOMBO s'opposa à la démission du Chef de l'Etat et du Gouvernement Denis SASSOU NGUESSO, exigée pourtant par une majorité des conférenciers ; au Congo-Kinshasa, il s'agissait plus d'un octroi que d'une révolution démocratique, comme cela apparaît clairement dans la déclaration du Président MOBUTU, le 24 avril 1990 pendant la Conférence : *« aux grandes mutations qui tourmentent le monde en ce XXème siècle finissant, **j'ai estimé, seul devant ma conscience de tenter** de nouveau l'expérience du pluralisme politique dans notre pays (...) J'ai parlé de bien de chose et de*

---

[38] DOSSOU (R), « L'expérience béninoise de la Conférence nationale », *op.cit.*, p. 602.

[39] Après (2) deux mois de violence intensifiée, le Président EYADEMA permit la convocation d'une Conférence Nationale, sous condition qu'il restât Président pendant la période de transition. Par la suite, la délégation des Forces Armées Togolaises (FAT) quittera la Conférence et EYADEMA suspendra sa participation au motif que *« la Conférence nationale, en se proclamant souveraine, a outrepassé les compétences qui lui avaient été reconnues par l'accord du 12 juin 1991 ».* Après cette décision, même la recrudescence de la violence et des tentatives des coups d'État n'étaient pas suffisants pour renverser EYADEMA. Quoique la population togolaise ait approuvé une Constitution par référendum en septembre 1991, l'organisation de nouvelles élections fut différée jusqu'à l'élection très contestée d'EYADEMA comme Président de la République en août 1993.

[40] Au Gabon, l'assassinat d'un dirigeant de l'opposition entraîna des émeutes à Port-Gentil, et l''intervention de l'Armée française en mai 1990 évita au Président Omar BONGO, au pouvoir depuis 1967, d'être renversé, il put ainsi conserver la maîtrise de la transition ; v ° M'BA (C), *« La conférence nationale gabonaise : du congrès constitutif du rassemblement social-démocrate gabonais aux assises pour la démocratie pluraliste », Afrique* 2000, nov. 1991, n° 7, pp. 75-90.

tout le monde, je n'ai pas parlé de moi. Que devient le Chef dans tout cela, le Chef de l'Etat est au-dessus des partis politiques, il sera l'arbitre (...) », les suites sont connues. Au Cameroun, le Président Paul BIYA déclara dans un premier temps que la *« Conférence nationale [fût] sans objet »,* il s'étonnait en fait de ce que les revendicateurs voulussent *« changer l'homme par qui est arrivé le changement »*[41] ; dans un second temps, il proposa plutôt, en lieu et place d'une Conférence Nationale, un *« large débat »* qui se révéla être *« un grand débat »,* dans le cadre d'une *« rencontre tripartite »*[42]. Le professeur François-Xavier MBOME qualifia précisément cette tripartite, d'un imbroglio de personnes très mal averties des méandres de la chose juridique[43]. Quoiqu'il en soit, ce forum déboucha sur un train de lois libérales et sur un projet de Constitution d'une centaine d'articles, proposé par le *« comité Joseph OWONA »,* projet qui fut finalement profondément modifié à la mesure du pouvoir politique et donna lieu à la Loi constitutionnelle du 18 janvier 1996, qui porte en elle-même les germes d'une schizophrénie juridique, d'une valse-hésitation entre rupture et continuité, comme en témoigne l'article 67 (ancien)[44] qui consacre ce que l'on pourrait appeler *« la constitutionnalisation de l'inopéralité de la Constitution ».* Suite aux élections plus que contestées de 1992, le Président Paul BIYA fut reconduit à la tête de l'Etat où il se maintint jusqu'à ce jour. Dans ce contexte, les institutions mises en place ne purent pas prospérer et les droits proclamés paralysés. Au Bénin, beaucoup d'observateurs

---

[41]En 1983, le Président Paul BIYA disait : *« Personne ne doit emprunter le chemin de maquis pour exprimer ses opinions».* On doit entendre par là qu'il avait déjà fait les reformes qui s'imposent par rapport au régime devantier du Président Ahmadou AHIDJO.

[42] Gouvernement, opposition, société civile.

[43] MBOME (F.X) « Les transitions démocratiques en Afrique : l'exemple du Cameroun », *Juridis Périodique* n° 41, janvier-février 2000, p. 14 et ss.

[44] Cette disposition a été abrogée par la révision constitutionnelle du 14 avril 2008. L'opinion publique s'est beaucoup cristallisée sur l'objet principal de cette révision, qui fut d'assurer les conditions d'un nouveau mandat au Président Paul BIYA en oubliant les autres aspects non moins importants. Le nouvel article 67 (6) dispose qu' *« Au cas où la mise en place du Sénat intervient avant celle des régions, le collège électoral pour l'élection des sénateurs est composé exclusivement des conseillers municipaux. »* Un point déterminant de cette révision qui est passé inaperçu est la suppression du verrou limitatif du mandat présidentiel. Le nouvel article 6 (2) dispose que *« Le président de la République est élu pour un mandat de sept (07) ans. Il est rééligible. »* Le constituant camerounais de 2008 a clairement effectué comme au Togo, au Tchad, un rétropédalage dans la marche vers la démocratie, désormais, le Président en exercice est rééligible *ad vitam aeternam.*

reconnaissent, indépendamment des considérations politiques et partisanes, le rôle joué par le Président Nicéphore SOGLO qui a bien voulu, de bonne foi, se plier aux premières décisions de la Cour constitutionnelle. Tous les Présidents qui se sont succédé à lui ont intégré cette docilité, comme une coutume constitutionnelle. Malgré les commentaires désobligeants qu'ils peuvent faire de certaines décisions défavorables à leurs intérêts, ils finissent globalement par les exécuter.

Le consensus sur un changement intégral. La ferveur unanimiste pour le changement ne fut pas commune à tous les Etats africains. Au Cameroun, par exemple, il y eut clairement des marches en soutien, disait-on, au Président Paul BIYA, contre le multipartisme et l'ouverture démocratique. Beaucoup de ces acteurs transfuges et versatiles se trouvent être des opposants au régime à l'heure actuelle, alors que d'autres furieusement opposés, ont rallié les rangs du Parti au pouvoir, le Rassemblement Démocratique du Peuple Camerounais (RDPC) ou le Gouvernement, et n'hésitent pas, à la moindre sortie médiatique, à rendre des interminables actions de grâce à Paul BIYA, ce qui conforte l'idée de Gérard CONAC selon laquelle : *« (...) l'Afrique aime les cultes et la ferveur, elle s'engage sur la voie du pluralisme et sanctifie l'Etat de droit, aussi unanimement qu'elle avait chanté les louanges du parti unique et acclamé la personnification du pouvoir »*[45]. La méthode choisie au Bénin fut ouverte et consensuelle. Le Comité préparatoire de la Conférence lança un appel à tous les Béninois de l'intérieur comme de l'étranger et dans tous les Postes diplomatiques pour que lui soient adressées leurs propositions comportant d'une part, un diagnostic de la situation du pays dans tous les domaines et, d'autre part, leur projet de société. Des lettres et documents en tous genres affluèrent de toutes parts, dans des tons et styles variés. Dans certains cas, il y eut échange de correspondances entre le Comité et certaines personnes physiques et morales. Le Comité reçut en outre en audience tous ceux qui le demandèrent, y compris une délégation du Parti unique, au pouvoir à l'époque[46]. Il y'avait en tout cas un véritable consensus national pour un changement en profondeur de la société quoique des oppositions ne furent pas absolument absentes. Comme l'a écrit Richard BANEGAS, *« le changement béninois dans un contexte de conflictualité et de fluidité était*

---

[45] Gouvernement, opposition, société civile.

[46] DOSSOU (R), « L'expérience béninoise de la Conférence nationale », *op.cit.,* p.598.

loin des images communes d'un changement pacifique et linéaire. Ce fut un processus aléatoire, hautement incertain, et l'acceptation de la démocratie comme le seul jeu possible fut dans une large mesure un résultat contingent de conflits très réels[47] *»*.

Cette hypothèse impliquerait que la démocratie et les changements dans les autres Etats auraient été imposés de l'extérieur (Paris, la Communauté Européenne, FMI...) alors qu'ils auraient été pleinement pensés de l'intérieur au Bénin ; que le changement à la tête de l'Etat béninois serait l'une des raisons de la démarcation de ce pays en matière de justice constitutionnelle ; enfin elle s'expliquerait par le consensus pour un changement de la société. Elle est d'emblée très peu convaincante : sur le premier point, le Bénin est également sous ajustement structurel comme les autres Etats à partir de 1989, et rien ne permet de dire que les clauses à lui imposées par les bailleurs de fonds comporteraient moins de contrariété qu'à l'égard des autres, il fait face aux mêmes conditionnalités. Sur le second point, les changements subséquents à la tête des pays d'Afrique noire francophone n'ont pas permis automatiquement l'envol de la justice constitutionnelle. Inversement, le retour au pouvoir du Président Mathieu KEREKOU en 1996 n'a pas compromis les acquis de 1990. La justice constitutionnelle ne serait donc pas consubstantielle à l'alternance politique. Une troisième hypothèse plus technique que politique, peut dès lors être formulée : elle est liée à la méthode du constituant, l'échec de la justice constitutionnelle serait lié à la transposition mimétique du modèle français.

Des emprunts sélectifs. En accord avec l'option susmentionnée, la Constitution du 11 décembre 1990 a mis en place plusieurs institutions républicaines parmi lesquelles la Cour constitutionnelle, produit, s'il en fût, de l'influence juridique française. Toutefois, là où la plupart des Etats d'Afrique noire francophone se sont contentés d'un télescopage, et pour certains, exclusif des dispositions françaises[48], le Pays a marqué l'œuvre

---

[47] V° BANEGAS (R), « Mobilisations sociales et oppositions sous Kérékou », *Politique africaine,* n° 54, juin 1995, p. 25-44.

[48] REYNTJENS Filip a comparé en 1991 les Constitutions des 18 pays d'Afrique francophone, il constate que la principale source d'inspiration de ces réformes est la constitution française, in *'Winds of Change in Francophone Africa',* 1990-1991, *Journal of Afnam Law,* 1991, 35, 1/2, p. 50-51. Pour un exemple concret (le Niger), v° MAIDOKA (A), « La Constitution nigérienne du 26 décembre 1992 », *Revue*

constituante du sceau du discernement et de l'imagination. C'est ainsi qu'entre autres :

- *La saisine de la Cour a été ouverte à tous les citoyens pour des actions contre des lois ou des actes administratifs promulgués*[49] *;*

- *La possibilité d'auto-saisine*[50] *(ou saisine d'office*[51]*) lui a été attribuée en cas de violation des droits fondamentaux de la personne humaine et des libertés publiques (article 121 alinéa 1*[52]*) ;*

Juridique et Politique, 47, n°3, 1993, p. 475-491. Une partie de la doctrine considère qu'il n'est pas sain d'attribuer presque systématiquement un comportement mimétique aux élites africaines chargées de rédiger une Constitution. Ce serait en effet nier le discernement, le travail de rédaction et l'originalité dont elles ont pu faire preuve. BOLLE (S), « Des constitutions made in Afrique », Communication au VI° Congrès français de droit constitutionnel, Montpellier, 9, 10, 11 juin 2005. Ainsi, ceux qui affirment trouver la trace d'un mimétisme dans les Constitutions d'Afrique noire francophone se borneraient à opter pour une approche *« macro constitutionnelle » ;* De GAUDUSSON (J), « Quel statut constitutionnel pour le Chef d'Etat en Afrique ? », in *le nouveau constitutionnalisme,* Mélanges en l'honneur de Gérard CONAC, Paris, LGDJ, 2001 ; De GAUDUSSON (J), « Défense et illustration du constitutionnalisme en Afrique après quinze ans de pratique du pouvoir », in Mélanges en l'honneur de Louis FAVOREU, Paris, Dalloz, 2007, p. 612. En revanche, v° DARBON (D), « A qui profite le mime ? Le mimétisme institutionnel confronté à ses représentations en Afrique », in *les politiques du mimétisme institutionnel* - La greffe et le rejet, Paris, l'Harmattan, 1993, p. 125 ; CABANIS (A.G) et LOUIS MARTIN (M), « Le nouveau cycle constitutionnel ultra-méditerranéen francophone et la Constitution d'octobre 1958 », in *les politiques du mimétisme institutionnel* – la greffe et le rejet, *ibidem ;*LACOME (D), « Essai sur le commerce atlantique des idées républicaines », in *les politiques du mimétisme institutionnel* – la greffe et le rejet, *op.cit.,* p. 39 ; DORANDIEU (R), « Les pèlerins constitutionnels. Eléments pour une sociologie des influences juridiques », *ibidem,* p. 83. Il s'agit en fait d'un processus d'intégration extrêmement complexe que l'on ne peut comprendre que dans une large perspective historique et dans le contexte spécifique du pays.

[49] Article 3 alinéa 3 de la Constitution.

[50]Article 30 et article 121 al. 2 de la Constitution ; v° par exemple DCC 16-003 du 07 janvier 2016, *Patrice TALON et autres, v° aussi* DCC 16-035 du 04 février 2016, *Maitre Aboubakar BAPARAPE (Avocat à la Cour et conseil de Monsieur Jacques YEMPABOU).*

[51] Cette possibilité permet de réhabiliter un nombre important de requêtes : un requérant qui serait irrecevable pour non-respect des conditions de forme, ou qui se serait désisté en cours de procédure, ne verrait pas sa cause perdue si on est dans le domaine des droits de l'homme et libertés publiques. Après avoir constaté l'irrecevabilité, la Cour se saisit d'office et analyse la requête sur le fond, v° par exemple DCC 02-083 du 25 juillet 2002, *BACHABI Arouna.* Qu'elle ait été saisie par voie d'action ou par voie d'exception, la Cour exerce ce contrôle d'office, v°

- Le contrôle obligatoire des lois organiques et ordinaires avant leur promulgation[53] *(article 117 alinéa 1er) ouvert sous demande du PR ou de tout député ;*

- Le contrôle par voie d'action après la promulgation des lois, actes réglementaires et administratifs, ouvert sous demande du citoyen. Contrairement au droit français, la loi promulguée au Bénin, n'est plus comme l'écrivait Jacques-Henri STAHL, « la référence indépassable des horizons contentieux[54] *» ;*

- L'exception d'inconstitutionnalité (il s'agit en réalité plutôt de la question préjudicielle de constitutionnalité) a été consacrée[55] *;*

- La possibilité pour la Cour de rendre une loi non promulguée exécutoire[56] *;*

- La possibilité qu'elle a de prononcer un droit à réparation des dommages résultant des inconstitutionnalités fautives[57] *;*

DCC 98-070 du 24 août 1998, *Chambre d'accusation de la Cour d'Appel de Cotonou.*

[52] Ce qui permet d'offrir une seconde chance au justiciable, au cas où sa requête serait irrecevable en la forme et pour autant qu'on serait dans le domaine des droits fondamentaux et libertés publiques. Toutefois, après avoir statué sur le fond, la Cour peut encore se déclarer incompétente.

[53] Le citoyen ne peut pas saisir la Cour avant la promulgation de la loi, ce qui n'est que normal, v° DCC 00-078 du 07 décembre 2000, *BIGOU Bio.*

[54] STAHL (J-H), « La longue marche de l'exception d'inconstitutionnalité », *in* Mélanges en l'honneur de Bruno Genevois, Dalloz, 2009, p. 998.

[55] Article 122 de la Constitution.

[56] DCC 99-058 du 29 décembre 1999, *ABISSINTI Raphaël.* Conformément à l'article 34 du RI de la Cour, la publication met fin à la suspension du délai de promulgation. Il s'ensuit que si le délai de promulgation imparti au PR est expiré, celui-ci n'est plus habilité à promulguer la loi. Par ailleurs, la décision de la Cour rendant exécutoire la loi, emporte mise à exécution dès sa publication. En vertu de l'article 57 dernier alinéa de la Constitution, la Cour, sur saisine du Président de l'AN, est compétente pour rendre exécutoire une loi qui a été déclarée conforme à la Constitution et qui n'a pas été promulguée dans les délais par le PR, v° DCC 99-030 du 17 mars 1999, *Président de l'AN.* A titre d'exemple, par sa décision DCC 99-030 du 17 mars 1999, la Cour a déclaré exécutoire la loi organique n° 94-027 du 15 juin 1999, v° aussi DCC 05-164 du 27 décembre 2005, *HODONOU Armand.*

- Le contrôle non seulement des lois, quelles qu'elles soient, mais aussi des actes de l'Exécutif (réglementaires et administratifs) et même des propos[58]*;*

- La Cour constitutionnelle est le juge de droit commun des libertés publiques ;

- Le caractère rétroactif de la Constitution du 11 décembre 1990 lorsqu'est en question un principe à valeur constitutionnelle[59] *;*

- Le contrôle en droit et en fait, en premier et dernier ressort. La Cour constitutionnelle béninoise n'étant pas une Cour suprême, il n'est pas exigé l'épuisement des voies de recours ;

- L'effet dévolutif du recours en inconstitutionnalité[60] *;*

- La Cour constitutionnelle en tant que garante de la régularité des élections présidentielles et législatives, connaît de toutes les irrégularités touchant aux candidatures, aux listes électorales et aux cartes d'électeurs (il faut rappeler que dans le système français, la qualité d'électeur, c'est-à-dire, l'inscription, le refus d'inscription, les radiations ou omissions dans l'établissement des listes sont des questions civiles qui reviennent au juge judiciaire, après l'épuisement de la phase administrative).

Un tel mécanisme recèle des originalités *–made in Bénin,* et traduit à la fois l'influence française, américaine, allemande [61] et même canadienne. Le

---

[57] DCC 07-045 du 03 juillet 2007, *LOKONON Donatien.*

[58] DCC 14-156 du 19 août 2014, *Jean Claude DOSSA* ; DCC 13-071 du 11 juillet 2013, *Serge PRINCE AGBODJAN.*

[59] V° par exemple, DCC 01-051 du 27 juin 2001, *Cour constitutionnelle.*

[60]DCC 96-002du 05 janvier 1996, *GBADAMASSI Moucharaf* ; DCC 96-010 du 24 janvier 1996, *Président de la République.*

[61] Aux termes de l'article 93 de la Loi fondamentale allemande du 23 mai 1949 relatif aux compétences de la Cour constitutionnelle Fédérale *« (1) La Cour constitutionnelle fédérale statue : (...) 4a. sur les recours constitutionnels qui peuvent être formés par quiconque estime avoir été lésé par la puissance publique dans l'un de ses droits fondamentaux ou dans l'un de ses droits garantis par les articles 20, al. 4, 33,38, 101, 103 et 104. »* Il existe deux cas où la Cour de Karlsruhe est saisie directement : celui du contrôle abstrait des normes, c'est-à-dire la saisine par des organes constitutionnels, et celui du recours individuel formé, directement contre une loi par le titulaire d'un droit fondamental affecté par celle-ci.

système béninois est ainsi un cocktail des influences juridiques qui essaie de reproduire les forces des systèmes classiques en renonçant à leurs faiblesses.

Cette hypothèse suggère que l'échec de la justice constitutionnelle dans la plupart des Etats francophones et son succès au Benin seraient liés au mimétisme des premiers et au sélectivisme du second. Elle semble tout aussi fragile : d'une part, le mimétisme est propre à toutes les civilisations juridiques et ne peut à lui seul justifier l'échec d'une institution : il est clair, par exemple, que *la démocratie* et *la République* viennent d'Athènes, la *séparation des pouvoirs* d'Angleterre, *la souveraineté démocratique* a été théorisée en France à travers l'œuvre de SIEYES et Jean Jacques ROUSSEAU, de même que le *recours pour excès de pouvoir*, *le Médiateur* de la Suède, *la régulation* des Etats-Unis, *la justice constitutionnelle* de l'Autriche et des Etats-Unis, *la conciliation* d'Afrique. Ces institutions ont pu être greffées avec succès dans plusieurs contextes sans rapport avec leur lieu de naissance, le grand jurisconsulte allemand IHERING (1818-1892) a écrit : *« La réception d'institutions juridiques n'est pas une question de nationalité mais d'utilité et de besoin. Personne ne se soucie de se servir de quelque chose de lointain, quand il a, chez lui, un outil aussi bon ou meilleur. Mais seul un fou refuserait la quinine [ce fortifiant et médicament antipaludique] au seul motif qu'elle ne pousse pas dans son jardin. »* D'autre

---

Toute personne privée titulaire d'un droit fondamental peut, en principe, contester une loi dans le cadre d'un recours individuel pour violation d'un droit fondamental *(Verfassungsbeschwerde)*. Selon l'article 93, al. 1, n° 4a, de la Loi fondamentale, *« quiconque estime avoir été lésé par la puissance publique dans l'un de ses droits fondamentaux »* peut introduire un recours individuel devant la Cour constitutionnelle fédérale. Parmi les actes de la puissance publique visés par cette disposition, figure évidemment la règle de droit (loi ou règlement) et si un particulier conteste la constitutionnalité d'une loi ou d'un règlement par cette voie, il doit le faire dans le délai d' (1) un an (art. 83, al. 3, de la loi sur la Cour), ce qui a pour conséquence d'exclure tout recours individuel contre une règle de droit ancienne. La Cour s'est efforcée de limiter le nombre des recours directs. Pour ce faire, elle a tout à la fois invoqué l'exigence d'un *« grief subi »* par le requérant pour éliminer tous les cas où l'application de la loi n'est qu'éventuelle ou peut être effacée rétroactivement ; elle a aussi invoqué l'idée selon laquelle le recours individuel devant elle est *« subsidiaire »*, pour écarter pratiquement tous les recours dirigés contre des règlements, ceux-ci pouvant faire l'objet d'un contrôle incident par tous les Tribunaux et même, dans certains Länders, d'un recours en annulation devant les Tribunaux administratifs, FROMONT (M), « Présentation de la Cour constitutionnelle fédérale d'Allemagne », *Cahiers du Conseil Constitutionnel,* n° 15, 2003, p. 163.

part, toute originalité n'est pas synonyme d'efficacité. Au lendemain des Indépendances par exemple, plusieurs régimes politiques africains ont tenté de faire valoir une certaine originalité du droit et de la société afin de restreindre allégrement les droits et libertés. Il en a été ainsi de l'idée de *« construction nationale »* comme fondement théorique des droits africains, ou de la *« zaïrianisation »* invoquée par le Maréchal MOBUTU, qui ne fut rien moins qu'une mascarade odieuse[62]. L'enjeu serait donc finalement dans l'appropriation réussie des emprunts. Selon Yves MENY, *« L'import-export institutionnel est un échange, certes plus ou moins contraint, mais aussi plus ou moins fidèle dans son exécution (...) il comporte toujours une réinvention, une réappropriation »*[63]. C'est la quatrième hypothèse.

***Inculturation des emprunts*[64].** Cette hypothèse consiste à dire que le succès du modèle béninois par rapport aux autres Etats, serait finalement tributaire de la bonne contextualisation de la justice constitutionnelle, le Bénin aurait réussi le pari de greffer les institutions importées sur un terreau social et culturel original et décomplexé. Plusieurs indicateurs appuient cette hypothèse.

- *La vision africaine de la souveraineté et du droit. S'agissant de la souveraineté,* le Président de la République ne prête-t-il pas serment devant Dieu, les Mânes des Ancêtres, la Nation et devant le Peuple béninois, seul détenteur de la souveraineté ? (article 53). Il ne fait aucun doute que cette disposition nous renseigne bien sur la nature démocratique de la

---

[62] La *« zaïrianisation »* était une sorte de décolonisation culturelle inspirée du communisme. En 1971, *« l'année des 3 Z »*. MOBUTU renomme à la fois le pays, le fleuve et la monnaie sous le nom de Zaïre. La même année, il impose un costume traditionnel, crée une version zaïroise du costume occidental : *« l'abacost »* (à bas le costume) et il oblige les Zaïrois à choisir des prénoms d'origine africaine et locale (non chrétien), ce qu'il fait lui-même en devenant *Mobutu Sese Seko Kuku Ngbendu Wa Za Banga*, c'est-à-dire *« Mobutu le guerrier qui va de victoire en victoire sans que personne ne puisse l'arrêter »*. Cette *« Zaïrianisation »* s'étendra à l'économie avec des nationalisations et sera un argument contre les droits de l'homme.

[63] MENY (Y), « La greffe et le rejet », in *Les politiques du mimétisme institutionnel, la greffe et le rejet*, éd. l'Harmattan, 1993, p.10.

[64] BUIJTENHUIJS et THIRIOT affirment que *« le débat sur la nature du constitutionnalisme ces dernières années en Afrique renvoie au problème de 'l'africanité' ou de 'l'extériorité' des règles constitutionnelles »*, in *Démocratisation en Afrique au Sud du Sahara,* 1992-1995, Bordeaux et Leiden, Centre d'Etude d'Afrique Noire et Centre d'Etudes Africaines, 1995, p. 46.

souveraineté telle qu'exposée par les travaux de Jean Jacques ROUSSEAU[65] et l'Abbé Emmanuel SIEYES[66], ce qui rend spécieuse toute tentative d'en déduire une souveraineté de type théocratique ou traditionnel[67]. Toutefois, l'article 53 exprime clairement la conception africaine du Monde. Les Mânes[68] qui sont solidairement destinataires du serment présidentiel sont une originalité africaine. L'africain conçoit le Monde comme un système de forces où il y a très peu de place pour la notion de hasard, qui ne cache en réalité que l'ignorance de l'interaction des forces visibles et invisibles. La vie, la mort, la maladie, la santé trouvent leurs explications dans la relation de l'homme au Monde, de l'homme à ses ancêtres et finalement à Dieu.

S'agissant des droits, la conception est *humaniste et individualiste*[69]. Le droit vise et doit viser le bonheur de l'homme. Ceci découle clairement de la

---

[65] La souveraineté populaire est le véritable fondement du contrat social de Jean-Jacques ROUSSEAU, *Du contrat social,* éd. Marc Michel Rey, 1762.

[66] SIEYES (E), *Qu'est-ce que le Tiers Etat ?,* Document électronique (Données textuelles), pp. 111- 112, disponible sur *http:// gallica. bnf. fr.*

[67]DCC 09- 033 du 12 mars 2009. Dans cette importante décision, la Cour contrôle la constitutionnalité de la dénomination d'une association traditionnelle : *« Conseil suprême des souverains du Bénin »,* elle conclut que ladite association n'a pas la prétention de revendiquer la *« souveraineté »* et qu'il n'existe pas une concurrence entre la structure dirigeante dudit Conseil et les pouvoirs publics. Dans les Royaumes de l'Afrique subsaharienne, il existait des lois *« non-écrites »* qui fixaient des limites à l'exercice de l'autorité du Monarque, v° PERROT (C.H), « Le contrôle du pouvoir royal dans les Etats Akan aux XVIIIe et XIXe siècles », in CONAC (G), dir., *L'Afrique en transition vers le pluralisme politique,* Paris, 1993, p. 149 ; v° aussi BAYART (J.F), *L'Etat en Afrique,* Paris, 1989. Dans une autre décision, la Cour précise clairement que *« la royauté n'étant pas une institution républicaine, ni la Constitution, ni la loi ne lui donnent compétence en matière de justice »,* DCC 02-014 du 19 février 2002, *GBAGUIDI Boris.* Cette décision semble entrer en opposition avec l'article 10 de la Constitution qui dispose que *« toute personne a droit à la culture. L'Etat a le devoir de sauvegarder et de promouvoir les valeurs nationales de civilisations tant matérielles que spirituelles ainsi que les traditions culturelles ».*

[68]Dans la conception romaine, les mânes sont des âmes des morts, considérées comme des divinités. En Afrique, il s'agit des âmes des aïeux vivants dans l'au-delà et capables d'agir sur nous positivement ou négativement. On distingue dès lors des « mânes bienveillantes » et des « mânes malveillantes », v° GAULTIER, *Bovarysme,* 1902, p. 290.

[69]HOLO (T), « Le citoyen : pierre angulaire de la justice constitutionnelle au Bénin », Communication au 6ème Congrès de l'Association des Cours et Conseils Constitutionnels ayant en partage l'usage du français (ACCPUF), Marrakech-Royaume du Maroc, les 4, 5 et 6 juillet et le 24 août 2012.

profession de foi métajuridique de l'alinéa 3 du Préambule. Après avoir réaffirmé son opposition radicale à tout régime politique fondé sur l'arbitraire, la dictature, l'injustice, la corruption, la confiscation du pouvoir et le pouvoir personnel (alinéa 1 du Préambule), l'alinéa 3 est formulé comme suit : *« nous, Peuple Béninois : affirmons solennellement notre détermination par la présente constitution de créer un Etat de droit et de démocratie pluraliste, dans lequel les droits fondamentaux de l'homme, les libertés publiques, la dignité de la personne humaine et la justice sont garantis, protégés et promus* ***comme la condition nécessaire*** *au développement véritable et harmonieux de chaque Béninois, tant dans sa dimension temporelle, culturelle que spirituelle »*.

- *Au nombre de ces originalités, l'adhésion à la cause dite « africaine »* est affirmée avec force. Cette cause vise à mettre fin aux guerres fratricides, à rattraper l'écart de développement qui sépare le Continent des autres peuples et le besoin de dignité mis à mal par les accidents de l'histoire, l'esclavage, le colonialisme, le néo-colonialisme, le racisme. Dans ce contexte, on ne s'étonnerait pas de ce que la principale norme de référence de la Cour constitutionnelle, après la Constitution, est bien la Charte Africaine de Droits de l'Homme et des Peuples de 1986[70], (ce qui témoigne s'il en était encore besoin de cette africanité).

- *Le formalisme allégé et la gratuite de la procédure* participent de l'inculturation de la justice au Bénin[71], dans un contexte où la pauvreté et le déficit d'éducation désarment parfois le citoyen face à un droit d'inspiration occidentale, qui emprunte trop souvent des tournures, un vocabulaire et des procédures techniques et alambiquées, qu'ils laisseraient le justiciable dans une semi-hébétude et une posture hargneuse, tout en alimentant son peu de confiance aux institutions de la République.

---

[70] V° entre autres, DCC 02-058 du 04 juin 2002, FAVI Adèle, Recueil, 2002, p. 243.

[71] Aux termes de l'article 31, alinéa 2 du RI de la Cour : *« Pour être valable, la requête émanant d'une organisation non gouvernementale, d'une association ou d'un citoyen doit comporter ses nom, prénom, adresse précise et signature ou empreinte digitale »*.

A côté du modèle américain de justice constitutionnelle révélé à travers la célèbre affaire *MARBURY vs MADISON*[72] (1803) et du modèle européen[73] mis en lumière à travers l'exemple autrichien[74] par la retentissante thèse de Charles EISENMANN[75] inspirée de son Maître Hans KELSEN[76], ceux d'autres auteurs européens[77] parmi lesquels Georges VEDEL, Louis

---

[72] Arrêt *MARBURY vs MADISON* (1 Cranch 137, 1803).Par l'arrêt *FLETCHER Vs PECK*(1810), la Cour Suprême est parvenue à faire admettre, malgré la réticence des Etats fédérés, sa capacité à contrôler la conformité à la Constitution fédérale, non seulement des lois fédérales, mais aussi d'une loi adoptée dans un Etat fédéré ; la Cour Suprême s'est enfin imposée comme le juge constitutionnel suprême des Etats-Unis, à travers l'arrêt *MARTIN vs HUNTER'S LESSEE* (1816).La Constitution de 1787 ne contient aucune disposition instaurant un contrôle de constitutionnalité des normes, v° ZOLLER (E), « Présentation de la Cour suprême des Etats-Unis », *Cahiers du Conseil Constitutionnel,* n° 5, p. 49 ; ZOLLER (E), « L'américanisation du droit constitutionnel : préjugés et ignorances », *Arch. Phil. dr.,* 2001, t. 45 ; *Les grands arrêts de la Cour suprême des Etats-Unis,* Paris, PUF, 2000, p.14. ; « Comment une question politique peut-elle devenir une question judiciaire aux Etats-Unis ? Le verrou de l'intérêt pour agir », in *Le dialogue des juges,* Mélanges en l'honneur du Président Bruno GENEVOIS, Paris, Dalloz, 2009, pp. 1139-1156 ; « Etats-Unis : le pouvoir discrétionnaire de juge de la Cour suprême », *Pouvoirs,* 1998, n°84, pp. 163-175 ; « Considérations sur les causes de la puissance de la Cour suprême des Etats-Unis et de sa retenue », *C.C.C.,* 2011, n°33, pp. 231-251 ; LAMBERT (J), « Les origines du contrôle judiciaire de la constitutionnalité des lois fédérales aux Etats-Unis », in *Revue du droit,* 1931, p. 9 et s.

[73] Une vue objective conduit à préciser que l'intérêt de cette modélisation est purement théorique. Pour ce qui est des Etats européens, les différentes variétés de contrôle relevées ne sont nullement exclusives les unes des autres.

[74] PINI (J), « La Cour Constitutionnelle autrichienne et les rapports entre juge constitutionnel et le pouvoir constituant », *Cahiers du Conseil Constitutionnel* n° 7, 1999. Historiquement, la première Cour constitutionnelle est celle de l'Autriche, créée par la loi autrichienne du 01 octobre 1920, par transformation du Tribunal d'Empire qui datait de 1867, sous l'impulsion de Hans KELSEN, inspirateur de la Constitution autrichienne de 1919. Elle sera ensuite consacrée sous des dénominations diverses par : la Constitution de l'Autriche du 27 avril 1945 ; la loi constitutionnelle italienne du 26 février 1948 ; la Loi fondamentale allemande du 23 mai 1949 ; la Constitution française du 27 octobre 1946 et surtout celle du 04 octobre 1958 ; la Constitution grecque du 09 juin 1975 ; la Constitution portugaise du 02 avril 1976 ; la Constitution espagnole du 27 décembre 1978…

[75] EISENMANN (C), *La justice constitutionnelle et la Haute Cour constitutionnelle d'Autriche,* LGDJ, Paris, 1928 (rééd. Economica et PUAM, 1986), p. 21 et ss.

[76] Pour Hans KELSEN, la justice constitutionnelle est *« la garantie juridictionnelle de la Constitution »,* KELSEN (H.), « La garantie juridictionnelle de la constitution », *RDP,* 1928, t. 45ème, pp. 197-257.

[77] Les caractéristiques du modèle américain : le contrôle est diffus, concret, *a posteriori,* par voie d'exception. Les décisions rendues ont une autorité relative de la chose jugée (effet *inter partes*).Toutefois, il existe *« la règle du précédent ».* Le

FAVOREU[78], François LUCHAIRE[79]. Nous prétendons qu'il y aurait un modèle africain [80], du moins *une philosophie africaine de justice constitutionnelle* dont le Bénin et l'Afrique du Sud seraient l'illustration. La justice constitutionnelle en Afrique ne vise pas de manière directe la *« souveraineté de la Constitution* [81] *»*, ni *« la parfaite cohérence de l'ordonnancement juridique »*, ni même *« la garantie juridictionnelle de la Constitution »*. De même, la démocratie et l'Etat de droit libéral ne sont pas les fins ultimes de la justice constitutionnelle au Bénin, ces principes créent simplement les conditions permettant la réalisation des vrais objectifs que sont la paix et le développement intégral de l'homme. Ce que le Peuple voulait en 1990, n'était ni la primauté de la Constitution *per se,* ni le respect des procédures purement constitutionnelles, mais un nouveau contrat social et politique, un pacte assis sur de nouvelles valeurs. La CFVN convoquée prioritairement pour exorciser le mal être politique béninois et conjurer une crise sociale et politique inéluctable, servira de ferment à la revitalisation de la démocratie[82]. La Constitution n'est que la formalisation de ces clauses.

---

modèle européen en revanche est un contrôle concentré, abstrait, par voie d'action, *a priori* (un contrôle *a posteriori* par voie d'action peut être de plus prévu), les décisions rendues ont autorité absolue de la chose jugée (effet *erga omnès*).

[78]FAVOREU (L), « La notion de Cour constitutionnelle », in *De la constitution,* Etudes en l'honneur de Jean-François AUBERT, Bale – Francfort – Sur – le - main, Helbing et Lichtenhahn, 1996, pp. 15-27 ; « La légitimité du juge constitutionnel » *RIDC,* 2-1994, pp. 557-581 ; « Le principe de constitutionnalité », in Mélanges EISENMANN, Paris, Cujas, 1975, pp. 33 et ss. ; du même auteur, « La modernité des vues de Charles Eisenmann sur la justice constitutionnelle », in *La pensée de Charles EISENMANN* sous la direction de Paul AMSELECK, Economica, 1986, pp. 85-101 ; « Brèves réflexions sur la justice constitutionnelle en Afrique », in *Les Cours suprêmes en Afrique II : la jurisprudence,* Paris, Economica, 1989 ; FROMONT (M.), « La justice constitutionnelle en Europe », in *Présence du droit public et des droits de l'homme,* Mélanges offerts à Jacques VELU, Bruxelles, Bruylant, pp. 297-306.

[79] LUCHAIRE (F), « Le Conseil constitutionnel, régulateur de l'activité des pouvoirs publics », *RDP,* 1967 ; BARBAROUSSIS (N.), *La fonction régulatrice du Président de la République hellénique,* Paris, LGDJ, 2000.

[80] DIALLO (I), « A la recherche d'un modèle africain de justice constitutionnelle », *Annuaire International de Justice Constitutionnelle,* XX- 2004, pp. 93-120.

[81] Cette notion n'a d'ailleurs pas de sens, si tant est que la souveraineté est un acte d'une volonté libre, la Constitution en tant qu'œuvre humaine n'a pas de volonté par elle-même, elle exprime en revanche la volonté de ceux qui l'ont élaborée. On ne pourrait dès lors pas parler de *« souveraineté de la constitution »* : le testament en droit civil exprime non pas sa propre volonté mais celle du testateur.

[82] HOLO (T), « Démocratie revitalisée ou démocratie émasculée ? Les constitutions du renouveau démocratique dans les États de l'espace francophone africain : régime

Les aspirations exprimées par les délégués à la Conférence nationale furent, d'une part, l'organisation de la limitation de l'exercice du pouvoir par l'instauration d'organes de contrôle destinés à servir de contrepoids et, d'autre part, les garanties d'une protection efficace des droits fondamentaux de la personne humaine et des libertés publiques[83]. Le Rapporteur général de la Conférence résume fort bien cette soif ardente du Peuple béninois : « *Vous voulez un Etat de droit où le pouvoir exécutif, le pouvoir législatif, le pouvoir judiciaire soient clairement séparés. Et vous voulez une presse libre et responsable. Et vous voulez aussi que puissent s'exprimer et fleurir des mouvements associatifs, des coopératives dynamiques et productrices de biens. Vous voulez que les hommes et les femmes de ce pays aient le droit absolu et inaliénable à mettre l'intelligence au centre de leur vie. Et vous avez bien voulu retenir ce mot d'un philosophe contemporain : 'Quand l'intelligence déserte le forum, la médiocrité s'installe et tout finit en dictature'*[84] ». La Conférence s'attribuera par une auto proclamation de souveraineté, un pouvoir constituant originaire. Cet acte révolutionnaire rappelait le précédent français des *Etats généraux,* qui, en juin 1789, s'étaient transformés en Assemblée constituante. Le résultat de la Conférence sera donc l'institution d'une nouvelle **constitution politique,** d'un nouvel ordre politique[85] et d'une nouvelle **constitution sociale.** La Cour constitutionnelle dans ce contexte s'est vue attribuer un rôle prométhéen, celui de gardienne de ce compromis, mieux, de ce nouvel ordre métajuridique. L'expérience montre qu'elle ne se laisse pas enfermer par le prescrit constitutionnel. Le constituant a fait du juge constitutionnel la cheville ouvrière de son architecture démocratique, mais encore l'instrument privilégié de l'édification de l'État de droit libéral.

Un exposé de la grille de compétences de la Cour constitutionnelle au Bénin ne la différencie pourtant guère des juridictions classiques. Aux termes de l'article 114, *« la Cour constitutionnelle est la plus haute juridiction de l'Etat en matière constitutionnelle. Elle est juge de la constitutionnalité de la loi et elle garantit les droits fondamentaux de la personne humaine et les*

---

juridique et système politique », *Revue Béninoise de Sciences Juridiques et Administratives*, 2006, n°16, pp. 17-18.

[83] HOLO (T), « Émergence de la justice constitutionnelle », *op.cit.,* p. 101 et s.

[84] V° EBOUSSI BOULAGA (F), *Les Conférences nationales en Afrique noire : une affaire à suivre*, éd. Karthala, 2009, p. 184.

[85] V° HOLO (T), « Constitution et nouvel ordre politique au Bénin », in *Revue Béninoise des Sciences Juridiques et Administratives*, n° 13, décembre 1989.

libertés publiques. Elle est l'organe régulateur du fonctionnement des institutions et de l'activité des pouvoirs publics ». Il est illusoire toutefois de résumer ces fonctions comme le font certains auteurs, en affirmant que la Cour constitutionnelle serait la gardienne de la suprématie de la Constitution, pour trois raisons : la suprématie constitutionnelle n'est plus unanimement admise ; le paradigme hiérarchique tend à s'effriter devant la coordination ; la Constitution est habituellement conçue dans un sens formel et procédural alors qu'elle a un sens matériel opératoire, que nous souhaitons mettre en avant dans la présente étude[86]. Cela étant, la Cour constitutionnelle remplit à travers le droit, une fonction politique et une fonction sociale.

Dans sa ***fonction politique***, elle est garante du consensus de 1990, elle met en œuvre ***la constitution politique*** à travers deux principes fondamentaux de la philosophie politique : ***le principe de la souveraineté démocratique*** et ***le principe de la séparation des pouvoirs.*** S'agissant du premier, elle assure la sincérité des opérations électorales nationales, aussi bien lorsque la souveraineté s'exprime par des mécanismes de *démocratie indirecte* concernant le choix des représentants (élections présidentielles et législatives) que lorsqu'elle s'exprime par *la démocratie directe,* à travers le référendum. Ce faisant, elle préserve la paix sociale et la cohésion nationale. Les lendemains des élections en Afrique sont souvent émaillés d'effusions de sang [87] comme en témoignent les malheureux événements de Côte-d'Ivoire en 2010, ou ceux plus récents du Burundi en 2015, ou encore ceux

---

[86] Raymond CARRE de MALBERG estime que la notion *matérielle* de la constitution est *« dépourvue de valeur, du moins du point de vue juridique. En droit, le critérium qui permet de discerner les lois constitutionnelles des lois ordinaires, réside uniquement dans un élément de forme : la notion de Constitution est purement formelle »,* in *Contribution à la théorie générale de l'Etat*, Sirey, Paris, 1920, C.N.R.S., 1962, t. 2, p. 572. Idée partagée par Georges VEDEL qui souligne : *« Ce qui est essentiel [dit-il], du point de vue de la technique juridique dans la théorie générale de la Constitution, c'est le point de vue formel, car c'est lui seul qui permet de distinguer les lois constitutionnelles des lois ordinaires. Enfin (...) la conception matérielle de la Constitution n'est pas retenue en droit français »,* in *Manuel de droit constitutionnel, op. cit.,* p. 113. Plus récemment, le Doyen VEDEL rappelle qu'en droit, *« il n'existe pas de définition matérielle de la Constitution. Est constitutionnelle, quel qu'en soit l'objet, toute disposition émanant du pouvoir constituant »,* VEDEL (G), « Schengen et Maastricht : à propos de la décision n°91-294 DC du Conseil constitutionnel du 25 juillet 1991 », in *Revue française de droit administratif,* 1992, p.178.

[87] KANE (E), « Les obstacles structurels et culturels à l'épanouissement de la justice constitutionnelle en Afrique », disponible sur *unpan1.org/infradoc.*

du Congo-Brazzaville. Ceci passe par la préservation de la démocratie, mieux la garantie de ***la constitution politique*** **(Partie I).**

Dans sa ***fonction sociale,*** la justice constitutionnelle au Bénin permet de corriger les excès de ***la constitution politique***[88], car les dérives sont connues, notamment l'ultra-représentativité, c'est-à-dire la confiscation du pouvoir, dans leurs propres intérêts, par les représentants. Pour éviter cet excès, elle va, d'une part, soumettre tout acte de l'autorité exécutive et législative y compris les actes de l'autorité administrative, contraires à la Constitution, à la sanction du juge constitutionnel à la demande du citoyen. C'est la traduction de ***l'Etat de droit.*** D'autre part, elle assure au citoyen l'exercice effectif de ses droits constitutionnels subjectifs, mais aussi le droit à la réparation de violations éventuelles, en tenant compte des contre-principes limitatifs qui, loin d'être des freins, sont les conditions d'exercice optimal des droits et libertés. Il ne s'agit pas simplement de droits civils et politiques, mais des droits socio-économiques, des droits de solidarité et de développement. Ce faisant, la Cour assure la préservation de ***l'Etat de droit libéral***, mieux de ***la constitution sociale*** **(Partie II).**

---

[88] La distinction entre *« constitution politique »* et *« constitution sociale »* est attribuable en réalité au Maître de Toulouse, Maurice HAURIOU, qui explique que la *« constitution politique »* est changeante et la *« constitution sociale »* permanente. Cette distinction ne doit toutefois pas, dans le cadre de notre analyse, être comprise dans ce sens, v° HAURIOU (M), *Précis de droit constitutionnel,* sirey, paris, 2ème éd., 1929, réimprimé par le CNRS en 1965, p. 626. HAURIOU place la DUDH dans la *« constitution sociale »* pour expliquer sa subsistance aux changements. Cette idée se retrouvait déjà chez Emmanuel SIEYES qui disait devant le Comité de la Constitution en juillet 1789 que : *« Toute union sociale, et, par conséquent, toute constitution politique ne peut avoir que pour objet de manifester, d'étendre et d'assurer les droits de l'Homme et du citoyen »,* in *Archives parlementaires,* t. VIII, p. 256. La théorie de la « constitution matérielle » a trouvé un renouveau au sein de la doctrine italienne, sous la plume notamment du constitutionnaliste Costantino MORTALI. Selon le constitutionnaliste italien, la constitution ne peut se réduire aux éléments formels (constitution formelle), elle est reliée à l'ordre social et représente son organisation (constitution matérielle) : la Constitution écrite qui est formelle et rigide, englobe la constitution matérielle dans un document et la révision de la Constitution peut donc affecter la constitution formelle comme la constitution matérielle. Dans cette dernière hypothèse, toutefois, il y aurait une mutation constitutionnelle soumise à des limites, c'est-à-dire les objectifs de base qui ne peuvent être remis en cause sans entraîner un changement de la constitution matérielle, v° MORTATI (C), *La Costituzione in senso materiale,* Milano, Giuffrè, 1998; v° aussi MODERNE (F), '*Réviser' la Constitution*, Paris, Dalloz, 2006, pp. 12-13.

L'étude est basée sur la lecture et l'exploitation de vingt-trois ans (23) ans de jurisprudence constitutionnelle, qui inclut le contrôle de constitutionnalité, le contentieux et la proclamation des résultats des élections nationales (présidentielles et législatives), des opérations référendaires, pour la période allant de 1991 à avril 2016. Elle se base également sur tous les textes de référence de la Cour constitutionnelle[89]. Par ailleurs, nous avons eu des audiences avec des acteurs de la justice constitutionnelle au Bénin (notamment, l'audience avec le Président de la Cour, le Professeur Théodore HOLO, le 17 avril 2015[90]).

---

[89] A côté des textes insérés en Annexes, il faut prendre en compte : *le décret 2014-118 du 17 février 2014 portant attributions, organisation et fonctionnement du Secrétariat Général de la Cour constitutionnelle* ; *le décret 96-34 du 05 février 1996 portant création, organisation, fonctionnement et attributions du Greffe de la Cour constitutionnelle ;le décret n° 97-274 du 9 juin 1997 portant modification du décret n° 94-012 du 26 janvier 1994 portant attributions, organisation et fonctionnement du Secrétariat Général de la Cour ; le décret n° 97-275 du 09 juin 1997 portant modification de l'article 2 du décret 94-11 du 26 janvier 1994 sur les obligations des membres ; le décret n° 94-11 du 26 janvier 1994 portant obligations des membres de la Cour.*

[90] L'essentiel des échanges a donné lieu à un numéro du journal *La Nation* du 27 avril 2015.

Partie 1.

GARANTIE DE LA CONSTITUTION POLITIQUE

Le Peuple béninois ayant affirmé de manière non équivoque son choix pour la démocratie [91] *(supra, p. 31),* le constituant le traduira à travers deux principes fondamentaux de la philosophie politique que sont *la souveraineté démocratique* et *la séparation des pouvoirs.*

S'agissant du principe de *souveraineté,* la Constitution détermine non seulement son titulaire, mais également ses modalités d'exercice. Elle rappelle ses deux aspects : international[92] (titre 1er, article 1er alinéa 1er de la Constitution) : « *L'Etat du Bénin est une République indépendante et souveraine* » ; et l'aspect national (article 3) : « *La souveraineté nationale appartient au Peuple. Aucune fraction du Peuple, aucune communauté, aucune corporation, aucun parti ou association politique, aucune organisation syndicale ni aucun individu ne peut s'en attribuer l'exercice. La souveraineté s'exerce conformément à la présente Constitution qui est la Loi Suprême de l'Etat*». La Cour a affirmé, à propos de l'examen de *la loi n°2001-21 portant Charte des Partis politiques,* le caractère impératif de l'article 5 de la Constitution qui leur impose le respect des principes de souveraineté nationale, de démocratie, d'intégrité territoriale, de laïcité. La Cour a estimé aussi que la loi soumise à son examen viole le principe du pluralisme démocratique et de la liberté d'association[93].

---

[91] La Constitution exclut les régimes militaires et les coups d'Etat (v° les articles 64 et 65). Tout militaire ou membre de la Sécurité publique qui aspire à la fonction présidentielle doit au préalable donner sa démission, il en va de même s'il souhaite être Député (article 81 al. 3) ; l'alinéa 4 dispose que l'intéressé peut dans ce cas prétendre aux droits acquis conformément au statut de son corps.

[92] La Cour constitutionnelle a, dans une décision rendue en 2014, défini « *un Etat souverain* » comme « *(...) un Etat qui a la compétence de sa compétence, qu'il peut à son gré élargir ou restreindre le champ de cette compétence (...)* ». Elle juge par conséquent que l'usage du franc Cfa comme monnaie en République du Benin n'est pas contraire à la Constitution, v° DCC 14-170 du 11 septembre 2014, *Mouphtaou BOUKARI.* La garantie de la souveraineté internationale de l'Etat appartient au Président de la République (Titre III, article 41 de la Constitution). Il assure ainsi l'Indépendance nationale, l'intégrité territoriale, le respect de la Constitution, des traités et accords internationaux.

[93] V° DCC 01-083 du 21 aout 2001, *Président de la République.* Elle a estimé également que le fait pour une association de se dénommer « *Conseil Suprême des*

L'option semble avoir été prise à la fois pour la théorie rousseauiste de la souveraineté populaire (à travers le recours au Peuple à des intervalles réguliers par le référendum) et à certains éléments de la théorie de la souveraineté nationale. La Constitution affirme en effet le principe de la représentation, cher à l'Abbé Emmanuel SIEYES (article 4) : *« Le peuple exerce sa souveraineté par ses représentants élus et par voie de référendum »*. Et l'article 80 dispose que *« (...) Chaque député est le représentant de la Nation toute entière et tout mandat impératif est nul »*. Le Bénin est ainsi un système de démocratie semi-directe.

S'agissant de l'exercice du pouvoir, la Constitution rejette avec fermeté le régime de confusion des pouvoirs. Elle consacre en revanche la théorie de la *séparation des pouvoirs* de John LOCKE et de MONTESQUIEU. Elle opte pour une séparation stricte, faisant du Bénin un régime présidentiel[94]. Sur ce point, la Constitution du 11 juin 1990 entend marquer une rupture forte avec le passé, en ce qu'elle comporte diverses références à la séparation des pouvoirs. Le Préambule (alinéa 1) souligne sans équivoque : *« Réaffirmons notre opposition fondamentale à tout régime politique fondé sur l'arbitraire, la dictature (...) la confiscation du pouvoir et le pouvoir personnel (...) »*. Selon l'article 125 de la Constitution : *« Le Pouvoir Judiciaire est indépendant du Pouvoir Législatif et du Pouvoir Exécutif »*. Le juge constitutionnel [95] rattache également au principe de la *séparation des pouvoirs* l'article 59 qui dispose : *« Le Président de la République assure l'exécution des lois et garantit celle des décisions de justice »*. Dans une décision rendue en 1998, il nous renseigne sur la nature souple de la séparation aménagée par le constituant : *« Considérant que le principe de la séparation des pouvoirs posé à l'article 125 de la Constitution signifie que chacun des pouvoirs exerce ses compétences sans que l'un puisse exercer celles des autres, ni s'immiscer dans l'exercice de ses attributions (...) que la Constitution n'instaure pas une séparation rigide des pouvoirs mais*

Souverains du Bénin » n'est pas contraire à la Constitution, à partir du moment où les Statuts de ladite structure dispose qu'elle constitue *« un cadre de solidarité et de développement, à but non lucratif et apolitique regroupant les vrais garants de la tradition béninoise »*. Il faut en déduire, selon la Cour, qu'elle n'a aucune prétention ou revendication de la souveraineté appartenant au Peuple béninois ; v° aussi DCC 09-033 du 12 mars 2009. De même, la Haute juridiction estime que la non-exécution d'une décision de justice ne saurait être interprétée comme une atteinte à la souveraineté (DCC 05-028 du 31 mars 2005, *KILAYOSSI Amma*).

[94] Il s'agit en réalité d'un régime semi-présidentiel.

[95] DCC 02-005 du 16 janvier 2002, *KOUDJETCHEOUN Zowedo.*

organise dans certaines dispositions la collaboration entre les différents pouvoirs »[96]. Il découle de cette décision que la Constitution a institué au Bénin un régime présidentiel qui conforte la séparation et l'autonomie des pouvoirs, au sens organique et fonctionnel. Chaque pouvoir étant une entité à part entière, il reste par conséquent maître de l'activité qui lui est confiée[97].

Dans sa dimension politique, la Cour intervient pour veiller au respect de ces sacro-saints principes. Elle vérifie, d'une part, les conditions de recours au référendum, la décision retenue lorsqu'il est fait usage du référendum, doit bien être celle du Peuple, et les représentants désignés doivent correspondre à la volonté exprimée de celui-ci. D'autre part, elle essaie de contenir les pouvoirs constitutionnels dans les limites fixées par le texte fondamental. La fonction politique de la justice constitutionnelle est accomplie à travers le contrôle de l'exercice de la souveraineté démocratique (Titre I) et le contrôle du respect de la séparation des pouvoirs (Titre II). Ces principes permettent d'éviter des crises institutionnelles et garantissent par ailleurs la paix sociale[98], toutes choses qui assurent la stabilité de la constitution politique.

---

[96] DCC 98-042 du 14 mai 1998, *AYIKPE Louis.*

[97] Ce principe de la spécialisation fonctionnelle n'est toutefois pas absolu. Il admet un certain nombre d'exceptions qui résultent de la Constitution elle-même. En effet, la Constitution a donné aux pouvoirs exécutif et législatif le privilège de nommer les membres des institutions tels la Cour constitutionnelle, la Haute Autorité de l'Audiovisuel et de la Communication, le Conseil Economique et Social… et à la Cour constitutionnelle, le pouvoir de réguler le fonctionnement des autres institutions. Dans l'exercice de cette compétence, la Haute juridiction a eu à donner des injonctions aux pouvoirs publics, bien qu'elle ait toujours démenti une telle intrusion.

[98] De GAUDUSSON (J), « Les solutions constitutionnelles des conflits politiques », in *Afrique contemporaine,* n° spéc., 4ème trimestre, 1996, pp. 250-256. Du même auteur, « Les élections à l'épreuve de l'Afrique », in *Les Cahiers du Conseil constitutionnel,* n° 13, « Etudes et doctrine. La sincérité du scrutin », Dalloz, 2002.

Titre 1.

PRINCIPE DE LA SOUVERAINETE DEMOCRATIQUE

L'élection ou plus globalement la votation n'est pas forcément synonyme de démocratie. Tout dépend à la fois des conditions de recours et du déroulement de pareilles opérations.

S'agissant tout d'abord du référendum, expression de la démocratie directe, la pratique constitutionnelle dans le monde montre qu'il est souvent instrumentalisé aux fins de légitimer un régime politique défaillant ou de justifier des choix politiques périlleux. Il prend alors des allures plébiscitaires. Historiquement en France, son usage à des fins plébiscitaires par les deux BONAPARTE : NAPOLEON Ier d'abord (en 1799[99], 1802[100], 1804[101] et 1815[102]) et NAPOLEON III ensuite (en 1851[103], 1852[104] et

---

[99] NAPOLEON BONAPARTE, après le refus du Conseil des Cinq-cents de réviser la Constitution de l'An III, fait le coup d'État du 18 brumaire An VIII et prend le pouvoir avec Emmanuel SIEYES et Roger DUCOS, établissant un Consulat provisoire. La Constitution de l'An VIII est promulguée le 25 décembre 1799 et ratifiée ensuite par plébiscite le 7 février 1800.

[100] En 1802, NAPOLEON souhaite remplacer le Consulat décennal par le Consulat viager. La question posée au Peuple est sans ambiguïté : *« Napoléon Bonaparte sera-t-il consul à vie ? »*, le « OUI » l'emporte à 50,98% contre 0,12% de « NON », sur un taux de suffrages exprimés de l'ordre de 51,10% ; v° l'Arrêté des Consuls du 20 floréal an X (10 mai 1802) et le *sénatus-consulte* du 14 thermidor An X (2 août 1802).

[101] Le référendum de 1804 est dans cette même logique de construction d'un pouvoir monarchique et impérial. La question est à la forme affirmative : *« Le peuple veut l'hérédité de la dignité impériale dans la descendance directe, naturelle, légitime et adoptive de Napoléon Bonaparte et dans la descendance directe naturelle et légitime de Joseph Bonaparte et de Louis Bonaparte, ainsi qu'il est réglé par le sénatus-consulte de ce jour ».* Une nouvelle fois les résultats sont favorables au « OUI », 50,31% contre 0,03 %, sur un taux de suffrages exprimés de 50,34% ; v° décret du 29 floréal an XII (19 mai 1804) portant règlement du mode de présentation à l'acceptation du Peuple, de la proposition énoncée à l'article 142 du *sénatus-consulte* organique du 28 floréal An XII.

[102] Le référendum de 1815 rétablit l'Empire, il modifie les Constitutions de l'Empire, notamment l'acte constitutionnel du 22 frimaire An VIII, les *sénatus-consultes* des 14 et 16 thermidor An X, et celui du 28 floréal An XII. Le Peuple est invité à approuver la Constitution. Le pourcentage des suffrages exprimés est faible (18,71 %), pour 18,64% de « OUI » contre 0,06 de « NON ».

[103]Les 20 et 21 décembre 1851, la question fut la suivante : *« Le Peuple français veut le maintien de l'autorité de Louis-Napoléon Bonaparte, et lui délègue les*

1870[105]) l'a, pour une longue période, discrédité, jusqu'à ce que le Général de GAULLE y recourt le 21 octobre 1945 pour donner une légitimité démocratique à la reconstruction constitutionnelle de la France. Qui n'a pas souvenance de ce référendum organisé par le Maréchal MOBUTU du Congo-Kinshasa (ex-Zaïre) en pleine contestation de son autorité par la communauté internationale, où le Peuple fut invité à opérer un choix insolite entre deux valeurs visiblement inégales : la *paix* ou le *désordre*. Il est évident que les partisans de *la paix* l'emportèrent à une écrasante majorité. Les résultats de cette mascarade épouvantable furent ensuite brandis pour témoigner de l'amour et du soutien du Peuple à son Chef éclairé, le grand Timonier. Georges BURDEAU définit précisément le plébiscite comme *« (...) une parodie d'exercice de la souveraineté du peuple qui a pour objet d'en légitimer la confiscation par l'homme vers lequel sont allés les suffrages (...) »*[106].

S'agissant ensuite des élections des représentants, notons qu'en Afrique noire francophone, il est rare pour un Président d'organiser des élections et les perdre, car il y a généralement une inégalité des moyens de campagne, le PR usant des moyens administratifs (véhicules, médias, personnels...) pour construire sa victoire. L'arbitre de ces opérations est loin d'être impartial. Lorsqu'il ne s'agit pas du Ministère de l'intérieur (Administration territoriale) dont les responsables sont nommés, ce sont des commissions

---

pouvoirs nécessaires pour établir une constitution sur les bases proposées dans sa proclamation du 2 décembre 1851 », v° l'ouvrage de Léon MUEL, *Gouvernements, ministères et constitutions de la France depuis cent ans*, Paris, 1891, p. 278. HUARD dans son ouvrage sur le suffrage universel en France donne 9 839 076 inscrits ; et Frédéric BLUCHE dans un travail relativement récent, *Le peuple, le prince et le droit*, PUF, Paris, 2000, propose les chiffres suivants : inscrits (9 908) 915, « OUI » (7 473 159), « NON » (641 892), « NULS » (37 501).

[104] Institution du Second Empire. La question : *« Le peuple veut le rétablissement de la dignité impériale dans la personne de Louis Napoléon Bonaparte, avec hérédité dans sa descendance directe, légitime ou adoptive, et lui donne le droit de régler l'ordre de succession au trône dans la famille Bonaparte, ainsi qu'il est prévu par le sénatus-consulte du 7 novembre 1852 ».* 96,86 de « OUI » contre 3,13% de « NON » sur 100% de suffrages exprimés ; v° décret du 2 décembre 1852.

[105] NAPOLEON III est en fin de règne. Il s'agit d'un référendum d'approbation de la Constitution de 1870 : *« Le Peuple approuve les réformes libérales opérées dans la Constitution depuis 1860, par l'empereur, avec le concours des grands corps de l'État, et ratifie le sénatus-consulte du 20 avril 1870 »* ; v° décret du 21 mai 1870.

[106]BURDEAU (G.), *Traité de science politique*, T. IV, *Le statut du pouvoir dans l'Etat*, LGDJ, 1969, p. 231.

électorales indépendantes, qui n'ont en réalité d'indépendance que de nom. Résultats : intimidation des candidats d'opposition, interdiction des réunions, conférences, meetings et manifestations politiques, inscriptions multiples sur les listes électorales, bourrage des urnes, falsification des procès-verbaux, corruption de l'opposition, des délégués des commissions et des juges constitutionnels. A côté de cela, il faut ajouter l'organisation volontairement cahoteuse des élections qui fait le lit des fraudes et irrégularités. Dans ce contexte, les élections en Afrique donnent lieu à des contestations interminables, des passes d'armes avec effusion de sang.

Sur ce point, le Bénin semble une fois encore montrer la voie. La Cour est intervenue en amont et en aval. En amont, consciente de ce que la sincérité d'une votation n'est pas fonction au premier chef de l'analyse impartiale des contestations, mais de la régularité et l'équité des règles applicables et du bon déroulement des opérations, elle a fortement contribué comme on le verra, à l'édification du régime électoral qu'elle définit comme : *« L'ensemble de règles juridiques qui déterminent la manière dont il est possible de se porter candidat à une élection et d'être élu. Il repose sur une série d'opérations [à savoir des mesures préparatoires (date du scrutin et convocation des électeurs, présentation des candidats), la campagne électorale (organisation et contrôle), le scrutin (mode, déroulement, dépouillement, proclamation, réclamation ou contentieux)] »* [107]. Si le constituant a donné la compétence en cette matière (régime électoral) au pouvoir législatif, la Cour a veillé à ce que l'exercice de cette compétence se fasse dans l'esprit de la CFVN de 1990 et en adéquation avec le principe de transparence. Il en a été ainsi à l'occasion de l'examen de la loi sur le recours au référendum en 2012, lorsqu'elle sanctionna la loi votée par l'AN au motif que celle-ci n'intégrât pas toutes les options de la CFVN. Il en a également été ainsi aux premières heures de la naissance de la Commission Electorale Nationale Autonome (CENA), lorsqu'elle défendit bec et ongles le principe de son existence, contre les menaces de l'Exécutif, ou en encore en 2009, quand un groupe de parlementaires voulut remettre en cause les acquis du Bénin en matière de Recensement Electoral National Autonome (RENA) et de Liste Electorale Permanente Informatisée (LEPI). Son travail a été d'autant plus ardu que l'éparpillement et l'imprécision des textes ne permettaient pas toujours de dire le droit et de juger avec aisance. Si le problème semble résolu en 2013, avec l'avènement du Code électoral qui

---

[107] DCC 34-94 du 23 décembre 1994, *Président de la République.*

réalise une certaine coordination, on ne devrait pas perdre de vue que cet instrument est fortement inspiré des textes subséquents et des apports jurisprudentiels de la Cour[108].

En dehors de l'élection présidentielle de 2011 où, pour la première fois dans l'histoire, un candidat l'emporta au premier tour et la LEPI, instrument essentiel qui devait marquer une innovation majeure dans le système électoral béninois, avait connu beaucoup de difficultés dans sa mise en place, les élections nationales se sont globalement déroulées sans incidents, ni contestations majeures. Le 09 janvier 2015, la Cour a rendu dans la perspective des élections législatives et communales une Décision qui, selon certains observateurs, aurait jeté un pavé dans la marre. Disons qu'il y a moins de la coupe aux lèvres ! Cette sortie de la Cour doit être hautement saluée.

La Constitution prévoit (article 4) que le Peuple, détenteur de la souveraineté, l'exerce par ses représentants élus, démocratie indirecte (Chapitre 2), et par voie de référendum, démocratie directe (Chapitre 1).

---

[108] La Cour connaît comme de l'ensemble des élections nationales, elle veille à la composition équilibrée des structures de gestion des élections et ses démembrements, son financement, l'élaboration de la LEPI, la campagne électorale, les bureaux de vote, le dépôt des candidatures, les irrégularités des opérations, la proclamation des résultats.

Chapitre 1.

GARANTIE DE LA DEMOCRATIE DIRECTE

Si l'article 4 de la Constitution béninoise dispose : « *Le Peuple exerce sa souveraineté par ses représentants élus et par voie de référendum. Les conditions de recours au référendum sont déterminées par la présente Constitution et par une loi organique. La Cour Constitutionnelle veille à la régularité du référendum et en proclame les résultats* », force est de constater que depuis l'adoption de la Constitution de l'ère du renouveau démocratique, en dehors de *la loi n° 90-025 du 10 septembre 1990 portant organisation du référendum constitutionnel* adopté par le HCR, qui fut un texte *ad hoc*, il n'existait pas de cadre juridique permettant la mise en œuvre des dispositions de l'article 4 de la Constitution. En 2003, une Commission interministérielle[109], mise en place pour produire des avant-projets des lois électorales, élabora un avant-projet portant règles particulières pour le référendum. Jugeant que ledit avant-projet, d'une vingtaine d'articles, ne s'inscrivait pas dans la logique du respect de l'intangibilité de la Constitution, les députés prirent l'initiative, vingt ans après, afin de combler ce vide juridique préjudiciable à la légitimité du système démocratique béninois, de proposer une loi. La Cour constitutionnelle est intervenue, comme on le verra, pour parfaire l'œuvre législative en prescrivant des verrous en sus de ceux expressément prévus par le législateur.

En matière de consultations référendaires, la Cour constitutionnelle veille et statue sur la régularité du référendum et en proclame les résultats[110]. En vertu de l'article 4 de la Constitution susmentionné, une loi organique doit compléter les dispositions de la Loi fondamentale du 11 décembre 1990, pour déterminer les conditions de recours au référendum. Cette loi organique a été adoptée par l'AN le 30 septembre 2011. Dans sa *décision rendue en 2011*[111]*, la* Cour constitutionnelle a sanctionné partiellement la loi organique portant conditions de recours au référendum. L'AN a pris en compte les observations de la Cour et adopté *la loi organique n° 2011-27 du 18 janvier*

[109] V° Extrait relevé n° 42 des décisions prises par le Conseil des Ministres en sa séance du mercredi 15 octobre 2003 / Communication n° 1327/03.
[110] V° articles 4, 117 de la Constitution et 68 de la L.O sur la Cour.
[111] DCC 11-067 du 20 octobre 2011, *Président de la République.*

2012. Par sa *décision DCC 12-001*[112], la Cour constitutionnelle a constaté la conformité de cette nouvelle loi organique à la Constitution. Elle a été promulguée par le PR le 12 janvier 2012[113].

La loi organique sur le référendum constitue le droit spécial par rapport aux dispositions du Code électoral relatives aux règles générales pour les élections en République du Bénin, qui constituent le droit général (article 32 de la loi organique sur le referendum). En France, dans la suite de la Constitution, le référendum fait l'objet de dispositions plutôt restrictives. Les dispositions initiales ont cependant été modifiées par quatre révisions constitutionnelles (1995, 2003, 2005 et 2008) susceptibles de donner une nouvelle jeunesse au référendum. La justice constitutionnelle au Bénin assure la transparente et la sincérité de l'exercice de la souveraineté directe. Le cadre juridique du référendum est désormais solidement fixé grâce à l'intervention législative et aux précisions jurisprudentielles. La Cour constitutionnelle veille à la bonne application de ce cadre juridique lorsqu'il est fait usage du référendum.

Les obstacles opposés à la sincérité de l'expression du Peuple peuvent se manifester à trois niveaux : les conditions de recours (section 1), le déroulement des opérations référendaires (section 2) et le contentieux des opérations référendaires (section 3). La Cour intervient à chacune de ces étapes cruciales. Nous terminerons par une question d'un intérêt théorique indéniable, celle de la supraconstitutionnalité, qui revêt ses lettres de noblesse dans la jurisprudence constitutionnelle béninoise[114] (section 4).

---

[112]DCC 12-001 du 5 janvier 2012.

[113] Dans sa décision, DCC 12-146 du 19 juillet 2012,*Serge Roberto PRINCE AGBODJAN,* le requérant arguait que l'AN n'avait pas publié la loi. La Cour a admis que, à partir du moment où la décision avait été publiée, il n'y avait pas violation de la Constitution.

[114] V° notre article « La supraconstitutionnalité. –Vue d'Afrique », in *Regards sur le droit public africain*, Mélanges en l'honneur du professeur Joseph-Marie BIPOUN WOUM (dir. KAMTO Maurice, DOUMBE-BILE Stéphane et METOU Brusil), éd. l'Harmattan Paris 2016, pp. 235 et ss.

Section 1. Recours conditionné au référendum

De prime abord, il faut rappeler qu'on distingue plusieurs catégories de referenda selon différents critères : en fonction du *droit d'initiative,* on distingue le référendum d'initiative présidentielle, parlementaire et le référendum d'initiative populaire que l'on appelle autrement *« référendum d'initiative*[115] *»* ; en fonction de *l'entité politique,* on distingue le référendum européen ou communautaire, le référendum national et le référendum local[116]. La distinction la plus connue reste toutefois celle qui tient compte du critère matériel, c'est-à-dire l'objet du référendum. Selon ce critérium, on distingue le référendum consultatif, constituant et législatif. Le système béninois comporte ces trois formes de referenda.

La loi référendaire, lit-on souvent, est l'expression même de la souveraineté du Peuple. Cette belle ritournelle ne doit pas nous abuser et devrait être assortie d'importantes nuances. La démocratie *« n'exige pas seulement que les individus soient maîtres de leur choix, mais aussi qu'ils soient protégés contre le mauvais usage qu'ils seraient tentés de faire de leur liberté »*[117] et surtout l'instrumentalisation dont ils peuvent être l'objet.

Prenons trois exemples qui ne sont pas de simples hypothèses d'école, mais des situations qui sont déjà survenues sur le continent africain particulièrement.

---

[115] Le référendum d'initiative populaire existe en Italie, en Suisse et en Autriche. Le principe de base est simple : les initiateurs d'un projet doivent réunir un nombre préétabli de signatures soutenant le texte envisagé (à la manière d'une pétition). Si ce nombre est atteint, les pouvoirs publics sont tenus d'organiser le référendum et, en cas de réponse favorable au texte, le Parlement doit discuter d'une modification de la loi dans ce sens.

[116] En France par exemple, un référendum peut être organisé soit au niveau national, à l'initiative du Président de la République française, sur proposition du Gouvernement ou du Parlement (depuis la Constitution de 1958) ; soit au niveau local (depuis la réforme constitutionnelle du 28 mars 2003). Les referenda locaux permettent de soumettre aux électeurs d'une Collectivité territoriale, un projet les concernant (article 72-1). Seuls les électeurs de la Collectivité concernée peuvent participer au vote. Les ressortissants des Etats membres de l'Union européenne peuvent participer aux referenda organisés par les Communes.

[117] LIET-VEAUX (G), « 'La fraude à la Constitution' – Essai d'une analyse juridique des révolutions communautaires récentes : Italie, Allemagne, France », *RDP*, 1943, p 116-150.

Premier exemple. Supposons une autorité chargée d'assurer l'intérim présidentiel qui découvre par enchantement qu'il jouit d'une sympathie considérable auprès du Peuple, favorisé par la situation de guerre civile qui prévaut, et décide au cours de l'intérim de soumettre au référendum la question de savoir *« si le Peuple voudrait bien que le Président intérimaire »* se maintienne au pouvoir.
Deuxième exemple. Supposons un Président qui, après avoir accompli deux mandats, se rend compte un peu tardivement qu'il n'aurait pas pleinement rempli son programme de conduire le Peuple vers le bonheur qu'il lui a promis dans son programme, et s'avise alors de soumettre à celui-ci, lors d'une consultation populaire, la question de savoir *« s'il voudrait bien qu'il se représentât pour un troisième mandat ».*
Troisième exemple. Supposons, pour terminer, un Président qui, voyant qu'il jouit à un moment donné d'une admiration quasi-maladive, décide d'user de l'initiative référendaire que lui reconnaissent les textes, pour demander au Peuple s'il voudrait bien, fort de sa dévotion, la substitution de la République par la Monarchie.

Les hypothèses ci-dessus présentées ont l'apparence démocratique, elles procèdent toutefois d'un opportunisme politique qui travestit en réalité la volonté du Peuple et qui aboutit à un « césarisme démocratique ». De ce qui résulte de l'économie générale des dispositions constitutionnelles et de la loi organique sur les conditions de recours au référendum, il est possible de distinguer entre les conditions de fond, c'est-à-dire celles qui touchent à l'objet du référendum (paragraphe 1), et les conditions de procédure (paragraphe 2). On ajoutera une condition *rationae temporis*. La Constitution exclut en effet la mise en branle de la procédure référendaire en période de vacance et de mise en accusation du Président (paragraphe 3).

Paragraphe 1. Conditions liées à l'objet du référendum

La loi organique détermine les questions susceptibles d'être l'objet du référendum (A), inversement elle exclut expressément certaines questions (B). Ce faisant, le constituant prévient les risques d'instrumentalisation. Il institue un double verrou quant à l'objet du référendum : une limitation positive et une limitation négative.

A) Questions susceptibles d'être soumises au référendum

L'article 4 de la loi organique détermine expressément les matières qui peuvent être l'objet du référendum. Elles sont relatives à :

- *la promotion et au renforcement des droits de l'homme ;*
- *l'intégration sous régionale ou régionale ;*
- *l'organisation des pouvoirs publics ;*
- *tout projet ou proposition de révision de la Constitution.*

Ces différentes matières, qui manifestent clairement l'influence française[118], appellent des commentaires point par point. Nous insisterons particulièrement sur le dernier point qui concerne la possibilité d'y soumettre *« tout projet ou proposition de révision de la Constitution ».* Le juge constitutionnel béninois a apporté à ce propos des précisions qui confirment sa fonction de gardien de l'ordre constitutionnel et de la démocratie directe.

1) Promotion et renforcement des droits de l'homme

En France, un projet de révision datant de 1984, qui n'a finalement pas été retenu, visait à permettre aux Français de se prononcer sur les garanties fondamentales des libertés publiques. Selon Michel de VILLIERS, les libertés publiques pourraient cependant être réintroduites dans le champ référendaire, d'abord avec la référence aux *services publics*, et ensuite parce que les libertés publiques irrigueraient la plupart des domaines d'intervention de l'Etat et l'Administration. Il se demande s'il serait possible par exemple de réformer le secteur éducatif sans toucher à la liberté d'enseignement, ou d'organiser le secteur public de l'audiovisuel en ignorant la liberté de communication, ou encore le fonctionnement des services publics sans faire face au droit de grève[119].

L'insertion par le constituant béninois de la question de *promotion et renforcement des droits de l'homme* semble découler de ce projet français

---

[118]Selon les articles 11, 88-5 et 89 de la Constitution française du 04 octobre 1958, les referenda nationaux ont pour objet : l'adoption d'un projet de loi ou l'autorisation de la ratification d'un traité (article 11) ; une question particulière d'intérêt européen (article 88-5) ; une révision de la Constitution (article 89).

[119] VILLIERS (M) in « Dans quels cas la constitution prévoit des referendums ? », disponible sur *www.conseil-constitutionnel.fr.*

non adopté. Il faut remarquer que le constituant n'envisage pas une possibilité de régression. C'est dire que même si le Peuple voudrait à un moment donné se soumettre à un tyran, il ne le pourrait que par un changement d'ordre constitutionnel.

2) Intégration sous-régionale ou régionale

A ce niveau, s'exprime aussi bien l'influence de l'article 11 de la Constitution française de 1958 qui prévoit la possibilité de soumettre au référendum l'autorisation de la ratification d'un traité, que l'article 88-5 spécifique aux questions d'intérêt européen et inséré dans la Constitution dans le contexte de la ratification du Traité de Maastricht en 1992.

Le constituant béninois a, comme on le sait, affirmé sa détermination inaltérable à participer à la construction de l'intégration sous-régionale, régionale ainsi que de l'unité africaine. Selon l'article 149 de la Constitution : *« La République du Bénin, soucieuse de réaliser l'unité africaine, peut conclure tout accord d'intégration sous-régionale ou régionale conformément à l'article 145 ».* Pour rappel, l'article 145 dispose : *« Les traités de paix, les traités ou accords relatifs à l'organisation internationale, ceux qui engagent les finances de l'État, ceux qui modifient les lois internes de l'État, ceux qui comportent cession, échange ou adjonction de territoire, ne peuvent être ratifiés qu'en vertu d'une loi. Nulle cession, nul échange, nulle adjonction de territoire n'est valable sans le consentement des populations intéressées ».* L'insertion de la question *« sous-régionale ou régionale »* parmi les questions susceptibles d'être soumises à référendum manifeste la volonté du constituant d'associer le Peuple souverain à cette construction qui implique souvent le transfert d'une parcelle de compétences.

3) Organisation des pouvoirs publics

Dans le texte initial de la Constitution du 04 octobre 1958, les projets de loi susceptibles d'être soumis au référendum ne pouvaient porter que sur l'organisation des pouvoirs publics, l'approbation d'un accord de Communauté ou l'autorisation de ratification d'un traité qui *« sans être contraire à la Constitution, aurait des incidences sur le fonctionnement des institutions ».* La révision du 4 août 1995 a supprimé « les accords de

Communauté » (il s'agissait de la Communauté franco-africaine instituée par le Général De GAULLE, elle n'existe plus depuis avril 1961) et introduit les *« réformes relatives à la politique économique ou sociale de la nation et aux services publics qui y concourent ».* Ces précisions attestent encore, s'il en était besoin, de l'influence sur le législateur béninois, de l'héritage juridique français.

4) Tout projet ou proposition de révision de la Constitution

Les questions soumises au référendum ne peuvent l'être que dans le respect des *« dispositions intangibles »*, du *« principe du consensus »,* des idéaux ayant présidé à la CFVN. Aux termes de l'article 156, *« aucune procédure de révision ne peut être engagée ou poursuivie lorsqu'il est porté atteinte à l'intégrité du territoire. La forme républicaine et la laïcité de l'État ne peuvent faire l'objet d'une révision ».* Dans une décision rendue en 2006[120], la Cour déclare inconstitutionnelle une loi de révision, au motif qu'elle viole les idéaux ayant abouti à l'adoption de la Constitution. Elle souligne que : *« (...) même si la Constitution a prévu les modalités de sa propre révision, la détermination du peuple béninois à créer un Etat de droit et de démocratie pluraliste, la sauvegarde de la sécurité juridique et la cohésion de la nation commandent que toute révision tienne compte des idéaux qui ont présidé à l'adoption de la Constitution du 11 décembre 1990, notamment le consensus national, principe à valeur constitutionnelle ; qu'en conséquence les articles 1 et 2 de la loi constitutionnelle n°2006-13 adoptée par l'Assemblée Nationale le 23 juin 2006, sans respecter le principe à valeur constitutionnelle ainsi rappelé, sont contraires à la Constitution (...)* ». Le projet ou la proposition de révision de la Constitution, pour être soumis au référendum, doit impérativement être conforme aux précisions apportées par la jurisprudence constitutionnelle. Celles-ci visent à éviter l'instrumentalisation de la révision constitutionnelle et le détournement de procédure. Examinons à présent les questions expressément exclues du référendum.

---

[120]DCC 06-074 du 08 juillet 2006, *Président de la République et AHOSSI Jean Iréné et consorts.*

B) Questions expressément exclues du référendum

Les questions expressément exclues du référendum résultent aussi bien de la lettre du texte constitutionnel que de l'interprétation prétorienne de la Cour. Aux termes de l'article 6 de la loi organique de 2012 sur les conditions de recours au référendum, ne peuvent faire l'objet des questions à soumettre au référendum :

- *la forme républicaine et la laïcité de l'Etat ;*

- *l'atteinte à l'intégrité du territoire national ;*

- *le mandat présidentiel de cinq (5) ans, renouvelable une fois ;*

- *la limite d'âge de quarante (40) ans au moins et soixante-dix (70) ans ou plus pour tout candidat à l'élection présidentielle ;*

- *le type présidentiel du régime politique.*

Ces exclusions manifestent bien l'inculturation de la justice constitutionnelle au Bénin, en ce qu'elles comportent aussi bien des éléments importés des systèmes étrangers, français précisément, que des éléments propres à la démocratie béninoise et mis en lumière par le juge constitutionnel au gré de la conjoncture politique. Examinons point par point chacune de ces interdictions.

1) Forme républicaine de l'Etat

L'idée de soustraire la forme républicaine de l'Etat au référendum est sans nul doute importée de France. Il faut se rappeler qu'avant 1875 en France, la révision était quasiment inconnue, les mutations institutionnelles procédaient d'un changement de Constitution plutôt que d'une révision de celle-ci. A une certaine époque, le coup d'Etat tenait lieu de révision[121] comme au Bénin avant 1990 : les régimes politiques et textes constitutionnels se sont succédé jusqu'à l'entrée en vigueur de la Constitution du 4 octobre 1958. Les convulsions de l'histoire politique française ont donc contribué, selon GENEVOIS, à relativiser l'importance en la matière de la règle de droit[122]. A partir de 1884, apparurent des clauses dites *« intangibles »,* ce qui suscita

[121] V° GENEVOIS (B), « Les limites d'ordre juridique à l'intervention du pouvoir constituant », in *RFDA* n° 5 (sept-oct. 1998), pp. 929 et ss.
[122] *Ibidem.*

un vif débat portant historiquement sur l'existence même et surtout l'effectivité des dispositions constitutionnelles proclamées intangibles. Au moment où la République semblait établie, l'AN de la IIIe République ajouta, le 14 août 1884, un nouveau paragraphe à l'article 8 de *la loi constitutionnelle du 25 février 1875 relative à l'organisation des pouvoirs publics* qui dispose : *« La forme républicaine du Gouvernement ne peut faire l'objet d'une proposition de révision (···) »*. Cet article, sous une forme légèrement modifiée, a été repris par toutes les Constitutions françaises postérieures.

L'interdiction de modifier la forme républicaine ne peut se comprendre sans une connaissance des menaces à la République enregistrées dans le contexte historique français. On se souvient du coup d'Etat de NAPOLEON Ier et surtout Louis NAPOLEON BONAPARTE, dit NAPOLEON III *(supra, réf. n° 99).* La dissolution de l'Assemblée est prononcée, le suffrage universel rétabli. Le régime présidentiel venait d'échouer. Par le plébiscite des 20 et 21 décembre 1851, le Peuple accepte les bases de la nouvelle Constitution. A sa suite, une commission est mise en place pour rédiger la nouvelle Constitution. Le 14 janvier 1852, la nouvelle Constitution entre en vigueur. Dès le 7 novembre, le Prince-Président devient Empereur. Le 3 septembre 1870, l'Empire s'écroule avec la chute de Sedan, l'abdication de NAPOLEON III est inévitable, la République est proclamée le 4 septembre 1870 au balcon de l'Hôtel de ville de Paris. Pour protéger la nouvelle République, l'interdiction de toucher *« la forme républicaine »* est consacrée 5 ans après, soit le 25 février 1875.

L'interdiction de toucher à la *« forme républicaine »* s'est étendue dans le monde et figure entre autres dans les Constitutions italienne[123], portugaise[124], turque[125] … Elle se retrouve également dans les pays africains : Algérie[126], Cameroun [127], Côte-d'Ivoire [128], République centrafricaine [129], Guinée

---

[123] Article 139 al. 3 de *la Constitution italienne du 27 décembre 1947.*
[124] Article 288, al. 3 de *la C*onstitution portugaise du *2 avril 1976.*
[125] Article 4 de *la Constitution turque du 18 octobre 1982.*
[126] Article 195 de *la Constitution algérienne du 28 août 1963.*
[127] Article 64 de *la Loi constitutionnelle n° 96*-6 du 18 janvier *1996 telle que modifiée en 2008.*
[128] Article 73 de *la Loi n°2000-513 du 1er août 2000 portant Constitution de la République de Côte d'Ivoire.*
[129] Article 42 de *la Constitution centrafricaine du 5 décembre 2004.*

équatoriale[130], Gabon[131], Madagascar[132], Mali[133], Sénégal[134], Togo[135]... Inversement, certaines Constitutions déclarent intangible la *forme monarchique de l'Etat*[136]. Dans certains Etats fédéraux, c'est la *structure fédérale de l'Etat* qui est intangible. Par exemple, selon la Constitution allemande[137] : *« Toute révision de la (...) Loi fondamentale qui toucherait à l'organisation de la Fédération en Länder, au principe de la participation des Länder à la législation (...) est interdite ».* La Constitution brésilienne, elle aussi, interdit de réviser la *forme fédérative* de l'Etat[138]. Dans d'autres Etats, c'est la *forme unitaire* qui est protégée (Turquie[139], Portugal[140]...).

L'interdiction de toucher à la forme républicaine de l'Etat semble opératoire dans les contextes africains. Elles ne sont en effet pas très éloignées les années où le Président Jean-Bedel BOKASSA de la République centrafricaine (ancien Oubangui Chari), jaloux de l'Empereur NAPOLEON Ier (qui lui-même, jaloux des Empereurs Charlemagne et CESAR, ce dernier lui-même jaloux d'Alexandre le GRAND), instaura l'Empire centrafricain, précisément le 04 septembre 1977, dont il fut le premier et le seul Empereur, aux côtés de son épouse *« Catherine l'Impératrice ».* Le sacre de BOKASSA

---

130 Article 59 de *la Constitution équato-guinéenne du 17 janvier* 1995.

131 Article 85 de *la Constitution gabonaise du 26 mars 1991.*

132 Article 108 de *la Constitution malgache du 11 décembre 2010.*

133 Article 76 de *la Constitution du Mali du 12 janvier 1992.* Le 26 mars 2012, le Capitaine Amadou HAYA SANOGO, Président du Comité National pour le Redressement de la Démocratie et la Restauration de l'Etat (junte militaire), suspend la Constitution de 1992 et publie une nouvelle Constitution après le renversement d'Ahmadou TOUMANI TOURE. Cet acte est contesté au plan international, il remettra finalement le pouvoir aux civils le 12 avril 2012, *la Constitution de 1992* sera dans le même temps réactivée.

134 Article 89 de *la Constitution sénégalaise du 22 janvier 2001.*

135 Article 53 de *la Constitution togolaise du 27 septembre 1992.*

136 Au Maroc (article 101) et au Koweït (article 175), ce sont les dispositions constitutionnelles relatives au régime monarchique qui ne peuvent faire l'objet d'une révision. De même autrefois, *les Constitutions iranienne de 1906 et grecque de 1952* interdisaient la révision de la forme monarchique de l'Etat.

137 Article 79, al. 3 de *la Loi fondamentale de la République Fédérale d'Allemagne du 23 mai* 1949.

138 Article 60 de *la Constitution du 5 octobre 1988.*

139 Article 3 de *la Constitution turque, op.cit.*

140 *La Constitution portugaise du 02 avril 1976* prévoit que *« les lois de révision constitutionnelle doivent respecter (...) l'unité de l'Etat »* (art.288, al.1, a), *op.cit.*

qui reprenait détail sur détail[141], le sacre de NAPOLEON Ier par le Pape Pie VII, avait bénéficié de l'appui et de la logistique du Président français, Valery Giscard d'ESTAING qui, à la plus grande joie du nouvel Empereur centrafricain, fit venir spécialement de France l'épée de NAPOLEON BONAPARTE [142]. Dieu seul sait s'il s'agissait vraiment de l'épée de BONAPARTE ! Quoiqu'il en soit, ce symbole eut à tout le moins un effet placebo sur le nouvel Empereur centrafricain qui retrouva hélas son bon sens, juste deux années après la proclamation de l'Empire, le 20 septembre 1979 précisément, lorsque, parti pour un voyage en Lybie, il fut remplacé par son cousin David DACKO qui arriva à Bangui grâce à un avion affrété par l'ancienne puissance colonisatrice dans le cadre de l'opération*« barracudas »*. David DACKO qui retourne au pouvoir qu'il avait exercé en 1964, réinstaura aussitôt la République. L'histoire humaine enseigne que *« ce qui a été, c'est ce qui sera, et ce qui s'est fait c'est ce qui se fera, il y'a rien de nouveau sur le soleil »*[143] !

2) Laïcité de l'Etat

La Cour s'est appesantie sur le principe de laïcité de l'Etat *(infra, seconde partie).*La laïcité de l'Etat s'entend de sa neutralité confessionnelle, à savoir que l'Etat adopte à l'égard des diverses églises et religions une attitude d'impartialité et de neutralité. Dès lors, le Président et les membres de son Gouvernement doivent garder une attitude d'impartialité et de neutralité à l'égard des prophéties dont fait état un citoyen[144]. La Cour constitutionnelle juge toutefois que la référence à Dieu du Chef de l'Etat dans ses discours, n'est pas une violation du principe de laïcité dans la mesure où le mot *« Dieu »* est un terme générique[145]. Dans une décision rendue le même jour,

---

[141] Tout était bien en règle jusqu'au calendrier, il eut lieu 2 jours après la date anniversaire du sacre de NAPOLEON Ier. BOKASSA revêtu d'une réplique du costume que portait NAPOLEON Ier lors de son sacre, une épaisse cape écarlate doublée de fourrure d'hermine blanche et d'une robe incrustée de perles sur laquelle étaient brodés en fils d'or des soleils et des abeilles, débordait d'émotion ; v° BAT (J.P.), « Bokassa, dernier empereur d'Afrique », *L'Histoire*, décembre 2013, n° 394, p. 67.

[142] De la même manière, lors du Sacré de NAPOLEON BONAPARTE, le Pape lui mit sur la tête une réplique de la couronne de Charlemagne.

[143] Ecclésiaste 1, 9.

[144]DCC 12-017 du 22 février 2012.

[145] DCC 10-007 du 21 janvier 2010, *John Augustino FRANCEY.*

la Haute juridiction juge que la neutralité de l'Etat découlant du principe de laïcité n'emporte pas interdiction de subventions. Toutefois, si l'Etat veut intervenir en soutenant financièrement ou par des dons les confessions religieuses, cela doit se faire sans discriminations[146]. La Cour juge également que la laïcité implique qu'aucune communauté religieuse ne doit imposer à l'autre ses croyances ou pratiques religieuses. L'Etat, dans le respect de la laïcité et de l'ordre public, doit garantir le libre exercice de toutes les religions ou pratiques religieuses[147].

3) Intégrité du territoire national

Aux termes de l'alinéa 4 de l'article 89 de la Constitution française du 04 octobre 1958 : *« Aucune procédure de révision ne peut être engagée ou poursuivie lorsqu'il est porté atteinte à l'intégrité du territoire ».* Beaucoup de Constitutions interdisent la révision des dispositions constitutionnelles qui touchent à l'intégrité de leur territoire, entre autres l'Algérie [148], le Cameroun[149], le Portugal[150], la Turquie[151]...

Les différentes interdictions ci-dessous, et que nous avons choisi d'écrire en gras, sont des consécrations prétoriennes, elles illustrent à suffisance le désir du juge non seulement d'adapter les intangibilités constitutionnelles aux réalités africaines, mais aussi de consolider la démocratie. La Haute juridiction a sanctionné la première version de la loi portant conditions de recours au référendum. Elle a estimé que l'examen de la loi fait ressortir que l'article 6 est contraire à la Constitution[152] en ce qu'il ne cite pas toutes les options fondamentales de la Conférence Nationale de février 1990 et qui sont reprises par les articles 42, 44 et 54 de la Constitution ; qu'il s'agit du

---

[146] DCC 09-019 du 26 février 2009, *Boni FAAKIH* ; DCC 10-006 du 21 janvier 2010, *Franck OKE.*

[147] DCC 00-049 du 31 août 2000, *OUEOUNOU Ernest.*

[148] Article 195 de la Constitution algérienne du 23 février 1989.

[149] Article 64 de *la Loi constitutionnelle n° 96-05 du 18 janvier 1996 portant révision de la Constitution du 02 juin 1972.*

[150] Article 288 de *la Constitution du Portugal du 02 avril 1976.*

[151] Article 3 de *la Constitution turque du 07 novembre 1982.*

[152] La version initiale de l'article 06 de *la loi organique n° 2011-27 portant conditions de recours au référendum* était rédigée comme suit : *« Ne peuvent faire l'objet de questions à soumettre au référendum, les options fondamentales de la Conférence nationale de février 1990 à savoir : la forme républicaine et la laïcité de l'Etat ; l'atteinte à l'intégrité du territoire national ».*

nombre de mandats présidentiels, de la limitation d'âge pour les candidats à l'élection présidentielle et de la nature présidentielle du régime politique. Selon la Cour, l'article 6 devait être reformulé comme suit :

« Ne peuvent faire l'objet de questions à soumettre au référendum, les options fondamentales de la Conférence Nationale de février 1990, à savoir :

- la forme républicaine et la laïcité de l'Etat ;
- l'atteinte à l'intégrité du territoire national ;
- le mandat présidentiel de cinq ans, renouvelable une seule fois ;
- la limite d'âge de 40 ans au moins et 70 ans au plus pour tout candidat à l'élection présidentielle ;
***- le type présidentiel du régime politique au Bénin »*[153].**

Pour rappel, les dispositions intangibles sont prévues dans le texte constitutionnel béninois à l'article 156 qui dispose expressément : *« Aucune procédure de révision ne peut être engagée ou poursuivie lorsqu'il est porté atteinte à l'intégrité du territoire. La forme républicaine et la laïcité de l'État ne peuvent faire l'objet d'une révision ».* Toutefois, la Cour estime que sont tout aussi intangibles les articles 42, 44 et 54 de la Constitution. L'article 42 dispose : « *Le président de la République est élu au suffrage universel direct pour un mandat de cinq ans, renouvelable une seule fois. En aucun cas, nul ne peut exercer plus de deux mandats présidentiels ».*L'article 44 est relatif aux conditions d'éligibilité à la présidence de la République et l'article 54 a trait entre autres aux incompatibilités en matière d'élection présidentielle.

Cette décision a été vivement critiquée par la doctrine[154] et des acteurs de la vie politique. S'agissant de la doctrine, on ne manquera pas de citer la contribution du Doyen DODZI KOKOROKO, Professeur de l'Université de Lomé, qui est d'une pertinence indéniable. Grâce lui soit rendue ! Toutefois, elle n'emporte pas notre adhésion. Pour ce qui est des acteurs politiques, la réaction la plus virulente à la décision de la Cour est venue du Député Candide AZANNAÏ qui fait à ce propos un parallèle avec une décision

---

[153]DCC 11-067 du 20 octobre 2011, *Président de la République.* « Loi organique portant conditions de recours au référendum », *obs.,* Abdoulaye SOMA, *ACJB,* p. 132.

[154] V° DODZI KOKOROKO, « Controverses doctrinales à propos de la décision DCC 11-067 du 20 octobre 2011», in *Annuaire Béninois de Justice Constitutionnelle* (*ABJC*), *Revue de contentieux constitutionnel*, I-2013, p. 717.

rendue en 2006 *(supra, réf. n° 120)* et à l'égard de laquelle il est tout aussi critique. Leurs arguments ne sont pas du même ordre de réalité. Le premier se situe naturellement sur le champ de la science du droit, le second sur le champ politique.

Ecoutons d'abord le Professeur KOKOROKO : il reconnaît volontiers l'opportunité politique de la décision de la Cour, eu égard au contexte, marqué par la controverse sur un éventuel projet référendaire visant à lever le verrou constitutionnel, pour assurer un troisième mandat au Président sortant, le Docteur Boni YAYI : *« (...) l'inconstitutionnalité prononcée, par le juge constitutionnel béninois, à l'encontre de l'article 6 de la loi organique querellée pourrait être analysée comme la condamnation sans détour de l'instrumentalisation programmée de la Constitution du 11 décembre 1990 »*[155]. Cette décision vise donc politiquement, selon l'auteur, à éviter l'instrumentalisation de la Constitution et à préserver les acquis démocratiques. Nous souscrivons jusque-là à ses vues. Toutefois, il critique d'un point de vue juridique la décision de la Cour qu'il qualifie de *« Coup d'Etat de droit : la créature ayant détrôné son créateur »*. L'expression *« les options fondamentales de la Conférence nationale »* est, selon lui, une invention de la Cour : *« Un parcours des textes fondateurs de la compétence juridique du juge constitutionnel béninois permet de conclure que celui-ci n'a pas de compétence constituante. La loi fondamentale doit donc être sacrée pour la Haute juridiction constitutionnelle, étant entendu que la nation ne lui a pas donné très expressément le pouvoir de la changer. Et pourtant par cette décision du 20 octobre 2011, le pouvoir délégué, le juge constitutionnel, a changé les termes de sa délégation »*. Ce constat le conduit à s'indigner : *« Au nom de quel titre le juge constitutionnel, un organe constitué, peut-il déclarer insusceptibles de révision des dispositions constitutionnelles que le constituant lui-même n'avait pas déclarées intouchables ? Le juge constitutionnel est-il en droit de rajouter ou de réécrire la Constitution, ou mieux de s'ériger en 'une volonté supérieure supraconstituante' ? »*.

L'auteur emprunte ensuite une image allégorique, intéressante pour les besoins de la critique qui va suivre : l'image d'Adam et Eve qui désobéissent à Dieu. Le juge constitutionnel béninois serait la créature *« Adam et Eve »* et la Constitution *« Dieu créateur »*. Un autre point tout aussi essentiel, le

---

[155] DODZI KOKOROKO, « Controverses doctrinales à propos de la décision DCC 11-067... », *op. cit.*, p. 717 et ss.

Professeur questionne la pertinence d'insérer *« l'intégrité territoriale »* dans les normes intangibles au regard des exigences et nécessités de l'intégration régionale, tout autant l'intangibilité de *« la forme présidentielle »* du régime politique lui semble discutable. Résumons ces différentes idées :

- *aucune disposition constitutionnelle, pas plus que l'Acte final de la CFVN ne permet au juge d'ajouter des normes intangibles. Dès lors, la créature a désobéi au créateur ;*
- *le juge constitutionnel s'est substitué au Peuple souverain ;*
- *il n'est pas opportun d'insérer l'intégrité territoriale et la forme républicaine dans les dispositions intangibles.*

Ecoutons maintenant un acteur politique majeur de la scène politique béninoise, le Député de la FCBE, Candide AZANNAÏ : *« Madame (...) Conceptia Ouinsou*[156] *(...) a pris une (...) décision du genre en allant tirer dans la Constitution* ***le consensus*** *comme principe à valeur constitutionnelle qu'il faudrait respecter avant de réviser,* ***lequel consensus n'a jamais été inscrit dans le titre portant révision*** *(...). Lorsque nous prenons ce qui a été fait, la Cour a dit vous devez citer les options fondamentales de la Conférence nationale faites de l'âge, la durée du mandat et, bien sûr, le type présidentiel du régime alors que* ***ni l'âge, ni la durée du mandat, ni le type présidentiel ne font partie du titre XI.*** *D'où est-ce que cela est venu ? Qui a fait ça ? C'est la question qui m'est venue à l'idée et cela me gêne fondamentalement. Si ce n'est pas que nous sommes dans un hémicycle, dans un Parlement et que le ton dit d'avoir une certaine forme, c'est d'une autre manière qu'on allait parler. (...) Je vais attirer notre attention sur les articles 3 et 4 de la Constitution : 'la souveraineté appartient au peuple et aucune fraction du peuple ne peut se l'approprier'. La Cour constitutionnelle a fait quelque chose de grave. Elle a voulu continuer la Conférence nationale alors que cette Conférence nationale est close depuis. Je suis fier de dire que j'ai pris part à cette Conférence nationale et nous avons travaillé à ces choses ».* Ces arguments peuvent également être synthétisés comme suit :

- *la Cour a institué des normes intangibles non prévues par la Constitution ;*
- *elle s'est substituée au Peuple souverain.*

---

[156] Madame Conceptia OUINSOU, de regrettée mémoire, était Professeur Agrégé de droit privé et Présidente de la Cour constitutionnelle sur les 2ème et 3ème mandatures, soit de 2000 à 2008.

Soulignons, pour ne plus y revenir, que nous sommes d'accord avec le Professeur KOKOROKO sur la vertu politique de la décision de la Cour et sur l'inopportunité d'insérer la *forme présidentielle du régime* dans les dispositions intangibles. Elle n'est en fait qu'une modalité de l'organisation démocratique, rien ne justifie le fétichisme du juge constitutionnel sur la *forme présidentielle du régime*, d'autant plus que la réalité de la pratique institutionnelle conduit à contester le caractère présidentiel du régime béninois[157]. Il s'agit en réalité d'un régime *semi-présidentiel*[158]. De plus, un Etat démocratique peut être aussi bien présidentiel, parlementaire, que semi-présidentiel. Pour ce qui est de *« l'intégrité territoriale »,* le Professeur s'étonne de ce que l'on puisse vouloir l'intégration régionale et insérer une telle disposition dans *« les clauses intangibles »*. Une telle présentation a le grand intérêt de faire prendre des vessies pour des lanternes. C'est le lieu de dire que l'intégration régionale n'a pas vocation à reconfigurer ou modifier les frontières des Etats, mais simplement les rendre poreuses en favorisant une liberté de mouvement des personnes, des biens, des services, des capitaux à l'intérieur de l'espace intégré. Même après les apports des actes du droit primaire de l'Union Européenne (Traités de Paris, Rome, Maastricht, Amsterdam, Nice, Lisbonne...), les frontières des Etats restent intangibles, on ne s'étonnerait d'ailleurs pas de constater que beaucoup d'Etats européens, parmi lesquels la France, aient conservé dans leurs Constitutions *« l'intégrité territoriale »* au sein des dispositions intangibles. Quoique nous sentions le poids que peut avoir sur ce sujet le Doyen de

[157] Des auteurs ont montré depuis longtemps que la séparation rigide des pouvoirs, caractéristique du régime présidentiel est impraticable, ESMEIN (A), *Éléments de droit constitutionnel français et étranger*, 6ème éd., Paris, Sirey, 1914, p. 464 et 501.

[158] Le régime « semi-présidentiel » a été théorisé par Maurice DUVERGER en 1978. On lui doit d'ailleurs une telle appellation, il se caractériserait par trois éléments : l'élection du PR au suffrage universel ; la possession par le PR des pouvoirs importants propres, lui permettant d'agir en toute indépendance vis-à-vis du Gouvernement (pouvoirs exceptionnels, pouvoir de dissolution...) ; la responsabilité du Gouvernement devant le Parlement, v° DUVERGER (M), *Le système politique français,* 20e édition, PUF, 1990, p. 188. On prendra en compte à propos de la critique de Maurice DUVERGER, entre autres, la lumineuse thèse du professeur Anne-Marie COHENDET. Comme DUVERGER l'a lui-même remarqué, *« Le terme de régime semi-présidentiel est encore boycotté par les juristes français qui continuent à vénérer deux seules vaches sacrées : le régime parlementaire et le régime présidentiel »,* DUVERGER (M), « Système présidentiel et système semi-présidentiel» in *La Présidence en France et aux États-Unis*, études réunies et présentées par Jean-Louis SEURIN, éd. Economica, Coll. politique comparée, 1986, pp. 347-358.

Lomé, nous ne partageons pas son avis, comme d'ailleurs les arguments qui le fondent :

- *Sur l'argument de l'absence de fondement constitutionnel de la décision DCC 11-067,* nous répondrons par trois arguments qui sont autant de fondements de la décision de la Cour : les dispositions préambuliques, l'article 114 qui lui donne une fonction régulatrice et la spécificité de l'office du juge constitutionnel.

D'abord le Préambule constitutionnel. Il est intéressant pour comprendre la décision de 2011 de la lire en combinaison avec une décision de la Cour, *DCC 06-074 de 2006 (supra, réf. n° 120),* à laquelle fait d'ailleurs allusion le Député AZANNAÏ. La Cour avait estimé que la prorogation du mandat des Députés à l'AN fût contraire au Préambule de la Constitution qui précise que le Peuple a rejeté tout régime de *« confiscation du pouvoir ; que même si la Constitution a prévu les modalités de sa propre révision, la détermination du peuple béninois de créer un Etat de droit et de démocratie pluraliste, la sauvegarde de la sécurité juridique et de la cohésion nationale commandent que toute révision tienne compte des* ***idéaux qui ont présidé à l'adoption de la Constitution du 11 décembre 1990 ».*** Comment saurait-on être autrement plus clair ? C'est dans la Constitution, plus précisément le Préambule, qu'il faut en premier chercher les ressorts de la décision *DCC 11-067 de 2011* et dans les *« idéaux ayant présidé à l'adoption de la Constitution du 11 décembre 1990 ».* Il est constant que le Préambule fait partie intégrante de la Constitution. Quant aux idéaux, ils se rattachent à la démocratie et à l'Etat de droit, ils ne peuvent en tout cas se réduire aux dispositions de l'Acte final de la CFVN[159].Un idéal renvoie à une idée d'entreprise commune, il est comme un esprit[160]. La Haute juridiction est seule juge de ce que sont ces idéaux. A titre de comparaison, la jurisprudence du *Bundesverfassungsgericht* conforte la possibilité pour le juge d'aller au-delà du prescrit constitutionnel. Par *les Arrêts des 15 décembre 1970 et 23 avril 1991,* le Tribunal constitutionnel allemand avance une interprétation extensive des limites matérielles au pouvoir de révision, en se référant au **principe d'égalité qui, bien que non**

---

[159] V° Fondation Friedrich Neumann, *Les actes de la Conférence Nationale* (Cotonou du 19 au 28 février 1990), éd. ONEPI, Cotonou, Bénin, 1994, pp. 50-58.

[160] Selon Théodore HOLO, la Constitution, c'est avant tout un esprit, v° sa contribution intitulée « L'esprit de la Constitution » in *Journées de réflexion sur la Constitution du 11 décembre 1990, les Actes IDH du 07 et 08 aout 2006.*

contenu dans l'article 79.3, a été déclaré intangible, parce qu'il ferait partie de *« l'ordre objectif de valeurs »* organisé hiérarchiquement qui constitue la partie de la Loi fondamentale consacrée aux droits fondamentaux[161]. La Cour constitutionnelle italienne, dans sa célèbre décision rendue en 1988, a reconnu sa compétence à contrôler la conformité constitutionnelle d'une loi de révision[162], considérant ainsi le pouvoir de révision comme un pouvoir parlementaire soumis à la Constitution italienne. La Cour rappelle que *« (...) la Constitution italienne comporte des principes suprêmes qui ne sauraient être renversés ou modifiés dans leur contenu essentiel par les lois de révision constitutionnelle ou autres lois constitutionnelles. Ce sont les principes que la Constitution* ***indique expressément*** *comme les limites absolues au pouvoir de révision constitutionnelle [par exemple la forme républicaine du gouvernement, article 139 de la Constitution italienne], ainsi que les principes qui,* ***bien qu'ils n'aient pas été explicitement*** *considérés comme non modifiables par une révision, représentent* ***l'esprit de la Constitution elle-même*** *(...) »*[163].

Ensuite l'article 114 de la Constitution dispose : *« Elle [la Cour constitutionnelle] est l'organe régulateur du fonctionnement des institutions et de l'activité des pouvoirs publics ».* L'habilitation donnée à la Cour par l'article 114 ne trouve de limites que dans tout ce qui est nécessaire pour assurer le fonctionnement des institutions et l'activité des pouvoirs publics. Elle est donc par définition très large et peut notamment servir de fondement à la décision *DCC 11-067 de 2011.*

Enfin, l'office du juge constitutionnel est particulier, il n'est pas le juge administratif, encore moins le juge civil ou commercial. La Constitution est un texte complexe et énigmatique, NAPOLEON BONAPARTE affirmait précisément qu'une Constitution doit être courte et obscure de manière à ne pas gêner l'action du Gouvernement. La Constitution comporte un Préambule qui est généralement une profession de foi métaphysique et métajuridique et un dispositif comportant des notions de philosophie politique, parfois plus brumeuses qu'un loch écossais (souveraineté nationale, démocratie, séparation des pouvoirs, cohésion nationale...). Le

---

[161] JOUANJAN (O), *Le principe d'égalité devant la loi en droit allemand,* Paris, Economica, 1992, p. 169.
[162] Cour Const. Italienne, Décision n° 1146 du 29 décembre 1988.
[163] *Ibidem.*

texte constitutionnel n'est pas un texte planté dans du marbre graniteux, en face duquel les juges doivent se comporter comme des dévots transits de peur devant une relique offerte à leur vénération. Il n'a pas été octroyé au Mont-Sinaï, comme ce fut le cas pour le décalogue. La Constitution n'est selon Maurice AHANHANZO GLELE, rien d'autre *« qu'un patchwork fait d'éléments hétérogènes et disparates, de dispositions sans liens entre elles. Le moindre dysfonctionnement entre les organes interdépendants, entraîne le blocage de tout le système qui s'écroule laissant le champ libre aux coups de force*[164] *»*. Le juge constitutionnel doit faire vivre la Constitution par son interprétation en tenant compte non seulement de la lettre, de l'esprit et des nécessités imposées par la conjoncture à tout le moins politique et sociale, il est le gardien de l'ordre constitutionnel. Parlant d'interprétation, on ne saurait ériger l'interprétation littérale en principe exclusif. Parmi les principes utilisés aussi bien par les juges européens que le juge constitutionnel français, figurent entre autres l'interprétation systémique, téléologique, l'effet utile… Dans le contexte français, Michel TROPER est d'ailleurs allé très loin en élaborant *sa « théorie réaliste de l'interprétation »*[165]. Si l'on suit le théoricien français, *« la Constitution est ce que les juges constitutionnels disent qu'elle est »*[166]. Il introduit deux variantes à l'intérieur de la *théorie réaliste de l'interprétation* : une version forte et une version faible. Selon la version forte, un texte est toujours indéterminé, d'où il découlerait que l'interprète ne peut pas être lié par ce texte. Selon la version faible, un texte n'est pas indéterminé mais doit être considéré comme tel parce que seule la signification attribuée par l'interprète s'impose juridiquement[167]. Cette théorie a été vivement critiquée par Denis BECHILLON[168] et surtout Otto PFERSMANN[169]. Avec ces auteurs, nous ne

---

[164] AHANHANZO GLELE (M), « Communication inaugurale », *Journées de réflexion sur la Constitution du 11 décembre 1990 des 07 et 08 août 2006*, Institut des Droits de l'Homme (IDH).

[165] Michel TROPER a formulé sa théorie dans une série de travaux : dans l'article *« Réplique à Otto PFERSMANN»* paru aux *PUF/RFDC* 2002/2-n°50, il rappelle quelques points de sa pensée et présente la *théorie des contraintes juridiques* comme le prolongement de la *théorie réaliste de l'interprétation, v°* son ouvrage *Théorie des contraintes juridiques* (ouvrage collectif) TROPER Michel (dir.) DESPLATS (C.) et GRZEGORCZYK (C), LGDJ, 2005.

[166] TROPER (M), «Réplique à Otto PFERSMANN», *op.cit.*, p.337.

[167] *Ibidem.*

[168] BECHILLON (D), « L'ordre de la hiérarchie des normes et la théorie réaliste de l'interprétation », in *Revue de la recherche juridique, Droit prospectif,* 1994, n°1, p.252.

sommes pas convaincus par la théorie de Michel TROPER, laquelle méritait toutefois d'être rappelée.

Le HCR, siégeant en qualité de Cour constitutionnelle, a d'ailleurs affirmé aux premières heures de son activité en 1993, à propos de sa mission, que « *parmi les moyens dont il dispose pour vérifier la constitutionnalité, figurent les techniques d'interprétation qui sont le principal moyen de contrôle (...) pour se prononcer sur la conformité des dispositions de la Constitution, la Cour dispose d'un instrument obligé et nécessaire à l'exercice de sa mission qui est l'interprétation* »[170]. Les acteurs sud-africains semblent tout aussi assumer l'hypothèse réaliste que les juges n'auraient d'autres limites à leur activité interprétative que leur vertu. A l'occasion de la cérémonie d'inauguration de la Cour constitutionnelle sud-africaine, le 14 février 1995, le Ministre de la Justice, Omar DULLAH, soulignait que *« le rôle de la Cour constitutionnelle est de vérifier que le pays est gouverné dans le cadre de la structure et de l'esprit de la constitution, adoptée par l'ensemble du peuple (...) de se comporter comme gardien et protecteur de la constitution. Et nous prions pour que ses actions et décisions soient guidées par la sagesse et par un profond respect pour les droits de l'homme ».* Le Président de la Cour constitutionnelle lui-même, à la même occasion, soulignait : *« Il est aussi de notre responsabilité de déterminer ce que la constitution signifie, de déterminer ses conséquences et d'en développer la protection (...) nous sommes conscients de la responsabilité que cela comporte. Ce que nous déciderons déterminera ce que la constitution signifie ; et il n'y aura pas d'appel de nos décisions»*[171]. Comme le soulignait le Président des Etats-Unis, Thomas JEFFERSON, à l'époque de la décision *MARBURY vs MADISON* (1803), la Constitution serait finalement *« un instrument de cire entre les mains des juges ».* Charles HUGHES qui a été Gouverneur de New-York et Chief Justice de la Cour suprême déclara en 1803 : *« Nous sommes régis par une Constitution, mais cette Constitution est ce que les juges disent qu'elle est ».* Par ailleurs, la Constitution peut comporter des interstices qu'il revient au juge constitutionnel de combler, Jean Jacques

---

[169] PFERSMANN (O), « Une théorie sans objet, une dogmatique sans théorie – En réponse à Michel TROPER » *PUF/RFDC* 2002/4-n°52. Du même auteur « Critique de la théorie des contraintes juridiques», *inédit.*

[169] TROPER (M), « Réplique à Otto PFERSMANN », *op.cit.,* p.337

[170] 14 DC du 16 février 1993, *Recueil des décisions et avis, 1991-1992-1993,* p. 71.

[171] Discours inaugural de la Cour constitutionnelle sud-africaine," *the constitution is what the judge says it is ", inédit.*

ROUSSEAU ne dit-il pas qu' *« Il peut se présenter mille cas auxquels le législateur [constituant] n'a point pourvu et c'est une prévoyance très nécessaire de sentir qu'on ne peut tout prévoir »*[172] ?

Sans aller jusque-là, disons qu'en décidant que la procédure de révision constitutionnelle devrait respecter les idéaux ayant présidé à la CFVN, le principe du consensus, et en ajoutant, comme le prétend l'honorable AZANNAÏ, l'âge, la durée de mandat, le type présidentiel du régime politique aux questions non susceptibles d'être l'objet de révision, le juge constitutionnel béninois n'a fait que renforcer la démocratie. L'alinéa 2 de l'article 42 de la Constitution dispose : *« **En aucun cas,** nul ne peut exercer plus de deux mandats présidentiels ».* Le caractère absolu de cet énoncé ne conduit-il pas à considérer que le Peuple souverain de 1990 ait voulu exclure le nombre de mandats de toute révision ? Il suffit de jeter un coup d'œil dans plusieurs Etat d'Afrique noire francophone pour comprendre que la révision des dispositions relatives au nombre de mandats est le nœud gordien du constitutionnalisme négro-africain[173].

- *Sur la question de l'extorsion par le juge constitutionnel de la souveraineté du Peuple.* Cette constatation résulte, à notre avis, d'une double faute logique : l'idée que les représentants élus du Peuple seraient souverains et celle selon laquelle le juge constitutionnel ne serait pas le produit de la volonté du Peuple. En limitant donc la volonté des représentants élus du Peuple, il serait pris en défaut de légitimité démocratique et de légitimité fonctionnelle. Pour intéressants que puisses paraitre ces arguments, ils ne résistent pas à l'épreuve de la critique.

La légitimité fonctionnelle du juge constitutionnel béninois. La plupart des auteurs en France et en Afrique ont tendance à considérer les représentants du Peuple comme le Peuple lui-même et partant le titulaire de la souveraineté. Cette conception est théoriquement erronée. Si l'article 4 rappelle que *« le Peuple exerce sa souveraineté par ses représentants élus et*

---

[172] ROUSSEAU (J.J), *Du contrat social,* éd., flammarion 2012, p. 159.

[173] Pour illustrer cet état de fait, nous examinerons plus loin, la crise institutionnelle intervenue en 2009 au Niger à propos du renouvellement du mandat du Président TANDJA et qui s'est soldée par la *« mise à mort »* de la Cour constitutionnelle suite à son *Avis n° 02/CC du 25 mai 2009*, et son remplacement par une Cour d'exception.

par voie de référendum », l'article 3 dispose cependant que *« la souveraineté nationale appartient au peuple. Aucune fraction du peuple, aucune communauté, aucune corporation, aucun parti ou association politique, aucune organisation syndicale ni aucun individu ne peut s'en attribuer l'exercice (...) ».* Il ressort clairement de ces dispositions que le constituant distingue entre le seul titulaire de la souveraineté qui est le Peuple indivisible et ceux qui indirectement peuvent l'exercer, c'est-à-dire les représentants élus. Parler de *« souveraineté du Parlement »* ou de *« souveraineté de la loi »* serait, dès lors, une épouvantable imposture, car si l'article 4 parle des représentants élus, ce qui fait naturellement penser au PR et aux Députés, il ne faut pas perdre de vue l'article 3, alinéa 2 qui dispose : *« La souveraineté s'exerce conformément à la présente Constitution qui est la loi suprême de l'État ».* L'exercice de la souveraineté a dès lors été conditionné par le constituant ; or, la Constitution fait du juge constitutionnel le garant de l'ordre constitutionnel. On ne peut pas lui reprocher de contrôler la conformité à la Constitution, de l'exercice de la souveraineté et, à cette occasion, de faire entrave à une initiative référendaire, présidentielle ou législative. Si, comme dans d'autres pays, le référendum d'initiative populaire avait été prévu au Bénin, la critique contre le juge constitutionnel eût un relief plus dense. Même dans une telle hypothèse, l'initiative populaire ne pût pas être considérée comme venant du Peuple souverain, sans qu'il ne soit rapportée la preuve qu'elle ait fédéré l'ensemble des Béninois. Autrement, on serait en présence d'une fraction du Peuple. Or, la Constitution rejette précisément l'appropriation, même occasionnelle, de la souveraineté par une fraction du Peuple. Le juge constitutionnel, de ce qui précède, dispose clairement d'une légitimité fonctionnelle : il a été institué par la Constitution qui lui donne, selon notre interprétation, le rôle de contrôler la conformité à la Constitution de l'exercice de la souveraineté. Aux yeux de Hans KELSEN et de Michel TROPER, le juge constitutionnel est inévitablement co-législateur, car il est juridiquement autorisé à paralyser la volonté législatrice, il est législateur *« avec un signe négatif*[174] *».* En opérant le contrôle de constitutionnalité de la loi, la Cour constitutionnelle, dès lors qu'elle peut empêcher son entrée dans l'ordre juridique, l'abroger ou l'écarter dans tous les cas d'espèce, est co-législatrice. Quid de l'argument tiré de l'absence de légitimité démocratique ?

---

174 KELSEN (H), « La garantie juridictionnelle de la Constitution », *RDP*, 1928, p. 224-225 ; TROPER (M), « Justice constitutionnelle et démocratie », *Pour une théorie juridique de l'État*, Paris, PUF, 1994, p. 335-337.

La légitimité démocratique du juge constitutionnel. Selon l'article 115 de la Constitution : *« La Cour constitutionnelle est composée de sept membres dont quatre sont nommés par le bureau de l'Assemblée nationale et trois par le président de la République pour un mandat de cinq ans renouvelable une seule fois (...)».* Il ressort de cette disposition que les juges constitutionnels sont issus de la volonté des représentants du Peuple, ils sont, par extrapolation, des représentants du Peuple. L'article 126 de la Constitution relatif à la fonction de juger, n'affirme-t-il pas que *« la justice est rendue au nom du Peuple béninois ? ».*

La question du détenteur de la souveraineté dans le contexte béninois semble d'ailleurs infiniment plus complexe. Nous avons déjà souligné que le constituant béninois empruntait à la fois des éléments de la théorie de Jean-Jacques ROUSSEAU et de l'Abbé Emmanuel SIEYES. Il fait une confusion flagrante à l'article 3, confusion du reste partagée par beaucoup d'autres Constitutions de par le monde, en disposant : *« La souveraineté* ***nationale*** *appartient au* ***peuple****. Aucune fraction du peuple, aucune communauté, aucune corporation, aucun parti ou association politique, aucune organisation syndicale ni aucun individu ne peut s'en attribuer l'exercice ».* Il utilise les termes Peuple et Nation de façon tout à fait aléatoire. On pourrait dès lors se demander si la souveraineté appartient finalement à la Nation ou au Peuple ? Dans la théorie de la souveraineté nationale exposée par le révolutionnaire Emmanuel SIEYES, la Nation est une entité distincte des individus qui la composent, elle ne peut être confondue avec la somme des citoyens qui vivent à un moment donné. La Nation incorpore tous les individus morts, présents et à venir. Il y aurait donc un Peuple réel et un Peuple sublimé qui constituent tous deux la Nation ou le Peuple absolu. Quand bien même le juge constitutionnel poserait des balises à l'action du Peuple réel, on ne sût conclure dans la perspective de la théorie de la souveraineté nationale qu'il empêcherait celui-ci d'exercer la souveraineté, car il n'est pas le Peuple absolu. Bien au contraire, il veille à ce qu'une fraction du Peuple, selon les termes mêmes de l'article 3, ne s'en attribue l'exercice. Le Peuple de 1990 n'est pas le Peuple de 2011. A supposer même que le Peuple béninois actuel soit le Peuple de 1990 et donc qu'il y ait un seul Peuple immuable, il faut admettre aussi que ce Peuple ait fait des promesses en 1990, il a créé délibérément un ordre constitutionnel et institué le juge constitutionnel comme le gardien et défenseur de cette architecture, on ne saurait par la suite remettre en cause la légitimité du juge constitutionnel ou prétendre à une atteinte à la liberté ou souveraineté du Peuple, l'obéissance aux lois que l'on s'est données est liberté.

Pourquoi dès lors considérer que le juge constitutionnel se serait, par sa décision *DCC 11-067,* constitué en une créature rebelle et défiante, tel un BRUTUS portant le coup de grâce à CESAR ? L'image de la créature (le juge constitutionnel) et du créateur (la Constitution) est bien choisie[175] par le Professeur KOKOROKO. Toutefois, il faut qu'il nous dise, quel est ce créateur qui ne parle pas, qui est comparable au veau d'or que les Israélites, dans leur révolte contre Moïse et Dieu, érigèrent dans le désert ? La Constitution parle par la bouche du juge constitutionnel, elle ne parle pas par elle-même. Si elle prétend parler par elle-même, les messages qu'elle émettrait seraient compris différemment par les acteurs politiques et souvent même seraient tout simplement dissonants.

Pour nous résumer, *la décision du juge en 2011*, tout comme d'ailleurs celle de 2006, est à la fois juridiquement et politiquement fondée. Juridiquement, le juge a statué conformément au Préambule, à l'article 114 et à sa fonction interprétative, en prenant en compte les idéaux qui sont à la base du texte constitutionnel ; politiquement, il est intervenu pour préserver l'acquis démocratique à des périodes où il était clairement menacé. Les décisions de la Cour constitutionnelle doivent être lues en légalité et en opportunité. Une Constitution disait le Général Charles de GAULLE dans sa conférence du 31 janvier 1964, c'est un esprit, des institutions, une pratique.

4) Limite d'âge des candidats à l'élection présidentielle

La limite d'âge de quarante (40) ans au moins et soixante-dix (70) ans ou plus pour tout candidat à l'élection présidentielle. Le juge constitutionnel choisit également de faire rentrer dans les options fondamentales de la CFVN, cette prescription de l'article 44 alinéa 4 : *« Nul ne peut être candidat aux fonctions de président de la République s'il (...) n'est âgé de 40 ans au moins et 70 ans au plus à la date de dépôt de sa candidature ».*

Le contexte de cette décision explique bien la logique politique de la justice constitutionnelle au Bénin. Alors que le Général Mathieu KEREKOU

[175] DODZI KOKOROKO (dir. AÏVO Joël), « Controverses doctrinales... », in *Annuaire béninois de justice constitutionnelle,* vol. I, 2013, *op.cit.,* p. 727.

s'achemine vers la fin de son second mandat présidentiel en 2006, certains observateurs lui prêtent un projet de référendum visant à inviter le Peuple à se prononcer sur la possibilité d'un troisième mandat. Pourtant le père du marxisme-léninisme a franchi l'âge de 70 ans, la décision de la Cour vient court-circuiter ses espoirs.

Entre la fougue d'une jeunesse qui manque souvent de sagesse et la sagesse d'une vieillesse pleine de vœux mais sans énergie, le constituant semble faire l'équilibre. Un tour d'horizon dans les pays à travers le monde nous permet de voir qu'en dehors des Monarchies, les chefs d'Etat les plus jeunes ont de peu dépassé la quarantaine. Inversement au-delà de 70 ans, chaque homme est rattrapé par le poids de l'âge qui rend difficile l'exercice optimal de la fonction présidentielle et parfois même l'honorabilité de cette fonction. On a encore à cœur l'exemple désolant du Président algérien qui, fatigué par le poids de l'âge fut, parfaitement incapable de prononcer convenablement le serment d'investiture, ou du Président Robert MOUGABE du Zimbabwe s'écroulant lors d'une cérémonie retransmise en direct, ou même le Président Paul BIYA du Cameroun qui passe la plupart de son temps à l'étranger pour des raisons essentiellement médicales, certes, légitimes mais préjudiciables pour la vie de la Nation. Au Cameroun le silence du chef de l'Etat entraine parfois une cacophonie spectaculaire des institutions, exaspérée par l'inexistence matérielle du Conseil constitutionnel prévu par la Constitution du 16 janvier 1996 et régi par les lois organiques, et par une forte énonciation du pouvoir personnel des hommes d'Etat qui n'estiment n'avoir de compte à rendre à personne d'autre qu'à celui qui les a nommés. Les silences du Président au Cameroun ont d'ailleurs été l'objet d'une thèse de doctorat douteuse. Le choix du juge béninois est une garantie proactive d'efficacité.

5) Mandat présidentiel de cinq (5) ans, renouvelable une fois

La plupart des Etats d'Afrique noire francophone ont institué le quinquennat. A cet égard, il est intéressant d'observer un fait inédit : l'inversion du mimétisme entre la France et l'Afrique francophone, puisque la première n'a adopté le quinquennat qu'en 2000 et la limitation des mandats présidentiels en 2008. Le système français n'a pas encore envisagé la limitation d'âge présidentiel. L'actualité africaine récente témoigne largement de cette instrumentalisation. Elle a été émaillée –courant l'année 2015, des referenda constitutionnels organisés entre autres, au Congo-Brazzaville [176], en République Centrafricaine[177], au Rwanda[178], visant pour la plupart à créer les conditions d'un nouveau mandat au Président en exercice, alors que certains Etats prirent quelques années avant, la précaution d'escamoter subrepticement de leur texte constitutionnel, la disposition relative à la limitation des mandats, assurant ainsi aux dirigeants en place, une réélection *ad vitam aeternam.* C'est le cas du Tchad[179], Cameroun[180], Gabon[181], Togo[182]. D'autres Etats africains ayant pris le parti d'ignorer purement et simplement la limitation des mandats[183]. La Cour constitutionnelle a préservé le verrou limitatif des mandats.

Les deux décisions que nous examinerons ci-dessus illustrent tout aussi à la perfection la logique politique de la justice constitutionnelle. Le Président Boni YAYI est au terme de son second mandat, il ne peut donc plus constitutionnellement briguer un nouveau mandat. Pourtant à pas feutrés, des initiatives isolées sont constatées par des citoyens et des hommes politiques, aussi bien au Gouvernement qu'à l'AN, qui laissent penser que quelque chose se prépare. On prête en effet au Président le projet de soumettre la question de limitation des mandats présidentiels au référendum. N'a-t-il pas

---

[176] Le referendum constitutionnel du 25 octobre 2015 permet clairement à Denis SASSOU NGUESSO de briguer un nouveau mandat.

[177] Le referendum constitutionnel de Centrafrique tenu le 13 décembre 2015, permet d'adopter le projet de la Constitution de la 6ème République de Centrafrique.

[178] Il est prévu les 17 et 18 décembre 2015, il porte sur la révision de la Constitution. L'objectif inavouable est de permettre à Paul KAGAME de briguer un nouveau mandat en 2017.

[179] La limitation des mandats a été supprimée au Tchad par Idriss DEBY en 2005.

[180] V° la révision constitutionnelle du 14 avril 2008.

[181] Au Gabon, la limitation des mandats fut supprimée par Omar BONGO en 2003.

[182] Introduit dans *la Constitution togolaise du 27 septembre 1992,* le verrou limitatif des mandats a été escamoté en 2002 à l'initiative de GNASSINGBE. Son fils Faure GNASSINGBE ne l'a pas réinstauré. Il refuse en effet l'application de *l'Accord Politique Global de 2006* signé après le coup d'Etat de 2005 (suite au règne de son père depuis 1967) qui prévoit le retour avant 2015 à la limitation des mandats.

[183] En Ile Maurice, v° *article 28 de la Constitution 1968,* le Président est honorifique, le Premier Ministre (Chef de gouvernement) est élu par Parlement. La limitation a été supprimé également par BOUTEFLIKA en Algérie en 2008 ; à Djibouti par Ismaïl Omar GUELLEH en 2010 ; en Ouganda par Yoweri MUSEVENI en 2006.

adopté un *décret n° 2013-255 du 06 juin 2013 portant transmission à l'AN du projet de loi portant révision de la Constitution*[184] ? Il est à noter que ce projet de loi avait été déjà transmis au Parlement en 2012, puis retiré par le Gouvernement. Il avait été à l'occasion l'objet de polémiques. En 2014, deux occasions favorables se sont présentées à la Cour. Elles précisent sans équivoque sa position.

Dans une importante décision rendue en juillet 2014, la Cour a sanctionné les propos de Madame la Ministre de l'élevage, tenus lors de l'émission *« zone franche »* diffusée sur la chaine de télévision Canal 3, le dimanche 20 juillet 2014. En prenant l'exemple du Président ROOSEVELT aux Etats-Unis, la Ministre laissait entendre que le Président Thomas Boni YAYI pût prétendre à un troisième mandat si le peuple le voulut. Il n'a pas échappé à la Cour que ces sous-entendus laissaient apparaître une invitation à soumettre la question de la limitation du mandat présidentiel à référendum. La Cour saisit l'occasion pour rappeler que ces propos violent les articles 42 et 124 alinéa 2 de la Constitution. Elle rappelle également sa jurisprudence où elle a décidé très clairement que *« sont exclues de toute révision de la Constitution les options fondamentales de la Conférence des Forces vives dont, entre autres, la limitation à deux du nombre de mandats présidentiels (...) »*[185]. On peut, à notre avis, considérer que cette précision de la Cour s'étendrait au mandat des députés de l'AN, fixé à quatre (4) ans. Dans une décision rendue en 2006 *(supra, réf. n° 115)*, certains Députés, arrivés en fin de mandat, entreprirent de modifier le mandat parlementaire en le faisant passer de (4) à (5) années. La Cour saisit l'occasion pour rappeler que le *« (...) mandat de quatre ans, qui est une situation constitutionnellement établie, est le résultat*

---

[184] Le Professeur Maurice AHANHANZO GLELE, père de la Constitution de décembre 1990, dans une interview accordée à *Radio Immaculée conception*, au cours de l'émission *Libertas* animée par le juriste Serges Prince AGBODJAN, critiqua vivement ce projet de révision. Il était selon lui inconstitutionnel pour n'avoir pas eu l'avis de la Cour Suprême ; il ne prenait pas en compte le principe constitutionnel du *consensus* dégagé en 2006 par la Cour constitutionnelle *(DCC-06-074 du 08 juillet 2006, op.cit., réf. n° 115) ;* il était en outre inopportun. Ce projet était d'autant plus problématique qu'il sacrifiât à un nouveau rapport complaisant élaboré par la *« commission GNONLONFOUN »* mise en place par *le décret n° 2011-502 du 25 juillet 2011*, le rapport initial de relecture de la Constitution de la *« Commission AHANHANZO GLELE »,* mise en place par le PR, v° l'interview intitulée : « Révision de la Constitution : les troublantes révélations de Maurice Ahanhanzo-Glèlè », in Journal*le Matinal*du 5 aout 2013.

[185] DCC 14-156 du 19 aout 2014, *Jean Claude DOSSA, op.cit.*

du consensus national dégagé par la Conférence des Forces vives de la Nation de février 1990 et consacré par la Constitution en son préambule qui réaffirme l'opposition fondamentale du Peuple béninois à (...) la confiscation du pouvoir ; que même si la Constitution a prévu les modalités de sa propre révision, la détermination du peuple béninois de créer un Etat de droit et de démocratie pluraliste, la sauvegarde de la sécurité juridique et de la cohésion nationale commandent que toute révision tienne compte des ***idéaux qui ont présidé à l'adoption de la Constitution du 11 décembre 1990,*** *notamment le consensus national, principe à valeur constitutionnelle ; qu'en conséquence, les articles 1 et 2 de la Loi constitutionnelle n° 2006-13 adoptée par l'Assemblée nationale le 23 juin 2006, sans respecter le principe à valeur constitutionnelle ainsi rappelé, sont contraires à la constitution »*[186].

En novembre 2014, la Cour a rendu une décision qui, à notre avis, peut être considérée comme la plus emblématique de son histoire, dans la mesure où elle touche à la fois à l'essence même de l'ordre constitutionnel et à la conception moderne de la démocratie. Saisie par deux citoyens contre une lettre largement diffusée dans les medias, par laquelle Monsieur Latifou DABOUTOU invite le Président de la République, Boni YAYI, parvenu au terme de son second et dernier mandat, à organiser une consultation populaire pour prétendre à un troisième mandat. La Haute juridiction saisit l'occasion pour rappeler que *« (...) le titre XI de la Constitution organise et encadre la révision de la Constitution du 11 décembre 1990 ; qu'une jurisprudence constante de la Cour précise les limites et modalités de cette révision, qu'elle soit opérée par voie parlementaire ou par référendum ; que la révision opérée dans les formes prescrites, à l'exception des clauses expressément exclues de toute révision et qualifiées 'de clauses intangibles', garantit la stabilité de la Constitution en l'adaptant aux nouvelles aspirations légitimes du peuple souverain ; que la révision de la Constitution résultant de la mise en œuvre du pouvoir constituant dérivé ne peut détruire l'ordre constitutionnel existant et lui substituer un nouvel ordre constitutionnel ; qu'elle n'a donc pas vocation à créer une nouvelle république comme le prétend Monsieur Latifou Daboutou ; que l'avènement d'une nouvelle république ne peut procéder que du pouvoir constituant originaire distinct du pouvoir constituant dérivé prévu et organisé directement par la Constitution elle-même ; que, dès lors, il échet pour la*

---

[186] DCC 06-074 du 08 juillet 2006, *op.cit.*

Cour de dire et juger qu'en invitant par une lettre ouverte largement diffusée le président de la République, au terme de son deuxième et dernier mandat, à réviser la Constitution pour prétendre à un nouveau mandat, Monsieur Latifou Daboutou a violé la Constitution » [187]. Dans une décision intéressante, la Cour avait auparavant fait œuvre de pédagogie quant à la validité du projet ou de la proposition, et plus globalement de la procédure de révision de la Constitution. Elle souligne qu'il résulte des articles 154 et suivants de la Constitution que la procédure de révision se déroule en deux phases, à savoir : la prise en considération du projet ou de la proposition de révision et l'adoption du projet ou de la proposition de révision.

S'agissant de la première phase, elle note qu'aux termes de l'article 154, alinéa 2, pour que le projet ou la proposition soit pris en considération, il faut qu'il soit voté à la majorité des trois quarts (3/4) des membres composant l'AN. Cette première phase qui engage la procédure de révision ne saurait être escamotée. S'agissant de la seconde phase, la révision n'est acquise qu'après avoir été approuvée par référendum, à moins de l'avoir été à la majorité des quatre cinquièmes (4/5) des membres composant l'AN. La Cour a jugé qu'il résulte des éléments du dossier, notamment de la réponse du Président, que la première étape de la procédure n'a pas été observée par l'AN. Dès lors, l'AN a violé la Constitution[188].

6) Type présidentiel du régime politique

Si les autres extensions sont justifiées, cette dernière précision est difficilement compréhensive. N'y a-t-il pas contradiction entre la possibilité de soumettre l'organisation des pouvoirs publics au référendum et l'interdiction d'y soumettre la question du type présidentiel de régime politique ?

Le choix du modèle présidentiel, assorti de nombreux emprunts à la Constitution française, fut entre autres fait par la Côte-d'Ivoire, le Bénin, mais également le Togo et le Burkina Faso. La distanciation avec le modèle français s'explique en partie par la volonté d'asseoir un Exécutif stable et

---

[187] DCC 14-199 du 20 novembre 2014, *Emmanuel HOUENOU et Pauli AHOUANDOGBO.*
[188] DCC 06-074 du 8 juillet 2006, *Président de la République, AHOSSI Jean Irénée et consorts, op.cit.*

très fort[189]. On ne voit pas en quoi la modification du régime politique en un régime parlementaire ou semi-parlementaire par exemple porterait atteinte aux aspirations exprimées par le Peuple souverain en 1990, d'autant plus que ces formes de régimes sont simplement des modalités du régime démocratique. Dans une décision rendue en 1998, la Cour avait apporté quelques précisions sur la nature du régime politique béninois *(supra, p. 57).* Elle constatait que le constituant a institué une conception souple de la séparation des pouvoirs : « *Considérant que le principe de la séparation des pouvoirs posé à l'article 125 de la Constitution signifie que chacun des pouvoirs exerce ses compétences sans que l'un puisse exercer celles des autres, ni s'immiscer dans l'exercice de ses attributions (...) que la Constitution n'instaure pas une séparation rigide des pouvoirs mais organise dans certaines dispositions la collaboration entre les différents pouvoirs* »[190]. Il découle de cette décision que la Constitution a institué au Bénin un régime présidentiel qui conforte la séparation et l'autonomie des pouvoirs au sens organique et fonctionnel. Chaque Pouvoir étant une entité à part entière reste par conséquent maître de l'activité qui lui est confiée[191]. Cette précision est importante dans la mesure où elle évite que le régime ne dérive ni vers un présidentialisme, ni vers un régime d'Assemblée, ni vers un « *gouvernement des juges* ».

Paragraphe 2. Conditions liées à la procédure du référendum

Nous avons montré plus avant que l'expérience de la pratique référendaire dans le monde devrait conduire l'observateur averti à redoubler de prudence. Il est abusif de dire que le Peuple légifère par voie de référendum, si tant est que l'activité législative implique des débats, des initiatives, des compromis… En matière de référendum, le Peuple n'a généralement la

---

[189] LAVROFF (D.G), *Les systèmes constitutionnels en Afrique noire, les Etats francophones*, Paris, Pedone, 1976, p. 21.

[190] DCC 98-042 du 14 mai 1998, *AYIKPE Louis.*

[191] Ce principe de la spécialisation fonctionnelle n'est toutefois pas absolu. Il admet un certain nombre d'exceptions qui résultent de la Constitution elle-même. En effet, la Constitution a donné aux pouvoirs exécutif et législatif le privilège de nommer les membres des institutions telles que la Cour Constitutionnelle, la Haute Autorité de l'Audiovisuel et de la Communication, le Conseil Economique et Social…et à la Cour Constitutionnelle, le pouvoir de réguler le fonctionnement des autres institutions. Dans l'exercice de cette compétence, la Haute juridiction s'oblige à donner des injonctions aux pouvoirs publics.

maitrise ni de l'objet, ni de la formulation de la question posée ou du texte qui lui est soumis. Par ailleurs, le facteur temps est tout aussi déterminant sur le résultat des opérations, en ce sens que la position du citoyen sur une question peut être fonction des sentiments résultant des événements actuels qui produisent sur lui des émotions particulières. S'il accorde le droit d'initiative aussi bien au PR qu'au Parlement (A), le constituant béninois a toutefois enfermé cette faculté dans un ensemble de règles précises qui se rapportent à la consultation et aux formes de celle-ci (B) ; et à l'adoption du projet (C).

La Cour constitutionnelle est intervenue pour rappeler la sacralité de ces dispositions. Ce faisant, elle participe à la stabilité du régime constitutionnel.

A) L'initiative du projet ou la proposition

Selon les différents régimes constitutionnels, on distingue : le référendum d'initiative populaire[192], le référendum d'initiative parlementaire (1), le référendum d'initiative présidentielle (2). Le Bénin ne connaît que les deux dernières formes. En matière de pouvoir d'initiative, le constituant fait la distinction entre la loi de révision constitutionnelle (article 154) et les lois ordinaires (article 105 de la Constitution), *(infra, p. 95, réf. n° 194).*

1) L'initiative présidentielle

Aux termes de l'article 154, *« l'initiative de la révision de la Constitution appartient concurremment au président de la République, après décision prise en Conseil des ministres, et aux membres de l'Assemblée nationale. »*L'avis du Conseil des Ministres est une formalité obligatoire. Aux Etats-Unis, l'Exécutif n'a pas le pouvoir de proposer les amendements constitutionnels. De même, selon la Constitution des Philippines, le pouvoir

[192] Les initiatives populaires sont soumises à des conditions qui varient selon le pays considéré ; la proposition de la révision constitutionnelle doit en tout cas être signée par un certain nombre d'électeurs. Ce nombre est fixé parfois comme un chiffre absolu, parfois comme un pourcentage du nombre total des électeurs. Par exemple, en Suisse, la proposition de révision constitutionnelle doit être signée par 100 000 électeurs au moins. En Corée du Sud de 500 000. En Uruguay, c'est 10 % des électeurs. En Italie, les lois constitutionnelles adoptées à la majorité absolue des membres de chacune des Chambres *« sont soumises à référendum populaire lorsque, dans un délai de trois mois après leur publication, demande en est faite... par 500 000 électeurs »* (article 138, alinéa 2) ; c'est ce qu'on appelle *« le veto populaire »*.

de proposer la révision constitutionnelle appartient exclusivement au Congrès. La Constitution turque, quant à elle, attribue ce pouvoir exclusivement à 1/3 des membres de l'AN[193].La Cour constitutionnelle béninoise a jugé que l'article 154 de la Constitution subordonne la validité de l'initiative du PR en matière de révision constitutionnelle à la *« seule et suffisante délibération du Conseil des Ministres »*[194].

2) L'initiative parlementaire

Aux termes de l'article 154 : *« L'initiative de la révision de la Constitution appartient concurremment au président de la République, après décision prise en Conseil des ministres et aux membres de l'Assemblée nationale. Pour être pris en considération, le projet ou la proposition de révision doit être voté à la majorité des trois quarts des membres composant l'Assemblée nationale »*[195]. La Cour rappelle que l'exigence des 3/4 des membres composant l'AN, pour le vote du projet ou de la proposition de révision, ne saurait être escamotée en tant que première phase de la procédure de révision[196]. Elle sanctionne l'AN pour non-respect de la première phase[197]. Cette exigence est rappelée par l'article 98.1 du Règlement de l'Assemblée qui renvoie expressément à l'article 108 de la Constitution. La proposition doit être signée par tout membre de l'AN (article 98.2 du RI).

Dans certaines Constitutions, les initiatives parlementaires sont soumises à des conditions particulières, comme la signature de la proposition par un certain nombre de parlementaires (selon la Constitution grecque, par exemple, la proposition de révision doit être faite par au moins cinquante (50) Députés[198]). Dans d'autres pays, cette condition est déterminée par une proportion des membres du Parlement (par exemple, selon l'article 175, alinéa 1 de la Constitution turque, les révisions constitutionnelles peuvent être proposées par 1/3 au moins du nombre total de membres de la Grande Assemblée Nationale).

[193] Article 175 de la Constitution turque.
[194] DCC 13-125 du 12 septembre 2013, *Nassirou IBRAHIMA.*
[195] Article 4 de la L.O sur la Cour.
[196] DCC 06-074 du 08 juillet 2006, *op.cit.*
[197] *Ibidem.*
[198] Article 110, alinéa 2 de *la Constitution grecque de 1975.*

B) Consultations préalables

Selon l'article 69 de la loi organique sur la Cour *: « Conformément aux articles 58 et 68 de la Constitution, le Président de la Cour Constitutionnelle est consulté par le Président de la République sur toute initiative et sur l'organisation des opérations de référendum. Il est avisé sans délai de toute mesure prise à ce sujet. De même, lorsqu'un référendum est décidé par l'Assemblée nationale, conformément à l'article 108 de la Constitution, la Cour Constitutionnelle doit être avisée. Elle doit veiller à la régularité du référendum et en proclamer les résultats ».*Deux précisions méritent d'être relevées à ce niveau : les autorités dont la consultation est obligatoire et la forme de la consultation.

1) Avis obligatoires

S'agissant des avis, l'initiative présidentielle doit être prise en Conseil des Ministres. Il s'agit d'une exigence obligatoire. Dans une décision rendue en 2013, la Cour constate que *« (...) le projet de loi portant révision de la Constitution de la République du Bénin a été délibéré en Conseil de Ministres avant d'être transmis à l'Assemblée Nationale par le Décret n° 2013-255 du 06 juin 2013. Qu'il n'ya dès lors pas violation de la Constitution »*[199]. Le PR doit recourir en outre à l'avis du Président de l'AN et celui du Président de la Cour constitutionnelle[200]. Trois précisions s'imposent. Nous insisterons davantage sur la première précision.

- *la nature des avis ;*
- *la portée de l'exigence de consensualisme ;*
- *la liste limitative des autorités à consulter* (il s'agit dans les deux cas – initiative présidentiel et parlementaire, de la consultation du Président de la Cour constitutionnelle).

La Constitution n'a pas donné des précisions sur la nature des différents avis que les autorités susmentionnées sont appelées à émettre. S'agit-il d'un droit de veto ? Le Président pourrait-il, après avoir requis les avis, passer outre une opposition à soumettre une question au référendum ? L'article 5 de la loi organique sur la Cour, nous permet de dire que nous sommes en présence d'un *« avis conforme ».* Non seulement, l'autorité est tenue de le requérir,

---

[199] DCC 13-125 du 12 septembre 2013, *Nassirou IBRAHIMA.*

[200] L'article 4 de la loi organique, *op.cit.*

mais plus encore, elle est tenue de statuer dans le sens indiqué par l'avis *(infra, p. 96)*. A propos de la révision constitutionnelle, la Cour note que la Constitution du 11 décembre 1990 consacre son Titre IV au Pouvoir législatif, tandis que le pouvoir constituant dérivé, c'est-à-dire l'organe compétent en matière de révision constitutionnelle, relève du Titre XI de la Constitution. Elle estime que si sa jurisprudence constante subordonne l'initiative du PR à l'avis préalable et obligatoire de la Cour suprême pour la mise en œuvre du Pouvoir législatif conformément à l'article 105 de la Constitution, il en va autrement de l'initiative du PR en matière de révision, qui relève exclusivement de l'article 154. La Cour fait observer que nulle part ledit article ne renvoie ni à l'article 105, ni à l'article 132 de la Constitution[201].

Le requérant faisait en fait une confusion entre la procédure d'initiative du PR en matière de mise en œuvre du Pouvoir législatif ordinaire (article 105) et celle de la révision constitutionnelle (article 154) ; il estimait par conséquent que l'avis du Président de la Cour suprême dût être requis. Pour rappel, aux termes de l'article 105 : *« L'initiative des lois appartient concurremment au président de la République et aux membres de l'Assemblée nationale. Les projets de loi sont délibérés en Conseil des ministres, après* ***avis motivé de la Cour suprême*** *saisie conformément à l'article 132 de la (...) Constitution et déposés sur le bureau de l'Assemblée nationale ».*L'article 132 dispose que : *«* ***La Cour suprême est consultée par le Gouvernement*** *plus généralement sur toutes les matières administratives et juridictionnelles. Elle peut, à la demande du Chef de l'État, être chargée de la rédaction et de la modification de tous les textes législatifs et réglementaires, préalablement à leur examen par l'Assemblée nationale ».* Pour la Cour, les articles 105 et 132 ne sont pas applicables à la procédure de révision constitutionnelle qui est normalement régie par l'article 154.

2) Forme de la consultation

S'agissant de la forme de la consultation, l'article 5 de la loi organique dispose qu'elle doit être faite par *« lettre circonstanciée »,* adressée à chacun des présidents d'institutions concernées. La lettre doit être accompagnée :

- du projet ou de la proposition de la loi référendaire ;

---

[201] DCC 13-125 du 12 septembre 2013, *op.cit.*

- de l'exposé des motifs ;

- du texte de la question à soumettre au référendum ;

- du projet de décret portant convocation du corps électoral.

Si cette disposition informe clairement sur le caractère obligatoire des avis que le PR est tenu de requérir, rien n'est dit en revanche sur le caractère conforme ou non de ces avis. Que se passera-t-il si le Président de l'AN ou le Président de la Cour oppose son veto à l'initiative du référendum ?

C) L'approbation du projet ou de la proposition

Selon l'article 155 : *« La révision n'est acquise qu'après avoir été approuvée par référendum, sauf si le projet ou la proposition en cause a été approuvé à la majorité des quatre cinquièmes des membres composant l'Assemblée nationale ».* Il ressort de cette disposition que l'approbation se fait en principe par voie référendaire (1). Exceptionnellement, si le projet ou la proposition a été approuvé à la majorité des $4/5^{\text{ème}}$ des membres composant l'AN, la révision est acquise sans vote ultérieur d'approbation. C'est également la majorité à laquelle les projets et propositions de loi et de révision constitutionnelle se font, qui distingue les deux domaines. Pour la loi ordinaire, seule la majorité simple est requise, alors que pour la loi de révision constitutionnelle, il faut une majorité des (3/4) trois quarts des membres composant l'AN. Une telle majorité est également exigée pour les lois organiques (2). Cette majorité n'est pas automatiquement suffisante pour que la révision puisse être acquise. Si elle n'atteint pas les (4/5) quatre cinquièmes des membres composant le Parlement, il faut que la révision soit approuvée par référendum (1).

1) L'approbation référendaire

Cette disposition est intéressante dans la mesure où le Peuple a la faculté d'empêcher la révision constitutionnelle par le moyen du référendum. Dans certains pays, le référendum est obligatoire en matière constitutionnelle (en Suisse par exemple, article 121 de la Constitution. En Irlande, le référendum est obligatoire en matière de révision constitutionnelle[202]). En Australie, le projet ou la proposition de révision constitutionnelle, adopté à la majorité

[202] Article 46 de *la Constitution irlandaise du 01 juillet 1937.*

absolue par chacune des Chambres, doit être approuvé par référendum par les électeurs de chacun des Etats[203]. Par contre, dans certains pays comme l'Autriche[204], le référendum est obligatoire seulement pour la *révision totale* de la Constitution.

2) L'approbation parlementaire

En prévoyant l'approbation du projet ou de la proposition de la révision à la majorité de 4/5 des membres de l'AN, le constituant a considéré qu'une telle proportion est véritablement représentative. Il n'était donc pas nécessaire dans ces conditions que le Peuple fût associé au vote, ni que l'Assemblée se prononçât de nouveau par un vote d'adoption. Cette même proportion est celle de la Constitution du Rwanda[205]. La Constitution portugaise prévoit *« la majorité des quatre cinquièmes des députés effectivement en fonction »* pour réviser *à tout moment* la Constitution[206]. Sinon, pour réviser la Constitution à la majorité des 2/3 des Députés, il faut attendre que 5 ans soient révolus après la date de la publication de la dernière loi de révision ordinaire[207].Le Tchad, l'Ethiopie, la Côte-d'Ivoire, les Philippines et le Kenya prévoient les majorités des 3/4 des membres du Parlement pour l'adoption des lois de révision constitutionnelle. L'adoption de la proposition ou du projet de révision à la majorité des 2/3 reste toutefois la règle la plus répandue. A titre d'exemple, selon l'article 79 alinéa 2 de la Constitution allemande, la loi de révision constitutionnelle *« doit être approuvée par les deux tiers des membres du Bundestag et les deux tiers des voix du Bundesrat »*. Même règle dans les Constitutions autrichienne, italienne (article 138, alinéa 3), portugaise[208] et turque (article 175, alinéa 3 du nombre total de membres de l'Assemblée). D'autres Constitutions prévoient la majorité

---

203 Article 128, alinéa 2 de *la Constitution australienne du 01 janvier 1901.*

204 Article 44, alinéa 3 de *la Loi constitutionnelle fédérale du 01er octobre 1920 remise en vigueur en 1945.* Il faut dire que l'Autriche ne dispose pas d'un instrument constitutionnel unique. Une série de textes sont considérés comme la Constitution.

205 Article 107, alinéa 3 de *laConstitution du Rwanda du 24 novembre 1962*, une nouvelle Constitution a vu le jour le 26 mai 2003 grâce à la règle des 4/5 pour l'adoption du projet ou de la proposition.

206 V° l'article 284, alinéa 2 *de la Constitution portugaise* du 02 avril 1976.

207 Article 284, alinéa 1, *ibidem.*

208 Article 286, alinéa 1. Il s'agit des Députés effectivement en fonction.

absolue[209] (des membres du Parlement et non des suffrages exprimés). Certaines Constitutions vont plus loin, en prévoyant la dissolution de l'Assemblée qui a proposé la révision[210].

Paragraphe 3. Conditions liées à la période du référendum

En cas de vacance, l'intérim à la présidence de la République est assuré soit par le président de l'AN, soit par le président de la Cour constitutionnelle. Sauf cas de mise en accusation du PR, l'intérim est assuré par le président de l'AN. Il s'agit en effet d'assurer l'indépendance nécessaire à l'examen d'une mise en accusation du PR. Quoiqu'il en soit le constituant a aménagé des limitations temporelles à l'exercice du pouvoir de révision constitutionnelle, en cas de vacance pour décès, démission ou empêchement définitif (A), ou pour mise en accusation du PR (B).

A) L'interdiction du référendum en temps de vacance

Aux termes de l'article 50, alinéa 1 de la Constitution. En cas de vacance de la présidence de la République par décès, démission ou empêchement définitif, les fonctions de PR, à l'exception de celles mentionnées aux articles 54 alinéa 3 ; 58, 60, 101 et 154, sont provisoirement exercées par le président de l'AN. Dans le contexte béninois, la vacance ne doit certainement pas être confondue à la suppléance, qui est généralement une absence de courte durée. La suppléance est souvent assurée par un membre du Gouvernement, choisi par le PR lui-même. Le constituant exclut donc pendant la période de vacance l'exercice de certaines fonctions présidentielles. Ainsi l'intérimaire ne dispose ni du pouvoir de nomination des Ministres, ni du pouvoir d'initiative de référendum, ni du droit de grâce, ni du pouvoir de déclaration de guerre ; il n'a pas non plus le pouvoir d'initiative de révision de la Constitution. Ces attributions sont réservées au

---

[209] La majorité absolue des membres du Parlement est exigée par exemple par la Constitution italienne. Elle parle de *« La majorité absolue des membres de chacune des Chambres lors du second vote »* pour l'adoption des lois de révision constitutionnelle (article 138, alinéa 1).

[210] V° l'article 195 alinéa 2 de la Constitution belge du 07 février 1831 modifiée le 17 février 1994 ; l'article 88 de la Constitution danoise du 05 juin 1953, hollandaise (article 137, alinéa 3), islandaise et luxembourgeoise (article 114) prévoient la dissolution des assemblées législatives qui ont proposé la révision constitutionnelle.

seul Président de la République et font partie des attributions qui ne peuvent par ailleurs être déléguées.

B) L'interdiction du référendum en cas de mise en accusation du PR

Aux termes de l'article 50 alinéa 2, en cas de mise en accusation du président de la République devant la Haute Cour de justice, son intérim est assuré par le président de la Cour Constitutionnelle qui exerce toutes les fonctions de PR, à l'exception de celles mentionnées aux articles 54 alinéa 3, 58, 60, 101 et 154. Il est donc clair que le président de l'AN ou le Président de la Cour constitutionnelle, assurant la vacance du PR, ne pourraient prendre l'initiative de la révision de la Constitution dévolue au PR par l'article 154.

Une question mérite d'être approfondie : est-ce qu'une telle interdiction vaudrait également pour le cas de suppléance? L'article 50 alinéa 5 dispose en effet qu'*« en cas d'absence du territoire, de maladie et de congé du président de la République, son intérim est assuré par un membre du Gouvernement qu'il aura désigné et dans la limite des pouvoirs qu'il lui aura délégués »*.La délégation de pouvoir doit respecter les conditions traditionnelles de délégation *:*

- faire l'objet d'un acte formel, c'est-à-dire être réelle et formalisée ;

- être partielle, c'est-à-dire limitée dans son objet ;

- être temporaire, c'est à dire limitée dans la durée ;

- En outre, nul ne peut déléguer plus de droits qu'il n'en a lui-même. C'est dire qu'on peut reprocher au délégué ou délégataire tous les vices qu'on aurait pu reprocher au délégant. L'article 70 de la Constitution clos le débat : le PR peut déléguer certains de ses pouvoirs aux Ministres, sauf ceux prévus aux articles 54 alinéa 3, 60, 61, 101, 115, 133 et 144, qui constituent en réalité de *pouvoirs exclusifs du PR*. Il est donc clair que ne peuvent être délégués aux Ministres : *le pouvoir de nomination des membres du Gouvernement, l'initiative du référendum, le droit de grâce, l'accréditation des ambassadeurs et envoyés extraordinaires, la déclaration de guerre, la nomination des membres de la Cour constitutionnelle, la nomination du président de la Cour suprême et l'initiative de révision de la Constitution.*

Section 2. Organisation du référendum

Au Benin comme en France, le referendum - procédé d'expression directe de la souveraineté populaire, a longtemps été reçu comme un corps étranger dans la tradition constitutionnelle. En France l'appel au Peuple pour faire adopter une Constitution fût une innovation révolutionnaire (le premier référendum de l'histoire constitutionnelle a été organisé pour l'adoption de la Constitution du 24 juin 1793). Après une période de désuétude, il sera réactivé le 21 octobre 1945, pour donner une légitimité démocratique à la reconstruction constitutionnelle de la France. C'est par référendum qu'a été adoptée la constitution de la Vème République, le 28 septembre 1958.En France, ce sont au total (09) neuf referenda qui ont été organisés sous la Ve République depuis l'adoption de la Constitution de 1958, tous sur décision du chef de l'État et, pour la plupart, selon la procédure prévue à l'article 11 de la Constitution. Seul le référendum du 24 septembre 2000 sur le quinquennat a été organisé en application de l'article 89 du texte constitutionnel [211] . Au Bénin, deux principales étapes peuvent être distinguées à ce niveau : le déroulement (Paragraphe 1) et le dépouillement (Paragraphe 2).

Paragraphe 1. Déroulement des opérations

Si l'on excepte l'objet, le referendum reste une consultation électorale qui peut si les opérations ne sont pas bien mises en œuvre, connaitre des fraudes. Il doit de ce fait être soumis aux règles pertinentes en la matière. De manière

[211]Référendum du 8 janvier 1961 visant à *valider la politique d'autodétermination du général de Gaulle en Algérie* ; Le référendum du 8 avril 1962 *ayant pour but de faire approuver par les Français les accords d'Evian* (fin de la guerre d'Algérie) ; le référendum du 28 octobre 1962 *portant sur une révision constitutionnelle de très grande ampleur : l'élection du Président de la République au suffrage universel direct* ; le référendum du 27 avril 1969 *sur la régionalisation et la réforme du Sénat ;* le référendum du 23 avril 1972*visant à permettre la ratification du traité d'élargissement de la Communauté économique européenne ;* le référendum du 6 novembre 1988 *visant l'adoption du nouveau statut de la Nouvelle-Calédonie* ; le référendum du 20 septembre 1992 *ayant pour objet la ratification du Traité sur l'Union européenne (traité de Maastricht) ;* le référendum du 24 septembre 2000 *sur la réduction du mandat présidentiel à cinq ans (quinquennat*) ; le référendum du 29 mai 2005 *visant à permettre la ratification du traité établissant une Constitution pour l'Europe.*

synthétique, trois étapes sont déterminantes : la convocation du corps électoral qui se fait bien entendue par le PR en concertation avec le Conseil des Ministres (A), la campagne référendaire permettant aux partisans de chaque camp, de convaincre les citoyens (B), le vote référendaire qui est l'expression proprement dite de l'électeur(C).

A) Convocation du corps électoral

C'est un décret présidentiel pris en Conseil des Ministres qui convoque les électeurs en vue du référendum. Il doit intervenir cent-vingt (120) jours avant la date du scrutin. Le projet ou la proposition de loi et le texte de la question à poser au Peuple sont annexés au décret portant convocation du corps électoral. Il fait l'objet d'une large diffusion par l'organe chargé des élections (articles 7 et 8 de la loi organique).

B) Campagne référendaire

La loi organique prévoit qu'un décret pris en Conseil des Ministres définit les modalités de la campagne électorale (article 16, alinéa 2). Dès convocation du corps électoral, tout Parti politique ou alliance de Partis politiques régulièrement constitué dispose de dix (10) jours pour adresser à l'organe en charge des élections une demande de participation. La demande doit revêtir une forme particulière : elle doit être faite en deux exemplaires sur papier adapté, comportant le logo ou le signe du Parti politique ou de l'alliance de Partis politiques. La demande est revêtue de la signature légalisée du représentant légal du Parti ou de l'alliance des Partis politiques et déposée au Secrétariat de l'organe en charge des élections, contre récépissé. Une copie de ladite demande est transmise à la Cour (article 14 de la loi organique).

L'organe en charge des élections est juge de la recevabilité de la demande de participation au référendum. Toutefois, en cas de rejet, sa décision doit être motivée. Cette décision de rejet peut être déférée à la Cour constitutionnelle qui statue dans un délai de cinq (05) jours (article 15 de la loi organique).En cas de recevabilité, les Partis et alliances de Partis politiques doivent faire la campagne référendaire en se limitant au cadre de la question posée au Peuple.

C) Vote référendaire

Le vote se déroule sur le territoire national et à l'étranger dans les Ambassades et Consulats de la République du Bénin. Les bulletins de vote sont fournis par l'organe chargé des élections. Le bulletin est unique et comporte deux couleurs différentes imprimées en caractères identiques. Le *« OUI »* sur fond vert et le *« NON »* sur fond rouge. Le constituant pour faciliter les choses a opté pour ces couleurs conventionnelles qui rappellent les feux de signalisation. Toutefois, en cas de nécessité, il peut être recouru à une troisième couleur (article 19 alinéa 3 de la loi organique). Un cachet est prévu, l'électeur se prononce en apposant le cachet dédié sur la couleur ou l'écriture pour laquelle il a opté.

Paragraphe 2. Dépouillement public

Le dépouillement public comporte également trois exigences : l'ouverture de l'urne (A), le décompte des voix (B), l'élaboration du procès-verbal (C).

A) Ouverture de l'Urne

Le déroulement du dépouillement est décrit de manière précise par le constituant (loi organique) : le président du bureau de vote ouvre l'urne en présence des membres du bureau, du chef du village ou de quartier de ville ou son représentant, des représentants des Partis ou alliances de Partis politiques, des observateurs et électeurs qui le désirent.

C) Décompte des voix

Après l'ouverture de l'urne, le président du bureau de vote prend chaque bulletin, le donne à un assesseur qui le montre au public, le lit à haute voix et le classe selon les catégories suivantes :

- bulletins valables indiquant la mention *« OUI » ;*

- bulletins valables indiquant la mention *« NON » ;*

- bulletins nuls.

Dans la décision *DCC 067 du 20 octobre 2011* susmentionnée, la Cour a exigé que la loi insérât dans ses dispositions ces exigences de transparence.

L'article 22 définit limitativement les *« bulletins nuls »*, en réservant les dispositions pertinentes de la loi portant règles générales pour les élections en République du Bénin. Ainsi, sont classés et comptés comme *« bulletins nuls »* :

- les bulletins non conformes au modèle prescrit ;

- les bulletins portant des ratures et des surcharges ;

- les bulletins portant plus d'un choix ;

- les bulletins sans une mention du choix de l'électeur ;

- les bulletins portant des mentions non requises ;

- les bulletins déchirés ou froissés.

B) Procès-verbal

A la clôture du dépouillement, le président du bureau dresse un procès-verbal des opérations du dépouillement conforme au modèle fourni par l'organe en charge des élections. Le procès-verbal mentionne notamment :

- le nombre de bulletins valables indiquant le « OUI » ;

- le nombre de bulletins valables indiquant le « NON » ;

- le nombre de bulletins déclarés « nuls » ;

- les observations éventuelles des membres du bureau de vote et des représentants des Partis ou alliance de Partis politiques, des observateurs reconnus par l'organe en charge du référendum ;

- Les réclamations des électeurs, s'il y'en a.

Le procès-verbal doit être contresigné par tous les membres du bureau de vote et par les représentants des Partis ou alliances de Partis présents qui le désirent. Copie est remise aux représentants des Partis ou alliances de Partis politiques qui en font la demande.

Section 3. Contentieux du référendum

Il faut distinguer entre les opérations référendaires dont le contentieux est confié à la Cour constitutionnelle (Paragraphe 2) et le fond du référendum, c'est-à-dire la loi référendaire qui échappe en principe à tout contrôle juridictionnel. Il n'est pas inintéressant d'analyser les raisons de cette immunité (Paragraphe 1).

Paragraphe 1. Contentieux des opérations référendaires

Le contentieux des opérations est régi par toutes les dispositions du Code électoral, sous réserves des dispositions particulières contenues dans la loi organique et le RI de la Cour constitutionnelle et dans *la loi n° 2011-027 sur les conditions de recours au référendum.* Il faut distinguer entre la régularité du référendum (A) et la promulgation de la loi référendaire (B).

En ce qui concerne la régularité du référendum, de multiples questions peuvent se poser, notamment celle des conditions de recours au référendum, celle de la recevabilité des demandes de participation et celle de la régularité du vote et du dépouillement.

A) Régularité du référendum

Selon l'article 24 de *la loi n° 2011-27 du 18 janvier 2012 portant conditions de recours au référendum,* la Cour constitutionnelle veille et statue sur la régularité du référendum. Elle désigne des délégués chargés de suivre les opérations. Le contentieux des opérations référendaires est de la compétence de la Cour constitutionnelle. La loi distingue comme en matière d'élections nationales, un contrôle sur saisine (1) et un contrôle d'office, préalable à la proclamation des élections (2).

1) Contrôle sur saine

En cas de contestation sur la régularité d'une consultation référendaire et avant la proclamation des résultats, les Partis politiques ou alliances de Partis politiques, régulièrement constitués ainsi que le PR peuvent saisir la Cour constitutionnelle dans un délai de (05) jours suivant la date du scrutin (article 25 de la loi susmentionnée). Les lois électorales étant d'interprétations strictes, on en déduit que l'action des électeurs est exclue.

2) Contrôle d'office

La Cour constitutionnelle examine et tranche définitivement les réclamations. Dans le cas où la Haute juridiction constate l'existence d'irrégularités dans le déroulement des opérations, il lui appartient, selon la nature et la gravité de ces irrégularités, de maintenir lesdites opérations ou de les annuler totalement ou partiellement.

En cas d'annulation du scrutin, la décision de la Cour est immédiatement notifiée au PR, au président de l'AN et à l'organe chargé d'élections. Un nouveau scrutin est organisé dans le délai de (30) trente jours à compter de la date de notification de la décision d'annulation. Dans tous les autres cas où la Cour constate qu'il n'y a pas eu d'irrégularités qui aient pu avoir une influence déterminante sur le résultat du scrutin, elle proclame le résultat du référendum.

B) Promulgation de la loi référendaire

La proclamation des résultats du referendum doit mentionner :

- le nombre d'inscrits ;

- le nombre de votants ;

- le nombre de « OUI » ;

- le nombre de « NON » ;

- le nombre de « nuls ».

Après la proclamation des résultats par la Cour, le PR promulgue, par décret, la loi adoptée, elle est précédée de la mention suivante : *« Le peuple béninois a adopté par référendum du... ; le Président de la République promulgue la loi référendaire dont la teneur suit... ».*

Paragraphe 2. Contentieux de la loi référendaire : l'immunité

Les projets ou propositions de lois référendaires adoptés par le Peuple constituent l'expression directe de la souveraineté nationale et sont soustraits à tout contrôle de constitutionnalité (article 30). Une telle immunité ne doit en rien nous abuser, la Cour contrôle préalablement non seulement le fond, c'est-à-dire les questions soumises au référendum, mais aussi la procédure dont le projet ou la proposition n'est que l'aboutissement. L'immunité est différente du droit français, où elle est absolue. On se souvient qu'à l'occasion de la loi relative à l'élection du PR au suffrage universel direct, adoptée par le référendum du 28 octobre 1962[212], le président du Senat français soumit ladite loi à l'examen du Conseil constitutionnel non seulement en considération de son objet, mais surtout en raison des irrégularités flagrantes de la procédure ayant abouti à son adoption. Selon le requérant, la seule procédure instituée de révision constitutionnelle est celle de l'article 89 et non l'article 11, il estimait que *« l'exercice de la souveraineté nationale (...) n'est en effet légitime que dans le respect des règles de procédures instituées par la Constitution. Admettre qu'il puisse en être autrement en cas de référendum conduirait nécessairement à admettre que les représentants du peuple ne sont également soumis à aucune règle constitutionnelle dans l'exercice de la souveraineté qui leur est déléguée. Ce serait donc ruiner non seulement la base même du droit mais celle de la stabilité des institutions »*[213]. Cet argument du président du Sénat de l'époque des faits, emprunte de finesse, n'a pas prospéré. Le Conseil constitutionnel français rappelant la lettre et l'esprit de la Constitution de 1958, décida qu'il n'eût qu'une compétence d'attribution et qu'au regard de la cause, il ne pût connaître de ladite loi. Selon la Haute juridiction française, les lois adoptées par le Peuple par référendum constituent *« l'expression directe de la souveraineté nationale »* et bénéficient, à ce titre, d'une immunité absolue[214]. Cette injusticiabilité absolue de la procédure, du fond et de la loi issue du referendum est liée aux excès du régime représentatif en France. Elle pose bien évidemment de nombreuses questions dont celle de la supraconstitutionnalité.

---

[212] *JORF* du 07 novembre 1962, p. 10778.

[213] Lettre de transmission du président du Sénat, *www.conseil-constitutionnel.fr*.

[214] CC français, Déc n° 62 -20 DC du 06 novembre 1962.

Section 4. La supraconstitutionnalité

Les décisions ci-dessus examinées sont d'un intérêt théorique indéniable pour la science du droit constitutionnel, notamment la question de l'existence ou non de la supraconstitutionnalité. Il faut en premier lieu bien préciser une telle notion (Paragraphe 1) ; poser les termes du débat en France, avant de voir, en second lieu, la contribution du droit et de la jurisprudence constitutionnelle béninoise à ce débat actuel (Paragraphe 2).

Paragraphe 1. Notion de supraconstitutionnalité

Si l'on a bien situé l'origine et la signification de la notion de *« supraconstitutionnalité »* (A), il serait aisé d'en déduire les implications logiques qui résument si bien son intérêt (B).

A) Origine et signification

La discussion sur l'existence ou non des normes supraconstitutionelles peut être rattachée à l'opposition classique entre les *jusnaturalistes* et les *positivistes*. Sans remonter jusque-là, il faut souligner que l'on peut situer le débat spécifiquement dans le contexte français à la période industrielle. Il s'agit d'un point où les Maitres des Ecoles de Toulouse et Bordeaux ont, au moins en apparence, affiché une certaine convergence de vues. Après avoir brièvement présenté ces contributions (1), il faut rendre compte des différentes significations qui lui sont attribuées dans le champ de discipline du droit constitutionnel (2).

1) Origine de la discussion

La *supraconstitutionalité* a été discutée en France depuis HAURIOU[215] et DUGUIT[216] qui attribuèrent une valeur supérieure à la DUDH[217]. Le Doyen

---

215 HAURIOU (M), *Précis de droit constitutionnel,* sirey, Paris, 2ème éd., 1929, réimprimé par le CNRS en 1965, p. 626.

216 Léon DUGUIT voyait dans la DUDH, un ensemble des règles et principes hiérarchiquement superposés au pouvoir constituant, un trait d'union entre le droit naturel et le droit positif.

217 EISENMANN (C), *La justice constitutionnelle et la Haute Cour constitutionnelle d'Autriche,* Paris 1928 (rééd. Economica, 1986), p. 99 ; RIALS (S),

de Toulouse, Maurice HAURIOU, considérait qu'au-dessus même du pouvoir constituant, il y a *« les grands principes individualistes d'ordre et de justice qui ont fait la civilisation »*, et qu'*« il y a des occasions où le contrôle pourrait s'exercer sur elle [la Constitution]. Par exemple, au fond, un amendement à la Constitution serait en contradiction avec cette légitimité constitutionnelle qui est au-dessus de la superlégalité elle-même parce qu'elle se compose de principes et que les principes sont toujours au-dessus des textes »*[218]. Il place la DUDH dans la *« constitution sociale »* pour expliquer sa subsistance aux changements. Il défend la limitation du droit de révision non seulement par l'interdiction de toucher à la disposition sur la *« forme républicaine »*introduite par la loi constitutionnelle du 14 août 1884, mais aussi par des *« limites matérielles non inscrites dans le texte constitutionnel »*. Il parle de ces principes naturels à la page 297 de son *Précis*. Le Doyen de BORDEAUX, quant à lui, voyait dans la DUDH un ensemble des règles et principes hiérarchiquement superposés au pouvoir constituant, un trait d'union entre le droit naturel et le droit positif.

Les deux auteurs furent très critiqués par la doctrine qui leur reprochait essentiellement leur perspective *jusnaturaliste,* car la formulation de ces idées intervint à une époque où la DUDH n'avait pas de valeur juridique propre. C'est la Constitution française de 1946 qui renvoie à la DUDH ; et la Constitution du 04 octobre 1958 renvoie au Préambule de la Constitution de 1946. Par deux décisions rendues respectivement en 1971 et 1973, le Conseil constitutionnel reconnut au Préambule de la Constitution pleine valeur juridique. La supraconstitutionnalité a ensuite donné lieu à une opposition entre les Doyens Georges VEDEL et Louis FAVOREU, et à de

---

« Supraconstitutionnalité et systématicité du droit », *Archives de philosophie du droit,* 1886, t. 31, p. 58-59. Ces deux auteurs pouvaient être qualifiés de *jusnaturalistes,* mais depuis 1946, le Préambule de la Constitution fait référence à la DUDH, référence reprise par la Constitution de 1958 ; en 16 juillet 1971 et en 1973, le Conseil constitutionnel affirma la valeur juridique du Préambule ; CC, Décision n° 73-51 DC du 27 décembre 1973, *Taxations d'office,* Réc., p. 25 ; FAVOREU (L) et PHILIP (L), *Les grandes décisions du Conseil constitutionnel,* Paris, Sirey, 7ème éd.,1993, n° 21, p. 275-290.

218 HAURIOU (M), *Précis de droit constitutionnel,* Sirey, Paris, 2ème éd., 1929, réimprimé par le CNRS en 1965, p. 626. A la même époque, v° aussi BARTHELEMY (J) et DUEZ (P), *Traité de droit constitutionnel*, éd., 1933, Réédition Economica, 1985, p. 28 et s.

nombreuses publications[219] qui n'ont pas suffi à lever le flou qui entoure la notion.

2) Une notion polysémique

Est-on certain lorsque que l'on parle de supraconstitutionnalité, que l'on renvoie à la même réalité ? Charles EISENMANN, l'un des plus illustres juristes français, recommande, dans ses *Cours de droit public*, de toujours commencer par bien fixer les différentes notions qui constituent l'armature d'un thème de réflexion, sous peine de discuter dans l'obscurité en vain[220].

Littéralement, le vocable supraconstitutionnalité est composé de *« supra »* qui signifie *« au-dessus de... »* et *« constitutionnalité »* qui renvoie *« à ce qui est conforme à la Constitution »,* mieux *« ce qui a le caractère constitutionnel ».* Si l'on voulait « mot-à-moter », on dirait que la supraconstitutionnalité est constituée des règles et principes à caractère constitutionnel, qui seraient au-dessus de la Constitution. Ainsi définie, il faut convenir, au moins sur ce point, avec le Doyen VEDEL que la notion relèverait d'un paralogisme, car comment peut-on, pour emprunter une image banale, prétendre être à l'intérieur d'une maison et sur le toit en même temps ? Au fond, les défenseurs de la supraconstitutionnalité veulent en réalité distinguer les normes limitatives de révision des autres normes constitutionnelles, en attribuant aux premières une *éternité relative* et, partant, une primauté sur les secondes. C'est dans ce sens qu'elle est généralement utilisée en France. Il semble que la plupart des auteurs[221] qui font usage de la notion ne l'envisagent guère dans ce sens : elle signifierait qu'il y aurait parmi les règles et principes constitutionnels, des uns qui seraient supérieurs aux autres. C'est ce que VEDEL appelle *« la*

---

219 DRAGO (G), « La supra constitutionnalité, présentation et problématique générale », *RIDC*, Journée franco-italienne, 1993, n° spécial, p. 317 ; ZAGRELSKY (G), « La supra constitutionnalité en tant que présupposition historico-culturelle de la Constitution », *RIDC*, Journée franco-italienne, 1993, n° Spécial, p. 451-452 ; FAVOREU (L), « Souveraineté et supra constitutionnalité », *Pouvoirs*, n°67, 1993, p. 71-77.

220 EISENMANN (C), *Cours de droit administratif,* tome I, LGDJ, Paris, 1982, p. 17.

221 V° ARNE (S), « Existe-t-il des normes supraconstitutionnelle », in *Contribution à l'étude des droits fondamentaux et de la constitutionnalité, RDP,* 1993, p. 474 ; RIALS (S), « supraconstitutionnalité... », op.cit., p.64. Du même auteur, « Supraconstitutionnalité et systématicité du droit », in *Archives de philosophie du droit,* 1986, op.cit., p. 56 et ss.

supraconstitutionnalité complète» [222] ; *« la supraconstitutionnalité à la lettre »* [223] ; *« la supraconstitutionnalité à l'état pur»* [224] ou *« la pleine supraconstitutionnalité»*[225]. De ce point de vue, le débat prend tout son sens et l'idée devient défendable. La notion de *supraconstitutionnalité* semble néanmoins mal à propos, il vaudrait mieux parler, dans ce cas, et pour établir une correspondance entre le signifiant et le signifié, de *« hiérarchie constitutionnelle matérielle »* ou de *« polyvalence constitutionnelle »*, *« poly »* signifiant *« plusieurs »* et *« valence »* traduisant l'idée de *« valeur »*. Ces deux expressions nous semblent traduire au mieux les idées visées. D'autres auteurs expriment, à travers la *supraconstitutionnalité*, l'idée selon laquelle les dispositions internationales ou européennes seraient supérieures à la Constitution.C'est ce que VEDEL appelle *« la para-supraconstitutionnalité »*[226], *« la supraconstitutionnalité incomplète »* ou la *« supraconstitutionnalité cachée »*[227]. Nous la désignerons simplement par la notion classique de *« primauté du droit européen sur la Constitution »*. Il y a un quatrième sens de la notion qui nous semble toutefois de normativité douteuse. C'est la raison pour laquelle nous n'en tiendront pas compte[228]. Il s'agirait des accords politico-militaires de sortie de crise, l'accord d'Arusha par exemple.

B) Implications logiques

Parler des implications logiques revient à poser le problème des intérêts de la discussion. Ces implications sont de deux ordres : juridiques et politiques.

Les implications juridiques de la supraconstitutionnalité sont appréciables en fonction de la signification retenue. Au *sens de normes limitatives de révision,* elle impliquerait que l'autorité chargée du pouvoir de révision ne

---

[222] VEDEL (G), « souveraineté et supraconstitutionnalité », op.cit., p. 84 ; v° aussi SAINT-HUBERT (M), « La Cour suprême de l'Inde, Garante de la structure fondamentale de la Constitution, la construction d'une nouvelle doctrine visant à limiter le pouvoir constituant dérivé », *RIDC,* 3-2000, p. 631.
[223] *Ibidem.*
[224] *Ibidem.*
[225] *Ibidem.*
[226] *Ibidem,* p.82.
[227] *Ibidem,* p. 86.
[228] V° par exemple, à propos de l'Accord de Marcoussis entre Forces régulières et rebelles ivoiriens, Jean du BOIS de GAUDUSSON, « L'accord de Marcoussis, entre droit et politique », *Afrique contemporaine*, 2003/2 n° 206, p. 41-55.

peut ni modifier, ni abroger la norme supraconstitutionnelle[229]. Au sens de *hiérarchie constitutionnelle matérielle,* elle impliquerait que le juge constitutionnel, en cas de conflit entre une norme constitutionnelle et une norme supraconstitutionnelle, doit appliquer la seconde et écarter la première[230]. Au sens de *primauté du droit européen ou international,* elle impliquerait qu'en cas de contradiction entre normes nationales et normes européennes ou internationales, les secondes doivent primer. Au sens d'*accords de sortie de crise*, elle supposerait que ceux-ci puissent mettre entre parenthèses les dispositions constitutionnelles contraires.

Les implications politiques sont de deux ordres. Si l'on récuse l'idée de supraconstitutionnalité, on expose politiquement les régimes constitutionnels à deux travers : l'instabilité institutionnelle et l'incertitude des droits fondamentaux.

L'instabilité institutionnelle. Soutenir l'idée d'un pouvoir constituant illimité, c'est soumettre la Constitution aux caprices éphémères des opérateurs politiques, ce qui fragilise durablement les institutions, et fournit un argument juridique aux entreprises constitutionnelles frauduleuses. La théorie de la supraconstitutionnalité s'impose politiquement comme une nécessité pour les jeunes Etats, particulièrement africains, où les rapports de l'homme à la Constitution sont difficiles. Un exemple surréaliste de cette chosification constitutionnelle nous a été fourni au Niger en 2009 où on a assisté à un conflit ouvert entre le Président Mamadou TANDJA et la Cour constitutionnelle. Parvenu au terme de son second et dernier mandat, Mamadou TANDJA décide de modifier la Constitution afin de se maintenir au Pouvoir. Or, le texte constitutionnel du 09 août 1999, dans ses articles 36, alinéa 1 et 136, alinéa 2 consacre la clause limitative du mandat présidentiel. Il prend soin de préciser qu'une telle clause ne peut faire l'objet d'aucune révision. C'est ce qu'Otto PFERSMANN a appelé *« la*

---

[229] L'existence de principes « supraconstitutionnels » emporte pour conséquences, selon Michel TROPER, *« qu'ils ne puissent être créés et modifiés par le pouvoir constituant et a fortiori par l'un des pouvoirs constitués », « La notion de principes supraconstitutionnels »* in *La supraconstitutionnalité, 15e Journées juridiques franco-italiennes,* Rennes, 7-10 octobre 1993, *JSLC,* vol. 15,1993, p. 343.

[230] VEDEL (G), « souveraineté et supraconstitutionnalité », *op.cit.,* p.80.

norme référentielle »[231]. Dans un Avis rendu en mai 2009, la Cour prend le parti de défendre l'ordre constitutionnel, le Président TANJA ne peut prétendre à un nouveau mandat ! La réaction du Président ne se fit pas attendre : le 26 mai 2009, l'Assemblée est dissoute ; le 1er juin 2009, est signé un décret présidentiel portant création, composition et attributions du Comité technique chargé de la préparation de l'avant-projet d'une nouvelle Constitution entièrement taillée sur mesure, la Constitution de la 6ème République. Le 05 juin 2009, le Président décida de poursuivre son projet de référendum, il prit un décret portant convocation du corps électoral. Saisie par un groupe de députés, la Cour par Arrêt rendu le 12 juin 2009[232], annule le décret du 05 juin au motif qu'il viole l'article 49 de la Constitution qui exclut expressément du champ des questions pouvant être l'objet du référendum, la question de révision constitutionnelle, matière régie normalement par les dispositions du titre 12 de la Constitution. De manière tout à fait inédite, le Président TANJA fit une requête le 26 juin 2009 invitant la Cour à se déjuger, c'est-à-dire à prononcer l'inexistence juridique de son Arrêt du 12 juin 2009. Sans grande surprise, la requête du Président fut déclarée irrecevable. Devant une telle défiance, le même jour, est annoncée par message à la Nation, la décision de recourir aux pouvoirs exceptionnels de l'article 53[233]. La Cour constitutionnelle est abolie et remplacée par une Cour constitutionnelle d'exception[234]. Le référendum se tiendra le 4 août 2009 et sera validé comme une formalité d'enregistrement le 14 août 2009[235] par la Cour d'exception. Ainsi naquit la 6ème République nigérienne. Dans un tel contexte, un coup d'État survint le 18 février 2010, mené par le Commandant SALOU DJIBO, il mit fin à la 6ème République de TANDJA. Un Conseil Suprême pour la Restauration de la Démocratie (CSRD) fut institué, il adopta *l'Ordonnance n° 2010-001 du 22 février 2010 portant organisation des pouvoirs publics pendant la période de transition.* La Cour constitutionnelle dissoute par le Président TANDJA fut ressuscitée

---

[231] PFERSMANN (O), « La révision constitutionnelle en Autriche et en Allemagne : théorie, pratique et limites », in *la révision de la Constitution,* Economica, Paris, 1993, p. 52-53.

[232] Arrêt n° 04/CC/ME du 12 juin 2009.

[233] Décision n° 01/PRN du 26 juin 2009, portant mise en œuvre de l'article 53 de la Constitution, *Journal Officiel spécial* n° 12 de la République du Niger du 08 juillet 2009, p. 146.

[234] Décision n° 05/PRN du 02 juillet 2009, portant nomination des membres de la Cour constitutionnelle, *Journal Officiel spécial* n° 12, p. 147.

[235] Arrêt n° 07/09/CC/ME du 14 août 2009.

sous la dénomination *« Cour constitutionnelle de transition »,* la Présidente de la Cour dissoute par TANDJA fut reconduite dans ses fonctions.

L'incertitude des droits fondamentaux. Rejeter l'idée de supraconstitutionnalité, c'est aussi admettre politiquement que les droits subjectifs constitutionnels dont jouissent les citoyens ne dépendraient que de la volonté de quelques individus prétendant agir au nom du Peuple pour l'asservir. Comme le souligne opportunément Marie Françoise RIGAUX, il faut nécessairement *« prévoir les instruments qui sauvegardent les institutions d'une société contre des assauts incontrôlés menés par des groupes agissant dans leur intérêt exclusif [y compris les représentants]. Dans cette perspective, on ne peut plus dénier de façon aussi péremptoire toute forme d'effectivité à des règles constitutionnelles qui seraient frappées d'intangibilité dans le but de préserver la société contre des bouleversements qu'elle ne saurait maîtriser à défaut d'elles. Il est des moments, dans la vie constitutionnelle d'un Etat, qui peuvent s'accommoder de ce type de dispositions : un garde-fou juridique peut contenir parfois des mouvements dont l'impétuosité engendrerait des bouleversements non jugulables »*[236].A titre de comparaison, en Allemagne, l'article 79 alinéa 3 de la Loi fondamentale interdit toute modification qui toucherait au fédéralisme, à la démocratie, à l'Etat de droit ou à la protection des libertés[237]. La Cour constitutionnelle italienne a, par *l'Arrêt n° 366 du 23 juillet 1991,* affirmé qu'il existe des limites à la révision constitutionnelle représentées par tous les droits inviolables *« qui ne peuvent pas être objet de révision, quand ils représentent des valeurs fondamentales de la personne et les fondements de l'ordre démocratique républicain ».*

Les dispositions intangibles établissent, à notre avis, un trait d'union entre le passé, le présent et le futur, entre le Peuple réel et le Peuple sublimé, elles préviennent les dérives du parlementarisme (ultrareprésentativité). De même, il est illusoire de penser que les droits fondamentaux bénéficieraient d'une protection uniforme. N'a-t-on pas établi une différence d'effectivité entre

[236] RIGAUX (M.F) note que *« l'expérience douloureuse du nazisme pour le monde et pour nombre de citoyens d'Allemagne peut expliquer qu'en 1949 les députés de Bonn aient songé à adopter un article 79, paragraphe 3, restreignant l'objet des révisions ultérieures de la loi fondamentale portant, notamment, sur le respect des droits de l'homme ou des principes démocratiques »,* (*ibidem*, p. 241-242).

[237] V° FROMONT (M), « La révision de la Constitution et les règles constitutionnelles intangibles en droit allemand », *RDP* n° 1 / 2007, p. 89 s.

droits civils et politiques d'une part et droits sociaux économiques d'autre part ? Au sens de primauté des normes supranationales, la supraconstitutionnalité n'est souhaitable que si celles-ci protègeraient mieux que les droits nationaux, les droits de l'homme.

Paragraphe 2. L'état de la question en France

Examinons d'abord ce qui semble être l'état de la jurisprudence française en vigueur en la matière (A), pour voir ensuite les controverses doctrinales (B).

A) L'état de jurisprudence française

En France, on sait, depuis la décision de Maastricht de 1992 (19ème considérant), que *« sous réserve, d'une part, des limitations touchant aux périodes au cours desquelles une révision de la Constitution ne peut pas être engagée ou poursuivie, qui résultent des articles 7, 16 et 89 alinéa 4, du texte constitutionnel et, d'autre part, du respect des prescriptions du cinquième alinéa de l'article 89 en vertu desquelles 'la forme républicaine du gouvernement ne peut pas faire l'objet d'une révision', le pouvoir constituant est souverain ; Qu'il lui est loisible d'abroger, de modifier ou de compléter des dispositions de valeur constitutionnelle dans la forme qu'il estime appropriée (...) »*[238].On se serait attendu qu'en conformité avec la décision précédente, le Conseil constitutionnel affirmât dans les faits en 2003[239] sa compétence pour connaître d'une révision mettant en cause tout au moins la *« forme républicaine du gouvernement »*. Coup de théâtre, le Conseil se réfugia derrière le moyen tiré de son incompétence, sans grandes motivations particulières. Fort de ce *« (...) silence du Conseil constitutionnel sur la distinction pouvoir constituant originaire, pouvoir constituant dérivé »*[240], certains auteurs, plutôt que de fustiger ce déni de justice[241] ,

---

[238] Décision du Conseil constitutionnel français, n° 92-312 DC.

[239] Les Sénateurs requérants saisissent le Conseil le 19 mars 2003contre la loi constitutionnelle relative à l'organisation décentralisée de la République par une requête où ils soutiennent que l'objet de l'article 89.5 est de protéger la forme républicaine du gouvernement en tant qu'organisation des pouvoirs publics, mais aussi de garantir une société fondée sur la liberté, l'égalité et la fraternité.

[240] JAN (P), « *L'immunité juridictionnelle des lois de révision constitutionnelle* », *Petites affiches*, 31 octobre 2003, n° 218, pp. 4 et ss.

conclussent à *« l'abandon de la distinction entre pouvoir constituant originaire et pouvoir constituant dérivé »*[242]. Il s'agit à notre avis d'un véritable déni de justice qui ne fera pas long feu, car, si la compétence du Conseil constitutionnel est exclusive, s'il a affirmé par ailleurs en 1992 très clairement des limites à la révision constitutionnelle, le fait de décliner sa compétence alors qu'on se trouve dans l'hypothèse d'une de ces limites, laisse subsister à la fois une situation de paralogisme et de non droit. Si une partie de la doctrine[243] exprima quelques regrets, on ne comprend en revanche pas la conclusion hâtive de certains auteurs, sans doute par déférence au Maitre Georges VEDEL, à conclure que le pouvoir constituant dérivé serait souverain[244].

B) La controverse doctrinale française

De quelque sens que l'on considère la notion, elle rencontre sur son passage, particulièrement dans la doctrine française, de solides adversaires.

S'agissant tout d'abord de la *supraconstituionnalité* au sens de *normes limitatives de révision constitutionnelle,* le chef de fil de l'opposition à cette idée est sans nul doute Georges VEDEL qui, par un miraculeux raisonnement, arcbouté sur la décision du Conseil de 1992 susmentionnée, parvint à attribuer une souveraineté sans bornes au pouvoir constituant dérivé, balayant ainsi d'un revers de la main les lumineuses distinctions de

---

[241] CANDEO (M), « L'histoire d'une double occasion manquée », *RDP*, 2003, p. 767-792 ; CAMBY (J.P), « Supra-constitutionnalité : la fin d'un mythe », *RDP,* 2003, p. 671-688

[242] CHALTIEL (F), « La souveraineté du pouvoir constituant dérivé : développements récents (à propos de la décision n° 2003-469 D.C. du Conseil constitutionnel du 26 mars 2003) », *LPA* n° n° 123 (20 juin 2003), p. 7 et s.

[243] ROBERT (J), « La forme républicaine du gouvernement », in *RDP,* 2003, p. 357 et ss. ; CANEDO (M), « L'histoire d'une double occasion manquée », in *RDP,* 2003, p. 767et ss. ; MEINDL (T), « Le Conseil constitutionnel aurait pu se reconnaître compétent », in *RDP,* 2003, p. 741 et s.

[244]VEDEL (G), « Souveraineté et supraconstitutionnalité », *Pouvoirs*, n° 67,1993, p. 89-90, il avait d'ailleurs développé des idées semblables antérieurement, in « Schengen et Maastricht (A propos de la décision n° 91-294 DC du Conseil constitutionnel du 25 juillet 1991) », in *RFDA*, 1992, p. 179 et ss. ; MAILLARD (D), « Le pouvoir constituant dérivé reste souverain », in *RDP*, 2003, p. 725-739.

CARRE de MALBERG, Georges BURDEAU[245], Roger BONNARD[246], distinctions qu'il a pourtant contribué à affiner[247].

Attribuable à l'Abbé Emmanuel SIEYES, la distinction sera théorisée par Raymond CARRE de MALBERG[248] qui, dans ses *« Contributions à la théorie générale de l'Etat »,* fit une différenciation entre *« le pouvoir constituant dans la première Constitution de l'Etat »* et *« le pouvoir constituant une fois l'Etat formé »* ; il sépara aussi *« le pouvoir constituant exercé dans le cadre révolutionnaire »* et *« le pouvoir constituant exercé dans les circonstances paisibles ».*Constatant que les auteurs de l'époque faisaient une confusion dans l'usage de la notion *« pouvoir constituant »*, il distingua dans sa thèse de doctorat *« le pouvoir constituant stricto sensu »* et le *« pouvoir de révision ».* Cette idée sera reprise par son disciple Georges BURDEAU[249] et Roger BONNARD[250]. Ce dernier parle de *« pouvoir constituant originaire »* et *« pouvoir constituant institué ».* Georges VEDEL[251] préférera l'adjectif *« dérivé »* à *« institué »,* terminologie plébiscitée par la doctrine. VEDEL a donc participé à la clarté de la distinction. Curieusement, il enseignera quelques années après qu'il suffisait que l'autorité investie du pouvoir de révision procédât en deux temps : dans un premier temps, à la *« simple »* suppression de la norme limitative ; dans un second temps, la révision voulue positivement[252]. Une telle manière

---

[245] BURDEAU (G), *Manuel de droit constitutionnel et institutions politiques,* Paris, L.G.D.J, 1984, p.85 s., *Traité des Sciences Politiques,* Paris, LGDJ, 1983 (3ème éd.), t. IV, p. 195.
[246]BONNARD (R), *« Les actes constitutionnels de 1940 »*, in *RDP*, *1942*, pp. 54et ss.
[247] VEDEL (G), *Droit constitutionnel, op. cit.,* p.115-116.
[248] CARRE de MALBERG (R.), *Contribution à la théorie générale de l'Etat,* t. II, p.489-490, et n° 442. Georges BURDEAU ; thèse de doctorat soutenue en 1930. BUREDEAU était encore positiviste pure.
[249] BURDEAU (G), *Manuel de droit constitutionnel et institutions politiques,* Paris, L.G.D.J, 1984, p.85 s.
[250] On doit à Roger BONNARD les notions *« pouvoir constituant originaire »* et *« pouvoir constituant institué »* ; BONNARD (R), « Les actes constitutionnels de 1940 », in *RDP,* 1942.
[251] VEDEL (G), *Droit constitutionnel,* 1949, p.115-116. Il reprend la terminologie de Roger BONNARD en substituant *« dérivé »* à *« institué » ;* VEDEL distingue donc *« le pouvoir constituant originaire »* et le *« pouvoir constituant dérivé ».*
[252] Le Doyen Georges VEDEL dans son *Manuel élémentaire de droit constitutionnel* affirmait qu' *« il suffit de faire abroger par voie de révision l'art. 95 précité ; après*

d'agir, jugeait-il, fut juridiquement correcte et impeccable. Il écrit à propos de la valeur juridique de l'article 95 de la Constitution de 1946 prévoyant la même interdiction qu' *« il suffit de faire abroger par voie de révision l'article 95 précité ; après quoi l'obstacle étant ainsi levé, une seconde révision peut porter sur la forme républicaine du gouvernement»*[253]. Ces idées sont en réalité empruntées à BURCKHARDT[254] et DUGUIT[255]. L'argument est devenu classique et cité à peu près par tous les auteurs qui traitent du sujet de la valeur juridique des limites à la révision constitutionnelle[256]. Conformément à cette théorie surprenante, le Doyen VEDEL estimait par exemple que la révision des lois constitutionnelles de la IIIe République en 1940, par laquelle le pouvoir constituant fut attribué au Maréchal PETAIN, pour être *« politiquement critiquable »,* n'en était pas

---

quoi l'obstacle étant ainsi levé, une seconde révision peut porter sur la forme républicaine du gouvernement », Sirey 1949, p. 117.

[253] VEDEL (G), *Manuel élémentaire de droit constitutionnel, op.cit.,* p.117 ; l'auteur reprendra plus tard la même thèse, v°, « Schengen et Maastricht », in *Revue française de droit administratif,* 1992,p. 179 ; *v°* également,« Souveraineté et supraconstitutionnalité », *op. cit.,* p. 90.

[254] CARRE de MALBERG a critiqué vigoureusement la confusion entre pouvoir constituant originaire et pouvoir constituant dérivé, *Contribution..., op. cit.*, t. II, p. 525-526, note 17, v° aussi pp. 545-546. ESMEIN a critiqué cette confusion, il souligne qu' après la loi constitutionnelle du 14 août 1884, il ne faudrait pas, d'ailleurs, dire et croire que l'Assemblée Nationale de révision soit souveraine, in *Eléments de droit constitutionnel français et comparé,* 8e édition revue par Henry NEZARD, Paris, Sirey, 1928, t. II, p. 545.

[255] A propos de la valeur juridique de la loi constitutionnelle de 1884 qui interdisait de réviser *« la forme républicaine du Gouvernement »,* une semblable thèse a été pour la première fois développée par Léon DUGUIT. Il défendait l'idée que l'Assemblée nationale de révision puisse même changer la *« forme républicaine du gouvernement ».* L'un de ses arguments consistait à dire que *« cette disposition a été votée par une assemblée nationale de révision et (...) par conséquent, elle peut être modifiée ou abrogée par une autre assemblée de révision (...), par conséquent, si tant que ce texte existe, l'assemblée nationale ne peut pas changer la forme du gouvernement, elle n'a qu'à l'abroger, et la chose faite, elle pourra très constitutionnellement changer la forme républicaine du gouvernement »* ; DUGUIT (L), *Traité de droit constitutionnel,* 2e édition, Paris, Ancienne librairie fontemoing, 1924, t. IV, p. 540.

[256] BEAUD (O), *La Puissance de l'État,* P.U.F., coll. « Léviathan », 1994, p. 370 et ss. ; GENEVOIS (B), « Les limites d'ordre juridique à l'intervention du pouvoir constituant », *RFDA,* 1998, p. 914 et ss. ; CANTEBOUT (B), *Droit constitutionnel et science politique,* Armand Colin, 6eme *éd.*, 1985, p. 39 ; HAMON (F), TROPER (M), *Droit constitutionnel,* Paris, L.G.D.J, 23 éd., 1993, p. 54.

moins *« juridiquement correcte »*[257]. Ces raisonnements ouvriraient selon lui, un champ des possibles[258]. Otto PFERSMANN préconisait pour contrecarrer cette logique que l'on insérât *« (...) une règle additionnelle selon laquelle la modification de cet alinéa est également interdite dans le cadre de la Loi fondamentale, faute de quoi cet alinéa serait dépourvu de signification »*[259]. Essayer de contrecarrer cette logique signifierait qu'elle est recevable, il faut juste rappeler les propos de SIEYES : *« (...) dans chaque patrie, la Constitution n'est point l'ouvrage du pouvoir constitué, mais du pouvoir constituant. Aucune sorte de pouvoir délégué ne peut rien changer aux conditions de sa délégation »*[260]. Seul le pouvoir constituant originaire revêt les vertus *du potesta constituens,* de la *norma normans, de la creatio ex nihilo.* Il faut, à notre avis, rejeter vigoureusement les confusions vedeliennes. C'est à raison qu'Olivier BEAUD parla de *« faute logique »*[261] ou encore Guy HERAUD qui estima que *« (...) d'un point de vue juridique positif, il n'y a aucune nécessité à concevoir la possibilité de révision constitutionnelle, quand la constitution la prohibe »* [262] .Maurice DUVERGER rappelle que, juridiquement, les limites de révision constitutionnelle *« s'imposent à l'organe de révision : puisqu'il tient son pouvoir de la constitution, il doit la respecter »* [263] ; Dimitri Georges LAVROFF estime, quant à lui, que *« cette interdiction [article 89, alinéa 5] peut être considérée comme ayant une valeur juridique au résultat du raisonnement suivant : le pouvoir de révision de la Constitution est un pouvoir institué, on voit mal comment un pouvoir institué pourrait détruire le texte qui l'institue, car il perdrait du même coup la base de sa*

---

[257]VEDEL (G), *Manuel élémentaire de droit constitutionnel, op.cit.,* p. 277.

[258] OUANJA (O) in *La République en droit français,* Actes du colloque de Dijon, 10 et 11 décembre 1992 ; MATHIEU (B.) et M. VERPEAUX (M), (sous la dir.), Paris, Economica, 1996, p. 280-281.

[259] PFERSMANN (O), « La révision constitutionnelle... », *op.cit.* p. 52-53.

[260]SIEYES (E), *Qu'est-ce que le Tiers Etat ?*, Champion, 1888, p. 111.

[261] BEAUD (O), « Maastricht et la théorie constitutionnelle, la nécessaire et inévitable distinction entre le pouvoir constituant et le pouvoir de révision constitutionnelle », in *Les petites affiches,* 31 mars 1993, p. 15 ; du même auteur v° aussi « La souveraineté de l'État, le pouvoir constituant et le Traité de Maastricht », in *RFDA,* 1993, p. 1056 et surtout *La puissance de l'État, op.cit.,* pp. 315 et ss.

[262] HERAUD(G), *L'ordre juridique* et pourvoir originaire (Thèse de doctorat), Faculté de droit de Toulouse, Paris, Sirey, 1946, p. 254.

[263] DUVERGER (M), *Manuel de droit constitutionnel et de science politique*, Paris, P.U.F., 5e édition, 1948, p. 195. Georges BURDEAU aussi défend la même thèse, BURDEAU (G), *Traité de science politique*, *op. cit.*, t. IV, p. 236-239.

légitimité »[264]. Il faut, pour terminer, convenir avec Louis FAVOREU qu'une telle opération procède d'un détournement de procédure.

S'agissant ensuite de la *supraconstitutionnalité* au sens de *hiérarchie matérielle constitutionnelle,* elle n'est pas non plus de nature à fédérer la doctrine. KEMAL GÖZLER[265], dans sa thèse, critique vigoureusement une telle idée ; une hiérarchie à l'intérieur de la Constitution supposerait, selon lui, que les différentes normes, inscrites dans la Constitution du 04 octobre 1958 par exemple, tirassent leur validité de actes fondateurs différents. Or, il y a une commune source qui est l'acte référendaire de 1958. Cette analyse procède d'une faute logique en ce qu'elle établit un lien hypostatique entre la procédure, la forme et le fond. Deux normes peuvent résulter d'une même procédure, être établies dans un même acte, sans pour autant avoir la même valeur juridique, ni se situer au même niveau de la hiérarchie des normes. C'est généralement le juge qui attribue à la fois la valeur et la place d'une norme dans l'ordre juridique.

S'agissant enfin de la *supraconstitionnalité* au sens de *la primauté des normes européennes ou internationales sur la Constitution,* il faut dire que la situation actuelle n'est plus la même qu'à l'époque des ANZILOTTI, TRIEPEL, KELSEN, où le débat opposait d'une part *monistes avec primauté du droit interne (*JELLINEK), *monistes avec primauté du droit international* (Georges SCELLE, HANS) et dualistes d'autre part[266]. Il faut désormais

---

[264] LAVROFF (D.G), *Le droit constitutionnel de la Vème République,* 3ème éd., Dalloz, 1999, p. 106.

[265] V° GÖZLER (K), « La question de la hiérarchie entre les normes constitutionnelles », in *Annales de le Faculté de droit d'İstanbul,* Vol. XXXII, No.48, 1998, p. 65-92.

[266] JACQUE (J.P), « Droit constitutionnel national, droit communautaire, CEDH, Charte des Nations-Unies. L'instabilité des rapports de systèmes entre ordres juridiques », in *RFDC*, 2007/1, n° 69, p. 3-37. L'école qui rend compte le plus de la réalité juridique aujourd'hui, c'est l'école pluraliste *(pluralisme juridique)* à laquelle nous adhérons. Elle reconnaît d'une part la pluralité des ordres juridiques ; d'autre part constate l'émergence et promeut les nouvelles formes de régulation (la *coordination* par exemple tend à supplanter *la hiérarchie*). Pour plus de développements sur la théorie pluraliste, lire entre autres les travaux de Mireille DELMAS MARTY *(dir.), (Introduction)* Actes du 8ème congrès de l'association internationale de méthodologie juridique, Aix- en- Provence 4-6 sept ; Presses universitaires d'Aix, Marseille, 2005 ; ceux de OST (F) et Van der KERCHOVE (M), *De la pyramide au réseau ? –Pour une théorie dialectique du droit,* Publication des FUSL. 2002.

tenir compte de la grande Europe (Conseil de l'Europe) et de la petite Europe (Union européenne).C'est ce que souligne le Professeur Jean Paul JACQUE qui relève qu'*« (...) une vision fondée sur la hiérarchie, celle de la pyramide kelsenienne, ne permet pas aujourd'hui de rendre compte de la réalité, si ce n'est au prix d'une analyse terriblement réductrice (...) Elle [vision kelsenienne] reste désarmée face aux rapports complexes entre systèmes »* [267] . Malgré le fulgurant développement du droit européen, particulièrement du droit communautaire, beaucoup de juristes souverainistes défendent bec et ongles l'idée de la primauté de la Constitution, rejetant de fait l'allusion à la supraconstituionnalité. Il faut se résoudre pourtant au constat du célèbre juriste anglais Lord DENNING qui écrivait : « *Le droit communautaire est aujourd'hui un raz-de-marée qui emporte nos digues et qui pénétrant à l'intérieur de nos terres vient submerger nos maisons et nos champs à la consternation de tout le monde »*[268].

Paragraphe 3. L'apport béninois à la supraconstitutionnalité

A l'occasion du débat sur la supraconstitutionnalité, dans les suites de la ratification du traité de Maastricht par le France, Georges VEDEL[269] mettait en garde son principal contradicteur de l'époque, Louis FAVOREU[270], contre le risque d'insérer dans la discussion des exemples tirés du droit étranger : *« (...) Que le droit comparé soit invoqué au secours de la*

---

[267] JACQUE (J.P), « Droit constitutionnel national, droit communautaire, CEDH, Charte des Nations Unies –l'instabilité des systèmes juridiques », *PUF / RFDC* 2007-n° 6.

[268] Cité par MARCOU (G), *les mutations du droit de l'Administration en Europe,* L'Harmattan, 1995, p.11.

[269] VEDEL (G), « Souveraineté et supraconstitutionnalité », *op.cit.,* pp. 79-96. L'auteur n'est contre la notion de « supraconstitutionnalité » que pour autant que l'on attribuerait le caractère de règles de droits aux principes qu'elle contient ; il ne trouve pas d'anomalie en revanche qu'on y mette des normes de caractère éthique ou des principes d'un credo politique, *ibidem,* p. 80.

[270]FAVOREU (L), « Souveraineté et supraconstitutionnalité », in *Pouvoirs* n° 67, 1993, p. 71-77 ; du même auteur, « Le contrôle de constitutionnalité du traité de Maastricht et le développement du 'droit constitutionnel international'», in *RGDIP* 1993, t. 97, p. 49 ; v° aussi, « Supraconstitutionnalité et jurisprudence de la juridiction constitutionnelle en droit privé et en droit public français », *Journées de la Société de la législation comparée,* Paris, 1993, p. 466 et ss.

supraconstitutionnalité, disait-il, ne doit pas ébranler la conviction qui, jusqu'ici, a été celle du Conseil constitutionnel pour qui le législateur ne peut être approuvé ou censuré en droit par référence à une disposition constitutionnelle écrite. Il faut se défaire de l'idée que telle ou telle théorie, telle ou telle pratique adoptée par une Cour constitutionnelle étrangère dans une démocratie parfois juvénile s'impose comme le dernier cri de la mode féminine lancé dans les collections du printemps »[271]. Grâce lui soit rendue pour ce manque de courtoisie qui ne s'embarrasse ni de nuance, ni de périphrase envers nous autres, *« pauvres hurons »*[272]. Heureusement qu'en braves ignares, nous savons tout au moins, qu'une *« vérité en deçà des pyrénéens »* peut être une *« erreur au-delà »* [273] ! Le débat sur la supraconstitutionnalité ne peut se réduire à l'ordre juridique français, eu égard aux enjeux qui y sont attachés.

Dans trois décisions intervenues le 08 juillet 2006 (A), le 19 aout 2014 (B) et le 20 novembre 2014 (C), la Cour constitutionnelle apporte des éclairages enrichissants sur la supraconstitutionnalité.

A) Décision du 08 juillet 2006

Le juge constitutionnel souligne en substance : « *(...)même si la Constitution a prévu les modalités de sa propre révision, la détermination du peuple béninois à créer un Etat de droit et de démocratie pluraliste, la sauvegarde de la sécurité juridique et la cohésion de la nation commandent que toute révision tienne compte des idéaux qui ont présidé à l'adoption de la Constitution du 11 décembre 1990, notamment le consensus national, principe à valeur constitutionnelle ; qu'en conséquence les articles 1 et 2 de la loi constitutionnelle n°2006-13 adoptée par l'Assemblée Nationale le 23 juin 2006, sans respecter le principe à valeur constitutionnelle ainsi rappelé, sont contraires à la Constitution »* [274] . Les commentaires de notre compatriote Luc SIDJOUN à la suite de cette importante décision méritent d'être approuvés. Le juge constitutionnel béninois établit *« une constitution*

---

271 VEDEL (G.), « Souveraineté et supraconstitutionnalité*, op. cit.*, p. 96.

272 Nous empruntons la comparaison à Jean RIVERO, « Le Huron au Palais-Royal ou réflexions naïves sur le recours pour excès de pouvoir », *Dalloz,* 1962, Chronique VI, p. 37-40.

273 PASCAL (B.), *Les Pensées* (1re partie, chap. *De la justice. Coutumes et préjugés), éd.* A. Molinier, t.1, 1877, p. 92.

274 DCC 06-074 du 08 juillet 2006, *op.cit.*

à double vitesse ; à double standard dont les principes à valeur constitutionnelle dégagés par le juge sont supérieurs aux dispositions constitutionnelles(...). En se posant comme dépositaire des idéaux ayant présidé à l'adoption de la Constitution (...), la Cour constitutionnelle crée la « supra constitution »[275].

B) Décision du 19 août 2014

La Cour juge que si tout citoyen béninois, et Madame Fatouma AMADOU DJIBRIL prise en qualité de Ministre, jouit de la liberté de pensée, d'opinion et d'expression reconnue par la Constitution, *« (...) cependant, cette liberté d'opinion consacrée par la Constitution n'exonère pas le citoyen du respect de la Constitution ; que cette exigence de respect de la Constitution est encore plus grande s'agissant d'un Ministre de la République dont l'impact de l'opinion sur la conscience collective est plus fort que celui d'un citoyen ordinaire »*[276].

C) Décision du 20 novembre 2014

La Cour constitutionnelle béninoise en 2014 déclare : *« Considérant par ailleurs que le titre XI de la Constitution organise et encadre la révision de la Constitution du 11 décembre 1990 ; qu'une jurisprudence constante de la Cour précise les limites et modalités de cette révision, qu'elle soit opérée par voie parlementaire ou par référendum ; que la révision opérée dans les formes prescrites, à l'exception des clauses expressément exclues de toute révision et qualifiées 'de clauses intangibles', garantit la stabilité de la Constitution en l'adaptant aux nouvelles aspirations légitimes du peuple souverain ; que la révision de la Constitution résultant de la mise en œuvre du pouvoir constituant dérivé ne peut détruire l'ordre constitutionnel existant et lui substituer un nouvel ordre constitutionnel »*[277].

Il faut constater que ces décisions sont intervenues dans des contextes politiques majeurs. En 2006, au terme du mandat du Général Mathieu

---

[275] Nous émettons toutefois des réserves aux analyses du professeur qui tendent à rattacher ces principes à des *«droits naturels »*. Il s'agit, à notre avis, des *principes purement positifs* n'ayant rien à voir avec *la théorie du droit naturel,* SINDJOUN (L.), *Les grandes décisions de la justice constitutionnelle africaine, op. cit.*, p. 311-337.

[276] DCC 14-156 du 19 aout 2014, *Jean Claude DOSSA.*

[277] DCC 14-199 du 20 novembre 2014.

KEREKOU revenu au pouvoir en 1996, alors que certaines indiscrétions lui prêtent une volonté de modifier la Constitution, la Haute juridiction saisit une occasion pour trancher. En 2014, alors qu'on prête au Président Boni YAYI un projet de révision constitutionnelle devant permettre de briguer un troisième mandat, la Cour constitutionnelle, par cette décision, lui oppose une fin de non-recevoir. Ce faisant, elle réaffirme son rôle de véritable gardienne de la démocratie. On ne devrait dès lors pas s'étonner que le Président François HOLLANDE, lors de sa visite en début juillet 2015 à Cotonou, ait salué la démocratie béninoise qui est, selon lui, un modèle pour l'Afrique. Toutefois, le Président français a semblé féliciter exclusivement le PR béninois pour cette stabilité, c'est méconnaitre l'importante œuvre de la Haute juridiction constitutionnelle, c'est à elle qu'on devait la devoir principalement, et complémentairement aux autorités politiques parmi lesquelles le PR, car les décisions de justice ne sont rien si elles ne sont pas suivies d'effet. Et au-delà des formules exécutoires ou comminatoires, la volonté des acteurs reste un déterminant incontournable de leur exécution. Les enseignements de la Cour constitutionnelle du Bénin sur la supraconstitutionnalité sont une source d'enrichissement du débat.

Que retenir au terme de ce chapitre ? Que le législateur et le juge ont construit un véritable droit du référendum, une véritable démocratie référendaire, contribuant à rigidifier la Constitution, du moins certaines dispositions, et à assurer la stabilité de la Constitution politique. En République du Bénin :

- *on ne consulte pas le Peuple n'importe quand ;*

- *on ne le consulte pas sans qualité ni avis expressément prévus ;*

- *il peut être consulté exclusivement sur des questions précisées ;*

- *on ne peut lui poser un certain type de questions précisées ;*

- *la mise en œuvre de la question à lui soumettre fait intervenir impérativement ses représentants selon des règles précisées ;*

- *lorsque les conditions ont été respectées, on ne remet pas en question ce que le Peuple a décidé.*

Est-ce à dire que le Peuple n'est plus libre au Bénin ? Que non ! Cette façon de faire s'appelle *« la démocratie rationalisée »*. Le dernier référendum qui s'est tenu en Grèce (juillet 2015) démontre combien les questions posées au Peuple peuvent revêtir une complexité telle qu'il est illusoire de conclure qu'il ait décidé démocratiquement. Il faut par ailleurs biffer du vocabulaire du droit constitutionnel la notion de *« souveraineté du pouvoir de révision »*. Il s'agit d'un paralogisme et d'une escroquerie intellectuelle arc-boutés sur des arguties juridiques.

Les règles présidant au choix des représentants du Peuple sont-elles à la mesure de celles liées au référendum ci-dessus examinées ?

Chapitre 2.

GARANTIE DE LA DEMOCRATIE INDIRECTE

Le système politique de la République du Bénin est un système partisan. La CFVN a marqué le choix du multipartisme intégral. L'article 5 est la matérialisation juridique de cette option. Cette volonté a été prolongée au plan législatif par *la loi n°90-023 du 13 août 1990 portant Charte des partis politiques et par la loi n°2001-36 du 14 octobre 2002 portant statut de l'opposition.* La Cour constitutionnelle, à travers son rôle de juge des élections nationales[278], assure la démocratie indirecte. Aux termes de l'article 117 alinéa2 de la Constitution du 11 décembre 1990, la Cour constitutionnelle veille à la régularité de l'élection du PR, examine les réclamations, statue sur les irrégularités qu'elle aurait pu, par elle-même, relever et proclame les résultats du scrutin[279]. Les décisions de la Cour Constitutionnelle sont publiées immédiatement après la proclamation des résultats[280]. Les articles 117, alinéa 3 et 81, alinéa 2 disposent par ailleurs qu'elle statue, en cas de contestation, sur la régularité des élections législatives, statue souverainement sur la validité de l'élection des députés[281]. On en déduit que: « *Tout le contentieux électoral relatif aux élections présidentielles ou législatives est soumis à la Cour Constitutionnelle qui statue conformément aux textes en vigueur* »[282]. En revanche, la Cour constitutionnelle est incompétente en matière d'élections locales à quelque étape que ce soit[283].

L'accomplissement de ces fonctions constitutionnelles fut d'autant plus ardu que de 1990 à 2013, soit pendant 23 ans, la pratique électorale au Bénin a été caractérisée par de vives contestations, imputables en partie à l'absence de clarté du cadre juridique. Les élections furent organisées sur base de plus

---

[278] La Cour a rappelé qu'elle n'est pas compétente en ce qui concerne le contentieux des élections locales, v° DCC 15-243 du 18 novembre 2015, *François DOHOU.*

[279] Toutes ces prérogatives conférées à la Haute juridiction sont reprises par les articles 42, alinéa 2, 52 et 54 de *la loi n° 91-009 du 04 mars 1991.*

[280]Article 115 du Code électoral.

[281]Article 116du Code électoral.

[282] Article 106 alinéa 1 de *la loi n° 2010-33 du 07 janvier 2011 portant règles générales pour les élections en République du Bénin,* modifié par le Code électoral.

[283] DCC 07-176 du 27 décembre 2007, *CHABI-SAKA Karimou et consorts ;* DCC 07-173 du 27 décembre 2007, *TIDJANI Ismaël.*

d'une quinzaine de lois électorales éparpillées[284]. Depuis lors, le Bénin a connu 6 (six) élections présidentielles[285] et sept législatives[286]. Le 8 avril 2013, l'AN a voté *la loi 2013-06 portant Code électoral.* Promulguée le 25 novembre 2013 [287], elle vient coordonner tous les textes en matière d'élections. Ce qui assure une certaine lisibilité et facilite le travail de la Cour. Au Code électoral, on ajoutera les différentes lois actualisant la LEPI (par exemple, *la loi n° 2012-43 du 28 décembre 2012*portant apurement, correction, mise à jour et actualisation du fichier électoral national et de la LEPI) *; la loi n° 2013-05 du 15 février 2013 portant création, organisation, attributions et fonctionnement des unités administratives locales,* qui devrait empêcher désormais la création de villages fictifs lors des élections ; *la loi n° 2013-09 du 13 juin 2013portant détermination de la carte électorale et fixation des centres de vote.*

Dans l'exposé qui suivra, on fera toutefois abondamment référence aux textes subséquents, car c'est sur leur base qu'ont été rendues la plupart des décisions de la Cour constitutionnelle, tout en renvoyant aux dispositions éponymes prévues par le Code. Le premier cas d'application de la loi de 2013 a eu lieu à l'occasion des récentes élections législatives d'avril 2015. Le Code électoral, comme les textes subséquents, fait une distinction entre les règles communes applicables à l'ensemble des élections en République du Bénin, (ce sont des règles communes aux élections du PR, des membres de l'AN, des membres des conseils communaux ou municipaux et des

---

[284]*Loi n°94-013 du 17 janvier 1995 ; loi n°94-015 du 27 janvier 1995 ; loi n°95-015 du 23 janvier 1996 ; loi n°98-036 du 15 janvier 1999 ; loi n°99-016 du 12 mars 1999 ; loi n°2000-018 du 03 janvier 2001; loi n°2002-22 du 28 août 2002; loi n°2003-01 du 08 janvier 2003 ; loi n°2003-02 du 27 janvier 2003 ; loi n°2005-14 du 25 juillet 2005 ; loi n°2006-25 du 05 janvier 2007 ; loi n°2007-25 du 23 novembre 2007 ; loi n°2007-28 du 23 novembre 2007; loi n°2005-26 du 06 août 2010.*

[285]En 1991, 1996, 2001, 2006 et 2011. La dernière élection présidentielle a eu lieu en avril 2016.

[286]1991, 1995, 1999, 2003, 2007, 2011 et 2015. Deux communales (2002 et 2008) et une locale (2008).

[287]Publiée au *Journal Officiel* n° 03 bis, numéro spécial du 07 février 2014. La décision *DCC 13-072 du 30 juillet 2013* de la Cour procède à la mise en conformité avec la Constitution, suite à la *décision DCC 13-169 du 19 novembre 2013.*

membres des conseils de village ou de quartier de ville[288]) et les règles exclusivement applicables aux élections présidentielles et législatives.

Si le régime électoral est constitutionnellement de la compétence du législateur, la Cour tire de sa mission de juge des élections nationales le pouvoir de surveiller l'exercice de cette compétence législative. Elle veille ainsi que la majorité parlementaire ou même tous les Députés de l'AN ne construisent un régime tourné à leurs avantages, ou que par l'adoption d'une loi ou projet, elle effectue un rétropédalage par rapport aux exigences de sincérité et transparence des opérations électorales.

De manière générale, une élection comporte trois phases, la phase préélectorale (Paragraphe 1), la phase purement électorale (paragraphe 2) et la phase postélectorale (Paragraphe 3). C'est à la lumière de cette *summa divisio* que nous examinerons les apports de la Cour dans la mise en œuvre de la démocratie représentative.

Section 1. Phase préélectorale

Trois points peuvent être considérés aujourd'hui comme des acquis du système électoral béninois. Avant les élections, il y a mise en place des structures habilitées de gestion des élections et élaboration de la Liste Electorale Permanente Informatisée, LEPI (Paragraphe 1), le dépôt des candidatures (Paragraphe 2), la campagne électorale (Paragraphe 3).

Paragraphe 1. Structures de gestion des élections et élaboration de la LEPI

Les élections sont gérées par une structure administrative permanente dénommée CENA. Elle dispose d'une réelle autonomie par rapport aux institutions de la République (Exécutif, AN, CC, CS, HCJ, CES, HAAC), sous réserve des dispositions des articles 33, 97 alinéa 2 et 1, 1^{er}et 2ème tirets de la Constitution du 11 décembre 1990 et des articles 42, 52 et 54 de *la loi n° 91- 009 du 04 mars 1991 portant loi organique sur la Cour*

[288] Livre Premier du Code électoral qui modifie et complète les dispositions de l'ancienne loi n° 2010-33 du 07 janvier 2011 portant règles générales pour les élections en République du Bénin.

constitutionnelle modifiée par la loi du 31 mai 2001. Examinons les enseignements de la Cour sur les structures de gestion des élections (A), puis sur la Liste Electorale Permanente Informatisée (B).

A) Structures de gestions des élections : CENA et ses démembrements

En 2011, la Cour rappelle que « *dans le cadre des élections de l'année 2011, la Commission Politique de Supervision, la Mission Indépendante de Recensement Electoral National Approfondi et la Commission Electorale Nationale Autonome sont habilitées à prendre toutes les mesures utiles visant à assurer et à faciliter à tous les citoyens en âge de voter, l'exercice de leur droit constitutionnel de vote* » ; qu'il résulte de cette dernière disposition que *la loi n° 2011-03 du 04 mars 2011* a été votée par l'AN dans le but d'apurer les insuffisances dénoncées par le requérant[289]. Afin d'assurer à la CENA un accomplissement optimal de ses missions, la Cour est intervenue à l'occasion des cas qui lui ont été soumis dans au moins trois domaines : l'existence même de la CENA, son organisation, ses missions. Nous terminerons en y évoquant les apports du Code électoral.

La Cour a défendu dans sa jurisprudence, à plusieurs occasions, le principe de l'existence de la CENA. Les textes en matière électorale, antérieurs au Code de 2013, se sont efforcés afin de garantir l'indépendance de la CENA, condition *sine qua non* à la sincérité des opérations électorales, de prévoir d'une part la composition paritaire de la CENA et ses démembrements ; d'autre part, d'aménager des incompatibilités. Le juge constitutionnel a été particulièrement regardant quant à ces exigences. Il est par ailleurs intervenu pour permettre à la CENA le bon accomplissement de ses missions, en résolvant des situations de blocage concernant le non ou le retard de désignation d'un membre ou la non disponibilité des fonds. Désormais le Code prévoit que la CENA élabore et gère son budget de fonctionnement et le budget d'organisation des consultations électorales et référendaires dans le respect des règles en matière de budget et de comptabilité publique en vigueur. Ces différents budgets sont intégrés au budget général de l'Etat[290]. Il n'en a toujours pas été ainsi.

- *Apports de la Cour à l'existence de la CENA.* La création de la CENA au Bénin constitue une rupture avec la tradition consistant à conférer au

---

[289]Décision EP 11 –0 46 du 31 mars 2011, Augustin AHOUANVOEBLA.
[290]Article 13 du Code électoral.

Ministère de l'intérieur l'organisation des élections. A partir de 1994, les députés de la première législature de l'ère du renouveau, c'est-à-dire après la CFVN, par une proposition de loi, entreprirent la création d'une structure autonome, indépendante du Pouvoir exécutif et législatif, en charge de la gestion des consultations politiques à venir. Malgré l'opposition des députés de la mouvance progouvernementale, le principe de création de la CENA fut adopté. Le PR saisit la Cour de la loi querellée, au motif que les dispositions consacrant la création de la CENA seraient inconstitutionnelles. La Cour saisit l'occasion pour rappeler que le régime électoral est de la compétence du pouvoir législatif[291]. La création de la CENA, en tant que AAI, est liée, selon la Cour constitutionnelle, à la recherche d'une formule permettant d'isoler, dans l'administration de l'Etat, un organe disposant d'une réelle autonomie par rapport au Gouvernement, aux départements ministériels et au Parlement, pour l'exercice d'attributions concernant le domaine sensible des libertés publiques, en particulier des élections honnêtes, régulières, libres et transparentes[292]. La Haute juridiction venait par-là de sauver une institution qui se révélera par la suite déterminante dans la construction de la démocratie béninoise. La Cour ajoute que la création d'une CENA est une étape importante du renforcement et de garantie des libertés publiques et des droits de la personne. Elle permet, d'une part, d'instaurer une tradition d'indépendance et d'impartialité en vue d'assurer la liberté et la transparence des élections et, d'autre part, de gagner la confiance des électeurs et des partis et mouvements politiques[293].

Sous l'empire de *la loi n° 2010-33 du 07 janvier 2011 portant règles générales pour les élections en République du Bénin,* la Cour a précisé que la CENA dispose d'une réelle autonomie par rapport aux institutions de la République sous réserve des dispositions des articles 49, 81 alinéa 2 et 117, 1er et 2ème tirets de la Constitution du 11 décembre 1990 et des articles 42, 52 et 54 de la *loi n° 91-009 du 04 mars 1991 portant loi organique sur la Cour Constitutionnelle* modifiée par la *loi du 31 mai 2001*. Elle doit, en raison de l'habilitation légale et dans le cadre de sa mission de préparation et d'organisation des élections, prendre toute initiative afin de conduire avec diligence les opérations utiles aux fins d'une élection transparente et fiable. La Haute juridiction a jugé qu'il n'est point nécessaire pour la CENA, à cette

---

[291] DCC 34-94 du 23 décembre 1994, *Président de la République.*
[292] *Ibidem.*
[293] *Ibidem.*

fin, de recourir à une autorisation de la Cour, le recours tendant à obtenir une telle autorisation est sans objet[294].

- *Apport de la Cour en matière d'organisation de la CENA.* Afin de garantir l'autonomie de la CENA et plus largement la transparence du processus électoral, deux principes ont été rappelés avec fermeté : le principe de parité et le principe des incompatibilités.

Principe de parité. Sa jurisprudence concerne aussi bien la parité des membres du bureau de la CENA que de ses démembrements. Dans sa décision rendue en 2000[295], la Cour a jugé que, dans la désignation des membres des différentes structures de la CENA, il faut tenir compte de la *« configuration politique »* pour assurer la participation de toutes les forces politiques représentées à l'AN et pour garantir la transparence, principe à valeur constitutionnelle[296]. Un an après, la Cour définit *« la configuration politique »* comme l'ensemble des forces politiques représentées à l'AN et organisées en groupes parlementaires et/ou non inscrits[297]. Pour la Cour, la composition de la CENA, et par-delà ses démembrements, ne doit pas conduire à une confiscation de cette institution par certains groupes parlementaires en violation des principes de transparence et de sincérité des élections, comme l'exige un Etat de droit et de démocratie pluraliste. En tout état de cause, quelle que soit la configuration politique de l'AN, aucun groupe parlementaire, aucune force politique ne doit s'attribuer le monopole de la CENA et ses démembrements.

A l'occasion de l'examen de *la loi n° 2005 -14 portant règles générales pour les élections en République du Bénin,* la Cour rappelle sa jurisprudence et sanctionne les dispositions de ladite loi en rapport avec la CENA, car elle viole le principe de transparence, principe à valeur constitutionnelle[298].

---

[294]Décision EP 11–042 du 11 mars 2011, Joseph GNONLONFOUN (Président de la Commission Electorale Nationale Autonome CENA).
[295] DCC 00-078 du 07 décembre 2000.
[296] DCC 00-078 du 07 décembre 2000.
[297] DCC 01-011 du 12 janvier 2001 et DCC 01-012 du 22 janvier 2001.
[298] DCC 05-056 du 22 juin 2005, *Président de la République et consorts.*

Dans les faits, la Cour a sanctionné la composition politique[299] des membres du bureau de la CENA[300] et affirmé que le Gouvernement est tenu de nommer les membres de la CENA sans délai[301]. Elle juge que le fait qu'elle ait reçu le serment des membres de la CENA en l'absence du représentant de la société civile suppose qu'elle a validité la composition de celle-ci. Il y a dès lors autorité de chose jugée[302]. La Cour juge dans le même sens, sous l'empire de *la loi du 28 juillet 2005,* que l'élection des membres du Bureau de la CENA doit tenir compte de la configuration politique au sens de l'esprit des articles 35, 36 et 38 de ladite loi[303]. Ainsi, l'élection des membres du bureau de la CED de Couffo n'a tenu compte ni des dispositions précitées de *la loi 2010-33,* ni de la jurisprudence de la Cour en matière de gestion transparente des élections, dès lors que deux des membres dudit bureau proviennent de l'AN et qu'aucun ne provient de la désignation par le PR.

A propos de la désignation de représentants de la société civile, la Cour Constitutionnelle a dit et jugé que *« le processus de désignation du représentant de la société civile doit reposer sur le consensus, principe à valeur constitutionnelle, que ce processus garantissant une représentation plus transparente et une participation plus démocratique des organisations de la société civile impose une implication de toutes les composantes de la société civile telle que définie au séminaire national sur le recentrage du concept de société civile au Bénin »*, que le cadre national de concertation des organisations de la société civile du Bénin est l'expression de ce consensus, que dans le cas d'espèce, la désignation du membre de la société civile devant siéger à la CENA a été faite par le conseil national du cadre national de concertation des organisations de la société civile du Bénin qui a procédé les 13, 14 et 15 janvier 2011 à la désignation des membres de la CENA et de ses démembrements, que les conditions et modalités d'élection de l'intéressé sont conformes à l'article 13 alinéa 2, 3ème tiret de la loi précitée. Il n'y a pas violation de la loi[304].Elle juge par ailleurs qu'une

---

299 La Cour a jugé que, en insérant la notion de *« configuration politique »* dans son RI, la CENA n'a fait que se conformer aux lois électorales, donc à la Constitution ; DCC 05-125 du 07 octobre 2005, *« ONG ».*

300 DCC 05-124 du 07 octobre 2005, *DJIVO Patrick et consorts.*

301 DCC 05-142 du 25 novembre 2005, *KPADANOU Hounsou et consorts.*

302 DCC 05-147 du 1er décembre 2005, *YEHOUENOU Antoine.*

303 DCC 05-124 du 07 octobre 2005.

304 DCC 10-050 du 14 avril 2010, Décision EP 11-039 du 09 mars 2011, *Michel ALOKPO.*

requête qui conteste la nomination d'un citoyen en qualité de représentant de la société civile dans l'un des démembrements de la CENA, doit être déclarée fantaisiste et en conséquence rejetée, dès lors que le requérant ne donne aucune précision sur le démembrement de la CENA concernée[305]. Par identité de motifs, dès lors que les griefs articulés par le requérant contre le membre de la CENA incriminé ne sont étayés d'aucune preuve permettant à la Cour d'établir leur matérialité, il s'ensuit que le recours ne repose sur aucun fondement et doit être rejeté[306].

La Haute juridiction s'est penchée sur les démembrements de la CENA. Elle rappelle que la CENA est un organe national comportant des représentations dans les unités administratives inferieures. Avant de voir les apports du Code électoral, examinons un tant soit peu les enseignements de la jurisprudence constitutionnelle qui sont intervenus sous le régime des lois antérieures. Aux termes de l'article 18 de *la loi de 2011* abrogée, la CENA *« (...) est représentée dans chaque département par une Commission électorale départementale (CED) ».*La CED officie sous l'autorité et le contrôle de la CENA. L'article 20 alinéas 1 et 2 de la loi du 07 janvier 2011 énonce : « *Dans chaque commune, pour chaque échéance électorale, l'organisation et la gestion des élections sont assurées par une commission électorale communale [CEC] de onze (11) membres, sauf les communes ayant un statut de département où la commission électorale est composée de vingt et un (21) membres. Les membres de la Commission électorale communale sont désignés pour chaque échéance électorale à raison de :* un *(01) par le Président de la République »*[307].

Démembrement départemental de la CENA. La Cour s'est exprimée abondamment sur la question de la désignation des membres composant la représentation de la CENA au niveau départemental. En effet, les articles 18 et 19 de *la loi n° 2010-33 du 7 janvier 2011, portant règles générales pour les élections en République du Bénin* abrogée, énoncent respectivement : « *La Commission électorale nationale autonome est représentée dans chaque département par une Commission électorale départementale (CED) de onze*

[305] Décision EL-P 06-003 du 19 janvier 2006, *MEHA Patrice.*
[306] Décision EP 11-034 du 07 mars 2011, *Charles Adolphe Tawa COVI, Coordonnateur national du cercle de Réflexion des Forces vives des Organisations de la Société Civile (Ce.R.F.O.S.C.).*
[307]Décision EP 11 –054du 19 avril 2011, *Vincent Ayélodjou EHOULE et consorts.*

(11) membres désignés, pour chaque échéance électorale parmi les citoyens ayant une bonne moralité et une bonne connaissance du département, à raison de : -Un (01) par le Président de la République ; -Neuf (09) par l'Assemblée Nationale, en tenant compte de sa configuration politique[308]*; - Un (01) par les organisations de la société civile*[309] *actives depuis au moins cinq (05) ans dans les domaines de la bonne gouvernance et de la démocratie, désigné en leur sein* [310]*. La Commission électorale départementale officie sous l'autorité et le contrôle de la Commission électorale nationale autonome ». La CED élit en son sein : « Un bureau de trois (03) membres composé de : - un (01) Président ; -un (01) coordonnateur chargé des finances et du matériel ; -un (01) rapporteur et les coordonnateurs communaux. Les trois (03) membres de ce bureau ne doivent pas provenir d'une même sensibilité politique »*[311]. Ces dispositions ont généré un abondant contentieux.

En 2006, la Cour avait estimé que le critère de configuration politique n'étant pas exigé pour l'élection du bureau de la CED, d'autant plus qu'aucun article ne l'ait prévu[312], il n'y a pas violation de la Constitution[313]. Dans ses décisions de 2005[314], elle déclare respectivement les décrets n° 584 du 15 septembre 2005 portant nomination des membres de la CENA et des

---

[308] La Cour, dans la Décision EL 07-002 du 14 février 2007 invoquée par le requérant, avait affirmé *« qu'il résulte de la lecture combinée 59 et croisée de ces dispositions que l'expression 'configuration politique de la CENA ou sensibilité politique de la CED' doit s'entendre de la prise en compte de la provenance de toutes les composantes de la CENA ou de la CED, à savoir le Président de la République, l'Assemblée Nationale et la Société Civile ; que le respect du principe à valeur constitutionnelle de transparence dans la gestion des élections commande que les bureaux des CED comprennent impérativement un représentant du Président de la République, un représentant de l'Assemblée Nationale et un représentant de la Société Civile »* ; Décision EP 11-044 du 31 mars 2011 *CENA, Cocou Sylvain SEGLA (Contestation de l'élection du bureau d'un démembrement de la CENA).*

[309]Décision EP11-022 du 04 mars 2011 *(Définition de la notion de « société civile » et de sa structure faîtière).*

[310]Décision EP 11 –008 du 16 février 2011 *CENA. Contestation de la désignation du représentant de la société civile à la CENA ;* Décision EP 11-053 du 19 avril 2011, *Gilius ADET.*

[311]Décision EP 11 –007 du 14 février 2011 CENA *(Contestation de l'élection du bureau de la CED Atlantique).*

[312] DCC 06-009 du 17 janvier 2006, *GUEDOU Juste.*

[313] DCC 06-004 du 12 janvier 2006, *OTEGBEYE Alidou* ; DCC 06-007 du 12 janvier 2006, *SOUROU William.*

[314]DCC 05-111 et DCC 05-118 du 15 et 27 septembre 2005.

CED nuls et de nul effet en ce qui concerne les représentants de la société civile au sein de la CED-couffo et ordonne leur remplacement avec désignation conjointe faite par les deux représentants de la société civile[315]. La Cour a reconnu que le contrôle d'identité participe d'un souci de transparence et de sincérité. Il n'en demeure pas moins que cette vérification n'est pas une prescription de la loi. Dès lors, il y a lieu de dire et de juger que le coordonnateur départemental de la CENA, en procédant comme il l'a fait, n'a pas violé la loi. En conséquence, l'installation de la CED de l'Ouémé et l'élection de son bureau sont conformes à la loi[316]. Il résulte tant des éléments du dossier que de l'audition du président de la CENA que le nouveau président de la CED/Littoral, Monsieur Pascal TODJINOU, a été élu par ses collègues membres de ladite commission, en présence de deux coordonnateurs départementaux sur trois de la CENA. Ce, en conformité avec la décision *EL-P 06-011 du 23 février 2006* de la Cour constitutionnelle[317]. La Cour s'est exprimée également sur la condition de *« probité »* exigée des membres de la CED[318], à propos des membres du bureau de la CENA[319].La Cour a sanctionné l'immixtion d'un Ministre dans la désignation des membres de la société civile à la CENA[320]. Elle juge également que l'absence de consensus dans la désignation des représentants de la société civile devant siéger au sein de la CENA, viole la Constitution[321]. Une requête qui ne comporte pas la preuve des allégations qui y sont contenues, encourt rejet[322]. Il y a lieu de rejeter la requête d'un citoyen, dès lors qu'il résulte des éléments du dossier que les affirmations de l'intéressé ne sont pas étayées des faits précis permettant à la Haute juridiction d'asseoir sa religion. En l'espèce, le requérant reprochait à la CENA un retard dans la délivrance des cartes d'électeurs. Par ailleurs, souligne la Cour, le Président de la CENA fait état d'un certain nombre de

---

[315] DCC 06-002 du 12 janvier 2006, *ASSOGBA Jacob.*

[316]Décision EP 11-020 du 03 mars 2011 *CENA .Contestation de l'installation et l'élection des membres d'une CED Défaut de vérification d'identité.*

[317] Décision EL-P 06-015 du 28 février 2006, *ADJAKIDJE Sosthène.*

[318] DCC 06-032 du 28 février 2006.

[319]DCC 05-142 du 24 novembre 2005.

[320] DCC 05-111 du 15 septembre 2005, *AMADOU Mohammed.*

[321] DCC 05-118 du 27 septembre 2005, *« Composantes de la société civile de la Donga » et consorts.*

[322] Décision EL-P 96-009 du 27 février 1996, *YACOUBA Fassassi* ; Décision EL-P 96-012 du 27 février 1996, *TEVOEDJRE Albert.*

contraintes légales et financières, du reste justifiées, qui ne rendent pas opportune la prorogation du délai de recensement sollicité[323].

En 2011, elle constate la nullité de l'élection des membres du bureau de la CED intervenue le 05 février 2011 [324]. Elle a considéré, sur base d'informations obtenues du Président de la CENA, que le fait que le Président et le Coordonnateur chargé des Finances et du Matériel proviennent de l'AN, tandis que le Rapporteur provient de la Société civile, rend irrégulière l'élection des membres du bureau de la CED de l'Atacora, eu égard à *la loi n° 2010-33* et à la jurisprudence de la Cour en matière de gestion transparente des élections, dès lors que deux (02) des membres dudit bureau proviennent de l'AN et qu'aucun ne provient de la désignation par le PR. La Cour ordonne la nullité de l'élection des membres du bureau de la CED de l'Atacora et ordonne la reprise sans délai dès la désignation du remplaçant du membre contesté[325].

Démembrement communal de la CENA. Elle juge que le critère de configuration politique n'est pas exigé pour l'élection des membres du bureau de la CEC[326]. La Cour rappelle les incompatibilités touchant aux membres de la CEC. Elle souligne qu'aux termes des dispositions de l'article 23 de *la loi n° 2010-33 du 07 janvier 2011 portant règles générales pour les élections en République du Bénin* : « *Les membres de la Commission électorale nationale autonome, des Commissions électorales départementales, des Commissions électorales communales et des Commissions électorales d'arrondissement, ne peuvent être candidats à la fonction élective concernée* ». L'examen des pièces du dossier révèle que le nommé Abibou BABA-AGBA a bel et bien démissionné de son poste au sein de la CEA de Gogounou, que les allégations du requérant ne sont donc pas fondées. Il s'ensuit que la requête de Monsieur Nassifoudou GARBA mérite rejet[327].

---

[323] Décision EL-P 06-007 du 06 février 2006, *LAFIA Sacca.*

[324]Décision EP 11-018 du 28 février 2011, *Richard DEGBEKO.*

[325]Décision EP 11-021 du 03 mars 2011 *CENA (Contestation de la nomination d'un conseiller municipal comme membre d'une CED Rappel du régime des incompatibilités).*

[326] DCC 06-013 du 19 janvier 2006, *AÏGBE Marcellin.*

[327] Décision EL 11-035du 12 juillet 2011, *Nassifoudou GARBA (candidat aux élections législatives du 30 avril 2011 sur la liste FCBE dans la 2ème circonscription électorale).*

Le respect des incompatibilités. La Cour a jugé que, selon l'article 13 alinéa 4 de *la loi n° 2010-33 du 07 janvier 2011* : *« les fonctions de membre de la Commission électorale nationale autonome et de ses démembrements sont incompatibles avec celles de membre du Gouvernement, de membre des institutions prévues par la Constitution, de membre du Secrétariat administratif permanent, de membre de conseil communal ou municipal ou de membre des conseils de village ou de quartier de ville »*[328]. Elle annule par conséquent la désignation par l'AN de Monsieur Prosper KITCHA pour siéger au sein de la CEC d'Aplahoué[329]. Dans le même ordre d'idées, constatant qu'un Conseiller communal de Bopa avait été désigné par l'AN pour siéger au sein CEA de Badazouin, elle déclare l'incompatibilité des fonctions de Conseiller avec celles de membre de la CEC, annule sa nomination et ordonne son remplacement sans délai par l'AN[330]. Elle a reconnu également, sur la basedes éléments du dossier, que deux membres figurant sur la liste des neuf (09) membres désignés par l'AN pour siéger au sein de la CED du Couffo sont membres des Conseils communaux, que, dans ces conditions, il faut constater que ces fonctions sont incompatibles avec celles de membre d'une CED. Elle annule dès lors leur désignation[331].

En cas d'inaction des autorités chargées de désigner les membres des démembrements de la CENA, la Cour, en vertu du principe de continuité et de sa mission de régulateur du bon fonctionnement des institutions, est généralement amenée à imaginer des solutions pour pallier une telle carence. Ainsi, dans une espèce, constatant que le Président de l'AN a souligné dans ses deux correspondances que la non désignation des représentants de l'AN au sein des différents démembrements de la CENA est fondamentalement liée aux difficultés organisationnelles et au manque de volonté au sein des groupes parlementaires composant l'AN, la Cour déduit que la situation s'analyse en un acte délibéré de nature à freiner ou arrêter le processus électoral, élément fondamental de la démocratie béninoise. Elle conclut *« (...) qu'il est ainsi de nécessité absolue que la Cour ordonne toutes dispositions utiles au bon et prompt fonctionnement de toute Institution de la*

---

[328]Décision EP 11-045 du 31 mars 2011, *Comlan Basile ESSOU.*

[329]*Ibidem.*

[330]Décision EP 11-058 du 20 avril 2011, *Blaise TCHEKESSI et consorts.* Dans le même sens (incompatibilités), Décision EP 11-059 du 20 avril 2011, *Amissétou AFFO DJOBO OLOUDE.*

[331] Décision EP 11-019 du 1er mars 2011 *Contestation de la désignation de conseillers communaux au sein d'un démembrement de la CENA.*

République impliquée dans le processus électoral (...) ». La défaillance d'un groupe parlementaire ne pouvant priver les autres groupes de l'exercice de leurs droits, elle ordonne que les groupes parlementaires présents aux séances de l'Assemblée désignent les membres des CEC et CEA dans les proportions de nombre qui leur échoit par application de la règle proportionnelle aux différents groupes parlementaires composant l'AN ; que les membres ainsi désignés doivent se mettre immédiatement à la disposition de la CENA et entamer sans délai leur mission ; que les groupes parlementaires défaillants ont jusqu'au jeudi 24 février 2011 à minuit pour faire désigner le quota qui leur revient ; que passé ce délai, ils sont réputés avoir définitivement renoncé à leur prérogative [332]. C'est cette considération qui a poussé la Cour à s'arroger un véritable pouvoir d'injonction. Elle s'est reconnu le droit d'ordonner à la CENA le remplacement sans délai d'un candidat nommé par un autre au sein de la CEC[333] . La Cour ordonne au Gouvernement de mettre dans les 24 heures des fonds à disposition de la CENA[334]. Garante du bon fonctionnement des élections, la Cour a estimé par ailleurs que les décisions en la matière, compte tenu du calendrier électoral, doivent être exécutées avec plus de célérité. Elle estime ainsi que le Gouvernement a violé l'article 124 de la Constitution, pour s'être abstenu de procédé à la nomination d'un membre désigné de la CENA, un mois après la décision de la Cour[335].

La Cour a selon une jurisprudence constante admis que, conformément aux principes généraux de droit et à sa jurisprudence, tout remplacement intervenu en cours de mandat ne l'est que pour le reste de mandat. Elle juge dans les faits que le remplaçant doit terminer le mandat en cours en même temps que les autres titulaires nommés au même titre que celui qu'il a remplacé[336]. Elle juge aussi que l'invalidité de l'élection et la nomination d'un candidat ne remettent pas en cause la validité des actes qu'il a

---

[332]Décision EP 11 -006 du 14 février 2011, *Assemblée Nationale.*

[333]Décision EP 11-043 du 31 mars 2011 *(Contestation du représentant de la société civile au sein d'un démembrement de la CENA. La Cour a ainsi ordonné le remplacement de Monsieur Paulin EDAH par Monsieur Mathias GOLOU au sein de la Commission Electorale Communale (CEC) d'Aplahoué).*

[334] DCC 05-139 du 17 novembre 2005, *EQUITE Juste ;* DCC 05-146 du 1er décembre 2005, *Serge PRINCE AGBODJAN.*

[335] DCC 06-011 du 17 janvier 2006, *LAWOGNI Dossa.*

[336] DCC 07-108 du 11 octobre 2007, *HODONOU Armand.*

accomplis en tant que SG de la CENA[337]. Dans le même ordre d'idées, la Cour a admis, en vertu du principe de continuité, dans ses décisions *DCC 05-118 du 27 septembre 2005 et DCC 05-124 du 07 octobre 2005,* d'une part que *« la CENA et ses démembrements continuent de siéger sans les représentants de la société civile » ;* d'autre part, qu'en attendant le remplacement de l'intéressé, les décisions de la CENA siégeant avec (24) vingt-quatre membres sont valables[338].

- *Apports de la Cour sur les missions de la CENA.* Dans ce domaine, la Cour est intervenue non seulement pour garantir l'intégrité des compétences de la CENA, mais aussi pour lever des blocages –notamment financiers ou administratifs, dans l'accomplissement de ses missions.

Sous l'empire de l'article 24 alinéas 1, 4 et 5 (modifié par le Code électoral) de *la loi n° 2010-33 du 07 janvier 2011 portant règles générales pour les élections en République du Bénin*, la Cour a précisé que la CENA et ses démembrements, en ce qui concerne les élections présidentielle et législatives, n'ont compétence ni pour procéder au recensement des votes ni pour proclamer les résultats, fussent-ils provisoires[339]. Toutefois, la Cour juge que l'indication de tendances ne saurait être assimilée à une proclamation des résultats dans la mesure où les résultats proclamés par la Cour ne sont pas identiques aux tendances indiquées par la CENA, la Cour procédant au besoin à des redressements ou annulations. Ces tendances par l'organe chargé de la gestion du processus électoral participe simplement de la volonté de transparence dans les élections au même titre que le dépouillement et l'affichage des résultats dans les bureaux de vote. En conséquence, elle en déduit que l'indication de tendances par la CENA ne viole pas la Constitution[340]. La Cour a jugé dans les faits à propos d'un ensemble d'Arrêtés, qu'ils ont été pris en violation de la loi électorale et sont, partant, contraires à la Constitution parce que leur examen relève une immixtion des autorités administratives dans la gestion des opérations électorales, compétence exclusivement dévolue à la CENA [341]. La Constitution, en son article 75, et la loi organique sur la Cour constitutionnelle en son article 78 ont limitativement énuméré les conditions

---

[337] DCC 05-121 du 04 octobre 2005.
[338] DCC 06-011 du 17 juin 2006, *LAWOGNI Dossa.*
[339]DCC 05-056 du 22 juin 2005 et DCC 10-116 du 08 septembre 2010.
[340]Décision EP 11-069 du 26 mai 2011, *Serge Roberto PRINCE AGBODJAN.*
[341]Décision EL-P 01-027 du 01er mars 2001, *DOSSOU Paul, HOUESSOU Aurélien.*

dans lesquelles la Cour est habilitée à émettre un avis ainsi que les autorités qualifiées pour le solliciter[342].

La Cour veille aux compétences de la CENA contre les immixtions diverses, particulièrement d'origine gouvernementale ou législative. Elle constate que, s'il est loisible au Gouvernement et à l'AN de prendre l'initiative des lois conformément à l'article 105 de la Constitution et de la modification de la loi électorale, il n'en demeure pas moins que la seule loi applicable à l'époque des faits est bien *la loi n° 2000-18 du 03 janvier 2001* et aux termes de ladite loi, c'est la CENA et son Secrétaire Administratif Permanent (SAP-CENA) qui sont habilités à faire procéder à l'informatisation des listes électorales. Que toutes les décisions administratives qui sont intervenues pour attribuer à d'autres organes l'élaboration de la Liste Electorale Informatisée ou même le Recensement National Approfondi, fut-il des Béninois de l'extérieur, constituent des empiétements sur les prérogatives de la CENA[343].

Dans une espèce,la Cour a constaté que la CENA a pris des dispositions utiles pour donner satisfaction aux membres des démembrements en octroyant une dotation en carburant et des frais de communication, et est entrée en discussion avec le Ministère des Finances pour les autres doléances ; que malgré ces différentes initiatives, les présidents de CED de l'Alibori, de l'Atlantique, du Borgou, de l'Ouémé, du Plateau et du Zou ont tenu une conférence de presse et décidé de ne pas reprendre leurs activités devant permettre la tenue des élections législatives du 30 avril 2011. Le comportement des présidents des CED précités vise en fait à empêcher la tenue des élections législatives le 30 avril 2011 ; que ce comportement viole les prescriptions de l'article 35 de la Constitution ; que, pour éviter tout blocage, la Cour ordonna toutes mesures utiles au bon fonctionnement de la CENA et au bon déroulement du processus électoral en cours ; que la CENA, disposant d'une réelle autonomie par rapport aux institutions de la République, est donc autorisée à procéder sans délai à la destitution des membres défaillants de ses différents démembrements (CED, CEC et CEA) et, si nécessaire, à leur remplacement immédiat afin de garantir la tenue

[342] Décision EL-P 01-30 du 1er mars 2001, *DOSSOU Elie et consorts.*
[343] DCC 05-003 du 25 janvier 2005, *HONOU Armand.*

effective des élections législatives le 30 avril 2011 ; et sans qu'il soit besoin de statuer sur les autres demandes[344].

Sous l'empire de *la loi de 1995,* la Cour a reconnu l'exclusivité de la compétence de la CENA découlant des articles 37 et 46 de *la loi n° 96-013 du 17 janvier 1995.* Elle juge que seule la CENA est habilitée à assurer l'organisation de toutes les opérations de vote en collaboration avec le Ministre désigné par le Gouvernement. Dès lors, le refus du Ministre de l'Intérieur de mettre à la disposition de la CENA les enveloppes en vue des élections présidentielles de mars 1996 constitue une violation du Code électoral[345]. On voit donc qu'une certaine autonomisation financière a été reconnue à l'institution. Sont à la charge de l'Etat les dépenses relatives à l'organisation, à la gestion et au contrôle de régularité des opérations électorales. La Cour rappelle également que la CENA doit assurer à ses démembrements les moyens financiers et en nature, leur permettant de mener à bien leurs missions. Elle déboute un requérant des lors qu'il résulte des éléments du dossier que la CENA a été consultée et que l'article 4 du décret querellé a prévu que les tournées effectuées à l'intérieur du pays et à l'étranger donneront lieu au paiement de frais de mission[346]. Par ailleurs, dans une décision rendue (1) un an plus tôt (2005), la Cour a ordonné au Gouvernement de mettre à disposition de la CENA des fonds dans les 24 heures[347]. Elle a sanctionné le *décret n° 2005-718 du 23 novembre 2005 sur la rétribution des membres de la CENA,* pour violation de la Constitution[348].

Les membres de la CENA jouissent en permanence d'une indemnité forfaitaire fixée par décret pris en Conseil des Ministres. Pendant la période électorale et jusqu'à la remise du rapport de la CENA, ses membres jouissent d'indemnités spéciales liées au surcroît de travail et avantages fixés par décret pris en Conseil des Ministres[349]. Les membres de la CENA et les coordonnateurs d'arrondissement ne peuvent être candidats à la fonction élective concernée[350]. Les membres de la CENA ne peuvent être poursuivis,

---

[344]Décision EL 11-006 du 27 avril 2011, *Président de la CENA.*
[345] Décision EL-P 96-006 du 27 février 1996, *Président de la CENA.*
[346] Décision EL-P 06-021 du 04 avril 2006, *HADONOU Armand.*
[347] DCC 05-139 du 17 novembre 2005, *EQUITE Juste, op.cit.* ; DCC 05-146 du 01er décembre 2005, *Groupe d'association PRINCE AGBODJAN.*
[348] DCC 05-144 du 21 novembre 2005, *HODONOU Armand et COMLAN Gilles.*
[349]Article 109 du Code électoral.
[350]Article 32 du Code électoral.

arrêtés, détenus ou jugés pour des opinions émises ou des actes commis dans l'exercice de leurs fonctions. Ils ne peuvent être arrêtés ou poursuivis que pour les crimes et les délits dont ils se seraient rendus coupables dans l'exercice de leurs fonctions et qui ne seraient pas rattachables à celles-ci[351]. Avant leur prise de fonction, ils sont installés par la Cour réunie en audience solennelle. Ils prêtent serment devant elle. En cas de parjure, le membre coupable est puni des peines prévues à l'article 125 alinéa 1er du Code. Il est en outre déchu de ses droits civils et politiques pour une durée de cinq (05) ans[352].La CENA ne peut recevoir des dons, legs et subventions qu'avec l'accord de l'Etat[353].

- *Apports du Code électoral sur la CENA*. Le Code électoral vient clarifier certains interstices et rationalise désormais le fonctionnement de la CENA.

Les membres de la CENA sont nommés par décret pris en conseil des Ministres pour un mandat d'une durée de sept (07) ans non renouvelable. Les nouveaux membres de la CENA doivent être désignés par l'AN au plus tard quatre-vingt-dix (90) jours avant la fin du mandat en cours. Si cette nomination n'est pas intervenue avant la fin du mandat en cours, les membres en fin de mandat restent en fonction jusqu'à la mise en place des nouveaux membres[354].En cas de démission, de décès ou d'empêchement définitif d'un membre de la CENA, il est pourvu sans délai à son remplacement selon la procédure prévue à l'article 19[355].En cas de faute grave commise, les membres de la CENA peuvent être relevés de leur fonction par décret pris en Conseil des Ministres, sur proposition de l'AN suite à une enquête parlementaire. Il est aussitôt pourvu à leur remplacement selon la procédure prévue à l'article 19[356].La non-désignation de ses représentants par la majorité ou l'opposition parlementaire dans les délais prescrits équivaut à une renonciation. Elle doit être constatée par la Cour sur saisine de l'AN qui, après ce constat de la Cour, procède au remplacement du membre défaillant[357].

---

[351]Article 24 du Code électoral.
[352]Article 25 du Code électoral.
[353]Article 17 du Code électoral.
[354]Article 20 du Code électoral.
[355]Article 21 du Code électoral.
[356]Article 22 du Code électoral.
[357]Article 23 du Code électoral.

La CENA est composée de cinq (05) membres désignés par l'AN. Ils sont choisis parmi les personnalités reconnues pour leur compétence, leur probité, leur impartialité, leur moralité, leur sens patriotique et désignées à raison de : deux (02) par la majorité parlementaire ; deux (02) par la minorité parlementaire ; un (01) Magistrat de siège. Pour le choix du Magistrat, l'assemblée générale des Magistrats propose une liste de trois (03) Magistrats de siège ayant exercé de façon continue pendant quinze (15) ans au moins. L'AN procède à la désignation du Magistrat par un vote à la majorité qualifiée des deux tiers (2/3). Les fonctions de membre de la CENA sont incompatibles avec celles de membre du Gouvernement, de membre des autres institutions prévues par la Constitution, de membre de Conseil communal ou municipal ou de membre des Conseils de village ou de quartier de ville[358]. A propos de la composition de la CENA[359], le Code précise la composition du bureau, la CENA est dirigée par un bureau exécutif de trois (03) membres : un (01) vice-président, un (01) coordonnateur du budget. Les membres du bureau sont élus par leurs pairs. Dans tous les cas, le bureau doit être composé d'un membre de la majorité, d'un membre de la minorité et du Magistrat[360]. Le 10 septembre 2015[361], la Cour a rendu une décision, dans une affaire où elle était invitée à se prononcer sur la procédure de destitution du coordonnateur du budget de la CENA, elle constate que les articles 41 alinéas 3 et 4 de *la loi n° 2013-06 du 25 novembre 2013 portant code électoral en République du Bénin,* 24 du RI de la CENA disposent respectivement : « *Les décisions de la Commission électorale nationale autonome (CENA) sont adoptées par consensus. A défaut de consensus, il est procédé au vote. Le cas échéant, la majorité requise est :*

- La majorité qualifiée de quatre (04) sur cinq (05) des membres ;

- A défaut, au second tour, la majorité relative des membres présents. » ; « *L'assemblée plénière peut (...) se saisir de toutes questions relatives au fonctionnement régulier de la CENA et au bon déroulement des opérations électorales, sur convocation du président ou à la demande de deux(02) au moins de ses membres.* » ; que dans sa *décision EL 07-017 du 21 mars 2007,* la Cour a dit et jugé que : « *L'assemblée plénière peut prendre toute décision*

---

[358] Article 19 du Code électoral.

[359] DCC 07-171 du 27 décembre 2007, *Président de la République.*

[360] Article 26 du Code électoral.

[361] DCC 15-194 du 10 septembre 2015, *Freddy HOUNGBEDJI et Nestor HOUNGBO.*

relative au bon fonctionnement de la CENA, en l'occurrence la destitution dans les formes requises de tout membre du bureau (...) ». Dans le cas d'espèce, elle juge qu'il ressort des éléments du dossier que Monsieur Freddy HOUNGBEDJI n'a pas été déchu de sa qualité de membre de la CENA, mais plutôt de celle de membre du bureau exécutif de la CENA ; que cette destitution a été régulièrement soumise au vote de la plénière par (03) trois fois et a donné un résultat de trois (03) voix pour et deux (02) contre ; qu'ainsi, il a été mis fin aux fonctions de Monsieur Freddy HOUNGBEDJI en qualité de coordonnateur du budget de la CENA dans les mêmes conditions qu'il avait été élu par ses pairs ; que dès lors, il n'y a violation ni du Code électoral ni du RI de la CENA.

L'Etat met à la disposition de la CENA les moyens nécessaires à son fonctionnement permanent pour l'accomplissement de sa mission[362]. La CENA assure le déplacement, l'hébergement de tout coordonnateur désigné dans une commune autre que celle de sa résidence. Elle met à la disposition du coordonnateur d'arrondissement les moyens matériels et humains nécessaires à l'accomplissement de sa tâche[363]. La gestion financière et comptable de la CENA est assurée par le responsable de la cellule chargée de l'élaboration de l'avant-projet du budget sous la supervision du président de la CENA. La gestion financière est soumise au contrôle de la Chambre des comptes de la Cour suprême[364].

La Cour a rappelé que la CENA dans son travail doit respecter les délais. Elle s'est fondée pour cela sur l'article 58 alinéas 1 et 13 de la *loi n° 2010-33 du 07 janvier 2011.* Le requérant fait grief à la CENA de n'avoir ni affiché la liste des centres de vote ni publié la liste des membres des bureaux de vote 15 jours avant la date du scrutin, c'est-à-dire au plus tard le 19 février 2011. L'article 58 alinéas 1 et 13 susvisé énonce : *« La liste des centres de vote et bureau de vote créés et arrêtés par circonscription administrative est portée à la connaissance des candidats, des partis politiques ou alliances de partis politiques et des citoyens par voie d'affichage et autres moyens appropriés quinze (15) jours minimum avant le jour du scrutin. La liste des membres des bureaux de vote doit être publiée par la Commission électorale nationale autonome (CENA) au plus tard quinze (15) jours avant la date du*

---

[362]Article 14 du Code électoral.
[363] Article 29 et 30 du Code électoral.
[364]Article 27 du Code électoral.

scrutin »[365]. De même, elle rappelle qu'aux termes de l'article 47 de la Constitution : « *Le premier tour du scrutin de l'élection du Président de la République a lieu trente jours au moins et quarante jours au plus avant la date d'expiration des pouvoirs du Président en exercice. Le mandat du nouveau Président de la République prend effet pour compter de la date d'expiration du mandat de son prédécesseur »*.Et l'article 135 de la Loi n° 2010-33 du 07 janvier 2011 énonce : « *Nonobstant les dispositions des articles 14, 20 et 134 de la présente loi et pour l'organisation des élections du Président de la République et des membres de l'Assemblée Nationale de l'année 2011, la Commission électorale nationale autonome et ses démembrements doivent être installés sans délai dès la promulgation de la présente loi »*. Il ressort de ces dispositions que le mandat du nouveau PR prend effet pour compter de la date d'expiration du mandat de son prédécesseur ; que le Président élu doit prêter serment le 6 avril 2011 ; que ce délai est impératif et conditionne les autres délais ; que dans le cas d'espèce, la CENA, installée sans délai, a l'obligation de planifier le calendrier des élections en tenant bien compte de ce délai impératif d'expiration du mandat du Président sortant. La CENA ne saurait dès lors accorder un long délai pour le dépôt des dossiers de candidature pour l'élection présidentielle de 2011. Ledit délai fixé du 02 au 05 février 2011 par la CENA n'est pas contraire à la Constitution[366].

Le Code électoral vient apporter beaucoup plus de lumière sur le rôle de la CENA, ses fonctions ont été densifiées. Elle est chargée notamment de la préparation, de l'organisation, du déroulement, de la supervision des opérations de vote et de la centralisation des résultats, de l'organisation et de la supervision des opérations référendaires et électorales, de l'élaboration des documents, actes et procédures devant, d'une part assurer la régularité, la sécurité, la transparence des scrutins et, d'autre part, garantir aux électeurs ainsi qu'aux candidats, le libre exercice de leur droit, de la formation des agents électoraux, de l'information des citoyens sur le contenu du Code électoral, de la commande et du déploiement du matériel électoral, de la commande des bulletins de vote et de l'ensemble du matériel électoral, de la répartition du matériel électoral dans les centres de vote, de l'enregistrement des candidatures et leur publication, de l'étude des dossiers de candidature,

---

[365]Décision EP 11-055 du 19 avril 2011, *Brice ALASSANI TAMBA*.

[366]Décision EP 11-010 du 16 février 2011, *CENA*.

de la nomination des représentants de la majorité et de l'opposition parlementaires dans les postes de vote, après désignation de ceux-ci par l'AN, de l'établissement de la liste des observateurs internationaux à inviter par le Gouvernement et l'établissement des accréditations, du Code des observateurs, de l'attribution des documents d'identification aux observateurs et de la coordination de leurs activités, de la publication des grandes tendances des résultats provisoires[367]. Elle dispose par ailleurs, de par le Code, de tout pouvoir d'investigation pour assurer la sincérité du vote. Elle proclame les résultats définitifs des élections locales (élection des membres des Conseils communaux ou municipaux et des membres des Conseils de village ou de quartier de ville). Elle centralise les résultats des élections législatives et présidentielles, les transmet à la Cour Constitutionnelle pour vérification de leur régularité, examen des réclamations et proclamation des résultats définitifs. Trente (30) jours au plus tard après la proclamation des résultats définitifs de l'élection, elle dépose son rapport général d'activités à toutes les institutions concernées par les élections. Elle publie sur son site web ledit rapport. En cas d'annulation d'élections et/ou de vacance prononcée par la juridiction compétente, elle organise la reprise des élections[368]. L'article 18 du Code électoral dispose que la CENA reçoit du Conseil d'orientation et de supervision (COS) la version actualisée de la LEPI établie en début de chaque année, au plus tard dans les huit (08) jours qui suivent sa publication. Arrêtons-nous sur la LEPI.

La Cour est intervenue en 2015[369] pour lever une situation de blocage à propos de la passation de service à la CENA, dans la perspective de l'élection présidentielle de février 2016. Elle fait très clairement une injonction au membre incriminé. Après avoir rappelé qu' aux termes de l'article 114 de la Constitution : *« La Cour constitutionnelle (...) est l'organe régulateur du fonctionnement des institutions et de l'activité des pouvoirs publics »*, elle note qu'il apparaît de l'analyse du dossier que Monsieur Freddy HOUNGBEDJI refuse de passer service à son successeur à la suite de sa destitution ; que par ailleurs, il est constant que le corps électoral a été convoqué par *le décret n° 2015-248 du 06 mai 2015* pour le 28 février 2016

[367] Article 15 du Code électoral.
[368] Article 16 du Code électoral.
[369] DCC 15-194 du 10 septembre 2015, *Freddy HOUNGBEDJI et Nestor HOUNGBO.*

aux fins de l'élection présidentielle ; que tout blocage susceptible d'impacter le fonctionnement normal de l'organe chargé de l'élaboration, de la gestion du budget de fonctionnement et du budget d'organisation de cette élection présidentielle est de nature préjudiciable au processus électoral ; que le refus de Monsieur Freddy HOUNGBEDJI de passer service à son successeur et de mettre ainsi à sa disposition les documents comptables et financiers s'analyse comme une volonté manifeste de paralyser le fonctionnement régulier de la CENA ; il échet pour la Cour, sur le fondement de l'article 114 de la Constitution précité, d'enjoindre à Monsieur Freddy HOUNGBEDJI de passer immédiatement service et de transmettre tous les documents en sa possession relevant de ses anciennes fonctions de coordonnateur du budget de la CENA à son successeur Monsieur Basile FASSINOU dès la notification de la présente décision.

B) Liste Electorale Permanente Informatisé

Les apports de la Cour ont consisté en l'existence du principe de la LEPI, sur les étapes d'élaboration de la LEPI notamment le Recensement Nationale Approfondi (RENA) et enfin très récemment –en janvier 2015, la Cour a rendu une décision très contestée sur la gestion de la LEPI. Le Code électoral de 2013 a dans ce domaine apporté des innovations fondamentales par rapport aux textes subséquents. L'exposé de l'apport de la jurisprudence se fera en même temps que l'exposé de ces règles pertinentes.

- *Apports de la Cour à l'existence de la LEPI.* La Cour rappelle en 2016 qu'aux termes de l'article 305 alinéas 1er, 4 et 5 de la loi n°2013-06 du 25 novembre 2013 portant code électoral : « (…) *Tout le contentieux de l'actualisation du fichier électoral national et de la liste électorale permanente informatisée relève de la Cour constitutionnelle.* » Elle rappelle également la procédure des articles 5, 9, 11 et 236 du Code électoral[370]. Avant la promulgation de *la loi 2009-10 du 13 mai 2009 portant organisation du RENA de la LEPI*[371] et l'avènement du Code électoral, les élections au Bénin se déroulaient sur la base des listes manuscrites confectionnées par la CENA à chaque élection de façon

370 DCC 16-024 du 28 janvier 2016, Marcellin WOROU AKA, v° aussi DCC 16-024 du 28 janvier 2016, Alexis DOSSOUMOU.

371 Cette loi a été déclarée conforme à la Constitution par Décision -DCC 09-063 du 13 mai 2009.

artisanale, dans un délai extrêmement court, rendant ainsi impossible toute vérification de leur fiabilité, ce qui nourrissait la fraude en aval. L'inscription des électeurs était une source majeure d'irrégularités que la Cour a toujours relevées à chaque élection (inscriptions multiples, inscriptions des mineurs, inscriptions fictives, inscriptions des étrangers, inscriptions des personnes inéligibles à la qualité d'électeurs, etc.). Ces fraudes massives étaient du reste contraires aux principes de la transparence et de la fiabilité garantis par les articles 4 et 5 des protocoles de la CEDEAO sur la démocratie et la bonne gouvernance[372].

La Cour, dans sa décision rendue en 2009[373], avait constaté que la LEPI a été créée avec quelques précisions utiles depuis *la loi n° 98-034 du 15 janvier 1999,* confirmée avec fermeté par toutes les lois subséquentes portant règles générales pour les élections en République du Bénin, notamment *les lois électorales n° 2000-18 du 03 janvier 2001 ; 2005-14 du 28 juillet 2005 et 2007-25 du 23 novembre 2007.* Depuis 1999, à la veille de chaque élection, une loi dérogatoire venait prescrire le recours, à titre ponctuellement provisoire à la liste manuscrite. *La loi n° 2009-10 du 13 mai 2009* est la première loi à organiser complètement la LEPI. Après les décisions *DCC 09-101 du 1er septembre 2009, DCC 09-102 du 1er septembre 2009 et DCC 09-107 du 10 septembre 2009,* l'AN sa séance du 18 mars 2010, a adopté la loi n° 2010-12 portant abrogation de *la loi n° 2009-10 du 13 mai 2009 portant organisation du RENA et établissement de la LEPI ;* que la proposition de la loi abrogatoire a été déposée sur le bureau de l'AN le 28 décembre 2009. Alors que la procédure d'adoption de cette loi était en cours, deux autres propositions de loi sont déposées, la première le 10 mars 2009 modifiant et complétant *la loi n° 2009-10 du 13 mai 2009* et la deuxième le 12 mars 2010 portant organisation de RENA et établissement de la LEPI.

---

[372]*La loi n° 2010-12 portant abrogation de la loi n° 2009-10 du 13 mai 2009,* votée le 18 mars 2010 par l'AN, est contraire à la Constitution. *La loi n° 2012-43 du 28 décembre 2012 porte apurement, correction, mise à jour et actualisation du fichier électoral national et de la liste électorale permanente informatisée (LEPI).*Une récente *loi n° 2012-43 du 05 février 2013 porte apurement, correction, mise à jour et actualisation du fichier électoral national et de la LEPI,* elle a été déclarée conforme à la Constitution par la décision DCC 13-010 du 28 janvier 2013, *Président de la République.*

[373] DCC 09-107 du 10 septembre 2009.

La Cour juge, dans sa décision rendue en 2010, que cette initiative proprement inédite dans la pratique parlementaire moderne, visant à la fois l'abrogation d'une loi, la modification et la substitution d'une même loi, n'est manifestement pas fondée sur la quête de l'intérêt et le respect du bien commun prescrite par l'article 35 de la Constitution, *« (...) que l'Assemblée Nationale, plutôt que de solliciter les solutions appropriées, a préféré procéder à l'abrogation de la Loi n° 2009-10 ; s'il est exact que le Parlement a le pouvoir de voter une loi, puis de l'amender ou de l'abroger par la suite, l'exercice de ce pouvoir ne peut se faire au bon vouloir et au gré des intérêts d'une composante (fut-elle majoritaire) de l'Assemblée Nationale ; qu'un pouvoir conféré par la Constitution ne peut s'exercer que dans le cadre des règles posées par ladite Constitution ; qu'en abrogeant la Loi n° 2009-10 du 13 mai 2009 portant organisation du RENA et établissement de la LEPI, l'Assemblée Nationale a violé la Constitution en ses dispositions ci-dessus évoquées »*[374].

L'inscription sur la LEPI est un devoir pour tout citoyen remplissant les conditions fixées par le Code. La LEPI comprend tous les électeurs qui sont âgés de dix-huit (18) ans et plus, ont leur domicile dans le village ou le quartier de ville où ils sont recensés, sont soumis à une résidence obligatoire dans le village ou le quartier de ville en qualité d'agents publics, sont recensés et ne remplissant pas à la date du recensement électoral, les conditions d'âge ci-dessus indiquées, mais les remplissent le jour du scrutin, sont inscrits dans les représentations diplomatiques et consulaires du Bénin à l'étranger, les personnes rapatriées pour des cas de force majeure et qui ont pu se faire inscrire avant leur rapatriement et remplissent les conditions par le Code[375].La LEPI est présentée par village ou quartier de ville, par arrondissement, par commune, par circonscription électorale et par département. Elle est affichée à plusieurs endroits du village ou du quartier de ville pendant quinze (15) jours ininterrompus. Les réclamations des citoyens en rectification, inscription et radiation des électeurs frauduleux sont formulées par tout citoyen jusqu'au dernier jour de l'affichage devant les démembrements de la mission indépendante responsable du recensement et transcrites sur des formulaires appropriés mis à leur disposition par l'autorité en charge du RENA et de la LEPI. Ces formulaires sont transmis

[374]DCC 10-049du 05 avril 2010, *Président de la République.*
[375] Article 178 du Code électoral.

sans délai par voie hiérarchique à cette dernière qui est tenue de les examiner dans les huit (08) jours suivant la date d'introduction des réclamations. Si celles-ci sont avérées fondées et justes, l'autorité doit intégrer les corrections qui en découlent au fichier électoral national et aux listes électorales correspondantes. Si celles-ci sont révélées fausses, non fondées ou injustifiées, l'autorité doit les rejeter. Si dans un délai de dix (10) jours, le requérant n'obtient pas une suite ou s'il n'est pas satisfait de la réponse, il dispose d'un délai de cinq (05) jours pour saisir la Cour Constitutionnelle, conformément aux dispositions de l'article 154 du Code. Dans tous les cas, les réclamations acceptées (radiation de citoyens, rectification des erreurs dans les données ou changement de données) et portées au fichier électoral national doivent faire l'objet de notification au requérant, à toute personne concernée et à toutes les autorités administratives de son lieu de résidence pour information[376]. La LEPI est établie après la correction de la liste électorale informatisée provisoire. Elle est présentée par village ou quartier de ville, par arrondissement, par commune, par circonscription électorale et par département. Elle est subdivisée en lots de cinq cents (500) électeurs maximum par bureau de vote. Elle doit être établie au plus tard soixante (60) jours avant la date du scrutin. La Cour a rappelé que la Constitution affirme que le suffrage est universel, égal et secret : « *Sont électeurs dans les conditions déterminées par la présente loi, les Béninoises et les Béninois, âgés de dix-huit (18) ans révolus au jour du scrutin et jouissant de leurs droits civils et politiques* ». Et l'article 10 :« *Nul ne peut voter : - s'il ne détient sa carte d'électeur ; - si son nom ne figure sur l'extrait des listes des électeurs de la circonscription électorale où se trouve sa résidence habituelle, sauf les cas de dérogation prévus par la présente loi* ». Le citoyen peut choisir de s'inscrire ou de ne pas s'inscrire, de s'inscrire et de ne pas aller voter sans encourir aucune sanction, ce droit est une faculté ; ainsi, au Bénin, le droit de vote, comme l'inscription sur la liste électorale, n'est pas une obligation ; le caractère exhaustif de la liste électorale est fonction du bon vouloir de l'électeur potentiel ; la jouissance de ce droit par le citoyen suppose des lois fixant entre autres les conditions d'inscription sur la liste électorale ; ces conditions ont été indiquées par *la loi n° 2009-10 du 13 mai 2009 portant organisation de la RENA et établissement de LEPI ;* pour se faire inscrire sur la LEPI, tout citoyen est astreint à accomplir les

[376] Article 179 du Code électoral.

trois étapes opératoires fondamentales et consécutives du RENA[377]. Plus récemment, en 2015[378], suite à un recours d'une citoyenne en réintégration sur la LEPI, la Cour rappelle l'article 305 de *la loi n°2013-06 du 25 novembre 2013 portant Code électoral* dispose en ses alinéas 1, 2, 4 et 5. Elle déduit de ces dispositions, que le recours en inscription sur la LEPI peut être adressé directement à la Cour en période électorale, dans un délai de quinze (15) jours avant la date du scrutin. Elle note ensuite que la requérante a introduit sa requête le 10 avril, soit dix-sept (17) jours avant la date du scrutin prévu pour le 26 avril 2015, et réclame sa réintégration sur la LEPI ; que le transport effectué par la Cour au siège du CNT a permis de constater que la requérante n'a pas rempli toutes les formalités légales requises pour figurer ou être inscrite sur la LEPI, notamment elle n'a pas fait l'enregistrement complémentaire de l'année 2014 qui devait permettre de corriger et de compléter ses données biométriques. La Haute juridiction conclut que la demande de Madame Donatienne HOUENOU est rejetée. *A contrario,* est sans objet la requête d'un citoyen qui a été régulièrement inscrit sur la LEPI. Ainsi dans sa décision du 28 mai 2015[379], la Cour souligne qu' il ressort des éléments du dossier, notamment du transport effectué par la Cour au CNT, que la requérante figure sur la LEPI et a pour centre de vote la maison du peuple d'Abomey-Calavi, au quartier Sèmè, où elle devra se rendre pour le retrait de sa carte d'électeur ; qu'en conséquence, il y a lieu de dire et juger que Madame Marie HAMAHOUZO étant inscrite sur la LEPI, son recours est devenu sans objet. Il en va de même de la décision du 13 aout 2015[380], où il a été constaté qu'une carte d'électeur avait bel et bien été établie an nom de la requérante, laquelle l'avait d'ailleurs retirée, son recours était donc sans objet. Très récemment, la Cour rappelle qu'il ressort de la lecture croisée des dispositions du Code électoral que l'inscription sur la liste électorale est un droit pour tout citoyen remplissant les conditions édictées à l'article 9 du code ; que pour en jouir, les citoyens qui ne figurent pas sur la liste électorale dressée en vue de son apurement doivent, pendant la période d'actualisation, notamment lors de la phase de

---

[377]Décision EP 11-036 du 09 mars 2011, *Rachidi GBADAMASSI.*
[378]DCC 15-119 du 28 mai 2015, *Donatienne Sourou HOUENOU.*
[379]DCC 15-121 du 28 mai 2015, *Marie HAMAHOUZO.*
[380]DCC 15-177 du 13 aout 2015, *Oumiou AMOUSSA.*

l'audit participatif et de l'enregistrement complémentaire, formuler des réclamations en inscription[381].

- *Apports de la Cour sur le RENA.* La Cour a jugé sous l'empire de l'article 4, alinéa 1 de *la loi n°2010-33 du 07 janvier 2011 portant règles générales pour l'élection en République du Bénin* que :« *L'élection a lieu sur la base d'une liste électorale permanente informatisée (LEPI)* ».L'alinéa 3précise que « *la liste électorale permanente informatisée (LEPI) est le résultat d'opérations de recensement électoral national approfondi (RENA) et de traitement* [382] *automatisé d'informations nominatives, personnelles et biométriques obtenues sur l'ensemble du territoire national et à l'étranger, dans les ambassades et consulats de la République du Bénin* ». L'inscription sur la LEPI est un devoir pour tout citoyen remplissant les conditions fixées par la loi[383]. La LEPI est donc le résultat d'opérations de RENA et de traitement automatisé d'informations nominatives, personnelles et biométriques obtenues sur l'ensemble du territoire national.

Le Livre II. 1 du Code électoral intitulé « *de l'organisation du recensement électoral national approfondi* » modifie et complète *la loi n° 2009-10 du 13 mai 2009.*Le domaine où la Cour s'est le plus exprimée sous l'empire des anciens textes, concerne les étapes opérationnelles du RENA.Le RENA est une opération de collecte des informations qui identifient les électeurs. Il est réalisé selon les méthodes techniques du recensement général de la population et de l'habitat complétées par la technique biométrique de

---

[381] DCC 16-033 du 04 février 2016, *Martial BEHANZIN, v° aussi* DCC 16-034 du 04 février 2016, Edith GNANVISSA.

[382] Selon l'article 49 alinéa 2, 13ème tiret de la même loi : « *Le centre national de traitement a pour mission : (...) a génération des bureaux de vote* ».

[383] Par décision EP 11-036 du 09 mars 2011, *Rachidi GBADAMASSI*, la Cour a jugé qu'il n'y avait pas violation de l'article 6, car la Commission Politique de Supervision et la Mission Indépendante de Recensement Electoral National Approfondi a lancé officiellement les opérations pouvant conduire tout citoyen remplissant les conditions d'âge à se faire inscrire sur la LEPI, en participant aux trois étapes opératoires fondamentales et consécutives du RENA ; que dans le but d'inciter la population à se faire enrôler davantage, que la Commission a invité à nouveau les citoyens qui ne se sont pas fait enrôler au départ, à venir le faire au cours du processus de ratissage ; qu'une abstention, un empêchement ou un refus d'un électeur potentiel ne saurait, dès lors, être analysé comme une mise à l'écart ; le Superviseur Général de la Commission Politique de Supervision et la Présidente de la Mission Indépendante de Recensement Electoral National Approfondi n'ont pas violé l'article 6 de la Constitution .

collecte des données faciales et digitales. Elle permet le dénombrement de la population et des infrastructures nécessaires pour une organisation efficace et transparente des élections.

Méthodes et modalités de déroulement du RENA. Le Code fixe dans les délais les méthodes et les modalités de déroulement du RENA. L'objectif est non seulement d'assurer la transparence des opérations, mais également de prévenir et surmonter des éventuels blocages.

S'agissant des méthodes[384], il est réalisé selon les méthodes techniques du recensement général de la population et de l'habitat complétées par la technique biométrique de collecte des données faciales et digitales. Il est conduit suivant une démarche progressive par aire opérationnelle. Les aires opérationnelles dans lesquelles se déroule le recensement électoral national approfondi sont au nombre de six[385] (06). Chaque aire opérationnelle est subdivisée en un nombre fixe de zones de dénombrement électoral (ZDE) dans lesquelles opèrent différentes équipes d'agents recenseurs et d'agents enregistreurs. Le Code détermine la nature des données électorales nominatives, personnelles et biométriques dont la collecte est autorisée[386]. En vue de garantir la transparence des données électorales, l'article 157 prescrit l'exactitude et la pertinence des données électorales, elles doivent être rigoureusement vérifiées par toute autorité intervenant dans le processus électoral. Tout Parti politique ou Alliance de Partis politiques, légalement constitué, a le droit de s'assurer des conditions de déroulement du RENA et de vérifier l'exactitude desdites données électorales. Les articles 158 et 159 sont respectivement relatifs au changement des données personnelles et au transport des données au centre de collecte.

A la clôture du RENA, il est dressé un procès-verbal qui mentionne les résultats obtenus et les difficultés rencontrées. Les procès-verbaux, les formulaires et les supports informatiques sont intégralement transmis par voie hiérarchique, dès la fin des opérations de recensement, au centre national de traitement des données électorales. Les copies des procès-verbaux de recensement sont transmises à la Cour et sont mises à la

---

[384] Article 155 du Code électoral.

[385] Aires opérationnelles : Ouémé-Plateau, Littoral-Atlantique, Mono-Couffo, Zou-Collines, Borgou-Alibori, Atacora-Donga.

[386] Article 156 du Code électoral.

des Partis politiques ou Alliances de Partis politiques, légalement ...s et des organisations non gouvernementales légalement reconnues ... font la demande. Nul ne peut garder par-devers lui tout ou partie des documents électoraux. La violation de cette prescription est punie de la peine prévue à l'article 204, alinéa 1er du Code. Les articles 161 à 163 règlent les questions de la protection, conservation et conditions de communication des données.

S'agissant des modalités de déroulement du RENA. Le RENA dure au moins six (06) mois. Les opérations se déroulent de sept (07) heures à dix-huit (18) heures. La date de démarrage du RENA est fixée par décret pris en Conseil des Ministres sur proposition de la Commission politique de supervision[387]. Les personnes ciblées par le RENA sont les citoyens béninois âgés de huit (08) ans au moins au 31 décembre de l'année où se déroule le recensement. Nul ne peut être recensé plus d'une fois. Le RENA est assuré par une ou plusieurs équipes d'agents recenseurs et enregistreurs. Ils doivent avoir le diplôme BEPC ou un diplôme équivalent. Les agents enregistreurs, outre les critères de diplôme et de bonne moralité exigés des agents recenseurs, doivent avoir l'une des qualifications techniques et professionnelles nécessaires pour l'opération d'enregistrement (prises de mesure, opération de saisie, techniques de capture d'images, reconnaissance des couleurs). Ils sont recrutés sur appel à candidature par l'organe national chargé du RENA parmi les citoyens les plus aptes[388]. Hormis le préposé d'enregistrement ou l'opérateur de saisie, les autres membres de l'équipe d'enregistrement doivent résider ou être ressortissants de l'arrondissement ou de la Commune. A cet effet, ils doivent produire une attestation de résidence.

Les personnes auprès desquelles sont recueillies des informations nominatives, personnelles et biométriques ont l'obligation de répondre aux questions qui leur sont posées. Elles ont un droit d'accès, de contestation et de rectification des informations fournies par elles. Les personnes chargées de recueillir les informations nominatives, personnelles et biométriques ont l'obligation d'informer les intéressés de ce droit. En cas de rectification, le coût est à la charge de l'organe responsable du RENA[389]. Dans chaque village ou quartier de ville, le RENA se déroule par zone de dénombrement

[387] Article 165 du Code électoral.
[388] Article 166 du Code électoral.
[389] Article 167 du Code électoral.

électoral. Les opérations de RENA se déroulent dans chaque arrondissement sous la supervision du délégué au recensement.

Dans chaque Ambassade ou Consulat du Bénin, le recensement des citoyens béninois est exécuté par une mission de recensement placée sous la supervision des autorités de l'Ambassade ou du Consulat. La mission de recensement est composée de deux (02) membres recrutés sur appel à candidature aux conditions fixées par l'autorité du recensement parmi les citoyens résidant dans la juridiction de la représentation diplomatique ou consulaire. Elle est assistée d'un représentant de l'Ambassadeur ou du Consul. La Cour a souligné en 2011 que seule la CENA est compétente en relation avec le Ministère des Affaires étrangères et de l'Intégration africaine, est habilité à apprécier les conditions d'organisation du vote des Béninois de l'étranger. Dès lors, une requête tendant au rétablissement du droit de participer au scrutin du 04 mars 2001 encourt rejet[390]. La Cour a jugé qu'aux termes des dispositions de l'article 14 alinéa 2 de *la loi n°95-15 du 23 janvier 1996,* l'impossibilité pour la CENA d'organiser dans le contexte actuel les élections à l'étranger ne met pas en cause le droit de vote des nationaux résidant à l'étranger et ne saurait être considéré comme une violation des dispositions évoquées[391]. Qu'elle met seulement en évidence l'existence d'obstacles temporaires à l'exercice de ce droit.

Les autorités locales assistent les structures chargées des opérations du RENA et concourent à leur réussite. Celles-ci ne doivent en aucun cas faire obstruction à la mission des démembrements de l'organe national chargé du RENA. En cas d'obstruction avérée, les auteurs et leurs complices sont passibles des peines prévues à l'article 209 du Code. L'observation des opérations de recensement électoral incombe à tout Parti politique ou Alliance de Partis politiques légalement constitués, toute organisation non gouvernementale légalement reconnue peut assister aux opérations du RENA à titre d'observateur aussi bien à l'intérieur du territoire national que dans les Ambassades ou les Consulats du Bénin, sur présentation d'une autorisation délivrée par l'organe responsable du RENA et de la LEPI ou par l'un de ses démembrements.

---

[390] Décision EL-P 01-041 du 2 mars 2001, Comité chargé de la supervision de l'inscription sur la liste électorale du Consulat du Bénin à Dakar.

[391] Décision EL-P 96-018 du 25 avril 1996, *MEHINTO Serge* ; Décision EL-P 96-007 du 2è février 1996, *KOUKOUI Boniface.*

Principales étapes opérationnelles du RENA. Le RENA comporte trois (03) étapes opératoires fondamentales et consécutives :

1. l'étape de la cartographie censitaire,
2. l'étape du recensement des citoyens[392]*,*
3. l'étape de l'enregistrement des électeurs.

La cartographie censitaire est une opération de collecte des données géographiques destinées à la confection de la carte électorale et à la planification des moyens logistiques, humains et techniques. L'établissement de la cartographie censitaire doit permettre d'assurer la fiabilité des découpages électoraux et l'évaluation exhaustive des besoins en matériels, instruments et personnel. Elle doit permettre : l'élaboration de la carte exhaustive avec la délimitation précise des hameaux, des villages ou quartiers de ville, des villes ainsi qu'une schématisation des bâtiments et des habitations ; l'identification des infrastructures administratives, scolaires, sanitaires, culturelles, cultuelles, commerciales et routières ; le repérage des centres de collecte ; l'indication des coordonnées « *GPS* » des centres et des bureaux de vote ; le dénombrement des ménages et la précision des densités démographiques au moyen de codes. La carte électorale détermine et fixe : les circonscriptions électorales, les zones de dénombrement électoral, les postes d'enregistrement des électeurs, les centres de vote, les bureaux de vote, le nombre d'électeurs par bureau de vote. L'exécution de la cartographie censitaire doit être confiée à des professionnels nationaux ayant des expériences avérées dans le domaine. Les organismes techniques compétents dressent et communiquent les listes de leurs cadres à l'organe en charge du RENA qui procède à leur sélection et recrutement sous l'autorité de la Commission politique de supervision.

La Cour juge qu'il ressort des éléments du dossier que le requérant n'a pas effectué l'étape de la cartographie censitaire qui donne lieu à la délivrance de la carte de ménage par l'organe en charge du recensement, document nécessaire pour l'étape de recensement des citoyens ; qu'il s'ensuit que le ménage du requérant n'ayant pas été dénombré, il ne peut, en l'état, être

[392]Décision EP 11-040 du 10 mars 2011, *Raoul TCHEFFA et consorts.*

inscrit sur la liste électorale permanente informatisée[393]. Il ressort des éléments du dossier que Messieurs Benoît B. HOUETOMENON et Mathias ADOUKONOU n'ont pas effectué la première étape de la cartographie censitaire qui donne lieu à la délivrance, par l'organe en charge du recensement, de la carte de ménage, document nécessaire pour l'étape de recensement des citoyens ; que, dès lors, le ménage des requérants n'ayant pas été dénombré, il y a lieu de dire et de juger que les recours de requérants doivent être rejetés[394]. A contrario, la Cour dit qu'il ressort des éléments du dossier que Monsieur Hyacinthe MEVO et les membres de son ménage ont été régulièrement cartographiés et recensés ; que ce ménage qui porte le N° 12 sur un lot de 20 ménages contenus dans le *dossier N° 171749* n'a pu être enregistré en raison de la disparition de son dossier des archives de la Mission Indépendante de Recensement Electoral National Approfondi ; que cette disparition ne pouvant être imputée au requérant, il échet pour la Cour de dire et juger que la CPS et la MIRENA doivent prendre des mesures utiles en vue de l'inscription des membres de ce ménage sur la liste électorale[395]. La Cour reconnaîtl'inscription du ménage de Monsieur Hyacinthe MEVO sur la liste électorale permanente informatisée.

Le recensement des citoyens est une opération de dénombrement porte à porte des citoyennes et des citoyens béninois qui sont des électeurs potentiels dans le cadre d'élections futures et résidant dans une même aire géographique : ville, village ou quartier de ville. Il se déroule dans chaque village ou quartier de ville par concession familiale et/ou par ménage et est assuré par des équipes mobiles d'agents recenseurs recrutés et formés par l'autorité du recensement. Chaque équipe mobile est assistée du chef de village ou de quartier de ville ou de son représentant. Il s'effectue sur présentation d'un document d'état civil : carte nationale d'identité, carte d'identité militaire, passeport, acte de naissance ou jugement supplétif, livret de pension civile ou militaire, carte consulaire, livret de famille. En cas

---

[393]Décision EP 11-023 du 04 mars 2011 *(plainte d'un ménage pour non inscription sur la liste électorale, non-respect de l'étape de la cartographie censitaire, impossibilité d'inscription sur la LEPI).*

[394]Décision EP11 -029du 07 mars 2011 *(réclamation en inscription sur la liste électorale).*

[395]Décision EP 11 –025du 04 mars 2011 *(plainte pour non inscription sur la liste électorale par un ménage régulièrement cartographié et recensé, défaut d'enregistrement en raison de la disparition de dossier dans les archives) ;* décision EP 11 –028 du 07 mars 2011 *(réclamation en inscription sur la liste électorale).*

d'absence d'un document d'état civil, le recensement se fait sur simple déclaration sur l'honneur de l'individu et sur témoignage du chef de la concession ou du ménage ou de leur représentant. Le cas échéant, l'intéressé signe ou appose son empreinte digitale sur le formulaire de déclaration sur l'honneur et de témoignage.

L'enregistrement des électeurs consiste en une opération d'inscription volontaire des électeurs potentiels âgés de douze (12) ans au moins et qui ont été recensés lors du recensement porte à porte. L'enregistrement des électeurs vise : la vérification de l'identité de l'électeur : filiation, âge, nationalité ; la vérification des formulaires. Il permet : de capturer la photo, de capturer les empreintes digitales des deux mains, d'enregistrer des informations alphanumériques complémentaires à savoir : la couleur des yeux, la couleur des cheveux, le teint, les signes particuliers (cicatrices et autres), la taille. Les personnes qui portent un handicap au niveau d'un ou plusieurs doigts sont dispensées de la capture des empreintes digitales. Il se déroule dans les centres de collecte érigés dans chaque village et quartier de ville[396]. Il s'effectue sur présentation de la personne recensée et donne lieu à la collecte sur des kits d'enregistrement et sur des fiches spécifiques des informations biométriques et autres données personnelles qui n'ont pu être collectées lors du recensement porte à porte. Il est obligatoirement remis à chaque électeur potentiel enregistré un certificat d'enregistrement qui lui sera exigé lors du retrait de la carte d'électeur[397].

A la fin d'une journée d'enregistrement, les agents collecteurs arrêtent les opérations d'enregistrement et clôturent les documents de recensement.

---

[396]Décision EP 11 –027du 04 mars 2011 *(réclamation en inscription sur la liste électorale Incriminations des structures en charge de la réalisation de la LEPI) ;* décision EP 11-030 du 07 mars 2011, *Joseph HANGNILO(réclamation en inscription sur la liste électorale, défaut d'observance de la première étape du RENA et de la LEPI) ;* décision EP 11 –031du 07 mars 2011, Zachée GLAGLADJI ; Décision EP 11-032 du 07 mars 2011, *Rigobert TOSSOU* ; décision EP 11-033 du 07 mars 2011, *TOTOHOU Patrick Joël.*

[397]Décision EP 11-030 du 07 mars 2011 *(réclamation en inscription sur la liste électorale, défaut d'observance de la première étape du RENA et de la LEPI.* Aux termes de l'article 26 de la loi n° 2009-10 du 13 mai 2009 portant organisation du RENA et de la LEPI, *« (...) le recensement porte à porte conditionne l'enregistrement des données biométriques des citoyens (...)» ;* Décision EP 11 –032 du 07 mars 2011 *(réclamation en inscription sur la liste électorale) ;* Décision EP 11-028 du 07 mars 2011 *(réclamation en inscription sur la liste électorale).*

Procès-verbal en est dressé et signé par les agents recenseurs, le chef de village ou de quartier de ville ou son représentant et par les représentants des partis politiques ou alliances de partis politiques présents. Il est procédé sur place à l'affichage des listes d'électeurs potentiels enrôlés aux fins d'un premier contrôle par les citoyens. Nul ne peut être enregistré plus d'une fois[398]. Les résultats issus du traitement des informations collectées sont compilés et stockés dans un fichier informatique spécial appelé fichier électoral national. Le fichier électoral national est l'ensemble constitué par : la base de données géographiques issue de la cartographie censitaire, la base de données personnelles, nominatives et biométriques issue du recensement électoral national approfondi et les programmes de leur gestion[399].

L'inscription sur la liste peut être rendue possible par témoignage des auxiliaires de l'Administration. Sous réserve de faux témoignage établi, est régulière l'inscription sur la liste électorale autorisée par témoignage écrit et signé du chef de village ou du chef de quartier de ville et contresigné par le président de l'équipe de recensement. En revanche, il est ordonné la radiation de l'inscription de la mise en cause recensée sous le numéro 0018 au poste Etonhoué, arrondissement, arrondissement de Kinkinhoué, commune de Djakotomey, et détenteur de la carte d'électeur n° 0083768[400].*La loi n° 2011-03 du 04 mars 2011 portant habilitation spéciale des organes en charge de la réalisation de la LEPI et de l'organisation du double scrutin de l'année 2011* dispose : *« Dans le cadre des élections de l'année 2011, la Commission Politique de Supervision, la Mission Indépendante de Recensement Electoral National Approfondi et la Commission Electorale Nationale Autonome sont habilitées à prendre toutes les mesures utiles visant à assurer et à faciliter à tous les citoyens en âge de voter, l'exercice de leur droit constitutionnel de vote (...) ».* Il découle de cette disposition que les organes en charge de l'organisation de la LEPI et des élections sont habilités à compléter la liste électorale[401]. Il ressort des éléments du dossier que le nom du requérant est dans la base de données et classé au centre de vote concerné ; que, par conséquent, il est bel et bien

---

[398] Article 175 du Code électoral.

[399] Article 176 du Code électoral.

[400] Décision EL-P 06-010 du 23 février 2006, *DJAKPA Donatien* ; dans le même sens décision EL-P 06-013 du 28 février 2006, *MEDOKPONOU Basile (inscription sur témoignage*).

[401]Décision EP 11-035 du 09 mars 2011, *Soulé DANKORO, Président du Parti Démocratique du Bénin (PDB).*

inscrit sur la liste électorale ; que, dès lors, son recours est sans objet[402]. La Cour juge dans le même sens en 2016, que *« (...) lesdits citoyens ayant été déjà enrôlés lors de l'enregistrement biométrique complémentaire de décembre 2015 (...) la demande de monsieur Alexis B. A. DOSSOUMOU est devenue sans objet[403] ».*

- *Apports de la Cour sur la gestion de la LEPI.* Il convient *prima facie* de planter le décor : la classe politique et les observateurs ont unanimement estimé que la LEPI mise en place en 2011, sur base de laquelle ont été organisées l'élection présidentielle et les élections législatives de 2011, présente de nombreux dysfonctionnements. Entre temps, le Code électoral de 2013 entré en vigueur, fait intervenir de nouveaux organes participant à l'actualisation de la LEPI notamment un organe technique, l'Agence Nationale de Traitement (ANT), qui assure l'informatisation et le traitement des données du fichier électoral national[404] et un organe politique le COS/LEPI qui, aux termes des articles 219 et suivants, est une structure administrative indépendante dotée de la personnalité juridique, de l'autonomie administrative et de gestion. Le Code prévoit des dispositions transitoires à propos de l'organisation des élections municipale, communale et locale qui devraient se tenir en 2013. La CENA, selon le Code, ne peut officier que si le Conseil d'orientation et de supervision (COS) met à sa disposition la LEPI. Installé depuis le 30 avril 2013, le COS/LEPI n'est pas parvenu à mettre la LEPI dans le délai, de sorte que les élections municipale, communale et locale n'ont pu se tenir jusqu'à la date de la saisine de la Cour (22 décembre 2014). Les mandats des conseillers et maires étant expirés en 2013, l'AN s'est vue dans l'obligation de proroger *sine die* leur mandat.

C'est dans ce contexte que la Cour a été saisie d'une requête le 22 décembre 2014 introduite par un citoyen (Monsieur Polycarpe TOGNON) intitulé *« recours en vue d'une production urgente d'une LEPI fiable ».* La Cour rappelle d'abord sa compétence générale en matière de LEPI réaffirmée par le Code électoral, article 305 alinéa 1er de *la loi n° 2013-06 du 25 novembre 2013* : « *Tout le contentieux de l'actualisation du fichier électoral national*

---

[402]Décision EP 11-026 du 04 mars 2011 *(réclamation en inscription sur la liste électorale Présence du plaignant dans la base de données),* v° aussi DCC 16-024 du 28 janvier 2016, *Marcellin WOROU AKA.*
[403] DCC 16-025 du 28 janvier 2016, *Alexis DOSSOUMOU.*
[404] Article 223 du Code électoral.

et de la liste électorale permanente informatisée relève de la Cour constitutionnelle ». Elle souligne le caractère essentiel de la LEPI dans le processus électoral ; l'article 5 du Code reprenant une disposition des textes subséquents prévoit en effet : « *L'élection a lieu sur la base d'une liste électorale permanente informatisée (LEPI)* ». La Cour constate la caducité des dispositions transitoires des articles 319 et 328 alinéa 1 in fine du Code qui ont été instituées spécialement pour régir les élections de 2013. Elle rappelle ensuite que le rôle du COS-LEPI s'inscrit désormais dans le cadre général de l'actualisation annuelle de la LEPI. L'objectif visé par le législateur en instituant le COS de 2013 est donc d'obtenir une version optimale de la LEPI en procédant à un enregistrement complémentaire après la réalisation de l'audit participatif ; que l'existence de la LEPI de 2011 n'est donc point contestée par le législateur. La nouvelle tâche du COS-LEPI devrait être, selon la Cour tel qu'il ressort des dispositions de l'article 153 du Code, de mener des opérations d'apurement et de mise à jour de la LEPI ; qu'en affirmant donc, dans sa réponse à la mesure d'instruction de la Cour, que *« Le COS-LEPI travaille en permanence et de concert avec tous les acteurs majeurs concernés pour produire une LEPI fiable et acceptée de tous (...) »,* le président du COS-LEP a méconnu les dispositions de la loi électorale, car il fournissait par-là la preuve que le COS est aller au-delà de sa mission : apurer et mettre à jour la LEPI et non la réalisation d'une nouvelle LEPI, ce qui sans doute explique le retard inacceptable.

La situation étant donc compromise et constant dans le chef du COS-LEPI, de nombreux reports d'échéance non respectés, la Cour se fonde sur l'article 114 pour donner un certain nombre d'injonctions devant permettre la bonne tenue des élections communales et législatives dans les meilleurs délais. Elle adopte une solution que nous pouvons qualifier de principale et une solution subsidiaire.

- A titre principal, la Haute juridiction rappelle qu'aux termes des articles 264 et 274 alinéa 1 de *la loi n° 2013-06 du 25 novembre 2013 portant Code électoral* : « *L'apurement, la correction, la mise à jour et l'actualisation du fichier électoral national se font chaque année du 1er octobre au 31 décembre.* La LEPI*est publiée le 15 janvier de chaque année* (...) *La nouvelle version de la liste électorale permanente informatisée est arrêtée le 15 janvier de chaque année* ». Elle déduit qu'il ressort de ces dispositions que la mission d'actualisation annuelle de la LEPI est enserrée dans des délais bien précis ; la nouvelle liste devant être arrêtée le 15 janvier de chaque année, obligation est donc faite au COS et à l'ANT, organes de pilotage de l'actualisation de la LEPI, de déposer la nouvelle version de ladite liste le 15 janvier au plus tard, de sorte que, quel que soit le niveau auquel l'actualisation serait parvenue, la LEPI actualisée soit clôturée le 15 janvier 2015 ; la publication de la liste actualisée et la LEPI réalisées pour le 25 février 2015 au plus tard.

- A titre subsidiaire, la Cour juge qu'à défaut de la disponibilité de la liste actualisée pour le 15 janvier 2015, la CENA est autorisée à organiser les élections législatives, municipale, communale et locale de 2015 sur la base de la liste électorale permanente informatisée (LEPI) transmise par la Commission politique de supervision de la LEPI à la CENA le 20 février 2011, liste ayant servi aux dernières élections législatives de 2011 et dont l'existence et la légitimité ne sont point contestées par le législateur lui-même.

C'est cette solution subsidiaire qui a entraîné une levée de bouclier d'une partie de la classe politique et de la doctrine. Serge PRINCE AGBODJAN souligne par exemple : *« Organiser les élections sur la base de LEPI de 2011, c'est choisir délibérément d'exclure des Béninois des élections 2015, notamment les Béninois qui ont 18 ans en 2012, 2013, 2014 et 2015, c'est permettre à des personnes décédées de se retrouver sur la liste électorale devant servir aux élections de 2015, c'est cautionner le gaspillage des fonds publics par les membres du COS-LEPI, enfin c'est choisir de susciter une crise sociale au Bénin, étant entendu que le Président de la République lui-même voyant la crise qu'a créée la LEPI 2011 a demandé publiquement pardon au peuple béninois le jour du scrutin en 2011 ».* Parmi ces arguments, seul l'argument tiré de l'exclusion d'une partie des Béninois est pertinent. La présence des noms des personnes décédées sur la LEPI n'est pas de nature à fausser la transparence, elle peut fausser le calcul du nombre d'inscrits et du taux de suffrages exprimés, sans influencer le processus, au cas où un citoyen voudrait voter en lieu et place d'une personne décédée, une vérification d'identité serait suffisante. L'argument du gaspillage de fonds est illogique, l'organisation des élections sur la LEPI de 2011 aurait plutôt pour effet de réaliser une économie de moyen et les fonds alloués et non utilisés doivent normalement être reversés au trésor. Est tout aussi spécieuse l'idée d'un risque de crise sociale, la crise sociale résulterait plutôt de la défaillance du COS-LEPI et de l'impossibilité d'organiser les élections 2 ans après la fin de mandat des élus.

Revenons maintenant au premier argument : *« Les Béninois qui ont 18 ans en 2012, 2013, 2014 et 2015 ».* La Cour devait normalement y penser, l'élection étant un droit dans le contexte béninois et non une fonction, qui plus est un droit fondamental ; de plus le principe d'égalité s'oppose à ce que des citoyens soient dans l'impossibilité d'exercer leurs droits là où d'autres citoyens, placés dans les mêmes conditions, l'exercent ; elle aurait pu ordonner l'inscription en urgence de cette tranche de la population, quoique la solution n'est que subsidiaire. A la décharge de la Cour, on pourrait évoquer *« l'état de nécessité »* qui en droit consiste entre deux valeurs juridiquement protégés de prioriser l'une au détriment de l'autre. Entre le principe d'égalité et la démocratie qui exige une alternance aux mandats électifs et des élections régulières, la Cour a choisi son camp. Il n'y a rien, à notre avis, à retenir d'un tel conflit d'allégeance, il est circonstancié et accidentel, car en règle général les principes d'égalité et de démocratie sont bien convergents et non conflictuels. Cette décision est l'illustration la plus achevée de la fonction politique de la Cour constitutionnelle.

La Cour a fixé également à date certaine les prochaines élections législatives. Aux termes de l'article 80 de la Constitution : « *Les députés sont élus au suffrage universel direct. La durée du mandat est de quatre ans. Ils sont rééligibles (...)* ». Les députés élus, à la suite des élections législatives de mars 2011, ont été installés dans leur fonction le 16 mai 2011. Il s'ensuit que le prochain parlement doit être installé le 16 mai 2015 ; que, dès lors, le corps électoral devra être convoqué le 14 février 2015 pour les élections législatives devant se tenir le 26 avril 2015 conformément à l'article 68 du code électoral au terme duquel : « *Le corps électoral est convoqué par le Président de la République par décret pris en conseil des ministres quatre-vingt-dix (90) jours avant la fin du mandat en cours* ».

S'agissant des élections communales, elle note qu'aux termes de l'article 300 alinéa 4 du code électoral : « *La liste électorale permanente informatisée doit être établie au plus tard soixante (60) jours avant la date du scrutin* » ; constatant que la CENA ne peut organiser valablement les élections municipale, communale et locale qu'après les élections législatives du 26 avril 2015 ; que pour la transparence et la fiabilité desdites élections, il faut un délai de trente (30) jours au moins entre les élections législatives et la tenue des élections municipale, communale et locale, la Haute juridiction conclut que les élections municipale, communale et locale doivent pouvoir se tenir le 31 mai 2015, le corps électoral devant être convoqué par le PR par décret pris en Conseil des ministres le 03 mars 2015 au plus tard. Dans sa décision du 05 mars 2015[405], le requérant a attaqué la décision prise par le PR, le président du COS-LEPI, les membres de la CENA et les présidents des institutions de la République de reporter les élections communales. La Cour rappelle sa décision *DCC 15-001 du 09 janvier 2015* et conclut que le recours de Monsieur Robert Mathieu FIOVI est devenu sans objet.

Paragraphe 2. Dépôt des candidatures

Les candidats aux élections nationales, qu'il s'agisse de l'élection présidentielle ou des élections législatives, doivent répondre à des conditions générales (A) mais également à des conditions spécifiques (B).

A) Conditions générales

S'agissant des conditions générales, les candidats doivent répondre à des conditions de fond, notamment l'éligibilité (1) et des conditions de forme qui se rapportent essentiellement à la déclaration de candidature (2).

1) Conditions de fond : l'éligibilité

Nul ne peut être candidat aux élections nationales, s'il ne remplit les conditions requises pour être électeur et pour être éligible[406]. Examinons d'abord les conditions d'éligibilité à la Présidence de la République, ensuite l'éligibilité à la députation.

- L'éligibilité des candidats à la présidence

S'agissant des personnes civiles, nul ne peut être candidat aux fonctions de PR, s'il :

- n'est de nationalité béninoise de naissance ou acquise depuis au moins dix (10) ans ;

- n'est de bonne moralité et d'une grande probité ;

---

[405]DCC 15-058 du 05 mars 2015, *Robert Mathieu FIOVI.*

[406]Article 43 du Code électoral.

- ne jouit de tous ses droits civils et politiques ;
- n'est âgé de quarante (40) ans au moins et soixante-dix (70) ans au plus à la date de dépôt de sa candidature ;
- ne réside sur le territoire de la République du Bénin au moment des élections[407] *;*
- ne jouit d'un état complet de bien-être physique et mental dûment constaté par un collège de trois médecins assermentés désignés par la Cour constitutionnelle[408].

S'agissant des *« hommes en tenue »,* tout membre des Forces armées ou des Forces de sécurité publique qui désire être candidat aux fonctions de Président de la République doit, au préalable, donner sa démission des Forces armées ou des Forces de sécurité publique[409]. Sont applicables à l'élection du Président de la République les dispositions concernant les conditions d'éligibilité, de propagande électorale, d'opérations de vote, de dépouillement, de proclamation des résultats ainsi que celles concernant les pénalités telles que prévues par le livre premier du Code et par les dispositions de la Constitution[410].

La Cour rappelle en 2006 qu'en application des dispositions de l'article 7 de *la loi n° 2000-19 du 03 janvier 2001,* elle contrôle la recevabilité des candidatures à l'élection présidentielle[411]. Elle déclare 10 ans plus tard (élection présidentielle de mars 2016) *« que l'analyse des dossiers complets révèle que les personnes concernées remplissent les conditions fixées par la Constitution et le code électoral pour être candidates aux fonctions de Président de la République ; que, dès lors, leur candidature doit être déclarée recevable*[412]*. »* Par identité de motifs, elle est compétence pour déclarer l'irrecevabilité des candidatures[413] ou pour constater le désistement d'un candidat après l'intervention d'une décision sur la recevabilité. Sur ce

---

[407]Article 44 de la Constitution et 336 du Code électoral.
[408]Décision EP 11-001 du 02 février 2011 *(opérations préalables à l'élection présidentielle ; désignation du collège de médecins assermentés ; mise en œuvre des dispositions de l'article 44 de la Constitution)* ; décision EP 11-003 du 08 février 2011, *Olivier Agossou LARY-EGOUNDOUKPE (Inaptitude médicale).*
[409]Article 337 du Code électoral.
[410]Article 338 du Code électoral.
[411] Décision EL-P 06-004 du 27 janvier 2006, *CENA.*
[412] Décision EP 16-005 du 30 janvier 2016, *CENA.*
[413] Ibidem.

dernier point, elle souligne que *« par sa décision EP 16-005 du 30 janvier 2016, [elle] a déclaré recevable la candidature de Monsieur Eric Louis Camille HOUNDETE à l'élection présidentielle du 28 février 2016 [reportée au 06 mars 2016] ; que par la requête suscitée, l'intéressé sollicite de la Cour le retrait de son nom de la liste des candidats à l'élection présidentielle ; qu'aucune disposition du code électoral ne s'opposant à un tel désistement, il échet pour la Cour de lui en donner acte[414] »*.Elle souligne par ailleurs *« qu'il découle de la lecture combinée et croisée [des articles 2, 3, 4, 339, 340 du Code électoral] que la liste des candidats à l'élection présidentielle n'est définitive qu'après le contrôle de la recevabilité des candidatures par la Cour constitutionnelle, la délivrance du récépissé définitif et la publication officielle de la liste des candidats par la Commission électorale nationale autonome[415] »*. Pour cette raison la Cour juge prématuré tout recours relatif à la liste des candidatures et qui serait formé avant la publication officielle de la liste définitive[416].

Elle avait rappelé quelques années avant que dans le cadre de l'élection présidentielle, elle est compétente pour designer trois (3) médecins assermentés conformément à l'article 44 de la Constitution[417].La Cour a la possibilité de procéder au remplacement de candidat en cas de défaillance. Elle a ainsi jugé que le Candidat Nicéphore SOGLO doit être remplacé, conformément à l'article 45 de la Constitution par le candidat suivant dans l'ordre de classement, à savoir Monsieur Adrien HOUNGBEDJI, et, en cas de défaillance de celui-ci, par Monsieur Bruno AMOUSSOU, puis en cas de défaillance de ce dernier, par Monsieur Sacca LAFIA et ainsi de suite jusqu'à épuisement de la liste[418].

Les conditions relatives à l'élection à la présidence de la République donnent lieu à l'occasion de chaque échéance à des décisions généralement contestées. Arrêtons-nous à titre illustratif sur trois décisions : la première – moins importante, concerne la condition de bonne moralité, la deuxième, rendue en 2006 porte sur la condition de résidence sur le territoire de la

[414] Décision EP 16-006 du 02 février 2016, *Eric Louis HOUNDETE.*
[415] Décision EP 16-009 du 04 février 2016, *Nathanièl KITTI.*
[416] *Ibidem.*
[417] Décision EL-P 01-001 du 26 janvier 2001, *Cour constitutionnelle.*
[418] Décision EL-P 01-054 du 18 mars 2001, *Président de la CENA.*

République du Bénin au moment des élections[419] ; et la troisième porte indirectement mais certainement sur la limite d'âge minimum nécessaire pour faire acte de candidature.

Par requête du 02 février 2001 enregistrée au Secrétariat de la Cour à la même date, Monsieur Rodrigue KOUDOHIN, se fondant sur l'article 45 alinéa 2 de la Constitution, demande à la Haute Juridiction *« l'invalidation de la candidature de Monsieur Mathieu KEREKOU à l'élection présidentielle de mars 2001 »* au motif qu'il s'est rendu coupable de multiples actes d'atteinte à la bonne moralité, à l'honneur et à la probité durant son quinquennat. La Cour a jugé qu'à la date de la requête, la liste définitive des candidats n'était pas encore publiée ; Monsieur Mathieu KEREKOU n'avait pas encore la qualité de candidat ; en conséquence, la requête de Monsieur Rodrigue KOUDOHIN est irrecevable. La Cour a également jugé que le requérant n'est pas candidat à l'élection présidentielle de mars 2001, il n'a dès lors pas qualité pour saisir la Cour en contestation d'une quelconque candidature[420].

En 2006, la Cour constitutionnelle a été saisie de recours en irrecevabilité de la candidature de Monsieur Boni YAYI à l'élection présidentielle de 2006, au motif que celui-ci ne résidait pas au Bénin au moment des élections. La Cour a décidé *« (...) qu'à la date des recours, la liste définitive des candidats n'a pas encore été publiée ; qu'il en résulte qu'à cette date Monsieur YAYI Boni n'a pas encore la qualité de candidat ; que dès lors les requêtes (...) sont prématurées et doivent être déclarées irrecevables[421] »*. Le requérant est revenu à la charge et la Cour a déclaré irrecevable le nouveau recours aux motifs, d'une part que *« (...) après la publication de ladite liste, seuls les candidats sont habilités à contester la validité d'une candidature[422] (...) »*et d'autre part, l'autorité de chose jugée attachée à ses décisions. La Cour ouvrait ainsi au candidat Boni YAYI la voie vers la Magistrature Suprême. La question que l'on se pose une décennie après est celle de savoir si la Haute juridiction ne pût-elle pas considérer le recours relatif au respect des conditions à l'élection présidentielle comme un *« recours dans l'intérêt*

[419] V° article44 de la Constitution et 336 du Code électoral.
[420] Décision EL-P 01-002 du 06 février 2001.
[421] Décision EL-P 06-002 du 19 janvier 2006.
[422] Décision EL-P 06-014 du 28 février 2006.

de l'ordre constitutionnel » et opérer son contrôle, peu importe l'irrecevabilité formelle de la requête ?

En 2015, la Haute juridiction béninoise a rendu l'une de décisions les plus contestées par l'opinion publique, elle restera sans doute à jamais dans les annales. S'agit –il d'une décision arbitraire ou mal comprise ? L'affaire ne concerne pas directement la recevabilité à l'élection présidentielle de 2016, mais les primaires au sein d'un Parti dans la perceptive de cette élection. Elle est liée à la limite minimale d'âge des futurs candidats à la fonction suprême. Oublions un peu les polémiques pour passer la décision *Hermès GBAGUIDI*[423] au crible de l'analyse.

Dans la perspective de l' élection présidentielle du 06 mars 2016, le bureau politique du Parti l'Union Fait la Force (UFF) a procédé à la sélection d'une liste de candidats potentiels à soumettre au congrès dudit Parti prévu pour le 20 juin 2015. Après analyse des différentes candidatures, le bureau a rejeté la candidature de Hermès GBAGUIDI, 3ème candidat proposé, motif pris de ce que né le 19 novembre 1976, il ne remplirait pas les conditions prévues par l'article 44, 4ème tiret de la Constitution du 11 décembre 1990. Le requérant, Monsieur Hermès GBAGUIDI, a saisi le 11 mai 2015, la Cour, en s'appuyant sur le principe général de droit selon lequel les citoyens sont égaux devant la loi. Il estime qu'en faisant une confusion entre : *« 40 ans au moins »* et *« 40 ans révolus au moins »,* le bureau politique a violé les articles 7 de la DUDH et 26 de la Constitution béninoise. Le problème de fond dans cette affaire réside dans le sens qu'il faut donner au fragment de phrase : *« nul ne peut être candidat aux fonctions de Président de la République, s'il (...) n'est âgé de quarante (40) ans au moins. »* Selon le requérant, l'imprécision de cette disposition devrait conduire à considérer que les 40 ans ne doivent nécessairement pas être révolus. Soulignons pour ne plus y revenir, que même à considérer une telle interprétation, le candidat qui est né le 19 novembre 1976 ne pourrait pas à la date de l'élection le 06 mars 2016, prétendre avoir atteint au moins l'âge de 40 ans. Le problème juridique n'est donc pas dans les prétentions du requérant. Que l'on ait confondu *« 40 ans au moins »à « 40 ans révolus »,* cela ne devrait pas changer fondamentalement sa situation. On dit plus exactement *« 40 ans révolus à la date de l'élection ».* Si l'on précise *« 40 ans au moins »,* on

[423]DCC 15 – 156 du 16 juillet 2015, *Hermès GBAGUIDI.*

entend tout simplement marquer le plancher de l'âge. Si l'on exige en revanche *« 40 ans révolus »* en ajoutant généralement, *« à la date de l'élection »*, une telle formulation sert tout simplement à dire que le point de référence d'appréciation de l'âge n'est pas par exemple, au moment du dépôt des candidatures, mais à la date de l'élection. Dans un cas comme dans un autre, le requérant serait exclut. Le problème réside à notre avis au niveau de la computation de l'âge requis pour être candidat. En droit, les délais ou plus généralement le décompte du temps se fait selon des méthodes précises, et selon la méthode retenue, les incidences juridiques peuvent être considérablement variées. Le temps peut se compter de quantième à quantième, de mois en mois, d'année en année. C'est cette dernière technique qui semble avoir emporté la conviction de la Haute juridiction, d'autant plus que si elle avait pris le parti de faire un décompte de mois en mois, c'est à la date du 19 novembre 2016 que le candidat Hermès GBAGUIDI pût prétendre avoir 40 ans révolus. La Cour fait donc droit à la demande de GBAGUIDI en fondant son argumentaire non pas sur les prétentions du défendeur, mais sur une maxime qu'elle emprunte au droit français. Elle rappelle l'article 44, 4ème tiret de la Constitution et précise que cette disposition *« indique que pour être candidat à l'élection du président de la République il faut être âgé de 40 ans au moins à la date du dépôt des candidatures ; que la date du dépôt des candidatures pour l'élection du président de la République se situe dans l'année de l'élection ; qu'il en résulte que pour être candidat à l'élection du président de la République, il faut être âgé de 40 ans au cours de l'année de l'élection ; que l'âge atteint par une personne au cours d'une année civile donnée, c'est-à-dire, à une date quelconque de cette année correspond à l'âge atteint par cette personne au 31 décembre de l'année en question en application de l'adage de droit français 'Année commencée, année acquise', du latin, 'annus incoeptus habetur pro completo', qui signifie : 'L'année entamée doit être tenue pour écoulée'.»*

- *L'éligibilité des candidats à la députation*

Il faut distinguer l'éligibilité de la déchéance. L'éligibilité intervient et s'apprécie au moment du dépôt de candidature ; la déchéance intervient après l'élection. La Cour constitutionnelle rappelle les conditions de recevabilité des candidatures à l'élection présidentielle en application des dispositions de l'article 7 de *la loi n° 2001-19 du 03 janvier 2001*[424].

Eligibilité. La Cour rappelle que *« (...) l'éligibilité se définissant comme l'aptitude légale à faire partie d'une assemblée dont les membres sont élus, il y a inéligibilité lorsqu'un candidat ne peut pas être proclamé élu pour l'un des cas expressément prévus par la loi. Lorsqu'un cas d'inéligibilité se révèle après le délai de contestation ou survient en cours de mandat, la Cour prononce la déchéance du parlementaire, que se trouve être la perte du droit ou de la fonction de député, faute d'avoir accompli une formalité ou de n'avoir pas rempli une condition en temps voulu »*[425]. Selon l'article 358 du code électoral, tout électeur est éligible sous réserve des conditions suivantes :

- S'il n'est âgé de vingt-cinq (25) ans au moins dans l'année du scrutin ;
- Si, Béninois de naissance, il n'est domicilié depuis un (01) an au moins en République du Bénin et si, étranger naturalisé Béninois, il n'est domicilié au Bénin et n'y vit sans interruption depuis dix (10) ans au moins. A moins de démissionner de ses fonctions douze (12) mois au moins avant la date du scrutin, nul ne peut être candidat dans une circonscription électorale dont le territoire comprend ou est compris dans une circonscription administrative où il exerce une fonction de commandement (préfet, secrétaire général de préfecture ou de mairie).

- *Sont inéligibles les personnes condamnées lorsque la condamnation comporte la déchéance de leurs droits civils et politiques.*

- Sont en outre inéligibles : les personnes privées par décision judiciaire de leur droit d'éligibilité, en application des lois en vigueur ; les personnes condamnées pour corruption électorale, pour les crimes et délits économiques ; les personnes pourvues d'un conseil judiciaire.

Le Code électoral a aménagé une démission d'office à propos des députés se trouvant dans des situations d'incompatibilités. Ainsi la Cour rappelle que les articles 369 alinéa 1er, 425 alinéa 1er et 375 alinéas 2 et 3 de *la loi*

---

424 Décision EL-P 01-004 du 12 février 2001, *Commission Electorale Nationale Autonome (CENA)* ; décision EL-P 96-002 du 13 février 1996, *CENA*.
425 Décision EL 95-129 du 17 aout 1995, *AGBOHO Roger*.

n°2013-06 du 25 novembre 2013 portant Code électoral en République du Bénin énoncent respectivement : *« Sont également incompatibles avec le mandat de député, l'exercice de tout mandat électif local, les fonctions de directeur administratif, membre de conseil de surveillance, gérant ou représentant dans les sociétés, entreprises ou établissements jouissant à titre spécial, sous forme de garantie d'intérêts, de subventions ou autres équivalents, d'avantages assurés par l'Etat ou par une collectivité publique ainsi que dans les entreprises nationales »* ; *« L'exercice des fonctions publiques électives (Président de la République, député à l'Assemblée nationale) est incompatible avec le mandat de conseiller communal ou municipal, de village ou de quartier de ville »* ; *« Sous réserves des dispositions de l'article 370, le député qui, lors de son élection, se trouve dans l'un des cas d'incompatibilité visés au présent titre, est tenu d'établir dans les trente (30) jours qui suivent son entrée en fonction ou sa validation, qu'il s'est démis de ses fonctions incompatibles avec son mandat. A défaut, il est déclaré démissionnaire d'office de son mandat. Le député qui a accepté en cours de mandat une fonction incompatible avec celui-ci ou qui a méconnu les dispositions des articles 371 et 374 ci-dessus, est également déclaré démissionnaire d'office. La démission d'office est prononcée dans tous les cas par l'Assemblée nationale à la requête du bureau de l'Assemblée nationale. Elle n'entraîne pas d'inéligibilité. »* A propos de la dernière hypothèse (député ayant accepté en cours de mandat une fonction incompatible), la Cour juge dans une décision rendue en 2016, que la loi n'ayant prévu aucun délai, il y a lieu de considérer que le choix du député doit se faire dans les plus brefs délais, en tout cas avant la prise de service pour l'exercice de la nouvelle fonction ou du nouveau mandat[426]. Est interdit l'enregistrement de la candidature d'une personne inéligible en vertu des articles précédents. En cas de contestation, le candidat se pourvoit devant la Cour qui devra rendre sa décision dans les huit (8) jours.

Déchéance. Sera déchu de plein droit de la qualité de membre de l'AN, celui dont l'inéligibilité sera relevée après la proclamation des résultats de l'élection ou qui, pendant la durée de son mandat, se trouvera placé dans l'un des cas d'inéligibilité prévus par la présente loi. La déchéance est prononcée par la Cour. Ces dispositions sont applicables aux candidats suppléants[427]. La Cour rappelle en se fondant sur les dispositions de l'article 7 de *la loi n° 94-*

---

[426] DCC 16-008 du 07 janvier 2016, *Agbégnigan Delmas KOLI.*
[427] Articles 361 à 363 du Code électoral.

015 du 27 janvier 1995 qu'en cas de déchéance d'un Député, le suppléant personnel est appelé à remplacer le titulaire[428].

Lorsque la Cour prononce l'inéligibilité d'un candidat, il est procédé à son remplacement. Elle juge dans les faits qu'il est établi que l'inéligibilité du candidat Désiré VODONOU dans la 24ème circonscription électorale a fait l'objet de la *décision EL 11-005 du 13 avril 2011,* c'est-à-dire avant le jour du scrutin fixé au 30 avril 2011 ; qu'ainsi, le remplacement de Désiré VODONOU est autorisé, que la loi n'exigeant pas que ce remplacement soit effectué exclusivement par un candidat ne figurant pas précédemment sur la liste. Désiré VODONOU peut être remplacé dans sa position par un autre candidat de la circonscription électorale et ce dernier par quelqu'un d'autre. Dans ces conditions, le remplacement de l'intéressé opéré sur la liste de l'Union fait la Nation ne viole pas les dispositions de l'article 35, alinéa 2 de *la loi n° 2010-35.* Dès lors, la requête de Madame Florence AVOHOU n'est pas fondée et mérite rejet[429]. Aucun retrait de candidature n'est autorisé après la délivrance du récépissé définitif, le remplacement de candidature n'est admis qu'en cas de décès ou d'inéligibilité constatés avant le jour du scrutin. Dans le cas d'espèce, il n'y a ni décès ni inéligibilité ; dès lors, le remplacement du requérant l'a été en violation de l'article 35 précité de l*a loi n° 2010-35*[430] .

Dans une décision récente (2015), la Cour constate que Monsieur Jacques YEMPABOU, député à l'Assemblée nationale, en fonction, s'est fait élire Conseiller communal dans la Commune de Kérou sur la liste AND de l'Arrondissement de Kérou-centre, lors de l'élection communale du 28 juin 2015 ; que le 15 juillet 2015, la CENA a proclamé les résultats définitifs de ladite élection ; que le 21 août 2015, le Conseil communal de la Commune de Kérou a été installé et les conseillers exercent déjà leur mandat ; qu'ainsi, il sied de constater qu'à partir de son installation au Conseil communal de la Commune de Kérou, c'est-à-dire, le 21 août 2015, Monsieur Jacques YEMPABOU, député à l'AN, a entamé l'exercice de la fonction de

---

[428] EL-P 96-013 du 28 février 1996, *HOUNGBEDJI Adrien.*

[429] Décision EL 11-007 du 27 avril 2011, *Florence Towanou AVOHOU,* candidate aux élections législatives du 30 avril 2011 dans la 24ème circonscription électorale sur la liste *« Alliance Nouveau Courage 2011 ».*

[430] Décision EL 11 -008 du 27 avril 2011, Monsieur Victorien HOUETO forme un recours contre son remplacement en tant que candidat suppléant par Madame Maroufatou FALOLA.

Conseiller incompatible avec son mandat de député à l'AN ; que dès lors, il y a lieu de conclure qu'il est démissionnaire d'office de son mandat de député à l'AN ; qu'en conséquence, il y a lieu pour la Cour, en sa qualité d'organe régulateur du fonctionnement des institutions et de l'activité des pouvoirs publics, d'inviter, au regard de l'article 375 du Code électoral, le bureau de l'AN à saisir la dite Assemblée aux fins de prononcer la démission d'office de Monsieur Jacques YEMPABOU de son mandat de député à l'AN[431].

2) Conditions de forme : la déclaration

- *Déclaration de candidature.* Une déclaration de candidature est obligatoire pour chaque candidat ou liste de candidats aux élections du PR, des membres de l'AN, des membres des Conseils communaux ou municipaux et des membres des Conseils de village ou de quartier de ville. La déclaration de candidature est déposée, quarante-cinq (45) jours avant la date fixée pour le démarrage de la campagne électorale à la CENA. Un récépissé provisoire comportant le numéro d'enregistrement est délivré immédiatement au déclarant. Le récépissé définitif est délivré par la CENA après contrôle de la recevabilité de la candidature et, selon le cas, après versement d'un cautionnement prévu pour les élections.

Aucun ajout de nom, aucune suppression de nom et aucune modification de l'ordre de présentation ne peut se faire après délivrance du récépissé définitif, sauf en cas de décès, lorsqu'il s'agit d'un scrutin de liste[432]. La déclaration de candidature doit comporter les nom, prénoms, profession, date et lieu de naissance et adresse complète du ou des candidats. En outre, la candidature doit mentionner, la couleur, l'emblème, le signe et/ou le sigle choisis pour l'impression des bulletins uniques, à l'exception des attributs de l'Etat ci-après : hymne national, drapeau, sceau, armoiries, devise. Par ailleurs, la déclaration de candidature doit comporter un spécimen d'emblème. Elle doit être accompagnée de : - un certificat de nationalité ; - un bulletin n° 3 du casier judiciaire datant de moins de trois (03) mois ; - un extrait d'acte de naissance ou de toute pièce en tenant lieu ; - un certificat de

---

[431]DCC 15-249 du 26 novembre 2015, *Abiba DAFIA, Maurice CHABI KATOTCHA, suppléant de Monsieur Jacques YEMPABOU.*

[432]Article 44 du Code électoral.

résidence ; - une attestation par laquelle le parti ou l'alliance de partis politiques investit le ou les intéressé(s) en qualité de candidat(s) ; - une déclaration par laquelle le candidat certifie sur l'honneur qu'il n'est candidat que sur cette liste et qu'il ne se trouve dans aucun des cas d'inéligibilité prévus par la présente loi. La CENA a huit (08) jours pour publier la liste des candidats retenus[433].

B) Conditions spécifiques

- *Cautionnement.* En sus de ces conditions, il faut noter que les candidats doivent s'acquitter du cautionnement et produire un quitus fiscal et des pièces diverses. L'absence de l'une de ces pièces entraine l'irrecevabilité[434]. Le cautionnement doit être acquitté dans les délais. Ainsi la Cour, après avoir relevé qu'il appert des éléments du dossier que le 15 janvier 2006 à 15 heures 15 minutes, le requérant a déposé son dossier de candidature à la CENA, la Cour constate que (2) deux jours après sa déclaration de candidature, soit le 17 janvier 2006 à 15 heures 15 minutes, l'intéressé n'a pas produit à la CENA la quittance attestant du paiement du cautionnement prévu par la loi électorale. C'est donc à bon droit que son dossier de candidature a été rejeté par la CENA. La requête du requérant a dès lors été rejetée[435]. Il a été jugé que la Cour n'est pas habilitée à proroger le délai de paiement du cautionnement par les candidats à l'élection présidentielle de mars 2001 car il s'agit d'un délai préfixé par l'article 11 de *la loi n° 2000-19 du 03 janvier 2001* définissant les règles particulières sur l'élection du Président de la République[436]. A propos de l'élection présidentielle de 2011, elle souligne dans un cas qui lui a été soumis qu'il résulte des éléments du dossier que le requérant a déposé son dossier de candidature à la Commission Electorale Nationale Autonome le 4 février 2011 à 10 heures 40 mn ; que la Cour a rendu sa décision sur la recevabilité des dossiers de candidature le 08 février 2011 ; que le récépissé du versement du cautionnement date du 09 février 2011 ; qu'entre le 04 février 2011, date de dépôt de candidature et le 09 février 2011, date de paiement du cautionnement, il s'est écoulé plus de deux (02) jours (sic 5 jours) ; qu'il

---

[433] Article 45 du Code électoral.

[434] Décision EP 11 –003du 08 février 2011 *(décision de recevabilité des candidatures).*

[435] Décision EL-P 06-005 du 27 janvier 2006, *LARY-EGOUNDOUKPE Olivier.*

[436] Décision EL-P 01-07 du 12 février 2001, *SANTOS Florentin.*

s'ensuit que le versement du cautionnement a été fait hors délai ; qu'au demeurant, les décisions de la Cour n'étant susceptibles d'aucun recours, la Haute Juridiction ne saurait reconsidérer sa décision ; que dès lors, la requête de Monsieur Philippe NOUDJENOUME doit être déclarée irrecevable [437]. Très récemment dans la perspective de l'élection présidentielle du 06 mars 2016, elle souligne que conformément aux dispositions de l'article 343 du Code électoral, le cautionnement doit être payé le 14 janvier 2016 au plus tard ; que Monsieur Ladislas Otchodjou AGBESSI a payé le cautionnement requis le 20 janvier 2016, soit six (6) jours après le délai légal ; qu'il s'ensuit que ce paiement a été fait hors délai ; qu'en conséquence, il échet de déclarer sa candidature irrecevable[438]. En cas d'irrecevabilité, le cautionnement doit être restitué, la Cour se déclare compétente pour ordonner une telle restitution[439].

- *L'exigence de rejet de candidature.* Le rejet d'une candidature ou d'une liste de candidature doit être motivé. Ce rejet doit être notifié aux intéressés dans un délai de huit (08) jours à compter de la date de dépôt et peut faire l'objet d'un recours devant la juridiction compétente. Le délai du recours en cas de rejet d'une candidature ou d'une liste de candidatures est de quarante-huit (48) heures à partir de la réception de la notification. La juridiction compétente statue sur les recours dans un délai de cinq (05) jours[440]. L'article 10 de la loi n° 2001- 19 du 03 janvier 2001, prévoyait que *« en cas de refus d'enregistrement d'une déclaration [de candidature] ou en cas de contestation, les candidats peuvent saisir la Cour constitutionnelle qui statue définitivement avant le début de la campagne électoral*[441].

Le Code électoral dispose qu'en cas de refus d'enregistrement d'une déclaration ou en cas de contestation, les candidats peuvent saisir la Cour Constitutionnelle qui statue définitivement avant le début de la campagne électorale[442]. Dans les deux jours qui suivent la déclaration de candidature, le candidat devra verser auprès du Directeur du Trésor ou auprès d'un

---

[437] Décision EP 11 –005 du 10 février 2011, *Philippe NOUDJENOUME.* Les élections ne peuvent être reportées pour permettre à un candidat de régulariser son dossier, v° *décision EP 11-013 du 18 février 2011.*
[438] Décision EL 16-005 du 30 janvier 2016, *CENA.*
[439] Décision EL -096 -001 du 2 mai 1996, *HINVI Guy.*
[440] Article 46 du Code électoral.
[441] Décision EL-P 01-002 du 06 février 2001, *KOUDOHIN Rodrigue.*
[442] Article 342 du Code électoral.

receveur-percepteur du Trésor qui transmettra au Directeur du Trésor, un cautionnement de quinze millions (15.000.000) de francs remboursables au candidat s'il a obtenu au moins dix pour cent (10%) des suffrages exprimés au premier tour[443]. Sauf cas de force majeure ou de décès du candidat avant le scrutin, le remboursement du cautionnement ne peut intervenir que dans les conditions défi nies à l'article 343 ci-dessus[444]. A partir de la publication de la liste des candidats à l'élection présidentielle par la Commission électorale nationale autonome, des dispositions utiles sont prises par le Gouvernement pour assurer la sécurité des candidats et de leur domicile respectif. Outre les dispositions usuelles de sécurité, le Gouvernement, après consultation des candidats, met à leur disposition des agents des forces de l'ordre en nombre nécessaire à leur garde rapprochée[445].

La Cour rappelle sur base de l'article 33 de *la loi n° 2010-35 du 30 décembre 2010 portant règles particulières pour l'élection des membres de l'AN* dispose : « *En cas de refus d'enregistrement d'une déclaration ou en cas de contestation, les candidats, partis ou alliances de partis peuvent se pourvoir devant la Cour Constitutionnelle qui statue sans recours dans le délai de huit (08) jours ».*Il découle de la lecture combinée et croisée des dispositions précitées que le règlement du contentieux d'une candidature ou d'une liste de candidatures s'étale sur une durée de quinze (15) jours et doit prendre fin avant le début de la campagne électorale qui doit durer également quinze (15) jours ; qu'en l'espèce, par *décret n° 2011-005 du 07 janvier 2011,* le Chef de l'Etat a convoqué le corps électoral pour l'élection des députés à l'AN le dimanche 17 avril 2011 ; que sur cette base, le Président de la CENA a établi le calendrier pour l'organisation desdites élections et a fixé la campagne électorale pour la période du 1er au 15 avril 2011. il ressort des éléments du dossier qu'entre le 30 mars 2011, date de validation de la liste des dossiers de candidature et le 1er avril 2011, date du début de la campagne, il n'y a matériellement pas le temps nécessaire pour la gestion du contentieux éventuel des candidatures par la juridiction compétente ; que pour permettre aux différentes listes de candidats ou différents partis politiques en lice d'user de leur droit de recours en cas de contestation, il échet pour la Cour, en vertu des articles 114 et 117 précités de la Constitution et nonobstant les dispositions de l'article 5 de *la loi n°*

[443]Article 343 du Code électoral.
[444]Article 344 du Code électoral.
[445]Article 345 du Code électoral.

2010-35 du 30 décembre 2010, d'autoriser le report de la date de l'élection des membres de l'AN du 17 avril 2011 à une date qui ne saurait aller au-delà du 30 avril 2011, et d'inviter le Président de la République à convoquer le corps électoral pour la nouvelle date[446].

Paragraphe 3. Campagne électorale

La campagne électorale est l'ensemble des opérations de propagande précédant une élection et visant à amener les électeurs à soutenir les candidats en compétition. Elle est obligatoire pour tout candidat à une élection. La Cour rappelle en 2016 *« qu'il résulte de la lecture combinée et croisée [des articles 140 et 143 du Code électoral] que si la Cour constitutionnelle a une compétence générale en matière de contentieux électoral, les infractions à la propagande électorale relèvent, quant à elles, des juridictions de l'ordre judiciaire ; que dans le cas d'espèce, le requérant évoque un fait de propagande électorale ; que dès lors, il échet pour la Cour de se déclarer incompétente pour en connaître[447] ».*

Avant l'ouverture officielle de la campagne électorale, les partis et alliances de partis politiques continuent conformément à la Constitution et la charte des partis politiques d'animer la vie publique et d'assurer l'information des citoyens sur le pluralisme démocratique[448]. La campagne électorale est déclarée ouverte par décision de la CENA. Sous réserve des dérogations prévues par la loi, elle dure quinze (15) jours. Elle s'achève, la veille du scrutin à zéro (00) heure, soit vingt-quatre (24) heures avant le jour du scrutin[449].Tout report de la date des élections est interdit. En cas de force majeure, le report de date ne peut être fait qu'après une consultation de toutes les forces politiques engagées dans l'élection concernée[450]. Nul ne peut, par quelque moyen ou sous quelque forme que ce soit, faire campagne électorale en dehors de la période prévue à l'article précédent[451]. Il est interdit, sous les peines prévues à l'article 144 alinéa 1er du Code, de distribuer le jour du scrutin, des bulletins, circulaires ou autres documents de

[446]Décision EL 11-001du 31 mars 2011, *Président de la CENA (report de date des élections législatives).*
[447] Décision EP 16-007 du 04 février 2016, *Rigobert GANTUA.*
[448]Article 47 du Code électoral.
[449]Article 53 du Code électoral.
[450]Article 49 du Code électoral.
[451]Article 54 du Code électoral.

propagande et de porter ou d'arborer des emblèmes ou des signes distinctifs des candidats sur les lieux de vote[452]. Les pratiques publicitaires à caractère commercial, l'offre de tissus, de tee-shirts, de stylos, de porte-clefs, de calendriers et autres objets utilitaires à l'effigie des candidats ou symbole des partis ainsi que leur port et leur utilisation, les dons et libéralités ou les faveurs administratives faits à un individu, à une commune ou à une collectivité quelconque de citoyens à des fins de propagande pouvant influencer ou tenter d'influencer le vote sont et restent interdits six (06) mois avant tout scrutin et jusqu'à son terme[453]. La Cour note que la décision du lancement de la campagne du 18 février au 04 mars 2011, la CENA s'est gardée de prendre quelque décision que ce soit à propos de la période de campagne ; que conformément aux prescriptions légales, les candidats à l'élection présidentielle de mars 2011 ont fait campagne jusqu'à la veille du scrutin du 13 mars 2011 à zéro (00) heure ; qu'il n'y a donc pas violation de la loi électorale[454].

Deux points sont importants de souligner à ce niveau : l'accès équitable aux moyens de campagne (A) et le financement de la Campagne (B).

A) L'accès équitable aux moyens de campagne

En période électorale, les candidats ou listes de candidats bénéficient d'un accès équitable aux organes de communication audiovisuelle publics ou privés. Cette période court de la date de publication par la CENA des listes de candidats retenues et s'achève à la clôture du scrutin. Pendant cette période, tout candidat ou liste de candidats dispose, pour présenter son programme aux électeurs, d'un accès équitable aux moyens publics et privés d'information et de communication dans le respect des procédures et modalités déterminées par la Haute Autorité de l'Audiovisuel et de la Communication[455] (HAAC).

- *L'accès aux medias.* Les candidats et les partis politiques peuvent utiliser pour leur campagne, les médias d'Etat : radiodiffusion, télévision et presse écrite. La Haute Autorité de l'Audiovisuel et de la Communication veille à

---

[452]Article 60 du Code électoral.
[453]Article 62 du Code électoral.
[454]Décision EP 11 –062du 21 avril 2011, *Aline ABALO*
[455]Article 48 du Code électoral.

l'accès équitable aux médias d'Etat de tous candidats et partis politiques admis à prendre part aux élections[456]. La Cour a jugé qu'aux termes des dispositions de l'article 142 de la Constitution, *« la Haute Autorité de l'Audiovisuel et de la Communication (...) veille à l'accès équitable des partis politiques (...) et des citoyens aux moyens officiels d'information et de communication ». Dès lors, une décision de ladite institution qui ne réglemente pas la liberté de la presse en général, mais organise le droit à la communication dans le domaine spécifique de la campagne électorale et dans un organe officiel de presse ne viole pas le principe de la liberté de la presse »*[457].

A propos de l'accès équitable aux moyens de communication en matière d'élections législatives, la Cour juge que, s'agissant de l'invalidation de l'élection d'un député, il est de jurisprudence constante que le juge électoral n'annule une élection que dans la mesure où les fraudes électorales constatées ont eu une influence déterminante sur les résultats des élections[458] qu'il apparaît ainsi que le grief allégué d'utilisation abusive et déséquilibrée de radio TONIGNON au détriment des autres candidats adversaires et pour faire campagne hors délai n'a pas exercé une influence déterminante sur les suffrages obtenus par les 19 listes en compétition dans la 24e circonscription électorale ; que dès lors, les moyens invoqués par le requérant sont infondés ; qu'en conséquence, le recours de Monsieur Victor ABLESSOU doit être rejeté[459].

- *Manifestation et usage des lieux publics.* Les partis politiques reconnus conformément aux dispositions de la charte des partis politiques, les groupes ou alliances de partis politiques ainsi que les candidats régulièrement inscrits sont seuls autorisés à organiser des réunions électorales[460]. Dans chaque commune, le maire en accord avec la CENA doit réserver un emplacement public pour la tenue des rassemblements à caractère politique[461]. La réunion électorale est celle qui a pour but, l'audition des candidats aux fonctions de Président de la République, de député à l'AN, de conseillers communaux ou

---

[456]Article 65 du Code électoral.
[457] EL-P 96-013 du 28 février 1996, *HOUNGBEDJI Adrien.*
[458]Décision EL 11-046du 21 juillet 2011, *Victor ABLESSOU (électeur dans la 24ème circonscription électorale).*
[459]*Ibidem.*
[460]Article 55 du Code électoral.
[461]Article 52 du Code électoral.

municipaux, ou de conseillers de village ou de quartier de ville, en vue de la vulgarisation de leur programme politique ou de leur projet de société. En cas de nécessité, les candidats peuvent se faire représenter à ladite réunion[462]. Les réunions électorales sont libres. Toutefois, elles ne peuvent être tenues sur les voies publiques. Elles sont interdites entre vingt-trois (23) heures et sept (07) heures. Déclaration de toute réunion en un lieu public doit être faite au maire ou au chef d'arrondissement ou au chef de village ou de quartier de ville en son cabinet ou en sa permanence par écrit et au cours des heures légales d'ouverture des services administratifs, au moins quatre (04) heures à l'avance. Nul n'a le droit d'empêcher de faire campagne ou d'intimider de quelque manière que ce soit, un candidat ou un groupe de candidats faisant campagne dans le respect des dispositions du présent livre, sur le territoire de sa circonscription électorale [463]. Chaque réunion doit avoir un bureau composé de trois (03) personnes au moins. Le bureau est chargé de maintenir l'ordre, d'empêcher toute infraction aux lois, de conserver à la réunion le caractère qui lui a été donné par la déclaration, d'interdire tout discours contraire à l'ordre public et aux bonnes mœurs ou contenant incitation à un acte qualifié de crime ou délit. A défaut de désignation par les signataires de la déclaration, les membres du bureau sont élus par les participants à la réunion au début de celle-ci. Les membres du bureau et, jusqu'à la formation de celui-ci, les signataires de la déclaration sont responsables des inobservations des prescriptions du présent article et de l'article 57[464].

Les manifestations et rassemblements électoraux se déroulent conformément aux dispositions de la loi sur les réunions et manifestations publiques sous réserve des dispositions contraires du présent code. Toutes les manifestations culturelles traditionnelles publiques ou toutes autres manifestations susceptibles de restreindre les libertés individuelles sont interdites pendant la période allant de l'ouverture officielle de la campagne électorale au jour du vote sous peine des sanctions prévues à l'article 139, alinéa 4 du Code[465].

Pendant la période électorale, dans chaque commune, le maire en accord avec la Commission électorale nationale autonome (CENA), indique par arrêté : les lieux exclusivement destinés à recevoir les affiches et les lois se

---

[462]Article 56 du Code électoral.
[463]Article 57 du Code électoral.
[464]Article 58 du Code électoral.
[465]Article 59 du Code électoral.

rapportant aux élections ; les emplacements spéciaux réservés pour l'apposition des affiches électorales. Tout affichage relatif à l'élection, est interdit en dehors de ces emplacements spéciaux. Il est également interdit à chaque candidat de procéder à un affichage dans l'emplacement attribué aux autres candidats. Dans chacun de ses emplacements, une surface égale est attribuée à chaque candidat ou liste de candidats dans l'ordre d'arrivée des demandes[466]. Les demandes doivent être adressées par les candidats, les partis politiques ou alliances de partis politiques aux maires de la commune au plus tard soixante-douze (72) heures avant l'ouverture de la campagne électorale[467].Les affiches électorales et autres moyens de propagande doivent être retirés concurremment par la Commission électorale nationale autonome (CENA) et les autorités communales et locales, un (01) jour franc avant le début du scrutin, sous peine des sanctions prévues à l'article 144 alinéa 1er du code[468]. La Cour juge qu'il résulte des textes qu'il appartient aux autorités communales, locales et aux démembrements de la CENA et non aux candidats en compétition de procéder au retrait des affiches électorales[469].

- *Devoir de réserve des pouvoirs publics, ONG et associations.* Il est interdit à tout agent public, sous les peines prévues à l'article 144, alinéa 1er du Code, de distribuer au cours de ses heures de service, des bulletins, circulaires ou autres documents de propagande et de porter ou d'arborer des emblèmes ou des signes distinctifs des candidats[470]. En tout état de cause, il est interdit, sous peine des sanctions prévues à l'article 144 alinéa 1er du présent livre, à tout préfet et toute autorité non élue de l'administration territoriale, à tout chef de représentation diplomatique et consulaire, à tout membre de la CENA, à tout le personnel électoral en général de se prononcer publiquement d'une manière quelconque sur la candidature, l'éligibilité et l'élection d'un citoyen ou pour susciter ou soutenir sa candidature ou de s'impliquer dans toute action ou initiative qui y concourt[471]. L'utilisation des attributs, biens ou moyens de l'Etat, d'une personne morale publique, des institutions ou organismes publics aux mêmes fins est et reste interdite six (06) mois avant tout scrutin et jusqu'à son terme

---

[466]Article 50 du Code électoral.
[467]Article 51 du Code électoral.
[468]Article 67 du Code électoral.
[469]*Proclamation du 29 mars 2011 des résultats définitifs de l'élection présidentielle du 13 mars 2011.*
[470]Article 61 du Code électoral.
[471]Article 64 du Code électoral.

notamment ceux des sociétés, offices, projets d'Etat et d'institutions internationales, sous peine des sanctions prévues à l'article 144, alinéa 1er du Code[472]. La Cour rappelle que « *l'utilisation des attributs, biens ou moyens de l'Etat, d'une personne morale publique, des Institutions ou Organismes de l'Etat aux mêmes fins est et reste interdite six (06) mois avant tout scrutin et jusqu'à son terme notamment ceux des sociétés, offices, projets d'Etat et d'institutions internationales, sous peine des sanctions prévues à l'article 126 alinéa 1er de la présente loi* »[473]. Par requête du 17 février 2003 enregistrée au Secrétariat de la Cour le 18 mars 2003, Monsieur André DASSOUNDO, candidat de l'UBF dans la 9è circonscription électorale, saisit la Haute Juridiction « *d'une situation confuse* » créée par Monsieur Ibrahim Soulé AGBETOU, candidat dans la même circonscription électorale. Il expose que celui-ci « *s'est permis de déverser dans la Commune de Dassa-Zoumé, des affiches montrant que le Président KEREKOU serait le parrain de son logo* ». La Cour a rejeté sa requête au motif que la photo du PR n'est ni un attribut de l'Etat ni un bien ou moyen de l'Etat au sens de l'article 25 alinéa 2 de *la loi n° 2000-18 du 03 janvier 2001 portant règles générales pour les élections en République du Bénin*[474].

Les associations et les organisations non gouvernementales légalement reconnues ne peuvent soutenir, ni tenir des propos visant à ternir l'image des candidats ou des Partis politiques sous peine de déchéance de leur statut et des sanctions prévues à l'article 144 alinéa 1er du présent code contre les personnes physiques en charge des associations ou organisations concernées. En cas de violation de ces dispositions, il y a circonstances aggravantes lorsqu'il s'agit des associations et organisations non gouvernementales qui bénéficient des concours et privilèges octroyés par l'Etat[475].

La Cour tient compte également du critère d' « *influence déterminante* » pour sanctionner la violation des règles de la compagne électorale. Ainsi, par requête du 02 avril 1999 enregistrée au Secrétariat de la Cour à la même date, Monsieur Gratien HOUNGBEDJI saisit la Haute Juridiction d'une plainte pour entrave au bon déroulement de la campagne électorale pour les

---

[472] Article 63 du Code électoral.

[473] *Proclamation du 29 mars 2011 des résultats définitifs de l'élection présidentielle du 13 mars 2011.*

[474] Décision EL 03-002 du 20 mars 2003.

[475] Article 66 du Code électoral.

élections législatives du 30 mars 1999. La Cour a rejeté ladite requête au motif qu'elle ne dispose pas d'indicateurs pouvant lui permettre d'apprécier à la date de la saisine, l'influence que la non tenue du meeting aurait eue sur les résultats définitifs obtenus par son Parti, l'UDES[476]. La simple annonce de nomination d'un DG d'une entreprise publique, fut elle faite par le PR, ne saurait constituer un acte administratif de nomination et partant une preuve suffisante au soutien des allégations du requérant ; qu'au surplus, en matière de libéralités, le juge électoral ne prononce l'annulation de l'élection d'un député que si les libéralités alléguées ont eu une *influence déterminante* sur les résultats du scrutin dans une circonscription électorale ; que dans le cas d'espèce, à supposer même que les allégations du requérant aient été avérées, elles n'auraient pas suffi à elles seules à expliquer l'écart important de voix (1.384 contre 35.177) qui sépare l'Alliance Nouvelle Force-2011 (ANF-2011) et Forces Cauris pour un Bénin Emergent (FCBE) dans la 24ème circonscription électorale, le recours de Monsieur Victor ABLESSOU doit être rejeté[477]. Dans le même ordre d'idées, il a été jugé qu'en matière de dons et libéralités, le juge électoral ne prononce l'annulation de l'élection d'un député que si les dons et libéralités dénoncés ont eu une *influence déterminante* sur les résultats du scrutin ; que dans le cas d'espèce, il ressort de l'examen des résultats du scrutin dans la 1ère circonscription électorale que les listes UPR-FE et FCBE sont en tête avec 34690 voix pour UPR-FE et 29011 voix pour FCBE ; qu'il s'ensuit un écart de 5674 voix entre les deux listes dans la 1ère circonscription électorale ; que cet écart ne saurait amener à conclure que les dons et libéralités allégués par le requérant ont eu une *influence déterminante* sur les résultats du scrutin du 30 avril 2011 dans ladite circonscription, le recours de Monsieur Idrissou BAKO doit être rejeté[478]. En revanche, la Cour affirme sa compétente pour connaitre de la

[476] Décision EL 99-132 du 14 juillet 1999.

[477]Décision EL 11-056du 18 août 2011, *Victor ABLESSOU (électeur dans la 24ème circonscription électorale, conteste l'élection de Messieurs Natondé AKE et Zéphirin KINDJANHOUNDE, élus sur la liste FCBE dans la 24ème circonscription électorale) ;* décision EL 11-059 du 18 août 2011, *Hounsouvi Comlanvi Thomas AHINNOU (candidat aux élections législatives du 30 avril 2011 dans la 17è circonscription électorale sur la liste FCBE).*

[478]Décision EL11 053du 08 août 2011, *Idrissou BAKO (candidat aux élections législatives du 30 avril 2011 sur la liste Forces Cauris pour un Bénin Emergent dans la 1ère circonscription électorale).*

disparition de soixante-deux mille (62 000) cartes d'électeurs, dont la véracité pourrait entacher la sincérité du vote[479].

B) Financement de la campagne

Les dépenses engagées par les Partis politiques et les candidats durant la campagne électorale sont en principe à leur charge, sous réserve des éventuels remboursements.

- *Plafonnement des dépenses.* Il est interdit à tout parti politique ou à tout individu prenant part aux élections du Président de la République, des membres de l'Assemblée Nationale, des membres des Conseils communaux ou municipaux et des membres des Conseils de village ou de quartier de ville, d'engager pour la campagne électorale, par lui-même et/ou par une tierce personne :
- *plus de cinq cent mille (500 000) francs de dépenses par candidat pour l'élection des membres des Conseils de village ou de quartier de ville ;*
- *plus d'un million cinq cent mille (1 500 000) de francs de dépenses par candidat pour les élections communales ou municipales ;*
- *plus de quinze millions (15 000 000) de francs de dépenses par candidat pour les élections législatives ;*
- *et plus de deux milliards cinq cent millions (2 500 000 000) de francs pour l'élection du PR*[480].

Elaboration des comptes de campagnes. Les candidats individuels régulièrement inscrits ainsi que les Partis politiques prenant part aux élections du PR, des membres de l'AN, des membres des Conseils communaux ou municipaux et des membres de Conseils de village ou de quartier de ville sont tenus d'établir un compte prévisionnel de campagne précisant l'ensemble des ressources et des dépenses à effectuer en vue des opérations électorales par eux-mêmes et/ou pour leur compte. Ils doivent en faire dépôt contre récépissé à la Chambre des comptes de la Cour suprême, quarante (40) jours avant la date des élections. La forme et le contenu des comptes de campagne sont fixés par décret pris en Conseil des Ministres, après avis du président de la Cour suprême[481].

---

[479] Décision EL-P 01-022 du 24 février 2001, *DJREPKO Charles.*
[480] Article 110 du Code électoral.
[481] Article 111 du Code électoral.

- *Remboursement des dépenses dans la limite du plafonnement.* Dans les soixante (60) jours qui suivent le scrutin où l'élection est acquise, les candidats individuels ou les Partis politiques ayant pris part au scrutin déposent contre récépissé auprès de la chambre des comptes de la Cour suprême, le compte de campagne accompagné des pièces justificatives des dépenses effectuées. La Chambre des comptes de la Cour suprême rend publics les comptes de campagne afin de recueillir dans un délai de quinze (15) jours, les observations des Partis politiques et des candidats sur lesdits comptes. Après vérification des comptes, s'il est constaté un dépassement des dépenses de campagne, la Chambre des comptes de la Cour suprême adresse dans les quinze (15) jours, un Rapport au Procureur de la République près le tribunal de première instance de Cotonou pour les élections présidentielles ou législatives et près le tribunal de première instance territorialement compétent, en ce qui concerne les élections communales, municipales et celles des membres de Conseils de village et de quartier de ville aux fins de poursuites contre les contrevenants[482].
Pour le remboursement des frais de campagne électorale aux Partis politiques et candidats individuels, l'Etat alloue un forfait par candidat élu en ce qui concerne les élections législatives et locales. En tout état de cause, le forfait à rembourser ne peut être inférieur à cinq millions (5 000 000) de francs pour les élections législatives. Pour les élections présidentielles, le remboursement forfaitaire est fait à tout candidat ayant obtenu au moins 10% des suffrages exprimés et ne saurait être inférieur à cinq cent millions (500 000 000) de francs. Ces remboursements forfaitaires seront payés au plus tard le 31 décembre de l'année des élections aux candidats, aux Partis politiques ou aux Alliances de Partis politiques remplissant les conditions prévues par le Code[483].

La Cour a estimé que la violation de l'article 46 de *la loi n° 2010-33 du 07 janvier 2011 portant règles générales pour les élections en République du Bénin* qui interdit la propagande (6) mois avant le scrutin requiert, pour entraîner l'annulation de l'élection, **une influence déterminante** sur les résultats du scrutin ; que dans le cas d'espèce, 411 des résultats proclamés par la Cour le 09 mai 2011, il ressort que dans l'ensemble de la 24ème circonscription électorale, l'Alliance l'Union fait la Nation (UN) vient en

[482]Article 112 du Code électoral.
[483]Article 113 du Code électoral.

tête avec 36.454 voix, suivie de Forces Cauris pour un Bénin Emergent (FCBE) avec 35.177 voix ; qu'il découle de ces résultats que la création d'établissements d'Enseignement Secondaire Général alléguée par le requérant n'a pas eu une influence déterminante sur les résultats du scrutin ; que, dès lors, sa requête doit être rejetée[484].

Précisons pour terminer sur ce point que tous les citoyens ne sont pas habilités à faire campagne. En revanche, tout citoyen peut saisir la Haute juridiction pour dénoncer des cas de violation des prescriptions relatives au bon déroulement de la campagne électorale. La Cour a eu à connaitre des faits de corruption, de poursuite de la campagne au delà des heures légales ou la veille du scrutin (c'est le cas de la campagne faite le jour du scrutin dans un bureau de vote par le port du signe distinctif d'un candidat), des entraves à la liberté de faire campagne, de l'usage inégalitaire des moyens de campagnes, des questions de financement. Lors du dépouillement des documents électoraux, la Cour apprécie les dénonciations lorsqu'elles sont susceptibles d'influencer les résultats du scrutin.

Section 2. Phase purement électorale

Toutes les requêtes en contestation d'une élection donnent lieu à une décision. En matière électorale, la Cour rend trois sortes de décisions. Il s'agit des décisions d'irrecevabilité, de rejet et d'invalidation. Les requêtes sont déclarées *irrecevables* par la Cour lorsque : les requérants n'ont pas qualité pour agir ou agissent hors délai ; les requêtes n'ont pas visé la contestation d'un élu, mais demandent l'annulation des résultats de l'élection; les requêtes ne respectent pas les formes de présentation prescrites par les textes en vigueur. Les requêtes sont *rejetées* par la Cour lorsque : les requérants ne rapportent pas la preuve des faits allégués ; les faits allégués ne sont pas établis ; les faits allégués, même établis n'ont aucune influence sur les résultats du scrutin. Les décisions *d'invalidation* rendues par la Cour sont relatives à la violation de l'une des conditions d'éligibilité fixées par les lois électorales. Si dans les deux premiers cas, les décisions sont nombreuses,

---

[484]Décision EL 11-057du 18 août 2011, *Victor ABLESSOU, op cit.,* décision EL 11-058 du 18 août 2011,*Janvier François YAHOUEDEOU(candidat aux élections législatives d'avril 2011 dans la 24ème circonscription électorale sur la liste « Réveil Patriotique »).*

dans cette dernière rubrique en revanche, trois décisions retiendront notre attention[485].

La phase purement électorale commence par la convocation du corps électoral (paragraphe 1) et s'achève avec le dépouillement (paragraphe 3) en passant bien évidemment par le vote (paragraphe 2).

Paragraphe 1. Convocation du corps électoral

Si la convocation du corps électoral est une prérogative présidentielle (A), elle reste assortie d'importantes conditions. Le décret de convocation n'est pas, à la différence du droit camerounais, un acte de gouvernement[486]. Cette prérogative est dès lors susceptible de contrôle. En certaines occasions d'ailleurs, la Cour constitutionnelle a fait injonction au PR de convoquer le corps électoral pour une date précise (B). Toutefois, elle a toujours refusé d'admettre qu'elle dispose d'un pouvoir d'injonction à l'égard des pouvoirs publics. Il n'en demeure moins vrai que la formulation de ses recommandations dans bien des cas, ne fait subsister aucun doute sur l'existence d'un véritable pouvoir d'injonction.

A) Une prérogative du Président de la République

La convocation du corps électoral est en principe une prérogative du PR. La Cour constitutionnelle a jugé toutefois, qu'en sa qualité d'organe régulateur du fonctionnement des institutions, elle n'autorise le report de la date d'une élection que sur saisine du PR ou du Président de la Commission Electorale Nationale Autonome (CENA) –structure chargée de la gestion des opérations électorales. Dans les faits, elle juge que le requérant –Victor Prudent TOPANOU n'ayant ni la qualité de PR, ni celle de président de la CENA, sa

[485] QUINSOU (C), « La gestion du contentieux des élections présidentielles et législatives », *Session de formation de* l'Association *Africaine des Hautes Juridictions Francophones (AAHJF), ERSUMA, p. 389 et ss.*

[486] En contentieux des élections nationales camerounaises, v° Ordonnance de référé n°01/OR/CS/PCA/92-93 du 02 octobre 1992, affaire UDC c /Etat du Cameroun ; v° les observations GUIMDO (R) in *juridis info* n°14 avril-mai-juin 1993, p.60 ; Ordonnance de référé n°03/OR/CS/PCA/92-93 du 02 octobre 1992, affaire SDF et UFDC c/ Etat du Cameroun ; Ordonnance de référé n°02/OR/CS/PCA du 02 octobre 1992, affaire SDF c / Etat du Cameroun.

requête doit être déclarée irrecevable pour défaut de qualité[487]. Dans une autre espèce, elle va dans le même sens en rappelant les causes possibles de report d'élections, après avoir visé les dispositions des articles 46 et 114 de la Constitution : *« La convocation des électeurs est faite par décret pris en Conseil des Ministres »*, la Cour rappelle que la convocation du corps électoral est une prérogative du PR, qu'elle n'autorise le report de la date prévue pour les élections que sur saisine soit du PR soit du président de la CENA, et ce, en cas de difficultés empêchant le respect de la date initialement prévue ; que dans le cas d'espèce, la Cour constitutionnelle n'étant saisie ni par le PR, ni par le président de la CENA, il y a lieu de dire et juger que les requêtes de l'Alliance *« ABT »* et de Maître Abdou Waïdi MOUSTAPHA sont irrecevables[488].

B) Une prérogative conditionnée

La convocation du corps électoral est conditionnée par le respect des délais constitutionnels. Le PR doit dans l'exercice de cette prérogative, observer le calendrier prévu par la Constitution. La Loi fondamentale prévoit qu'en ce qui concerne l'élection présidentielle, la convocation des électeurs est faite par décret pris en Conseil des ministres. Le premier tour du scrutin de l'élection du PR a lieu trente (30) jours au moins et quarante (40) jours au plus avant la date d'expiration des pouvoirs du Président en exercice[489]. Le mandat du nouveau PR prend effet pour compter de la date d'expiration du mandat de son prédécesseur[490].

La Convocation est conditionnée par ces délais constitutionnels et les exigences de forme et procédure ; ainsi, la Cour a jugé que le décret qui fixe le second tour de l'élection du PR au 21 mars 1996 alors que le premier tour a lieu le 03 mars 1996 a été pris en méconnaissance de la Constitution[491]. Le juge constitutionnel intervient en outre pour reporter les élections nationales : il a reporté par exemple l'élection présidentielle en 2001, 2006, 2011, 2016 ou pour fixer la convocation du corps électoral à date certaine,

---

[487]Décision EP 11 –049du 31 mars 2011, *Victor Prudent TOPANOU.*

[488]Décision EP 11 –016du 23 février 2011, *(report de la date du premier tour de l'élection du Président de la République).*

[489]Article 334 du Code électoral.

[490]Article 335 du Code électoral.

[491] EL-P 96-015 du 13 mars 1996, *OSHO Pierre, AKLAMAVO Jérôme.*

comme il l'a fait en 2015 à propos de l'élection présidentielle et des élections parlementaires.

S'agissant tout d'abord du report de l'élection présidentielle, à propos de l'élection présidentielle de 2001, la Cour a constaté que la CENA ne pouvant manifestement pas accomplir toutes les opérations qu'appelle la mise en œuvre des articles 45, 46, 47 de la Constitution, il y'a lieu d'ordonner le report du second tour du scrutin présidentiel du 18 mars 2001 en vertu de l'article 144 de la Constitution[492]. Pour l'élection de 2006, elle juge qu'entre le 16 mars 2006 et le 19 mars 2006, la CENA ne pouvait manifestement pas accomplir toutes les opérations qu'appelle la mise en œuvre des dispositions des articles 45, 46 et 47 de la Constitution. En conséquence, en vertu de l'article 114 de la Constitution, elle autorisa le report de la date du second tour du scrutin présidentiel du 19 mars 2006 au 22 mars 2006 et invita le chef de l'Etat à convoquer aux urnes à cette date le corps électoral[493]. Conformément à cette décision, la Cour a apporté un bémol par rapport à l'autorité de ses décisions dans un souci de cohérence, elle juge que : le président de la CENA a informé le président de la Cour constitutionnelle de la décision de l'Assemblée plénière de la CENA d'organiser le second tour de l'élection présidentielle le 19 mars 2006, décision dont la Cour a pris acte dans la proclamation des résultats définitifs de l'élection présidentielle du 16 mars 2006[494]. Dès lors, il n'y avait pas lieu de statuer sur les requêtes relatives à l'exécution de la *décision EL-P 06 -019 du 16 mars 2006*. En conséquence, au regard de l'article 124 de la Constitution, il y a lieu de déclarer irrecevable la requête de l'intéressé. En 2011, ayant constaté qu'il ressort des éléments du dossier qu'à la date du 03 mars 2011, l'impression de la liste d'émargement des électeurs n'était pas totalement terminée, la localisation de certains bureaux de vote ainsi que la distribution des cartes d'électeur souffraient de beaucoup d'insuffisances ; que par ailleurs, la mise en place du matériel sensible se trouvait hypothéquée du fait de la désignation tardive et de la contestation des membres de certaines Commissions Electorales Communales (CEC) et Commissions Electorales d'Arrondissement (CEA) ; qu'enfin, au jour de la décision de la Cour, il n'était pas encore procédé à la désignation et à la formation des membres des bureaux de vote ; que le délai entre le 03 mars et le 06 mars 2011 ne

---

[492] Décision EL-P 01-053 du 17 mars 2001, *Président de la CENA*.
[493] Décision EL-P 06-019 du 16 mars 2006, *Président de la CENA*.
[494] Décision EL-P 06-026 du 20 juin 2006, *Prince AGBODJAN Roberto*.

permettait manifestement pas à la CENA d'accomplir les tâches indispensables pour un scrutin crédible ; qu'en conséquence, conformément à l'article 114 de la Constitution, la Cour autorise le report de la date de l'élection du PR du 06 mars 2011 au 13 mars 2011 et invite le Chef de l'Etat à convoquer le corps électoral aux urnes pour cette nouvelle date[495]. En 2016, le report est lié aux cartes d'électeurs, le 1er tour de la présidentielle initialement prévu le 28 février a eu lieu finalement le 06 mars.

S'agissant ensuite du report des élections législatives, la Haute juridiction est intervenue récemment –en janvier 2015, pour régler le calendrier en matière des élections législatives et municipales et inviter le PR à convoquer le corps électoral à une date précise. Elle a ainsi résolu une situation de blocage pouvant conduire à une crise politique. La rédaction de la décision en articles fait d'ailleurs penser aux *« arrêts de règlements »* connus en France à une certaine époque. La Cour constitutionnelle béninoise souligne expressément : *« (...) Article 6. Les élections législatives doivent avoir lieu impérativement le 26 avril 2015. Article 7. Le Président de la République doit convoquer le 14 février 2015, par décret pris en conseil des ministres, le corps électoral pour les élections législatives du 26 avril 2015. Article 8. Les élections municipale, communale et locale doivent impérativement avoir lieu le 31 mai 2015. Article 9. Le Président de la République doit convoquer le 03 mars 2015, par décret pris en conseil des ministres, le corps électoral pour les élections municipale, communale et locale du 31 mai 2015 ».*

Les développements qui précédent montrent clairement que le PR n'a pas la maitrise du calendrier électoral : *primo* – dans le cas où les délais constitutionnels ont été prévus, le Chef de l'Etat est tenu de les respecter ; *secundo* – l'acte de convocation du corps électoral doit remplir les conditions de forme et procédure. Sur la forme, il doit s'agir d'un décret et sur la procédure, il doit être pris en Conseil des Ministres ; *tertio* –la Cour constitutionnelle peut autoriser le report des élections à la demande du PR, du Président de la CENA ou d'office, sur base notamment de l'article 114 de la Constitution.

---

[495]Décision EP 11-024 du 04 mars 2011 *CENA, (report de date de scrutin).*

Paragraphe 2. Déroulement du scrutin

Deux précisions sont intéressantes à ce niveau : il convient de s'interroger sur les caractéristiques du vote (A) et sur les bureaux de vote (B).

A) Caractéristiques du vote

La Circonscription électorale est le territoire national, y compris les représentations diplomatiques et consulaires de la République du Bénin à l'étranger. La CENA, en liaison avec le Gouvernement, prend les dispositions nécessaires pour permettre aux Béninois résidant à l'étranger d'exercer leur droit de vote dans le respect des textes en vigueur[496]. Les résultats des élections dépendent partiellement du mode de suffrage (1) et le mode de scrutin (2).

1) Mode de suffrage

Le Code électoral définit l'élection à l'article 2 comme *« le choix libre par le peuple du ou des citoyens appelés à conduire, à gérer ou à participer à la gestion des affaires publiques. »* L'article 3 est général, il précise que *« Le suffrage est universel, direct, égal et secret. Les partis politiques concourent à l'expression du suffrage ».* Le mode de suffrage ne varie pas fondamentalement pour ce qui est de l'élection présidentielle et des élections législatives.

Election présidentielle. L'article 42 de la Constitution dispose que le PR est élu au suffrage universel direct pour un mandat de (5) cinq ans renouvelable une seule fois. L'alinéa 2 est formel : *« En aucun cas, nul ne peut exercer plus de deux mandats présidentiels ».* Cette disposition est le point névralgique du constitutionnalisme africain. On devrait lire l'article 42 en combinaison avec l'article 6 qui précise aussi bien *l'égalité* que *le secret* de l'élection : *« Le suffrage est universel, égal et secret. Sont électeurs, dans les conditions déterminées par la loi, tous les nationaux béninois des deux sexes âgés de dix-huit ans révolus et jouissant de leurs droits civils et politiques ».*

---

[496] Article 346 du Code électoral.

Elections législatives. L'article 80 de la Constitution dispose que « *les députés sont élus au suffrage universel direct. La durée du mandat est de quatre ans. Ils sont rééligibles. Chaque député est le représentant de la Nation toute entière et tout mandat impératif est nul* ».

2) Mode de scrutin

Si le suffrage universel direct et secret est appliqué à l'ensemble des élections[497], il en va différemment du mode de scrutin. Intéressons-nous à l'élection présidentielle et aux élections des Députés. En règle générale, le corps électoral est convoqué par le PR, par décret pris en Conseil des Ministres (90) quatre-vingt-dix jours avant la fin du mandat en cours. Le scrutin dure neuf (09) heures pour une élection ordinaire et dix (10) heures en cas de couplage de deux ou plusieurs élections. Le scrutin se déroule en un seul et même jour sur toute l'étendue du territoire national y compris les représentations diplomatiques et consulaires[498].

Election présidentielle. La Constitution prévoit un scrutin uninominal, majoritaire à deux tours. Le premier tour du scrutin a lieu trente jours (30) jours au mois et quarante jours (40) au plus avant la date d'expiration des pouvoirs du Président en exercice. L'article 45, alinéa 1er de la Constitution prévoit que le second tour doit être organisé dans un délai de quinze (15) jours[499]. En 1996, la Cour affirma qu'elle ne fût pas compétente pour reporter l'élection présidentielle, elle a depuis lors opéré un revirement, comme on l'a vu ci-dessus. Toutefois, elle ne peut être saisie à cet effet que par le PR et le président de la CENA, elle peut bien sûr en vertu de son rôle constitutionnel, le faire d'office. La Cour affirme tout aussi, et cela se comprend aisément, son incompétence pour délivrer un mandat d'arrêt ou pour engager des poursuites judiciaires[500]. Il a été jugé que le mandat du nouveau PR prenant effet à partir de l'expiration du mandat de son prédécesseur (article 47). Aux termes de l'article 45, le PR est élu à la majorité des suffrages exprimés. Si celle-ci n'est pas obtenue au premier tour de scrutin, il est procédé, dans un délai de quinze jours (15) jours, à un

[497]Article 3 du Code électoral.
[498] V° articles 68 et 69 du Code électoral.
[499] Décision EL-P 01-048 du 15 mars 2001, *DJOSSOU Félix ;* décision EL-P 06-019 du 16 mars 2006, *Président de la CENA.*
[500] Décision EL-P 01-09 du 12 février 2001, *SANTOS Florentin.*

second tour. Seuls peuvent se présenter au second tour du scrutin les deux candidats qui ont obtenu le plus grand nombre de suffrages au premier tour[501]. En cas de désistement de l'un ou de l'autre des deux candidats, les suivants se présentent dans l'ordre de leur classement après le premier scrutin. Est déclaré élu au second tour, le candidat ayant obtenu la majorité relative des suffrages exprimés[502].

Elections des Députés. Pour les Parlementaires, le mode de scrutin est défini aux articles 349 et 350 du Code électoral, dispositions contenues dans la partie relative aux règles particulières pour l'élection des membres de l'AN. Selon l'article 349 du Code, les Députés à l'AN sont élus au suffrage universel direct au scrutin de liste à la représentation proportionnelle pour un mandat de quatre (04) ans. Ils sont rééligibles. Chaque député est le représentant de la Nation toute entière. Tout mandat impératif est nul. L'article 350 détermine avec précision, à la fois le nombre de siège de l'AN à pourvoir et le nombre de circonscriptions électorales en les énumérant. Le nombre de Députés de l'AN est donc de (83) quatre-vingt-trois et le territoire national est divisé en (24) vingt-quatre circonscriptions électorales.

L'article 353 du Code définit clairement le mode de calcul et d'attribution des sièges. Ainsi, l'attribution des sièges aux différentes listes en présence s'effectue selon le système du quotient électoral : le nombre de suffrages valablement exprimés est divisé par le nombre de sièges à pourvoir pour obtenir le quotient électoral de la circonscription électorale. Le nombre de voix obtenues par chaque liste est divisé par ce quotient électoral et le résultat donne le nombre de sièges à attribuer à la liste. Les sièges restants sont attribués selon la règle de la plus forte moyenne. Le nombre de suffrages exprimés ne doit pas être confondu avec le nombre d'inscrits ou le

---

[501] *Proclamation des résultats définitifs de l'élection présidentielle du 03 mars 1996, Ministre de l'Intérieur, de la Sécurité et de l'Administration territoriale ; proclamation des résultats provisoires de l'élection présidentielle du 18 mars 1996, Ministre de l'Intérieur, de la Sécurité et de l'Administration territoriale ; proclamation des résultats définitifs de l'élection présidentielle du 18 mars 1996, KEREKOU Mathieu, SEGLO Nicéphore ; proclamation des résultats de l'élection présidentielle du 04 mars 2001, CENA ; proclamation des résultats définitifs de l'élection présidentielle du 05 mars 2006 ; proclamation des résultats définitifs de l'élection présidentielle du 06 mars 2016.*

[502] *Proclamation des résultats provisoires de l'élection présidentielle du 22 mars 2001, CENA ; proclamation des résultats provisoires de l'élection présidentielle du 06 mars 2016.*

nombre de votants. Une fois le quotient électoral obtenu, on divise comme on vient de le dire le nombre de voix obtenu par chaque liste, par le quotient électoral. En règle générale, les sièges restants peuvent être attribués selon au moins trois procédés : la méthode du plus fort reste ; la méthode de la plus forte moyenne ; la méthode d'HONDT que l'on appelle encore la méthode Jefferson. Les incidences de ces méthodes sur les résultats ne sont pas identiquement les mêmes, le Bénin a choisi la méthode de la plus forte moyenne pour l'attribution des sièges restants.

B) Bureaux de vote

L'article 98, 14ème tiret de la Constitution dispose : *« Sont du domaine de la loi les règles concernant : l'organisation territoriale, la création et la modification de circonscriptions administratives ainsi que les découpages électoraux ». La loi n° 2013-09 du 03 septembre 2013 porte détermination de la carte électorale et fixation des centres de bureaux de vote en République du Benin.* L'article 9 de cette loi prévoit que *« le centre de vote est créé ou supprimé par la loi. Il peut être suspendu dans les conditions fixées par l'article 9 de la présente loi ».* Le droit de vote est exclu en cas de détention préventive[503].

1) Désignation des membres de bureaux de vote

Il est établi que le pouvoir de nomination et de désignation des membres des bureaux de vote appartient à la CENA et son démembrement. Les candidats n'ont qu'un pouvoir de proposition ; la défaillance d'un ou de plusieurs candidats à exercer ce droit –juge la Cour, ne saurait retarder ni empêcher l'obligation qui échoit à la CENA et à ses démembrements d'accomplir leurs missions. Au surplus, selon l'article 35 de la Constitution *: « Les citoyens chargés d'une fonction publique ou élus à une fonction politique ont le devoir de l'accomplir avec conscience, compétence, probité, dévouement et loyauté dans l'intérêt et le respect du bien commun ».* La Cour en déduit que l'intérêt et le respect du bien commun exigent en l'espèce de la CENA et de ses démembrements de prendre, dans le cadre de leurs pouvoirs de gestion, toute initiative pour conduire avec diligence les opérations utiles aux fins d'une élection transparente et fiable ; qu'il n'est point nécessaire pour la CENA de recourir à une autorisation de la Haute juridiction ; son pouvoir en

[503] DCC 05-148 du 1er décembre 2005, *MOUMAGNON Efiotodji.*

l'espèce inclut d'office l'habilitation à la suppléance et il appartient, le cas échéant, au candidat défaillant de saisir la Cour, s'il estime avoir été lésé dans ses droits ; qu'en conséquence, il y a lieu de dire et juger que le recours de la CENA est sans objet[504].Le Code électoral en son article 76 vient régler la question, en prévoyant que le poste de vote est tenu selon qu'il s'agit d'élections ordinaires ou d'élections couplées respectivement par cinq (05) et sept (07) agents électoraux. Les membres du poste de vote sont composés de :

- *un (01) président ;*
- *deux (02) assesseurs ;*
- *un (1) représentant de la majorité parlementaire ;*
- *un (1) représentant de la minorité parlementaire, tous inscrits sur la liste électorale de la commune.*

En cas de couplage, outre le représentant de la majorité parlementaire et le représentant de la minorité parlementaire, le poste de vote est composé d'un (01) président et deux (02) assesseurs par urne. Ils sont désignés parmi les agents électoraux préalablement formés par la CENA et dont la liste est régulièrement mise à jour par celle-ci. Le président du poste de vote est désigné parmi les cadres A ou B ou équivalent en activité ou à la retraite résidant dans le Département. Les assesseurs composant les postes de vote seront titulaires du Baccalauréat ou d'un niveau équivalent.

2) Emplacement des bureaux de vote

Il a été jugé sous l'empire de l'article 54, alinéa 6 de *la loi n° 2010-33 du 07 janvier 2011 portant règles générales pour les élections* qu' : « *Il est interdit de placer des bureaux de vote dans les locaux des institutions d'Etat tels que la Présidence de la République, l'Assemblée Nationale, les ministères, les préfectures, les mairies, les Camps des forces armées et de sécurité ainsi que dans les habitations et les lieux de culte (...) »,* que dans le cas d'espèce, il résulte des pièces du dossier que contrairement aux allégations du requérant, le bureau de vote dont il s'agit est placé dans l'Ecole primaire publique du Camp Guézo et non dans le Camp Guézo lui-même, qui est un camp militaire, qu'il n'y a pas, en conséquence, violation de la loi électorale ; la

---

[504]Décision EP 11–041 du 11 mars 2011, *Joseph GNONLONFOUN (Président de la Commission Electorale Nationale Autonome (CENA).*

requête de Monsieur Richard SOGLO est rejetée[505]. Pourtant par sa décision *DCC 14-137 du 15 juillet 2014*, la Cour s'est déclarée incompétente motif pris de ce que l'installation d'un poste de vote dans une localité n'entre pas dans son champ de compétence tel que défini par les articles 114 et 117 de la Constitution. Décision confirmée le 16 novembre 2015[506].

En 2015[507], le PR, sur le fondement des articles 117 et 121 de la Constitution, défère à la Haute juridiction pour contrôle de conformité à la Constitution, *la loi n° 2015-02 modifiant et complétant la loi n° 2013-09 du 03 septembre 2013 portant détermination de la carte électorale et fixation des centres de vote en République du Bénin,* votée par l'AN le 09 janvier 2015. La Cour a jugé que sont conformes à la Constitution toutes les dispositions de *la loi n° 2015-02 modifiant et complétant la loi n° 2013-09 du 03 septembre 2013 portant détermination de la carte électorale et fixation des centres de vote en République du Bénin* votée par l'AN le 09 janvier 2015.

3) Le matériel du Bureau de vote

Le Code détermine de manière précise (article 70) le matériel électoral par poste de vote, il comprend notamment :

- *une urne transparente ;*
- *un ou plusieurs isoloirs ;*
- *deux (02) lampes ;*
- *l'encre indélébile ;*
- *la liste électorale du poste de vote ;*
- *la liste d'émargement ;*
- *les feuilles de dépouillement ;*
- *les procès-verbaux du déroulement du scrutin ;*
- *des bulletins de vote en nombre suffisant ;*
- *du registre des votes par procuration ;*

---

[505] Décision EP 11 –048du 31 mars 2011, *CENA, Richard SOGLO, (contestation d'implantation de bureau de vote).*

[506] DCC 15-237 du 16 novembre 2015, *Messieurs Brice AMOUSSOU, Jules SINGUIN, Cosme HOUGNISSODE, Gilbert TOSSOU et Simplice KEDOWIDE, tous agissant pour le compte du Conseil d'arrondissement de Damè.*

[507] DCC 15-057 du 05 mars 2015, *Président de la République.*

- *du registre des votes par dérogation ;*
- *l'enveloppe fermée et scellée à la vraie cire envoyée par la CENA et contenant : le cachet d'identification et d'authentification du poste de vote ; le cachet de vote ; les bâtons de cire.*

Avant l'ouverture du scrutin, les membres du poste de vote s'assurent de la disponibilité en quantité suffisante des bulletins uniques et de tout le matériel électoral. Procès-verbal en est dressé (article 71, alinéa 1). La Cour a jugé sous l'empire de l'ancienne loi de 1995, qu'il résulte des dispositions de l'article 37 et 67 de la *loi n°94 -013 du 12 janvier 1995* que l'impression, même en couleur, par la CENA, des bulletins de vote de chaque candidat est à charge exclusive de l'Etat. C'est donc à bon droit que la Cour constitutionnelle a annulé la décision de la CENA de faire supporter aux candidats aux élections présidentielles le coût, même partiel, de l'impression en polychromie de leurs bulletins de vote[508].

Pour garantir la transparence absolue, le législateur a prévu que chaque candidat pour l'élection présidentielle ou chaque candidat ou chaque liste de candidats pour les élections législatives, communales ou municipales, de village ou de quartier de ville, a le droit de contrôler, par lui-même ou par un délégué dûment mandaté par lui et par poste de vote, toutes les opérations de vote, de dépouillement des bulletins et de décompte des voix, ainsi que d'exiger l'inscription au procès-verbal de toutes observations, soit avant la proclamation des résultats du scrutin, soit après, mais avant que le procès-verbal ait été placé sous pli scellé. Le procès-verbal est signé par les délégués s'ils sont présents. Le défaut de signature par un délégué ne peut être une cause d'annulation des résultats du vote sauf s'il est prouvé qu'il en a été illégalement empêché[509].

[508] Décision EL-P 96-005 du 20 février 1996, *AMOUSSOU Bruno, HOUNGBEDJI Adrien.*

[509] Article 73 du Code électoral. Cette disposition reprend *in extenso* l'article 56, alinéa 1er de *la loi n° 2010-33 du 07 janvier 2011 portant règles générales pour les élections en République du Bénin.*

Paragraphe 3. Dépouillement et procès-verbaux

Le dépouillement est constitué du décompte des voix et de l'établissement des procès-verbaux (A) ; mais aussi des comptes rendus (B).

A) Décompte des voix

Sous l'empire de l'article 79, alinéas 1 et 2 de la loi n° 2010-33 du 7 janvier 2011 portant règles générales pour les élections, la Cour rappelle que « *le dépouillement suit immédiatement la clôture du scrutin. Il est conduit sans désemparer jusqu'à son achèvement complet. Le dépouillement du scrutin est public. Il a lieu dans le bureau de vote (...)* », la Cour a jugé dans les faits qu'il résultait de cette disposition que les bulletins contenus dans trois urnes n'ayant pas fait l'objet d'un dépouillement immédiat, public et sur place, ils doivent être déclarés nuls [510] .L'article 97 du Code consacre cette jurisprudence et fixe désormais les règles minimales devant présider au décompte des voix. Le dépouillement suit immédiatement la clôture du scrutin. Il est conduit sans désemparer jusqu'à son achèvement complet. Il est public et a lieu dans le poste de vote. Il se déroule de la manière suivante :

- *l'urne est ouverte et le nombre de plis est vérifié. Si ce nombre est supérieur à celui des émargements de la liste, mention en est immédiatement faite au procès-verbal ;*

- *les membres du poste de vote effectuent le dépouillement des votes et le décompte des voix, assistés de scrutateurs choisis par le président parmi les électeurs présents sachant lire et écrire le français ;*
- *le dépouillement s'effectue sur une table unique ou sur plusieurs tables assemblées sur lesquelles le président répartit les plis. A chaque table, l'un des scrutateurs déplie le bulletin et le passe déplié à un autre scrutateur. Celui-ci le lit à haute voix et le montre au public. Le vote exprimé sur le bulletin est reporté au tableau par l'un des scrutateurs puis relevé par l'un des membres du poste de vote sur les feuilles de dépouillement ;*

---

[510] *Proclamation du 20 mars 2011 des résultats de l'élection présidentielle du 13 mars 2011.*

- les tables sur lesquelles s'opère le dépouillement sont disposées de manière à être visibles pour les électeurs.

En cas de couplage des élections, la même procédure est suivie pour la deuxième urne. Dans ce cas, les feuilles de dépouillement et les procès-verbaux sont de couleurs différentes et portent en en-tête, en caractère gras, la dénomination de l'élection concernée.

2) Procès-verbal

S'agissant des règles liées au procès-verbal, le Code reprend, en ses articles 100 et 101, les acquis de la jurisprudence et de la pratique électorale en la matière. Ainsi, le procès-verbal de déroulement du scrutin est établi sur un bloc en papier carbone spécial comportant cinq (05) feuillets autocopiants et numérotés de 1 à 5. Chaque feuillet numéroté a valeur d'original. Ces feuillets servent à la reconstitution des résultats en cas de contestation, de perte ou de destruction. Le bloc en papier carbone spécial doit assurer une nette lisibilité des feuillets autocopiants. Le choix et l'approvisionnement en bloc en papier carbone spécial est de la responsabilité personnelle du Président de la CENA qui doit prendre des mesures pour assurer sa bonne qualité.

Le procès-verbal du déroulement du scrutin doit obligatoirement porter les mentions suivantes :
- la localisation du poste de vote ;
- le numéro du poste de vote ;
- la circonscription électorale ;
- la date du scrutin ;
- l'heure de démarrage du scrutin ;
- l'heure de clôture du scrutin ;
- le nombre d'inscrits ;
- le nombre de votants constaté par les émargements ;
- le nombre de bulletins contenus dans l'urne ;
- les suffrages valables exprimés ;
- le nombre de bulletins nuls ;
- la répartition des suffrages exprimés par candidats ou liste de candidats ;

- les réclamations et les observations éventuelles des représentants des candidats, des listes de candidats ou des Partis politiques ou Alliances de Partis politiques ;
- les réclamations rédigées par les électeurs, s'il y en a ;
- l'identité et la signature de tous les membres du bureau de vote concerné.
Il est fait obligation à tous les membres du bureau de vote, de signer tous les procès-verbaux de déroulement du scrutin et les feuilles de dépouillement, de remplir de façon lisible, sans rature ni surcharge les procès-verbaux de déroulement du scrutin, ainsi qu'au président du poste de vote de s'assurer de la qualité du bloc en papier carbone spécial et de recevoir les réclamations des électeurs sous peine des sanctions prévues à l'article 138, alinéa 2 du Code. Dans chaque poste de vote, dès la fin du dépouillement, les membres du poste de vote remplissent les procès-verbaux et les feuilles de dépouillement. Le président du poste de vote établit autant de blocs de procès-verbal que de plis à confectionner et de représentants de candidats, de Partis et Alliances de Partis politiques à servir.

Le premier assesseur remplit autant de blocs de feuilles de dépouillement et les soumet à la vérification et signature du président du poste de vote. Tout membre de poste de vote qui délivre ou tente de délivrer un procès-verbal et/ou une feuille de dépouillement non conforme aux résultats du vote est passible des peines prévues par le Code. Sont passibles des mêmes peines, les représentants de candidat, de Parti politique, d'Alliance de Partis politiques, d'ONG légalement reconnue, qui se seraient fait délivrer un procès-verbal ou une feuille de dépouillement non conforme aux résultats réellement sortis des urnes[511].

B) Compte-rendu

Sous l'empire de l'ancienne loi, article 81, alinéas 1 et 3 : *« Immédiatement après le dépouillement, le résultat du scrutin est rendu public et affiché sur les lieux mêmes du vote. Il peut être rendu public par tous moyens d'information. Ce résultat est provisoire. Mention de ce résultat est portée au procès-verbal de déroulement du scrutin rédigé par le président et le secrétaire du bureau de vote ».* La Cour a jugé qu'il résulte de la lecture combinée de ces dispositions que tout candidat à une élection a le droit de

---

[511] V° article 101 du Code électoral.

contrôler par lui-même ou par un délégué dûment mandaté les opérations de vote, de dépouillement des bulletins et de décompte des voix ; que suite au dépouillement, mention des résultats est portée sur le procès-verbal de déroulement du scrutin et sur la feuille de dépouillement ; que la Cour constitutionnelle arrête et proclame les résultats sur la base de ces documents. Les seuls résultats pris en compte sont donc ceux consignés par les membres des bureaux de vote sur les procès-verbaux et les feuilles de dépouillement et non les compilations de résultats faites par la CENA ou ses démembrements[512].

Cette matière est désormais réglée par les articles 104 et suivants. Le pli scellé destiné à la Cour constitutionnelle est composé :

- *du volet n°1 du procès-verbal de déroulement du scrutin ;*
- *du volet n°1 de la feuille de dépouillement ;*
- *des bulletins nuls ;*
- *des souches des bulletins de vote ;*
- *du registre des votes par procuration, le cas échéant ;*
- *des réclamations et observations éventuelles des représentants des candidats, des listes de candidats ou des partis politiques ;*
- *des réclamations rédigées par les électeurs, s'il y en a.*

Le pli scellé destiné à la CENA est composé :

- *du volet n° 2 du procès-verbal de déroulement du scrutin ;*
- *du volet n° 2 de la feuille de dépouillement.*

Le dernier pli scellé est composé dans l'ordre de leur indication :
- *du volet n° 3 du procès-verbal de déroulement du scrutin ;*
- *du volet n° 3 de la feuille de dépouillement.*

A la fin de la constitution des plis, tout le reste du matériel électoral à savoir la liste électorale, les bulletins de vote exprimés, les bulletins de vote vierges restants, les feuilles de dépouillement restantes, l'encre indélébile, l'encreur, les cachets sont remis dans l'urne. L'urne est scellée et immédiatement

---

[512] *Proclamation du 29 mars 2011 des résultats définitifs de l'élection présidentielle du 13 mars 2011.*

convoyée au chef-lieu de l'Arrondissement où le coordonnateur la transmet à la CENA par les voies les plus rapides[513].

Les listes d'émargement de chaque poste de vote signées du président et des assesseurs, demeurent déposées pendant huit (08) jours dans les Mairies, dans les Ambassades ou Consulats où elles sont communiquées sans déplacement à tout électeur requérant. A l'expiration de ce délai, lesdites listes d'émargement sont transmises à la CENA pour être archivées[514].

Section 3. Phase postélectorale

Le Code (article 115) renvoie aux dispositions de l'article 117 alinéa 2 de la Constitution du 11 décembre 1990 qui donnent la compétence à la Cour constitutionnelle de : *veiller à la régularité de l'élection du PR ; examiner les réclamations, statuer sur les irrégularités qu'elle aurait pu, par elle-même relever, et proclamer les résultats du scrutin.* Les décisions de la Cour sont publiées immédiatement après la proclamation des résultats. L'article 116 renvoie aux articles 117, alinéa 3, et 81, alinéa 2 de la Constitution, qui prévoient que la Cour statue, en cas de contestation, sur la régularité des élections législatives, statue souverainement sur la validité de l'élection des Députés. Selon l'article 124 du Code électoral, tout le contentieux électoral relatif aux élections présidentielles ou législatives est soumis à la Cour constitutionnelle qui statue conformément aux textes en vigueur.

La Haute juridiction a précisé que, si elle a une compétence générale en matière de contentieux électoral, les infractions à la propagande électorale relèvent quant à elles des juridictions de l'ordre judiciaire ; que dans le cas d'espèce, les faits invoqués par le requérant s'analysent comme une infraction aux lois sur la propagande électorale et doivent en conséquence être déférés au Procureur de la République ; la Cour doit dès lors se déclarer incompétente pour en connaitre [515] .La Cour a jugé sous l'empire de l'ancienne loi, qu' il résulte des dispositions des articles 55 et 56 de *la loi organique n° 91-009 du 04 mars 1991*sur la Cour, qu'est irrecevable la

---

[513] V° article 105 du Code électoral.
[514] V° article 106 du Code électoral.
[515]Décision EP 11 -015 du 23 février 2011 *(infractions à la propagande électorale : lacération d'affiches de campagne, article 106 du Code électoral).*

requête qui a été adressée à la CENA qui n'a pas qualité pour la recevoir et qui a été présentée avant la proclamation, le 16 avril 1995, des résultats définitifs des élections législatives du 28 mars 1995 par la Cour [516].

La phase postélectorale commence avec la proclamation des résultats (paragraphe 1) ; viennent ensuite les éventuelles contestations des résultats. Il convient d'insister à ce niveau tout particulièrement sur les procédures (paragraphe 2).

Paragraphe 1. Proclamation des résultats

A titre de rappel, aux termes de l'article 49 de la Constitution, seule la Cour constitutionnelle est compétente pour constater les résultats de l'élection du

---

[516] Décision EL 95-015 du 20 avril 1995, *BALLO Martial* ; décision EL 95-016 du 20 avril 1995, *SANDA François ;* décision EL 95-017 du 20 avril 1995, *KORA Yarou et SEIDOU Baguiri* ; décision EL 95-018 du 20 avril 1995, *Militants et Sympathisants de l'UDS de Kandi ;* décision EL 95-020 du 20 avril 1995, *OROUYE Sabi* ; décision EL 95-022 du 20 avril 1995, *SANNI Séko ;* décision EL 95-023 du 20 avril 1995, *Parti National du Travail (PNT) ;* décision EL 95-024 du 20 avril 1995, *Union Démocratique des Forces du Progrès (UDFP) ;* décision EL 95-038 du 22 avril 1995, *HOUEDENOU Pierre* ; décision EL 95-042 du 24 avril 1995, *MASSAOUDOU Ligali* ; décision EL 95-043 du 24 avril 1995, *Union pour la Démocratie et la Solidarité Nationale* ; décision EL 95-044 du 24 avril 1995, *« le Cheval Qui Gagne »* ; décision EL 95-046 du 24 avril 1995, *HOUNTONDJI Jean Alexandre* ; décision EL 95-050 du 24 avril 1995, *Parti du Renouveau Démocratique ;* décision EL 95-051 du 24 avril 1995, *Parti Républicain ;* décision EL 95-052 du 24 avril 1995, *BAMOU Franck* ; décision EL 95-053 du 24 avril 1995, *Union pour le Travail et la Démocratie ;* décision EL 95-054 du 24 avril 1995, *Rosine CODJO ;* décision EL 95-055 du 24 avril 1995, *Rassemblement des Démocrates Libéraux pour la Reconstruction Nationale* ; décision EL 95-062 du 24 avril 1995, *Secrétaire Générale de l'Alliance pour la Démocratie et le Progrès ;* décision EL 95-064 du 25 avril 1995, *BIAOU Alimatou ;* décision EL 95-065 du 25 avril 1995, *AKOUEDEGNON Damien* ; décision EL 95-066 du 25 avril 1995, *BOKO Zinsou, GUEDENON Léonard* ; décision EL 95-067 du 25 avril 1995, *MANTE Louis, KOUBETTI Corneille ;* décision EL 95-068 du 25 avril 1995, *BIAOU Adolphe ;* décision EL 95-069 du 25 avril 1995, *DANGOU Taïrou* ; décision EL 95-070 du 25 avril 1995, *KASSA Magnini ;* décision EL 95-071 du 25 avril 1995, *HOUNKPEVI Ouabi ;* décision EL 95-072 du 25 avril 1995, *ALAZA S. ;* décision EL 95-073 du 25 avril 1995, *Parti du Renouveau Démocratique ;* décision EL 95-074 du 25 avril 1995, *KPONOUKON Blaise* ; décision EL 95-075 du 25 avril 1995, *« FURD-LDD »* ; décision EL 95-076 du 25 avril 1995, *NAKOU Sounon ;* décision EL 95-078 du 25 avril 1995, *Inoussa DANGOU* ; décision EL 95-079 du 25 avril 1995, *KOMBETTO Kadry.*

PR et en faire la proclamation tant provisoire que définitive[517]. L'article 42 de la loi organique dispose que les attributions de la Haute juridiction en matière d'élection à la Présidence de la République sont déterminées par la Constitution dans ses articles 49 et 117 et par les lois électorales en vigueur. La Cour veille à la régularité de l'élection du PR, examine les réclamations, statue sur les irrégularités qu'elle aurait pu, par elle-même relever, et proclame les résultats du scrutin conformément aux dispositions de l'article 49 de la Constitution. Il faut distinguer en tout cas entre deux phases : la proclamation provisoire (A) et la proclamation définitive (paragraphe 2).

A) Proclamation provisoire

Les décisions proclamées provisoirement en matière d'élection présidentielle, n'ont autorité de chose jugée que *rebus sic stantibus.* L'article 99 du Code électoral dispose expressément qu'immédiatement après le dépouillement, le résultat du scrutin est rendu public et affiché sur les lieux du vote. Lors de la publication des résultats issus des postes de vote, la mention de leur caractère provisoire doit être obligatoirement indiquée sous peine des sanctions prévues à l'article 144 du Code. Mention de ce résultat est portée au procès-verbal de déroulement du scrutin rédigé par le président et le secrétaire du poste de vote. La peine de l'article 144 est un emprisonnement d'un (01) an à deux (02) ans et une amende de cinq cent mille (500 000) à un million (1 000 000) de francs. La décision de proclamation doit donc mentionner expressément le caractère provisoire de ses effets. A titre d'exemple, en 2011, après avoir constaté que le candidat Boni YAYI, avec 1. 579. 550 voix, recueillait la majorité absolue des suffrages exprimés requise pour être proclamé élu, la Cour *« (...) proclame : Article 1er : Monsieur Boni YAYI est élu Président de la République. Article 2 : La présente* ***proclamation est provisoire*** *et ne sera définitive qu'après la décision de la Haute Juridiction sur les contestations éventuelles des candidats à l'élection présidentielle du 13 mars 2011. Article 3 : La présente proclamation sera notifiée [aux candidats perdants] et à la Commission*

[517]*Proclamation des résultats définitifs de l'élection présidentielle du 18 mars 1996 ; KEREKOU Mathieu, SEGLO Nicéphore ; Proclamation des résultats définitifs de l'élection présidentielle du 19 mars 2006 ;* v° aussi *Proclamation des résultats définitifs de l'élection présidentielle du 06 mars 2016.*

Electorale Nationale Autonome et publiée au Journal Officiel »[518].L'analyse des textes montre clairement que cette proclamation provisoire ne concerne que l'élection présidentielle à l'exclusion des élections législatives. La décision rendue par la Cour en matière d'élection des Députés est définitive dès le prononcé.

B) Proclamation définitive

A propos de l'élection présidentielle du 19 mars 2006, la Cour rappelle que la proclamation des résultats est provisoire et n'est définitive qu'après la décision de la Haute juridiction sur les contestations éventuelles des candidats à l'élection présidentielle[519]. Si aucune contestation aux résultats provisoires n'a été formulée dans les délais, la Cour proclame les résultats définitifs : *« (...) Considérant qu'aucune contestation relative à la régularité des opérations électorales n'a été déposée au Greffe de la Cour par l'un des candidats dans les cinq jours de la proclamation provisoire comme prévue à l'article 49 alinéa 3 de la Constitution, qu'en conséquence, proclame définitivement élu président de la République, Monsieur Mathieu KEREKOU »*[520].

Pour ce qui est des élections législatives, l'article 54 de la loi organique sur la Cour dispose que *les résultats définitifs* des élections législatives sont arrêtés et proclamés par la Cour au plus tard dans les (72) soixante-douze heures de la date de réception des résultats des CED. Cette disposition montre clairement qu'il n'y a pas de proclamation provisoire en matière d'élections législatives. La Cour communique sans délai à l'AN, les noms des personnes proclamées élues.

La proclamation des *résultats définitifs* par la Cour confère l'autorité de chose jugée aux décisions. Elle juge ainsi sur base de l'article 124, alinéa 2 de la Constitution, qu'ayant déclaré irrecevable une requête pour défaut de qualité, elle ne peut à nouveau la réexaminer sans porter atteinte au principe

---

[518]*Proclamation du 20 mars 2011 des résultats de l'élection présidentielle du 13 mars 2011.*

[519]*Proclamation des résultats provisoires de l'élection présidentielle du 19 mars 2006.*

[520]*Proclamation des résultats définitifs de l'élection présidentielle du 22 mars 2001, Cour constitutionnelle.*

de l'autorité de la chose jugée[521]. Il en va de même d'un requérant qui conteste la constitutionnalité de l'acte de proclamation des résultats définitifs des élections du 22 mars 2001[522]. Examinons maintenant la procédure de contestation des résultats définitifs.

Paragraphe 2. Procédure de contestation des résultats définitifs

A tire de rappel, l'article 42 de la loi organique sur la Cour dispose que les attributions de la Cour en matière d'élection à la Présidence de la République sont déterminées par la Constitution dans ses articles 49 et 117 et par les lois électorales en vigueur. La Cour veille à la régularité de l'élection du PR, examine les réclamations, statue sur les irrégularités qu'elle aurait pu, par elle-même relever et proclame les résultats du scrutin conformément aux dispositions de l'article 49 de la Constitution. Examinons d'abord la procédure de contestation de l'élection présidentielle (A), avant d'examiner celle relative aux élections des Députés (B). Il arrive que certains requérants contestent après la proclamation des résultats des éléments qu'ils auraient dû contester bien longtemps à l'avance, la Cour fixe des règles précises à cet effet.

A) Contestation des résultats de l'élection présidentielle

Il convient de faire des précisions sur la forme de la requête, les délais de recours, la qualité du requérant, les mentions sur le PV, l'objet de la requête, la décision de la Cour.

1) Forme de la requête

Selon l'article 117 du Code électoral, en cas d'élection présidentielle, la Cour est saisie par une requête écrite adressée à son Secrétaire général. Les dispositions de l'article 31, alinéa 2 du RI de la Cour s'appliquent : « *Pour être valable, la requête émanant d'une organisation non gouvernementale, d'une association ou d'un citoyen doit comporter ses nom, prénoms, adresse précise et signature ou empreinte digitale* ». Selon l'article 57, alinéas 1er et 2 de la loi organique sur la Cour : « *Les requêtes doivent contenir les noms,*

---

[521] Décision EL-P 01-060 du 03 avril 2001, *NADOHOU Abel ;* décision EL-P 01-061 du 05 avril 2001, *BELLO Inoussa.*
[522] Décision EL-P 01-063 du 05 avril 2001, *LARY-EGOUNDOUKPE Olivier.*

prénoms, qualité et adresse du requérant, les noms des élus dont l'élection est attaquée[523]*, les moyens d'annulation évoqués. Le requérant doit annexer à la requête les pièces produites au soutien de ses moyens »*[524]. De même, la Cour juge qu'en application de son Règlement, une requête qui ne comporte pas la signature[525] ou l'adresse[526] de son auteur est irrecevable. Le requérant doit également mentionner *« des conclusions expresses d'invalidation de l'élection d'un [ou de plusieurs] député »*[527] *[s].*

2) Délais de recours

Les délais varient suivant l'objet de la requête. La requête peut viser la contestation de la liste des candidats ou des résultats provisoires.

S'agissant de la liste, sous l'empire de l'ancienne loi, la Cour juge qu'il découle de la lecture combinée et croisée des dispositions des articles 8, alinéas 2, 3 , 4 ; 9, alinéa 5 ; 12 et 14, alinéa 1 de *la loi n° 2005-26 du 6 août 2010 portant règles particulières pour l'élection du PR,* que la liste des candidats à l'élection présidentielle n'est définitive qu'après contrôle de la recevabilité des candidatures par la Cour, délivrance du récépissé définitif et publication officielle de la liste des candidats par la CENA. Ainsi, une requête qui intervient avant cette publication est prématurée et par voie de conséquence, irrecevable[528]. La Haute juridiction rejette aussi bien les requêtes prématurées que tardives. L'élection présidentielle étant prévue

---

[523]Décision EL 95-112 du 29 mai 1995, *Alliance « le Cheval qui gagne » (Amédéo ADOTEVI)* ; décision EL 95-11 3 du 29 mai 1995, *Alliance FDDM-UNSP « Nouvelle Génération » (ZOUMAROU Mamoudou).*

[524]Décision EL 11-016 du 23 juin 2011,*Rodolphe HOUEDOTE ;*décision EL 95-088 du 17 mai 1995, *OROUYE Sabi ;*décision EL 95-093 du 24 mai 1995, *« Alliance Génération Caméléon » (Rigobert KOUAGOU) ;* décision EL 95-094 du 24 mai 1995, *KADO GUIDDAH ;*décision EL 95-095 du 24 mai 1995, *ELEGBEDE Michel ;*décision EL 95-096 du 24 mai 1995, *HOUNKPEVI Ouabi ;* décision EL 95-106 du 26 mai 1995, *N'KOUE Ange ;* décision EL 95-107 du 26 mai 1995, *WADOCHEDOHOUN Arnaud* ; décision EL 95-108 du 26 mai 1995, *Parti National pour la Démocratie et le Progrès (Eustache SARRE)* ; décision EL 95-110 du 26 mai 1995, *Parti National pour la Démocratie et le Progrès (Eustache SARRE).*

[525]Décision EL 95-091 du 17 mai 1995, *SOGLO Jean Louis et KOUPAKI Clotaire.*

[526]Décision EL 95-100 du 26 mai 1995, *HINSON Denis, HOUNGAN Didier.*

[527]Décision EL 95-103 du 26 mai 1995, *Alliance pour la Sociale Démocratie (Bertin ADANDE).*

[528] Décision EP 11-009 du 16 février 2011 *(à propos de la contestation des candidatures de citoyens à l'élection présidentielle).*

pour le 05 mars 2006, il s'ensuit que la requête des intéressés enregistrée le 02 mars 2006 et tendant à l'annulation de toutes les listes électorales, est intervenue hors délai. Dès lors, elle est tardive et par conséquent irrecevable[529]. La Cour a réitéré cette jurisprudence pour le compte de l'élection présidentielle de 2016, en précisant qu'il résulte de la lecture croisée et combinée des articles 339, alinéas 2, 3 et 4 ; 340 alinéas 1, 2 et 4 et 345 du Code électoral que la liste des candidats à l'élection présidentielle n'est définitive qu'après le contrôle de recevabilité des candidatures par la Cour constitutionnelle, la délivrance du récépissé définitif et la publication officielle de la liste des candidats par la CENA ; que dans le cas d'espèce, à la date du 14 janvier 2016, date du recours de Monsieur Georges Constant AMOUSSOU, la CENA n'a pas encore rendu publique la liste définitive des candidatures à l'élection présidentielle de 2016 ; qu'il s'ensuit qu'à cette date, Monsieur Lionel ZINSOU n'a pas encore la qualité de candidat ; que dès lors le recours de Monsieur Georges Constant AMOUSSOU est prématuré et doit être déclaré irrecevable[530].

S'agissant de la contestation des résultats provisoires, la Cour rappelle les dispositions pertinentes de l'article 49, alinéas 1, 2 et 3 de la Constitution : « *La Cour Constitutionnelle veille à la régularité du scrutin et en constate les résultats. L'élection du Président de la République fait l'objet d'une proclamation provisoire. Si aucune contestation relative à la régularité des opérations relative à la régularité des opérations électorales n'a été déposée au Greffe de la Cour par l'un des candidats dans les cinq jours de la proclamation provisoire, la Cour déclare le Président de la République définitivement élu »*[531].

3) Qualité du requérant

Le droit de contester une élection appartient à toutes les personnes inscrites sur les listes électorales de la circonscription dans laquelle il a été procédé à l'élection ainsi qu'aux personnes qui ont fait acte de candidature. La Cour

---

[529] Décision EL-P 06-016 du 04 mars 2006, *SADELER Joseph, ADJOVI Joseph* ; décision EL-P 06-018 du 04 mars 2006, *LIADY Moussé, DEGBO Désiré.*

[530] Décision EP 16-009 du 04 février 2016, Nathanièl KITTI ; v° aussi décision EP 16-010 du 04 février 2016, *Georges Constant AMOUSSOU et* décision EP 16-011 du 04 avril 2016, *Brice ZOSSOU ;* décision EP 16-012 du 04 février 2016, *Georges Constant AMOUSSOU.*

[531] Décision EP 11 –051du 31 mars 2011, *Djima LAWANI.*

rappelle que selon l'article 49 de la Constitution, seuls les candidats à l'élection présidentielle ont qualité pour contester les résultats des élections ; que Monsieur Fréderic AHOLIATIN n'étant pas candidat à la dite élection ne peut solliciter l'annulation du scrutin du 22 mars 2001 ; que dès lors la requête doit être déclarée irrecevable[532]. Si le requérant agit au nom d'une personne morale, il doit prouver sa capacité[533]. La Cour a rappelé qu'un collectif est une personne morale qui doit pour ester en justice, justifier de sa capacité juridique[534].En 2006, elle souligne également qu'il résulte des règles particulières sur l'élection du PR, que la liste des candidats à l'élection présidentielle n'est définitive que, d'une part, après délivrance du récépissé définitif de la CENA suite au contrôle de recevabilité de candidature par la Cour et au versement de la caution ; d'autre part, après publication officielle de ladite liste par la CENA. A la date de la requête, la liste définitive des candidats n'a pas été publiée. Il s'ensuit qu'à cette date, aucune des personnes citées dans la requête n'a encore la qualité de candidat. En conséquence, la requête est prématurée. Au surplus, le requérant n'étant pas candidat à l'élection présidentielle de mars 2006, il n'a pas qualité pour saisir la Cour en contestation d'une quelconque candidature[535]. Dans le même sens, il a été jugé que, n'étant pas candidat à l'élection présidentielle de mars 2006, la requête d'un citoyen contestant ladite élection est irrecevable pour défaut de qualité[536]. Aux termes de l'article 10 de *la loi n° 95-015 du 23 janvier 1996,* seuls les candidats à l'élection présidentielle peuvent saisir la Cour d'une contestation de candidature introduite avant la publication par la CENA de la liste définitive des candidats. Dès lors, la requête dont l'auteur ne justifie pas de sa qualité de candidat est irrecevable[537]. Par ailleurs l'utilisation d'emblème d'un parti autre que celui

---

532 Décision EL-P 01-059 du 02 avril 2001, *AHOLIATIN Frédéric* ; décision EL-P 01-062 du 05 avril 2001, *SESSOU Placide ;* décision EL-P 96-017 du 25 avril 1996, *KOUMPOGUE Jean-Yves ;* EL-P 96-016 du 30 mars 1996, *YASSAHOHO Léopold et consorts.*

533 Décision EL-P 01-002 du 06 février 2001, *KOUDOHIN Rodrigue (Secrétaire du Cercle de Réflexion des Jeunes de Hounsa 'CRJH').*

534 Décision EL-P 01-011 du 14 février 2001, *ABIALA Jonas (Collectif des Jeunes et Sages D'Adja-Ouere).*

535 DCC 06-022 du 07 février 2006, *DEGBA Ferdinand.*

536 Décision EL-P 06-023 du 04 avril 2006, *AKOBI Laurent ;* décision EL-P 06-006 du 31 janvier 2006, *TOHOUNGBA André ;* décision EL-P 06-014 du 28 février 2006, *AMEGNISSE Fortuné.*

537 Décision EL-P 01-005 du 12 février 2001, *ABOU Michel ;* décision EL-P 01-005 du 12 février 2001, *ALOKPINZIN Richard ;* décision EL-P 01-08 du 12 février

d'un candidat est de nature à influencer le vote des électeurs et à entacher la sincérité du scrutin[538]. A la date des recours, la liste définitive des candidats n'a pas encore été publiée. Il en résulte qu'à cette date, le mis en cause n'a pas encore la qualité de candidat. Dès lors, ses requêtes sont prématurées et doivent être déclarées irrecevables[539].

La Cour rappelle l'exigence de qualité en 2011, aux termes, dit-elle, des dispositions de l'article 49, alinéas 1, 2 et 3 de la Constitution, seuls les candidats peuvent contester l'élection du PR[540]. Le nom de Monsieur Djima LAWANI ne figure pas sur la liste des candidats à l'élection présidentielle du 13 mars 2011 publiée par la CENA, suite à la décision EP 11- 003 du 08 février 2011, Monsieur Djima LAWANI n'est donc pas candidat à ladite élection ; il n'a pas qualité pour contester la proclamation provisoire des résultats du scrutin présidentiel du 13 mars 2011, sa requête doit être déclarée irrecevable[541].

4) Mention sur le procès-verbal

Le jour du vote, chaque délégué de candidat par bureau de vote doit exiger l'inscription de ses observations au procès-verbal du déroulement du scrutin avant que ledit procès-verbal ne soit placé sous scellés et transmis à la Haute juridiction. Les délégués des candidats ne s'étant pas conformés à cette prescription le jour du scrutin, les pièces produites par les requérants ne sauraient être retenues[542]. S'agissant des listes électorales, les requérants n'ont ni rapporté les preuves de leurs allégations, qui du reste portent sur des faits imprécis, ni usé de leur droit de réclamation dans les délais prescrits,

---

2001, *GOUHOUEDE Léonce ;* décision EL-P 01-023 du 24 février 2001, *ATINCHOLA Mohamed ;* décision EL-P 01-029 du 1er mars 2001, *BABARIMISSA Charles ;* décision EL-P 01-32 du 1er mars 2001, *DOSSOU Djima ;* décision EL-P 01-050 du 15 mars 2001, *Groupe d'Amis du Candidat Nicéphore SOGLO ;* décision EL-P 96-003 du 15 février 1996, *LEMON Idelphonse ;* décision EL-P 96-004 du 20 février 1996, *RDL-VIVOTEN.*

538 Décision EL-P 96-004 du 20 février 1996, *RDL-VIVOTEN.*

539 Décision EL-P 06-002 du 19 janvier 2006, *AMEGNISSE Fortuné et AKOBI Fulgence ;* décision EL-P 06-009 du 14 février 2006, *SESSOU Placide.*

540 Décision EP 11 –050du 31 mars 2011, *Pedro Ekpe DANSOU.*

541 Décision EP 11 –051du 31 mars 2011, *Djima LAWANI.*

542 Décision EL-P 06-020 du 17 mars 2006, *Président, GBAGUIDI Didier et consorts.*

devant les Commissions Electorales d'Arrondissement et devant la Cour constitutionnelle. Dès lors, leur requête doit être rejetée[543].

5) Objet de la demande

La Cour juge dans une affaire rendue sous l'empire de *la loi de 2011* que la demande était sans objet. Constatant que l'article 1er de *la loi n° 2011-03 du 04 mars 2011 porte habilitation spéciale des organes en charge de la réalisation de la LEPI et de l'organisation du double scrutin de l'année 2011,* elle note que tous les organes en charge de l'organisation des élections de 2011 ont pouvoir pour prendre toutes dispositions utiles afin de permettre aux électeurs potentiels d'exprimer leur suffrage ; que cette loi ayant pris en compte les demandes du requérant (Augustin AHOUANVOEBLA), sa requête doit être déclarée sans objet, et sans qu'il soit besoin de statuer sur les autres moyens[544]. La Cour veille également au respect de l'autorité de la chose jugée[545]. Il arrive généralement que les irrégularités invoquées par le requérant aient déjà été prises en compte par la proclamation des résultats faite par la Cour, l'autorité de la chose jugée s'oppose dans ce cas à ce qu'elle statue à nouveau[546]. L'objet de la requête doit être précis, la requête ne peut être formulée en de termes généraux, elle doit viser un ou des candidats bien déterminés[547].

6) Décision de la Cour

L'article 121 du Code électoral renvoie aux dispositions des articles 124, alinéa 2 de la Constitution, les décisions rendues par la Cour en matière d'élection présidentielle ne sont susceptibles d'aucun recours. En cas d'annulation de l'élection du PR, il est procédé à un nouveau tour de scrutin dans les quinze (15) jours qui suivent la décision. La décision est notifiée à la CENA[548]. Sur la nature de la décision, il faut noter que si la Cour estime le recours fondé, elle peut par décision ou arrêt motivé : soit annuler l'élection

---

543 Décision EL-P 06-025 du 05 avril 2006, *Cercle de conviction pour une jeunesse active (CCJA).*
544Décision EP 11 –047du 31 mars 2011, *Augustin AHOUANVOEBLA.*
545*Ibidem.*
546 Décision EL-P 01-047 du 14 mars 2001, *KEREKOU Mathieu.*
547 Décision EL-P 06-009 du 14 février 2006, *SESSOU Placide.*
548Article 123 du Code électoral.

contestée ; soit corriger le procès-verbal des résultats et proclamer le candidat régulièrement élu[549]. Par requête du 15 mars 2001, Monsieur Lionel AGBO, candidat à l'élection présidentielle du 04 mars 2001, sollicite l'annulation du premier tour de ladite élection sur toute l'étendue du territoire national au motif que *« de nombreuses et graves irrégularités ont entaché le scrutin (...) »*. La Cour a déclaré sa requête irrecevable pour autorité de chose jugée. Elle a jugé, à cet effet, qu'elle a déjà pris en compte dans la proclamation des résultats et dans la *décision EL-P 01-043 des 12 et 13 mars 2001* les irrégularités invoquées par le requérant.

B) Contestation des résultats des élections législatives

Selon l'article 52 de la loi organique sur la Cour, conformément aux dispositions de l'article 81, alinéa 2 de la Constitution, la Cour statue souverainement sur la validité de l'élection des Députés, ainsi que sur la régularité des élections législatives en cas de contestation, comme il est prévu à l'article 117, alinéa 3 de la Constitution. L'article 53 de la loi organique nous semble devenu inapplicable et caduque dans la mesure où il prévoit l'acheminement des procès-verbaux des élections législatives à la Cour par les soins du Ministre de l'Intérieur, or il est constant que cette tâche incombe désormais aux Présidents des bureaux de vote, qui doivent, dans les conditions des articles 104 et 105 du Code électoral, envoyer des plis aussi bien à la CENA qu'à la Cour.

1) Forme de la requête

Selon l'article 117, alinéa 2, en cas d'élections législatives, la Cour est saisie par une requête écrite adressée directement à son Secrétaire général. Cette disposition introduit une légère modification par rapport à l'article 99, alinéa 2 de *la loi n°2010-33 du 07 janvier 2011 portant règles générales pour les élections en République du Bénin* qui énonçait : « *En cas d'élections législatives, la Cour Constitutionnelle est saisie par une requête écrite adressée soit directement à son Secrétaire général, soit au préfet ou au ministre en charge de l'administration territoriale »*[550]. Dans l'ancienne loi, le requérant avait une option entre adresser son recours au Secrétariat général, au Préfet ou au Ministre chargé de l'Administration territoriale. Si

[549]Article 122 du Code électoral.
[550]Décision EL 11-029 du 12 juillet 2011, *Octave Cossi HOUDEGBE.*

cette possibilité était pratique en ce sens qu'il y a moins de probabilité de se tromper sur l'autorité adressataire, on peut en revanche craindre que, adressée aux autorités administratives qui sont les bras séculier de l'Exécutif, la requête ne soit distraite. C'est sans doute par souci d'une plus grande transparence que le législateur a supprimé cette possibilité. Les dispositions de l'article 31, alinéa 2 du RI s'appliquent : « *Les requêtes doivent contenir les nom, prénoms, qualité et adresse du requérant, les noms des élus dont l'élection est attaquée*[551]*, les moyens d'annulation évoqués.*

La Cour rappelle de manière constante sa compétence, elle juge dans les faits qu'il ressort des éléments du dossier que le recours a été adressé à la CENA, institution qui n'a pas qualité pour le recevoir ; qu'en conséquence, ledit recours doit être déclaré irrecevable[552]. En application des dispositions des articles 55 et 57 de la loi organique sur la Cour, une requête qui émane d'un groupe de Partis et qui ne conteste pas l'élection d'un Députe est irrecevable[553]. De même que la requête qui n'indique pas le nom du ou des Députés dont l'élection est contestée[554]. La requête de Monsieur Jean GANDOU- YAGBO ne comporte pas d'adresse précise, par conséquent, elle doit être déclarée irrecevable[555] ; de même, une requête qui n'est pas signée[556] est contraire à l'article 29, alinéa 2 du Règlement et irrecevable[557].Bien qu'ayant mentionné sa qualité de candidat aux élections législatives, Monsieur François ABIOLA n'a indiqué ni domicile ni résidence ni adresse postale, mais plutôt un numéro de téléphone qui ne

---

[551]Décision EL 95-112 du 29 mai 1995, *Alliance« le Cheval qui gagne » (Amédéo ADOTEVI) ;* décision EL 95-11 3 du 29 mai 1995, *Alliance FDDM-UNSP « Nouvelle Génération » (ZOUMAROU Mamoudou).*

[552]*Ibidem.*

[553] Décision EL 95-120 du 02 juin 1995, *« Alliance Génération Caméléon », (Rigobert KOUAGOU).*

[554] Décision EL 95-121 du 02 juin 1995, *Parti pour la Solidarité et le Progrès (Eustache SARRE) ;* décision EL 95-122 du 02 juin 1995, *Alliance Impulsion pour le Progrès et la Démocratie (Francis da SILVA) ;* décision EL 95-123 du 15 juin 1995, *LOKOSSO Clément et consorts.*

[555]Décision EL 11-009 du 27 avril 2011, *Jean GANDOU-YAGBO.*

[556] Décision EL-P 01-040 du 02 mars 2001, *DEBOUROU Mama.*

[557] Décision EL-P 01-003 du 06 février 2001, *SANTOS Florentin ;* décision EL-P 01-067 du 21 juin 2001, *GNANDJANON Salomon ;* décision EL-P 01-31 du 1er mars 2001, *OSHO Pierre ;* décision EL-P 01-32 du 1er mars 2001, *DOSSOU Djima ;* décision EL-P 01-35 du 1er mars 2001, *ALAHASSA Modéran ;* décision EL-P 01-36 du 2 mars 2001, *Communauté Béninoise de Cote d'Ivoire.*

saurait tenir lieu d'adresse[558] , dans le même sens, la Cour juge que la requête qui lui est soumise, ne comporte pas d'adresse précise, mais plutôt des numéros de téléphone, en aucun cas, un numéro de téléphone ne saurait tenir lieu d'adresse au sens de l'article 57, alinéa 1er susvisé ; qu'il s'ensuit que ladite requête doit être déclarée irrecevable[559].Voyons aussi la décision dans l'affaire *« Madame Rosalie SOGNON »,* bien qu'ayant mentionné sa qualité de candidate aux élections législatives, elle n'a indiqué aucune adresse précise, ni domicile, ni résidence, ni adresse postale mais plutôt un numéro de téléphone qui, au sens de l'article 57, alinéa 1er, ne saurait tenir lieu d'adresse, sa requête doit être déclarée irrecevable[560]. De même en application des articles 29 et 33 du RI une Alliance de Partis est irrecevable à saisir la Cour de l'élection d'un député, faute de prouver sa capacité à agir[561]. Madame Léa YANSUNU, bien qu'ayant mentionné sa qualité de candidate, en l'occurrence 2ème titulaire de la liste FCBE dans la 15ème circonscription électorale, n'a indiqué aucune adresse précise, ni domicile, ni résidence, ni adresse postale ; que cette mention de l'adresse du requérant étant substantielle, le recours introduit par Madame Léa YANSUNU ne remplit pas toutes les conditions de forme prescrites par l'article 57 de la loi organique sur la Cour; qu'en conséquence, il y a lieu de déclarer sa requête irrecevable[562]. Il résulte des dispositions de l'article 55 et 57 de la loi organique sur la Cour qu'une requête qui ne contient ni l'adresse et la qualité du requérant, ni les noms des élus dont l'élection est attaquée, et qui a été enregistrée à la Cour avant la proclamation, le 16 avril 1995, des résultats définitifs des élections législatives du 28 mars 1995 par la Cour constitutionnelle[563] est irrecevable. Il a été jugé que *« le bordereau de*

---

[558]Décision EL 11-024 du 28 juin 2011, *François Adébayo ABIOLA (Candidat tête de liste FCBE de la 21ème circonscription électorale aux élections législatives du 30 avril 2011).*

[559]Décision EL 11-030 du 12 juillet 2011, *Sèdo AYINAMON et consorts.*

[560]Décision EL 11-020 du 28 juin 2011, *Madame Rosalie SOGNON (candidate aux élections législatives du 30 avril 2011 sur la liste Forces Cauris pour un Bénin Emergent (FCBE) dans la 12ème circonscription électorale).*

[561]Décision EL 95-115 du 29 mai 1995, *Alliance « le Chaval qui gagne » (Amédéo ADOTEVI).*

[562]Décision EL 11-018du 28 juin 2011, *Léa YANSUNU (2è titulaire de la liste FCBE dans la 15è circonscription électorale).*

[563] Décision EL 95-027 du 20 avril 1995, *Alassane BAWA ;* décision EL 95-032 du 22 avril 1995, *AKOWE Leonard ;* décision EL 95-033 du 22 avril 1995, *Parti des Citoyens Patriotes (PCP) ;* décision EL 95-034 du 22 avril 1995, *FANOU Léopold ;* décision EL 95-035 du 22 avril 1995, *Union pour la Démocratie et la Solidarité*

transmission » ne saurait constituer une requête au sens de dispositions légales précitées[564].Il résulte de l'article 31, alinéa 2 du RI que l'assistance ne peut être assimilée à une représentation[565], que dans le cas d'espèce, la requête adressée à la Cour par Maître Raphaël AHOUANDOGBO est signée par ses soins pour le compte de Monsieur Antoine N'DA, ne comportant pas la signature de ce dernier est irrecevable[566] ; il y a lieu de déclarer la requête irrecevable dès lors que le président du réseau IGR n'a pas rapporté la preuve de la capacité de son association à ester en justice[567]. La Cour a rappelé la possibilité d'introduire une demande en rectification d'erreur matérielle d'une décision.

2) Délai de recours

L'élection d'un Député peut être contestée devant la Cour durant les (10) dix jours qui suivent la proclamation des résultats du scrutin. La haute juridiction juge en 2005 que selon l'article 55 de *la loi organique n° 91-009 du 04 mars 1991 sur la Cour,* l'élection d'un député peut être contestée

---

Nationale (UDS) ; décision EL 95-036 du 22 avril 1995, *MDS, PUR-HWENUSU, UPR ;* décision EL 95-037 du 22 avril 1995, *AGBADOME Antoine et trois autres ;* décision EL 95-039 du 22 avril 1995, *Parti « FARD-ALAFIA » ;* décision EL 95-040 du 24 avril 1995, *AVOSSEGAMOU Eugène ;* décision EL 95-045 du 24 avril 1995, *« le Cheval Qui Gagne »* ; décision EL 95-047 du 24 avril 1995, *Union Démocratique des Forces du Progrès* ; décision EL 95-048 du 24 avril 1995, *KARIM Rafiatou* ; décision EL 95-049 du 24 avril 1995, *Mouvement pour la Solidarité, l'Union et le Progrès ;* décision EL 95-056 du 24 avril 1995, *Notre Cause Commune (NCC) ;* décision EL 95-057 du 24 avril 1995, *Mouïnatou SALAMI ;* décision EL 95-057 du 24 avril 1995, *Alliance Impulsion pour le Progrès et la Démocratie ;* décision EL 95-059 du 24 avril 1995, *Mouvement pour la Démocratie et la Solidarité (MDS) ;* décision EL 95-060 du 24 avril 1995, *Parti National pour la Solidarité et le Progrès ;* décision EL 95-061 du 24 avril 1995, *DARI Hospice ;* décision EL 95-063 du 24 avril 1995, *MIGAN-TYCKO Maxime ;* décision EL 95-077 du 25 avril 1995, *DJONHOUROU Kaël.*

[564] Décision EL-P 95-084 du 17 mai 1995, *« Union pour la démocratie et la solidarité nationale », Mama ADAMOU-N'DIAYE ;* décision EL-P 95-085 du 17 mai 1995, *Militants et sympathisants de l'Union pour la démocratie et la solidarité nationale, Mama ADAMOU-N'DIAYE.*

[565]Décision EL11-015du 23 juin 2011, *N'da Antoine N'DA (candidat aux élections législatives du 30 avril 2011 sur la liste de l'Alliance de Partis Force Espoir – Union pour la Relève, FE – UPR).*

[566]*Ibidem.*

[567] Décision EL-P 06-024 du 04 avril 2006, *Initiative pour une gouvernance républicaine (Zantangni Gildas).*

devant la Cour durant les dix (10) jours qui suivent la proclamation des résultats du scrutin, par toutes les personnes inscrites sur les listes électorales de la circonscription dans laquelle il a, été procédé à l'élection ainsi que par les candidats de cette circonscription. Dès lors, sont prématurées et, par suite, irrecevables, les requêtes déposées et enregistrées à la Cour le 03 et 04 avril 1995 alors que la proclamation des résultats a été faite le 16 avril 1995[568]. En règle générale, une requête dont les pièces ont été produites hors délai est irrecevable[569].

S'il est constant que cette disposition interdit les requêtes tardives, le juge estime qu'elle exclut également les requêtes prématurées. La Cour tient compte non pas de la date d'enregistrement de la requête au Secrétariat général de la Cour, mais de la date de rédaction inscrite sur la requête. En 2011, beaucoup de requêtes ont été rejetées de ce chef. Ainsi, la Cour juge qu'il ressort des éléments du dossier que la requête de Monsieur Michel NAGASSI, coordonnateur de la CEA, bien qu'ayant été enregistrée à la Cour le 11 mai 2011 a été rédigée le 02 mai 2011, avant la proclamation le 09 mai 2011 par la Cour, des résultats des élections législatives du 30 avril 2011, sa requête est prématurée et doit être déclarée irrecevable ; qu'au demeurant, le requérant en sa qualité de coordonnateur de la CEA devait transmettre à la CENA toutes les irrégularités par lui constatées, à charge pour elle d'en saisir la Cour ; qu'en conséquence, sa requête est également irrecevable de ce chef. Dans le même sens, il ressort des éléments du dossier que les requêtes de Monsieur Noudokpo ESSOU, bien qu'enregistrées à la Cour le 11 mai 2011, ont été rédigées et signées le 30 avril 2011, c'est-à-dire antérieurement à la proclamation, le 09 mai 2011, des résultats du scrutin du 30 avril 2011 ; que, par ailleurs, les requêtes ne mentionnent pas l'adresse du requérant, le numéro de téléphone ne pouvant, tout seul, tenir lieu d'adresse ; elles sont dès lors irrecevables[570]. La requête de Madame Rosalie SOGNON, bien qu'enregistrée au Secrétariat Général de la Cour le 11 mai 2011, a été

---

[568] Décision EL 95-013 du 19 avril 1995, *Léandre DJAGOUE ;* décision EL 95-021 du 20 avril 1995, *El- Hadji DJAOUGA* ; décision EL 95-029 du 22 avril 1995, *Alliance pour la Démocratie et le Développement (ADD) ;* décision EL 95-028 du 22 avril 1995, *Notre Cause Commune (NCC) ;* décision EL 95-030 du 22 avril 1995, *SEKO Bio ;* décision EL 95-031 du 22 avril 1995, *BIAOU Adolphe.*

[569] Décision EL 95-132 du 29 novembre 1995, *Idelphonse LEMON.*

[570] Décision EL 11-023du 28 juin 2011, *Noudokpo Pascal Esnos ESSOU (candidat aux élections législatives du 30 avril 2011 sur la liste Alliance Cauris 2 dans la 11ème circonscription électorale).*

en réalité rédigée et signée le 1er mai 2011, c'est-à-dire antérieurement à la proclamation des résultats le 09 mai 2011 ; que, dès lors, elle est prématurée et doit être déclarée irrecevable de ce chef[571]. La Cour rejette clairement une requête prématurée[572]. La requête de Madame Léa YANSUNU, bien qu'enregistrée au Secrétariat de la Cour le 10 mai 2011, a été en réalité rédigée et signée le 02 mai 2011, c'est-à-dire antérieurement à la proclamation des résultats le 09 mai 2011 ; que, dès lors, elle est prématurée et doit être déclarée irrecevable de ce chef[573]. A la date du 05 mai 2011, Monsieur Zimé KORA GOUNOU n'était pas encore proclamé élu Député ; que, dès lors, la requête de Messieurs OROU SE et KANA-GABA est prématurée et doit être déclarée irrecevable de ce chef[574] ; la requête de Monsieur Idrissou BAKO a été enregistrée au Secrétariat Général de la Cour le 04 mai 2011, avant la proclamation, le 09 mai 2011, des résultats définitifs des élections législatives du 30 avril 2011 ; que, dès lors, sa requête est prématurée et doit être déclarée irrecevable[575].

La Cour peut accorder, exceptionnellement, un délai pour la production d'une partie des pièces. Dans plusieurs décisions, elle a admis que le verbe *« pouvoir »* employé par l'article 57 de la loi organique implique une faculté qui doit être accordée et non un délai supplémentaire de plein droit[576]. Dans l'hypothèse d'un défaut de délai complémentaire accordé par la Cour, les pièces transmises après la requête ne peuvent être prises en considération[577].

---

[571]Décision EL 11-020 du 28 juin 2011, *Madame Rosalie SOGNON (candidate aux élections législatives du 30 avril 2011 sur la liste Forces Cauris pour un Bénin Emergent (FCBE) dans la 12ème circonscription électorale).*
[572] Décision EL 11-026 du 07 juillet 2011, *Bonaventure YANGUENON (candidat sur la liste de l'Union pour le Bénin (UB) dans la 23ème circonscription électorale).*
[573]Décision EL 11-018du 28 juin 2011, *Léa YANSUNU (2è titulaire de la liste FCBE dans la 15è circonscription électorale).*
[574]Décision EL 11-013 du 09 juin 2011, *Guéné OROU SE et Boco KANA-GABA (candidats aux élections législatives du 30 avril 2011 sur la liste FCBE dans la 7ème circonscription électorale).*
[575]Décision EL 11-012 du 09 juin 2011, *Idrissou BAKO (candidat aux élections législatives du 30 avril 2011 sur la liste FCBE dans la première circonscription électorale).*
[576]Décision EL 11-017 du 23 juin 2011, *Hélène KEKE AHOLOU (candidate aux élections législatives sur la liste FCBE dans la 20ème circonscription électorale).*
[577] Décision EL 95-126 du 27 juillet 1995, *Gratien POGNON.*

3) Qualité du requérant

Le droit de contester une élection appartient à toutes les personnes inscrites sur les listes électorales de la circonscription dans laquelle il a été procédé à l'élection ainsi qu'aux personnes qui ont fait acte de candidature.

- *Qualité d'électeur.* Il s'agit des personnes inscrites sur les listes électorales de la circonscription dans laquelle il a été procédé à l'élection. Dans les faits, la Cour juge que Monsieur Gabin TOHOUEGNON n'a pas rapporté la preuve de sa qualité d'électeur inscrit sur la liste électorale de la 17ème circonscription dans laquelle il a été procédé à l'élection, sa requête doit être déclarée irrecevable pour défaut de qualité[578] ; hormis la photocopie de sa carte d'identité qu'il a jointe à sa requête, le requérant n'a pas rapporté la preuve de son inscription sur la liste électorale de la première circonscription électorale ni de sa candidature dans la circonscription où Monsieur Nassirou BAKO ARIFARI a été candidat ; qu'il n'a donc pas qualité pour contester l'élection dans la première circonscription électorale, sa requête doit être déclarée irrecevable[579].

- *Qualité de candidat.* Il s'agit des personnes qui ont fait acte de candidature de manière régulière dans la Circonscription. Monsieur Barnabé DASSIGLI, en agissant comme Chef de l'Alliance Union pour le Bénin (UB), et non comme candidat ou électeur dans la circonscription électorale concernée, n'a pas qualité pour saisir la Cour, sa requête doit être déclarée irrecevable[580] .Les articles 55 et 57, alinéa 1er de *la loi n° 91-009 du 04 mars 1991 portant loi organique sur la Cour modifiée par la loi du 31 mai 2001* énoncent respectivement : « *L'élection d'un député peut être contestée devant la Cour Constitutionnelle durant les dix jours qui suivent la proclamation des résultats du scrutin. Le droit de contester une élection appartient à toutes les personnes inscrites sur les listes électorales de la Circonscription dans laquelle il a été procédé à l'élection ainsi qu'aux personnes qui ont fait acte de candidature* ». La requête suscitée émane de l'association des jeunes de l'Arrondissement de Lokogba qui, en vertu des dispositions de l'alinéa 2 de

---

578 Décision EL 11 -052du 08 août 2011, *Gabin TOHOUEGNON (membre de l'Alliance G13 BAOBAB).*

579 Décision EL 11-034 du 12 juillet 2011, *Hotègni HOUNSOU.*

580 Décision EL 11-044 du 19 juillet 2011, *Barnabé DASSIGLI (chef de l'Alliance Union pour le Bénin –UB).*

l'article 55 précité, n'a pas qualité pour agir[581]. De même, le Parti n'a pas la qualité pour agir au nom de son candidat. Il résulte des dispositions de l'article 55 de la loi organique sur la Cour que les requêtes qui ont été présentées par un Parti ou une Alliance de Partis et qui, au surplus, ont été enregistrées avant la promulgation des résultats définitifs d'une élection législative sont irrecevables[582]. La Cour rappelle que l'élection d'un Député peut être contestée devant la Cour par toutes les personnes inscrites sur les listes électorales de la circonscription électorale dans laquelle il a été procédé à l'élection ainsi que par les candidats de cette circonscription ; dès lors, la requête émanant d'un Parti et qui, de surcroit, n'indique pas le nom de l'élu dont l'élection est contestée en application de l'article 57 de la même loi est irrecevable[583]. De même, la requête d'un individu, d'un secrétaire de Parti qui, de surcroit, n'a pas respecté les prescriptions légales, est irrecevable[584] ou même celle émanant d'un comité de jeunes[585], d'une association[586], d'un Parti[587], d'une Alliance de Partis ou d'un groupe de Partis[588].Une requête qui émane d'un Parti et qui n'indique pas expressément

---

[581]Décision EL 11-030 du 12 juillet 2011, *Sèdo AYINAMON et consorts.*

[582] Décision EL 95-019 du 20 avril 1995, *« Notre Cause Commune »* et *« Le Cheval Qui Gagne »* ; décision EL 95-025 du 22 avril 1995, *« Secrétaire General de l'Union pour la Démocratie et la Solidarité Nationale » ;* décision EL 95-026 du 20 avril 1995, *OROUYE Sabi.*

[583] Décision EL 95-089 du 17 mai 1995, *Alliance « Le Cheval Qui Qagne »(ADOTEVI)* ; décision EL 95-102 du 26 mai 1995, *FANOU Léopold.*

[584]Décision EL 95-086 du 17 mai 1995, *Union pour la démocratie et la solidarité nationale (Bani SAMARI) ;* décision EL 95-087 du 17 mai 1995, *SANDA Orou ;* décision EL 95-090 du 17 mai 1995, *Secrétaire général de l'Alliance pour la démocratie et le progrès (Adékpédjou AKINDES)* ; décision EL 95-109 du 26 mai 1995, *Union Démocratique des Forces du Progrès (ADANLIN Timothée).*

[585]Décision EL 95-101 du 26 mai 1995, *Comité des Jeunes pour le Développement de Quidah.*

[586]Décision EL 95-114 du 29 mai 1995, *Bureau exécutif de l'Association pour le développement économique et social de la sous-préfecture de Pobè.*

[587]Décision EL 95-100 du 26 mai 1995, *Rassemblement Africain pour le Progrès et la Démocratie (Florentin MITO-BABA)* ; décision EL 95-105 du 26 mai 1995, *Front d'Action pour le Renouveau, la Démocratie et le Développement –FARD-ALAFIA (SAKA SALEM).*

[588]Décision EL 95-097 du 24 mai 1995, *Alliance« Le cheval qui gagne » (Amédéo ADOTEVI) ;* décision EL 95-116 du 29 mai 1995, *Alliance « Génération Caméléon » (Alassane BAWA)* ; décision EL 95-117 du 29 mai 1995, *Alliance Politique des indépendants, SACCA Fikara ;* décision EL 95-118 du 29 mai 1995, *Alliance « Caméléon » (Adolphe BIAOU).*

le nom du ou des députés dont l'élection est attaquée est irrecevable[589] ; une formation politique, une association ou une organisation, n'est habilitée à contester une élection, ce droit étant dévolu aux personnes physiques inscrites dans la circonscription concernée ou y ayant fait acte de candidature[590]. Selon l'article 33 de *la loi n° 94-015 du 27 janvier 1995,* seuls les candidats, les Partis ou Alliance de Partis peuvent contester devant la Cour, la candidature d'une personne. Dès lors, la requête émanant du Ministre d'Etat à la Présidence de la République qui ne justifie d'aucune de ces qualités est irrecevable[591].

- *Preuve de la qualité.* Il appartient au requérant de prouver sa qualité. Il résulte de l'analyse du dossier que le requérant n'a produit aucune pièce attestant qu'il est inscrit sur la liste électorale de la 16ème circonscription électorale ou qu'il y a fait acte de candidature ; que l'intéressé n'a dès lors pas qualité pour contester l'élection du 30 avril 2011, sa requête doit être déclarée irrecevable[592].

- *Possibilité de désistement.* Si le droit de contester une élection appartient à toutes les personnes inscrites sur les listes électorales de la circonscription dans laquelle il a été procédé à l'élection ainsi qu'aux personnes qui ont fait acte de candidature, la Cour juge que le droit de contester s'analyse comme une faculté et ne saurait être assimilé à une obligation ; qu' il est loisible à toute personne d'y renoncer ; que dans le cas d'espèce, par sa lettre de désistement, Monsieur Benoît DEGLA renonce à la procédure qui a été initiée par ses soins, il échet pour la Cour de lui en donner acte de son désistement[593].

---

[589] Décision EL 95-128 du 02 aout 1995, *Jean AHANDIN.*

[590] Décision EL 95-125 du 18 juillet 1995, *« Alliance Caméléon » (Vincent AWOUNOU).*

[591] Décision EL 95-130 du 17 aout 1995, *Ministre d'Etat à la Présidence de la République.*

[592]Décision EL 11-022du 28 juin 2011, *Rodrigue MITCHAÏ forme un « recours en invalidation du siège du député Emile TOSSOU ».*

[593] Décision EL 11-040du 19 juillet 2011, *Assouan DEGLA (candidat (2ème titulaire) sur la liste de Forces Cauris pour un Bénin Emergent (FCBE) dans la 10ème circonscription électorale).*

4) Mentions sur le procès-verbal

Les irrégularités relevées le jour du scrutin doivent faire l'objet de mentions portées au procès-verbal de déroulement du scrutin. N'ayant pas fait annexer le jour du scrutin, ses constatations et réclamations aux documents électoraux transmis à la Cour, le requérant ne peut valablement les invoquer au soutien de ses moyens[594]. Pour rappel, les irrégularités relevées le jour du scrutin doivent faire l'objet de mentions portées au procès-verbal de déroulement du scrutin, le requérant ne peut valablement les invoquer au soutien de ses moyens s'il ne l'a pas fait préalablement[595]. Dans les faits, la Cour juge que les irrégularités dénoncées par Madame Hélène AHOLOU dans sa requête du 11 mai 2011 devraient être relevées le jour du scrutin, c'est-à-dire le 30 avril 2011 et être consignées au procès-verbal de déroulement du scrutin ; qu'il en résulte que sa requête est tardive et doit être déclarée irrecevable de ce chef[596]. Il en va de même du sort réservé à la requête de Madame Sofiatou SCHANOU [597] ou de la requête d'Ismaël BATOKO[598].

5) Objet de la demande

La Cour juge que le 09 mai 2011, elle a proclamé les résultats du scrutin du 30 avril 2011 après avoir, en sa qualité de juge souverain de la validité des élections législatives, opéré diverses rectifications matérielles et procédé aux redressements jugés nécessaires ainsi qu'à des annulations de voix ou de scrutin au niveau de certains bureaux de vote ; que, ce faisant, elle a statué sur l'ensemble des élections législatives et a donc nécessairement reconnu la validité de celles-ci dans la 7ème circonscription électorale ; qu'en conséquence, elle ne saurait, après ladite proclamation qui, du reste, a acquis

---

[594]Décision EL 11-036 du 12 juillet 2011, *Jean CODO (candidat de la liste Alliance Force dans l'Unité (AFU) aux élections législatives du 30 avril 2011 dans la 1ère circonscription électorale).*

[595]Décision EL 11-021du 28 juin 2011, *Simon BANKOLE (candidat aux élections législatives du 30 avril 2011 sur la liste Force Cauris pour un Bénin Emergent (FCBE) dans la 21ème circonscription électorale).*

[596]Décision EL 11-017 du 23 juin 2011, *Hélène KEKE AHOLOU (candidate aux élections législatives sur la liste FCBE dans la 20ème circonscription électorale).*

[597]Décision EL 11-039 du 19 juillet 2011, *Sofiatou Modjisola SCHANOU,(candidate aux élections législatives du 30 avril 2011 sur la liste Forces Cauris pour un Bénin Emergent (FCBE) dans la 19è circonscription électorale).*

[598] Décision EL-P 01-066 du 21 juin 2001, *BATOKO Ismaël.*

autorité de chose jugée, se prononcer que sur les contestations dont l'issue serait l'invalidation de l'élection de Députés et non sur l'annulation du scrutin dans une circonscription électorale ; qu'il s'ensuit que la requête de Messieurs Guéné OROU SE et Boco KANA-GABA doit être déclarée irrecevable de ce chef[599] . Ainsi en a-t-elle décidé pour ce qui concerne la 21ème circonscription électorale[600]. Il ressort de cette décision qu'après la proclamation des résultats du scrutin par la Cour, toute requête en contestation ne peut concerner que des élus et doit contenir leurs noms ; que la requête susvisée ne comporte pas les noms des élus dont l'élection est attaquée[601]. Dans le même sens, il a été jugé que la Haute juridiction ne saurait, après la proclamation des résultats définitifs des élections, que se prononcer sur les contestations et réclamations dont l'issue serait l'invalidation de Députés et non la remise en cause de l'ensemble des élections dans une circonscription électorale donnée.

Par ailleurs, il résulte des dispositions de l'article 31 de *la loi n° 94-013 du 17 janvier 1995* que pour entrainer l'invalidation de l'élection d'un Député, les faits allégués doivent être établis dans leur matérialité et avoir exercé sur le scrutin une **influence suffisante** pour en modifier les résultats[602]. Les

---

[599]Décision EL 11-013 du 09 juin 2011, *Guéné OROU SE et Boco KANA-GABA (candidats aux élections législatives du 30 avril 2011 sur la liste FCBE dans la 7ème circonscription électorale)* ; dans le même sens, v° décision EL 11-027du 07 juillet 2011,*Martin ADODO (candidat aux élections législatives du 30 avril 2011 dans la 17ème circonscription électorale sur la liste G13 Baobab)* ;décision EL 11-031du 12 juillet 2011, *Marc FACHINAN (candidat 4ème suppléant sur la liste FCBE dans la 15ème circonscription électorale) ;* décision EL 11- 032 du 12 juillet 2011, *Timothée TAOUEMA ;*décision EL 11-038 du 19 Juillet 2011,*Jocelyn DEGBEY (candidat aux élections législatives du 30 avril 2011 sur la liste de l'Union fait la Nation dans la 12ème circonscription électorale) ;*décision EL 11-041 du 19 juillet 2011,*Assouan DEGLA (candidat 2ème titulaire sur la liste de Forces Cauris pour un Bénin Emergent FCBE, dans la 10ème circonscription électorale) ;* décision EL 11-042 du 19 juillet 2011,*Bruno FANGNIGBE (candidat aux élections législatives du 30 avril 2011 dans la 11ème circonscription électorale sur la liste Cauris 2)* ; décision EL 11 –043 du 19 juillet 2011, *Koumba Ferdinand COMBETTI (candidat aux élections législatives du 30 avril 2011 sur la liste de l'Alliance Nouvelle Force – 2011 dans la 3ème circonscription électorale) ;*décision EL 11-045du 21 juillet 2011,*Gabriel TOSSOU (candidat aux élections législatives du 30 avril 2011, dans la 11ème circonscription électorale sur la liste Alliance G13 BAOBAB).*

[600]Décision EL 11-021du 28 juin 2011, Simon BANKOLE *(candidat aux élections législatives du 30 avril 2011 sur la liste Force Cauris pour un Bénin Emergent (FCBE) dans la 21ème circonscription électorale).*

[601]*Ibidem.*

[602] Décision EL 95-134 du 28 décembre 1995, *TEVOEDJRE Albert.*

résultats des élections législatives du 30 avril 2011 ont été proclamés le 09 mai 2011 par la Cour constitutionnelle ; qu'ainsi, à la date du 12 mai 2011, les requérants ne peuvent que contester l'élection d'un Député et non demander l'annulation des votes dans une circonscription électorale, la requête des sieurs Nourénou ATCHADE et Bado GOBI est donc, de ce chef, irrecevable[603].On retiendra qu'après la proclamation des résultats, il y a une irrecevabilité de l'action en annulation du scrutin dans l'ensemble d'une circonscription ; en revanche, la demande d'invalidation de l'élection d'un Député est recevable. Dans le même ordre d'idées, elle souligne en 2015[604] que le 03 mai 2015, elle a proclamé les résultats du scrutin du 26 avril 2015 après avoir, en sa qualité de juge souverain de la validité des élections législatives, opéré diverses rectifications matérielles et procédé aux redressements jugés nécessaires ainsi qu'à des annulations de voix ou de scrutins au niveau de certains postes de vote ; que ce faisant, elle a statué sur l'ensemble des élections législatives et a donc reconnu la validité de celles-ci dans la 12ème circonscription électorale ; qu'à la date du 6 mai 2015, après la proclamation des résultats, le requérant Norbert AMOUZOUN ne peut contester que l'élection d'un Député ; que, ne l'ayant pas fait, sa requête ne satisfait pas aux exigences des dispositions de l'article 57, alinéa 1 précité et doit être déclarée irrecevable de ce chef ; que par ailleurs, ladite requête est tardive en ce que les réclamations et observations évoquées devraient être présentées au moment du scrutin et annexées au procès-verbal de déroulement du scrutin ainsi que le prescrivent les articles 100 et 104 précités du Code électoral ; qu'en conséquence, la requête de Monsieur Norbert AMOUZOUN doit être déclarée irrecevable.

La Cour rappelle la possibilité de désistement, défini comme, la renonciation à une initiative prise dans le cadre d'une instance juridictionnelle et dont les effets ne sont pas encore acquis. En droit privé, le désistement d'instance est considéré comme un acte de nature contractuelle, mettant en principe par lui-même, directement fin à l'instance[605]. Nul ne pouvant être inscrit sur plusieurs listes électorales, tout citoyen peut présenter une réclamation en

---

[603]Décision EL 11-033 du 12 juillet 2011, *Messieurs Nourénou ATCHADE et Bado GOBI (candidats aux élections législatives du 30 avril 2011 sur la liste FCBE dans la 14ème circonscription électorale).*

[604] Décision EL 15-023 du 16 juin 2015, *Norbert AMOUZOUN.*

[605] Décision EL 95-001 du 03 mars 1995, *« Notre Cause Commune » (Albert TEVOEDJRE).*

radiation, formée par simple lettre adressée à la Cour, au plus tard quinze (15) jours précédant la date du scrutin[606]. La demande en radiation formée hors délai est irrecevable[607].

6) Moyens d'annulation

Il résulte des dispositions de l'ancienne loi, articles 2, 23 et 31 de *la loi n° 94-013 du 17 janvier 1995* que les griefs qui ne sont assortis d'aucun commencement de preuve permettant d'apprécier le bien-fondé de la requête, ne peuvent être retenus[608]. Le requérant n'ayant administré aucune preuve à l'appui de ses allégations, sa requête doit être rejetée[609].Certaines preuves sont en effet irrecevables. La Cour juge dans ce sens que le requérant a produit divers Rapports émanant de président de la CED/ATACORA sur le scrutin du 30 avril 2011, du président de la CEC de Matéri, du coordonnateur de la CEA de Dipoli et d'un membre de la CEC ; qu'ainsi, ces documents proviennent des structures décentralisées de la CENA, destinataire exclusive de tous leurs Rapports ; que leur détention par le requérant est donc irrégulière, la production de ces pièces est nulle et de nul effet[610]. Dans le même sens, après avoir constaté que le requérant a produit (2) deux rapports des observateurs de la Cour constitutionnelle, la Haute juridiction rappelle qu'elle est et demeure l'unique et exclusive destinataire de ces documents ; que leur détention par le requérant est donc irrégulière, la production de ces pièces est nulle et de nul effet[611] .

Caractère d'ordre public de la demande de déchéance d'un Député. La Cour rappelle que le droit de contester une élection appartient **à toutes les personnes inscrites sur les listes électorales** de la circonscription dans laquelle il a été procédé à l'élection **ainsi qu'aux personnes qui ont fait**

---

[606] Décision EL-P 01-020 du 24 février 2001, *FALADE Mathias* ; décision EL-P 01-021 du 24 février 2001, *FASSINOU Dansou.* Passé ce délai, le requérant est forclos ; décision EL-P 01-38 du 2 mars 2001, *ADANDE Joseph.*

[607] Décision EL-P 01-34 du 1er mars 2001, *HOUDE Valentin.*

[608] Décision EL 95-133 du 29 novembre 1995, *Lassissi ADEBO.*

[609] Décision EL-P 06-022 du 04 avril 2006, *AMOUSSOU-GUENON Simon.*

[610] Décision EL 11-055du 16 août 2011, *Domitien N'OUEMOU (candidat aux élections législatives du 30 avril 2011 dans la 3ème circonscription électorale sur la liste de l'Alliance Nouveau Courage 2011).*

[611] Décision EL 11-050 du 08 août 2011, *Julien KPOVIESSI (candidat aux élections législatives du 30 avril 2011 dans la 21ème circonscription électorale sur la liste FCBE).*

acte de candidature ; elle rappelle en outre que selon l'article 14 de *la loi n° 94-015 du 27 janvier 1995 définissant les règles particulières pour l'élection des membres de l'AN,* modifiée par les *lois n° 98-036 du 15 janvier 1999 et 99-016 et remise en vigueur par la loi n° 2003-01 du 08 janvier 2003* : *« **Sera déchu de plein droit de la qualité de membre de l'Assemblée Nationale** celui dont l'inéligibilité sera relevée après la proclamation des résultats de l'élection, ou qui, pendant la durée de son mandat se trouvera placé dans l'un des cas d'inéligibilité prévus par la présente loi. La déchéance est prononcée par la Cour Constitutionnelle »* ; qu'il découle de ces dispositions qu'un recours visant à faire prononcer la déchéance d'un Député peut être introduit après l'expiration du délai légal de dix (10) jours, à compter de la proclamation des résultats définitifs des élections législatives et pendant toute la durée du mandat de l'élu ; que, par ailleurs, le recours à la déchéance étant d'ordre public, toutes les requêtes sont recevables ; il découle de ce qui précède que suite au *Jugement n° 2621D du 09 novembre 2006* qui l'a condamné à une peine de trois (03) ans d'emprisonnement, Monsieur Désiré VODONOU ne saurait par conséquent être éligible ; que, dès lors, il doit être déchu de sa qualité de membre de l'AN et radié de la liste des électeurs[612].

En application des articles 81 et 117 de la Constitution ; 52 de la loi organique sur la Cour ; 95 de *la loi n° 91-017 du 17 janvier 1995,* l'appréciation de l'éligibilité du candidat proclamé élu ressortie à la compétence normale du juge de l'élection. La Cour juge également que lorsqu'un cas d'inéligibilité se révèle après l'expiration du délai de contestation ou survient en cours de mandat, elle prononce la déchéance du Parlementaire, qui se trouve être la perte du droit ou de la fonction de Député, faute d'avoir accompli une formalité ou d'avoir rempli une condition en temps voulu[613]. Le juge constitutionnel définit l'éligibilité *« comme l'aptitude légale à faire partie d'une assemblée dont les membres sont élus, il y a inéligibilité lorsqu'un candidat ne peut pas être proclamé élu pour l'un des cas expressément prévus par la loi. Lorsqu'un cas d'inéligibilité se révèle après le délai de contestation ou survient en cours de mandat, la Cour prononce la déchéance du parlementaire, qui se trouve être*

---

[612]Décision EL 11-005du 13 avril 2011, *Sabitou ADAMOU (candidat aux élections législatives de mars 2007 dans la 24ème circonscription électorale).*

[613]Décision EL 95-099 du 24 mai 1995, *Alliance « Le cheval qui gagne » (Jean Marie ZINZINDOHOUE),*

la perte du droit ou de la fonction de député, faute d'avoir accompli une formalité ou de n'avoir pas rempli une condition en temps voulu »[614].Dans sa décision *16-035*, la Cour souligne que *: « (...) par la décision DCC15-249 du 26 novembre 2015, la Cour, saisie de deux recours pour violation de l'article 375 du code électoral par le député Jacques B. YEMPABOU pour cumul de mandat de conseiller communal avec son mandat de député, a dit et jugé "qu'il sied de constater qu'à partir de son installation au Conseil communal de la commune de Kérou, c'est-à-dire, le 21 août 2015, Monsieur Jacques B. YEMPABOU, député à l'Assemblée nationale, a entamé l'exercice de la fonction de conseiller incompatible avec son mandat de député à l'Assemblée nationale ; que dès lors, il y a lieu de conclure qu'il est démissionnaire d'office de son mandat de député à l'Assemblée nationale" ; qu'il y a donc autorité de chose jugée ; qu'en conséquence, le recours de Maître Aboubakar BAPARAPE, conseil de Monsieur Jacques B. YEMPABOU, doit être déclaré irrecevable*[615] ».

7) Décision de la Cour

En matière d'élections législatives, l'étude des recours se fait par les Conseillers répartis en (2) deux Sections composées chacune de (3) trois membres désignés par le sort, en application de l'article 58, alinéa 1 de la loi organique sur la Cour constitutionnelle. Ils sont assistés de six (6) Rapporteurs adjoints nommés par Ordonnance du Président de la Cour parmi les professeurs de droit et les praticiens du droit public conformément aux dispositions de l'article 58, alinéa 2 de la même loi organique. Les requêtes sont affectées à chaque Section par le Président. Les Sections instruisent les affaires dont elles sont chargées et présentent leur rapport en plénière[616].

En règle générale, la Cour opère un contrôle d'office préalable à la proclamation des résultats. Ainsi a-t-elle jugé que le 09 mai 2011, elle a proclamé les résultats du scrutin du 30 avril 2011 après avoir, en sa qualité de juge souverain de la validité des élections législatives, opéré diverses

[614] Décision EL 95-129 du 17 aout 1995, *AGBOHO Roger ;* v° aussi décision EL 95-092 du 17 mai 1995, *DANSOU Gabriel.*

[615] DCC 16-035 du 04 février 2016, *Maître Aboubakar BAPARAPE, (Avocat à la Cour et conseil de Monsieur Jacques B. YEMPABOU).*

[616]En ce qui concerne le régime des recours en matière d'élections législatives, v° articles 58, 59, 60, 61, 62, 63, 64, 65, 66 de la loi organique sur la Cour constitutionnelle.

rectifications matérielles et procédé aux redressements jugés nécessaires ainsi qu'à des annulations de voix ou de scrutin au niveau de certains bureaux de vote ; que ce faisant, la Haute Juridiction a statué sur l'ensemble des élections législatives et a donc nécessairement reconnu la validité de celles-ci dans la 21è circonscription électorale ; qu'en conséquence, elle ne saurait, après ladite proclamation qui, du reste, a acquis autorité de chose jugée, se prononcer que sur les contestations dont l'issue serait l'invalidation de l'élection de député et non l'annulation des voix dans une circonscription ; que, dès lors, le recours de Monsieur François Adébayo ABIOLA doit être déclaré irrecevable[617].

Selon l'article 22 du RI de la Cour, toute partie intéressée a le droit de saisir la Cour d'une demande de rectification d'erreur matérielle dans un délai d'un mois à compter de la notification de la décision dont la rectification est demandée. La requête en rectification ne saurait toutefois justifier la production d'éléments nouveaux de preuve en vue de contester une appréciation de fait ou de droit portée par la décision, même si cette appréciation s'avère inexacte[618]. La Cour juge dans les faits que la requête du Professeur Coffi Mathurin NAGO tend, en réalité, à contester la proclamation des résultats des élections législatives du 30 avril 2011, en méconnaissance de l'autorité de chose jugée attachée à ladite proclamation ; qu'en raison de tout ce qui précède, il échet de déclarer irrecevable la requête sous examen[619].

Instruction. La Cour forme, en son sein, (2) deux Sections composées chacune de trois membres, désignés par le sort. Il est procédé à des tirages au sort séparés entre les membres nommés par le PR et les membres nommés par le bureau de l'AN. Chaque année, dans la première quinzaine d'octobre, la Cour arrête une liste de (6) six Rapporteurs adjoints, choisis parmi les 10 Conseillers à la Chambre Administrative et à la Chambre des Comptes de la Cour Suprême, ainsi que parmi les professeurs Agrégés des facultés de droit

---

[617]Décision EL 11-024 du 28 juin 2011, *François ABIOLA (candidat tête de liste FCBE de la 21ème circonscription électorale aux élections législatives du 30 avril 2011), op.cit.*

[618] Décision EL 95-127 du 27 juillet 1995, *GUEDOU Georges.*

[619]Décision EL 11 –037du 19 juillet 2011, *Coffi Mathurin NAGO (candidat aux élections législatives du 30 avril 2011 sur la liste FCBE de la 18ème circonscription électorale).*

et des praticiens du droit public ayant au moins dix (10) ans d'expérience professionnelle. Les Rapporteurs adjoints n'ont pas voix délibérative[620].

Dès réception d'une requête, le Président de la Cour en confie l'examen à l'une des Sections et désigne un Rapporteur qui peut être assisté d'un Rapporteur adjoint[621]. Les Sections instruisent les affaires dont elles sont chargées et qui sont portées devant la Cour siégeant en séance plénière. Toutefois, la Cour, sans instruction contradictoire préalable, peut rejeter, par décision motivée, les requêtes irrecevables ou ne contenant que des griefs qui manifestement ne peuvent avoir une influence sur les résultats de l'élection. La décision est aussitôt notifiée à l'AN[622]. Dans les autres cas, avis est donné au membre de l'AN dont l'élection est contestée, ainsi que le cas échéant à son remplaçant, la Section leur impartit un délai pour prendre connaissance de la requête et des pièces au Secrétariat de la Cour et produire leurs observations écrites[623]. Dès réception de ces observations ou à l'expiration du délai imparti pour les produire, l'affaire est rapportée devant la Cour, qui statue par une décision motivée. La décision est aussitôt notifiée au président de l'AN et au Ministre chargé de l'Intérieur[624].

Aux termes des articles 64 et 65, la Cour et les Sections peuvent, le cas échéant, ordonner une enquête et se faire communiquer tous documents et Rapports ayant trait à l'élection. Le Rapporteur est commis pour recevoir sous serment les déclarations des témoins. Procès-verbal est dressé par le Rapporteur et communiqué aux intéressés, qui ont un délai de (3) trois jours pour déposer leurs observations écrites. La Cour et les Sections peuvent commettre l'un de leurs membres ou un Rapporteur adjoint pour procéder sur place à d'autres mesures d'instruction. Lorsque l'examen des pièces du dossier fait apparaitre qu'une enquête s'avère nécessaire, cette mesure d'instruction s'impose[625]. L'article 64 de la loi organique sur la Cour prévoit

---

[620] Article 58 de la loi organique.
[621] Article 59 de la loi organique.
[622] Article 60 de la loi organique.
[623] Article 61 de la loi organique.
[624] Article 62 de la loi organique.
[625] Décision EL-P 01-012 du 21 février 2001, *FALADA Mathias ;* décision EL-P 01-013 du 21 février 2001, *FASSINOU Dansou* ; décision EL-P 01-014 du 21 février 2001, *DJREKPO Charles ;* décision EL-P 01-015 du 21 février 2001, *DOSSOU Paul ;* décision EL-P 01-016 du 22 février 2001, *AZONHIHO Martin* ;décision EL-P 01-017 du 22 février 2001, *ASSOGBA Fortuné ;* décision EL-P 01-018 du 22

que les Sections, *« (...) peuvent, le cas échéant, ordonner une enquête et se faire communiquer tous les documents et rapports ayant trait à l'élection »*[626]. A cet effet, l'enquête pourra entendre tout témoin ou réclamer tout document de nature à compléter l'information de la Cour[627]. A titre d'exemple, la Cour juge à propos d'un requérant se plaignant du Sous-préfet de Pobé qui aurait tenté *« de faire délivrer des cartes d'électeurs à des populations nigérianes frontalières »,* que de l'examen du dossier, une enquête s'avère nécessaire, elle ordonne, dès lors, une mesure d'instruction pour assurer la vérification des allégations du requérant[628].

Lorsqu'elle fait droit à une requête, la Cour peut, selon le cas, annuler l'élection contestée ou réformer le procès-verbal des résultats. Elle proclame ensuite le candidat régulièrement élu. La décision est notifiée au Président de l'AN et au Ministre chargé de l'Intérieur[629]. Pour le jugement des affaires qui lui sont soumises, la Haute juridiction a compétence pour connaître de toute question ou exception posée à l'occasion de la requête. Dans ce cas, sa décision n'a d'effet juridique qu'en ce qui concerne l'élection dont elle est saisie[630]. Sous réserve d'un cas d'inéligibilité du titulaire ou du remplaçant qui se révélerait ultérieurement, la Cour statue sur la régularité de l'élection tant du titulaire que du remplaçant[631]. Disons un mot sur la notion d' *« influence déterminante ».*

8) Notion d'influence déterminante

Elle est prise en compte aussi bien dans le cadre du contentieux de l'élection présidentielle que des élections législatives.

---

février 2001, *AKOÏ Edouard;* décision EL-P 01-019 du 22 février 2001, *MOUDJANA Roufaï et consorts.*

[626] Décision EL-P 96-008 du 27 février 1996, *YACOUBA Fassassi ;* décision EL-P 95-081 du 08 mai 1995, *Lassissi ADEBO ;* décision EL-P 95-082 du 09 mai 1995, *Albert TOVOEDJRE.*

[627] Décision EL-P 96-010 du 27 février 1996, *YACOUBA Fassassi ;* décision EL-P 96-011 du 27 février 1996, *TEVOEDJRE Albert.*

[628] Décision EL-P 01-064 du 05 avril 2001, *AKIOLA Christophe.*

[629] Article 63 de la loi organique.

[630] Article 66 de la loi organique.

[631] Article 67 de la loi organique.

En matière d'élection présidentielle. Dans sa décision de proclamation des résultats définitifs de l'élection présidentielle du 13 mars 2011, la haute juridiction juge que selon une jurisprudence constante, l'application des dispositions de l'article 46 de la loi par les requérants n'entraîne l'annulation de l'élection que si les faits allégués sont établis dans leur matérialité et s'ils ont **exercé sur le scrutin une influence suffisante** pour en modifier les résultats ; qu'il apparaît que *« les résultats obtenus par les candidats dans les communes d'Allada, de Covè, de Sèmè-Podji, de Sô-Ava et de Za-Kpota (...) sont plutôt largement favorables au candidat Adrien HOUNGBEDJI ; qu'ainsi, les différentes actions [dénoncées] n'ont pas eu une influence déterminante sur les suffrages obtenus par le candidat Boni YAYI qui n'arrive qu'en deuxième position ; (...) qu'au surplus, le mandat du Président de la République s'achevant le 05 avril 2011 à minuit, il ne saurait lui être contesté le droit de continuer la mise en œuvre de son programme d'actions allant dans le sens de l'amélioration des conditions de vie des Béninoises et des Béninois ; qu'en outre, la Cour Constitutionnelle avait déjà déclaré contraire à la Constitution, lors du contrôle de constitutionnalité de la Loi n° 2010-33 portant règles générales pour les élections en République du Bénin, dans sa Décision DCC 10-116 du 8 septembre 2010, l'interdiction de toute communication médiatique relative aux réalisations des institutions de l'Etat trois mois avant les élections ».* Il y a donc autorité de chose jugée, la Cour conclut qu'il n'y a violation ni de la loi électorale ni de la Constitution[632].

En matière d'élections législatives. La Cour prend soin de vérifier la matérialité des faits quand c'est nécessaire. Elle examine toujours si les fraudes commises ont eu une *influence déterminante* sur les résultats du scrutin. Elle a rappelé ce principe dans sa décision *EL 03-047 du 21 mai 2003 : « Considérant qu'il est de jurisprudence constante que le juge électoral n'annule une élection que dans la mesure où les fraudes électorales constatées ont eu une influence déterminante sur les résultats des élections ; qu'à supposer même que les irrégularités alléguées aient été avérées, elles n'auraient pas suffi à elles seules à expliquer l'écart important qui sépare le requérant et Monsieur André DASSOUNDO (5.031 voix contre 21.572 voix) ; qu'il s'ensuit que la requête de Monsieur Ibrahim Soulé AGBETOU doit être rejetée. »* Dans le même sens, elle juge que toutes les

---

[632]Décision EP 11-057 du 19 avril 2011, *Euloge Tchékpémi AÏGBAN.*

irrégularités commises en violation de la Constitution et des lois électorales ne sont pas de nature à compromettre la régularité, la sincérité et la transparence du scrutin ; que conformément aux dispositions des articles 81, alinéa 2 ; 52 et 54 de la loi organique sur la Cour, elle a constaté le recensement général des votes, vérifié la régularité du scrutin et arrêté les résultats des élections législatives du 30 avril 2011[633].

---

[633] *Proclamation des résultats des élections législatives du 30 avril 2011.*

Que dire en conclusion à ce chapitre ? Il ressort des développements ci-dessus que la Cour est effectivement la véritable gardienne des mécanismes de démocratie indirecte. Son action est guidée par le principe de base qu'est la transparence électorale. Elle est intervenue en amont à travers sa jurisprudence sur la CENA et la LEPI, pour défendre le principe de création d'une Commission Nationale Electorale Indépendante, rompant ainsi avec l'organisation cahotante des élections par le Ministère de l'Intérieur, inféodé par nature au Pouvoir exécutif ; mais une Commission électorale n'est pas automatiquement un motif de transparence, c'est pourquoi la Haute juridiction s'est assurée du respect du principe de parité dans la composition du bureau de la CENA ; de même elle est garante du principe de l'autonomie des compétences de cet organisme, par rapport aux pouvoirs constitutionnels, qu'ils soient classiques ou nouveaux, mais aussi par rapport à tout autre organe ou institution. De même, en vertu du principe de continuité, la Cour a résolu des situations de blocages (lorsqu'elle a par exemple ordonné la mise à disposition des fonds pour lever les blocages financiers), quitte à permettre à la CENA de fonctionner, amputée d'une partie de ses membres, dès lors que cette absence ne compromettrait pas l'autonomie et l'impartialité attendues d'un tel organisme. Elle est intervenue également pour valider et conforter le principe de la Liste Electorale Permanente Informatisé (LEPI), signe d'une évolution par rapport à l'élaboration artisanale qui a marqué la pratique électorale au Bénin, jugeant qu'il s'agit d'un acquis majeur, elle s'oppose à toute volonté de volte-face de qui qu'elle vienne –même du pouvoir Législatif.

Cet impressionnant travail en amont rend la tâche relativement facile en aval, l'exercice du pouvoir d'office lui permet de plein droit de procéder à des rectifications (ajouts, amputations, corrections), annulations qui s'imposent avant de proclamer les résultats des élections nationales. On comprend dans ces conditions que le contentieux postélectoral n'est pas dense, dans la mesure où le gros œuvre se situe en amont. Le faible volume des recours déclarés fondés s'explique également par la spécificité de ce contentieux : la notion de *qualité* est comprise de manière stricte ; la Cour exige une grande précision des moyens ; la notion d'*influence déterminante* permet de mettre en balance la nécessité de réparer une irrégularité préjudiciable au requérant et les désagréments que pourrait entrainer une annulation des élections, en termes non seulement de paix sociale mais aussi de coûts financiers. Dans ces conditions, il est difficile d'obtenir l'annulation d'un scrutin. En revanche, l'invalidation de l'élection d'un Député persiste pendant toute la durée de son mandat comme une épée de Damoclès capable de s'abattre sur lui à tout moment.

CONCLUSION DU TITRE I

Il n'a pas été évident pour le continent africain de s'ouvrir au pluralisme politique. Aux lendemains des Indépendances, le monolithisme était justifié par l'argument de construction nationale à travers ses deux versants : politique (unité nationale) et économique (nécessités du développement). On pouvait écrire que *« quand l'Etat s'établit avant la Nation, le parti unique est indispensable à la Nation »* [634] . Selon le professeur Maurice AHAHANZO, *« devant les querelles stérilisantes des hommes politiques, face à la constante qu'est l'opposition Nord-Sud, pour réaliser l'unité nationale et se consacrer aux tâches de développement économique, la voie moderne la plus adéquate (...) semble être le Parti Unique, un Parti Unique bien structuré, ayant une doctrine, du moins un programme, c'est-à-dire sachant où il va »*[635]. Il ne nous semble pas que le principal artisan de la Constitution béninoise de 1990 puisse réécrire ces propos sans d'importantes nuances, car l'ouverture des années 1990, accompagnée d'une floraison spectaculaire des formations politiques, a élevé le débat démocratique et n'est pas directement la cause du sous-développement économique.

Certes, la multitude de formations politiques rend les choses complexes, mais la Haute juridiction apparait comme un véritable arbitre des luttes électorales. Malgré les efforts mis en évidence ci avant, pour garantir la transparence du jeu électoral, il n'est pas toujours facile de fédérer tous les acteurs du jeu politique. Comme dans une partie de football, l'arbitre est constamment mis en cause après une défaite. Il est même arrivé qu'un Parti politique organise une marche de protestation sur le siège de la Cour constitutionnelle à Cotonou, lorsque par sa décision *El 95-099 du 24 mai 1995,* elle a invalidé l'élection du candidat Georges GUEDOU du Parti la Renaissance du Bénin[636]. Les représentants de ce Parti ont, à l'occasion,

[634] LUCHAIRE (F.), *Encyclopédie française - L'Etat*, Tome X, p. 290.

[635] GLELE (M.), *Naissance d'un Etat noir*, Thèse pour le doctorat en droit, LGDJ, Paris, 1969, p.345.

[636]Aux termes des dispositions de l'article 11 de *la loi n° 94-015 du 27 juin 1995,* tout candidat à une élection législative doit être domicilié depuis un an au moins en République du Bénin avant la date du scrutin. Or monsieur Georges GUEDOU, à l'époque fonctionnaire international, avait son domicile à Kinshasa au Zaïre, au siège du Bureau Africain des Sciences de l'Éducation (BASE) dont il était le Directeur général. La Cour a donc invalidé son élection ainsi que celle de son suppléant. Les militants dirigés par le Secrétaire départemental du parti Renaissance

réclamé la révision de la Constitution en vue de *« limiter les pouvoirs exorbitants de la Cour constitutionnelle »*. Peut-on accéder à cette demande sans ruiner l'économie de la constitution politique érigée en 1990 ? Rien n'est moins sûr ! L'examen de l'apport de la Cour constitutionnelle dans le domaine de l'équilibre des pouvoirs, milite au contraire pour le maintien de ses compétences. Contrairement à ce qui est généralement enseigné, la Cour constitutionnelle du Bénin n'est pas un monstre trônant au-dessus des institutions et des citoyens, d'autant plus qu'en limitant les compétences des institutions aménagées dans la Constitution, elle ne se réserve pas elle-même un sort particulier. Alors que toute institution tend normalement à accroitre ses compétences, elle s'est considérablement autolimitée, ce qui dans certains cas, nous laisse interdit !

---

du Bénin ont estimé que cette invalidation pour défaut de résidence relève de l'arbitraire.

Titre 2.

PRINCIPE DE LA SEPARATION DES POUVOIRS

La théorie de l'institution de Maurice HAURIOU[637] permet de mieux comprendre la fonction de la Cour en tant que gardienne de l'équilibre des pouvoirs. Pour HAURIOU, *« une institution est une idée d'œuvre ou d'entreprise qui se réalise et dure juridiquement dans un milieu social ; pour la réalisation de cette idée, un pouvoir s'organise qui lui procure des organes ; d'autre part, entre les membres du groupe intéressés à la réalisation de l'idée, il se produit des manifestations de communion dirigées par les organes de pouvoir et réglés par des procédures »*[638]. Une telle harmonie ne va pas de soit, Jean RIVERO n'écrivait-il pas en 1987, que les institutions *« à la différence des satellites demeurent rarement sur l'orbite où leur créateur avait entendu les placer*[639] *»* ?

La Constitution béninoise institue un ensemble de pouvoirs constitutionnels auxquels elle attribue des fonctions précises. A l'intérieur de chacun de ces pouvoirs, il y'a des organes dont les fonctions sont établies soit par la Constitution, soit par une loi organique, soit par un RI. A l'intérieur de chaque organe, il y a des agents (fonctionnaires, agents de l'Etat, mandataires…). En vertu de sa fonction de régulation (article 114 de la Constitution), la Cour intervient pour veiller à ce que les pouvoirs, les organes et les agents de chaque organe, qui constituent le corps de l'Etat, ne soient pas entravés dans leur fonctionnement ; qu'il n'y ait ni blocage, ni interférence, ni empiètement. Chaque pouvoir à travers ses organes et agents, est appelé à poser des actes susceptibles d'avoir des répercussions soit sur les autres pouvoirs ou organes de l'Etat, soit sur ses propres agents, soit sur le citoyen. Les pouvoirs ne sont, dès lors, pas libres d'exercer leurs fonctions, mieux leurs activités comme ils l'entendent. Ils doivent respecter les compétences des autres pouvoirs, l'intérêt national, l'ordre constitutionnel ou les droits fondamentaux. La Cour est, de ce fait, juge de l'activité des pouvoirs publics.

---

[637] Maurice HAURIOU formule sa théorie aussi bien dans des écrits généraux (1906, 1925) que dans des écrits plus techniques (notes d'arrêts et des Manuels).
[638] HAURIOU (M.), *Précis*… 1925, p. 96.
[639] RIVERO (J), « Fin d'un absolutisme », *Pouvoirs,* n°13, nouvelle édition 1991, pp. 6-7.

Conscient de la tumultueuse instabilité politique historique du Bénin, le constituant de 1990 consacre les trois pouvoirs constitutionnels classiques aux *« grandes démocraties »* que sont : le pouvoir législatif, le pouvoir exécutif et le pouvoir judiciaire. A côté de ces pouvoirs classiques, il ne lui aurait pas échappé que les médias, qualifiés souvent de quatrième pouvoir, sont d'un rôle capital dans la construction démocratique[640].Il institue à cet effet une Haute Autorité de l'Audio-visuel et de la Communication (HAAC), qui s'inspire davantage du Canada que du Conseil Supérieur de l'Audio-visuel français.

Le pouvoir exécutif est doté de la fonction fédérative, gouvernementale, administrative et d'une portion de fonction législative ; le pouvoir législatif est doté d'une fonction législative et de contrôle ; le pouvoir judiciaire est doté d'une fonction juridictionnelle ; la HAAC est l'organe de surveillance des medias, d'attribution des fréquences et de temps de paroles pendant les élections ; le CES est chargé de réguler les activités économiques et sociales[641]. La Cour constitutionnelle est la gardienne de cette architecture[642] organique et fonctionnelle. Elle est investie de par la Constitution, article 114, alinéa 3, du pouvoir de réguler le fonctionnement des institutions et l'activité des pouvoirs publics. Par ailleurs, l'article 117 lui donne compétence pour statuer sur *« (...) les conflits d'attributions entre les institutions de l'État (...) ».* C'est bien la preuve que le constituant ait prévu des dysfonctionnements de ce faisceau d'organes.

La notion de *« fonctionnement »* ne pose pas de problèmes particuliers, elle signifie dans le cadre d'un pouvoir ou institution[643], le fait de remplir sans

[640] Le pouvoir de la presse est réel, elle a la capacité de promouvoir ou de défaire un homme ou un Parti politique.

[641]Précisons que les organes supérieurs de ces pouvoirs peuvent avoir un pouvoir administratif s'exprimant entre autres en termes d'actes administratifs, portant sanctions disciplinaires de leurs agents ou faisant grief aux usagers et tiers-citoyens.

[642]Les principaux organes du pouvoir exécutif sont : le PR et le Gouvernement (le PR étant libre de former son Gouvernement, peut instituer le poste de PM ou cumuler la fonction présidentielle avec celle de chef d'un département ministériel). Le principal organe du pouvoir législatif est l'AN, le Parlement étant monocaméral, il comporte tout de même des organes : le Président de l'AN, les membres du bureau, la Conférences des présidents, etc. Les principaux organes du pouvoir judiciaire sont : le CSM, la HCJ, la CS, les Cours et tribunaux. Les organes de la HAAC sont : le Président de la HAAC, le Secrétariat général, les membres du bureau, idem pour le CES et la Cour constitutionnelle.

[643] Les deux notions sont interchangeables.

discontinuité, à travers ses organes ou directement, la tâche qui lui est assignée. De même, la notion *« d'activité »* en droit public est généralement ambivalente : l'activité des pouvoirs publics peut être juridique (elle consiste dans ce cas en l'édiction des actes normateurs) ou matérielle et se manifeste par des actes ou opérations purement matériels. Il reste une dernière difficulté : que faut-il entendre par *« réguler »* ? La notion de *« régulation »*[644] n'est pas définie de manière certaine, nous retiendrons qu'elle est une fonction permettant d'assurer le fonctionnement normal d'un système. Il y a toutefois l'idée de *« règles »* et de *« régularité ».* Il s'agirait donc pour la Cour de s'assurer, sur base des règles, que le fonctionnement des institutions ou l'activité des pouvoirs publics soit régulier, c'est-à-dire s'exerce sans discontinuité, ni anomalie. La fonction de régulation de la Cour ne peut pas être abstraite de sa fonction de juge de la conformité des normes ou d'arbitre des conflits entre les institutions de l'Etat.

La Cour s'appuie sur les dispositions constitutionnelles relatives aux compétences, pour remplir sa fonction de régulation. A travers le contrôle de conformité, elle veille à ce que chaque pouvoir se meuve dans les limites de la sphère compétentielle que la Constitution lui reconnait. Elle prévient ainsi l'arbitraire et l'abus de pouvoir. La Haute juridiction a jugé qu' *« il découle de la lecture croisée et combinée de ces dispositions [Préambule et articles 35 et 79] que d'une part, l'arbitraire s'entend de l'exercice d'un pouvoir non fondé en droit, que d'autre part, l'abus de pouvoir consiste en l'usage non approprié d'un pouvoir régulièrement conféré par la loi »*[645].Elle tire également de ces dispositions, son droit de se prononcer toutes les fois qu'elle est saisie à propos d'une interprétation d'une disposition de la Constitution[646]. Elle a par ailleurs posé le principe selon lequel : *« Toutes les autorités de l'Etat sont, dans l'exercice de leurs fonctions ou l'accomplissement de leurs actes, soumises au respect de la Constitution, non seulement quant au fond, mais encore ne peuvent, sous peine d'arbitraire, prendre ceux-ci dans des formes autres que celles prévues par*

[644] L'expression *« régulateur de l'activité normative des pouvoirs publics »* serait attribuable au Doyen Louis FAVOREU, *RDP,* 1967, pp. 5-120, à partir de la Décision du Conseil constitutionnel français, 62-20 DC du 06 novembre 1962, où la Haute juridiction française s'est reconnue *« organe régulateur de l'activité des pouvoirs publics »* ; v° MBOLLE (S.), *Le nouveau régime constitutionnel du Bénin...op.cit.*, p. 6488, réf. n° 1559.
[645]DCC 10-049 du 5 avril 2010, *Président de la République.*
[646] Décision 15 DC du 16 mars 1993, *Président de la République.*

les lois et textes en vigueur » [647].Cette règle est rappelée de manière constante [648]. Puisque la Constitution n'a pas tout prévu, elle se base également sur les lois organiques et les RI qui sont la stricte application, mieux, l'émanation des dispositions constitutionnelles. Il se peut que ces textes ne soient pas suffisants, car en se conformant à la Constitution, à la loi organique, aux RI, il arrive bien souvent que le système connaisse soit des blocages ; soit un fonctionnement qui ne répond plus à l'esprit de l'ordre constitutionnel. La Cour intervient alors en ces circonstances, soit sur le fondement d'un principe à valeur constitutionnel, soit sur le fondement de l'article 114 alinéa 3, pour combler les interstices et incertitudes juridiques. On ne peut dans ces hypothèses, compter qu'avec la sagesse de ses membres. L'habilitation constitutionnelle que lui donne l'article 114 est large, c'est à dessein que le constituant n'a pas défini la notion de *« régulation »,* il ne faudrait d'ailleurs pas chercher à la définir. Toutefois, la Haute juridiction sait jusqu'où elle peut aller très loin, elle a dit clairement, à propos de l'article 114 de la Constitution, qu'il ne l'autorise guère à s'ingérer dans le fonctionnement interne d'une institution[649]. Il y a moins de la coupe aux lèvres, car, en beaucoup d'occasions, la Cour s'est ingérée dans le fonctionnement interne des institutions (à propos par exemple de la discipline au sein de l'AN) ; autre est la question de la légitimité d'une telle intervention.

Cela étant, en tant que gardienne de l'équilibre des pouvoirs, la Cour intervient soit pour sauvegarder les attributions de chaque pouvoir ou d'un organe d'un pouvoir ; soit pour limiter l'activité constitutionnelle de chaque pouvoir ou organe, elle fixe dans ce cas, des exigences consubstantielles à la nature de pareille activité, dans l'intérêt de la stabilité de l'ordre constitutionnel, de la paix, de la cohésion nationale ou même des droits fondamentaux. Il faut distinguer pour la clarté de l'exposé, entre les pouvoirs constitutionnels classiques (chapitre 1) et les pouvoirs constitutionnels que nous choisissons d'appeler *« nouveaux »* (chapitre 2).

---

[647]DCC 96-88 du 06 décembre 1996.
[648] DCC 03-133 du 21 aout 2003, *Maitre SAÏZANOU Alexandrine.*
[649] Décision 17 DC du 03 juin 1993, *Président de l'Assemblée Nationale.*

Chapitre 1.

POUVOIRS CONSTITUTIONNELS CLASSIQUES

La Constitution a certes cantonné chacun des trois pouvoirs dans une sphère juridique précise. Ainsi le pouvoir exécutif prévu au titre III, articles 41 à 78 est exercé par le PR qui est le Chef du Gouvernement, la Constitution fixe son statut, ses attributions. Le pouvoir législatif prévu au titre IV, articles 79 à 113 qui fixent dans les détails, les règles y relatives ainsi que les rapports entre pouvoir exécutif et législatif ; le pouvoir judiciaire est prévu par le titre VI, articles 125 à 138 qui établissent des règles relatives à la Cour Suprême (CS), au Conseil Supérieur de la Magistrature (CSM) à la Haute Cour de Justice (HCJ), aux Cours et tribunaux.

Cette répartition textuelle n'est toutefois pas un gage d'absence de conflits. Dans ce contexte, la Cour constitutionnelle est intervenue pour veiller à ce que chacun de ces trois pouvoirs agisse dans les limites de ses compétences, elle rappelle à cet effet, de façon itérative, la théorie de *« l'équilibre des pouvoirs ».* La Haute juridiction protège également les prérogatives des différents pouvoirs quand elles doivent de par la Constitution s'exercer concurremment. A titre d'exemple, la Constitution en son titre XI, intitulé *« De la révision »,* fixe les conditions et la procédure de révision. Aux termes de l'article 154 alinéa 1er : *« L'initiative de la révision de la Constitution appartient concurremment au président de la république, après décision en Conseil des ministres, et aux membres de l'Assemblée nationale (...) »*[650].

L'apport de la Cour dans l'aménagement des pouvoirs se résume en une dialectique *protection-limitation,* qu'il s'agisse du pouvoir exécutif (section 1) ; du pouvoir législatif (section2) ou du pouvoir judiciaire (Section 3).

Section 1. Pouvoir exécutif

Indépendamment des évolutions démocratiques, le pouvoir exécutif dans les Etats africains a souvent tendance à supplanter les autres, au point où les constitutionnalistes les classent dans une catégorie particulière dite *« régimes présidentialistes ».* Cette tendance traduit l'attractivité de la Constitution

[650]DCC 01-059 du 27 juin 2001, *AGONDANOU Guy.*

gaulliste du 04 octobre 1958, qui fait du PR une sorte d'arbitre planant au-dessus des institutions [651]. A ce propos, le regretté Pierre François GONIDEC, grand connaisseur des régimes politiques africains, disait, par une métaphore qui ne s'invente pas, que les Constitutions d'Afrique noire francophone ressemblent comme des filles jumelles, à leur mère, la Constitution française du 04 octobre 1958[652]. Dans le même ordre d'idées, Gérard CONAC écrit en 1977 : *« Dans ces régimes [d'Afrique] qui semblent s'inspirer du système solaire, où toute vie procède d'un centre unique, la fonction présidentielle est le point de convergence de toutes les institutions étatiques »*[653].

Le PR dans les Etats africains d'aujourd'hui, n'est plus formellement ce démiurge constitutionnel [654], toutefois, il conserve subrepticement une emprise considérable sur les institutions, en se fondant plus sur le terrain de l'instrumentalisation politique, de la politisation, plutôt que sur celui du droit constitutionnel : sur l'Exécutif, à travers un monocéphalisme ou un bicéphalisme déséquilibré, inspiré du parlementarisme orléaniste[655] ; grâce

[651] Jean GICQUEL est allé très loin en qualifiant le régime politique français de la Ve République de « régime présidentialiste », V° Jean et Eric GICQUEL, *Droit constitutionnel et institutions politiques,* éd. Montchrestien, Domat droit public, 20ème éd., 2005, p. 131-132 et p. 485 et s.

[652] Il est clair aujourd'hui que la pratique constitutionnelle de la Vème République n'a rien à voir avec ce qu'elle fut entre 1958-1962, contexte particulier, marqué par la guerre d'Algérie. De même, on ne pourrait plus réécrire aujourd'hui les propos de GONIDEC sans de sérieuses nuances.

[653] CONAC (G), « Le présidentialisme en Afrique noire », in *L'évolution récente du pouvoir en Afrique,* IEP, 1977, p. 23.

[654] On retrouve néanmoins quelques reliques de cette figure providentielle du PR à l'article 41 de la Constitution béninoise de 1990, qui dispose que *« le président de la République est le chef de l'État. Il est l'élu de la Nation et incarne l'unité nationale. Il est le garant de l'indépendance nationale, de l'intégrité territoriale et du respect de la Constitution, des traités et accords internationaux ».* De telles prescriptions auraient suffi dans d'autres contextes à supplanter les autres pouvoirs de l'Etat et à valider la dérive présidentialiste du régime politique, la Cour constitutionnelle y voit des prérogatives symboliques qui sont d'ailleurs assorties d'obligations spécifiques, toutes choses qui rompent clairement avec le présidentialisme négro-africain qui a prévalu avant les années 1990, v° par exemple la décision, DCC 13-071 du 11 juillet 2013, *Serge PRINCE AGBODJAN, op.cit.*

[655] Le Premier Ministre doté d'un coefficient d'autorité personnelle voisin de zéro, n'est en fait que le Premier des Ministres, sans réel pouvoir, et les Ministres souvent choisis aussi bien parmi les intellectuels que les commerçants, chantant pendant toute la durée de leurs fonctions, leur reconnaissance à celui qui daigna les

au pouvoir de nomination des membres du Gouvernement, il cherchera généralement dans la majorité ou l'opposition, des personnes dont il peut compter sur le dévouement et la vénération ; sur l'AN, à travers la discipline du Parti[656], c'est au point où les députés nouvellement élus n'hésitent pas curieusement à remercier le Chef de l'Etat, sans qui l'élection ne serait pas arrivée ; sur le CSM à travers la nomination de son Président quand lui-même n'assure pas une telle prérogative ; sur les Médias à travers la patrimonialisation des moyens de communication étatiques, la création et le financement inavoué des médias fantoches, chargés de diffuser des dithyrambes au PR en longueur de journée ; sur le CES, par la nomination de ses membres ; sur la Cour constitutionnelle à travers la nomination de personnes qui lui sont idéologiquement voisines, lorsqu'il ne renvoie pas *sine die* la mise en œuvre effective de la juridiction constitutionnelle.

Le Benin échappe à cet état de choses. La Constitution de 1990 consacre un régime présidentiel. Le juge constitutionnel béninois semble avoir pris des embardées, quant à cette influence tutélaire de l'Exécutif, il veille par sa jurisprudence à ce que celui-ci n'excède pas les limites fixées par la Constitution (Paragraphe 2), il réalise ainsi une véritable deprésidentialisation du régime politique béninois, en contrôlant par exemple le respect de l'article 52, alinéa 2 relatif à la déclaration des biens et patrimoine[657] du PR et des membres du Gouvernement avant leur entrée en fonction ; il a été jugé dans les faits qu'il n'y a pas violation de ladite disposition, en ce qu'il ressort de la réponse du SG du Gouvernement que les membres du Gouvernement ont procédé, conformément aux dispositions de l'article 52 alinéa 2[658] de la Constitution à la déclaration des biens et

---

élever plus haut que les autres citoyens et afin qu'il veuille bien se souvenir d'eux au prochain remaniement ministériel.

[656] Il cumule généralement les fonctions de PR et celles de président national du Parti majoritaire, les Statuts lui donnant un rôle important.

[657]DCC 12-046 du 23 février 2012, *Noël Olivier KOKO* ; DCC 03-068 du 20 mars 2003, *TOGBLANON Xavier.*

[657]DCC 03-062 du 19 mars 2003, *AKUESSON Jean-Christophe.*

[658]L'article 52 de la Constitution dispose : « *Durant leurs fonctions, le président de la République et les membres du Gouvernement ne peuvent par eux-mêmes, ni par intermédiaire rien acheter ou prendre en bail qui appartienne au domaine de l'État, sans autorisation préalable de la Cour constitutionnelle dans les conditions fixées par la loi. Ils sont tenus, lors de leur entrée en fonction et à la fin de celle-ci, de faire sur l'honneur une déclaration écrite de tous leurs biens et patrimoine adressée à la chambre des comptes de la Cour suprême. Ils ne peuvent prendre part aux*

patrimoine. Toutefois, la Cour constitutionnelle ne conçoit pas son travail qu'en termes de limitations, elle est également garante des compétences du pouvoir exécutif (Paragraphe 1).

Paragraphe 1. Sauvegarde des attributions exécutives

Généralement, l'on a tendance à associer de manière abusive le pouvoir exécutif à la figure du PR. Il est certes le détenteur constitutionnel des prérogatives exécutives, mais elles peuvent tout aussi être exercées par le Gouvernement, constitué du Premier-Ministre si le Président institue une telle fonction, des Ministres ou des autorités administratives. Les attributions exécutives sont donc variées, elles sont constituées des fonctions fédératives, gouvernementales et administratives. La distinction entre les deux dernières catégories de fonctions a été très discutée en France, à propos de la *« théorie des actes de gouvernement ».* Il y a, d'une part, les partisans de la dualité des fonctions exécutives, d'autre part, ceux de l'unité. Dans la première catégorie (unité), Léon AUCOC souligne par exemple: *« Quand on distingue le gouvernement de l'administration, on entend mettre dans une catégorie spéciale la direction des affaires auxquelles on réserve le nom de politique »*[659] .Selon Edouard LAFERRIERE, *« (...) administrer, c'est assurer l'application journalière des lois, veiller aux rapports de l'administration centrale ou locale avec les citoyens (...) Gouverner, c'est pourvoir aux besoins de la société politique toute entière, veiller aux rapports des citoyens avec la puissance publique »*[660]. Dans la seconde catégorie (dualité), Roger BONNARD souligne : *« Les difficultés éprouvées dans certains cas pour distinguer le fait de gouverner et celui d'administrer ont fait abandonner cette distinction. De sorte qu'à la suite de ces échecs, on a fini par reconnaître qu'il n'y avait pas de différences matérielles entre les actes de gouvernement et les autres actes administratifs et qu'ainsi la fonction gouvernementale n'existait pas en tant que fonction matériellement distincte de la fonction administrative »*[661]. Plus récemment, le Doyen Louis

---

marchés de fournitures et aux adjudications pour les administrations ou institutions relevant de l'État ou soumises à leur contrôle ».

659 AUCOC (L.), *Conférences sur l'administration et le droit administratif* (Conférences faites à l'Ecole des ponts et chaussés)… 3e éd., t.1, p. 92.

660 LAFERRIERE (E.), *Traité de la juridiction administrative et des recours contentieux,* Paris, Berger-Levrault, 1888, t. 2, p. 31.

661 BONNARD (R.), *Précis de droit administratif,* Paris, LGDJ, 4e éd., 1943, p. 62.

FAVOREU affirme, lui aussi, dans sa thèse, *« qu'il n'y a pas de distinction juridique entre la fonction gouvernementale et la fonction administrative »*[662]. Idée partagée par Danielle LOSCHAK[663]. Il sort de notre propos de participer au débat sur l'unité, le dualisme ou le trialisme des fonctions exécutives, reconnaissons toutefois une distinction, au moins organique, reconnue par la Constitution béninoise entre le PR (A) ; les membres du Gouvernement (B) et les autorités administratives (C).

A) Protection des prérogatives du PR

La Cour constitutionnelle rappelle dans plusieurs décisions, les prérogatives constitutionnelles du PR, lorsque celles-ci sont menacées par d'autres institutions ou des recours de particuliers. Il en a été ainsi – à titre illustratif, dans plusieurs domaines : en matière de *détermination de la politique de la Nation ;* de *formation du Gouvernement* ; de *pouvoir réglementaire* ou encore de *prérogatives de Chef de l'Administration.*

- La détermination de la politique de la Nation. La Haute juridiction rappelle qu'il revient au Chef de l'Etat dans le cadre de la détermination et de la conduite de la politique de la Nation, de veiller à sa mise en œuvre progressive. Elle en déduit que, en décidant que l'Enseignement secondaire est gratuit uniquement pour les filles des classes de 6e et 5e, dans les lycées et collèges publics, le Chef de l'Etat a agi conformément à l'article 13 de la Constitution[664]. Dans le même sens, elle juge qu'on ne saurait conclure à une violation des droits de l'homme, à l'alimentation et à l'eau en ce que contrairement aux allégations de la requérante, le Gouvernement a engagé des actions pour alimenter progressivement la majorité de la population en eau potable. Les prix de cession de l'eau potable tels que fixés par le Gouvernement sont en deçà du coût de revient du m3 d'eau traitée, preuve de la détermination du Gouvernement à permettre à la majorité de la population l'accès à l'eau potable[665].

---

[662] FOVOREU (L.), *Du déni de justice en droit public français*, *op. cit.*, p. 221.

[663] LOSCHAK (D.), *Le rôle politique du juge administratif français*, Paris, LGDJ, 1972, p. 28.

[664] DCC 12-010 du 24 janvier 2012, *Jean AHOSSI.*

[665] DCC 12-124 du 7 juin 2012, *Fidélia APOVO.*

- *La formation du Gouvernement.* La Cour estime que l'article 54[666]de la Constitution n'impose au PR, Chef de Gouvernement, ni la structure du Gouvernement, ni la dénomination et les attributions de ses membres. La seule limite apportée à ses prérogatives est contenue dans l'article 70 de la Constitution. Elle conclut que le décret querellé *(décret n° 96-128 du 09 avril 1996 portant composition du Gouvernement)* n'est pas contraire à la Constitution[667] ; elle rappelle constamment ce pouvoir discrétionnaire[668]. Dans le même ordre d'idées, elle a estimé que l'institution par le même décret présidentiel, du poste de Premier Ministre, ne porte pas atteinte à l'esprit et l'économie générale du texte constitutionnel et à la nature présidentielle du régime politique qu'il institue. Selon la Haute juridiction, le critère juridique essentiel qui définit le régime parlementaire est *« la responsabilité politique du Gouvernement devant le Parlement » ;*or, le régime présidentiel retenu par la Constitution du 11 décembre 1990 se caractérise par *« l'élection du Président de la République au suffrage universel direct et par le fait que, détenteur du Pouvoir Exécutif, il est le chef du Gouvernement et n'est pas responsable devant l'Assemblée nationale ».* Ces précisions jurisprudentielles doivent être fortement nuancées, rien ne permet en effet d'affirmer de manière tranchée que le Gouvernement n'est pas responsable devant le Parlement. Sans doute, la Haute juridiction réduit-elle la notion de responsabilité à la capacité de renversement, c'est-à-dire l'existence de la motion de censure ou de défiance. Toutefois, la responsabilité doit s'entendre de manière large, ce qui nous parait d'ailleurs conforme à l'étymologie *res-pondere* qui signifie *« répondre de ».* Sous le bénéfice de ces observations, il faut constater que le Chapitre II du Titre IV de la Constitution béninoise est intitulé « *Des rapports entre l'Assemblée et le Gouvernement ».* Ce Chapitre prévoit des moyens d'action de l'AN à l'égard du Gouvernement, tels les *« questions-réponses », « les commissions d'enquête », « les avis », « les amendements »...*De manière plus intéressante, l'article 71 de la Constitution dispose que le PR ou tout membre de son Gouvernement peut, dans

[666] Aux termes de l'article 54 de la Constitution : « *Le président de la République est le détenteur du pouvoir exécutif. Il est le chef du Gouvernement et, à ce titre, il détermine et conduit la politique de la Nation. Il exerce le pouvoir réglementaire (...) Il nomme, après avis consultatif du Bureau de l'Assemblée nationale, les membres du Gouvernement ; il fixe leurs attributions et met fin à leurs fonctions. Les membres du Gouvernement sont responsables devant lui.* »

[667] DCC 96-020 du 26 avril 1996, *GBETIN Dézégni et consorts.*

[668] DCC 06-019 du 07fevrier 2006, *AHOUANGAN Servais.*

l'exercice de ses fonctions gouvernementales, être interpellé par l'AN. Le PR répond à ces interpellations par lui-même ou par l'un de ses Ministres qu'il délègue spécialement devant l'AN. En la circonstance, l'AN peut prendre une résolution pour faire des recommandations au Gouvernement. On ne peut dès lors affirmer comme le fait la Cour que le régime constitutionnel béninois n'aurait pas prévu une responsabilité du Gouvernement devant l'AN, caractéristique du régime parlementaire, sauf à attribuer un sens restrictif à la notion de responsabilité. La séparation entre le Pouvoir exécutif et législatif est donc souple, toutes choses qui confortent en réalité, la nature non pas présidentielle, mais semi-présidentielle du régime béninois. La Cour reconnaitra d'ailleurs cette qualification dans une autre décision.

Tout récemment, la Cour a précisé qu'aucune disposition constitutionnelle n'interdit au PR en sa qualité de Chef du Gouvernement d'exercer par lui-même, telle ou telle attribution gouvernementale que lui reconnaît la Constitution. Il s'agissait en l'espèce de l'exercice par le PR des fonctions de Ministre de la Défense nationale[669], encore que la Constitution précise expressément qu'il dispose de l'Administration et de la Force armée et est le responsable de la Défense nationale (article 54). L'article 62 ajoute que le PR est le chef suprême des Armées. Il nomme en Conseil des Ministres, les membres du Conseil Supérieur de la Défense (CSD) et préside les réunions dudit Conseil. En revanche, la composition, l'organisation et le fonctionnement du CSD sont du domaine du pouvoir législatif. Inversement, le PR peut, aux termes de l'article 70, déléguer certains de ses pouvoirs aux Ministres, à l'exception de ceux prévus aux articles 54 alinéa 3, 60, 61, 101, 115, 133 et 144 de la Constitution.

Par ces décisions, le juge constitutionnel apporte une clarté non seulement sur la nature du régime politique béninois, mais aussi sur les pouvoirs constitutionnels du Chef de l'Etat dans la formation du Gouvernement. Il est le Chef du Gouvernement, en cette qualité, il a une entière liberté dans la détermination de la structure de celui-ci, qu'il s'agisse de la dénomination des Ministères ou de leurs attributions, il peut d'ailleurs se réserver en plus

[669]DCC 12-129 du 12 juin 2012, *Célestin COSSI*. De fait, la prise en charge par le PR du Ministère de la Défense nationale par le *décret n° 2012-069 du 10 avril 2012,* n'est pas contraire à la Constitution. La Cour rappelle les dispositions des articles 54 alinéas 1, 2 et 3, 62, alinéa 1 et 70 de la Constitution et conclut qu'il n'y a dès lors pas violation des prescriptions constitutionnelles.

de la fonction présidentielle, la gestion d'un portefeuille ministériel. Participe de cette liberté d'action, la faculté d'instituer ou non un poste de Premier Ministre. Dans ce contexte, le Premier Ministre au Bénin n'est ni plus ni moins que le Premier des Ministres, il n'est pas le Chef du Gouvernement, il doit l'étendue de ses fonctions et sa nomination au PR, en sorte que celui-ci n'aurait qu'à dodeliner de la tête pour le réduire au silence, le Premier Ministre est dès lors sur un siège essentiellement éjectable. La Cour a également précisé les prérogatives présidentielles en matière de pouvoir réglementaire, de pouvoir hiérarchique ou encore de pouvoir disciplinaire.

- *Le pouvoir réglementaire du PR.* Le juge constitutionnel rappelle le pouvoir réglementaire autonome du PR, il a été jugé que les matières qui sont du domaine de la loi et celles dont la loi détermine les principes fondamentaux, sont limitativement énumérées par l'article 98 de la Constitution. La sécurité sociale est une matière dont les principes fondamentaux sont déterminés par la loi. Ne relèvent en revanche pas du domaine de la loi, les règles fixant la composition du Conseil d'administration de l'Office béninois de sécurité sociale et les incompatibilités auxquelles sont soumis les membres dudit Conseil[670]. Ces matières sont dès lors du domaine du pouvoir réglementaire autonome, fixé de manière résiduelle par le texte constitutionnel. Le PR dispose également de par la Constitution du pouvoir réglementaire d'exécution, rôle qui, dans certains régimes constitutionnels, est normalement dévolu au Premier Ministre. L'article 59 de la Constitution dispose en effet que le PR assure l'exécution des lois et garantit celle des décisions de justice. Il est par ailleurs le Chef de l'Administration.

- *Le pouvoir hiérarchique du PR.* La Cour a dégagé des dispositions des articles 54, alinéa 2 et 56, alinéa 3 de la Constitution, de véritables prérogatives de Chef de l'Administration au profit du PR. Ainsi il ressort de ces dispositions qu'il a le pouvoir de nommer le Directeur de Cabinet de la Première dame du Bénin[671], sans qu'on puisse y voir une violation de la

---

[670] Décision 9 DC du 07 juillet 1992, *Ministre du Travail, de l'Emploi et des Affaires Sociales.*

[671] A propos du *décret n° 2003-102 du 25 mars 2003 portant nomination de Monsieur Pascal MAHOUGNON PATINVOH, Directeur de cabinet de la Première dame du Bénin.*

Constitution[672]. Dans le même sens, la Cour rappelle qu'en matière de nomination, conformément à la doctrine et à une jurisprudence constante, et à défaut de dispositions expresses déterminant l'autorité compétente pour suspendre ou mettre fin aux fonctions du Directeur, surtout s'agissant d'un emploi supérieur, ce pouvoir appartient à l'autorité investie du pouvoir de nomination, en l'espèce, le PR. Toutefois, le parallélisme des compétences n'implique pas forcement le parallélisme des formes[673]. Elle a estimé que le PR n'avait pas violé la Constitution dès lors que la requérante qui a été affectée, en contestant son affectation *« (...) ne [fît] référence à aucune disposition précise, ni dans la Constitution ni dans la Charte Africaine des Droits de l'Homme et des Peuples encore moins dans les conventions internationales, imposant à l'Etat la prise en compte d'une distance précise entre le domicile de l'Agent et le lieu de son travail ; qu'il est constant que l'Agent au service de l'Etat, quels que soient son sexe et son statut matrimonial, est appelé à servir partout où besoin sera, que dès lors, en affectant la requérante d'Abomey-Calavi, son domicile conjugal, à la Cour d'Appel d'Abomey, son lieu de travail, le Président de la République, Président du Conseil Supérieur de la Magistrature, n'a violé aucune disposition protectrice de la femme mariée (...) »*[674].

- *Le Pouvoir disciplinaire du PR.* Récemment (2016), la Cour rappelle l'essentiel du pouvoir réglementaire du PR qui se distingue du pouvoir judiciaire et qui comporte le pouvoir hiérarchique et le pouvoir disciplinaire. Elle souligne que les articles 54 alinéas 1, 3 et 4, 55 alinéa 1, 56 alinéa 3 et 125 de la Constitution énoncent respectivement : « *Le Président de la République est le détenteur du pouvoir exécutif. Il est le chef du Gouvernement, et à ce titre, il détermine et conduit la politique de la Nation. Il exerce le pouvoir règlementaire (...) Il nomme, après avis consultatif du Bureau de l'Assemblée nationale, les membres du gouvernement ; il fixe leurs attributions et met fin à leur fonctions ; Les membres du gouvernement sont responsables devant lui* » ; « *Le Président de la République préside le Conseil des Ministres* » ; « *Il nomme également en Conseil des ministres : les membres de la Cour suprême, les Ambassadeurs, les Envoyés extraordinaires, les Magistrats, les Officiers généraux et supérieurs, les*

---

[672]DCC 03-132 du 21 aout 2003, *HOUSSOU Christian.*

[673]DCC 99-026 du 11 mars 1999, *HOUENONTIN Clément*. Dans le même sens, DCC 99-027 du 11 mars 1999, *ADJOVI Emmanuel.*

[674] DCC 14-143 du 17 juillet 2014, *Claire HOUNGAN.*

Hauts fonctionnaires dont la liste est fixée par une loi organique » ; « *Le pouvoir judiciaire est indépendant du pouvoir législatif et du pouvoir exécutif. Il est exercé par la Cour suprême, les cours et tribunaux créés conformément à la Constitution* ». Il découle selon la Haute juridiction, de ces dispositions qu'alors que le pouvoir judiciaire est exercé à travers les Cours et tribunaux, le pouvoir règlementaire, quant à lui, est exercé par le PR à travers le Conseil des Ministres et l'Administration ; qu'à ce titre et étant titulaire du pouvoir de nomination des ministres, des agents et hauts fonctionnaires de l'Etat, le PR exerce également le pouvoir hiérarchique et le pouvoir disciplinaire[675].

En d'autres occasions, la Haute juridiction s'est exprimée sur les prérogatives des membres de l'équipe gouvernementale.

B) Protection des prérogatives du Gouvernement

En ce qui concerne les prérogatives des membres du Gouvernement, plusieurs domaines peuvent être mentionnés : *le pouvoir de détermination de la politique générale de l'Etat, le pouvoir de nomination dont jouissent les Ministres, le pouvoir de contreseing, la gestion des affaires courantes ou encore le pouvoir hiérarchique.*

- *Le pouvoir de détermination de la politique générale de l'Etat.* Evoquant sa décision *DCC28-94 du 2 septembre 1994,* où elle avait jugé que la capitale de la République du Benin est Porto-Novo, la Haute juridiction rappelle qu'aucune autre disposition constitutionnelle ou légale dont la violation pourrait être invoquée n'organise les attributs spécifiques attachés à cette dénomination. Que l'article 55 de la Constitution donne la compétence de détermination de la politique générale de l'Etat au Gouvernement, que dans ces attributions, figure celle de location des services de l'Etat sur le territoire national. Elle conclut que la décision du Gouvernement de construire à Cotonou un Centre administratif devant abriter les Ministères, n'est pas contraire à la Constitution[676]. Cette décision n'est pas sans susciter une interrogation : y a-t-il une différence entre *la détermination de la politique de la Nation* dont on a vu qu'elle était une prérogative présidentielle et *la détermination de la politique générale de l'Etat* à propos de laquelle la Cour

---

[675] DCC 16-005 du 07 janvier 2016, *Amédée WEINSOU.*
[676] DCC 13-011 du 07 février 2013, *Dagbéyon GODONOU.*

désigne le Gouvernement comme autorité compétente ? La réponse à cette question semble provenir de l'article 54 de la Constitution qui précise que le PR est le détenteur du pouvoir exécutif. Il est le Chef du Gouvernement et, à ce titre, il détermine et conduit la politique de la Nation. Il exerce le pouvoir réglementaire. Il dispose de l'Administration et de la Force armée. Il est responsable de la Défense nationale. De fait, le Gouvernement n'a pas constitutionnellement de compétences propres et protégées, le PR reste le seul maitre à bord, l'équipe gouvernementale peut toutefois participer selon les sollicitations présidentielles à la définition et la conduite de la politique de la Nation. C'est sans doute ce qu'a voulu dire la Haute juridiction. Elle utilise dans ce cadre, *ne varietur* les termes *« Etat »* ou *« Nation ».*

- *Le pouvoir de contreseing ministériel.* Le contreseing exprime l'engagement du Ministre à assurer l'application des actes contresignés. Cet acte rend le Ministre responsable de leur exécution. Le contreseing consiste en la signature du Ministre concerné sur l'acte à côté de celle du PR[677]. Le contreseing ministériel est prévu à l'article 54 alinéa 6 de la Constitution qui dispose que les actes du PR, autres que ceux prévus aux articles 60 et 115 sont contresignés par les Ministres chargés de leur exécution. La Cour rappelle utilement qu'il ressort de l'article 54, alinéa 6 de la Constitution, que les actes du PR dont l'exécution nécessite l'intervention d'un Ministre doivent être contresignés par celui-ci. Dès lors, le décret nommant un Ministre en qualité d'ordonnateur national des Bonds Européens de Développement et qui n'a été signé que du seul PR n'est pas conforme à la Constitution [678]. Cette précision jurisprudentielle vient rationaliser les rapports entre le PR et ses Ministres. Si le PR est libre de constituer en toute discrétion son Gouvernement, et de déterminer les fonctions ministérielles, il ne peut en tout cas ignorer les Ministres lorsqu'il souhaite agir dans un domaine dont ils ont la charge de l'exécution. La Cour vient une fois encore poursuivre l'œuvre de deprésidentialisation du régime politique. Ne sont pas concernés les actes relatifs au droit de grâce (article 60) et à la nomination des membres de la Cour constitutionnelle (article 115). Avant d'apposer le

---

[677] V° DCC 96-052 du 12 août 1996 relative à l'inconstitutionnalité du décret portant nomination de Monsieur Moïse MENSAH, Ministre des Finances, en qualité d'ordonnateur du Fonds Européen de Développement.
[678] DCC 96-056 du 12 aout 1996, *De REGO Fréjus.*

contreseing, le Ministre doit juridiquement avoir la qualité, c'est-à-dire avoir pris fonction, ce sous peine d'inconstitutionnalité[679].

- *La gestion des affaires courantes en période de transition*[680]. L'Etat étant continuité, l'élection d'un nouveau PR n'interrompe pas selon la Cour, la vie de la Nation. Il est évident, étant donné la nature *« présidentielle »* du régime politique issu de la Constitution du 11 décembre 1990, que le Gouvernement en place avant l'élection présidentielle est, tant qu'il n'est pas mis fin à ses fonctions par le PR, juridiquement compétent pour assurer la gestion des affaires publiques, satisfaire les besoins quotidiens des populations, garantir la continuité de l'Etat jusqu'à la formation d'un nouveau Gouvernement après l'avis consultatif du bureau de l'AN. La Cour déduit dans les faits que le Conseil des Ministres du mercredi 27 avril 2011 est juridiquement compétent pour prendre les décrets querellés[681]. Le principe de continuité des Services publics de l'Etat a été clairement rappelé en 2014, la Cour juge que *« (...) les travailleurs peuvent, dans le cadre d'une organisation associative et professionnelle jouir du droit de grève pour revendiquer ou défendre leurs intérêts économiques et sociaux dans la limite du respect du cadre légal ; que ce droit ne saurait toutefois remettre en cause le principe de la continuité des services publics ; que dans le cas d'espèce, en prenant des mesures idoines pour assurer la continuité des services publics et palier le dysfonctionnement des services de l'Etat, le Président de la République et son Gouvernement n'ont pas violé la Constitution ; et sans qu'il soit besoin de statuer sur les autres moyens »*[682].C'est en vertu de la continuité que la Cour a affirmé de manière constante, qu'à défaut de dispositions expresses déterminant l'autorité compétente pour mettre fin aux fonctions de Directeur, au demeurant à un emploi supérieur, ce pouvoir appartient à l'autorité investie du pouvoir de nomination. Dans les faits, elle sanctionne

---

[679] Il a été jugé que *l'acte de promulgation du 05 avril 2006 de la loi n° 2005-31 du 05 avril 2006 portant prévention, prise en charge et contrôle du VIH/ SIDA en République du Bénin est inconstitutionnel, au motif que «(...) le chef de l'Etat, a par décret n° 2006- 176 du 08 avril 2006, nommé les membres de son gouvernement ; (...) il en résulte que le 05 avril 2006, les ministres ayant apposé leurs contreseings au bas de la de la loi n° 2005-31 du 05 avril 2006 portant prévention, prise en charge et contrôle du VIH/ SIDA en République du Bénin n'avaient pas encore la qualité de membre du Gouvernement » : DCC O6-162 du 19 octobre 2006.*

[680] DCC 13-043 du 11 avril 2013, *Salihou DAGA.*

[681] DCC 11-048 du 26 juillet 2011.

[682] DCC 14-040 du 27 février 2014, *Syndicat National pour la Promotion Intégrée de la Profession Enseignante (SYNPIPE –BENIN).*

l'Arrêté du Ministre de la Communication. Il était intervenu en l'absence des dispositions expresses de la loi organique sur la HAAC, dans la révocation du Directeur de l'ONIP. La Cour juge qu'il appartenait au PR, autorité investie du pouvoir de nomination de le révoquer [683] (parallélisme des compétences).

- *Le pouvoir de Chef de service des Ministres* a plusieurs dérivations, le Ministre peut, en cette vertu, nommer à des fonctions dans les limites de ses compétences, il peut prendre des directives ou des actes administratifs qui sont l'exécution d'une loi. A propos particulièrement du pouvoir de nomination, la Cour estime qu'il ne saurait être fait grief au Ministre de la Fonction publique, du Travail, de la Justice et de la Législation et des Droits de l'homme, d'avoir procédé à la désignation et à la formation des Assesseurs travailleurs et employeurs, dès lors qu'il est démontré qu'en dépit des diverses initiatives prises par le Garde des sceaux, certains Assesseurs ne se sont pas présentés, d'autres n'ont pas accompli les diligences nécessaires à leur prestation de serment conformément aux articles 52 et 56 de la loi portant organisation judiciaire, formalité substantielle sans laquelle ils ne pourront siéger aux audiences en qualité d'Assesseurs[684].

A propos des directives, elle a jugé que le Ministre de l'Education nationale et de la Recherche scientifique, qui est chargé de la gestion de l'Enseignement, a, dans le respect des textes en vigueur, toute latitude pour fixer les règles devant assurer la bonne administration de ce secteur, conformément aux dispositions de l'article 23, alinéa 2 de la Constitution[685]. Elle rappelle dans ce domaine, le parallélisme de compétences, ainsi, en l'absence d'une disposition législative formelle, l'autorité qui a compétence pour nommer à un emploi, a également compétence pour mettre fin aux fonctions d'un fonctionnaire, lorsqu'il s'agit d'un emploi supérieur comme celui du Directeur de la Télévision nationale[686].

A propos de l'exécution des lois, elle a jugé qu'un décret du Gouvernement n'est pas contraire à la Constitution et n'empiète pas sur la compétence législative, dès lors qu'il résulte de l'examen de la loi que celle-ci ait réservé

---

[683] DCC 14-151 du 19 aout 2014, *Akuété ASSEVI.*

[684]DCC 12-105du 3 mai 2012, *Serge PRINCE AGBODJAN.*

[685] DCC 96-067 du 21 octobre 1996, *SALAVI Gabriel.*

[686] DCC 99-029 du 17 mars 1999, *HOUENONTIN Clément.*

la prise de certaines mesures d'exécution au Gouvernement[687].Toujours à propos du pouvoir de nomination, elle estime qu'aucun texte n'impartissant au Gouvernement un délai pour procéder à la nomination d'un Magistrat, à compter du dépôt de la communication au SG du Gouvernement, tendant à une telle nomination, le décret querellé, pris en conformité des dispositions de l'article 6 de la loi portant Statut de la Magistrature, n'est pas contraire à la Constitution[688].

- *Le pouvoir discrétionnaire.* L'emploi de Directeur de la Télévision –dont on a déjà parlé ci-avant, est selon la Cour un emploi supérieur par nature, à la discrétion du Gouvernement, il peut à tout moment pour simple convenance et en dehors de toute considération disciplinaire, mettre fin aux fonctions du titulaire qui n'a pas de droit acquis à rester indéfiniment à son poste. L'acte portant abrogation d'un décret viole la Constitution si l'intéressé n'a pas au préalable été mis en mesure d'exercer son droit à la défense. La Cour a jugé qu'il n'y a pas violation de l'article 35 de la Constitution du fait qu'un décret d'application prévu par la loi ne soit pas intervenu, dès lors qu'il résulte que ladite loi (article 9 de *la loi n° 2011-20 du 12 octobre 2011 portant lutte contre la corruption et autres infractions connexes en République du Bénin*) n'a pas prévu des délais pour le décret d'application[689].En d'autres occasions, la Cour a déterminé de manière claire, les prérogatives des autorités administratives.

C) Protection des prérogatives des Autorités administratives

Trois domaines sont illustratifs à ce niveau : *le pouvoir de prendre des mesures d'ordre, le pouvoir de police administrative, le pouvoir de nomination.*

- *Pouvoir de prendre des mesures d'ordre.* La jurisprudence constitutionnelle reconnait aux autorités administratives le pouvoir de prendre des mesures d'ordre qui ne sont pas à proprement parler des actes administratifs unilatéraux. Ainsi, il a été jugé que le Directeur de la Télévision nationale n'a violé ni les articles 35 et 36 de la Constitution, ni l'article 9 de la CADHP, dès lors qu'il ressort des éléments du dossier, notamment de la réponse de ce dernier, que les reports du débat télévisé en

---

[687]DCC 02-044 du 29 mai 2002, *DENAKPO Lambert.*
[688] DCC 12-011 du24 janvier 2012, *Serge PRINCE AGBODJAN.*
[689] DCC 14-139 du 15 juillet 2014, *Serge PRINCE AGBODJAN.*

cause, sont dus aux multiples désistements des acteurs politiques sollicités[690]. De même, la prise d'une mesure conservatoire par le DG de la société Bénin Télécoms *s.a* pour manquement grave à l'éthique et à la déontologie professionnelle ne saurait être analysée comme une suspension arbitraire[691].

- *Pouvoir de police administrative (nous abordons la notion d'ordre plus en profondeur dans la seconde partie de l'ouvrage).* La Cour a jugé que le fait pour la Mairie de procéder à la démolition du bâtiment d'un requérant, édifié sur une voie publique sans titre de propriété ni autorisation administrative, ne saurait constituer une violation de l'article 22 de la Constitution[692]. Dans le même sens, le fait pour un Maire, responsable du maintien de l'ordre public dans sa Commune, de réglementer la pratique religieuse en vue de la sauvegarde de la paix sociale, ne saurait être analysé comme une violation des articles 10 et 26 de la Constitution ; il en est ainsi de l'interdiction par le Maire, sous instruction du Préfet, de meetings susceptibles de provoquer des troubles à l'ordre public. En invitant le Maire à interdire les meetings projetés, le Préfet n'a pas violé la Constitution en ce qu'il ressort des éléments du dossier l'existence réelle des risques de menaces susceptibles de provoquer des troubles à l'ordre public[693]. Le Préfet des Départements de l'Atacora et de la Donga ayant proposé à son Ministre de tutelle *« une action de charme des FCBE »* pour émousser l'ardeur politique *« ABT »,* il n'a de ce fait pas empêché la liberté de réunion, de cortège et de manifestation du groupe politique *« ABT ».* Par conséquent, ni le message radio fax du Préfet des Départements de l'Atacora et de la Donga, ni le comportement de ce dernier ne violent l'article 35 de la Constitution[694].

- *Pouvoir de nomination des autorités administratives.* Dans ce domaine, la Cour a dégagé le principe général selon lequel l'autorité investie du pouvoir de nomination a aussi le pouvoir de remplacement, pour autant qu'elle respecte les règles en vigueur et les droits de la personne humaine[695]. S'il elle a été décisive pour rappeler les prérogatives constitutionnelles (et celles

---

[690]DCC 12-050 du 6 mars2012, *Nathalie SOSSOU.*
[691]DCC 12-150 du 26 juillet 2012, *Hervé APIA.*
[692]DCC 12-068 du 22 mars 2012, *Vincent SOGBAVI.*
[693]DCC 12-070 du 22 mars 2012, *Abdoulaye ADAM.*
[694]DCC 12-051 du 6 mars 2012, *Noël Olivier KOKO.*
[695] DCC 99-050 du 13 octobre 1999, *BELLO Adissa.*

imposées par la nécessité du fonctionnement régulier des institutions) du PR, des membres du Gouvernement, des autorités administratives, la Cour, avec la même détermination, a posé des balises importantes contre d'éventuels excès.

Paragraphe 2. Limitations des attributions exécutives

Le juge constitutionnel, par sa jurisprudence, a considérablement limité la marge de manœuvre des autorités de l'Exécutif et de l'Administration, bras séculier du pouvoir exécutif. Il faut distinguer entre les limitations des prérogatives des organes exécutifs et les limitations liées à l'activité exécutive. Le défi inavouable du juge constitutionnel était de contenir le Chef de l'Etat dans les limites de ses compétences constitutionnelles, il rompt ainsi avec la tradition gaulliste, elle-même insidieusement inspirée du « roi soleil » Louis XIV, consistant à faire du Monarque l'incarnation de l'Etat, le père de la Nation, l'arbitre du jeu politico-institutionnel. Il réussit ainsi l'exploit de limiter le PR, ce qui fut tout à fait inconcevable avant les années 1990. Il s'agit d'une véritable deprésidentialisation du régime politique (A) ; son intervention n'a pas épargné les membres du Gouvernement (B) et les autorités administratives (C).

A) Limitations liés aux prérogatives du PR

Quelques domaines sont illustratifs à cet effet : la Cour a rappelé l'obligation du respect de la formule sacramentelle du serment présidentiel ; les obligations ordinaires et spécifiques du PR, les obligations positives incombant au PR, en sa qualité d'autorité qui définit la politique de la Nation ; le respect du pouvoir judiciaire ; le respect de la liste civile.

- *Respect du caractère sacramentel du texte du serment.* Par sa décision rendue en 1996[696], la Cour a déclaré non conforme à la Constitution (article 53) la prestation du serment effectuée le 04 avril 1996 par le Président Mathieu KEREKOU, et ordonné la reprise dudit serment le 06 avril 1996. Le texte du serment, tel que fixé par la Constitution, souligne la Cour, est une formule sacramentelle indivisible. Il ne saurait donc subir une quelconque modification et doit être prononcé dans son intégralité[697]. Le PR avait omis

---

[696]DCC 96-017 du 05 avril 1996, *GANGBE Aurélien et FAGNINOU Gilles.*
[697] *Ibidem.*

en fait de prononcer le membre de phrase *« Les Mânes des ancêtres ».* Le serment a été déclaré non conforme à la Constitution.

- *Obligations ordinaires et spécifiques du Chef de l'Etat.* Dans une décision qui restera remarquable dans l'histoire de la jurisprudence constitutionnelle béninoise, la Cour déconstruit la logique dite du *lotus* qui tend à faire du PR l'émanation de l'Etat, elle remet en cause son immunité absolue. Saisie par un citoyen (Serge PRINCE AGBODJAN) d'une requête tendant à faire contrôler la constitutionnalité de certains propos du Président Boni YAYI, au cours de l'interview intitulée*« Boni YAYI à cœur ouvert »,* diffusée sur l'ensemble des chaines de télévision béninoise et en rediffusion le 02 août 2002, la Cour saisit l'occasion pour préciser que *« le Président de la République pour être Chef de l'Etat et Chef du Gouvernement n'en est pas moins un citoyen de la République titulaire des droits, libertés et devoirs incombant à tout citoyen, sous la seule réserve des obligations spécifiques et fonctionnelles de sa charge ; qu'ainsi les propos par lui tenus (...) en réponse aux déclarations faites (...) par le Front Citoyen pour la sauvegarde des acquis démocratiques : 'je leur opposerai les miens du Bénin profond et ils vont s'affronter (...) je peux leur faire mal ces petits-là qui m'insultent tous les matins'. (...) Que l'effet produit sur lui par les menaces des citoyens quelle qu'en soit leur ampleur, ne saurait le dispenser de ses obligations de Chef de l'Etat ; que la paix, principe consubstantiel à la démocratie et à l'Etat de droit, s'impose aussi bien aux gouvernés qu'aux gouvernants et particulièrement au Chef de l'Etat, Président de tous les Béninois ; qu'en conséquence, le Président de la République (...) par ses propos (...) a méconnu l'article 36 de la Constitution »*[698]. Cette décision appelle de brefs commentaires. Le PR aurait donc en plus des obligations ordinaires de tout citoyen, des obligations spécifiques liées à sa fonction, le juge constitutionnel met à sa charge de véritables sujétions exorbitantes de droit public.

- *Obligations positives à charge de l'Etat.* La Cour estime que si l'Etat doit tout mettre en œuvre pour éviter des discriminations, il doit en plus, en ce qui concerne les personnes handicapées, prendre *« des mesures spécifiques de protection en rapport avec leurs besoins physiques et moraux ».* En l'espèce, l'Etat, en ne prenant pas toutes les mesures nécessaires pour faire composer la requérante en écriture braille au concours des Auditeurs de

---

[698] DCC 13-071 du 11 juillet 2013, *Serge PRINCE AGBODJAN.*

justice, alors même que celle-ci a régulièrement passé tous ses examens grâce à ladite écriture, a méconnu les dispositions des articles 8, 26 et 30 de la Constitution[699].

- *Respect du pouvoir judicaire.* Aux termes de l'article 127, le PR est garant de l'indépendance de la justice. Il est assisté par le Conseil Supérieur de la Magistrature (CSM). L'article128 alinéa 1er dispose que le CSM statue comme Conseil de Discipline des Magistrats. La Cour juge sur le fondement de ces dispositions que, n'ayant pris aucune disposition en vue de la nomination d'un Magistrat, le silence du PR doit s'analyser comme un refus de respecter l'avis du Conseil Supérieur de la Magistrature[700].

- *Respect de la liste civile du PR.* Dans une décision rendue en 2015[701], la Cour rappelle qu'aux termes de l'article 48, alinéa 2 de la Constitution : « *La loi fixe la liste civile du Président de la République et détermine la pension à allouer aux anciens Présidents de la République*» ; que l'article 57, alinéa 1eret 105, alinéa 1er (disposition éponyme) de la Constitution prévoient que « *le Président de la République a l'initiative des lois concurremment avec les membres de l'Assemblée nationale ».*Tout est parti pourtant d'un bon sentiment du requérant : en mars 2012, sur les écrans de la télévision nationale, ORTB, le PR fait des déclarations apparemment anodines. Il souligne qu'il *« (...) ne perçoit pas de salaire, les factures relatives à ses consommations d'eau, d'électricité et de téléphone à son domicile sont à ses propres charges ; plus grave, même les charges relatives à son suivi sanitaire sont logées à la même enseigne ; en d'autres termes, aucune somme allouée à ces titres ne figure dans le livre des comptes de l'Etat. Le président de la République a même affirmé avec force que seules les sommes allouées pour sa garde personnelle et pour les renseignements figurent dans le livre des comptes, celles-ci sont identiques à celles allouées à cet effet à son prédécesseur (...) »,* le requérant révolté par ces affirmations et par un souci de commisération, forme un recours devant la Haute juridiction contre

---

[699]DCC 12-106 du 3 mai 2012, *Géronime TOKPO (assistée de son Conseil Joseph DJOGBENOU).*

[700] DCC 00-054 du 02 octobre 2000, *DECLA Claire.*

[701] Notre étude était au départ limitée à l'année 2014. Toutefois, au cours de l'édition de cet ouvrage, nous n'avons pu nous abstenir de nous intéresser aux décisions originales, rendues en 2015 et en début 2016, le point de chute étant l'élection à la Présidence de la République de Patrice TALON en avril 2016.

les actes et traitements présumés inconstitutionnels posés par le Ministre de l'Economie et des Finances et préjudiciables au chef de l'Etat béninois.
La Cour instruit l'affaire et juge qu'il ressort des éléments du dossier et notamment de la réponse du SG du Gouvernement, Monsieur Eugène DOSSOUMOU, que *la liste civile* du PR est liquidée, non sur la base d'une loi tel que prescrit par la Constitution, mais d'un décret portant traitement de base indiciaire des personnalités politiques et administratives, modifié par *le décret n ° 92-311 du 23 novembre 1992* qui détermine le traitement de base du PR et des autres personnalités de l'Etat ; que *« des dispositions sont mises en œuvre par le chef de l'Etat pour la saisine de l'Assemblée nationale en vue du vote d'une loi fixant la liste civile du président de la République »* ; que de même, selon le SGA de l'AN, Monsieur Mahamadou ALASSANE, jusqu'à la date de la saisine de la Cour par le requérant, l'AN n'a initié aucune proposition de loi fixant *la liste civile* du PR, conformément à l'article 48 alinéa 2 de la Constitution. La Cour conclut que ni le PR, ni les membres de l'AN n'ont usé des prérogatives offertes par les dispositions des articles 57, alinéa 1 et 105, alinéa 1 ci-dessus citées pour régler la question de *la liste civile* du PR depuis l'avènement de celui-ci à la tête de l'Etat ; qu'il échet dès lors pour la Cour de dire et juger que ne l'ayant pas fait, ils ont violé la Constitution en ses articles 48, alinéa 2, 57, alinéa 1 et 105, alinéa 1[702].

Cette décision est d'une importance capitale. Le PR dans les Etats d'Afrique noire francophone est souvent considéré comme le grand argentier de l'Etat ; au mépris des règles des Finances publiques, notamment du *principe de la séparation des ordonnateurs et des comptables,* il dispose généralement des caisses noires alimentées par des pompes dérivatives et entretenues en marge de toute orthodoxie budgétaire, dans lesquelles il peut puiser de jour comme de nuit[703]. L'ancien PR gabonais Omar MBONGO en est une éclatante illustration, beaucoup de visiteurs témoignent qu'il les gratifiait à la moindre occasion des espèces sonnantes et trébuchantes. La Cour constitutionnelle du Gabon régla de manière étrange certaines contestations nées à l'occasion de l'élection présidentielle controversée du 5 décembre 1993, elle semble valider la pratique présidentielle consistant à user de l'argent public sans transparence et dans le but évident de corrompre. Par sa décision

[702]DCC 15-002 du 13 janvier 2015, *Lucien CHEDE.*
[703]L'affaire ELF qui jette un véritable pavé dans la mare, en matière de relations France-Afrique, est l'illustration la plus achevée de ces pratiques peu orthodoxes.

n°023/93/CC du 3 décembre 1993, le juge gabonais constate bien *« un comportement discriminatoire des médias de l'Etat (...) dans tous les secteurs de la radiodiffusion et de la presse écrite , depuis l'ouverture de la campagne électorale, en violation du principe d'égalité de traitement des candidats à l'élection présidentielle, mais estime que ces manquements ne peuvent entraîner l'invalidation de la candidature du Président Omar Bongo qu'au cas où une " manœuvre frauduleuse " serait démontrée ; or, elle estime que ne peuvent être qualifiées de " corruption " les " largesses " faites par le chef de l'Etat à des journalistes, sur leur demande, dès lors qu'il s'agit d'une pratique courante dont bénéficient largement tant les agents de l'Etat que d'autres catégories de personnes »*. Une telle décision qui défie tout commentaire témoigne du délabrement de la justice constitutionnelle dans la plupart des Etats d'Afrique noire francophone.

La décision du juge béninois est en conformité avec le Préambule de la Constitution qui a rappelé la volonté du Peuple à combattre tout régime fondé sur la corruption. A travers cette décision, le juge rappelle également que les compétences prévues par la Constitution doivent être exercées. Il lutte ainsi contre l'inertie, la procrastination juridique.

B) Limitations liées à l'activité gouvernementale

En ce domaine, la Cour veille à sanctionner les immixtions du Gouvernement dans les domaines de compétences ou plus globalement, l'activité du pouvoir judiciaire. Elle veille à ce qu'il respecte les droits fondamentaux, les compétences de la Cour suprême, les compétences législatives ou encore celles de la HAAC. La Cour confirme par ailleurs, la responsabilité pénale des membres du Gouvernement.

- *S'agissant du pouvoir judiciaire,* la Cour a rendu en 2007, une décision quia permis de désamorcer une crise majeure entre d'une part, le Gouvernement qui entendait instruire certains de ses membres « *à l'effet de faire le point des importants cas de litiges domaniaux en milieux urbain pendant devant les juridictions afin qu'une suspension soit observée dans l'instruction desdits dossiers jusqu'à la mise en place d'un mécanisme adéquat de règlement* », et, d'autre part, l'Union Nationale des Magistrats du Bénin qui avait entamé un mouvement de grève pour obliger le Gouvernement à rapporter sa décision. Saisie par cinq citoyens, la Haute juridiction juge que la décision du Gouvernement est de nature à violer l'indépendance du pouvoir judiciaire. Elle a précisé dans le même ordre d'idées que le Gouvernement doit respecter l'autorité des décisions de justice ; qu'il s'agisse de celles de la Cour constitutionnelle, de celles de la Cour suprême ou de celles des Cours et tribunaux. En s'abstenant d'exécuter *l'Arrêt n° 005/G4 du 17 février 2000* ayant annulé *le décret n° 99-083 du 12 février 1999 relatif à la nomination des Préfets de Département,* le Gouvernement a violé l'article 131, alinéas 3 et 4 de la Constitution[704]. Si les décisions de la Cour suprême s'imposent au pouvoir exécutif, au pouvoir législatif ainsi qu'à toutes les juridictions, le Gouvernement a violé l'article 131 de la Constitution en méconnaissant le sursis à exécution ordonné par cette juridiction[705]. En s'abstenant d'exécuter un Arrêt de la Cour suprême, le Gouvernement viole les dispositions de l'article 131 alinéas 3 et 4 de la Constitution. Il en va de même de la décision du Conseil des Ministres qui remet en cause une décision de justice, elle est contraire à l'article 59 de la Constitution[706]. Toujours à propos de l'exécution des décisions de justice, elle sanctionne le délai anormalement long observé par le Gouvernement pour exécuter une décision juridictionnelle. Elle juge que les Ministres qui se sont succédé de 1998 à la date de la décision, ont respectivement violé les articles 131 alinéas 3 et 4 et 35 de la Constitution en ce que la lenteur administrative à la Police nationale du fait de son sous-effectif en personnels qualifiés, ne saurait constituer une difficulté d'application d'une décision de justice, ni justifier le délai de treize (13) ans, anormalement long, pour son exécution[707]. En s'abstenant de procéder au reclassement du requérant dans le respect de la décision de la Cour suprême, le Ministre chargé de la Défense nationale a violé les dispositions de l'article 131 de la Constitution[708]. Les comportements du Ministre de l'Education nationale et de la Recherche scientifique et du Ministre de la Fonction publique, du Travail et de la Réforme administrative qui ont mis un délai anormalement long pour traiter le dossier d'un fonctionnaire, dénotent une inertie et une négligence graves qui constituent une violation de l'article 35 de la Constitution[709].

---

[704] DCC 01-111 du 19 décembre 2001.
[705] DCC 01-074 du 13 aout 2001, *Groupe M.Y.C. International.*
[706] DCC 02-005 du 16 janvier 2002, *KOUDJETCHEOUN Zowedo.*
[707]DCC 12-090 du 20 avril 2012, *Eugène BOYA.*
[708]DCC 12-156 du 16 août 2012, *Ibrahima CHITOU.*
[709] DCC 00-053 du 02 octobre 2000, *CHABI Louis.*

- *Respect des droits fondamentaux.* La Cour a dans plusieurs décisions mis en cause les Ministres, elle estime par exemple que le Ministre de la Fonction publique et du Travail a méconnu les dispositions de l'article 26 alinéa 1er de la Constitution, en ce que le requérant régulièrement nommé dans le corps des administrateurs civils de la Fonction publique, a été titularisé dans son emploi, reclassé et reversé dans le corps des administrateurs des banques et institutions financières. Sous le numéro matricule 34560, il a émargé au budget national du 6 septembre 1990 au 31 mars 1993, date à laquelle il a été mis fin à ses fonctions au Ministère de l'Intérieur. La Haute juridiction conclut que le Gouvernement a méconnu les dispositions des articles 144 et 150 du RI de l'AN et le budget de l'AN, gestion 2011, voté par l'AN le 23 septembre 2010 est contraire à la Constitution[710]. Par ailleurs, dans une décision rendue en 1994, à l'occasion du *contrôle de constitutionnalité de l'article 2, 4e tiret du décret n° 94-11 du 26 janvier 1994 portant obligations des membres de la Cour Constitutionnelle*, la Cour avait jugé qu': *« aux termes de l'article 11 de la Constitution : ' l'Etat reconnaît et garantit dans les conditions fixées par la loi (...) la liberté d'association (...)' ; qu'il s'agit d'une liberté garantie ; que si le législateur peut en limiter l'exercice en l'organisant, il ne saurait la supprimer ou l'annihiler ; qu'en tout état de cause, eu égard à la hiérarchie des normes, un décret ne peut interdire l'exercice d'une liberté ou d'un droit reconnu et garanti par la Constitution ; qu'en conséquence, le décret n° 94-11 du 26 janvier 1994, en son article 2, 4e tiret, est contraire à la Constitution*[711] ».

- *Respect des avis et des décisions de la Cour suprême.* Aux termes des dispositions de l'article 105, alinéa 2 de la Constitution : *« Les projets de loi sont délibérés en Conseil des ministres, après avis motivé de la Cour suprême (...)».* Il résulte de ces dispositions que la consultation et l'avis motivé de la Cour suprême constitue une formalité préalable et obligatoire. Cette formalité substantielle n'ayant pas été accomplie avant la transmission au Parlement d'une loi, il y a violation de la Constitution[712]. Le Ministre de l'Éducation nationale et de la Recherche scientifique a mis (4) quatre mois

---

[710] DCC 10-144 du 14 décembre 2010, *Raphaël AKOTEGNON, Député à l'Assemblée Nationale.*

[711] DCC 33-94 du 24 novembre 1994.

[712] DCC 01-026 du 16 mai 2001, *Président de la République.*

pour se conformer à un Arrêt de la Cour suprême, le Gouvernement a violé les dispositions de l'article 131, alinéas3 et 4 de la Constitution[713].

- *Respect des compétences législatives.* La Cour juge que la détermination des règles régissant le statut des *« Commissaires-priseurs »,* y compris la détermination de leurs compétences territoriales étant du domaine de la loi, conformément aux dispositions de l'article 98 de la Constitution, il y a lieu de dire et de juger que *le décret 95-318 du 18 octobre 1995, portant création de charges de Commissaires-priseurs près les tribunaux du Bénin* est contraire à la Constitution[714].Elle constate qu'aux termes des dispositions des articles 96 et 98, alinéa 1er, 7ème tiret de la Constitution : *« L'Assemblée Nationale vote la loi et consent l'impôt »* ; « *Sont du domaine de la loi les règles concernant : l'assiette, le taux et les modalités de recouvrement des impositions de toute nature ».* Il découle de ces dispositions que l'imposition, les modalités de fixation et de recouvrement relèvent de la compétence du Législateur. Selon la Cour, les éléments du dossier laissent voir que, par le relevé n° 44 des décisions prises par le Conseil des Ministres en sa séance du mercredi 07 décembre 2011, il a été demandé au Ministre de la Communication, des Technologies de l'Information et de la Communication et à celui Délégué auprès du PR chargé de l'Economie Maritime, des Transports Maritimes et des Infrastructures Portuaires, de veiller respectivement au prélèvement d'une taxe de 25 francs CFA sur chaque abonné des réseaux GSM et de 100 francs CFA sur chaque véhicule d'occasion sorti du Port Autonome de Cotonou, à titre de participation à la quinzaine de solidarité ; que ledit relevé qui a non seulement déterminé le montant des taxes mais également les modalités de leur recouvrement a été pris en l'absence de toute loi en la matière. Non seulement le relevé en cause mais également le communiqué du Président de l'Autorité Transitoire de Régulation des Postes et Télécommunications pris sur la base de ce relevé impose aux consommateurs une taxe en dehors des procédures exigées par la Constitution ; que ce faisant, le Conseil des Ministres et le Président de l'Autorité Transitoire de Régulation des Postes et Télécommunications ont violé la Constitution [715]. Notons également qu'aux termes d'une jurisprudence constante, et en vertu des dispositions de l'article 91 de la

---

[713]DCC 01-050 du 21 juin 2001, *HOUNTON François.*

[714] DCC 02-007 du 16 janvier 2002, *BRAHIMA Abdoulaye.*

[715]DCC 12- 144 du 19 juillet 2012, *Paul LANA.*

Constitution, il appartient au Législateur de fixer les indemnités parlementaires que les députés perçoivent. Dès lors, en intervenant comme ils l'ont fait dans un domaine réservé à la loi par la Constitution, *les décrets nos 94-143 et 94-144 du 24 mai 1994* ont violé la Constitution.

- *Respect de l'habilitation législative.* La Cour rappelle que l'article 102 de la Constitution ne peut être mise en œuvre que dans le cadre d'une loi d'habilitation de l'AN[716]. L'article 102 dispose que *« le Gouvernement peut, pour l'exécution de son programme, demander à l'Assemblée nationale de voter une loi l'autorisant à prendre par ordonnance pendant un délai limité des mesures qui sont normalement du domaine de la loi. Cette autorisation ne peut être accordée qu'à la majorité des deux tiers des membres de l'Assemblée nationale. Les ordonnances sont prises en Conseil des ministres, après avis de la Cour constitutionnelle. Elles entrent en vigueur dès leur publication, mais deviennent caduques si le projet de la loi de ratification n'est pas déposé devant l'Assemblée avant la date fixée par la loi d'habilitation. A l'expiration du délai mentionné au premier alinéa du présent article, les ordonnances ne peuvent plus être modifiées que par la loi dans leurs dispositions qui sont du domaine législatif ».*

- *Respect des compétences de la HAAC*, la Cour juge dans une espèce que le Gouvernement a méconnu la Constitution en ce qu'il ressort des éléments du dossier que les 1er et 2 août 2010, le Gouvernement a procédé à la suspension des émissions de RFI. En agissant ainsi, il a empiété sur les prérogatives dévolues par la Constitution à la HAAC et de la Communication[717].

- *Responsabilité pénale des membres du Gouvernement.* La Cour est allé très loin en admettant que *« La garde à vue d'un membre du Gouvernement obéit aux règles du droit commun et n'est pas encore un acte de poursuite nécessitant un vote du Parlement[718] ».* Ceci conforte tout simplement la nature présidentielle du régime politique béninois. En matière de procédure pénale, l'enquête préliminaire vise à réunir les indices graves et concordants de nature à motiver une inculpation. La décision de poursuite, le cas échéant, qui intervient après cette phase préliminaire est, soit prise par le Procureur de la République à l'encontre du justiciable relevant du droit commun, soit

---

[716] AVIS CC 00-01 du 07 janvier 2000, *Président de la République.*

[717] DCC 12-048 du 23 février 2012, *Serge PRINCE AGBODJAN.*

[718] DCC 13-094 du 16 août 2013.

votée par l'AN à la majorité des 2/3 s'agissant du PR et des membres du Gouvernement, conformément à l'article 137 de la Constitution. Dès lors, la qualité de membre du Gouvernement ne saurait exonérer de la phase de l'enquête préliminaire qui obéît aux règles de droit commun.

C) Limitations de l'activité des autorités administratives

La principale limite des autorités administratives résulte des restrictions que la Haute juridiction a apportées à la notion d'ordre public invoqué pour restreindre les libertés *(v° seconde partie, titre 2, section 3).*

Les autorités administratives doivent respecter les exigences du procès équitable lorsqu'elles exercent notamment le pouvoir disciplinaire. En refusant de faire reprendre le service au requérant, le Directeur général de Bénin-Télécoms a méconnu le principe de la présomption d'innocence garanti par les dispositions de l'article 17, alinéa 1er de la Constitution et 7.1.b de la CADHP, en ce qu'aucune décision définitive d'une juridiction compétente n'est intervenue et que sa culpabilité n'est donc pas légalement établie[719] ; elle juge par exemple que le décret portant destitution d'un grade d'un Officier des forces armées est contraire à la Constitution. Le comportement de la hiérarchie militaire viole l'article 35 de la Constitution[720]. Les Ministres des Mines et de l'Environnement ont violé l'article 35 de la Constitution[721]. Dans le même sens, elle juge que les comportements du Ministre des Finances et du Ministre de la Fonction publique, du Travail et de la Réforme Administrative violent l'article 35 parce qu'ils sont contraires au devoir de conscience et de dévouement[722].Le Préfet de l'Atlantique a méconnu les dispositions de l'article 35 de la Constitution pour n'avoir pas répondu à une mesure d'instruction de la Cour[723].

La Cour rappelle également l'obligation pour les autorités administratives d'exécuter les décisions de justice. Par la lettre incriminée, le Préfet subordonne l'exécution de toute décision de justice à son avis préalable. Le caractère général d'une telle décision s'analyse comme une obstruction à

---

[719]DCC 12-072 du 22 mars 2012, *Basile TOGBONON.*

[720] DCC 03-90 du 28 mai 2003, *FASSINOU Mahoudou.*

[721] DCC 03-096 du 19 juin 2003, *Populations du village Togbin.*

[722] DCC 98-096 du 11 décembre 1998, *BOYA Antoine.*

[723]DCC 01-039du 13 juin 2001, *AGBIDI Félix.*

l'exécution des décisions de justice, ce qui est contraire aux dispositions de l'article 59 de la Constitution[724].La Haute juridiction a rappelé pour terminer, à charge des autorités administratives, les exigences de la démocratie administrative, parmi lesquelles l'obligation de motivation des actes administratifs unilatéraux, le parallélisme des formes et de compétences[725].

Section 2. Pouvoir législatif

Si le pouvoir exécutif est souvent hypertrophié, l'Afrique ne connait pas en revanche les *« régimes d'Assemblée »,* c'est-à dire l'évolution déséquilibrée de la séparation des pouvoirs au profit de l'AN. Cette dernière est, hélas ! bien souvent, qualifiée de caisse de résonnance de l'Exécutif, de Chambre d'enregistrement ou encore de Chambre d'acclamation. Tout le défi pour la Cour constitutionnelle a été d'éviter que le Parlement ne soit inféodé à l'Exécutif.

Comme pour le pouvoir exécutif, il convient de reprendre le même mouvement, en présentant d'abord la sauvegarde des attributions législatives (Paragraphe 1) ; ensuite les limitations de l'activité législative (Paragraphe 2).

Paragraphe 1. Sauvegarde des attributions législatives

La Cour a protégé les prérogatives législatives, particulièrement contre les immixtions du pouvoir exécutif, en se basant aussi bien sur les dispositions constitutionnelles, les principes à valeur constitutionnelle, le RI de l'AN. Soit dit en passant que les dispositions du RI ne font partie du bloc de constitutionnalité que si elles constituent la mise en œuvre d'une disposition constitutionnelle ou à valeur constitutionnelle[726]. En bien des occasions, la Cour est péremptoire lorsqu'elle affirme que l'AN a violé son RI et la Constitution[727] .

---

[724]DCC 12-125 du 7 juin 2012, *Maître Guy- Lambert YEKPE.*
[725] DCC 06-065 du 20 juin 2006, *HODONOU Armand.*
[726]DCC 01-013 du 29 janvier 2001, *SANNY Babatoundé.*
[727]DCC 02-126 du 10 octobre 2002, *Prince AGBODJAN Roberto.*

Dans la protection des attributions législatives, la Cour a insisté tout particulièrement sur trois domaines : d'abord, *le statut des députés*, elle n'est que trop consciente de ce que, si les députés ne bénéficient pas de garanties en termes d'incompatibilités, d'immunités et d'indemnités, ils ne peuvent sereinement exercer l'activité législative ; ensuite, *le domaine de la compétence législative*, l'article 98 de la Constitution définit de manière positive le domaine de compétences de l'AN et l'article 100 attribue les matières résiduelles au pouvoir réglementaire autonome, il n'est toujours pas évident de faire le départ entre les compétences de chacun des deux pouvoirs ; enfin dans *les rapports entre le pouvoir législatif et exécutif*, la Cour est intervenue pour sauvegarder les moyens d'action du Législatif sur l'Exécutif, elle a insisté particulièrement sur le droit d'interpellation. Pour la clarté de l'exposé, il faut distinguer entre la protection de l'AN dans son ensemble, c'est-à-dire de l'institution (A) ; et celle de ses membres (B).

A) Protection de l'institution parlementaire

En ce domaine, la Cour est intervenue dans le fonctionnement interne de l'AN, pour préciser les prérogatives de ses organes, qu'il s'agisse du Président de l'AN, de la Conférence des Présidents ou même des membres du bureau. Toutefois, la Cour a toujours affirmé que même l'article 114 de la Constitution ne lui donnait pas habilitation d'intervenir dans le fonctionnement interne d'une institution - il y a moins de la coupe aux lèvres - dirions-nous (1). Elle a par ailleurs fortement protégé les compétences législatives (2).

1) Prérogatives des organes de l'Assemblée Nationale

La Cour a un droit de regard sur les élections du Président et des membres du bureau de l'AN, elle concrétise ainsi son rôle de gardienne de la démocratie même à l'intérieur de l'hémicycle. Elle juge dans ce sens qu'ayant déclaré *« l'élection du Président et du bureau de l'Assemblée nationale (...) conforme à la Constitution »,* il y a lieu de dire et de juger, sans qu'il soit besoin de statuer sur les autres moyens développés par le requérant, que la requête doit être déclarée irrecevable[728] , en application des dispositions de l'article 124 de la Constitution sur l'autorité de chose jugée.

---

[728] DCC 11-047 du 21 juillet 2011 ; DCC 12-168 du 6 septembre 2012,*Serge PRINCE AGBODJAN.*

- *Président de l'AN.* Le Président de l'AN a été mis en cause dans plusieurs espèces. La Cour juge que le refus du Président de l'AN d'autoriser un Député à voter par procuration ne viole pas la Constitution. S'agissant de son pouvoir subsidiaire en matière de promulgation des lois, il a été jugé dans les faits que, contrairement aux allégations du requérant, la *loi n°2011-27 du 12 janvier 2012 portant conditions de recours au référendum* a été promulguée par le Chef de l'Etat. Ladite loi ainsi promulguée, fait dès lors partie de l'ordonnancement juridique, par conséquent, le Président de l'AN n'a pas violé l'article 57 de la Constitution[729]. Dans le même sens, la Cour rappelle qu'il résulte des dispositions de l'article 57 de la Constitution qu'à l'expiration d'un délai de quinze (15) jours, le PR n'a plus qualité pour saisir la Cour constitutionnelle en contrôle de constitutionnalité d'une loi. Cette prérogative appartient dès lors au Président de l'AN qui a l'obligation constitutionnelle de déférer la loi à la Haute juridiction afin que celle-ci la déclare exécutoire si elle est conforme à la Constitution[730]. Pour ce qui est du pouvoir de représentation de l'AN, la Cour a jugé qu'il résulte de l'article 82 de la Constitution que seul le Président de l'AN peut représenter cette institution, et qu'aucun membre du bureau, faute de délégation, ne dispose à cet effet d'un pouvoir propre[731].

- *Conférences des Présidents.* La Haute juridiction s'est constituée –nous l'avons souligné plus haut, garante du respect du RI de l'Assemblée en tant qu'il est la stricte application des dispositions constitutionnelles ou d'un principe à valeur constitutionnelle, elle a de ce fait été amenée, quoiqu'elle en dise, à intervenir dans le fonctionnement interne de l'Assemblée, dans la mesure où ce fonctionnement est en principe déterminé par le RI. La Cour est intervenue par exemple pour protéger les prérogatives de la Conférence des Présidents. Elle juge que le retard d'installation de la Conférence des Présidents n'autorise pas à se passer de son avis, il y a, conclut-elle, vice de procédure[732].

---

[729] DCC 98-025 du 12 mars 1998, *Président de la République* ; DCC12-146 du 19 juillet 2012.

[730] DCC 98-058 du 02 juin 1998, *Président de l'AN ;* DCC 98-015 du 06 février 1998, *Président de la République.*

[731] DCC 95-031 du 1er septembre 1995, *Vice-président de l'AN.*

[732] DCC 03-092 du 04 juin 2003, *SOKPEHOUNDE Macaire.*

2) Compétences de l'Assemblée Nationale

Nous proposons de distinguer entre les compétences législatives proprement dites et les moyens d'action.

- *Domaine de compétences législatives*, la Cour juge que *« l'article 98, alinéa 1, tiret 5, dispose : ' sont du domaine de la loi, les règles concernant (...) l'amnistie ', il est de l'essence même de la loi d'amnistie, d'enlever le caractère délictueux à des faits pénalement répréhensibles, d'empêcher toute poursuite à leur égard ou d'effacer les condamnations qui les ont frappées* [733] *. Par ailleurs, il appartient au législateur d'apprécier l'opportunité d'une loi d'amnistie, de déterminer quelles sont les infractions et de définir les droits des personnes bénéficiaires de l'amnistie ».* Dans le même sens, il a été jugé que la procédure de mise en accusation du PR et des membres de l'AN devant la Haute Cour de Justice relève du domaine de la loi[734] ou encore qu' *« une note de service ne peut créer un prélèvement pécuniaire obligatoire*[735] *»,* compétence normalement dévolue au pouvoir législatif. La Cour a par ailleurs rappelé qu'il résulte des dispositions des articles 48, alinéa 1er et 81, alinéa 1er de la Constitution que le régime électoral est l'ensemble des règles juridiques qui déterminent la manière dont il est possible de se porter candidat à une élection et d'être élu. L'inscription sur la liste électorale est une condition pour élire et pour être élu. Il appartient alors au Législateur de fixer les règles concernant l'inscription sur la liste électorale, la conservation de celle-ci, sa révision ou remise à jour. Dès lors, le pouvoir exécutif ne peut sans violer la Constitution, se charger de *« procéder à la mise à jour de la liste électorale »*[736]. Dans une autre décision, la Cour rappelle la définition du régime électoral, il repose sur une série d'opérations, à savoir des mesures préparatoires (date de scrutin et convocation des électeurs, présentation des candidats...) ; la campagne électorale (organisation et contrôle...), le scrutin (le mode, déroulement, dépouillement, proclamation, réclamation et contentieux...). La Cour constate que selon la Constitution (article 98), le régime électoral est une matière remise dans sa totalité au Législateur ; dès lors, l'AN peut descendre aussi loin qu'il lui plait, dans le détail de

[733] DCC 98-088 du 07 décembre 1998, *GNANSOUNOU Coffi.*

[734] DCC 95-020 du 22 mars 1995, *Président de l'AN.*

[735] DCC 13-135 du 17 septembre 2013.

[736] DCC 99-023 du 10 mars 1999, *BAH Nathaniel.*

l'organisation du processus électoral, ou laisser au Gouvernement le soin d'en arrêter les mesures d'application[737].

Si le régime électoral est clairement visé à l'article 98 de la Constitution, il en va différemment d'autres matières pour lesquelles la Cour est précisément intervenue pour dissiper les incertitudes et combler l'absence de précisions constitutionnelles. Ainsi en a-t-il été de la question de l'institution d'une fête annuelle des religions traditionnelles. Dans un Avis, la Cour constate que, bien que cette matière ne figure pas expressément dans le domaine énuméré à l'article 98 de la Constitution, elle relève par nature du droit du travail qui en revanche est formellement mentionné dans ledit article. Au surplus, l'institution d'une fête annuelle des religions traditionnelles touche à l'exercice d'une liberté publique –celle de religion et culte, consacrée à l'article 23 de la Constitution et dont la garantie relève du pourvoir législatif, conformément à l'article 98 susvisé en son alinéa 1. Par conséquent, elle relève de la loi[738]. La Cour ajoute que le Législateur dans son domaine des compétences a le droit de déterminer librement le rang et le bénéficiaire d'un privilège, pourvu qu'il ne méconnaisse pas les dispositions constitutionnelles[739].

Dans une importante décision, la Cour sanctionne l'empiètement par l'Exécutif du domaine législatif. Elle observe d'abord que l'Arrêté du *22 novembre 1993 portant conditions et modalités d'enregistrement des associations* en ses articles 8, 10 et 12 a posé des *« conditions limitatives à la liberté d'association »,* les articles 25 de la Constitution et 10 de la CADHP instituent la liberté d'association et les conditions de son aménagement et de sa limitation, notamment la compétence exclusivement législative pour son aménagement et sa limitation, ainsi que l'article 98 de la Constitution qui porte sur le domaine de la loi. La Haute juridiction a relevé que dans le cas d'espèce, le Ministre de l'Intérieur, de la Sécurité et de l'Administration territoriale, en décidant q*u' « il ne sera enregistré qu'une seule association de développement par entité administrative (...) qu'une association régulièrement déclarée peut obtenir son titre d'enregistrement après enquête de moralité » ;* que les associations auxquelles l'autorisation est refusée ou retirée, doivent cesser immédiatement leurs activités, et

---

[737] DCC 34-94 du 23 décembre 1994.
[738] Avis CC-001 du 05 aout 1997, *Président de la République.*
[739] DCC 95-035 du 1er septembre 1995, *Sté OLUWA LONY.*

procéder à la liquidation de leurs biens dans le délai d'un mois à compter de la date de notification de la décision, a empiété sur le domaine réservé à la loi. La Cour déclare de ce fait, l'Arrêté querellé contraire à la Constitution.

- *Moyens d'action du pouvoir législatif sur l'Exécutif.* La Cour a jugé que l'AN a de par la Constitution, la latitude d'interpeller le Gouvernement en vertu des articles 71, alinéas 1 et 2, et 113 de la Constitution. L'assassinat d'un Magistrat fait partie des questions pouvant être l'objet d'une interpellation, ce faisant, on ne saurait conclure à une immixtion dans le domaine du pouvoir judiciaire[740]. Il a été jugé dans ce sens, que les dispositions des articles 79, alinéa 2 de la Constitution, 105 et suivants du RI de l'AN n'obligent pas les parlementaires à adopter un comportement spécifique lors des débats organisés pour le contrôle de l'action gouvernementale. Dès lors, la demande du requérant n'est pas fondée. En conséquence, il n'y a pas violation de la Constitution[741]. De même, la résolution de l'AN de suspendre ses séances pour 72 heures, n'est pas contraire à la Constitution[742]. Toutefois, la Cour est incompétente pour inviter les Députés à présenter des excuses publiques individuelles à la Nation, pour initier une réflexion sur la présence des Députés à l'AN et de trouver un mécanisme pour les contraindre à être présents aux Sessions parlementaires[743].

B) Eléments du statut des Députés

La Cour s'est planchée sur le statut des membres de l'AN, qu'il s'agisse des indemnités, des incompatibilités ou même des immunités. Ainsi il a été jugé que la *loi n° 2001-30 portant détermination des indemnités parlementaires et autres avantages dus aux Députés membres de l'AN* est conforme à la Constitution sous réserves des observations[744]. Après mise en conformité par l'AN, la Cour[745] a jugé qu'elle est conforme à la Constitution en toutes ses dispositions. La question des incompatibilités et des indemnités relatives au statut du Député porte sur des règles à valeur constitutionnelle. La *loi n° 94-*

[740] DCC 07-142 du 20 novembre 2007, *Serge PRINCE AGBODJAN.*
[741] DCC 12-036 du 16 février 2012, *Darius VEGBA, op.cit.*
[742] DCC 00-052 du 02 octobre 2000, *Prince AGBODJAN Roberto.*
[743] DCC 12-036 du 16 février 2012, *Darius VEGBA.*
[744] DCC 01-99 du 23 novembre 2001, *Président de la République.*
[745] DCC 01-102 du 10 décembre 2001, *Président de la République.*

015 du 27 janvier 1995 définissant les règles particulières pour l'élection des membres de l'AN constituant la mise en œuvre des dispositions constitutionnelles des articles 81 et 91, les agissements de l'AN et du Ministre des Finances sont intervenus en méconnaissance des articles 33 et 35 de la Constitution. De même, la suspension par le Ministre, des accessoires de traitement du requérant, viole la Constitution[746]. La Cour rappelle également que seule la qualité de Député est requise pour être membre de la Haute Cour de Justice au titre de l'AN[747].

La Cour estime par ailleurs, à propos des indemnités, que l'article 2 de la loi querellée énonce : *« Les indemnités parlementaires sont la somme d'argent allouée aux parlementaires en vue d'assurer le libre accès du Parlement à tous les citoyens et le libre exercice du mandat à tous les élus ».* Et selon l'article 80 de la Constitution, *« les députés sont élus au suffrage universel direct (...)»* ; qu'il appert que l'élection constitue la seule voie d'accès libre au Parlement, dès lors l'article 2 est contraire à la Constitution. Elle souligne également qu'il ressort de l'analyse des articles 91 de la Constitution et 153, alinéa 2 du RI de l'AN, que seules des indemnités sont prévues pour les parlementaires, que l'article 189 dudit RI n'accorde aux Députés que l'insigne, la cocarde et le passeport diplomatique comme avantages ; selon l'article 114 de la Constitution, la Haute juridiction *« organe régulateur du fonctionnement des institutions(...) »* estime que les parlementaires tout comme les membres des autres institutions exerçant aussi un mandat, doivent bénéficier de certains avantages qui constituent, des *« éléments de démocratisation de la vie politique »* et qui sont du reste déjà consacrés par les usages en vigueur au Bénin. L'octroi d'avantages prévus dans les lois organiques régissant la Cour et la HAAC peut donc être étendu aux Députés. La détermination de ces avantages doit, même dans le cadre d'une autonomie financière, tenir compte d'un minimum de concertation avec l'Exécutif. La Cour profite pour rappeler que la loi instituant la Caisse de retraite des députés constitue une mesure discriminatoire par rapport aux membres d'autres institutions exerçant également un mandat[748]. Elle ne conteste pas les avantages mais estime qu'il doit avoir un régime uniforme pour l'ensemble des institutions exerçant un mandat.

---

[746] DCC 98-068 du 19 aout 1998, *CHEDE Lucien.*

[747] DCC 01-013 du 29 janvier 2001, *SANNY Babatoundé.*

[748] DCC 01-085 du 29 aout 2001, *Président de la République.*

Paragraphe 2. Limitations des attributions législatives

Depuis 2003, est apparu au Parlement béninois le fait majoritaire qui suscite de nouveaux défis et dont il convient de tirer quelques conséquences. Aux termes de l'article 89 de la Constitution, les travaux de l'AN ont lieu suivant un RI qu'elle adopte conformément à la Constitution. Le Règlement Intérieur détermine :la composition, les règles de fonctionnement du bureau ainsi que les pouvoirs et prérogatives de son Président ;le nombre, le mode de désignation, la composition, le rôle et la compétence de ses commissions permanentes ainsi que celles qui sont spéciales et temporaires ;la création de commissions d'enquête parlementaires dans le cadre du contrôle de l'action gouvernementale ;l'organisation des services administratifs dirigés par un Secrétariat Général Administratif, placé sous l'autorité du Président de l'AN ;le régime de discipline des députés au cours des séances de l'Assemblée ;les différents modes de scrutin, à l'exclusion de ceux prévus expressément par la Constitution. Les limitations des attributions législatives concernent aussi bien les prérogatives des organes de l'AN (A) que l'activité législative (B).

A) Limitations des organes de l'Assemblée Nationale

Les organes de l'AN (Président de l'AN, Premier Vice-président, Membres du bureau, Conférences des Présidents, Commissions, etc.) sont tenus de respecter le Règlement, lorsque celui-ci met à leur diligence une compétence, ils sont tenus de l'acquitter. Ils doivent par ailleurs respecter les compétences des autres organes, qu'elles soient décisionnelles ou consultatives. En matière de limitations des organes, la Cour a insisté particulièrement sur le Président de l'AN et le Premier Vice-président.

S'agissant du Président de l'AN, la Cour juge que, s'il ressort de l'étude du compte rendu intégral des débats de l'AN du 11 janvier 2001 auquel renvoie le Président de l'AN en réponse à la mesure d'instruction de la Haute juridiction, nulle part il n'est fait allusion ni à la saisine de la Commission compétente au fond ni à une quelconque rapport, il y a lieu de dire et de juger qu'il y a violation de l'article 48-2 du RI de l'AN[749]. Toujours à propos du Président de l'AN, la Cour souligne qu'en application des dispositions de l'article 57 de la Constitution, le Président de l'AN ne peut saisir la Cour

[749]DCC 01-015 du 14 février 2001, *SACCA-KINA Jérôme.*

d'une demande aux fins de rendre exécutoire une loi que dans le cas du refus du PR de la promulguer. *La loi organique n° 98-001 relative à la HAAC* ayant été promulguée le 16 janvier 1998, alors qu'elle a été transmise au PR, il s'ensuit que le recours du Président de l'AN est irrecevable[750].La Cour juge également que la proposition de modification de l'article 80 de la Constitution n'était pas accompagnée d'une proposition d'augmentation de recettes ou d'économies équivalentes. L'exposé des motifs tend à démontrer *a contrario* que le cumul des élections législatives et communales en 2008 aboutirait à des économies substantielles pour le budget national. Le Président de l'AN aurait dû, dès lors, déclarer irrecevable ladite proposition de loi qui n'était pas accompagnée d'une proposition d'économies équivalentes. Ne l'ayant pas fait, le Président de l'AN a violé la Constitution[751]. Dans le même ordre d'idées, la Cour juge qu'il ressort de la lecture combinée et croisée des articles 107 de la Constitution et 74.5 du RI de l'AN et de la correspondance du Ministre chargé des Relations avec les institutions, que l'adoption de la loi sur le service militaire d'intérêt national aura pour conséquence la création ou l'aggravation d'une charge publique. Une telle proposition ne peut donc être recevable que si elle est accompagnée d'une proposition d'augmentation de recettes ou d'économies équivalentes, qui doit émaner des Députés, auteurs de la proposition. En acceptant cette proposition de loi, le Président de l'AN a méconnu la Constitution[752], notamment l'article 107 ainsi que l'article 74.5 du RI de l'AN.

S'agissant du Premier Vice-président, la Cour juge qu'il ressort des éléments du dossier, notamment des comptes rendus des réunions des membres du bureau des 04 et 10 juillet 2007 et du compte rendu de la réunion de la Conférence des Présidents du 10 juillet 2007 que le Premier Vice-président de l'AN a relevé de ses fonctions le SGA le 06 juillet 2007 et nommé le même jour un SGA par intérim, cumulativement avec ses fonctions actuelles, après avis favorable du bureau de l'AN du 04 juillet 2007. Cependant la Conférence des Présidents n'a été informée que le 10 juillet 2007 et pris acte de ces décisions. Néanmoins, la situation exceptionnelle

[750]DCC 98-027 du 26 mars 1998, *Président de l'AN.*
[751] DCC 06-074 du 08 juillet 2006, *Président de la République, AHOSSI Jean Iréné et consorts.*
[752] DCC 07-083 du 06 aout 2007, *SANNI-GLELE et consorts.*

évoquée ne saurait justifier le non-respect du RI. En procédant comme il l'a fait, le Premier Vice-président de l'AN a violé la Constitution[753].

B) Limitations de l'activité législative

L'intervention de la Cour dans la vie interne de l'AN n'est ni gratuit ni fortuit. Il ne s'agit certainement pas pour la Cour, de prendre part aux débats ou d'influencer le vote des lois dans un sens précis. Il s'agit en revanche de concrétiser sa mission constitutionnelle de régulateur du fonctionnement des institutions et de l'activité des pouvoirs publics et sa fonction de juge de la conformité, dans la mesure où le RI de l'AN fait, comme on l'a dit plus haut, partie du bloc de constitutionnalité en tant qu'il est la stricte application de la Constitution. Par ces interventions, le juge constitutionnel contribue ainsi à juridictionnaliser la politique et tempérer la démocratie représentative en réprimant les *« abus de représentativité ».* Quatre domaines d'intervention sont illustratifs à cet effet : *le déroulement des élections au sein de l'AN, le bon déroulement de la procédure législative, le respect de l'ordre constitutionnel et le respect de l'intérêt national.*

- *Elections des membres du bureau de l'AN et des représentants au sein des institutions et organes extérieurs.* La Cour est intervenue pour poser des limites importantes aux pouvoirs du Doyen d'âge de l'Assemblée dans l'organisation des élections[754] ; pour contrôler la régularité de l'élection des membres du bureau[755] ou la désignation par le bureau, des membres devant siéger à la Cour constitutionnelle[756] ou à la CENA. Elle rappelle à ces occasions le principe de la séparation de pouvoirs et de la démocratie.

Désignation des membres du bureau de l'AN. Saisie à deux reprises du blocage du processus électoral à l'AN par la Doyenne d'âge, Madame Rosine SOGLO, qui a suspendu de manière répétitive la séance au cours de laquelle se déroulait l'élection des membres du bureau, la Cour constitutionnelle, après avoir jugé par décision *DCC 03-077 du 07 mai 2003* que Madame Rosine SOGLO a violé la Constitution, a, par décision *DCC 03-078 du 12 mai 2003* ordonné que « *la doyenne d'âge doit convoquer*

---

[753] DCC 07-085 du 06 aout 2007, *DJOSSOU Florent et TIDJANI Ismaël.*

[754]DCC 03-078 du 12 mai 2003, *GOUGBEDJI Cyrille* ; DCC 03-077 du 07 mai 2003, *AKOBI Issifou.*

[755]DCC 03-117 du 10 juillet 2003, *ASSAN GOUNON K. et consorts.*

[756] DCC 02-021 du 28 mars 2002 *HOUETOGNANKOU Jude.*

l'Assemblée Nationale dès la date de la présente décision et poursuivre sans discontinuité, au cours de la même séance, l'élection des autres membres du Bureau. En cas de résistance, il sera procédé immédiatement à son remplacement par le doyen d'âge suivant, et ainsi de suite jusqu'à l'aboutissement du processus électoral. Tout le processus doit se dérouler dans les 48 heures de la date de la présente décision. Le Bureau de l'assemblée Nationale devra être installé au plus tard le mercredi 14 mai 2003 à minuit ».

Désignation des membres de l'AN devant siéger à la Cour constitutionnelle. La Cour rappelle qu'il découle de l'article 115 de la Constitution que trois catégories bien distinctes des membres de la Cour constitutionnelle sont créées. Cette catégorisation par qualité ou titre est confirmée et même confortée par l'article 116 de la Constitution selon lequel le Président de la Cour constitutionnelle est élu parmi les Magistrats et Juristes membres de la Cour. Par ailleurs, la Conférence des Présidents n'a pas été consultée et n'a pas donné son avis avant la désignation des membres du bureau de l'AN devant siéger à la Cour constitutionnelle. Dès lors, les nominations intervenues dans ces conditions doivent être déclarées contraires à la Constitution[757].

Désignation des représentants de l'AN au sein de la HCJ et des Parlements régionaux. En 2009, c'est la procédure de désignation des Députés devant siéger à la Haute Cour de Justice et dans les Parlements régionaux qui avait contraint la Cour constitutionnelle à prendre la décision *DCC 09-002 du 08 janvier 2009,* pour rappeler à l'AN, les mécanismes de fonctionnement d'une démocratie pluraliste et la nécessité de l'équilibre des rôles qui ne peut se réaliser sans la reconnaissance des droits de la minorité.

Désignation des représentants de l'AN au sein de la CENA et ses démembrements. La Cour a estimé en 2001 que la procédure prescrite par le RI de l'AN n'ayant pas été suivie, les *décisions de l'AN du 08 et 09 janvier 2001, portant respectivement élections des membres de la CENA et des CED* sont contraires à la Constitution. *Les décisions n° 01-003/AN/PT et 01-004/AN/PT de l'AN du 08 et 09 janvier 2001* sont aussi contraires à la Constitution parce que l'AN a fait une application erronée et inéquitable du

[757]DCC 98-052 du 29 mai 1998, *YETOUNOU Kotchikpa.*

membre de phrase *« en tenant compte de sa configuration politique »*[758]. Dans une décision rendue en 2011, la Cour souligne que l'AN n'ayant cru devoir se conformer à la décision *01-011* de la Cour, a délibérément dénaturé l'application de la règle posée par ladite décision et violé l'article 124 de la Constitution.

Il a été jugé dans les faits qu'il ressort des éléments du dossier qu'au cours de la séance plénière du jeudi 17 février 2011, les Députés de la majorité, après s'être opposés à la lecture de la décision de la Cour, ont pris d'assaut le perchoir, empêchant le Président de l'AN ainsi que ses collaborateurs d'accéder à leurs places et obligeant de la sorte le Président à suspendre la mise en œuvre de *la décision EP 11-006 du 14 février 2011*, en agissant ainsi, lesdits Députés ont méconnu l'article 124 de la Constitution et se sont abstenus d'exercer leur mission, entrainant *ipso facto* un blocage préjudiciable au fonctionnement normal de l'AN et de la CENA. Conformément à l'article 114 de la Constitution précité et en raison de l'extrême urgence, il échet de dire et juger que le Président de l'AN désignera d'office et chaque fois que nécessaire, un Député pour assurer les fonctions de Secrétaire parlementaire. De même, il transmettra d'office à la CENA, la liste des personnes devant siéger dans les Commissions Electorales Communales (CEC) et dans les Commissions Electorales d'Arrondissement (CEA) telle qu'arrêtée par les groupes parlementaires disponibles, que la CENA procèdera sans délai à l'installation de ces structures décentralisées[759].

Ces interventions appellent quelques commentaires : la Cour s'affirme comme la véritable gardienne de la démocratie. Sans doute beaucoup pourraient conclure à une immixtion dans la vie du Parlement. Que non ! Il s'agit d'une intervention justifiée. Non seulement le RI qui fait partie du bloc de constitutionnalité doit être respecté, mais en plus l'AN en tant que pouvoir législatif –élément essentiel de la démocratie béninoise doit prêcher par l'exemple. Les élections qui s'y tiennent doivent être le reflet de la transparence. Qui mieux que la Cour, pourrait assurer une telle transparence dès lors que ces élections internes mettent en jeu les organes de l'AN, dont on pourrait craindre qu'ils soient juges et parties ? Pour terminer, réguler le fonctionnement des institutions et l'activité des pouvoirs publics confère ce

---

[758]DCC 01-011 du 12 janvier 2001, *BIO BIGOU Léon.*

[759]Décision EP 11 –014 du 22 février 2011, *Président de l'Assemblée Nationale.*

droit de regard à la Cour constitutionnelle, elle intervient pour lever des blocages qui pourraient paralyser la vie de la Nation toute entière. Elle doit pour cela être hautement saluée. Egalement, l'intervention de la Cour dans la procédure législative n'est pas sans susciter quelques pincements de la part de certains analystes et acteurs. Passé le temps des émotions, il faut sonder en profondeur les justifications juridiques et politiques de cette intervention.

- *Bon déroulement de la procédure législative.* La Cour est intervenue dans la vie interne de l'Assemblée pour régler des situations de blocage au cours de la procédure législative, ceci en considération du RI de l'Assemblée, partie intégrante du bloc de constitutionnalité.

Sanction de l'absentéisme et de l'indiscipline. La Cour sanctionne l'absentéisme, elle constate que lors de la présentation du rapport de la Commission des lois de l'administration et des droits de l'homme, des débats et du vote de la loi, le Secrétaire parlementaire était bel et bien absent. Les effets et les lunettes laissés sur place, ne sauraient tenir lieu de sa présence physique encore moins le représenter dans les fonctions à lui dévolues, nonobstant les affirmations du Président de l'AN. Dès lors, il y'a violation des articles 17.5, 58.4 et 129 du RI de l'AN, et partant, de la Constitution[760]. La Cour rappelle la nécessité de respecter la discipline au sein de l'AN à propos d'une affaire susmentionnée, où les Députés avait pris d'assaut le perchoir, rendant impossible la lecture de la décision de la Cour[761].

Respect des délais et des procédures. En vertu de l'article 114, le juge constitutionnel garde un œil attentif sur la procédure législative, il se base sur le RI, les comptes rendus des débats[762]. Ainsi a-t-il jugé, à propos des délais, qu'il résulte de la lecture combinée des articles 57, alinéas 2 et 3 de la Constitution et 92 du RI de l'AN que toute résolution relative à la promulgation par procédure d'urgence doit être transmise dans le même délai que la loi votée. Une résolution ne serait pas conforme à la Constitution s'il apparaît que le délai dans lequel elle a été transmise ne permet pas au PR de

[760] DCC 06-074 du 08 juillet 2006, *Président de la République, AHOSSI Jean Iréné et consorts.*

[761]DCC 98-052 du 29 mai 1998, *YETOUNOU, op.cit.*

[762] DCC05-162 du 22 décembre 2005, *AZANNAÏ Candide ;* DCC 05-163 du 27 décembre 2005 ; DCC 05-163 du 27 décembre 2005, *KEREKOU Modeste, LAWSON Sinhouidji.*

respecter le délai de cinq (05) jours, prescrit par la Constitution pour la promulgation par procédure d'urgence[763]. S'agissant de la procédure, après avoir constaté que les articles 34-1, 48-2 et 74-8 du RI de l'AN sont la mise en œuvre de l'article 89, alinéa 1 de la Constitution, la Cour souligne qu'il résulte de la lecture combinée desdits articles que tout projet ou proposition de loi, toute proposition de résolution ou toute affaire doit être renvoyée devant une Commission avant tout débat[764]. Dans le même sens, il a été jugé que l'AN pour ne s'être pas conformer à la décision *DCC 02-085 du 25 juillet 2002* de la Haute Juridiction avant de transmettre la *loi n° 2001-35* au PR pour promulgation, a violé les dispositions des articles 35 et 124 de la Constitution[765].

- *Respect de l'ordre constitutionnel.* Deux décisions sont illustratives dans ce domaine : la première a trait à la durée du mandat des Députés, elle touche à l'essence de la démocratie béninoise ; la seconde a trait aux droits fondamentaux, notamment la liberté d'association.

Respect du principe démocratique. L'exercice du pouvoir législatif ne dispense pas l'AN du respect des règles constitutionnelles et plus globalement de l'ordre constitutionnel, la Cour souligne dans ce sens que« *(...) s'il est exact que le Parlement a le pouvoir de voter une loi, puis de l'amender ou de l'abroger par la suite, l'exercice de ce pouvoir ne peut se faire au bon vouloir et au gré des intérêts d'une composante [fut-elle majoritaire]de l'Assemblée nationale ; qu'un pouvoir conféré par la Constitution ne peut s'exercer que dans le cadre des règles posées par ladite Constitution (...) »*[766]. Saisie par une vingtaine de citoyens à l'effet de contrôler la constitutionnalité de la *loi n° 2006-13, votée par l'AN le 23 juin 2006, portant révision de l'article 80 de la Constitution* et qui dispose : *« Les députés sont élus au suffrage universel direct. La durée du mandat est de quatre ans. Ils sont rééligibles. Chaque député est le représentant de la Nation toute entière et tout mandat impératif est nul (...) »*, la Cour, dans ses décisions, fait œuvre de pédagogie. Rappelons de prime abord le cadre de ces décisions : les Députés de l'AN, arrivés en fin de mandat et contre l'avis du Gouvernement, décident de faire passer à cinq (5) ans, la durée de leur

---

[763]DCC 01-047 du 21 juin 2001, *TESSERA Denis.*

[764]DCC 01-052 du 27 juin 2001, *SACCA-KINA Jérôme.*

[765]DCC 02-148 du 24 décembre 2002, *Président de la République.*

[766]Décision 10-049 du 5 avril 2010, *Président de la République.*

mandat initialement fixé à quatre (4) ans. La Haute Juridiction, après avoir relevé au passage certaines irrégularités de procédure, souligne : *« (...) ce mandat de quatre ans, qui est une situation constitutionnellement établie, est le résultat du consensus national dégagé par la Conférence des Forces vives de la Nation de février 1990 et consacré par la Constitution en son préambule qui réaffirme l'opposition fondamentale du Peuple béninois à (...) la confiscation du pouvoir ; que même si la Constitution a prévu les modalités de sa propre révision, la détermination du peuple béninois de créer un Etat de droit et de démocratie pluraliste, la sauvegarde de la sécurité juridique et de la cohésion nationale commandent que toute révision tienne compte des idéaux qui ont présidé à l'adoption de la Constitution du 11 décembre 1990, notamment le consensus national, principe à valeur constitutionnelle ; qu'en conséquence, les articles 1 et 2 de la Loi constitutionnelle n° 2006-13 adoptée par l'Assemblée nationale le 23 juin 2006, sans respecter le principe à valeur constitutionnelle ainsi rappelé, sont contraires à la constitution »*[767].

Le raisonnement de la Cour est saisissant. Il faut dire que la durée du mandat des Députés ne figure pas parmi les matières exclues à toute révision par voie parlementaire ou référendaire. Mais la Cour va puiser l'inspiration dans le Préambule pour barrer la voie à la proposition de loi, elle rappelle l'opposition du Peuple à toute confiscation du pouvoir. Sans doute, cette décision pût-elle être interprétée comme disproportionnée et sévère, car il s'agissait de faire passer le mandat de quatre (4) à cinq (5) ans et non d'instaurer, en faveur des Députés, un mandat décennal ou viager. Après tout, une (1) année de plus, n'est pas bien grave, pourrait-on dire ! Il ne faut pas oublier toutefois que la confiscation du pouvoir se fait bien souvent à pas feutrés. Historiquement, élu Premier Consul de la Convention, NAPOLEON institua d'abord un mandat décennal, puis viager, puis un Empire. C'est donc à bon droit que la Cour ait court-circuité cette entreprise des élus.

Respect des droits constitutionnels des citoyens. Par sa *décision DCC 33-94,* la Cour souligne par un *obiter dictum,* que lorsque le Législateur voudrait restreindre la liberté d'association, il doit prendre des précautions nécessaires. Pour la Cour, *« aux termes de l'article 25 de la Constitution, l'Etat reconnaît et garantit dans les conditions fixées par la loi (...) la liberté d'association ; que si le législateur peut en limiter l'exercice en*

---

[767] DCC 06-074 du 08 juillet 2006.

l'organisant, il ne saurait la supprimer ou l'annihiler ; qu'en tout état de cause, eu égard à la hiérarchie des normes, un décret ne peut interdire l'exercice d'une liberté ou d'un droit reconnu et garanti par la Constitution »[768]. La disposition du *décret n°94-11 du 26 janvier 1994* qui fait obligation aux membres de la Cour constitutionnelle de ne point *« adhérer à un Parti ou groupement politique »* ou, le cas échéant, d'en démissionner *« avant leur installation ou la poursuite de l'exercice de leurs fonctions »*[769] viole la liberté d'association.

- *Respect de l'intérêt national.* Réunie en session extraordinaire, l'AN avait inscrit à l'ordre du jour la ratification de (3) trois accords de prêt relatifs à la question de l'érosion côtière. A l'ouverture des débats, une exception d'inconstitutionnalité est soulevée au regard du retard observé dans le règlement du contentieux électoral issu des élections communales de 2008. Confrontés aux interprétations divergentes de l'article 46 du RI de l'AN, les Députés décidèrent de reporter *sine die* les débats, discussions et vote des projets de loi relatifs à l'érosion côtière, pour se consacrer aux discussions électoralistes. Au regard de l'intérêt national de la question de l'érosion côtière, la Cour a déclaré ce report aux calendres grecs, contraire à la Constitution[770].

Pareillement, la Cour a jugé en 2013 en vertu de son rôle de régulateur du fonctionnement des institutions, et après avoir rappelé les articles 96 et 99 alinéa 1er sur les pouvoirs de l'AN en matière de consentement à l'impôt et de vote de loi de finances, que le vote de la loi de finances exercice 2014 doit intervenir le 31 décembre 2013 au plus tard ; qu'il y a lieu pour la Cour sans qu'il soit besoin de statuer sur les autres moyens invoqués par les requérants, de dire que l'AN doit prendre toutes les dispositions pour voter impérativement ladite loi dans le délai. Ce conformément aux dispositions de l'article 56 de son Règlement[771].

Le Parlement ne serait-il plus libre d'aménager son ordre du jour comme bon lui semble ? Cette interrogation ne nous incommode guère. Le juge constitutionnel béninois est l'artisan d'un parlementarisme rationalisé. Toutefois la Cour doit faire face à l'hostilité parfois virulente de l'institution

---

[768] *Ibidem.*
[769] DCC 33-94 du 24 novembre 1994, Recueil 94, p. 157.
[770] DCC 08-072 du 25 juillet 2008, *Joseph GNONLONFOUN.*
[771] DCC 13-171 du 30 décembre 2013, *Gilbert BANGANA et consorts.*

parlementaire, qui, depuis l'avènement du Renouveau démocratique, à plusieurs reprises, suite à des décisions défavorables de la Cour constitutionnelle, a menacé de modifier la loi organique sur la Cour constitutionnelle afin de restreindre ses pouvoirs. La Cour s'est également exprimée sur le pouvoir judiciaire.

Section 3. Pouvoir judiciaire

L'admission de l'organe judiciaire au rang de *« pouvoir »*n'est que très récente. En France on parlait jusqu'à une époque récente *d'« autorité judiciaire »*, et, de manière surprenante, une disposition que l'on retrouve encore dans certaines Constitutions africaines, prévoyait que *« le Président de la République est garant de l'autorité judiciaire*[772] *»*. Selon l'article 125 de la Constitution béninoise : *« Le pouvoir judiciaire est indépendant du pouvoir législatif et du pouvoir exécutif. Il est exercé par la Cour suprême, les cours et tribunaux créés conformément à la présente Constitution »*. Et l'article 126 dispose : *« La justice est rendue au nom du Peuple béninois. Les juges ne sont soumis, dans l'exercice de leurs fonctions, qu'à l'autorité de la loi. Les magistrats du siège sont inamovibles »*. D'après la jurisprudence, *« il ressort de la lecture combinée des articles 125 et 126 de la Constitution, que le Législatif et l'Exécutif ne doivent ni s'immiscer dans l'exercice du pouvoir judiciaire, ni faire entrave à la justice*[773] *(...) au risque de méconnaitre le principe de l'indépendance du pouvoir judiciaire et celui de la séparation des pouvoirs »*[774]. L'article 59 de la Constitution dispose par ailleurs que *« Le président de la République assure l'exécution des lois et garantit celle des décisions de justice »*.La Cour, à des nombreuses occasions, est intervenue pour sauvegarder les attributions judiciaires (Paragraphe 1), inversement, elle a posé des balises à l'activité judiciaire (Paragraphe 2).

---

[772] V° par exemple l'article 127 de la Constitution béninoise : *« Le président de la République est garant de l'indépendance de la justice. Il est assisté par le Conseil supérieur de la magistrature. »*

[773] DCC 01-018 du 9 mai 2001, *TANKPINOU François*.

[774] DCC 00-005 du 26 janvier 2000, *Révérend Docteur SAGBOHAN Moïse.*

Paragraphe 1. Sauvegarde des attributions judiciaires

Le Titre VI de la Constitution est consacré au pouvoir judiciaire. La Constitution institue trois organes supérieurs, au sein du pouvoir judiciaire : le Conseil Supérieur de la Magistrature (articles 12 à 130) ; la Cour Suprême (articles 131 à 134) ; la Haute Cour de Justice (articles 135 à 138). La Haute juridiction intervient pour sauvegarder les attributions de ces différents organes, qu'elles soient consultatives ou décisionnelles (A). Elle a également apporté des éclairages intéressants sur le statut des Magistrats (B).

A) Prérogatives des organes du pouvoir judiciaire

Les précisions jurisprudentielles concernent des aspects particuliers de chacun des trois organes ci-dessus mentionnés : le Conseil Supérieur de la Magistrature (CSM), la Haute Cour de Justice (HCJ) et la Cour Suprême (CS).

- *Pouvoir consultatif et disciplinaire du CSM.* Les attributions du CSM sont fixées aux articles 128 à 130 de la Constitution. Il a essentiellement des fonctions disciplinaires et consultatives. Le CSM statue comme Conseil de Discipline des Magistrats. Sa composition, ses attributions, son organisation et son fonctionnement sont fixés par une loi organique qui doit, comme il est de règle, préalablement et obligatoirement être soumise à l'appréciation de la Cour. Les Magistrats sont nommés par le PR, sur proposition du Garde des sceaux, Ministre de la justice, après avis du CSM[775]. Il étudie par ailleurs les dossiers de grâce et les transmet, accompagnés de son avis motivé, au PR[776].

La Cour constitutionnelle a jugé qu'elle n'était pas compétente pour annuler une décision du CSM[777]. A propos du déroulement des travaux du CSM, il a été jugé qu'il n'y a pas violation de l'article 13, alinéa 1 de la loi organique relative au CSM, dès lors que les travaux dudit Conseil se sont déroulés le 27 août 2001 avec huit (8) membres présents, soit les 2/3 des membres, à toutes les séances incriminées par le requérant[778].Si l'avis préalable du CSM, qui est

---

[775] Article 129 de la Constitution.
[776] Article 130 de la Constitution.
[777] DCC 02-020 du 27 mars 2002, *HONVOU Joseph.*
[778]DCC 02-098 du 14 aout 2002, *SEDOGBO Lambert.*

une exigence constitutionnelle, n'est pas mentionné sur un décret portant remise à disposition de Magistrats, et si avant la prise du décret querellé, la procédure minimale de consultation n'a pas été observée par le Garde des Sceaux, ledit décret est contraire à la Constitution[779]. Il a été également jugé dans les faits que la nomination de Monsieur Lucien SEBO, qui n'est qu'un renouvellement de son mandat, n'est pas contraire à la Constitution[780].

Le décret de nomination au CSM au profit d'un Magistrat pour le compte duquel le recours devant la Cour est introduit, n'étant pas pris avant que n'intervienne sa nomination au Cabinet du Ministre de la Justice. Il s'ensuit que l'intéressée n'avait pas encore la qualité de membre du CSM au moment de sa nomination au Cabinet du Ministre. Elle ne saurait donc se prévaloir de l'application à son profit des dispositions de l'article 5, alinéa 2 de la loi relative au CSM[781].

- *Pouvoir juridictionnel de la HCJ.* La Constitution détermine la composition de la HCJ qui comprend : des membres de la Cour constitutionnelle, à l'exception de son Président, (6) six Députés élus par l'AN, le Président de la CS. La Haute Cour élit en son sein son Président. Une loi organique fixe les règles de son fonctionnement ainsi que la procédure suivie devant elle[782]. La Cour a précisé que l'article 10 de *la loi n°93-013 du 10 août 1999 portant loi organique de la HCJ* n'ayant pas organisé les modalités de choix des trois (3) Magistrats par l'Assemblée générale de la CS, on ne saurait donc faire grief ni à ladite Assemblée d'avoir approuvé les propositions qui lui ont été soumises par les Présidents des Chambres, ni au Président d'avoir pris l'ordonnance querellée.

S'agissant de sa fonction juridictionnelle, elle est compétente pour juger le PR et les membres du Gouvernement à raison de faits qualifiés de haute trahison, d'infractions commises dans l'exercice ou à l'occasion de l'exercice de leurs fonctions, ainsi que pour juger leurs complices en cas de complot contre la sûreté de l'État[783]. Les juridictions de droit commun restent compétentes pour les infractions perpétrées en dehors de l'exercice de leurs fonctions et dont ils sont pénalement responsables. La HCJ est liée par la

---

[779]DCC 01-034 du 13 juin 2001, *DAVID Charlemagne.*
[780]DCC 03-081 du 26 mai 2003, *LAWANI Ahmed.*
[781]DCC 12-011 du24 janvier 2012, *Serge PRINCE AGBODJAN.*
[782] Article 135 de la Constitution.
[783] Article 136 de la Constitution.

définition des infractions et par la détermination des sanctions résultant des lois pénales en vigueur à l'époque des faits[784].

La décision de poursuite, puis la mise en accusation du PR et des membres du Gouvernement, est votée à la majorité des 2/3 des Députés composant l'AN, selon la procédure prévue par le RI de l'AN. L'instruction est menée par les Magistrats de la Chambre d'accusation de la Cour d'appel ayant juridiction sur le lieu du siège de l'AN. Le PR et les membres du Gouvernement sont suspendus de leurs fonctions en cas de mise en accusation pour haute trahison, outrage à l'AN et toute atteinte à l'honneur et à la probité. En cas de condamnation, ils sont déchus de leurs charges[785].

- *Nomination des membres de la CS.* Les attributions de la CS sont régies par les articles 131 à 134. La CS est la plus haute juridiction de l'État en matière administrative, judiciaire et des comptes de l'État. Elle est également compétente en ce qui concerne le contentieux des élections locales. Ses décisions ne sont susceptibles d'aucun recours. Elles s'imposent au pouvoir exécutif, au pouvoir législatif, ainsi qu'à toutes les juridictions[786]. Elle a à la fois une compétence consultative, légistique et juridictionnelle. Ainsi, elle est consultée par le Gouvernement, plus généralement sur toutes les matières administratives et juridictionnelles. Elle peut, à la demande du Chef de l'État, être chargée de la rédaction et de la modification de tous les textes législatifs et réglementaires, préalablement à leur examen par l'AN.

La Cour s'est abondamment exprimée sur la nomination du Président de la CS. Il est, selon la Constitution, nommé par décret pris en Conseil des Ministres, pour une durée de (5) cinq ans par le PR, après avis du Président de l'AN, parmi les Magistrats et les Juristes de haut niveau, ayant (15) quinze ans au moins d'expérience professionnelle. Il est inamovible pendant la durée de son mandat qui n'est renouvelable qu'une seule fois[787]. Selon la Haute juridiction, il découle des dispositions de l'article 133 de la Constitution que le mandat du Président de la CS expire au bout de (5) cinq ans pour compter de la date de prestation de serment. En cas de renouvellement du mandat, les mêmes formalités exigées par la Constitution

[784] Article 137 de la Constitution.
[785] Article 138 de la Constitution.
[786] Article 131 de la Constitution.
[787] Article 133 de la Constitution.

pour la nomination doivent être accomplies. Il ne saurait y avoir de tacite reconduction. En l'espèce, le Président de la Cour Suprême (Abraham ZINZINDOHOUE) avait interprété le silence du PR comme une tacite reconduction de son mandat qui expirait normalement le 01er décembre 2000, il estima donc que la nomination ultérieure, intervenue 07 décembre 2000 de Monsieur ABOUDOU Saliou en qualité de Président de la CS violât l'article 133 alinéa 2 de la Constitution, il fut débouté[788]. Les fonctions du Président de la CS sont incompatibles avec la qualité de membre du Gouvernement, l'exercice de tout mandat électif, de tout emploi public, civil ou militaire, de toute autre activité professionnelle ainsi que de toute fonction de représentation nationale.

A une autre occasion, la Cour rappelle que la procédure de nomination du Président de la CS étant consommée avant la promulgation de la Constitution, il n'y a pas lieu de procéder à un contrôle de conformité de l'acte de nomination à une disposition constitutionnelle qui ne pouvait le régir. De même, l'abrogation d'une loi ou d'un texte réglementaire ne porte pas automatiquement atteinte aux actes individuels qui en sont découlés. Par ailleurs la nomination en qualité de Président de la CS est légalement assortie d'une durée qui s'impose au PR[789]. Les Présidents des Chambres et les Conseillers de la CS, sont nommés parmi les Magistrats et les Juristes de haut niveau, ayant (15) quinze ans au moins d'expérience professionnelle, par décret pris en Conseil des Ministres par le PR, sur proposition du Président de la CS et après avis du CSM. La loi détermine le statut des Magistrats de la CS[790]La Cour a rappelé par ailleurs que la lecture combinée et croisée des articles 129 et 134, alinéa 1de la Constitution fait ressortir qu'à l'exception des Présidents des Chambres et des Conseillers à la CS, les autres Magistrats, y compris le Procureur Général près la CS, sont nommés sur proposition du Garde de sceaux, Ministre de la Justice. Par conséquent, la nomination du Procureur qui est intervenue après proposition du Ministre de la Justice n'est pas contraire à la Constitution[791].

- *Autorité de la CS.* La Cour juge qu'aux termes des alinéas 3 et 4 de l'article 131 de la Constitution : « *Les décisions de la Cour Suprême ne sont*

---

[788]DCC 01-002 du 09 janvier 2001, *ABISINTI Raphaël.*
[789] DCC 95-039 du 25 septembre 1995, *SALAMI MOUMOUNI.*
[790] Article 134 de la Constitution.
[791]DCC 02-098 du 14 aout 2002, *SEDOGBO Lambert.*

susceptibles d'aucun recours. Elles s'imposent au Pouvoir Exécutif, au Pouvoir Législatif ainsi qu'à toutes les juridictions ». Dans les faits, elle constate que par son *Arrêt n° 43/CA et 2002-82/CA du 22 avril 2004,* la CS en sa Chambre administrative, a annulé *le décret n° 99-633 du 30 décembre 1999 portant reconstitution de carrière des personnels militaires bénéficiaires de la loi d'amnistie n° 98-028 du 22décembre 1998« en ce qu'il maintient le requérant après*[792] *reconstitution de carrière, à son grade antérieur de soldat de première classe ».* Elle souligne que l'autorité de chose jugée attachée à cet Arrêt impose à l'Administration la double obligation d'une part, de prendre toutes les mesures pour exécuter la décision juridictionnelle, d'autre part, de ne rien faire qui soit en contradiction avec ladite décision. En s'abstenant de procéder au reclassement de l'intéressé dans le respect de la décision de la CS, le Ministre chargé de la Défense nationale a violé les dispositions de l'article 131 précité de la Constitution[793]. Elle a rappelé récemment l'autorité des décisions de la CS[794] en précisant qu'il résulte de cet article 131, alinéas 3 et 4 que l'exécution des décisions de la CS ne doit souffrir d'aucune dérogation[795]. Le recours d'un citoyen qui tend à faire décider qu'un Arrêt de la CS est inconstitutionnel est irrecevable. En outre, la Cour constitutionnelle a affirmé son incompétente pour ordonner le sursis à exécution forcée d'un Arrêt de la CS[796].

La Cour a jugé *a contrario* que *« La consultation de la Cour Suprême n'est pas obligatoire dans le cadre particulier d'un projet de loi portant révision de la Constitution ».* Elle rappelle à cet effet que la Constitution du 11 décembre 1990 consacre son titre IV au pouvoir législatif tandis que le pouvoir constituant dérivé, c'est-à-dire la révision de la Constitution, relève du titre XI de la Constitution. L'initiative du PR en matière de révision de la Constitution relève exclusivement de l'article 154 de la Constitution. Cet article qui fait partie du titre XI consacré à la révision de la Constitution ne prévoit pas de consultation préalable et obligatoire de la CS avant envoi du projet de loi de révision à l'AN. Il ne renvoie pas non plus aux dispositions

---

[792]DCC 13-124 du 12 septembre 2013.
[793]DCC 12-156 du 16 août 2012, *Ibrahima CHITOU.*
[794] DCC 07-158 du 27 novembre 2007, *Collectif des coopérateurs des coopératives d'aménagement rural (CAR).*
[795] DCC 06-028 du 14 février 2006, *AMOUSSOU Yaovi.*
[796]DCC 98-044 du 14 mai 1998, *LATE Bernard.*

constitutionnelles prévoyant une telle consultation en matière de procédure législative ordinaire, à savoir les articles 105 et 132 de la Constitution. L'article 154 subordonne la validité de l'initiative du PR en matière de révision de la Constitution à la seule et suffisante délibération du Conseil des Ministres. Il s'ensuit qu'un projet de loi de révision de la Constitution qui a été délibéré en Conseil des Ministres et qui n'a pas requis d'avis préalable de la CS est conforme à la Constitution[797].

B) Statut et Magistrats

A titre de rappel, les articles 125 à 127 de la Constitution instituent deux garanties fondamentales consubstantielles à la fonction de juger : l'inamovibilité et l'indépendance. Le pouvoir judiciaire est indépendant du pouvoir législatif et du pouvoir exécutif. Il est exercé par la CS, les Cours et Tribunaux créés conformément à la Constitution. La justice est rendue au nom du Peuple béninois. Les juges ne sont soumis, dans l'exercice de leurs fonctions, qu'à l'autorité de la loi. Les Magistrats du siège sont inamovibles. Le PR est garant de l'indépendance de la Justice. Il est assisté par le CSM. La Cour a apporté des précisions importantes aussi bien sur les contours de la notion d'inamovibilité que sur la garantie d'indépendance. Elle a fait également quelques précisions sur l'impartialité.

- *Inamovibilité des Magistrats du siège.* La Constitution en son article 126, alinéa 2 édicte : *« (...) Les magistrats du siège sont inamovibles »*. En son article 129, elle dispose : *« Les magistrats sont nommés par le président de la République, sur proposition du garde des Sceaux, ministre de la Justice, après avis du Conseil supérieur de la Magistrature »*. La Cour rappelle qu'il résulte des dispositions combinées des articles 126 de la Constitution ; 23 et 24 du Statut de la Magistrature, qu'avant d'être nommé à un poste, le **Magistrat du siège** doit donner son consentement : *« (...) en l'espèce, le requérant a déclaré lorsqu'il a été consulté (...) : ' à défaut d'une promotion dans une autre juridiction, mon maintien à mon poste actuel rencontrerait tout au moins mon adhésion.' En procédant à l'affectation contre son gré, du requérant de son poste de Président du tribunal de première instance d'Abomey, sans avoir engagé une procédure disciplinaire contre lui, le Ministre de la Justice a violé la Constitution »*[798]. Après avoir relevé que dans le droit positif béninois, il n'existe aucun texte d'application du principe

[797] *Ibidem.*
[798] DCC 06-063 du 20 juin 2006, *KOUKPAKI Fréjus.*

d'inamovibilité affirmé par la Constitution, la Haute juridiction a cependant déterminé la procédure minimale pour le respect du principe d'inamovibilité. Cette procédure minimale consiste à ce que le juge du siège soit individuellement consulté non seulement sur les nouvelles fonctions qui lui sont proposées, mais encore sur les lieux précis où il est appelé à les exercer[799]. Il s'agit d'une jurisprudence constante[800]. En vertu du principe constitutionnel de l'inamovibilité des juges du siège, le Magistrat irrégulièrement affecté est censé n'avoir jamais quitté son poste. La circonstance que les nouvelles fonctions constituent une promotion est inintéressante et ne saurait dispenser l'autorité chargée de nomination de la consultation du concerné[801]. La Cour juge en outre que l'inamovibilité du Magistrat du siège ne constitue pas un privilège personnel pour le juge. Elle vise à garantir l'indépendance de la justice[802]. Il y aurait donc un lien consubstantiel entre inamovibilité et indépendance, le premier étant un élément indispensable du second et le justiciable serait en définitive le véritable bénéficiaire[803] du principe de l'inamovibilité. Dans les faits, il a été jugé que le requérant a exprimé son désaccord sous -tendu par certaines raisons, à être affecté du poste de juge d'instruction à Conseiller à la Cour d'Appel, l'autorité de nomination qui n'a pas cru devoir prendre en compte cette objection a violé la Constitution[804]. L'affectation du juge du siège, sans que celui ait été sollicité ou que son avis ait été demandé, constitue une affectation d'office qui est contraire à la Constitution. Inversement, le principe constitutionnel de l'inamovibilité des Magistrats n'est pas violé dès lors qu'un juge au Tribunal de première instance de Cotonou a été consulté avant son détachement[805].

- *Indépendance des Magistrats du siège.* A propos de l'indépendance des Magistrats, la Cour consacre la distinction classique entre la Magistrature debout et la Magistrature assise. Elle juge que l'article 127 de la Constitution qui dispose que *« le Président de la République est garant de l'indépendance de la justice »* doit être lu en combinaison avec l'article 6 du

---

799 DCC 95-036 du 25 septembre 1995 et 97-033 du 10 juin 1997 ; DCC 06-70 du 21 juin 2006, *HODONOU Armand.*

800 DCC 02-057 du 04 juin 2002, *DOSSOU Stanislas.*

801 DCC 01-033 du 13 juin 2001, *DAKO Fortuné* ; DCC 06-070 du 21 juin 2006, *HODONOU Armand.*

802 DCC 14-121 du 03 juillet 2014, Edouard GNAGNY.

803 DCC 95-036 du 25 septembre 1995, *HOUNMENOU H.*

804 *Ibidem,* DCC 14-121.

805 DCC 98-077 du 07 octobre 1998, *KOKODOKO Gilbert.*

Statut général de la Magistrature qui dispose que *« les Magistrats du parquet et de l'administration centrale du ministère chargé de la justice sont placés sous l'autorité du garde des sceaux, ministre chargé de la justice »,* elle constate qu'il n'en est pas de même des Magistrats du siège qui *« ne doivent être l'objet d'aucune influence, incitation, pression, menace directe ou indirecte ».* Les requérants qui sont Magistrats du Parquet ne sont dès lors pas fondés d'invoquer à leur bénéfice les dispositions de l'article 127 de la Constitution[806].

S'agissant des Magistrats du siège, il a été jugé qu'il résulte de la lecture combinée des dispositions des articles 125 et 126 de la Constitution que ni le Législatif, ni l'Exécutif ne doivent s'immiscer dans l'exercice du pouvoir judiciaire, le Gouvernement en donnant des instructions au Garde des sceaux, Ministre de la Justice, d'intervenir dans le déroulement d'une procédure judiciaire a méconnu le principe d'indépendance du pouvoir judiciaire et celui de la séparation des pouvoirs. La Cour en 2008[807] puis en 2014[808] rappelle que *« l'inscription d'un magistrat sur une liste nationale ou internationale d'arbitrage ne porte nullement atteinte à l'article 125 de la Constitution » ;* que l'acceptation d'une mission d'arbitrage par des Magistrats béninois ne viole pas l'indépendance et l'impartialité du Magistrat. L'indépendance des Magistrats est également affirmée par l'article 3 de *la loi n° 2001-37 du 27 août 2002 portant organisation judiciaire*. Les juges béninois *« (...) ne sont soumis dans l'exercice de leurs fonctions, qu'à l'autorité de la loi. Le juge ne doit faire l'objet d'aucune pression de quelque nature dans l'exercice de ses fonctions. Toute immixtion dans le jugement des affaires pendantes devant une juridiction est interdite ».* Dans une affaire rendue en 2007, la Haute juridiction juge que le Garde des sceaux a violé l'indépendance de la justice[809]. Rappelons que les décisions judiciaires n'entrent pas en principe dans le champ des actes soumis à contrôle de constitutionnalité, au sens de l'article 3, alinéa 3 de la Constitution, ni dans celles des décisions prises en violation de l'article 122[810]. Toutefois, elles peuvent être contrôlées si elles violent les droits

---

[806] DCC 06-071 du 21 juin 2006, *BIAO Nicolas et ALOAKINNOU Honoré.*
[807] DCC 08-160 du 30 octobre 2008, *Denis TOGODO.*
[808] DCC14-216 du 29 décembre 2014, *Arthur BALLE.*
[809] DCC 07-155 du 22 novembre 2007, *GBADAMASSI Rachidi* et DCC-156 du 22 novembre 2007, *GBADAMASSI Rachidi.*
[810]DCC 98-009 du 16 janvier 1998, *HOUSSA Paulin.*

fondamentaux de la personne humaine, sans qu'on puisse évoquer le principe de l'indépendance de la justice.

- *Impartialité des Magistrats du siège*, la Cour a estimé que le requérant qu'allègue l'impartialité du juge doit en rapporter la preuve, elle est d'autant plus mise à mal si à aucun moment de procédure, les requérants prétendument délaissés n'aient mis en œuvre la procédure de récusation permettant précisément à tout justiciable, de refuser d'être jugé en présence d'un Magistrat ou d'un Arbitre dont ils contestent l'impartialité[811].

Paragraphe 2. Limitations des attributions judiciaires

Ces limitations concernent aussi bien les organes (A) que l'activité juridictionnelle, mieux la fonction de juger (B).

A) Limitations des organes juridictionnels

Quelques précisions ont été apportées dans ce domaine. Il a été jugé que *le décret n° 2001-527 du 11 décembre 2001 portant nomination des Conseillers à la CS* est contraire à la Constitution en ce qu'il a qualifié de Magistrats pour les nommer Conseillers à la Cour Suprême, Messieurs Maroufou Alibi Chitou, Justin Biokou et consorts[812]. L'article 131, alinéa 1ne donne à la CS ni le monopole, ni l'exclusivité du pouvoir judiciaire. Par ailleurs, l'article 129 de la Constitution précise la procédure à suivre pour la nomination des Magistrats par le Garde des sceaux, qu'elle soit soumise pour avis au CSM et que le PR procède aux nominations[813].

B) Limitations liées à la fonction de juger

La Cour a insisté sur deux exigences : le devoir d'impartialité et les délais raisonnables.

- *Devoir d'impartialité.* L'impartialité n'est pas simplement une garantie, mais un devoir qui s'impose au juge. Ce devoir est d'ailleurs expressément exigé par l'article 7.1.d) de la CADHP. C'est dans les faits que la Cour apprécie l'impartialité du tribunal. Elle juge par exemple que la règle est

---

[811] DCC 14-217 du 29 décembre 2014, *Gilles FELIHO.*
[812]DCC 02-095 du 13 aout 2002, *AGBLO Léonard.*
[813] DCC 95-037 du 25 septembre 1995, *Président de la Cour suprême.*

violée dès lors qu'il résulte des éléments du dossier que le *mis en cause* a acquis auprès d'un citoyen des parcelles de terrains dont certaines font partie du domaine appartenant à des héritiers, c'est-à-dire du domaine querellé dont la gestion est à la base de l'arrestation et de la détention du requérant. La mise en cause qui ne peut ignorer que lesdites parcelles sont comprises dans le domaine, objet du litige qui lui a été soumis, aurait dû pour une bonne administration de la justice et pour éviter toute suspicion légitime en son encontre, se déporter sur le terrain. Pour ne l'avoir pas fait, il s'est mis dans une situation qui, objectivement permettrait aux parties au procès, notamment au requérant qu'il a inculpé, de douter de son impartialité. Ainsi, le grief de partialité invoqué par le requérant à son encontre est fondé. Le juge du 2ème Cabinet d'instruction du Tribunal de première instance de Cotonou a violé l'article 7.1.d) de la CADHP.

- *Délais raisonnables.* Très récemment (2015) la Haute juridiction, rappelle ses décisions *DCC 12- 158 du 16 août 2012 et DCC 14-108 du 03 juin 2014,* où elle a dit et jugé que : « *dans le domaine de la justice et particulièrement lorsqu'est en cause la liberté d'un citoyen, tout juge est tenu aux meilleures diligences pour faire aboutir toute procédure pénale dans un délai raisonnable* ». Dans le cas porté devant elle, elle estime que le délai de huit (08) jours mis par le juge des libertés et de la détention pour notifier l'ordonnance de mainlevée du mandat de dépôt au Procureur de la République n'est pas raisonnable, de même que le délai d' (1) un mois mis par le Procureur pour établir l'ordre de mise en liberté du requérant, dès lors, le maintien en détention de Monsieur Jean DJIDONOU à la prison civile de Porto-Novo du 09 janvier 2015 au 19 février2015, sans titre, pour les mêmes faits et dans la même procédure, est abusif et constitue une violation des dispositions de l'article 6 de la CADHP[814]. Dans le même ordre d'idées, la Cour rappelle avec force et de manière générale, que les dysfonctionnements énumérés par le juge ne sauraient l'exonérer de sa mission constitutionnelle de rendre la justice dans un délai raisonnable. Elle constate dans les faits, que le délai mis par le juge pour instruire le dossier est anormalement long et constitue une violation de l'article 7. 1. d) de la CADHP. Par ailleurs, il a été rappelé que, dans le domaine de la justice et particulièrement, lorsqu'est en

---

[814]DCC 15 -252 du 02 décembre 2015, *Jean Hounsa DJIDONOU.*

cause la liberté d'un citoyen, tout juge est tenu aux meilleures diligences pour faire aboutir cette procédure pénale dans un délai raisonnable[815].

[815]DCC 12-158 du 16 août 2012, *Nassirou ABDOULAYE.*

Que retenir en conclusion à ce chapitre ? Il est évident que le juge constitutionnel béninois serait le véritable artisan d'une rationalisation du régime politique. Fort de la nature présidentielle du régime prévue par le constituant, il rappelle les prérogatives du PR notamment en matière de détermination de la politique de la Nation, de formation du Gouvernement ou en sa qualité de Chef d'Administration ; il a défendu également les domaines de compétences du Législatif tels qu'ils résultent notamment de l'article 98 de la Constitution. Pour la Cour, le Législateur peut aller le plus loin possible dans l'usage des compétences que lui sont reconnues par la Constitution. S'agissant du pouvoir judiciaire, il a précisé les garanties fondamentales sans lesquelles leurs fonctions ne peuvent être menées à bien, il s'agit principalement de l'indépendance et de l'inamovibilité qui ne concernent toutefois que les Magistrats du siège.

S'il garantit les attributions respectives de chaque pouvoir classique, il veille néanmoins à ce que le régime politique ne dérive à plus ou moins brève échéance, vers une forme atypique. D'abord vers le *présidentialisme,* en rappelant par exemple les obligations normales et spécifiques du PR ainsi que le respect des règles liées à sa *liste civile*, notamment la compétence législative en la matière. Ensuite, il a précisé la nécessité pour l'AN non seulement de respecter la Constitution, le RI ou même l'intérêt national, au cours de la procédure législative de même que le respect de la discipline qui doit présider aux travaux à l'intérieur de l'hémicycle. Il évite ainsi l'instauration d'un *régime d'Assemblée* d'autant plus que le constituant béninois a rejeté l'option du bicaméralisme en 1990, il y avait des risques en effet que cette Assemblée ne s'autolimitât. Il n'est non plus question d'instaurer un *gouvernement des juges*, c'est pourquoi il rappelle les exigences cardinales auxquelles la fonction de juger, y compris au niveau de la Cour suprême doit se soumettre. Elle doit notamment respecter les principes du procès équitable. Intéressons nous maintenant aux pouvoirs constitutionnels nouveaux.

Chapitre 2.

POUVOIRS CONSTITUTIONNELS NOUVEAUX

Il est illusoire de croire aujourd'hui que le jeu politico-institutionnel se limiterait à la triade classique : Exécutif, Législatif, Judicaire. Les constitutionnalistes et politistes ont depuis longtemps montré l'importance par exemple, des Partis politiques dans la conquête, l'exercice et la conservation du pouvoir. Quoique l'interdiction du mandat impératif devrait affranchir les élus de la tutelle inconfortable, non seulement de leurs électeurs, mais aussi de leurs Partis respectifs, ces derniers conservent toutefois, un véritable rôle dans le paysage politique, qu'il s'agisse de la capacité d'exclure, de sanctionner ou d'investir les candidats, ou de la discipline de vote. Par leur super organisation, ils parviennent à structurer les idées des Parlementaires et les votes de ceux-ci. La discipline de vote conduit les Députés à abdiquer à leur liberté, au profit de structures partisanes, pratiquant ainsi le mandat impératif, pourtant, ces structures ne sont absolument pas responsables. On débouche sur le*« régime des Partis »*. A titre d'exemple, en France aujourd'hui, nul ne saurait contester l'importance des *primaires* au sein des Partis, dans la course à l'élection présidentielle. Les conditions des candidatures indépendantes restent inaccessibles. Toutefois, les Partis politiques ne sont pas juridiquement des pouvoirs constitutionnels, ils n'ont dès lors pas de manière directe, voix au chapitre, et l'analyse de leur influence sied davantage aux *sciences politiques,* occupées plus par des *faits* que des *normes*. La Constitution de 1990 se contente d'indiquer à l'article 5 que *« les partis politiques concourent à l'expression du suffrage. Ils se forment et exercent librement leurs activités dans les conditions déterminées par la charte des partis politiques. Ils doivent respecter les principes de la souveraineté nationale, de la démocratie, de l'intégrité territoriale et la laïcité de l'État »*.En revanche, trois pouvoirs institués se démarquent et représentent ce que nous avons choisi d'appeler les pouvoirs constitutionnels nouveaux. La nouveauté ne tient pas en ces institutions *per se*, elles sont en effet connues sous d'autres cieux sous des appellations plus ou moins différentes ; elle est liée à leur avènement relativement récent dans le paysage institutionnel béninois.

Au nombre de ces pouvoirs, il faut citer : la Haute Autorité de l'Audio-visuel et de la Communication (HAAC) prévue au titre VIII, articles 142 et 143 de la Constitution, dont le rôle est de veiller à l'accès équitable aux medias, pendant les campagnes électorales, et la préservation de la déontologie professionnelle (Section 1) ; le Conseil Economique et Social (CES), titre VII, articles 139 à 141, chargé de réguler les activités économiques et sociales, et dont le rôle reste encore très mal connu du grand public (Section 2). Fait sans précédent, la Cour constitutionnelle (CC), aménagée au titre V, articles 114 à 124, se voit investie, comme on l'a dit plus haut, du pouvoir de réguler le fonctionnement des institutions et l'activité des pouvoirs publics (Section 3). Les développements qui suivront nous permettront précisément de voir comment est-ce qu'elle parvient à ménager ces différents pouvoirs.

Section 1. Haute Autorité de l'Audiovisuel et de la Communication

La HAAC a été créée par la Constitution du 11 décembre 1990 en ses articles 24, 142 et 143, et est régie par *la loi organique n° 92-021 du 21 août 1992 amendée en 1994*[816]. L'article 24 la Constitution dispose que *« la liberté de presse est reconnue et garantie par l'Etat. Elle est protégée par la Haute Autorité de l'Audiovisuel et de la Communication dans les conditions fixées par la loi organique »*. L'article 142 ajoute que *« la Haute Autorité de l'Audiovisuel et de la Communication a pour mission de garantir et d'assurer la liberté et la protection de la presse, ainsi que de tous les moyens de communication de masse dans le respect de la loi. Elle veille au respect de la déontologie en matière d'information (...) »*.L'article 6, 7ème tiret de la *loi organique n° 92-021 du 21 aout 1992 sur la HAAC* prévoit que*« la Haute Autorité de l'Audiovisuel et de la Communication, en sa qualité de garante de l'exercice de la liberté de presse et de communication veille à ce que les organes de presse ne fassent pas l'objet de concentration afin de maintenir le caractère pluraliste de l'information et de la communication »*. La Cour rappelle dans plusieurs espèces ces différentes dispositions, elle y déduit que, seule la HAAC est compétente pour attribuer

---

[816]*La première loi fut la loi organique n°92-021 du 21 août 1992 relative à HAAC, amendée par la loi organique n°93- 018 du 27 avril 1994*, v° aussi *le Règlement Intérieur de la HAAC adopté le 06 juillet 2005 et la loi 97-010 du 20 août 1997portant libéralisation de l'espace audiovisuel et dispositions pénales spéciales relatives aux délits en matière de presse et de communication audiovisuelle en République du Bénin.*

des fréquences aux promoteurs audiovisuels sélectionnés [817]. Nous examinerons la sauvegarde des prérogatives de la HAAC (Paragraphe 1), puis les limitations qui s'imposent (Paragraphe 2).

Paragraphe 1. Sauvegarde des prérogatives de la HAAC

La Cour rappelle que la liberté de la presse est reconnue et garantie par l'Etat. Elle est protégée par la HAAC dans les conditions fixées par une loi organique[818]. La HAAC a pour mission de garantir et d'assurer la liberté et la protection de la presse, ainsi que de tous les moyens de communication de masse dans le respect de la loi. Elle veille au respect de la déontologie en matière d'information et à l'accès équitable des Partis politiques, des associations et des citoyens aux moyens officiels d'information et de communication[819]. La Haute juridiction est intervenue au gré des décisions, pour protéger les attributions des organes de la HAAC (A) ou pour préciser les compétences de celle-ci (B).

A) Protection des organes de la HAAC

Trois exemples illustrent si bien l'intervention de la Cour dans le sens de la protection des organes de la HAAC. Elle rappelle le statut et les avantages de ses membres (1) ; elle souligne la nécessité du respect de l'avis obligatoire de la HAAC résultant notamment de l'article 105, alinéa 2 de la Constitution (2) ; elle a également insisté sur la fonction d'attribution de la HAAC, qui est fondée de s'abstenir dans les domaines que les textes ne lui attribuent pas, sans qu'on puisse y voir un manquement fautif à ses obligations.

1) Statut et avantages

Le juge constitutionnel a admis la rétroactivité du Statut des membres de la HAAC. Il juge de manière concrète, que *la loi n°2001-29 portant détermination du traitement, des avantages, des indemnités des membres de la HAAC* a été adoptée et est entrée en vigueur le 11 décembre 2001, que cette loi n'a pas prévu la date de sa prise d'effet, qu'elle est formulée en des termes généraux et concerne tous les membres de la HAAC quelle qu'en soit

---

[817] DCC 13-140 du 19 septembre 2013, *Martin HOUEHOU.*

[818] Article 24 de la Constitution.

[819] Article 142 de la Constitution.

la mandature considérée, qu'il en découle qu'elle est nécessairement et implicitement rétroactive et que ses effets doivent couvrir toute la période antérieure à sa promulgation[820]. Après avoir constaté que les membres de la HAAC n'ont pas pu bénéficier du traitement qu'ils dussent avoir, si *la loi de 2001-29* avait été votée à temps, le juge constitutionnel estime qu'en s'abstenant d'adopter la loi dont il s'agit, le Gouvernement et l'AN qui ont concurremment l'initiative des lois, n'ont pas permis aux requérants de bénéficier de la juste rétribution de leurs services, qu'ils ont de ce fait violé l'article 30 de la Constitution (droit au travail et salaire, juste rétribution). Cette décision est importante à plus d'un titre dans la mesure où elle reconnait la responsabilité de l'Etat, législateur (AN, Gouvernement) du fait de sa carence ; elle admet mêmement la rétroactivité des avantages prévus par la Constitution. Elle constate qu'entre la date de prise de fonction des membres de la première mandature du HAAC, le 14 juillet, et le 11 décembre 2001, date de promulgation de *la loi 2001-29,* (7) sept années se sont écoulées, délais anormalement longs, d'où la violation de l'article 35 par le Gouvernement et l'AN. Dans sa décision rendue en 2006[821], la Haute juridiction a jugé que les différents Ministres de Finances qui se sont succédé, d'août 2003 au jour de la décision, ont méconnu l'autorité de chose jugée découlant de l'article 124, alinéas 1 et 3 de la Constitution, dans la mesure où suite à la précédente décision de la Cour, les membres de la HAAC, deuxième mandature, n'ont pas bénéficié de l'intégralité des avantages et indemnités découlant de la loi. Dans une décision rendue en 2007, la Cour note suite à ses décisions précédentes, que le Ministre en charge des Finances est tenu de se conformer à la décision de la Cour dans les meilleurs délais, en faisant droit à la requête des membres de la HAAC, deuxième mandature[822].

2) Fonction consultative obligatoire

Il a été jugé qu'en application des dispositions des articles 105, alinéa 2 de la Constitution et 7 de la loi organique relative à la HAAC, la consultation de la HAAC et l'avis de la CS constituent des formalités substantielles, préalables et obligatoires. Ces formalités n'ayant pas été remplies, il y a vice de

[820]DCC 03-128 du 21 aout 2003, *DEGBOE Bernard et consorts.*
[821] DCC 06-141 du 05 octobre 2006.
[822] DCC 07-039 du 23 mars 2007, *N'BOUROU Sé et consorts.*

procédure[823]. L'article 16 des Statuts de l'ONIP en donnant compétence au Ministre de tutelle pour faire des propositions de nomination en lieu et place de la HAAC a violé l'article 6, 3ème tiret, de la loi organique de la HAAC, qui fait partie du bloc de constitutionnalité[824].

3) Fonction d'attribution

La HAAC a une fonction d'attribution comme le rappelle avec force la Haute juridiction, ainsi, la *loi organique n° 92-021 du 21 aout 1992 relative à la HAAC* telle que modifiée en 1994, qui fait partie du bloc de constitutionnalité, organise la procédure de nomination du titulaire de poste de Directeur de la Télévision nationale, elle ne contient aucune disposition relative à l'intérim. De même la Cour juge que, si la loi organique relative à la HAAC organise la procédure de nomination du Directeur de la Télévision nationale, elle ne contient aucune disposition inhérente à la suspension ou à la révocation dudit Directeur et n'exige pas l'intervention de la HAAC[825].

B) Protection des compétences de la HAAC

La Cour a affirmé le principe de coopération loyale entre la HAAC et le Ministère de la Communication. Elle rappelle qu'il existe de par les dispositions des articles 142, alinéa 1 de la Constitution, 4 et 35 de la loi organique relative à la HAAC, une collaboration entre la HAAC et le Ministère en charge de la Communication. Qu'en raison des dispositions constitutionnelles, la HAAC et le Ministère exercent leurs compétences sans que l'un des organes, puisse exercer celles de l'autre, ni s'immiscer dans l'exercice de leurs attributions respectives. Que dès lors, en coprésidant avec le Ministre en charge de la Communication, l'installation de la Commission Nationale de Migration de l'Analogique au Numérique (CNMAN), la HAAC conserve son indépendance et ne porte pas atteinte au principe de la séparation des pouvoirs[826]. Selon la jurisprudence de la Cour, il a également été précisé qu'en l'absence de dispositions légales portant réglementation des conditions de candidature aux postes visés par les décisions déférées, il appartient à la HAAC de définir les critères de sélection. Ce faisant, elle crée

---

[823] DCC 99-043 du 04 aout 1999, *Président de la République.*

[824] DCC 98-028 du 26 mars 1998, *ACCROMBESSI Victor ;* DCC 99-038 du 28 juillet 1999, *ACCROMBESSI Victor.*

[825] DCC 99-035 du 20 mai 1999, *ADJOVI Emmanuel.*

[826] DCC 14-056 du 11 mars 2014, *Médard NOUKOUMIANTAKIN.*

des catégories de candidats au sein desquelles, ne doit s'opérer aucune discrimination pour quelque motif que ce soit. Dans le cas d'espèce, s'agissant des services publics, la HAAC en retenant comme critère, l'appartenance des postulants à la catégorie des agents permanents de l'État en activité, n'a pas créé de discrimination entre les citoyens. En conséquence, les décisions querellées ne sont pas contraires à la Constitution[827].

Trois domaines résument les compétences de la HAAC : la régulation des médias (1) ; la répartition équitable des temps d'antenne (2) et le respect de la déontologie (3).

1) Régulation des médias

La Haute juridiction après avoir rappelé les prérogatives de la HAAC qui découlent notamment de l'article 142 alinéa 2 ; elle *« (...) veille au respect de la déontologie en matière d'information et à l'accès équitable des partis politiques, des associations, des citoyens aux moyens officiels d'information et de communication »,* conclut que la question qui lui est posée soulève un problème de droits de la personne, ce qui justifie sa compétence d'office[828].Dans une intéressante espèce, le Gouvernement avait mis les émetteurs de Radio France International (RFI) hors tension, empêchant ainsi les auditeurs béninois de recevoir les programmes de la chaine de radio française, au motif que RFI avait relayé une information inexacte à propos de la mise en accusation du PR, Boni YAYI dans *l'affaire ICC services et consorts.* Le Secrétaire du Gouvernement expliquait cette immixtion dans les compétences constitutionnelles de la HAAC, par l'urgence et la nécessité de préserver l'ordre public, ce qui ne convainc pas le juge constitutionnel qui saisit l'occasion pour rappeler que seule la HAAC est compétente pour sanctionner le non-respect de la déontologie en matière d'information ou tout manquement grave aux obligations, notamment en ce qui concerne les émissions d'information politique ; qu'en l'espèce, il ressort des éléments du dossier que les 1er et 02 août 2010, le Gouvernement a procédé à la suspension des émissions de RFI ; qu'en agissant ainsi, il a empiété sur les prérogatives dévolues par la Constitution à la HAAC ; que dès lors, il échet de dire et juger que le Gouvernement a méconnu la Constitution. Tous les textes sont clairs ; de la Constitution à la loi en passant par la loi organique.

---

[827]DCC 02-086 du 31 juillet 2002, *CHADARÉ Pierre.*

[828] DCC 01-010 du 11 janvier 2001, *Mouvement des amis de Nicéphore SOGLO.*

La HAAC les rappelle et la Cour constitutionnelle ne le conteste pas : c'est à la HAAC et non au Gouvernement, qu'il appartient d'autoriser l'établissement et l'exploitation de radiodiffusions et de télévisions privées.

La Cour rappelle que la régulation des médias relève de la compétence exclusive de la HAAC, qu'il découle de la lecture combinée des dispositions de la loi organique sur la HAAC qu'il est de ses attributions de faire cesser l'exploitation par LC2, du canal 8 de la bande 3. N'ayant pas autorisé LC2 d'émettre sur le canal 8 de la bande 3, elle a en tant qu'instance de régulation du fonctionnement des organes de presse et de communication, mis le requérant en demeure. Il n'y a dès lors pas violation du principe d'égalité de traitement. Par ailleurs, l'appréciation du respect des obligations découlant du cahier de charges relève du contrôle de la légalité[829]. Dans une décision rendue en 2008[830], la Cour rappelle d'abord par un *obiter dictum*, les prérogatives de cette auguste institution. Elle vise avant tout, la Constitution béninoise du 11 décembre 1990 en son article 24 qui dispose : « *La liberté de presse est reconnue et garantie par l'Etat. Elle est protégée par la HAAC dans les conditions définies par la loi organique* ». La loi organique n° 92-021 du 21 août 1992 relative à la HAAC en son article 11 : « *La HAAC autorise dans le respect strict du principe de l'égalité de traitement entre les opérateurs et dans les conditions prévues par la loi, l'établissement et l'exploitation des installations de radiodiffusion et de télévision autres que celles de l'Etat, soit pour l'usage privé des demandeurs, soit dans le cas où l'exploitation est destinée à des tiers(...)* ». L'article 35 de la même loi, qui dispose : « *Une convention d'installation et d'exploitation de radiodiffusion et de télévision est passée entre la personne privée qui en fait la demande et la Haute Autorité de l'Audiovisuel et de la Communication agissant au nom de l'Etat. Les autorisations d'usage de fréquence pour la radiodiffusion sonore, la télévision par voie hertzienne terrestre ou par satellite sont délivrées aux personnes privées par la Haute Autorité de l'Audiovisuel et de la Communication conformément aux dispositions de la convention et sur la base d'un rapport technique présenté par le Ministre chargé des communications* (…) ». La Cour juge ensuite que ces dispositions constitutionnelles et quasi-constitutionnelles sont reprises et explicitées dans *la loi n° 97- 010 du 20 août 1997 portant libéralisation de l'espace*

---

[829] DCC 05-049 du 16 juin 2005, *Cour constitutionnelle.*
[830] DCC 08-021 du 28 Février 2008, *Victor TOPANOU (Conseiller Technique Juridique du Président de la République), obs.,*Ismaïla FALL.

audiovisuel et les dispositions pénales spéciales, relatives aux délits en matière de presse et de communication audiovisuelle en République du Bénin. En son article 3, ce texte dispose : « *L'espace de diffusion et les bandes de fréquences couvrant le territoire national de la République du Bénin sont la propriété de l'Etat béninois. Celui-ci réserve un quota des bandes de fréquences aux personnes privées de radio diffusion. En tout état de cause, l'Etat ne transfère que l'utilisation et non la propriété desdites bandes. Les autorisations d'usage de fréquences pour la radiodiffusion sonore, la télévision par voie hertzienne terrestre ou par satellite, sont délivrées aux personnes privées par la Haute Autorité de l'Audiovisuel et de la Communication conformément aux dispositions de la convention prévue à cet effet sur la base d'un rapport technique présenté par le Ministre chargé de la communication ».* Dans le même ordre d'idées, l'article 5 précise que *« la Haute Autorité de l'Audiovisuel et de la Communication, agissant au nom de l'Etat, autorise des stations de radiodiffusion sonore et de télévision privées sur toute l'étendue du territoire national aux conditions définies par la présente loi ».* Elle réaffirmait ainsi le rôle de régulateur des médias, dévolu à la HAAC.

2) Répartition équitable des temps d'antenne

Dans une intéressante affaire liée à un reportage sur les activités à connotation électoraliste d'un membre du Gouvernement, la Haute juridiction souligne qu'il ressort de la réponse aux mesures d'instruction, que le reportage querellé avait bénéficié d'une couverture médiatique normale de (3) minutes, aux Journaux télévisés de 20 heures et de 23 heures, le dimanche 06 août 2000 ; qu'il a été à nouveau diffusé le lundi 07 août 2000 pendant 34 minutes 8 secondes, sur les antennes de la Télévision nationale, en violation des articles 5, 11, 12, 20 , 23 de la loi organique et de *la décision n°98-050/HAAC du 17 juin 1998 portant modification de la décision HAAC n° 95-062/HAAC* relative à l'accès équitable des Partis politiques, des associations et des citoyens aux médias de service public ; que ce reportage intitulé : *« Séance de sensibilisation sur les mesures d'accompagnement à Porto-Novo du Ministre de la Culture et de la Communication, porte-parole du Gouvernement »,* est en réalité un meeting de propagande politique, tenu par le Ministre de la Culture et de la Communication, porte-parole du Gouvernement ; meeting qui a été précédé d'une marche à laquelle ont pris part des Partis politiques soutenant l'action du Gouvernement. Que la diffusion d'un tel reportage de 34 minutes 08 secondes est une violation de la Constitution.

Invitée par un requérant qui lui demandait de constater son droit de participer aux émissions des medias publics, la Cour constitutionnelle rappelle l'article 142 de la Constitution au terme duquel *« la Haute autorité de l'Audiovisuel et de la Communication a pour mission de garantir et d'assurer la liberté et la protection de la presse ainsi que tous les moyens de communication de masse et dans le respect de la loi. Elle veille au respect de la déontologie en matière d'information et à l'accès équitable des partis politiques, des associations et des citoyens aux moyens officiels d'information et de communication »*. Elle se déclare dès lors incompétente et invite le requérant à mieux se pourvoir[831]. Elle rappelle en une autre occasion, son incompétence à donner des instructions à la HAAC[832].

3) Respect de la déontologie

L'exercice de la liberté d'expression ne peut être une occasion de commettre des outrages à l'encontre des autorités, ou alors de violer les droits subjectifs des citoyens. Les acteurs de l'audiovisuel et la communication doivent respecter la déontologie inhérente à leur profession. Ainsi, a-t-il été jugé, à propos d'une atteinte à la vie privée par un moyen de communication, que la HAAC a pris des mesures nécessaires, faisant suite aux plaintes du requérant, afin de faire cesser la diffusion du spot publicitaire contenant son image. Dès lors, on ne saurait reprocher à la HAAC une quelconque impartialité, ni discrimination dans le traitement de la plainte du requérant. La Cour rappelle que selon les articles 2, 5 et 13 de *la loi organique n° 92-021 du 21 août 1992 relative à la HAAC,* elle veille au respect des libertés définies par la Constitution. Elle a pour mission : de garantir et d'assurer la liberté et la protection de la presse ainsi que de tous les moyens de communication de masse dans le respect de la loi ; de veiller au respect de la déontologie en matière d'information.

La HAAC assure, d'une manière générale, le respect de l'expression pluraliste des courants de pensée et d'opinion dans la presse et la communication audiovisuelle, notamment pour les émissions d'information politique. En cas de manquement grave aux obligations, elle adresse des

---

[831] DCC 07-033 du 01 mars 2007, *AMEGNISSE Andoche.*
[832] DCC 12-104 du 3 mai 2012, *Norbert AZONKPONON.*

observations aux dirigeants de l'organisme défaillant et, le cas échéant, leur inflige des sanctions[833].

Si les pouvoirs de la HAAC, ci-dessus examinés, sont considérables, il reste que la Cour a veillé à ce qu'il n'y ait pas d'abus dans leur exercice.

Paragraphe 2. Limitations de l'activité de la HAAC

La HAAC n'a pas été épargnée par la Cour, elle a rappelé la nécessité du respect du pluralisme et de la transparence dans l'exercice des fonctions de la HAAC (A) ; elle insiste également sur la nécessité de prendre en compte les compétences d'autres organes, surtout lorsqu'il s'agit d'un avis technique (B).

A) Respect du pluralisme et de la transparence

La Cour a jugé dans une affaire rendue en 2003 que *« selon la doctrine, lorsque la proposition à nomination est obligatoire, l'autorité ayant pouvoir de nomination ne peut choisir que sur la liste des candidats à elle proposée ; que le cas échéant, elle peut demander de nouvelles propositions ; que l'organisme consultatif propose plusieurs candidats entre lesquels l'autorité de décision fait son choix »*[834]. Dans une décision rendue en 2007, la Cour rappelle le principe de la décision ci-dessus et constate que l'article 6 alinéa 3 de *la loi n°92-021 du 21 août sur la HAAC* institue une proposition obligatoire, la HAAC devait dès lors proposer plusieurs candidats parmi lesquels l'autorité du pouvoir de nomination devait effectuer son choix. S'étant trouvée dans l'impossibilité de proposer plusieurs candidats sélectionnés, la HAAC devait constater que l'appel à candidature a été infructueux et reprendre la procédure. Le fait pour celle-ci de s'être abstenue, revient à imposer à l'autorité de nomination le choix du seul candidat sélectionné par poste, la HAAC, en agissant comme elle l'a fait, a violé la Constitution[835].

---

[833] DCC 12-048 du 23 février 2012, *Serge PRINCE AGBODJAN et consorts (suspension).*

[834] DCC 03-085 du 28 mai 2003, *Président de la HAAC (ZANNOU Alain).*

[835] DCC 07-093 du 21 aout 2007, *Serge PRINCE AGBODJAN.*

A contrario, à propos d'une procédure d'appel à candidature, lancée par la HAAC, la Cour constate précisément que le principe de transparence a été respecté. Malgré le court délai imparti à la HAAC pour désigner le même jour le nom de l'agent communicateur de son institution, devant siéger au sein de l'Autorité Nationale de Lutte contre la Corruption (ANLC), la HAAC a choisi de procéder par un appel à candidature dans le souci de la transparence, de la justice et de l'équité. Tous les candidats ont disposé de sept (7) jours pour déposer leur dossier de candidature au lieu de trois (3) jours comme le prétend le requérant qui ne saurait donc évoquer un traitement discriminatoire[836]. Elle précise par ailleurs qu'un acte préparatoire à une loi n'est pas une loi, ni un acte administratif, ni un acte réglementaire au sens de l'article 3 al. 3[837].

B) Respect des compétences consultatives

La Cour a rappelé l'exigence du respect de l'avis technique,*« considérant qu'il ressort de la lecture combinée et croisée [des textes pertinentes] que si la HAAC est constitutionnellement habilitée à attribuer des fréquences au nom de l'Etat, encore faut-il qu'elle le fasse conformément à la loi et donc sur la base des conclusions du rapport technique prévu à cet effet par les textes en vigueur. Considérant qu'en l'espèce, l'attribution des fréquences par la HAAC ne saurait déroger aux conclusions du rapport technique sans violer les dispositions de la loi organique sur la HAAC qui fait partie du bloc de constitutionnalité ; que dès lors, en faisant fi des conclusions du rapport technique, la Haute Autorité de l'Audiovisuel et de la Communication, par sa Décision n° 08-008/HAAC du 30 janvier 2008 portant attribution de fréquences aux promoteurs retenus sur concours pour l'installation et l'exploitation de radiodiffusions sonores et télévisions privées (appel à candidatures de l'année 2007), a violé la Constitution »*[838].

Terminons par un point sur lequel les Béninois s'interrogent toujours dans la perspective d'une reforme constitutionnelle. Il concerne la nomination du Président de la HAAC, tout comme d'ailleurs celle des présidents d'autres institutions par exemple la Cour suprême. Pour certains, une réforme aujourd'hui de la Constitution doit rendre ces personnes encore plus

---

[836]DCC 12-160 du 21 août 2012, *Charles da CRUZ.*
[837]DCC 01-104 du 10 décembre 2001, *DAVO Lani.*
[838]DCC 08-021 du 28 Février 2008, *Victor TOPANOU, op.cit.*

autonomes et plus indépendantes. C'est le PR qui malheureusement nomme le président de la HAAC, de la Cour suprême. Ceux-ci devraient logiquement être élus par leurs pairs respectifs. Le deuxième pouvoir constitutionnel nouveau est bien évidemment le Conseil Economique et social. Son rôle reste encore mal connu, d'où l'importance des précisions de la jurisprudence constitutionnelle.

Section 2. Conseil Economique et Social

Le Titre VII de la Constitution est consacré au CES. Aux termes de l'article 140, le CES élit en son sein son Président et les membres de son bureau. La composition, l'organisation et le fonctionnement du CES sont fixés par une loi organique. Aux termes de l'article 117 de la Constitution, la loi organique doit obligatoirement être soumise à la Cour constitutionnelle avant sa promulgation. Cette disposition indique également que le CES peut adopter un RI qui doit être l'objet d'un contrôle obligatoire. Ainsi, saisie des propositions d'amendement au RI du CES, la Cour a, dans une décision rendue le 28 août 2002[839], estimé que ledit Règlement comporte certaines dispositions conformes à la Constitution et d'autres sous réserves d'observations. Dans sa décision du 19 février 2003[840], la Cour examine le texte mis en conformité en rapport à sa décision du 28 août, et estime que l'article 80 n'est pas conforme à la Constitution en ce qu'il modifie une disposition déjà déclarée conforme à la Constitution. Dans sa décision du 19 juin 2003[841], la Cour constate que le texte qui lui est soumis est conforme à sa décision de mise en conformité du 19 février.

La Constitution dispose par ailleurs que les membres du CES perçoivent des indemnités de session et de déplacement, dont le montant est fixé par décret pris en Conseil des Ministres[842]. Comme pour les autres pouvoirs constitutionnels, il convient de distinguer entre la sauvegarde des attributions du CES (Paragraphe 1) et les limitations qui s'imposent (Paragraphe 2).

[839] DCC 02-111 du 28 aout 2002, *Président du CES.*
[840] DCC 03-010 du 19 février 2003, *Président du CES.*
[841] DCC 03-098 du 19 juin 2003, *Président du CES.*
[842] Article 141 de la Constitution.

Paragraphe 1. Sauvegarde des attributions du CES

Les décisions relatives au CES sont très peu nombreuses, ceci s'explique par la nature de ses compétences : d'une part, elles sont essentiellement consultatives ; d'autre part, seules des autorités limitativement désignées par la Constitution, peuvent le saisir. Le CES n'a donc pas de pouvoir normatif au sens propre, ses membres ne peuvent prendre des actes qui touchent directement le citoyen. Toutefois, la Cour est intervenue pour protéger les organes du CES (A) ainsi que ses compétences (B).

A) Protection des organes du CES

Le CES est en droit d'adopter un Règlement qui précise son organisation et son fonctionnement. A l'occasion de l'examen des propositions d'amendement du RI du CES, la Cour a jugé qu'il faisait apparaitre que lesdits amendements comportent certaines dispositions conformes sous réserves d'observations et d'autres conformes[843]. Elle juge sur un tout autre plan qu'il résulte des dispositions de l'article 139 de la Constitution que le pouvoir exécutif doit au préalable soumettre à l'avis du CES, le projet de budget avant de le transmettre à l'Assemblée[844].

B) Protection des compétences du CES

Les fonctions du CES sont essentiellement consultatives. Un effort de systématisation nous permet de distinguer entre des compétences consultatives sur saisine (1) et des compétences consultatives d'initiative (2).

1) Compétences consultatives sur saisine

S'agissant de la fonction consultative sur saisine, elle est soit obligatoire, soit facultative.

- *Avis obligatoire.* Le CES donne son avis sur les projets de loi, d'ordonnance ou de décret, ainsi que sur les propositions de loi qui lui sont soumis. Les projets de loi de programme à caractère économique et social, lui sont obligatoirement soumis pour avis[845].La Cour rappelle cette exigence constitutionnelle. Ainsi, saisie par un requérant qui soutient que le PR a

---

843 DCC 02-111 du 28 aout 2002, *Président du CES.*

844 DCC 96-014 du 15 février 1996, *MEGBOHOUNNOU Ahotin.*

845 Article 139 de la Constitution.

transmis à l'AN le projet de budget gestion 1996, sans l'avoir au préalable soumis à l'avis du CES comme l'exige l'article 139 de la Constitution, la Cour juge que *le décret n° 05-323 du 27 octobre 1995, transmettant à l'AN les projets de loi portant loi de finances et programmes d'investissements publics pour la gestion 1996,* ne porte pas la mention que le CES a été consulté et donné son avis. La Cour conclut que le décret viole l'article 139 de la Constitution[846].

- *Avis facultatif.* L'adjectif *« facultatif »* ne signifie nullement que le CES est libre de répondre ou pas, il signifie que l'autorité qui le consulte n'est en principe pas tenue de le faire. On peut penser, à l'analyse des dispositions constitutionnelles, que le CES est en revanche tenu de donner des avis même lorsqu'il est saisi de manière facultative, par les autorités habilitées, sur des objets décrits par la Constitution. Le PR peut en effet consulter le CES sur tout problème à caractère économique, social, culturel, scientifique et technique. Ses avis sont en principe donnés par écrit. Toutefois, sur la demande du Gouvernement, le CES désigne un de ses membres pour exposer devant les Commissions de l'AN l'avis du Conseil sur les projets ou propositions de loi qui lui ont été soumis.

2) Compétences consultatives d'initiative

Pour ce qui sont des compétences consultatives d'initiative, notons que le CES peut, de sa propre initiative, sous forme de recommandations, attirer l'attention de l'AN et du Gouvernement sur les réformes d'ordre économique et social, qui lui paraissent conformes ou contraires à l'intérêt général.

Si les compétences du CES sont essentiellement consultatives, cela ne dispenser pas ses membres de les exercer effectivement, et avec conscience.

Paragraphe 2. Limitations des attributions de la CES

Comme dans les domaines ci-dessus examinés, il sied de faire une distinction entre les limitations qui concernent les organes (A) et celles liées à l'activité de la CES (B).

[846] DCC 96-014 du 15 février 1996, *op.cit.*

A) Limitations des organes du CES

Bien que la jurisprudence n'est pas fixée sur la CES, il faut dire que les organes de la CES sont tenus de respecter la loi organique, et le RI du CES qui est, selon la jurisprudence de la Cour, l'application directe de la Constitution[847]. Dans sa décision *DCC 03-010,* la Cour juge que l'examen du RI du CES, après sa mise en conformité avec la décision *DCC 02-111 du 22 août 2002,* révèle que l'article 80 est non conforme à la Constitution, en ce qu'il modifie une disposition déjà jugée conforme à la Constitution[848].

B) Limitations de l'activité du CES

Dans une décision emblématique, la Cour est intervenue pour régler une situation de blocage au sein du CES. Les faits de l'espèce sont simples : huit (08) membres du CES ont délibérément choisi de ne pas prendre part à l'élection du bureau, bloquant ainsi le processus électoral ; le quorum des 4/5ème requis pour ladite élection ne pouvant être atteint du fait de leur absence. Par sa décision *DCC 04-065*, la Haute juridiction juge que « *la doyenne d'âge doit convoquer le Conseil Economique et Social en Assemblée plénière (...) et procéder sans discontinuité, au cours de la même séance, à l'élection des membres du Bureau de ladite Institution. Les Conseillers qui ne se présenteraient pas à ladite Assemblée seront déclarées démissionnaires et ne pourront plus siéger dans l'Institution. En tout état de cause, l'Assemblée plénière peut valablement délibérer avec le quorum prévu à l'alinéa 4 de l'article 5 du Règlement Intérieur, soit la moitié plus un de l'effectif du CES. Le Bureau du CES devra être élu au plus tard le lundi 02 août 2004 à minuit »*[849]. La Cour constitutionnelle vient ainsi réprimer l'attitude de certains conseillers du CES qui étaient décidés à empêcher l'obtention du quorum requis à chaque plénière pour l'élection du bureau. Ils visaient en fait à faire transparaître la configuration *socioprofessionnelle* du Conseil au sein du bureau et faire adopter la formule de la présidence tournante. La décision *DCC 04-065 du 29 juillet 2004* vient mettre fin à l'imbroglio en fixant au plus tard le 02 aout à minuit, la tenue de l'élection. La Cour constitutionnelle est-elle allée trop loin, en frappant de déchéance les membres du CES qui ne déféreront pas à la convocation de la Doyenne d'âge ? Un examen de la Haute juridiction, en tant que troisième

[847] DCC03-098 du 19 juin 2003, *Président du CES.*

[848]DCC 03-010 des 19 février 2003, *Président du CES.*

[849] DCC 04-065 du 29 juillet 2004, *Conseil Economique et Social.*

pouvoir constitutionnel nouveau, permettra sans doute d'apporter quelques réponses à cette question.

Section 3. Cour constitutionnelle

La Cour constitutionnelle est l'objet du titre V de la Constitution. Selon l'article 114 : « La Cour Constitutionnelle est la plus haute juridiction de l'État en matière constitutionnelle. Elle est juge de la constitutionnalité de la loi et elle garantit les droits fondamentaux de la personne humaine et les libertés publiques. Elle est l'organe régulateur du fonctionnement des institutions et de l'activité des pouvoirs publics ». La Cour est composée de (7) sept membres, dont (4) quatre sont nommés par le bureau de l'AN et (3) trois par le PR, pour un mandat de (5) cinq ans renouvelable une seule fois. Aucun membre de la Cour constitutionnelle ne peut siéger plus de (10) dix ans. Contrairement aux appréhensions, la Haute juridiction béninoise est loin d'être une « Cour des miracles ». Si elle a par sa jurisprudence développé en beaucoup d'occasions des mécanismes d'autodéfense (Paragraphe 1) ; elle a considérablement limité elle-même ses compétences (Paragraphe 2). Dans certains cas, cette circonspection semble d'ailleurs révoltante.

Paragraphe 1. Autoprotection de la Cour constitutionnelle

Le travail de la Cour n'est pas toujours accueilli avec une ferveur unanimiste par les acteurs de la vie politique et sociale. Ainsi, la Haute juridiction a été épinglée en certaines occasions, par quelques requérants zélés, n'hésitant pas à attaquer frontalement l'institution en elle-même ou remettant en cause ses décisions, son Président ou ses membres. Il importe de voir comment la Cour a protégé ses compétences et son autorité en tant qu'institution pris dans son ensemble (A), les prérogatives propres de son Président (B) ; et celles de ses membres pris individuellement ou collectivement (C).

A) Protection de l'institution

Pour ce qui est de l'institution prise dans son ensemble, il s'agit tout d'abord de protéger ses compétences constitutionnelles, qu'elles soient consultatives ou décisionnelles. Il s'agit ensuite de réaffirmer l'autorité des décisions de la Cour ; il s'agit enfin de répondre aux critiques inhérentes à la fonction de juger, notamment la question des délais raisonnables.

Dans le premier cas, *protection des compétences*, il convient de rappeler que, lorsque le PR estime devoir prendre des mesures spéciales dans le cadre de l'exercice des pouvoirs exceptionnels à lui conférés par l'article 68 de la Constitution, la Cour constitutionnelle est consultée et donne son avis (articles 75 et 77 de la loi organique). En cas d'outrage à l'AN par le PR, la Cour constitutionnelle est saisie par le Président de l'AN (articles 77 de la Constitution et 78 de la loi organique). Lorsque le Gouvernement est autorisé par l'AN à prendre des ordonnances dans des matières qui sont du domaine de la loi, la Cour donne son avis (article 102 de la Constitution). Elle est par ailleurs compétente pour constater la vacance de la Présidence de la République (articles 50 de la Constitution et 43 de la loi organique). C'est également à elle qu'incombe le pouvoir d'autoriser qu'un domaine de l'Etat soit l'objet d'un bail ou d'une acquisition par le PR ou les membres du Gouvernement (article 52 de la Constitution). La Cour rappelle que selon l'article 18.1, c) du RI de l'AN, les désignations des membres de la Cour faites par le bureau de l'AN font l'objet d'un acte de nomination pris par le Président. En procédant comme il l'a fait (annulation d'une désignation), le Président de l'AN est intervenu dans le domaine de compétence exclusive de la Cour[850].

Dans le deuxième cas, *autorité de la chose jugée*[851], partant des articles 124 et de l'article 35 de la Constitution, l'auguste institution a, par sa jurisprudence, conforté son autorité au sein des institutions et des pouvoirs publics. Elle s'est également interrogée sur l'authenticité d'un certain nombre de documents qu'on lui prêtait. L'article 124 de la Constitution dispose *: « Une disposition déclarée inconstitutionnelle ne peut être promulguée ou mise en application. Les décisions de la Cour constitutionnelle ne sont susceptibles d'aucun recours. Elles s'imposent aux pouvoirs publics et à toutes les autorités civiles, militaires et juridictionnelles ».* Sur base de cette disposition, la Cour a affirmé l'autorité de chose jugée de ses décisions et l'obligation d'exécution. Par sa décision *DCC 01-041 du 13 juin 2001, POFAGI Komlan,* elle rappelle que le recours tendant à un nouvel examen d'une loi qu'elle a déjà censurée est irrecevable

---

[850] DCC 98-053 du 1er juin 1998, *ZOSSOUNGBO Edgard.*

[851] DCC 03-015 du 19 février 2003, *DAGBA Inoussa* ; DCC 99-019 du 10 mars 1999, *DIDAVI Emilienne ;* DCC 99-018 du 10 mars 1999, *d'ALMEIDA Emilien ;* DCC 99-020 du 10 mars 1999, *ALLINGLA Bernard* ; DCC 99-021 du 10 mars 1999, *AÏZANSI Joseph.*

en application du principe de l'autorité de chose jugée[852]. Il a été jugé qu'en vertu des dispositions de l'article 124 alinéa 2 de la Constitution, il y a autorité de chose jugée en ce que par décision *DCC 04-012 du 8 janvier 2004* et *DCC 10-066 du 30 juin 2010,* elle a statué sur la demande de reconstitution de carrière du requérant[853]. Mêmement, la Cour constate dans une espèce rendue en 2012 que par sa décision *DCC 11-065 du 30 septembre 2011,* elle a dit et jugé que la *loi n°2011-25 portant règles générales applicables aux personnels militaires des Forces de sécurité publique et assimilés,* votée par l'AN, le 26 septembre 2011 est conforme à la Constitution en toutes ses dispositions. Il y a donc autorité de chose jugée[854]. Toute omission ou modification apportée à une disposition déjà déclarée conforme par la Cour est contraire à la Constitution en ce qu'elle viole l'article 124 de la Constitution[855]. Par sa décision *DCC 11-011 du 25 février 2011,* la Haute juridiction a déclaré conforme à la Constitution en toutes ses dispositions la loi déférée. Il s'ensuit qu'il y a autorité de chose jugée[856].

Par sa jurisprudence, la Cour nous renseigne sur les conditions de la chose jugée. Dans une décision rendue en 2001, elle souligne que, pour qu'il y ait autorité de chose jugée, les recours doivent porter sur le même objet et tendre aux mêmes fins[857]. Elle ajoutera plus tard que l'autorité de chose jugée se rattache aux critères tels que l'objet et la cause juridique. Il n'est en revanche pas question de l'identité des parties ou des moyens [858]. En application des dispositions de l'article 124, alinéas 2 et 3 de la Constitution, la Haute juridiction ne peut procéder à un nouvel examen des décisions qu'elle a précédemment rendues[859]. Par sa décision *DCC 98-080 des 07,14 et 20 octobre 1998*[860], elle rappelle que, en face d'un texte qui a acquis autorité de chose jugée, elle ne peut statuer à nouveau. Il en va de même de la décision *DCC 03-078 du 12 mai 2003,* où la Cour, après avoir révélé que sa

---

[852] V° aussi les décisions DCC 01-040 du 13 juin 2001, *BADA d'Assomption ;* DCC 01-098 du 23 novembre 2001, *Président de la République.*

[853]DCC 12-049 du 6 mars 2012, *Imorou ISSA.*

[854]DCC 12-003 du 12 janvier 2012, *Eric HOUNDETE.*

[855] Dans le même sens, DCC 01-099 du 23 novembre 2001, *Président de la République* ; DCC -01-100 du 23 novembre 2001, *Président de la République.*

[856]DCC 12-127 du 7 juin 2012, *Aum Rockas AMOUSSOUVI* ; DCC 03-092 du 04 juin 2003, *SOKPEHOUNDE Macaire.*

[857] DCC 03-129 du 21 août 2001, *DEGBOE Bernard.*

[858] DCC 02-125 du 10 oct. 2002, *CHABI Adébiyi et consorts.*

[859]DCC 12-120 du 22 mai 2012 ; DCC 02-137 du 19 décembre 2002, *DAVID Rock.*

[860] DCC 03-064 du 19 mars 2003, *BADAROU Yacouba.*

décision *03-077 du 07 mai 2003* est restée sans effet, a dit et jugé que Madame Rosine Vieyra SOGLO a violé la Constitution en son article 124, en conséquence, il y a autorité de chose jugée[861].

Elle s'est également appesantie sur les effets de la de chose jugée. La chose jugée s'entend de l'exécution de la décision. *La loi n° 91-009 du 31 mai 2001 portant loi organique sur la Cour* précise en son article 34, alinéa 4 qu' « *elles [les décisions de la Cour constitutionnelle] doivent en conséquence être exécutées avec la diligence nécessaire* », le Maire de la ville de Cotonou, en ne procédant pas au dédommagement du requérant suite à la décision de la Cour, a méconnu les dispositions des articles 124, alinéas 2 et 3 de la Constitution et 34, alinéas 2, 3 et 4 de la loi organique sur la Cour[862]. La Cour se déclare toutefois incompétente pour faire suite à la demande d'avantages découlant de ses décisions[863].L'autorité des décisions implique également l'obligation pour les pouvoirs publics d'exécuter les décisions de la Cour dans les meilleurs délais. Le Maire de la ville de Cotonou, en ne procédant pas au dédommagement du requérant suite à la décision *DCC 10-003 du 21 janvier 2010,* a méconnu les dispositions des articles 124, alinéas 2 et 3 de la Constitution et 34, alinéas 2, 3 et 4 de la loi organique sur la Cour constitutionnelle[864].

Certains requérants sous prétexte de demander la correction d'erreurs matérielles ont essayé sans succès de remettre en cause l'autorité de chose jugée. La Cour juge en ce sens que, l'analyse de la teneur de la décision *DCC 12-022 du 7 février 2012* querellée révèle qu'elle ne comporte pas d'erreur matérielle au sens de sa jurisprudence constante. Il ne lui a pas échappé en une autre occasion que la requête introduite tend en réalité à contester sa décision, méconnaissant ainsi l'autorité de chose jugée, attachée à ladite décision[865]. *A contrario,* la Haute juridiction a reconnu de manière claire, que la rectification d'erreurs matérielles ne remet pas en cause l'autorité de chose jugée de ses décisions et n'est dès lors pas contraire aux dispositions de l'article 124 de la Constitution[866]. Elle avait visé l'article 25

---

[861] DCC 03-116 du 10 juillet 2003, *SESSOU Yaovi.*

[862]DCC 12-117 du 22 mai 2012, *Gilbert BOKO et Apollinaire AYADJI (exécution des décisions de justice)*

[863] DCC 01-076 du 13 aout 2001, *GNIMAGNON Casimir.*

[864]DCC 12-117 du 22 mai 2012, *Nafissath AKPLOGAN.*

[865]DCC 12-076 du 22 mars 2012, *Fidèle Robert LAMISSI.*

[866] DCC 97-007 du 18 février 1997*, Cour constitutionnelle.*

au lieu de 35 de la Constitution[867], ce qui était clairement une erreur matérielle. A propos de l'article 22 du RI de la Cour qui dispose que « *toute partie intéressée peut saisir la Cour Constitutionnelle d'une demande en rectification d'erreur matérielle d'une décision (...)* », il a été jugé que selon la jurisprudence constante de la Cour, « *l'erreur matérielle se définit comme une simple erreur de plume ou de dactylographie, d'orthographe d'un nom, de terminologie ou d'une omission dans la décision* »[868], que l'analyse de la teneur de la décision *DCC 12-022 du 07 février 2012* querellée révèle qu'elle ne comporte pas d'erreur matérielle au sens de la jurisprudence ci-dessus rappelée. La requête tend dès lors en réalité à contester la décision de la Cour, méconnaissant ainsi l'autorité de chose jugée attachée à ladite décision [869] .La demande en rectification d'erreur matérielle doit être introduite sous les mêmes formes que la requête introductive d'instance, et dans un délai d'1 (un) mois à compter de la notification de la décision dont la rectification est demandée[870] (article 22 du RI de la Cour).En principe, seules les personnes à qui a été notifiée la décision sont admises à former un recours[871].

Dans le troisième cas, *délais raisonnables,* la Cour constitutionnelle a été attaquée pour violation des délais raisonnables et de l'article 35. Elle s'est prononcée à cet effet. Elle estime que les allégations de la requérante ne sont pas fondées en ce que les investigations faites au niveau du Secrétariat général de la Cour révèlent que suite à sa saisine, par *arrêt avant dire droit* de la Chambre de droit traditionnel de la Cour d'appel, rendu le 15 mars 2007 et enregistré à son Secrétariat le 26 mars 2007, la Haute juridiction a rendu la *décision DCC 07-040 le 14 mai 2007.* Ladite décision a été notifiée d'une part à la requérante, d'autre part au Président de la Cour d'appel. Elle a de même remis en cause l'authenticité d'un document par lequel le requérant semblait l'accabler. Il est clair pour la Cour que si, ainsi que le confirme le requérant, l'on sait que « *toutes les décisions de la Cour portent toujours les dates où les sages de la Cour constitutionnelle ont siégé* » et sont à tout le moins paraphées et signées par le Conseiller rapporteur et le

---

[867] DCC 03-135 du 21 aout 2003, *AGBO Hyacinthe ;* DCC 03-131 du 21 aout 2003, *AGBELESSESSI David ;* DCC 02-134 du 18 décembre 2002, *Cour constitutionnelle.*
[868]DCC 12 - 076 du 22 mars 2012, *Fidèle Robert LAMISSI.*
[869]DCC 12-022 du 07 février 2012, *Fidèle Robert LAMISSI ;* DCC 04-046 du 23 avril 2004.
[870]*Ibidem ;* DCC 13 -012 du 07 février 2013, *Théodore GBETIE.*
[871] DCC 13 -012 du 07 février 2013, *op.cit.*

Président de la Cour, il y a lieu de s'interroger sur la provenance du document produit par le requérant. La *décision DCC 10-144* authentifiée par les paraphes et signatures du Conseiller rapporteur et du Président de la Cour étant datée du 14 décembre 2010, il y a lieu de dire et juger qu'elle ne comporte aucune erreur matérielle au sens de l'article 24, alinéa 1du RI de la Cour. Au surplus, le requérant n'est à aucun titre partie intéressée à ladite décision. En conséquence, il y a lieu de dire et juger que sa requête est irrecevable[872].

B) Protection du Président de la Cour

L'étendue des pouvoirs de la Cour se trouve renforcée par le fait qu'à côté des attributions qui lui sont dévolues, d'autres sont directement confiées au Président de cette institution. A titre d'exemple, elle rappelle que, selon l'article 119 de la Constitution : « *Le Président reçoit le serment du Président de la République, entouré de ses pairs en tenue d'apparat (article 47 de la loi organique) ; il donne son avis sur la décision du Chef de l'État de recourir au référendum ; il assure l'intérim du Président de la République lorsque celui-ci est mis en accusation devant la Haute Cour de Justice* ».Dans le même ordre d'idées, selon l'article 68 de la Constitution, seul le Président de la Cour et non la Cour en tant qu'institution, a qualité pour émettre un avis sur la mise en œuvre de cette disposition, la Haute juridiction ne peut intervenir qu'a *posteriori* pour contrôler la constitutionnalité des mesures exceptionnelles qui auront été prises en Conseil des Ministres[873].

Par ailleurs, la Haute juridiction juge que l'on ne saurait faire grief au Président de la Cour, institution chargée de garantir les droits fondamentaux de la personne humaine et les libertés publiques, dont la mission est en outre de veiller à la régularité de l'élection du PR, d'avoir recommandé aux citoyens d'entretenir au cours de la période électorale des relations qui permettent de sauvegarder, de renforcer et de promouvoir le respect, le dialogue et la tolérance réciproque en vue de la paix et de la cohésion nationale ainsi que le prescrit l'article 36 de la Constitution[874].

---

[872]DCC 12-027 du 14 février 2012, *Serge PRINCE AGBODJAN.*
[873] DCC 96-011 du 30 janvier 1996, *Président de la République.*
[874]DCC 12-088 du 20 avril 2012, *Fortuné AGOSSADOU.*

C) Protection des membres de la Cour

Elle est intervenue essentiellement dans deux domaines : dans les conditions de nomination de ses membres ; et dans leurs Statut et avantages.

Sur le premier domaine, *conditions de nomination,* la Cour rappelle que la nomination de ses membres, prévue par l'article 115 de la Constitution est non seulement spécifique et relève de deux autorités distinctes : le pouvoir législatif et judiciaire. La procédure y afférente est tout aussi différente de celle de l'article 129 de la Constitution[875]. La Cour a apporté des précisions intéressantes sur les critères de nomination de ses membres, notamment les critères de *nationalité,* de *« personnalité de grande réputation professionnelle* », de *« bonne moralité » ou d' «expérience requise ».*

La Cour juge ainsi que madame Elise POGNON a bien la nationalité béninoise par les liens du mariage[876], sa désignation comme membre n'est pas contraire à l'article 115 de la Constitution.

Elle a de même précisé la notion de *« personnalité de grande réputation professionnelle ».* Selon le juge constitutionnel, le compétence professionnelle ne peut s'évaluer qu'à l'aune des appréciations faites par les autorités hiérarchiques ou les autorités habilitées à le faire ; que cette appréciation peut également se faire sur base du *curriculum vitae* qui indique les formations et les activités du membre pressenti ; que la loi organique sur la Cour, en son article 1' alinéa 2, édicte que *« avant leur nomination, soit par le Bureau de l'Assemblée Nationale soit par le Président de la République, les personnes pressenties pour être membres de la Cour constitutionnelle doivent produire un curriculum vitae qui permette de juger de leurs qualification et expérience professionnelles (...)».* Dans les faits, elle juge que Madame Lamatou NASSIROU qui est diplômée d'un DESS en gestion des projets et développement local de la FSEG de l'Université d'Abomey-Calavi et qui a servi dans plusieurs structures avec compétence et dévouement et a été Directrice des ressources humaines du Ministère de la Famille et de l'Enfant, remplit les conditions pour être nommée en qualité de *« personnalité de grande réputation professionnelle »* [877] .Elle avait,

---

[875] DCC 98-061 du 05 juin 1998, *ZOSSOUNGBO Edgard.*

[876] Décision 8 DC du 16 juin 1992, *Association de la Jeunesse pour le Suivi et la Défense de la Démocratie.*

[877] DCC 13-061 du 24 juin 2013, *Noel Olivier KOKO.*

longtemps avant, jugé que la question de la qualification de Monsieur Hubert MAGA (ancien Président du Bénin) comme *« personnalité de grande réputation professionnelle »* a été réglée par décision *15 DC du 16 mars 1993* du HCR siégeant en qualité de Cour constitutionnelle, il y a dès lors autorité de chose jugée. De même, a-t-elle jugé que le renouvellement du mandat de Monsieur Idrissou BOUKARI en qualité de *« personnalité ... »* n'est pas contraire à la Constitution[878].

La Cour s'est également étendue sur la notion de *« bonne moralité »*.Elle juge que cette notion doit être comprise comme le comportement d'une personne, conforme aux normes admises dans le milieu sociétal de référence. Un comportement ou une attitude qui n'est pas attentatoire à la dignité de la personne humaine ou aux bonnes mœurs. Il a été jugé que le fait d'assurer la présidence du Conseil d'administration d'une association ou d'une Entreprise publique ou privée, en l'absence d'actes attentatoires à la dignité du juge tels qu'entre autres : détournements, malversations ou condamnations, ne saurait être analysé comme une violation de l'exigence de *« bonne moralité »* prévue à l'article 115 de la Constitution, non plus comme celle de l'article 35 de la même Constitution. La Cour conclut que l'incompatibilité qui pourrait résulter de l'exercice de la fonction de juge constitutionnel et celle de la présidence du Conseil d'administration serait constitutive de la violation de la loi portant Statut général de la Magistrature, dont l'appréciation relève de la légalité et non de la constitutionnalité[879].A propos toujours, de la nomination de madame POGNON, la Cour a dit que l'appréciation du critère de *« bonne moralité »* peut se faire au regard du *« casier judiciaire »* exigé par l'article 1, alinéa 2 de la loi organique sur la Cour constitutionnelle[880]. En 1998, de nouveaux requérants articulent en effet des arguments de défaut de *bonne moralité* contre la nomination de Madame Elisabeth POGNON et Monsieur Hubert MAGA. La Cour constate que ces moyens sont les mêmes que ceux sur lesquels elle a statué par décision *DCC 98-052 du 29 mai 1998,* et par sa décision *15 DC du 16 mars 1993.* Il s'ensuit qu'il y a autorité de chose jugée[881].

---

[878]DCC 03-082, *LAFIA Joachim.*

[879] DCC 13-062 du 04 juillet 2013, *Armand BOGNON.*

[880] DCC 98-060, *op.cit., FELIHO Jean Florentin ;* DCC 98-062 du 05 juin 1998, *DJIMA John.*

[881] DCC 98 -054 du 1er juin 1998, *AHOKPOSSI Gilles.*

Pour ce qui est de *«l'expérience requise »,* la Cour constitutionnelle a invalidé la nomination par le PR de Monsieur Euloge AKPO, en qualité de Magistrat, membre de la cinquième législature. La Haute juridiction a constaté que l'intéressé n'avait pas à la date de sa nomination une expérience de (15) quinze années au moins, au sens de l'article 115 de la Constitution[882].

Sur le second domaine, *Statut et avantages des membres de la Cour,* il a été jugé que la *loi n° 2001-28 portant détermination du traitement, des indemnités, des autres avantages dus aux membres de la Cour* est conforme à la Constitution sous réserves d'observations[883]. Il en va de même de *la loi n° 2001-28 portant détermination du traitement, des indemnités, des autres avantages dus aux membres de la Cour constitutionnelle*[884]. A propos particulièrement de son immunité[885], la Cour cite les articles 115, alinéa 4 de la Constitution ; 79 et 80 de *la loi n° 91-009 du 04 mars 1991 portant loi organique sur la Cour, modifiée par la loi du 31 mai 2001.* La requérante demandait en fait l'arrestation des membres de la Cour. Pour ce qui est des avantages, la Haute juridiction les a précisés en référence à ceux des membres du Gouvernement[886]. Elle a également apporté des enseignements intéressants sur les incompatibilités relatives à ses membres[887].

La Cour constitutionnelle ne se considère pas, contrairement aux vues de ses détracteurs, comme un *Léviathan*, trônant hors de la sphère juridique, au-dessus des institutions et des pouvoirs publics. Elle s'en tient à ses compétences expressément prescrites par la Constitution au point où cela peut être interprété quelques fois comme une décevante frilosité pour les requérants.

Paragraphe 2. Autolimitation de la Cour constitutionnelle

La Cour, malheureusement considérée par beaucoup de requérants comme une *« Cour des miracles »,* a pourtant considérablement limité ses

[882] DCC13-060 du 24 juin 2013, *Serge PRINCE AGBODJAN.*
[883] DCC 01-98 du 23 novembre 2001, *Président de la République.*
[884] DCC 01-103 du 10 décembre 2001, *Président de la République.*
[885] DCC 03- 091 du 04juin 2003, *QUENUM David*
[886] DCC 03-115 du 24 juin 2003, *FELIHO Sixte.*
[887] DCC 02-066 du 05 juin 2002, *HOUNSINOU Sylvain.*

compétences. Le juge constitutionnel dans plusieurs décisions s'est déclaré incompétent pour intervenir dans des domaines qui relèvent des compétences exécutives, législatives, judiciaires ou d'autres autorités. Il n'est pas compétent pour apprécier des mesures administratives, civiles ou pénales, et n'intervient qu'au cas où ces mesures seraient fondées sur une loi contraire à la Constitution ; il intervient aussi en cas de violation d'un droit fondamental, prévu par la Constitution[888]. Pour illustrer l'autolimitation de la Cour, nous insisterons davantage sur son rapport aux pouvoirs constitutionnels classiques. Elle refuse d'empiéter sur le domaine du pourvoir exécutif (A) ; de même, elle ne se considère pas comme le Législateur (B) et sa coexistence avec le pouvoir judiciaire est de ce qui ressort de sa jurisprudence, parfaitement possible (C).

A) Incompétence à l'égard du pouvoir exécutif

Dans le domaine du pouvoir exécutif, la Cour a admis son incompétence pour donner des injonctions ou se substituer aux autorités politico-administratives. Dans un cas d'espèce, le requérant (Monsieur Tony ADJOVI) se fondant sur les dispositions des articles 14, 15, 22, 30, 33, 35 et 120 de la Constitution, sollicite l'intervention de Cour auprès du Gouvernement et plus précisément auprès de la Commission du suivi de la filière *« véhicules d'occasion au Bénin »,* pour la reprise de ses activités. La Cour juge que les articles 114 et 117 de la Constitution qui définissent ses attributions ne lui donnent pas compétence pour entreprendre un tel plaidoyer en direction du Gouvernement, qu'il y a lieu de se déclarer incompétente[889] . Il a été jugé dans le même sens, qu'elle est incompétente pour donner des injonctions au Directeur départemental des Enseignements Primaire et Secondaire de l'Atlantique et du Littoral[890]. Elle rappelle qu'elle a des compétences d'attribution parmi lesquelles ne figurent ni les injonctions aux autorités politico-administratives, ni leur condamnation. Les mesures administratives relatives aux écoles privées de formation d'agents de la santé, prises par le Ministère de l'Education nationale et de la Recherche scientifique et le Ministère de la Santé ne violent pas la Constitution[891]. Dans le domaine administratif, elle se déclare incompétente

[888]DCC 12-075 du 22 mars 2012, *Comlan Lucien GLELE.*
[889]DCC 12–087 du 20 avril 2012, *Tony ADJOVI.*
[890]DCC 02-084 du 25 juillet 2002, *GLETTON Marc.*
[891] DCC 01-106 du 19 décembre 2001, *DOHOU Séraphin et consorts.*

pour connaitre d'une demande d'indemnités après intégration[892] ; de même a-t-elle jugé qu'elle ne peut rien contre le refus du Ministère de l'Intérieur de mettre un service d'ordre à la requête de la présidente de la Renaissance Bénin[893], car elle ne saurait donner des injonctions à un Ministre[894]. Un tel cas relève d'ailleurs du domaine réglementaire et non de la Cour constitutionnelle[895].

La Cour est incompétente dans le domaine réglementaire, elle ne saurait connaitre de la réglementation et des contributions scolaires [896] ; de l'attribution de parcelles dans le cadre d'une opération de lotissement[897] ; ou encore du réexamen de la situation administrative d'un salarié ; d'une contestation qui porte sur un reclassement d'agents admis à la retraite[898] ; d'une requête qui tend en réalité à demander à la Haute juridiction de faire prendre des *« résolutions hardies »* afin de sanctionner *« l'incivisme de quelques individus » ;* des modalités de participation des fonctionnaires de police aux missions et candidatures aux postes vacants des organisations régionales ou internationales [899] *;* du retrait à un professeur de l'enseignement qu'il dispensait à titre de collaborateur [900] ; du régime du passeport qui relève du domaine réglementaire. Elle précise d'ailleurs que le pouvoir exécutif est libre d'y faire figurer les mentions qu'il juge utiles, à condition de ne pas violer la Constitution[901]. Comme dans le domaine du pouvoir exécutif, la Cour est incompétente dans le domaine législatif.

B) Incompétence de la Cour à l'égard du pouvoir législatif

Dans plusieurs espèces, la Cour rappelle l'article 98, alinéa 1, 14ème tiret de la Constitution qui dispose : *« Sont du domaine de la loi les règles concernant : l'organisation territoriale, la création et la modification de circonscriptions administratives ainsi que les découpages électoraux ».* Sur

---

[892]DCC 03-083 du 28 mai 2003 *AKPLOGAN Bonaventure.*
[893] DCC 02-091 du 07 aout 2002, *EQUITE Juste.*
[894] DCC 05-036 du 19 mai 2005, *CAKPO Victor ;* v° aussi DCC 05 -081 du 09 aout 2005, *CAPKO Victor.*
[895] DCC 01-025 du 16 mai 2001, *IMOROU Aziz.*
[896]DCC 01-057 du 27 juin 2001, *ISSIAKO IssifouLa.*
[897] DCC 01-095 du 07 novembre 2001, *ASSOGBAWOUNON.*
[898]DCC 01-035 du 13 juin 2001, *BRIGA Victor.*
[899]DCC 12-179 du 8 novembre 2012, *Thomas DAKPOGAN.*
[900]DCC 12-041 du 23 février 2012, *Serge RICHARD.*
DIOGO ; DCC 00–043 du 29 juin 2000*d'ALMEIDA Emilien.*
[901] DCC 96-051 du 12 aout 1996, *DAYORI Antoine.*

la base de cette disposition, elle juge qu'elle est incompétence pour connaitre de la demande par les requérants d'annulation d'une *« proposition de scission arbitraire [du quartier Haie Vive/cocotiers dans le cadre des élections municipales] initiée par des Députés de la Renaissance du Bénin et adoptée par l'Assemblée nationale »*[902]. Si elle se déclare ainsi inapte à intervenir, elle protège en revanche les prérogatives du pouvoir législatif. Dans une autre espèce, ce sont les articles 96 et 98, alinéa 1, 7ème tiret qui sont rappelés par la Cour : *« L'Assemblée Nationale vote la loi et consent l'impôt » ; « Sont du domaine de la loi les règles concernant (...) l'assiette, le taux et les modalités de recouvrement des impositions de toute nature »*. Il découle de ces dispositions que l'imposition, ses modalités de fixation et de recouvrement relèvent de la compétence du Législateur. Une note de service de la Direction Générale des Forets et Ressources Naturelles (DGFRN) ne saurait fixer l'assiette et déterminer le montant de contributions et les modalités de recouvrement en l'absence de toute loi en la matière. Plusieurs autres décisions ont été rendues dans ce sens[903]. Si elle remplit une fonction de juger, il ne fait pas de doute pour la Cour que les compétences du pouvoir judiciaire doivent être respectées.

C) Incompétence de la Cour à l'égard du pouvoir judiciaire

Comme dans le domaine du pouvoir exécutif, la Cour a reconnu son incompétence pour donner des injonctions ou se substituer aux autorités juridictionnelles.

Dans le *domaine judiciaire en général*, la Cour a depuis longtemps affirmé que les décisions de justice pour autant qu'elles ne violent pas les droits de l'homme ne sont pas susceptibles de contrôle de constitutionnalité[904]. Elle est incompétente pour statuer sur une requête qui sollicite son intervention afin de régler la situation de chômage du requérant[905] ; pour ordonner la restitution au citoyen de son véhicule en fourrière [906] ; vérifier la

[902]DCC 07- 079 du 24 juillet 2007, *Président de la République* ; DCC 13-118 du 05 septembre 2013, *Charles CRUZ.*
[903] DCC 07-165 du 27 décembre 2007, *Serge PRINCE AGBODJAN.*
[904]DCC 12-018 du 2 février 2012, *Joseph TOÏ* et DCC 12-047 du 23 février 2012, *Gbénou ASSOGBA.*
[905]DCC 12-145 du 19 juillet 2012, *Célestin GBAGUIDI ;* DCC 12-161 du 21 août 2012, *Dieudonné BATCHO.*
[906]DCC 00–037 du 28 juin 2000, *Héritiers GNANSOUNOU et Consorts.*

constitutionnalité d'une décision de justice[907] ; se prononcer sur des sanctions civiles et/ou pénales[908] ; intervenir dans une procédure judiciaire[909]; faire exécuter un acte administratif ; statuer sur le sursis ou faire injonction aux juges ; connaître d'une requête sollicitant son intervention contre une décision rendue par la Cour d'appel[910] ; d'une action en revendication de droit de propriété[911] ; apprécier l'orientation donnée à un dossier par le Procureur de la République[912]. La Cour rappelle qu'elle a une compétence d'attribution, elle ne peut ordonner la libération d'une personne détenue ; connaitre des infractions pénales, dont l'appréciation relève des juridictions de l'ordre judiciaire[913] ; apprécier la décision de justice en cause[914] ou son exécution[915] ; ordonner la reprise des poursuites contre un mis en cause pour diffamation ; ordonner des poursuites pénales contre un citoyen [916] ; connaitre des décisions rendues par la Cour Suprême suite à une décision d'irrecevabilité rendue par celle-ci à propos d'un pourvoi formé contre les décisions de la Cour d'Appel[917] ; connaitre de la diffamation et de l'abus d'autorité[918] ; connaitre du défaut de notification de la garde à vue, de même que de la confirmation des mandats de dépôt ; statuer sur les demandes de condamnation en paiement de dommages intérêts[919] ou simplement sur les demandes de condamnation en dommages intérêts[920] ; apprécier des faits de tentative d'assassinat, de corruption, de trafic d'organes humains et de vente de *Kethersalomon*[921] ;connaitre d'une réquisition signée par le Procureur[922] ; statuer sur la création de parcelles sur les espaces libres compris dans le

---

[907] DCC 00-057 du 10 octobre 2000, *UKAEGBU Ifeany.*
[908] DCC 98-073 du 30 septembre 1998, *Société Hage Ali trading et compagnie.*
[909] DCC 16-028 du 28 janvier 2016, *Jean Paul SOGLO.*
[910]DCC 12-085 du 3 avril 2012, *Lazare AKOTONGBE.*
[911]DCC 03-099 du 19 juin 2003, *ADJALLA Yedohounsounou.*
[912] DCC 16-027 du 28 janvier 2016, *Rogatien AMADJI.*
[913]DCC 12-077 du 22 mars 2012, *Sébastien ATCHEDO.*
[914]DCC 12-121 du 31 mai 2012, *Roufaî Fataï ATCHADE.*
[915] DCC 14-086 du 13 mai 2014, *Paula YAMONGBE* ; DCC 14-106 du 27 mai 2014, *Edouard GNONLONFOUN.*
[916]DCC 12-025 du 14 février 2012, *Symphorien AGOUNTCHE ;* DCC 03 -079 du 14 mai 2003, *FELIHO Florentin.*
[917] DCC 02-056 du 04 juin 2002, *EGOUNDJOBI Moukarame.*
[918]DCC 00–042 du 29 juin 2000*d'ALMEIDA Emilien.*
[919]DCC 12-031 du 16 février 2012, *Roger ASSOGBA et Abdou Salami KPOVIESSI.*
[920]DCC 12-034 du 16 février2012, *Roger ASSOGBA et Abdou Salami KPOVIESSI.*
[921]DCC 12-130 du 12 juin 2012, *Julien CHOUCOUNOU.*
[922] DCC 02-018 du 27 mars 2002, *SOYA Bathily.*

domaine du requérant et le morcellement de la bande lagunaire[923] ; connaitre d'un litige domanial entre particuliers dont l'appréciation relève de la compétence du juge judiciaire[924] ; d'une demande d'annulation des actes d'amputation d'un domaine privé[925] ; d'une requête par laquelle un citoyen lui demande de l'aider à récupérer ses biens, son héritage et son travail[926] ou de lui faire restituer son véhicule[927] ; apprécier la sanction disciplinaire infligée par la HECM au requérant[928] ; inviter la Cour d'appel à délivrer au requérant la *grosse* d'une décision rendue par elle[929] ; examiner la demande du requérant qui invitant à *« prendre toutes dispositions afin que [cet] assassinat ne reste pas impuni »*[930]. Elle juge également que la demande de la requérante à savoir la cessation de la violation de son droit de propriété, des abus de pouvoir exercés contre elle et la restitution de ses biens illégalement saisis ne relève pas des compétences de la Cour. Elle n'est par ailleurs pas compétente pour supprimer une disposition constitutionnelle[931] (en l'occurrence l'article 32 de la Constitution) ; pour apprécier les faits qui constituent des infractions pénales à savoir la destruction de plants, de violences et voies de fait et renvoyés en procédure de flagrant délit devant le tribunal de première instance de Lokossa[932] ; pour apprécier le litige domanial soumis à son examen[933] ; connaître d'une requête sollicitant l'annulation d'un titre foncier[934]. Les attributions de la Cour constitutionnelle définies aux articles 114 et 117 de la Constitution ne lui donnent pas compétence pour assister le requérant dans un différend domanial[935]. Elle est

---

[923]DCC 12-002 du 12 janvier 2012 *(droit de propriété).*

[924]DCC 12-066 du 15 mars 2012, *Hounnassin BALOGOUN (Président de la Communauté nationale du Culte Vodou du Bénin).*

[925]DCC 15-240 du 18 novembre 2015, *Mounirou ALIASSOUM.*

[926]DCC 12-071 du 22 mars 2012, *Jean HOUINSOU.*

[927]DCC12-080 du 3 avril 2012, *Eric AVOHOU.*

[928]DCC 12-037 du 21février 2012, *Espérance GBENAHOU* ; DCC 03-101 du 19 juin 2003, *MANGOU Nicholas.*

[929]DCC 12-065 du 15 mars 2012, *Marc BABADJIHOU.*

[930]DCC 12-078 du 3 avril 2012, *Bani GUIDO et Veuve Gnon KOURE.*

[931] DCC 03-115 du 10 juillet 2003, *« Collectif des soldats des promotions 94/1 et 94/2* ; DCC 12-084 du 3 avril 2012, *Romualde AMARAL.*

[932]DCC 12-099 du 26 avril 2012, *Rodrigue MOMBOU AGBLA.*

[933]DCC 12-139 du 28 juin 2012, *Mouftaou ABOU.*

[934]DCC 12-154 du 16 août 2012, *Placide ALLOGNON, Pascal ALLOGNON et Euloge ALLOGNON.*

[935]DCC 12-182 du 8 novembre 2012, *Antoine AKPLONOU* et DCC12-186 du 31 décembre 2012, *Massidi BAKANDE ;* DCC 03-61 du 19 mars 2003, *Cour constitutionnelle.*

incompétente pour donner des injonctions aux tribunaux aux fins de la reprise d'une affaire jugée[936].Aussi a-t'elle jugé qu'il n'y a pas lieu de statuer avant la décision du juge saisi de l'affaire[937]. Elle est incompétente pour une requête qui ne fait pas état d'une expropriation, mais d'un conflit domanial entre personnes privées[938]. La Cour ne peut non plus créer une commission de recensement pour répertorier les victimes des dommages ; apprécier une requête qui vise l'examen de différends opposant des syndicats de transporteurs[939] ; connaître d'une requête sollicitant son intervention dans les modalités de gestion des gares routières et parkings des Communes[940] ou qui l'invite à apprécier le licenciement économique par la BIBE de vingt (20) de ses agents dont (3) trois responsables syndicaux[941] ; apprécier les conditions d'application d'un arrêté [942] ; apprécier les conditions d'application de l'arrêté relevant le requérant de ses fonctions[943] ou des dispositions du Code général des impôts[944]; ordonner le paiement des droits de licenciement au requérant[945] ; connaître d'une requête qui sollicite son intervention aux fins de rétablissement de primes aux enseignants en poste sédentaire [946] ; condamner la Caisse Nationale de Sécurité Sociale (CNSS) au paiement de dommages intérêts et à la liquidation du dossier de pension de la requérante[947] ; intervenir dans le remboursement de salaire du requérant et ordonner sa reprise de service[948] ; connaître d'une requête qui tend en réalité à faire apprécier les prélèvements injustifiés d'arrérages de pensions de retraite acquises dans le cadre du programme de départ volontaire de la

---

[936]DCC 03-089 du 28 mai 2003, *Do REGO Saka.*
[937]DCC 03-008 du 19 février 2003, *De SOUZA Serges.*
[938] DCC 03-151 du 30 oct. 2003, *Chef de la Collectivité AGUIDISSOU* ; DCC 12-108 du 10 mai 2012, *Jean AGOUNKPE.*
[939]DCC 12-109 du 10 mai 2012, *Rufin SOGLO.*
[940]DCC 12-134 du 19 juin 2012,*Rufin SOGLO (Secrétaire Général de l'Union Nationale des Conducteurs Taxi-Mini, Gros Porteurs et Assimilés du Bénin – UNACOTAGAB).*
[941] DCC 12-136du 19 juin 2012, *Sylvestre AÏSSI et Max AHLONSOU (respectivement Secrétaire Général et Secrétaire Administratif du Syndicat des Travailleurs de la Banque Internationale du Bénin (SYNTRABIBE).*
[942]DCC 12-118 du 22 mai 2012, *Mathieu ZANNOU.*
[943]DCC 12-114 du 22 mai 2012, *Sêgbégnon GODONOU.*
[944]DCC 15-244 du 18 novembre 2015, *Edmond FAFOLAHAN.*
[945]DCC 12-147 du 19 juillet 2012, *Jean-Marie NOUATIN.*
[946]DCC 12-122 du 31 mai 2012, *Syndicat National des enseignants en Poste Sédentaire, représenté par Monsieur Patrice Alexandre HINVI.*
[947] DCC 12-053 du 6 mars 2012, *Veuve Béatrice TOMETIN.*
[948]DCC 12-056 du 13 mars 2012, *Comlan Mathias DANHOSSOU.*

Fonction publique ; apprécier le bien-fondé des décisions de maintien en détention, rendues par le juge en charge du dossier [949] ;connaitre de l'opportunité et les conditions de mise en œuvre du lotissement de Tanzou et en ordonner la suspension provisoire [950]. Elle est incompétente pour ordonner le rétablissement des guides nationaux de chasse dans leurs droits[951] ; connaitre de la question d'un renouvellement de mandat de dépôt qui relève du Code de procédure pénale[952] ; de l'interpellation d'un citoyen dans le cadre d'une procédure judiciaire ; de la qualification des faits reprochés au requérant ; de la prorogation de la détention préventive[953] ; d'une requête qui ne fait état d'aucune violation de la Constitution[954] ; d' une requête qui sollicite le remboursement du salaire et la reprise du service[955] ; il en est de même de l'appréciation des différends qui opposent un syndicat aux autres syndicats de transporteurs[956]. Elle ne peut connaitre d'un litige domanial entre particuliers[957] ; d'une revendication de droit de propriété que les parties ont portée devant les tribunaux[958]. La Cour constitutionnelle ne peut ni apprécier la validité d'un mandat de justice, ni se prononcer sur le caractère exécutoire d'un arrêt avant-dire-droit[959].

Dans des *domaines judiciaires spécifiques,* elle est tout aussi réservée. Ainsi dans le *domaine pénal,* la Cour est incompétente pour apprécier le caractère faux et illégal du *décret n° 2003-163 du 16 mai 2003 portant nomination des membres de la Cour constitutionnelle* [960] ; ordonner la libération des personnes détenues et la restitution des clés des temples fermés par les forces de l'ordre[961] ; connaitre d'une procédure judiciaire[962] ou des conditions de

---

[949] DCC 03-074 du 16 avril 2003, *ABATAN Stanislas.*
[950] DC 03-026 du 27 février 2003, *SESSINOU Adéromou.*
[951] DCC 12-062 du 15 mars 2012, *Louis Robert OKE.*
[952] DCC 03-086 du 28 mai 2003, *DJABI Mouminou.*
[953] DCC 02-123 du 10 oct. 2002, *KARIMOU Osséni.*
[954] DCC 03-149 du 30 oct. 2003, *ATCHAKPON Janvier.*
[955] DCC 12-056 du 13 mars 2012, *op.cit.*
[956] DCC 12-109 du 10 mai 2012, *Rufin A. SOGLO, Secrétaire Général de l'Union Nationale des Conducteurs Taxi-Mini Gros Porteurs et Assimilé du Bénin (UNACOTAGAB).*
[957] DCC 12- 066 du 15 mars 2012, *Noudaïkpon DEGBOGBAHOUN.*
[958] DCC 12- 082 du 03 avril 2012, *Bessan HOUNSOUNOU ;* DCC 12-084 du 03 avril 2012, *Romual de AMARAL.*
[959] DCC 00–034 du 28 juin 2000, *AHOUANSOU Sikiratou.*
[960] DCC 03-080 du 26 mai 2003, *QUENUM Hilaire.*
[961] DCC 01-077 du 13 aout 2001, *SAGBOHAN Moïse.*

détention préventive [963] ; d'un enlèvement et d'une séquestration [964] ; intervenir dans une enquête préliminaire[965]. La Cour ne saurait connaitre d'un chef de demande qui soulève une question pénale [966] ou plus particulièrement des infractions pénales[967]. Pas plus, la Cour n'est pas compétente pour connaitre des faits présumés d'avortement, de menaces de mort ou de demande de restitution des documents, photos et films[968] ou encore pour déterminer les causes du décès d'un détenu[969].

Dans le domaine *civil et commercial*, la Cour est incompétente pour connaitre de l'appréciation des relations commerciales[970], de la destruction des biens privés [971] ; ordonner la réparation du préjudice financier [972] ; apprécier l'exécution ou la non-exécution des obligations contractuelles[973] ; connaître d'un litige de droit de propriété immobilière opposant le requérant à un citoyen [974] ; ordonner le paiement des dommages-intérêts [975] ou la suspension de salaire[976]. Les attributions de la Cour ne lui donnent pas compétence pour intervenir dans un conflit domanial [977] ; connaitre des conséquences d'une opération de lotissement[978] ; contrôler l'exécution d'un contrat commercial[979].

---

962 DCC 14-087 du 13 mai 2014, *Charles MINAKPON et Albert WAOUNWA.*
963 DCC 03-167du 11 nov. 2003, *YELOUASSI Louis-Marie.*
964DCC 00–039 du 28 juin 2000, *GANGAN Déko.*
965 DCC 14-052 du 06 mars 2014, *René ASSOGBA.*
966DCC 12- 014 du 02 février 2012, *Adjassa GNANLANHOUE-KLOUNON.*
967DCC 12-077 du 22 mars 2012, *GNANSOUNOU Aristide.*
968 DCC 13-027 du 21 février 2013, *Happy CHADARE.*
969 DCC 14-070 du 15 avril 2014, *Agbo KPOSSOU et consorts.*
970 DCC 16-004 du 07 janvier 2016, Association Nationale des Semi-grossistes de Boissons (ANASEBO), représentée par Innocent GANGNON.
971 DCC 02-138 du 19 décembre 2002, *ADJILE Nicolas.*
972DCC 01-048 du 21 juin 2001, *AGBOGNONNOU Roger.*
973DCC 01-056 du 27 juin 2001, *DOSSOU Bernard.*
974DCC 12-108du 10 mai 2012, *Jean AGOUNKPE*, v° aussi DCC 13-130 du 17 septembre 2013.
975DCC 12-053 du 06 mars 2012, *Béatrice TOMETIN TOBOSSOU.*
976DCC 12-042 du 23 février 2012, *Latif TIDJANI.*
977DCC 12-082 du 3 avril 2012, *Bessan HOUNSOUNOU* ; DCC 14-113 du 05 juin 2014, *« Ayants droit » de feue Mahinou GOHOUNGO.*
978DCC 03-106 du 24 juin 2003, *ADJEVI Laurent.*
979 DCC 99-047 du 18 aout 1999, *CODJIA Antoine.*

Dans le domaine de *la légalité administrative,* la Cour fait une distinction constante entre la constitutionnalité qui relève de sa compétence, et la légalité qui relève de la compétence du juge administratif et judiciaire[980]. Ainsi elle est incompétente pour connaitre de l'application de la loi[981] (légalité) ou d'un arrêté[982] ; des conditions d'éligibilité édictées par un arrêté ministériel[983] ou interministériel[984] ; du règlement de problèmes administratifs[985]. Dans le même sens, elle souligne que lotissement étant prévue par une loi et l'expropriation par la Constitution, la Cour est compétente en matière d'expropriation et non de lotissement qui relève de la légalité. Elle ne saurait connaitre d'une requête qui tend en réalité à faire apprécier les conditions d'application de la *loi portant Statut spécial des personnels de la police nationale*[986] ; des conditions d'exercice de la grève[987] ; de l'application d'une loi de finance[988] ou de la loi portant Code général des impôts[989] ; du contrôle du contenu d'un arrêté ministériel[990] ou communal[991] ; de l'appréciation d'une décision du Conseil de discipline[992] ; des conditions d'application d'un décret[993] ou d'un arrêté municipal[994] ; des conditions d'organisation du concours professionnel d'accès au corps des officiers de justice au titre de 2015[995] ; des recours concernant les contestations des élections municipales et locales ; de la suspension du chef de Dowa[996] ; d'un recours contre un arrêté d'expulsion d'un étranger, pris sur le fondement de *la loi n° 86-12du 26 février 1986 portant régime des*

---

980 V° par exemple DCC 16-031 du 04 février 2016, *Noël KOKO.*

981 DCC 02-127 du 10 oct. 2002, *Héritiers feu SOMAKO ;* DCC14-133 du 15 juillet 2014, *Marius SOSSA.*

982 DCC 14-012 du 16 janvier 2014, *Issa do REGO.*

983DCC 00–045 du 29 juin 2000, *DOVOEDO Michelet.*

984 DCC 13-009 du 22 janvier 2013, *Olivier Noel KOKO.*

985 DCC 03-067 du 20 mars 2003, *SEHOU Daniel et consorts.*

986 DCC 02-051 du 31 mai 2002, *DAMADO Justin.*

987 DCC 14_019 du 11 février 2014, *Polycarpe TOGNON.*

988 DCC 03-070 du 21 mars 2003, *AGBETOU Soulé.*

989 DCC14-020 du 11 février 2014, *Serge PRINCE AGBODJAN.*

990 DCC 13-023 du 21 février 2013, *Serge Roberto PRINCE AGBODJAN ;* DCC 13-128 du 12 septembre 2013, *Gilbert FABIYI.*

991 DCC 13-052 du 16 mai 2013, *Serge PRINCE AGBODJAN.*

992 DCC 14-032 du 20 février 2013, *Sagbo SEKE.*

993 DCC 14-030 du 18 février 2014, *Blaise WINSOU ;* DCC 15 -246 du 26 novembre 2015, *Pépin SOUMALEKE.*

994 DCC 13-035 du 21 mars 2013, *Amzat AGUEMON.*

995 DCC 16-030 du 04 février 2016, *Coffi BIWINTON.*

996 DCC 03-056 du 18 mars 2003, *Populations du quartier de la ville de Dowa.*

étrangers en République du Benin, la Cour estime qu'il s'agit d'une question de légalité[997] ; d'un arrêté interministériel[998]. Le renouvellement du mandat de dépôt et le transfert d'un prisonnier d'un lieu à une autre relève du contrôle de légalité[999].Les menaces de mort et injures pour autant qu'elles ne constituent pas de violations des droits de l'homme relèvent de la légalité, la Cour rappelle qu'elle est juge de la constitutionnalité et non de la légalité[1000].Elle ne saurait connaitre des questions de reclassement et de reconstitution de carrière qui relèvent du contrôle de légalité[1001].Le contrôle des modalités d'attribution de grades relève du contrôle de légalité[1002], de même que le refus d'autorisation de concourir[1003]. Un contrat administratif pour autant qu'il ne constitue pas une violation des droits humains et libertés fondamentales n'est pas de la compétence de la Cour[1004]. Il en va de même des questions successorales[1005] ; de l'appréciation du Statut des agents de la Poste[1006] ; du contentieux électoral[1007] ; des sanctions administratives[1008] prises contre le requérant[1009] ; de la suspension de salaire des enseignants qui ne reprendront pas service pour compter du 6 mars 2012 et la radiation de la Fonction publique des chefs d'établissements, leurs adjoints et le membres des directions en cas d'observance d'un mouvement de grève[1010] ; de la suspension de salaire d'un agent, intervenue suite à sa non-participation aux opérations de recensement et de contrôle physique des agents de l'Etat organisées par le Ministre de l'Economie et des Finances[1011] ; de l'appréciation du droit et du montant de la retraite d'un ancien employé de l'Office des Postes et Télécommunications et Bénin Télécoms[1012] ; de la

---

[997] DCC 13-037 du 28 mars 2013, *Ali KHAROUBI.*

[998] DCC 14-034 du 20 février 2014, *Bernadette ALLOGNON et consorts.*

[999] DCC 03-048 du 14 mars 2003, *HINVI Gustave ;* DCC 03- 024 du 27 février 2003, *LISHOU Alain.*

[1000] DCC 02-140 du 19 décembre 2002, *OBEY Taofick.*

[1001]DCC 03-036 du 12 mars 2003, *HOUEGBELOSSI Léonard.*

[1002]DCC 01-037 du 13 juin 2001, *AÏKO Francis.*

[1003] DCC 96-049 du 12 aout 1996, *HOUNNOUGBO Antoine et consorts.*

[1004] DCC 13-070 du 11 juillet 2013, *Mathieu ADJOVI.*

[1005] DCC 96-036 du 18 juillet 1996, *QUENUM Christian.*

[1006] DCC 16-023 du 28 janvier 2016, *Médard ELEGBEDE et Clotaire BEHANZIN.*

[1007] Décision 1DC du 26 juin 1991, *Président du Bureau provisoire du comité de suivi de l'association des ressortissants de la sous-préfecture de Sakété.*

[1008]DCC 12-093 du 26 avril 2012, *Lucien DEGBO.*

[1009]DCC 02-100 du 21 aout 2002, *ASSAH Germain.*

[1010]DCC 12-075 du 22 mars 2012, *Comlan Lucien GLELE.*

[1011]DCC 12-042 du 23 février 2012, *Latif TIDJANI.*

[1012] DCC 16-026 du 28 janvier 2016, *Innocent DOHOU.*

violation par le Ministre des Finances du Code des pensions civiles et militaires de retraite[1013]. La régularité du refus opposé par le Gouvernement à la demande d'un citoyen devant s'apprécier au regard d'une loi, la Cour constitutionnelle, juge de la constitutionnalité et non de la légalité ne peut en connaitre[1014]. La question de l'opposabilité d'une loi à un justiciable ne relève pas du champ de compétence de la Haute juridiction[1015]. Elle est incompétente pour connaître des conditions d'application de la note de service relative à la suspension de fonction du requérant[1016] ; pour procéder au recouvrement de la créance du requérant[1017]. Le référé étant une procédure prévue par le Code de procédure civile, son appréciation relève du juge de la légalité[1018]. Elle est également incompétente pour apprécier les conditions d'application des textes de la fédération béninoise de football[1019] ; pour donner des injonctions au Gouvernement[1020], la Cour est incompétente pour apprécier les conditions de suspension du salaire[1021] ; d'établissement de la carte d'identité[1022] ; pour réviser la Constitution[1023] ; pour donner des injonctions aux autorités[1024] ; connaitre des conditions de dégagement d'un fonctionnaire en application de la loi de finance[1025].

- *Haute Cour de justice.* Selon l'article 52, alinéa 2 de la Constitution, le PR est tenu, lors de son entrée en fonction et à la fin de celle-ci, de faire sur l'honneur une déclaration écrite de tous ses biens et son patrimoine, adressée à la Chambre des comptes de la Cour suprême. La Cour n'est pas compétente pour connaitre de la poursuite et de la mise en accusation du

---

[1013]DCC 12-145 du 19 juillet 2012, *Célestin GBAGUIDI.*

[1014] DCC 96-032 du 26 juin 1996, *BARTOLI Marie-Jeanne.*

[1015]DCC 12–141 du 28 juin 2012, *Emile TEGBEDE BOKO.*

[1016]DCC 12-052 du 6 mars 2012, *Henri ACLOMBESSI.*

[1017] DCC 03-005 du 18 février 2003, *SHARMA N. G.*

[1018] DCC 03- 044 du 13 mars 2003, *Sté GETMA Internationale.*

[1019]DCC 12-060 du 13 mars 2012, *Ismaël ADEOTHY (Président de Soleil FC d'AKPAKPA)* et DCC 12-083 du 3 avril 2012, *Luc ASSOGBA et Madame Ginette JOHNSON.*

[1020]DCC 03-003 *SG du Syndicat national des travaux publics unifié des travailleurs (SYNUTRA-TP) ;* DCC 03-004, *SG de l'Union nationale des syndicats de travailleurs ;* DCC 03-006 du 18 février 2003, *LAOUROU Marcellin.*

[1021]DCC 03-160 du 04 nov. 2003, *TANIMOMO Pascal.*

[1022]DCC 03-007 du 19 février 2003, *HOUEDJO Janvier.*

[1023]DCC 00-015 du 09 février 2000, *AGONDANOU Guy.*

[1024]DCC 03-037 du 12 mars 2003, *GNAHOUI Médard.*

[1025]DCC 03-042 du 13 mars 2003, *DAMADO Justin.*

Président de la République devant la Haute Cour de Justice. Selon l'article 137, alinéa 2, c'est l'AN qui est compétente[1026].

- *Cour suprême.* La Cour constitutionnelle est incompétente pour contrôler un arrêt de la Cour suprême[1027].En outre, elle a dans une importante espèce jugé que : deux Hautes juridictions, l'une juge de la Constitution, l'autre juge de la légalité, ont rendu en une même matière deux décisions manifestement contradictoires. Seulement, en l'état actuel du droit positif béninois, il n'existe aucun mécanisme de règlement de ce genre de conflit[1028]

[1026] DCC 99-022 du 10 mars 1999, *BABARIMISSA Charles.*
[1027] DCC 02-145 du 23 décembre 2002, *BORO Mamatou épse VIGNINOU.*
[1028] DCC 03-35 du12 mars 2003, *DOHOU Séraphin.*

Que retenir de ce chapitre ? Il illustre bien la ferme détermination de la Cour constitutionnelle à préserver l'intégrité des pouvoirs constitutionnels nouveaux. Nouvellement arrivés dans le paysage institutionnel béninois, il n'est toujours pas facile pour ces institutions de retrouver les marques. Il a fallu par exemple préserver la HAAC et de la Communication contre le Ministère de la Communication qui n'accepte pas toujours que les compétences qui naguère lui étaient échues, soient désormais du domaine de la HAAC. Il a fallu également préserver les fonctions du Conseil Economique et Social, qui sont essentiellement consultatives. Le caractère non normatif des décisions de cet organisme peut conduire à une méprise des autorités chargées constitutionnellement de le consulter ou même des propres membres de la CES, qui brillent souvent par l'absentéisme. Il est clair pour la Cour que cette situation ne peut conduire à des blocages qui videraient l'institution de sa mission constitutionnelle.

Le surnom *« Cour des miracles »* attribué ironiquement à la Cour constitutionnelle manque fortement de relief. Si elle défend ses attributions en procédant à des extensions nécessaires, sur base notamment de l'article 114 de la Constitution, il reste que l'importance des incompétences de la Haute juridiction nous laisse interdits et pourrait d'ailleurs donner lieu à une thèse de droit. C'est ce que nous avons analysé sous la rubrique intitulée *« l'autolimitation ».* La Cour sait jusqu'où elle peut aller très loin, elle a affirmé de manière constante qu'elle a un pouvoir d'attribution ; qu'elle n'a pas de pouvoir pour donner des injonctions aux pouvoirs constitutionnels ou même aux pouvoirs publics, ses compétences sont fixées articles 114 et 117 [1029]. L'autolimitation de la Cour ne concerne pas que les pouvoirs constitutionnels classiques, elle concerne également les pouvoirs constitutionnels nouveaux. A propos par exemple d'un requérant qui demandait à la Cour de donner des instructions à la HAAC afin que celle-ci lui réponde, le juge constitutionnel a répondu que les articles 114 et 117 de la Constitution qui définissent ses attributions ne lui donnent pas une telle compétence [1030]. Certaines décisions d'incompétence de la Cour sont embarrassantes.

[1029] DCC 00-009 du 03 février 2000, *ASSAH Germain.*

[1030] DCC 12-104 du 03 mai 2012, *Norbert AZONKPONON.*

CONCLUSION DU TITRE II

Avant 1990, les régimes politiques en Afrique noire francophone présentaient, en dépit de la consécration formelle, une pratique désolante, de *« l'équilibre des pouvoirs »* : un Pouvoir exécutif hypertrophié, en général monocéphale, dominé par la figure providentielle et prométhéenne du Président de la République, véritable dieu incarné ; un Parlement fantoche, qui ne fut rien moins qu'une caisse de résonnance et une Chambre d'acclamation de l'Exécutif ; une Autorité ou un Pouvoir judiciaire (selon les préférences) blafard et moribond, inféodé religieusement au Pouvoir exécutif. Le Bénin n'échappera pas à cette endémie négro-africaine.

Après 1990, beaucoup d'Etats africains continuent de vivre dans l'illusion démocratique, la presse reste muselée, gérée par des Autorités Administratives Indépendantes totalement soumises au Président de la République. La Haute juridiction béninoise a le mérite d'avoir réalisé :

- *La deprésidentialisation du régime politique*[1031],en ce sens que le PR est devenu un citoyen normal doté de droits et devoirs, la Cour béninoise y ajoute d'ailleurs des *obligations spécifiques attachées à sa fonction* ; la liste civile doit être approuvée par l'AN. Dans ces conditions, on est loin du spectre des biens mal acquis du regretté Omar MBONGO ou du Président Sassou NGUESSO.

- *Le renforcement des institutions,* qui fait écho au constat de Barack OBAMA, qui soulignait opportunément que l'Afrique a besoin des institutions fortes et non des hommes forts. Le Bénin fait figure d'exception, malgré la refondation institutionnelle réalisée, beaucoup de dirigeants africains demeurent en quelque sorte des héritiers de la Monarchie absolue française, qui est si bien traduite dans cette déclaration du Roi de France au Parlement de Paris en séance du 3 mars 1766 : *« C'est en ma personne seule que réside la puissance souveraine[...]c'est de moi seul que mes cours tiennent leur existence et leur autorité ; [que] la plénitude de cette autorité ,qu'elles n'exercent qu'en mon nom, demeure toujours en moi, et que l'usage n'en peut jamais être tourné contre moi ; [que] c'est à moi seul qu'appartient le pouvoir législatif sans dépendance et sans partage ; [que]*

[1031] Lire notre Article, « L'apport du juge constitutionnel à la deprésidentialisation des régimes politiques en Afrique noire francophone », *Revue Africaine de Science Politique et Sociale,* déc. 2015, p. 155 et ss.

c'est par ma seule autorité que les officiers de me cours procèdent, non à la formation, mais à l'enregistrement, à la publication, à l'exécution de la loi [...], que l'ordre public tout entier émane de moi et [que]les droits et libertés de la Nation, dont on ose faire un corps séparé du Monarque, sont nécessairement unis avec les miens et ne reposent qu'en mes mains ».

CONCLUSION PARTIE I

Nous ne pouvons conclure autrement ce titre, que par cette belle affirmation de l'un des précurseurs du modèle européen de justice constitutionnelle, le professeur Charles EISENMANN : *« Par la nature même des choses, la justice constitutionnelle est comme un miroir où se reflète –fragmentaire sans doute mais fidèle –l'image des luttes politiques suprêmes d'un pays »*[1032]. Ces luttes politiques concernent la dévolution du pouvoir à l'occasion du referendum et des élections nationales, moments au cours desquels, les acteurs politiques sont appelés à descendre comme des pratiquants d'arts martiaux, dans l'arène. Le juge constitutionnel est alors appelé à jouer le rôle d'arbitre. Les confrontations ont également trait à l'exercice du pouvoir. Il est une expérience éternelle disait Charles Louis de SECONDA, « *que tout homme qui a du pouvoir est porté à en abuser ; il va jusqu'à ce qu'il trouve des limites. Qui le dirait ! La vertu même a besoin de limites »*[1033].L'enjeu devient d'autant plus important qu'à côté des pouvoirs constitutionnels classiques distingués par John LOCKE et Louis de SECONDA, sont apparus des pouvoirs constitutionnels nouveaux.

Le juge constitutionnel béninois donne l'image d'un joueur d'échecs habile, qui sait anticiper sur les intentions des autres joueurs ; d'un éclaireur chargé de mettre les balises juridiques de signalisation, sur le circuit des acteurs politiques, afin d'éviter des embardées ou des carambolages. Il l'a fait entre autres en 2005 avec sa jurisprudence approuvant l'existence de la CENA ; en 2006 lorsqu'il eut le courage d'empêcher au General Mathieu KEREKOU une instrumentalisation constitutionnelle ; en 2009, il opposa une fin de non-recevoir à l'initiative parlementaire de modification de la CENA et la LEPI ; en 2014, il saborda le projet supposé du Président Boni YAYI de modifier la Constitution. Ces décisions qui ne sont qu'un morceau choisi, illustrent, s'il en était encore besoin, la logique politique de la justice constitutionnelle au Bénin. Cela ne fait pas pour autant de la Cour constitutionnelle une juridiction politisée. Quid de la constitution sociale ?

[1032] EISENMANN (C.), *La justice constitutionnelle et la Haute Cour constitutionnelle d'Autriche*, 1928, réédition, Economica-PUAM, 1986, p.137.
[1033] MONTESQUIEU, *De l'esprit des lois, op.cit.*, Livre XI Chapitre IV.

Partie 2.

GARANTIE DE LACONSTITUTION SOCIALE

L'objet principal d'une Constitution est double, puisqu'il s'agit de fixer le statut du pouvoir en même temps que celui des citoyens. Conçue au départ comme un instrument de limitation du pouvoir, la Constitution est devenue au fil du temps un instrument d'organisation du pouvoir. La ***constitution sociale*** vient gommer les aspérités et les risques d'abus de la *constitution politique*[1034]. Au regard de l'analyse des régimes constitutionnels de par le monde, il est évident que, les principes de *souveraineté démocratique* et de *séparation des pouvoirs* ne sont pas des garanties irréversibles de l'épanouissement du Peuple.

S'agissant d'abord de la *souveraineté démocratique,* il faut constater que l'élection du PR et des Députés au suffrage universel peut fatalement conduire au *présidentialisme* ou à un *régime d'Assemblée.* L'électeur choisit des représentants et non des programmes politiques ayant des chances raisonnables d'être appliqués. Bien sûr, chaque Parti défend un programme, mais il s'agit de programmes électoraux et non pas de programmes de gouvernement. Les risques d'*ultra représentativité* sont élevés, d'autant plus que le caractère impératif du mandat, interdit formellement est pratiqué.

S'agissant ensuite de la *séparation des pouvoirs,* le principe n'est pas à une critique près. Il ne garantit pas en soit la tempérance du régime politique. Il est illusoire de croire que les principaux détenteurs du pouvoir : Exécutif, Législatif, Judiciaire, seraient tout naturellement soucieux des droits et libertés du Peuple, le *« parlementarisme de couloirs »* est une pratique fréquente et les Assemblées se transforment généralement en hypermarchés politiques où s'affrontent et confrontent des intérêts aussi individualistes que sectaristes. Cette perversion est exaspérée lorsque la majorité au Parlement appartient au même bord politique que l'Exécutif. Il y'a alors des risques d'un régime oligarchique ; une fracture entre la classe dirigeante et le Peuple oublié, muselé, instrumentalisé au gré des consultations électorales. Cette

---

[1034] C'est la raison pour laquelle Maurice HAURIOU par cette distinction voulut lui assurer une certaine *éternité* par rapport à la première, constamment soumise à changement.

tendance est empirée lorsque le Peuple ne parvient pas à exercer la sanction politique à cause de la maitrise de l'appareil électoral par les gouvernants.

L'Etat de droit libéral apparait ainsi comme un correctif. Il traduit une certaine juridictionnalisation du pouvoir politique. A l'opposé de *l'Etat de police* où les règles de droit ne sont que des instruments qui permettent d'agir efficacement, dans un *Etat de droit,* les règles s'appliquent aussi bien aux gouvernants qu'aux citoyens. Toutefois, un *Etat de droit* ne signifie pas forcément un *Etat de libertés*[1035]. *L'Etat de libertés* que l'on peut designer aussi *« l'Etat libéral »,* garantit non seulement la constitution d'un patrimoine de droits subjectifs au profit du citoyen, mais encore le plein exercice de ces droits. Si l'abstention est devenue aujourd'hui le plus grand Parti politique dans les *« grandes démocraties »,* c'est que le Peuple bénéficie d'un minimum de garanties, caractéristiques de *l'Etat de droit libéral* qui justifie *ipso facto* son désintérêt pour les batailles politiques, dont l'issue n'est pas de nature à compromettre ce noyau dur des droits.

Au Bénin, la Cour constitutionnelle rappelle sans équivoque, l'option du pays pour un *Etat de droit libéral* : *« La Constitution du 11 décembre 1990 crée 'un Etat de droit dans lequel (...) les libertés publiques sont garanti(e)s, protégé (s) et promue (s)' et réaffirme l'attachement du peuple béninois aux 'principes des droits de l'homme tels qu'ils sont définis par la Charte des Nations unis de 1945 et la Déclaration universelle des droits de l'Homme de 1948 (...)' ; il en découle que toutes les autorités de l'Etat sont dans l'exercice de leurs fonctions ou l'accomplissement de leurs actes, soumises au respect de la Constitution, non seulement quant au fond, mais encore ne peuvent, sous peine d'arbitraire, prendre ceux-ci dans des formes autres que*

[1035] Le concept d'*Etat de droit* s'est développé dans des contextes historico-politiques bien définis : l'Angleterre de la fin du XVIIe siècle, la France postrévolutionnaire et l'Allemagne du XIXe siècle. Chaque expérience politico-juridique ayant engendré et développé une notion propre de *l'Etat de droit.* L'idée de base commune à toutes ces traditions, à savoir l'idée du *gouvernement de la loi* opposé au *gouvernement des hommes,* a été reprise au XXe siècle grâce à sa souplesse au cours des années, chargée d'un poids fort et réadaptée aux diverses situations politiques avec des connotations différentes ; v° FICCHI (L), « L'Etat de droit et la jurisprudence communautaire », in *Démocratie, cohérence et transparence : vers une constitutionnalisation de l'Union européenne ?* Edité par DONY (M.) et ROSSI (L.S.) 2008, p.111.

celles prévues par les lois et textes en vigueur »[1036]. Elle avait quelques années auparavant, rappelé qu'elle est garante de *« l'application exacte de la Constitution et la plus haute juridiction de l'Etat en matière constitutionnelle »*[1037]. Un tel mécanisme participe de la socialisation politique et juridique du citoyen, et la question de légitimité de la justice constitutionnelle devient sans objet, car le citoyen est pleinement concerné et impliqué dans le fonctionnement des institutions. Dans la décision ci-dessus évoquée, la Cour rappelle l'attachement du Peuple aux principes des droits de l'homme, tels qu'ils découlent de la Charte des NU et de la DUDH de 1948. Lorsqu'ils sont invoqués dans l'ordre interne, on parle de *« libertés publiques ».* Le Bénin est de ce point de vue, incontestablement, un *Etat libéral* (Chapitre 2) ; la Cour rappelle également que toutes les autorités de l'Etat sont dans l'exercice de leurs fonctions ou l'accomplissement de leurs actes, soumises au respect de la Constitution –ce qui correspond bien à la définition de *l'Etat de droit* (Chapitre 1).

[1036] DCC96-088 du 06 décembre 1996, *FAGBOHOUN Séfou.*

[1037] Décision 14 DC du 16 février 1993, *Association des Journalistes du Bénin (AJB).*

Titre 1.

PRINCIPE DE L'ETAT DE DROIT

Pour le juriste viennois Hans KELSEN, l'Etat est un ordre juridique, *l'Etat* et *le droit* ne font qu'un. Parler *d'Etat de droit* serait donc un truisme[1038]. Un *Etat de droit* est un Etat dans lequel toutes les autorités publiques sont soumises, au même titre que les particuliers, au respect du droit positif. Ce respect devant être sanctionné par un juge[1039].

La garantie de ***l'Etat de droit*** apparait clairement à l'analyse des *modalités de contrôle,* le constituant béninois ayant institué un système complet et hybride de formes de contrôle de constitutionnalité, dont la portée est de rendre la justice constitutionnelle accessible à tous les acteurs de la vie nationale : PR, tout Député individuellement agissant *en qualité*, tout citoyen, personne physique ou personne morale, quel qu'il soit. Il a également conçu largement les normes de contrôle : d'abord, les normes de référence, le juge constitutionnel est parvenu à construire un bloc de constitutionnalité selon l'expression chère à Louis FAVOREU, dont la Constitution, la CADHP, les principes à valeur constitutionnelle constituent le noyau dur ; ensuite les actes soumis à contrôle sont tout aussi étendus, ils sont constitués non seulement de toute loi, quelle qu'en soit sa nature, avec une réserve faite pour la loi référendaire, mais aussi de tout acte réglementaire et administratif individuel qui contreviendrait à la Constitution ; il a dans le même sens prévu des procédures allégées. (Chapitre 1).

A l'évidence, il ne suffit pas simplement d'ouvrir largement les voies de recours, d'aménager des procédures simplifiées ou encore de concevoir tout

---

[1038] Pour bon nombre d'auteurs, *l'Etat* n'est pas réductible à un simple pouvoir, mais à un *« pouvoir institutionnalisé »*[1038]. Dans ces conditions, *« l'Etat est un pouvoir organisé selon des règles générales et objectives qui forment la matière d'un statut »*[1038].

[1039] Le juge béninois a décidé que *l'Etat de droit* implique nécessairement l'existence d'un *ordonnancement juridique hiérarchisé,* c'est-à-dire un ordre juridique et un pouvoir judiciaire apte à arrêter le pouvoir politique, lorsque celui-ci franchirait les limites posées par les règles de droit ; DCC 02-130 du 11 oct. 2002, *HOUSSIONNON Dossou.*

aussi généreusement les normes de contrôle, pour conclure à une soumission efficace des gouvernants aux règles juridiques. Aussi importe-t-il de nous intéresser *aux modalités de la décision.* Une fois la Cour constitutionnelle saisie, il s'enclenche un processus purement juridictionnel, allant de l'instruction à l'exécution, en passant par la délibération. Sont en jeu les questions d'indépendance, de célérité, d'efficacité et d'exécution des décisions, toutes choses qui garantissent la confiance des citoyens en la justice. Cela étant, examinons d'abord ***les modalités de contrôle*** (chapitre 1) ensuite ***les modalités de la décision*** (Chapitre 2).

Chapitre 1.

MODALITES DE CONTROLE

La Cour constitutionnelle est la plus Haute juridiction en matière de droits fondamentaux : le contrôle est juridictionnel ; centralisé[1040] et exclusif ; non diffus [1041] ; par voie d'action et par voie d'exception ; *a priori* et *a posteriori*[1042] (préventif et curatif) ; abstrait et concret[1043] ; obligatoire et

[1040]La plupart des Etats européens ont opté pour un système centralisé, entre autres : Allemagne, Autriche, Belgique, Bulgarie, Chypre, Espagne, France (depuis 2008), Hongrie, Italie, Lettonie, Lituanie, Luxembourg, Malte, Pologne, Roumanie, Slovaquie, Slovénie, Tchéquie.

[1041] Le contrôle est dit *« diffus »* ou *« décentralisé »* quand il est exercé par toutes les juridictions. La discussion de la constitutionnalité d'une loi est une question de droit parmi d'autres, que le juge doit trancher pour rendre son jugement, et son traitement suit les règles ordinaires de procédure. Un tel contrôle diffus, né aux États-Unis *(MARBURY vs MADISON, op .cit.)* existe à Chypre, au Danemark *(établi par la jurisprudence en 1912. La première déclaration d'inconstitutionnalité date de 1971)*, en Estonie, en Finlande *(article 106 de la Constitution finlandaise)* et en Suède *(chapitre XI, article14 de la Constitution suédoise).* Le Portugal également est l'un des systèmes hybrides – les tribunaux ne peuvent appliquer les normes qui enfreignent les dispositions de la Constitution ou les principes qui y sont inscrits, mais lorsqu'ils statuent sur une telle question, leur décision peut faire l'objet d'un recours devant le tribunal constitutionnel *(articles 204 et 280 de la Constitution portugaise).* En Grèce *(article 93.4 de la Constitution de 1974)* ; autre système hybride, tous les juges doivent refuser d'appliquer une loi qu'ils estiment inconstitutionnelle, et la jurisprudence se fixe, au sein de chaque ordre juridictionnel, par l'exercice des voies de recours habituelles ; mais si des divergences apparaissent au sujet de la constitutionnalité d'une loi, entre les jurisprudences de la Cour de cassation, du Conseil d'État et de la Cour des comptes, une Cour spéciale suprême, composée de Magistrats de ces trois juridictions, peut être saisie par le Ministre de la Justice, le Ministère public ou l'organe comparable, auprès d'une des juridictions suprêmes, ou par un intéressé, v° MAVRIAS (K), « Le régime politique de la Grèce », in *Les régimes politiques des pays de l'UE et de la Roumanie*, dir., Genoveva VRABIE, Monitorul Oficial, Bucarest, 2002, p. 197 et s. La décision que rend cette Cour vaut *erga omnes*. Il existe donc dans ce pays, un cumul entre un contrôle diffus dont l'effet est limité au procès à l'occasion duquel il s'exerce, et un contrôle centralisé, limité aux rares cas de divergences de jurisprudences entre juridictions supérieures, dont l'effet est général. Au sein de l'Union européenne, nous renvoyons à l'Arrêt de la Cour du 9 mars 1978*Simmenthal (Affaire 106/77, alinéas 21 à 23),* v° LEROY (M.), « Le contrôle de constitutionnalité des lois dans l'Union européenne et en Belgique », *inédit.*

[1042] Beaucoup d'autres pays connaissent le cumul du contrôle *a priori* et *a posteriori* : en France *(il est apparu un embryon de contrôle a posteriori depuis 2008, avec la question prioritaire de constitutionnalité –QPC, qui toutefois est* facultatif ; principal et non subsidiaire. C'est en ce sens que nous avons souligné que le mécanisme béninois capitalise les forces des différents systèmes en neutralisant leurs défauts. Avant d'entrer dans le vif du sujet, analysons un tant soit peu, la portée de ces différentes options.

- *Le choix d'un contrôle centralisé et l'exclusion corrélatif du contrôle décentralisée* semble parfaitement s'expliquer, la Cour constitutionnelle béninoise est l'organe chargé de veiller au respect de la Constitution, sa compétence est exclusive, ce qui signifie que devant les juges ordinaires béninois, la question d'inconstitutionnalité n'est pas une *question préalable*, mais une *question préjudicielle.* Certainement comme le souligne le professeur Luc SINDJOUN, l'institution des Hautes juridictions constitutionnelles, mieux le choix du modèle européen de justice constitutionnelle ne relève pas simplement du *path dependency*, c'est-à dire de l'influence française née de la colonisation, mais aussi d'un choix stratégique des élites francophones d'Afrique, tant il y va en partie de la pérennité de leur domination et de la maitrise des institutions[1044]. Toutefois, objectivement, le système centralisé nous semble présenter plus d'avantages que le système diffus.

Le contrôle *diffus,* parce qu'il évite un détour de procédure, consistant à suspendre l'affaire et saisir une juridiction autre que celle qui connaît du fond, présente certes un triple avantage : simplicité, rapidité, économie de temps et de moyens. Toutefois, ses avantages sont infiniment mineurs en comparaison aux inconvénients : on aboutirait à l'examen par de nombreux juges, des questions dont ils ne sont pas nécessairement coutumiers et qui font appel à une méthodologie spécifique, principalement par la prise en compte qu'elles exigent de l'intérêt général, voire de concepts de philosophie politique, avec les possibilités de faux pas ou d'hésitations jurisprudentielles que cela comporte. La solution relativement rapide des litiges individuels a pour revers le risque d'établissement lent, cahotant et fragmenté de la jurisprudence, autrement dit, une période d'insécurité

---

doublement verrouillée), Hongrie, Irlande, Pologne, Roumanie, Slovaquie, Tchéquie, et, pour les lois approuvant des traités internationaux, Bulgarie et Slovénie.

[1043] Distinction empruntée au droit allemand (*Abstraktenormenkontrolle* et *Konkretenormenkontrolle*).

[1044] SINDJOUN (C), *Les grandes décisions de la justice constitutionnelle africaine*, Bruxelles, Bruylant, 2009, p. 581.

juridique *(Si les opinions des juges chargés occasionnellement de trancher une question de constitutionnalité divergent, il faut attendre que l'exercice des voies de recours, permette à la juridiction suprême de fixer une interprétation uniforme de la norme constitutionnelle, et dans d'autres hypothèses, les hautes juridictions nationales sont bien obligées de se réunir pour trancher le litige –les choses auraient été bien plus simples si l'on aménageât un contrôle centralisé).* C'est enfin le principe d'égalité des citoyens devant la justice qui nous semble violé, car le contrôle *diffus* aboutit, en cas d'inconstitutionnalité, à ce que la loi ne soit pas appliquée dans l'espèce qui fait l'objet du procès où l'argument est invoqué. Cette loi demeure malgré tout applicable dans les autres cas, à condition pour les intéressés de s'appuyer sur ce précédent.

Il importe de voir quels sont les moyens de mise en branle de l'action devant la Cour constitutionnelle[1045], on est en présence d'un système à plusieurs détentes (Section I) ; parmi les caractéristiques d'une bonne justice, figure la célérité. A côté de la procédure normale, il est institué une procédure d'urgence, réservée toutefois à des personnalités limitativement déterminées (Section II). Fait tout aussi exceptionnel, le système des normes de contrôle est conçu de manière large, aussi bien en ce qui concerne le bloc de constitutionnalité que les actes soumis à contrôle (Section III).

Section 1. Saisine à double détente

Le constituant aménage un système complet de recours pouvant être mis branle par une diversité d'acteurs (Paragraphe 1), il va plus loin dans la mesure où il institue au profit de la Cour, des pouvoirs d'office, c'est-à-dire qu'ils peuvent être exercés indépendamment de la recevabilité de la requête

---

[1045]Rappelons que les actes servant de fondement aux actions sont constitués de : *la loi n° 90-32 du 11 décembre 1990 portant Constitution de la République du Bénin ;la loi n° 91-009 du 4 mars 1991 portant loi organique sur la Cour constitutionnelle modifiée par la loi du 17 juin 1997 ;le Règlement intérieur de la Cour constitutionnelle adopté le 5 juillet 1993,le décret n° 94 - 11 du 26 janvier 1994 portant obligations des membres de la cour constitutionnelle ; le décret n° 94 - 012 du 26 janvier 1994 portant attributions, organisation et fonctionnement du Secrétariat général de la Cour constitutionnelle, modifié par le décret n° 97 – 274 du 9 juin 1997.*

ou du bien fondée de la demande du citoyen[1046] ; la Cour dispose de par la Constitution et indépendamment de toute saisine, de la faculté de rendre une loi non promulguée exécutoire, l'Exécutif ne pourrait dans ce contexte, par désinvolture, paralyser une loi en s'abstenant de la promulguer[1047]. Ces pouvoirs constituent la saisine d'office (Paragraphe 2).

Paragraphe 1. Saisine d'action

La Constitution institue à la fois le recours direct, ouvert au PR, à tout Député de l'AN avant la promulgation des lois (A) ; et le recours indirect, réservé en principe au citoyen après la promulgation (B).

Le choix du contrôle par voie d'action et par voie d'exception vient corriger les faiblesses de la justice constitutionnelle *(et donc de l'Etat de droit)*par rapport à la plupart des Etats d'Europe continentale qui ont opté pour un élitisme et une inutile technicalité, on notera toutefois qu'il y a des systèmes hybrides en Europe. Dans le système français par exemple, à la base, seules certaines autorités pouvaient mettre en branle le contrôle de constitutionnalité des lois[1048]. Une telle restriction trahit l'idée du juriste viennois et est par ailleurs incongrue pour plusieurs raisons[1049] ; le projet

---

[1046] V° les articles 121 alinéa 2 de la Constitution ; 22 et 23 de la loi organique sur la Cour constitutionnelle.

[1047] On se souvient de la fameuse boutade du Président américain à Lord MARSHALL, alors Président de la Cour suprême. Il lui disait : *« Tu as pris une décision, c'est bien ! Il faudrait maintenant me contraindre à l'exécuter ».*

[1048] En France, la saisine est réservée à un certain nombre d'autorités limitativement énumérées : le PR, le Président de l'AN et du Senat ; depuis la réforme Balladur, 1/3 des Députés ou Sénateurs, les Présidents des Exécutifs régionaux pour autant que l'intérêt de leurs Régions est en cause. Le contrôle *a priori* ne permet que de déceler des inconstitutionnalités apparentes, liées à la contradiction entre le texte soumis au contrôle et la Constitution.

[1049] Si d'une part, la justice constitutionnelle est *« la garantie juridictionnelle de la Constitution »,* d'autre part la plupart de Constitutions contiennent non seulement des règles relatives au statut des pouvoirs et celles liées aux droits des citoyens, on ne comprend pas pourquoi les secondes dispositions ne seraient pas garanties ou alors seraient garanties par le juge judiciaire ou administratif, alors qu'il s'agit de dispositions constitutionnelles[1049] . La reconnaissance d'un pouvoir d'agir à un ensemble d'autorités, fussent-elles les représentants du Peuple, ne peut pas garantir de façon optimale, la protection des droits individuels, dans la mesure où ces autorités sont plus naturellement sensibles à l'empiétement de leurs compétences constitutionnelles ou de leurs intérêts privés. On ne peut véritablement espérer d'elles, un exercice efficace du droit d'agir, étant généralement à la base de initié par BADINTER pour ouvrir largement la saisine du Conseil constitutionnel avait échoué, le débat avait été recouvert à l'occasion du projet BALLADUR[1050]. En 2008, la QPC[1051] saluée comme une révolution ne tint pas la promesse des fleurs. Le Doyen Georges VEDEL faisait remarquer que les originalités de la saisine aboutissent, de façon invisible et parfois efficace, à rouvrir à des particuliers ce que l'on a appelé la *« porte étroite »* débouchant sur une contestation de la constitutionnalité d'une loi. Il admettait dans le même temps la difficulté, en reconnaissant que pour qu'il en soit ainsi, il faut que la loi contestée ait été déférée au Conseil soit de plein droit soit par une saisine dont évidemment les particuliers ne peuvent être les auteurs mais dont ils peuvent profiter. Rien n'interdirait selon le constitutionnaliste français à un groupement ou individu de signaler au Conseil que, parmi les dispositions de la loi qu'il doit examiner, il en est qui, même non critiquées par les acteurs *« officiels »,* sont contraires à la Constitution et ne sauraient donc, selon eux, échapper à la censure du Conseil exerçant la plénitude de sa compétence. Une telle intervention ne pût se situer qu'en présence de parties exposant des prétentions ou se greffer sur une requête comportant des conclusions, or, dans la logique des saisines du Conseil constitutionnel, les saisissants n'ont pas le statut de parties et ne présentent pas davantage de conclusions mais, tout au plus, dans le cas d'une saisine hostile à la loi, une opinion assortie d'un vœu[1052]. De même, importe-

---

l'opération législative querellée, soit qu'elle concerne un projet de loi ou une proposition de loi, elles sont en quelque sorte juges et parties. Dans ce contexte, l'attribution d'un droit d'agir au citoyen semble conforme à la logique juridique.

[1050] Dans le journal *les Echos,* le professeur Bertrand MATHIEU (professeur à Paris I, membre du Comité Balladur) donnait quelques raisons pour lesquels selon lui on devait instituer *l'exception d'inconstitutionnalité,* entre autres : la protection des principes propres à l'ordre juridique national français (laïcité, dignité, égalité) ; la sécurité juridique, Interview de Bertrand MATHIEU, *Quotidien les Echos du 19 /02/2008, Idées,* p.19. Le professeur Yves GAUDEMET (professeur à Paris II) évoque, quant à lui, les raisons militant contre une telle institution, elles peuvent être résumées en deux points : les procédures complexes que cela engendrerait ; les exigences du procès équitable auxquelles le Conseil constitutionnel serait astreint ; il estime de plus qu'un tel contrôle serait surabondant et n'ajouterait rien substantiellement car la prévalence du droit conventionnel est déjà assurée par les tribunaux et en principe par l'Administration elle-même, GAUDEMET (Y),*La Constitution de la Vème république 50 ans après l'exception d'inconstitutionnalité : Une aventure Institutionnelle, « L'ENA hors les murs »,* Numéro d'octobre 2008.

[1051]Loi constitutionnelle n° 2008-724 du 23 juillet 2008.

[1052] V° VEDEL (G), « Excès de pouvoir administratif et excès de pouvoir législatif », *Cahiers du Conseil constitutionnel* n° 1 déc.1996 et n° 2 - mai 1997.

t-il de constater que seuls certains actes sont soumis au contrôle de constitutionnalité (nous y reviendrons) dans le contexte français. Le constituant béninois retient le contrôle par voie d'action, mais l'étend au citoyen comme en Allemagne. L'action du citoyen ne peut toutefois intervenir qu'*a posteriori*, c'est-à-dire après la publication de la loi. Seul le PR et tout Député peuvent actionner le mécanisme de contrôle *a priori.* Il y a encore à ce niveau, un point de démarcation avec le système français. En France, la révision constitutionnelle giscardienne de 1974, opérant une modification des dispositions liées aux personnes habilitées à saisir le Conseil constitutionnel (60 Députés, 60 Sénateurs), entrainera une envolée significative du contrôle de constitutionnalité des lois. De 1974 à 1989 (en 25 ans), ce sont 166 lois qui ont été soumises à l'examen du Conseil constitutionnel. On reste toutefois loin du compte.

Une question mérite d'être posée : quelle est cette justice où il faudrait forcément rechercher des consorts, pour faire valoir devant le juge un argument de droit ? En toute logique, la possibilité devrait être donnée à chaque Député/Sénateur individuellement de saisir la Haute juridiction constitutionnelle, le Député/Sénateur n'est-il pas l'élu de la Nation ? L'association de cette voie d'action avec le contrôle pas voie d'exception est heureuse, dans la mesure où, c'est à l'occasion de l'application de la loi que les véritables hypothèses d'inconstitutionnalités apparaissent. Dans l'abstraction, l'inconstitutionnalité existe généralement à l'état d'épiphénomène, comme un iceberg immergé qui ne se dévoilerait réellement qu'au gré des litiges concrets devant les juges ordinaires. Très peu nombreux sont les citoyens qui s'intéresseront aux lois qui leurs sont potentiellement applicables, plus nombreux en revanche sont ceux qui seraient sensibles à la violation concrète de leurs droits subjectifs. Au Bénin, il existe des recours directs (A) et des recours indirects (B).

A) Recours directs

Le recours direct, lorsqu'il est exercé par le PR ou tout membre du Parlement, ne peut être qu'*a priori* (1), sauf les hypothèses expressément prévues par les textes constitutionnels ; *a contrario,* le citoyen ne peut former un recours direct qu'*a posteriori* (2).

Le choix du contrôle a priori et du contrôle a posteriori semble tout aussi judicieux. L'intérêt pour un organe constitutionnel de saisir la Cour constitutionnelle apparaitrait généralement avant la promulgation de la loi, car dans bien des cas, la loi aurait été prise au mépris de ses compétences ou alors des principes de base de l'Etat qui justifient l'existence dudit organe. En revanche, il n'y a pas à proprement parler un intérêt pour le citoyen d'agir avant la promulgation de la loi, sauf s'il prétendrait agir dans l'intérêt de l'ordre juridique : la loi ne peut attenter à un citoyen que lorsqu'elle lui est applicable, ou alors lorsqu'elle sert de fondement à un texte qui lui est applicable. C'est la promulgation et la publicité (qu'il s'agisse de la publication pour les actes réglementaires et la notification pour les actes administratifs individuels) qui rendent en principe une loi opposable au particulier. La promulgation est définie en droit comme l'acte par lequel le PR (on ajoutera dans le contexte béninois, ou toute autre autorité constitutionnellement investie) constate l'existence d'une loi et donne l'ordre aux pouvoirs publics d'avoir à la respecter ; l'effet de la promulgation est donc de rendre la loi exécutoire. La publication consiste à porter à l'attention d'un ou des citoyens un acte juridique le ou les concernant, elle se fait généralement par la publication, c'est-à-dire l'insertion de l'acte en cause au *Journal officiel* quand il en existe, ou sur un support juridiquement prévu (*Journal gouvernemental* par exemple) ou par la notification qui peut se faire par affichage ou par remise de l'acte à l'intéressé, ou tout moyen susceptible de l'atteindre. La promulgation et la publicité doivent en tout cas être régulières.

Dans une décision rendue en 2007, la Cour juge que Monsieur Boni YAYI, élu Président, a prêté serment le 06 avril 2006, il n'avait pas encore la qualité de PR et ne pouvait donc à cette date signer un acte de promulgation d'une loi. En outre, les Ministres qui ont apposé leurs contreseings au bas de cette loi n'avaient pas encore acquis la qualité de membres du Gouvernement, ceci n'a été rendu possible que par *le décret n° 2006-176 du 08 avril 2006 ;* la Cour précise que la décision *DCC 06-0162 du 19 octobre* étant une décision de principe, le SG du Gouvernement aurait dû procéder aux rectifications nécessaires sur l'ensemble des textes de loi se trouvant dans la même situation. Ne l'ayant pas fait depuis qu'il a reçu notification de la décision du 19 octobre 2006, il a violé l'article 35 de la Constitution. La

Cour ordonne la reprise de la promulgation qui doit intervenir entre le 08 et le 17 avril 2006[1053].

Le constituant béninois réserve donc la mise en branle du contrôle *a priori* à des organes constitutionnels limitativement cités ; inversement, la contestation d'une norme *a posteriori* est réservée au citoyen, à l'exception de ces organes, du moins lorsqu'ils agissent *es qualité* et se situent hors du cadre des actions spécialement prévues par les textes constitutionnels.

1) Recours a priori

Le recours *a priori* intervient avant la promulgation de la loi, il est dit aussi *« recours préalable »* ou encore *« recours préventif »*. Est –il nécessaire de préciser que conformément à la jurisprudence de la Cour, *« Une loi qui n'est pas encore définitivement adoptée par l'Assemblée nationale n'a pas d'existence juridique. Dès lors, le recours tendant à son incrimination se trouve dépourvu d'objet [1054] »*. Selon l'article 121, alinéa 1 de la Constitution : *« La Cour Constitutionnelle à la demande du Président de la République ou de tout membre de l'Assemblée Nationale, se prononce sur la constitutionnalité des lois avant leur promulgation (...) »*. L'article 20 de la loi organique sur la Cour telle que modifiée le 31 mai 2001, dispose que*« conformément à l'article 121 de la Constitution, le Président de la République ou tout membre de l'Assemblée nationale peut saisir la Cour Constitutionnelle. La saisine de la Cour Constitutionnelle suspend le délai de promulgation. La Cour Constitutionnelle doit se prononcer dans un délai de quinze (15) jours. Elle peut, en vertu de l'article 114 de la Constitution, examiner l'ensemble de la loi déférée même si la saisine est limitée à certaines dispositions de ladite loi. La saisine de la Cour Constitutionnelle par le Président de la République ne fait pas obstacle à sa saisine par un membre de l'Assemblée nationale et inversement. La saisine de la Cour Constitutionnelle par le Président de la République ou par un membre de l'Assemblée nationale n'est valable que si elle intervient pendant les délais de promulgation fixés par l'article 57 alinéas 2 et 3 de la Constitution »*. La Cour a jugé à propos d'un recours exercé par le Président de la Cour suprême qu'aucune disposition de la Constitution ne lui permettait de saisir

---

[1053] DCC 07-047 du 03 juillet 2007, *Serge PRINCE AGBODJAN.*
[1054] DCC 97-050 du 11 septembre 1997.

la Cour *es qualité*[1055], *idem* pour le Ministre de la Justice, Garde des sceaux[1056]. Elle juge également qu'il résulte de ces dispositions qu'un simple citoyen ne peut déférer une loi à la censure de la Cour constitutionnelle avant sa promulgation[1057]. Le recours des citoyens contre les lois promulgués est donc irrecevable sur le fondement de l'article 121 alinéa 1 de la Constitution[1058]. Le recours *a priori* est soit *obligatoire,* soit *facultatif.*

Le contrôle obligatoire et facultatif. Institué un contrôle *obligatoire* pour toutes les lois serait juridiquement et politiquement inacceptable. Ceci risquerait de transformer la Cour en une seconde Chambre parlementaire. L'*inconstitutionnalité* est un incident de la vie juridique, la situation normale est la *constitutionnalité* des textes adoptés, car les organes constitutionnels, qui généralement ont prêté serment avant d'entrer en fonction, ont une présomption de bonne foi quant à leur volonté et disposition à respecter la Constitution. En pratique toutefois, *bien que la Constitution n'impose pas le contrôle de constitutionnalité* automatique pour les lois ordinaires, lors de son retour aux affaires en 1996, le Président Mathieu KEREKOU a systématisé le fait de déférer quasi automatiquement tout texte voté par le Parlement à la censure de la Cour constitutionnelle avant promulgation.

Le constituant béninois institue un contrôle *obligatoire* pour les lois organiques et les Règlements intérieurs de certains Assemblées et organes.

- *Recours a priori obligatoire.* L'article 123 institue un contrôle *a priori* obligatoire[1059] : *« Les lois organiques* ***avant leur promulgation,*** *les Règlements intérieurs de l'Assemblée Nationale, de la Haute Autorité de l'Audio-visuel et de la Communication et du Conseil Economique et Social*

1055 DCC 96-041 du 25 juillet 1996, *Président de la Cour suprême.*

1056 DCC 96-081 du 12 novembre 1996, *Garde des sceaux Ministre de la Justice, de la Législation et des Droits de l'Homme.*

1057 DCC 95-040 du 29 novembre 1995, *GOUDOU Cécile ;* v° aussi DCC 15-255 du 02 décembre 2015, *Firmine N'DAH N'TCHA (dans cette espèce, la Cour relève clairement que la requérante n'a ni la qualité de Président de la République, ni celle de membre de l'Assemblée Nationale, elle ne saurait dès lors attaquer une loi votée, préalablement à sa promulgation).*

1058 DCC 00-077 du 07 décembre 2000, *GADO Guidani ;* DCC 00-076 du 07 décembre 2000, *MARIANO Serge.*

1059 Décision 10 DC du 09 juillet 1992, *Président de l'Assemblée Nationale.*

avant leur mise en application, ***doivent*** *être soumis à la Cour constitutionnelle qui se prononce sur leur conformité à la Constitution ».*

S'agissant des lois organiques (articles 97,117 de la Constitution et 19 de la loi organique sur la Cour constitutionnelle), on notera que *« les Lois organiques adoptées par l'Assemblée nationale* ***sont transmises*** *à la Cour Constitutionnelle par le Président de la République pour contrôle de constitutionnalité. La lettre de transmission indique, le cas échéant, qu'il y a urgence ».* Il faut se rappeler qu'une *loi organique* est une loi qui continue l'œuvre du constituant. Elle est de ce point de vue, plus importante que la loi ordinaire, il n'est pas incongru d'aménager un droit de regard toutes les fois qu'elles sont adoptées, afin d'éviter des violations dont les effets seraient dévastateurs pour l'ordre juridique. Curieusement, il est constant en France, depuis 1960 que les lois organiques ne peuvent être l'objet de contrôle[1060].

La loi organique est délimitée de manière stricte par l'article 97 de la Constitution, elle recouvre les lois spéciales d'application de la Constitution, expressément visées par l'une de ses dispositions. Le constituant prévoit l'édiction de (8) huit lois organiques dans des matières variées, qui ont en commun, leur grande importance, c'est sans doute ce qui justifie la procédure particulière de leur adoption en termes des délais (15 jours) et le contrôle de constitutionnalité obligatoire[1061] dont elles sont l'objet. Trois traits distinguent la loi organique de la loi ordinaire : *le délai d'attende ou de réflexion que doivent observer les Députés préalablement à son adoption ; la majorité nécessaire à son adoption et le contrôle obligatoire préalable qui doit être effectué par le juge constitutionnelle.* La Cour a jugé dans ce sens, que la publication d'une loi organique sans qu'elle n'ait été soumise à son contrôle, viole la Constitution[1062], il s'agit d'un vice de procédure qui s'étend au décret qui aurait été pris sur le fondement de la loi organique querellée[1063]. Elle a également jugé qu'il ressort de l'article 19 de *la loi n°*

[1060] 60-6 DC du 15 janvier 1960 *(à l'occasion de l'examen de la loi organique modifiant l'ordonnance n° 58-1270 du 22 décembre 1958 portant loi organique sur le Conseil supérieur de la Magistrature).*

[1061] MBOLLE (S), *Le nouveau régime constitutionnel du Bénin… op.cit.,* p. 649.

[1062] DCC 96-061 du 26 septembre 1996, *TOHUNGBA Rémy ;* DCC 98-031 du 27 mars 1998, *BAH Nathaniel.*

[1063] DCC 08-94 du 08 avril 1994, *Michel BOSSOU.* La Cour constitutionnelle a estimé que *la loi organique n° 91-009 du 04 mars 1991 sur la Cour constitutionnelle* qui visiblement n'avait pas subi de contrôle conformité à la Constitution n'était pas

91-009 du 04 mars 1991 portant loi organique sur la Cour, que les lois organiques adoptées par l'AN doivent lui être transmises par le PR pour contrôle de constitutionnalité[1064] ; et que seul le PR agissant en cette qualité peut saisir la Cour constitutionnelle aux fins de contrôle de constitutionnalité des lois votées, avant leur promulgation[1065].Il convient de rappeler que le contrôle de constitutionalité des lois organiques est effectué seulement à la demande du président de la République[1066].

S'agissant des Règlements intérieurs, les textes désignent l'autorité normalement chargée de déférer le Règlement à la Haute juridiction. Selon l'article 21 de *la loi organique sur la Cour constitutionnelle, « Les règlements intérieurs et les modifications aux règlements adoptés par l'Assemblée nationale, la Haute Autorité de l'Audiovisuel et de la Communication et par le Conseil Economique et Social sont, avant leur mise en application, soumis à la Cour Constitutionnelle par le Président de chacun des organes concernés ».* C'est donc le Président de chacun de ces organes qui a le devoir de déférer lesdits textes à la Cour constitutionnelle. La Haute juridiction rappelle par ailleurs que la liste des actes mentionnés à l'article 123 est limitative[1067], elle comporte*: les Règlements intérieurs de l'AN ; les Règlements intérieurs de la HAAC ; les Règlements intérieurs du CES.* Le champ des actes est en tout cas plus largement conçu qu'en France, où seuls le Règlements des Assemblées parlementaires[1068] (AN et Senat) sont l'objet de contrôle. Selon l'article 117 de la Constitution, la mise en application ou la modification de ces Règlements est suspendue à la

---

inconstitutionnelle. La Haute juridiction semblait se forger sur le fait que le HCR était à la fois Parlement et juge constitutionnel de la transition. Il s'est agi, selon Robert DOSSOU, ni plus ni moins, d'une erreur de la Cour dans la mesure où la loi organique a été publiée le 04 mars 1991, alors même que la HCR ne devint Cour constitutionnelle provisoire que le 01er avril 1991, Quotidien *la Nation,* numéros du 26-27-28 septembre 1994.

[1064] DCC 96-048 du 6 aout 1996, *Président de la République.*

[1065] DCC 95-020 du 22 mars 1995, *Président de l'AN ;* DCC 01-03 du 16 septembre 1993, *Président de l'Assemblée Nationale* ; DCC 96-012 du 15 février 1996, *Président de l'Assemblée Nationale.*

[1066] V° l'article 19 de *la loi organique n°91-009 du 04 mars 1991 sur la Cour constitutionnelle ;* v° aussi DCC 01-93 du 16 septembre 1993, relative à la demande de contrôle de constitutionnalité par le Président de l'AN de *la loi organique n° 93-013 relative à la HCJ.*

[1067] DCC 96-018 du 25 avril 1996, *Président du Conseil Economique et Social.*

[1068] Article 61 al. 1 de la Constitution française du 04 octobre 1958.

déclaration de conformité de la Cour. A cette occasion, la Cour sanctionne l'omission par le Règlement soumis à contrôle, des dispositions devant normalement, de par la Constitution y figurer [1069] ; elle a également sanctionné une imprécision du Règlement de la HAAC qui se contentait d'utiliser la locution *« etcetera[1070] »*. Il en a été également d'une disposition habilitant le bureau de l'AN[1071] et celui du CES à adopter un *« Règlement administratif »* risquant de faire échapper son contenu au contrôle de constitutionnalité prévu par l'article 123 de la Constitution.

– *Recours a priori facultatif.* Il est également dit *aléatoire.* S'agissant des lois ordinaires[1072], avant leur promulgation, la Cour se prononce sur leur constitutionnalité si elle est saisie par le PR ou par tout membre de l'AN (article 121 de la Constitution et 20 de la loi organique). La saisine de la Cour constitutionnelle suspend le délai de promulgation. La Cour doit se prononcer dans un délai de quinze (15) jours. Elle peut en vertu de l'article 114 de la Constitution, examiner l'ensemble de la loi déférée, même si la saisine est limitée à certaines dispositions spécifiées de la loi. La saisine de la Cour par le PR ne fait pas obstacle à sa saisine par un membre de l'AN et inversement. Cette saisine n'est valable que si elle intervient pendant les délais de promulgation fixés à l'article 57 alinéas 2 et 3 de la Constitution. La Cour a jugé ainsi que si aux termes des dispositions de l'article 121, alinéa 1 de la Constitution *: « La Cour constitutionnelle, à la demande du président de la République ou de tout membre de l'Assemblée nationale se prononce sur la constitutionnalité des lois avant leur promulgation »,* le recours exercé par un citoyen qui ne justifie d'aucune de ces qualités est irrecevable[1073]. Dans le même sens, elle estime que *« les requérants n'ont ni la qualité de Président de la République ni celle de membre de l'Assemblée Nationale ; qu'ils n'ont donc pas qualité pour demander le contrôle de*

[1069] *A propos du Règlement de l'AN, 3 DC du 2 juillet 1991, article 4, liste des 10 rubriques manquantes.*

[1070] DCC 95-003 du 13 janvier 1995.

[1071] DCC 95-010 du 21 février 1995 ; DCC 95-016 du 14 mars 1995.

[1072] Le constituant béninois consacre à l'article 99, une catégorie des lois particulières qui se rapportent aux finances publiques. Il s'agit des lois des finances, des lois de règlement et des lois de programme.

[1073] DCC 98-089 du 07 décembre 1998, *YESSOUFOU Abdel* ; DCC 98-90 du 07 décembre 1998, *BADET Pierre ;* DCC 98-091 du 07 décembre 1998, *AGBETOU Soulé.*

constitutionnalité (...) d'une loi qui n'est pas encore promulguée »[1074]. La Cour a rappelé que la loi n'est opposable au citoyen qu'à partir de sa publication au *Journal Officiel*[1075].

S'agissant du contrôle de la constitutionnalité des conventions internationales avant leur promulgation, il est l'objet des articles 144, 145, 146 de la Constitution. Comme en matière de contrôle de constitutionnalité des lois, la Cour n'annule pas l'engagement international, mais se borne à constater que l'autorité béninoise compétente ne peut ratifier ledit texte qu'après modification de la Constitution. Le contrôle de constitutionnalité porte sur la régularité de l'autorisation législative et sur la contrariété matérielle de l'engagement à la Constitution. Aux termes de l'article 147 de la Constitution *: « Les traités ou accords régulièrement ratifiés ont, dès leur publication, une autorité supérieure à celle des lois, sous réserve pour chaque accord ou traité, de son application par l'autre partie ».* La saisine de la Cour a un effet dévolutif. De manière surprenante, sont soustraits au contrôle, les accords de coopération ou d'association conclus sur base des articles 148 et 149. Selon la doctrine, il y'aurait également un contrôle indirect des engagements internationaux. Le recours ouvert contre des lois et règlements peut conduire à contester la validité d'une loi autorisant la ratification d'une convention internationale présumée inconstitutionnelle ou alors à contrôler la validité d'un décret présidentiel ordonnant la ratification ou la publication d'une convention. Stéphane MBOLLE estime que ce contrôle indirect devrait être abandonné au seul profit du contrôle direct[1076].

2) Recours a posteriori

Au Benin, après la promulgation des lois, la Cour constitutionnelle peut être saisie par tout citoyen par voie d'action (articles 122 de la Constitution et 24 de la loi organique) :*« Tout citoyen peut, par une lettre comportant ses noms, prénoms et adresse précise, saisir directement la Cour Constitutionnelle sur la constitutionnalité des lois ».* Il s'agit à l'évidence d'un recours facultatif, la Cour a jugé que si l'article 3, alinéa 3 de la Constitution dispose que «

[1074] DCC 07-037 du 20 mars 2007, *Président de la République et FUMEY Lucky ;* DCC 13-029 du 14 mars 2013, *Jules POFAGI (agissant pour le compte du Conseil National de l'Ordre des Géomètres Experts).*
[1075] DCC 07-081 du 24 juillet 2007, *Serge PRINCE AGBODJAN.*
[1076] MBOLLE (S), *Le nouveau régime constitutionnel du Bénin…, op.cit.,* p. 655.

tout citoyen a le droit de se pourvoir devant la Cour Constitutionnelle contre les lois, textes et actes présumés inconstitutionnels», ce droit conféré au citoyen ne constitue pas une obligation mais une faculté à laquelle il peut renoncer, qu'en l'espèce, le désistement du requérant devrait être accueilli favorablement[1077]. Selon l'article 22, *« (...) sont transmis soit par le Président de la République, soit par tout citoyen, par toute association ou organisation non gouvernementale de défense des Droits de l'Homme, les lois et actes réglementaires censés porter atteinte aux droits fondamentaux de la personne humaine et aux libertés publiques (...)».* Cette disposition prévoit une action pour le citoyen –personne privée et pour certaines personnes morales (associations ou organisations non gouvernementales, etc.) Toutefois, ces requérants doivent respecter certaines conditions[1078]. Le système béninois prend ainsi ses distances avec le système français dont il faut souligner que le particularisme porte essentiellement sur le fait que l'action soit réservée à certaines autorités ou à soixante (60) membres de chacune des Chambres. Cette restriction correspond-elle à une définition du Conseil constitutionnel comme régulateur des rapports entre pouvoirs publics et non comme juge d'un contentieux auquel seraient mêlés les particuliers. Ce qui est tout simplement erroné : à partir du moment où la Constitution comporte beaucoup plus que des dispositions liées à la dévolution et l'exercice du pouvoir, celles relatives aux droits subjectifs des citoyens, il est une aberration de ne point pouvoir les permettre de saisir dans les mêmes conditions la Haute juridiction constitutionnelle. L'aberration prend du relief lorsqu'on interdit par ailleurs aux juges ordinaires d'admettre sans restriction l'exception d'inconstitutionnalité.

Le recours *a posteriori* intervient après la promulgation de la loi, il est dit *« recours curatif ».* S'il est clair qu'en matière de constitutionnalité, ni le PR, ni le Député agissant *es qualité* ne peuvent solliciter le contrôle de constitutionnalité d'une ordonnance ou d'une loi après sa promulgation[1079], on pourrait penser toutefois que ce recours curatif ne serait pas exclu au PR et au Président de l'AN ; d'une part l'article 23 de la loi organique leur

---

[1077] DCC 12-009 du 24 janvier 2012, *Victor LANGANFIN.*

[1078] DCC 99-048 du 18 aout 1999, *Collectif des moniteurs de 2ème classe des eaux, forêts et chasses. Article* 29 nouveau, alinéa 2 du RI de la Cour dispose que *« pour être valable, la requête émanant d'une organisation non gouvernementale, d'une organisation ou d'un citoyen doit comporter ses nom, prénoms, adresse précise, signature ou empreinte digitale ».*

[1079] DCC 02-009 du 07 février 2002, *Président de la République.*

permet en cas de conflit d'attributions entre les institutions de l'Etat, de saisir la Cour. Cette disposition n'est pas précise sur le moment de la saisine de la Cour, le conflit d'attributions s'il trouve sa source dans une loi, peut surgir aussi bien avant qu'après la promulgation de la loi ; d'autre part, dans le domaine de l'article 114 de la Constitution, c'est-à-dire en matière de recours dans l'intérêt de l'ordre constitutionnel, la Cour ne tient pas compte des conditions de recevabilité et donc de la qualité ou de l'intérêt à agir. L'action du PR ou même de tout membre de l'AN peut dès lors intervenir *a posteriori,* si les problèmes de régulation des institutions ou de l'activité des pouvoirs publics, trouvent leur source dans une loi promulguée.

B) Recours indirects

L'exception d'inconstitutionnalité comme voie de droit s'impose avec évidence aussi bien dans les pays de la *common law,* dans ceux de l'Europe continentale, que dans certains Etats africains. Aux Etats-Unis, au Canada, en Australie, bref dans les pays de la *common law* en général, toutes les juridictions sont habilitées à contrôler par voie d'exception la constitutionnalité des lois. Dans bon nombre de pays d'Europe continentale : Allemagne, Suède, Pays-Bas, Italie, Belgique, le juge civil a le pouvoir d'écarter toute disposition illégale qui serait applicable à l'affaire en cause ; il en est ainsi également de l'Espagne depuis la loi de 1985 sur le pouvoir judiciaire. S'agissant du cas de la Belgique, il faut dire que la question de l'exception d'illégalité (notion plus large que l'exception d'inconstitutionnalité) a été résolue par la voie la plus simple –article 159 de la Constitution belge de 1831 : *« Les cours et tribunaux n'appliqueront les arrêtés et règlements généraux, provinciaux et locaux, qu'autant qu'ils seront conformes aux lois ».* L'exclusion de l'exception d'inconstitutionnalité dans la plupart des Etats d'Afrique noire francophone s'inspire du droit français. Pour paraphraser Monsieur Mathieu MEBENGA[1080], elle est particulièrement éloquente, la force avec laquelle le mimétisme contraint certains législateurs nationaux d'Afrique noire francophone à reproduire jusqu'aux omissions de leur homologue français. On se rappellera que la Cour de cassation a refusé d'exercer le rôle de juge de la constitutionnalité des lois au XIXème siècle, lorsqu'elle a cassé les

---

[1080] MENBENGA (M), « Un objet juridique non identifié : l'acte de proclamation des résultats de l'élection présidentielle », in *L'Administration publique camerounaise à l'heure des reformes*, L'Harmattan 2011, p. 152.

décisions des Cours d'appel auxquelles elle reprochait d'avoir exercé un contrôlée de constitutionnalité des lois. De même, le Conseil d'Etat faisait une telle objection. On peut lire dans son arrêt ARRIGHI en 1936 *: « Considérant qu'en l'état actuel du droit public français, ce moyen [tiré de l'exception d'inconstitutionnalité de la loi] n'est pas de nature à être discuté par la Conseil d'Etat statuant au contentieux »*[1081].

Au Bénin, l'exception d'inconstitutionnalité est prévue par le texte constitutionnel. Sa procédure est réglementée par les articles 122 de la Constitution et 24 de la loi organique sur la Cour constitutionnelle. Selon l'article 122, *« tout citoyen peut saisir la Cour constitutionnelle sur la constitutionnalité des lois, soit directement, soit par la procédure de l'exception d'inconstitutionnalité invoquée dans une affaire qui le concerne devant une juridiction. Celle-ci doit surseoir jusqu'à la décision de la Cour constitutionnelle qui doit intervenir dans un délai de trente jours ».*L'article 24 dispose que : *« (...) tout citoyen peut également, dans une affaire qui le concerne, invoquer devant une juridiction l'exception d'inconstitutionnalité. Celle-ci, suivant la procédure de l'exception d'inconstitutionnalité doit saisir immédiatement et au plus tard dans les huit jours la Cour Constitutionnelle et surseoir à statuer jusqu'à la décision de la Cour ».* Le juge saisi d'une demande d'exception d'inconstitutionnalité est tenu de surseoir à statuer et la transmettre à la Haute juridiction[1082]. Toutefois, la jurisprudence a posé des conditions à l'exercice du recours incident. La Cour a jugé que les agissements d'un citoyen qui tend à faire appliquer les effets de l'exception d'inconstitutionnalité alors qu'elle n'a pas été soulevée, sont irrecevables[1083].

Le recours indirect n'est pas en principe enfermé dans des délais d'action, il permet dès lors de contester intempestivement une loi. Ainsi, de 2001 à 2012, plusieurs justiciables ont remis en cause avec succès les dispositions de *la loi n° 65-17 du 23 juin 1965 portant Code de la nationalité béninoise*[1084]. Cette possibilité permet de régénérer en permanence l'ordre juridique et participe à la constitutionnalisation des autres branches du droit.

[1081] CE, 6 nov. 1936 *Arrighi,* S.1937, III, 33, concl. LATOURNERIE, note A. MESTRE.
[1082] DCC 07-036 du 20 mars 2007, *BINOUYOU Eric.*
[1083] DCC 03-028 du 27 février 2003, *Comités paroissiaux de l'Eglise « Union Renaissance d'Hommes en Christ » URHC, Comité suprême de l'URHC.*
[1084] DCC 14-172 du 16 septembre 2014, *Fatiou OUSMANE et consorts.*

Paragraphe 2. Saisine d'office

Une particularité du système béninois réside dans l'étendue des pouvoirs de la Cour constitutionnelle, elle dispose des pouvoirs office, c'est-à-dire qu'elle n'a pas besoin d'être formellement saisie pour les exercer ; qu'il s'agisse du contrôle d'office (A) ; ou de la capacité de rendre une loi non promulguée exécutoire (B).

A) Contrôle d'office

La Cour constitutionnelle a le pouvoir de se saisir d'office. Le contrôle d'office vise l'hypothèse où la Haute juridiction statue indépendamment de l'existence, de la recevabilité ou du bien-fondé d'une requête. Il en est ainsi lorsque la requête soulève une question des droits fondamentaux de la personne humaine ou des libertés publiques (1) ; la Cour dispose également d'un pouvoir de contrôle d'office dans le cadre de l'article 114 de la Constitution, elle l'exerce aussi bien en matière électorale que dans le contentieux de la normativité (2). La Cour peut également de par les textes, procéder d'office à des rectifications d'erreurs matérielles (3).

1) Question des droits fondamentaux et libertés publiques

Selon les articles 121, alinéa 2 de la Constitution, 22 et 23 de la loi organique, la Cour constitutionnelle se prononce d'office sur la constitutionnalité des lois et de tout texte réglementaire censés porter atteinte aux droits fondamentaux de la personne humaine et aux libertés publiques. Cette disposition introduit ce que l'on appelle en contentieux administratif, un moyen d'ordre public, ceci implique que la Cour se prononce d'office, sur une atteinte des droits fondamentaux ou des libertés publiques, que la question ait été soulevée de manière claire par le requérant, qu'il ait omis de le faire ou encore que sa requête soit irrecevable. Un exemple peut être cité à cet effet, la Cour souligne : *« (...) il échet de dire et juger que la requête doit être déclarée irrecevable.* ***Considérant que cependant, ladite requête faisant état d'atteinte aux droits de la personne humaine,*** *notamment la liberté de circuler, d'expression et d'enseigner, il y a lieu pour la Cour de se saisir d'office, et ce, en vertu de l'article 121 alinéa 2 de la*

Constitution »[1085]. Le contrôle d'office a lieu également lorsque l'intérêt de l'ordre constitutionnel est en jeu.

2) Contrôle d'office dans l'intérêt de l'ordre constitutionnel

L'article 114 de la Constitution permet à la Cour de prendre une liberté par rapport aux règles de recevabilité. Selon cette disposition : *« La Cour Constitutionnelle est la plus haute juridiction de l'État en matière constitutionnelle. Elle est juge de la constitutionnalité de la loi et elle garantit les droits fondamentaux de la personne humaine et les libertés publiques. Elle est l'organe régulateur du fonctionnement des institutions et de l'activité des pouvoirs publics* **».** La mission régulatrice serait compromise si la Cour subordonnait son intervention à la recevabilité des requêtes formulées par les justiciables. Dans plusieurs cas en effet, alors que le requérant n'avait pas convenablement accompli les formalités de saisine de la Cour, ou rempli les conditions y afférentes, la Haute juridiction s'est reconnue un pouvoir d'office, fondé sur l'article 114.

3) Rectification d'erreur matérielle

La jurisprudence de la Cour définit *l'erreur matérielle* comme une simple erreur de plume ou de dactylographie, d'orthographe d'un nom, de terminologie ou d'omission d'une décision[1086]. L'article 24, alinéa 1 du RI de la Cour dispose: « *Toute partie intéressée peut saisir la Cour Constitutionnelle d'une demande en rectification d'erreur matérielle d'une décision »*[1087]. C'est en réalité l'article 25 du RI de la Cour qui prévoit la saisine d'office : *« Si la Cour Constitutionnelle constate qu'une de ses décisions est entachée d'une erreur matérielle, elle peut la rectifier d'office et procéder à tous amendements jugés nécessaires ».* A titre d'exemple, dans une décision rendue en 2013, la Cour ayant constaté une erreur matérielle relative à une décision précédente, déclare : *« (...) il y'a lieu pour la Cour de se* ***saisir d'office*** *et de procéder à la rectification de l'erreur matérielle*

[1085] SALAMI (I.), « La question préjudicielle de constitutionnalité sur l'adultère. Les cas du Bénin et du Congo », in *Droit et Lois*, n° 25 et 26, 2010-2011, pp. 18 et s.
[1086] DCC 14-044 du 27 février 2014, *Etienne HOUGNI.*
[1087] A titre d'exemple, v° DCC 14-044 du 27 février 2014, la Cour juge la requête recevable et procède à la correction de l'erreur ; v° aussi DCC 13-149 du 08 octobre 2013, *Serge PRINCE AGBODJAN.*

constatée dans la décision DCC 12-152 du 02 aout 2012 ; qu'en conséquence, il y'a lieu de dire et de juger que la mention 'requête du 13 juillet 2012 enregistrée à son secrétariat le 16 juillet 2012 sous le numéro 013-C/082/REC' est remplacée par la mention 'requête du 13 juillet 2012 enregistrée à son secrétariat le 16 juillet 2012 sous le numéro 013-C/98/REC[1088] *' ».* Dans sa jurisprudence, la Cour veille à ce que, sous prétexte d'une demande de correction d'erreurs matérielles, les requérants ne remettent en cause l'autorité de chose jugée consacrée à l'article 124 de la Constitution[1089] ; elle affirme de manière constante que la requête qui porte non sur une erreur matérielle mais sur le fond de la décision est irrecevable[1090].

B) L' « exécutoire » de la loi

Normalement, la promulgation se fait par décret du PR. Elle permet de prendre en compte les avis de celui-ci (seconde délibération) mais n'empêche pas le vote des lois. Ainsi, en cas de refus de promulgation, la loi est déclarée exécutoire par la Cour constitutionnelle si elle est conforme à la Constitution. A cette fin, elle est saisie par le président de l'AN.

Le pouvoir de la Cour constitutionnelle de rendre une loi exécutoire répond globalement à trois conditions. Il faudrait une défaillance présidentielle. La notion de *« défaillance »* signifie que le PR n'est plus dans les conditions constitutionnelles, notamment de délai, lui permettant de procéder à la promulgation (1) ; en outre la Cour constitutionnelle ne peut rendre une loi exécutoire qu'après l'avoir déclarée conforme à la Constitution, elle doit donc opérer un contrôle de constitutionnalité préalable (2) ; elle doit également être saisie par le président de l'AN (3).

1) Défaillance présidentielle

Dans sa décision *DCC 08-170 du 21 novembre 2008,* la Cour a mis l'accent sur l'importance du respect du délai constitutionnel de promulgation des lois sans lequel, le PR perd sa qualité pour solliciter le contrôle de

---

[1088] DCC 13-025 du 21 février 2013, *Saisine d'office (article 25 du RI de la Cour)* ; dans le même sens, DCC 13-026 du 21 février 2013, *Saisine d'office.*
[1089] DCC 07-143 du 20 novembre 2007, *AKPADJI Nestor.*
[1090] DCC 06-001du 12 janvier 2006, *EQUITE Juste.*

constitutionnalité. Dans le cas d'espèce – note la Cour, l'article 57 de la Constitution prescrit que « *le Président de la République (...) assure la promulgation des lois dans les quinze jours qui suivent la transmission qui lui en est faite par le Président de l'assemblée Nationale. Ce délai est réduit à cinq jours en cas d'urgence déclarée par l'Assemblée Nationale*».Saisie par le PR pour contrôler la conformité à la Constitution de *la loi n° 2008-08 portant fixation du délai au terme duquel le PR ne peut plus prendre des mesures exceptionnelles,* loi votée par l'AN avec la précision qu'elle doit être promulguée en procédure d'urgence c'est-à-dire dans les (5) cinq jours de sa notification au PR par le Président de l'AN, la Cour a déclaré la requête irrecevable, car ladite loi a été déférée au contrôle de constitutionnalité après le délai de promulgation. La Cour juge également qu'il résulte des articles 57, alinéas 2 et 3 de la Constitution et 92 du RI de l'AN que d'une part, en cas de promulgation par procédure d'urgence, le Président de l'AN doit transmettre la loi concernée au PR (24) vingt-quatre heures après son vote ; que d'autre part, le PR dispose de (5) cinq jours à compter de cette transmission pour la promulgation, qu'il s'en suit que toute résolution relative à ladite promulgation doit être transmise dans les mêmes délais que la loi votée. Il s'en suit qu'une résolution ne serait pas conforme à la Constitution, s'il apparait que le délai dans lequel elle a été transmise ne permet pas au PR de la publier dans le délai de (5) cinq jours[1091]. L'article 34 du RI de la Cour dispose que la publication met fin à la suspension du délai de promulgation. Il s'en suit que si le délai de promulgation imparti au PR est expiré, celui-ci n'est plus habilité à promulguer la loi. Par ailleurs, la décision de la Cour rendant exécutoire la loi emporte mise à exécution dès sa publication[1092].

2) Contrôle préalable

La Cour constitutionnelle ne peut rendre une loi exécutoire qu'après l'avoir déclarée conforme à la Constitution[1093]. Elle distingue bien la promulgation de la publication, elle précise en effet que la question de la publication relève de la compétence du juge chargé de l'application des lois, et non de la Cour constitutionnelle, qui, elle, connait de la promulgation[1094].

[1091]DCC 01-047 du 21 juin 2001, *TESSERA Denis.*
[1092] DCC 99-058 du 29 décembre 1999, *ABISSINTI Raphaël.*
[1093] DCC 95-020 du 22 mars 1995, *Président de l'AN.*
[1094] DCC 95-035 du 1er septembre 1995, *Sté OLUWA LONY.*

Notons pour terminer que c'est le Président de l'AN qui a qualité pour saisir la Cour constitutionnelle aux fins de déclarer exécutoire une loi si elle est conforme à la Constitution[1095] et en cas de défaillance présidentielle.

3) La saisine par le Président de l'Assemblée Nationale

Dans une décision rendue en 2015, la Cour rappelle cette exigence, elle souligne que la requête tend, en réalité, à demander à la Cour de déclarer exécutoire *la loi n° 2015-07* abrogeant celle *n° 97-010 du 20 août 1997* en cas de non promulgation de celle-ci par le PR ; qu'aux termes de l'article 57, alinéa 6 de la Constitution : « *(...) Si après ce dernier vote, le président de la République refuse de promulguer la loi, la Cour constitutionnelle, saisie par le président de l'Assemblée nationale, déclare la loi exécutoire si elle est conforme à la Constitution.* » Il en résulte que seul le Président de l'AN est habilité à formuler une telle demande, la requête est dès lors irrecevable[1096]. La Cour l'avait déjà expressément affirmé en 1999 : « « *En vertu de l'article 57 dernier alinéa de la Constitution, la Cour constitutionnelle, sur saisine du président de l'Assemblée nationale, est compétente pour rendre exécutoire une loi qui a été déclarée conforme à la Constitution et qui n'a pas été promulguée dans les délais par le président de la République*[1097]. »
Si elle peut se saisir elle-même ou l'être par des requérants, la procédure devant la Cour est ambivalente.

Section 2. Procédure ambivalente

Nous choisissons de faire une distinction entre la *procédure ordinaire* et la *procédure extraordinaire.* S'agissant de cette dernière, le caractère extraordinaire vient soit de ce que la Cour statue dans un délai réduit (procédure urgente), soit de ce qu'elle met en œuvre des fonctions particulières et ne peut dès lors être saisie que par des personnes déterminées (procédures spéciales). Il convient d'examiner la procédure ordinaire ou normale qui se résume essentiellement à la question de « conformité » (Paragraphe 1) ; et les procédures extraordinaires ou anormales (Paragraphe 2).

[1095] DCC 98-041 du 14 avril 1998, *Président de l'Assemblée Nationale.*
[1096]DCC 15-173 du 13 août 2015, *Roland Togninou LANMADOUCELO.*
[1097] DCC 99-030 du 17 mars 1999.

Paragraphe 1. Procédure ordinaire : conformité

La procédure ordinaire diffère selon qu'on soit en présence d'un recours direct (A) ou d'un recours indirect (B). Dans les deux cas, les textes et la jurisprudence imposent le respect des règles de forme et de fond. Nous insisterons sur des points particuliers.

A) Procédure du recours direct

La saisine de la Cour est gratuite, l'assistance et la représentation sont autorisées, l'office de l'Avocat n'est pas obligatoire, ce qui donne lieu à des actions aussi fantaisistes que sérieuses. Examinons la forme de la requête (1) ; les conditions liées à la personne du requérant (2) ; l'acte présumé inconstitutionnel, c'est-à-dire l'acte susceptible d'être attaqué (3) et les moyens d'inconstitutionnalité (4).

1) Forme de la requête

La procédure est simplifiée et allégée. Ainsi, on peut saisir la Cour par une *requête* (simple lettre). Parmi les modes de saisine, la *requête* est le plus praticable à coté par exemple de l'*exploit d'huissier* ou de la *citation directe*. Les mentions que doit contenir la *requête* sont basiques et abécédaires (nom et prénoms, adresse complète, signature du requérant ou empreinte digitale). Malgré cet effort de simplification, beaucoup de requêtes sont recalées, particulièrement en matière de contentieux électoral où le requérant doit remplir des conditions supplémentaires. Si elle a été ouverte largement aux citoyens, l'action en inconstitutionnalité est loin d'être une *actio popularis.* L'article 31 alinéa 2 du RI (disposition éponyme : 24, alinéa 1 de la loi organique) de la Cour dispose : « *Pour être valable, la requête émanant d'une organisation non gouvernementale, d'une association ou d'un citoyen doit comporter ses nom, prénoms, adresse précise et signature ou empreinte digitale »*[1098]. Trois éléments méritent d'être relevés :

[1098] DCC 12-138 du 28 juin 2012, *Alexis ACAKPO, Fidèle HOUINSOU et André ASSE (respectivement président de la Fédération Nationale des Etudiants du Bénin (FNEB), de l'Union Nationale des Etudiants du Bénin et de l'Union Nationale des Scolaires et Etudiants du Bénin).* Cette règle est valable pour le contentieux

- *Le premier élément* qui se dégage de ces dispositions est que la *« requête »* est le mode régulier de saisine de la Cour. L'article 27 du RI dispose en effet que la Cour est saisie par une requête ;

- *Le deuxième* a trait aux mentions qui doivent y figurer. Elle doit comporter sous peine d'irrecevabilité [1099] : les nom et prénoms, adresse précise[1100], signature ou empreinte digitale du requérant ;

- *Le troisième élément* est qu'elle doit être déposée au Secrétariat Général qui l'enregistre suivant la date d'arrivée.

2) La personne du requérant

S'agissant des conditions liées à la personne du requérant, il est question de la capacité et de la qualité. Les textes ne parlent pas de l'intérêt. Toutefois, la Cour a dans plusieurs décisions estimé que la requête était sans objet dès lors qu'il apparait que la situation contestée avait été soit réparée, soit était en cours de régularisation ou devenue sans intérêt au regard de l'évolution des choses.

- *La capacité d'agir* a été reconnue aussi bien aux personnes physiques qu'aux personnes morales (ONG, associations…). Dans une décision rendue en 1992, le HCR a laissé penser à propos des personnes physiques, que la saisine de la Cour fût réservée aux seuls citoyens de nationalité béninoise[1101]. La requête avait été formée au nom du requérant par trois Avocats dont deux du Barreau de Dakar et un du Barreau de Cotonou, le juge rejette la requête en rappelant l'article 122. Si cette décision est compréhensible, elle le serait moins si elle était étendue au citoyen étranger vivant au Bénin. L'article 39 de la Constitution dispose que *« les étrangers bénéficient sur le territoire de la République du Bénin des mêmes droits et libertés que les citoyens béninois et ce, dans les conditions déterminées par la loi. Ils sont tenus de se conformer à la Constitution, aux lois et aux règlements de la*

électoral, Décision EP 11 –002 du 08 février 2011,*Collectif des Coopératrices et Coopérateurs de SOS/Humanité /ONG, Vallée de l'Ouémé.*

[1099] DCC 96-057 du 29 aout 1996, *OKELEYE Bertin (défaut de signature) ;* DCC 96-062 du 26 septembre 1996, *Maitre POGNON Alfred (défaut de signature).*

[1100] Décision 19 DC du 03 juin 1993, *AKADJAME Ernest* ; Décision 20 DC du 03 juin 1993, *ROKO Hector et consorts.*

[1101] Décision 12 DC du 13 aout 1992, *Mohamed HAMADOU.*

République ». L'exclusion des étrangers présents sur le territoire béninois du prétoire constitutionnel viderait cette disposition de son sens, elle serait en outre discriminatoire et les exposerait à une insécurité. Dans une espèce rendue en 1997, la Cour constitutionnelle s'est saisie d'office de la constitutionnalité de l'article 1145 du Code général des impôts, suite à une requête d'une personne de nationalité danoise, dénonçant à la fois l'inconstitutionnalité des décisions administratives de retrait de son passeport, fondées sur une disposition législative, et sa liberté d'aller et de venir. Il est dès lors établi que les étrangers vivant au Bénin peuvent saisir la Cour[1102].

En sus des conditions posées pour les personnes physiques ci-dessus[1103], deux conditions sont requises pour l'action des personnes morales, sous peine d'irrecevabilité :

- Il faut en premier lieu rapporter la preuve de la capacité juridique[1104], mieux de la capacité de la personne morale à ester[1105] , elle ne s'acquiert pas de plein droit par tout groupement ou collectif[1106], elle est attestée par la

---

[1102] DCC 97-045 du 13 aout 1997 ; v° BADET (G), *Les attributions originales de la Cour constitutionnelle du Benin,op.cit.,* p. 190.

[1103] Ces conditions doivent être remplies sous peine d'irrecevabilité, la Cour sanctionne par exemple une association qui omet d'indiquer son adresse, DCC 07-019 du 14 février 2007, *GOUDOU Nestor et consorts.*

[1104] DCC 96-050 du 12 aout 1996, *Collectif des instituteurs titulaires du CAP... ;* DCC 01-036 du 13 juin 2001, *Centrale des Syndicats Unis du Benin (CSUB).*La requête d'une centrale syndicale qui n'a pas la capacité à agir est irrecevable. DCC 12-137 du 28 juin 2012, *Collectif des agents contractuels de l'Etat recrutés par concours au profit de l'ex- Ministère des Transports et des Travaux Publics ;* DCC 01-097 du 07 novembre 2001, *Président du collectif des Princes du Dendi.*

[1105] DCC 03-115 du 10 juillet 2003, *Collectif des soldats des promotions 94/1 et 94/2* ; DCC 01-088 du 31 octobre 2001, *Délégation des veufs de l'Ouémé ;* DCC 03-020 du 20 février 2003, *Comité de défense des acquéreurs de Fidjorsse ;* DCC 02-050 du 30 mai 2002, *ASSOGBA Julien* ; DCC 03-031 du 12 mars 2003, *Collectif des vendeuses ...de Porto Novo ;* DCC 14-079 du 08 mai 2014, *Michel ALOKPO (SG Porte -parole du Cadre de Concertation des Confessions Religieuses) ;* DCC 14-109 du 03 juin 2014, *Tiburce KOUKPAKI ;* DCC 14-111 du 03 juin 2014, *Sékenou DJEBOU ;* DCC 14-003 du 14 janvier 2014, *Union des Professionnels et Acteurs de la Santé France-Benin.*

[1106] DCC 95-032 du 1er septembre 1995, *Collectif des organisations syndicales indépendante (COSI) ;* DCC 13-028 du 14 mars 2013, *Christiane CHABI KAO ;* DCC 14-021 du 11 février 2014, Cosme AMOUSSOU *(Responsable des membres* déclaration légale [1107] ou le numéro d'enregistrement au Ministère de l'Intérieur[1108]. Tout groupement des personnes n'acquiert une personnalité distincte de la personnalité de chacun des membres la composant qu'après s'être constitué en association et en procédant à sa déclaration au Ministère de l'Intérieur. A défaut d'une telle preuve d'existence légale, la requête est déclarée irrecevable[1109].

- Il faut en second lieu rapporter la preuve de la capacité de la personne physique à agir au nom et pour le compte de la personne morale[1110], si la requête est formulée par une personne physique pour le compte de la personne morale. L'assistance est certes prévue par l'article 30, alinéa 1du RI : « *Les parties peuvent se faire assister de toute personne physique ou morale compétente. Celle-ci peut déposer des mémoires signés par les parties concernées » ;* la Cour a toutefois jugé de manière constante que l'assistance prévue par cette disposition n'est pas la représentation[1111], de sorte qu'une requête qui ne comporte pas la signature du requérant est irrecevable[1112]. L'absence de signature du requérant ne saurait être couverte par la signature de son Avocat ou de celui qui l'assiste.[1113]Au total, un citoyen qui agit pour une association doit administrer la preuve de

---

du Collectif des Sous-officiers formés en Lybie et radiés sans mesures disciplinaires) ; DCC 99- 041 du 04 aout 1999, *SANTOS Pedro.*

[1107] DCC 96-056 du 29 aout 1996, *Associations des handicapés chrétiens au Bénin.*

[1108] DCC 95-026 du 11 juillet 1995, *Me YANSUNNU Magloire, représentant la CSTB ;* DCC 95-025 du 06 juillet 1995, *Comité Syndical du « Relais de l'Aéroport » Nicholas Adokanto.* A propos de l'absence de preuve d'enregistrement au Ministère *de l'Intérieur, v°* DCC 15-254 du 02 décembre 2015, *Albert GBAGUIDI représentant le « bureau national des Instituteursadjoints stagiaires (IAS).*

[1109]DCC 15 – 242 du 18 novembre 2015, *Euzerbe GOMEZ, N'gobi Sabi GESSOU et Moukaïla BOUKARI SYLLA, tous «membres du présidium du collectif des coordonnateurs COS-LEPI/CNT » et agissant au nom dudit collectif.*

[1110] DCC 03-025 du 27 février 2003, *DOSSA Benjamin ;* DCC 96-028 du 26 juin 1996, *Comité des sages de Zogbohoué ;* DCC 03-041 du 13 mars 2003, *Secrétaire General du Syndicat National des Travailleurs de la Météorologie (SNTM).*

[1111]DCC 12-140 du 28 juin 2012, *Maurice AÏTCHEDJI ;* DCC 14-120 du 03 juillet 2014, *Patrick TCHIAKPE agissant pour le compte de BAH Christophe.*

[1112] DCC 16-003 du 07 janvier 2016, *Patrice TALON et autres, op.cit.,* v° aussi *DCC 16-035 du 04 février 2016 (Maitre Aboubakar BAPARAPE, Avocat à la Couret conseil de Monsieur Jacques B. YEMPABOU), op.cit.*

[1113] DCC 96-071 du 21 octobre 1996, *Maitre MBALLE Arthur ;* DCC 96-074 du 12 novembre 1996, *Maitre COVI Augustin.*

l'existence de l'association et la preuve de sa capacité à agir au nom de l'association[1114].

- *La qualité du requérant* est un autre élément à prendre en compte. Si le souci du constituant à travers la Constitution et les textes subséquents sur la Cour a été de permettre à tout Béninois, de faire valoir à son profit les droits subjectifs qui lui sont reconnus par la Constitution, il n'en demeure que certaines actions lui ont été exclues, soit parce que le profit qu'il peut en tirer ne serait que fort indirect ou éventuel, soit parce qu'elles participent des prérogatives même des autorités instituées. De même, certaines actions sont exclusivement réservées au PR ; d'autres exclusivement à l'AN ou à son Président (par exemple : la demande d'avis en cas de vacance présidentielle ou encore la saisine de la Cour aux fins de rendre une loi votée exécutoire, en cas de défaillance présidentielle), pour d'autres actions le PR et l'AN partagent l'exclusivité (il en va ainsi de l'action contre une loi votée, mais non encore promulguée).

Un citoyen ne peut ainsi demander un avis[1115], attaquer les lois préalablement à la promulgation[1116], soulever un conflit d'attributions entre institutions (à propos d'un conflit entre la Cour suprême et la Haute Cour de justice[1117]). Le citoyen ne peut saisir la Cour en procédure d'urgence, sous peine de violer les articles 120, 19, 36 de la Constitution[1118], de même, il ne peut solliciter un référendum[1119]. La requête d'un citoyen qui ne fait pas état d'un cas de violation de la Constitution doit être déclarée irrecevable[1120].Il n'a par ailleurs pas de qualité pour demander à la Cour constitutionnelle de rendre exécutoire une loi conforme à la Constitution[1121]. La Cour a affirmé

1114 DCC 99-056 du 29 décembre 1999, *DAMADO Armand.*

1115 DCC 06-072 du 21 juin 2006, *DG de la fondation « Terre et Partage ».*

1116 DCC 05-100 du 09 septembre 2005, *PR ;* DCC 05-135 du 28 octobre 2005, *PR ;* DCC 13-045 du 18 avril 2013, *Salami OSSENI ;* DCC 13-046 du 18 avril 2013, *Marius MONKOUN (Chef de quartier de Minantinkpon, 3ème arrondissement de Ouidah) ;* DCC 07-112 du 16 octobre 2007, *LOUGOUDOU Michel.*

1117 DCC 02-089 du 07 aout 2002, *TOGNON Alphonse.*

1118 DCC 02-127 du 10 oct. 2002, *Héritiers feu SOMAKO ;* DCC 02-060 du 04 juin 2002, *AYAYI Manassé ;* DCC 05-101 du 01 septembre 2005, *BOSSA Martial ;* DCC 06-057 du 19 avril 2006, *BALLE Hubert et consorts.*

1119 DCC 02-120 du 04 sept. 2002, *FAGNIHOUN Grégoire.*

1120 DCC 02-124 du 10 oct. 2002, *KARIMOU Osséni.*

1121 DCC 02-147 du 24 décembre 2002, *HOUNMENOU Michel*, v° aussi DCC 15-173 du 13 août 2015, *Roland Togninou LANMADOUCELO.*

par ailleurs que seule l'AN peut déclencher des poursuites contre le PR, aux termes des articles 74, 136 et 137, alinéa 2[1122].

3) Les actes présumés inconstitutionnels

Par *« actes présumés inconstitutionnels »,* nous désignons les actes susceptibles d'être querellés. Ceux-ci varient, comme on le verra, selon qu'on est en présence d'un recours direct ou d'un recours indirect (exception d'inconstitutionnalité). Dans le cadre du recours direct, il faut faire une distinction impérative entre ce que nous appellerons : *le recours objectif, le recours subjectif* et *le recours dans l'intérêt de l'ordre constitutionnel.* L'intérêt d'une telle distinction découle de la jurisprudence, le juge constitutionnel apprécie en effet différemment la recevabilité des actions en fonction de la nature de l'acte en cause et de l'objet de la requête.

La distinction entre recours objectif et *subjectif* découle de la classification opérée par DUGUIT entre *contentieux objectif et contentieux subjectif.* Le critère retenue est celui de la nature de la question posée au juge, classification elle-même fortement inspirée des travaux de Maurice HAURIOU qui dans *son précis de droit administratif*[1123]fait une distinction entre *droit objectif et droit subjectif. Le recours objectif* constitue ce que Edouard LAFERRIERE appelle *« le procès fait à l'acte »*[1124], idée unanimement admise par beaucoup d'auteurs en France : chez Fabrice MELLERAY, c'est un recours qui vise avant tout à *« assurer une bonne administration et ne satisfait les intérêts personnels du requérant qu'éventuellement par ricochet, accessoirement »*[1125]. Selon Jacqueline MORAND DEVILLER, *le recours objectif* que l'on appelle également *recours pour excès de pouvoir* est un recours intenté *« dans le but de faire prévaloir 'le droit' et non 'les droits' »*[1126]*.A contrario, le recours subjectif*

[1122] DCC 06-003 du 12 janvier 2006, *Serge PRINCE AGBODJAN.*

[1123] Larose 1900, p. 202, Maurice HAURIOU introduit la dichotomie *droit objectif /droit subjectif.* Il s'agit de la classification *matérielle* des contentieux.

[1124] LAFFERIERE (E.) *Traité de la juridiction administrative et des recours contentieux*, 2 t., Paris, Berger Levrault (LGDJ) 1887 (1989), p. 561.

[1125] MELLERAY (F.), *Essai sur la structure du contentieux administratif français. Pour un renouvellement de la classification des principales voies de droit ouvertes devant les juridictions à compétence générale,* Bibliothèque de droit public, LGDJ,2001.

[1126] MORAND (J.), *Cours de droit administratif,* Montchrestien, p. 776.

vise directement la satisfaction des intérêts personnels du requérant, à faire respecter ses droits et libertés subjectifs.

De la lecture de la jurisprudence constitutionnelle béninoise, il nous semble opportun d'ajouter *le recours dans l'intérêt de l'ordre constitutionnel.* Cette distinction est opératoire en contentieux constitutionnel béninois, ainsi *le recours subjectif* et *le recours dans l'intérêt de l'ordre constitutionnel* ont un régime plus avantageux, c'est-à-dire sont largement plus admis que *le recours objectif.* Citons quelques points précisément de ce régime avantageux. Certains sont limités au *recours subjectif* à l'exclusion du *recours dans l'intérêt de l'ordre constitutionnel* :

- La Cour peut se prononcer d'office, ce qui signifie qu'on est en présence d'une arme à double détente : si le requérant n'a pas pris soins de se conformer aux conditions de saisine, la Cour peut d'office sauver son recours[1127] *et se prononcer sur le fond, ce qui n'est pas le cas en matière de recours objectif;*

- Le délai pour statuer est plus court qu'en matière de recours objectif. Il est de 8 jours ;

- La Cour peut admettre le principe de réparation des dommages créés au requérant[1128] *;*

- Le champ des actes présumés inconstitutionnels est plus étendu que dans le cadre du recours objectif et inclut aussi bien des actes juridiques que des faits ; les actes de l'Exécutif que ceux du pouvoir judiciaire. Ainsi la Cour rappelle de manière constante qu'en matière des droits de l'homme, ses décisions priment sur celles de toutes les autres juridictions. Il a été jugé qu'en s'abstenant de tirer toutes les conséquences de la décision de la Haute juridiction constitutionnelle, ayant déclaré contraire à la Constitution l'Arrêt de la Cour d'appel, la Chambre judiciaire de la Cour suprême a méconnu l'autorité de la chose jugée attachée à la décision de la Cour constitutionnelle[1129].

[1127] V° par exemple DCC06-077 du 27 juillet 2006, *LOKOSSOU Edmond.*
[1128] V° par exemple DCC 06-060 du 20 juin 2006, *KAKPO Donatien.*
[1129]DCC 09-087 du 13 août 2009, *Alphonse MENONKPINZON et consorts.*

- Le désistement est inopérant. Il s'agit du principe de l'indisponibilité. Les intérêts en présence apparaissent aussi importants que l'on enlève au requérant la libre disposition de son droit d'agir.

Examinons maintenant la conception des *actes présumés inconstitutionnels* dans le cadre de chacune de ces trois formes de recours.

- *Recours objectif. Le recours objectif* en contentieux constitutionnel béninois est prévu à l'article 3, alinéa 3 *: « Toute loi, tout texte réglementaire et tout acte administratif contraires à ces dispositions [Constitution] sont nuls et non avenus. En conséquence, tout citoyen a le droit de se pourvoir devant la Cour constitutionnelle contre les lois, textes et actes présumés inconstitutionnels ».*Nous verrons plus loin que le constituant fait à travers cette disposition une confusion entre *acte réglementaire* et *acte administratif individuel.* Quoiqu'il en soit, lorsque le requérant agissant sur le fondement de l'article 3, alinéa 3, conteste une loi, un acte réglementaire ou administratif individuel et n'évoque pas la violation d'un droit fondamental ou d'une liberté et que la requête ne comporte pas, au terme d'un contrôle d'office de la Cour pareille question, la Haute juridiction se montre plus stricte dans la catégorie des actes susceptibles d'être querellés. Par conséquent, la saisine du Prétoire est plus restreinte que dans le cadre du *recours subjectif.*

Dans le cadre du *recours objectif*, la Cour a ainsi jugé que les décisions de justice ne figurent pas dans l'énumération de l'article 3, alinéa 3, elle se déclare dès lors incompétente[1130], sauf s'il y a violation des droits de la personne humaine[1131], de même que les actes de l'Administration qui n'ont paradoxalement pas le caractère administratif.

Pour ce qui est des actes non administratifs, elle a depuis longtemps affirmé qu'aux termes des dispositions de l'article 3, alinéa 3 de la Constitution, une émission radiophonique de même que la décision non écrite de reporter ou d'annuler ladite émission, ne peuvent constituer des actes administratifs susceptibles d'être déférés devant elle[1132]. Il en va de même d'un message porté qui, en dépit de multiples investigations tant auprès du requérant que

[1130] DCC 03-123 du 20 août 2003, *GOULOU Théophile.*
[1131] DCC 04-014 du 17 février 2005, *TAMMASSE Jacob.*
[1132] Décision 16 DC du 03 juin 1993, *Président de l'Assemblée Nationale.*

du Ministre des Finances, est demeuré introuvable[1133]. Elle se déclare également incompétente à contrôler la bonne interprétation musicale de l'hymne nationale, le requérant faisait valoir que des fausses notes avaient été émises lors de l'exécution de l'hymne nationale et invitait la Cour à sanctionner ces fausses notes. Dans une affaire comparable, la Cour décline sa compétence pour rappeler, comme le souhaitait le requérant, les bonnes proportions du drapeau national[1134] ; dans le même ordre d'idées, elle décline sa compétence pour préciser les dimensions et le graphisme des armoiries républicaines[1135].

C'est sur le fondement de cette disposition qu'elle refuse également de contrôler des actes qui ne sont pas techniquement des actes administratifs unilatéraux. Il en va ainsi des actes préparatoires, plus globalement des actes non décisoires, des actes non exécutoires, des actes de gouvernement, des mesures d'ordre. Elle a clairement précisé que les actes non décisoires[1136], c'est-à-dire qui ne modifient pas l'ordonnancement juridique ne sont pas des actes administratifs. Pareil pour un communiqué signé du SG à la Présidence, qui est une mesure préparatoire non susceptible de recours[1137]. Il en va de même de l'annonce faite par le PR d'accorder une grâce présidentielle, la décision non écrite de reporter ou d'annuler une élection[1138], l'acte préparatoire à la loi n'est pas une loi[1139], le recours d'un citoyen contre des prévisions budgétaires qui ne sont que des projets et non des actes administratifs au sens de l'article 3, alinéa 3 est irrecevable[1140]. Une déclaration qui ne viole pas les droits de la personne humaine échappe à la compétence de la Cour[1141]. La Cour rappelle qu'il résulte des dispositions de l'article 3, alinéa 3 qu'en dehors des lois et règlements, seuls les actes administratifs sont susceptibles du recours devant la Cour

---

1133 DCC 95-043 du 12 décembre 1995, *Honoré HOUEZE.*
1134 DCC 13-113 du 05 septembre 2013, *Firmin MEDENOUVO.*
1135 DCC 13-087 du 16 aout 2013, *Firmin MEDENOUVO* et DCC 13-088 du 16 août 2013, *Firmin MEDENOUVO.*
1136 DCC14-095 du 15 mai 2014, *Marius DAKPOGAN.*
1137 DCC14-158 du 28 aout 2014, *Noel Olivier KOKO.*
1138 16 DC du 03 juin 1993, *Président de l'Assemblée Nationale.*
1139 DCC 05-072 du 28 juillet 2005, *Serge PRINCE AGBODJAN.*
1140 DCC 06-036 du 04 avril 2006, *ENAGNON Robinson ; DCC 06-037 de la même date, KOTINHOUINZANOU Théodore et consorts.*
1141 DCC 06-083 du 27 juillet 2006, *DJOSSOU Emile.*

constitutionnelle[1142]. L'acte préparatoire n'est pas un acte administratif[1143], de même qu'une lettre contenant des instructions, il s'agit d'un acte préparatoire[1144] ; par conséquent, il ne saurait être déféré au contrôle de constitutionnalité. Une Circulaire qui par définition n'a pas force exécutoire ne relève pas de la catégorie d'actes de l'Exécutif soumis à contrôle[1145], de même qu'un avis[1146]. Il a été jugé que la procédure d'appel à candidature créée par la HAAC constitue une mesure préparatoire de nomination ; en conséquence, elle ne saurait être considérée comme une décision susceptible d'être déférée au contrôle de constitutionnalité[1147]. A propos d'un prétendu engagement à soumettre au référendum le projet de révision de la Constitution par le PR, la Cour juge que le message radio n'est ni une loi, ni un texte à soumettre au contrôle de constitutionnalité[1148]. Elle reconnait par ailleurs la notion française *« d'acte de gouvernement »* par définition non susceptible de recours juridictionnel[1149].

Pour ce qui est des actes juridictionnels, la Cour a reconnu que les ordonnances sur requête étant des actes de juridiction gracieuse et non des mesures d'administration judiciaire, font partie de la catégorie des décisions visées à l'article 131 de la Constitution qui ne sont susceptibles d'aucun recours et s'imposent à toutes les juridictions. En conséquence, les recours dont elles font l'objet sont irrecevables. Selon l'article 131, il est formellement interdit non seulement aux parties, mais encore à quiconque, de remettre en question, devant quelque juridiction que ce soit, ce qui a été jugé par la Cour suprême dans son domaine de compétence. Corrélativement la même interdiction est faite à toutes juridictions de connaitre desdites

[1142] DCC 98-020 du 11 mars 1998, *Société Nationale pour la Promotion Agricole « SONAPRA »*.

[1143] DCC 03-038 du 12 mars 2003, *DAVO Bernard ;* DCC 01-073 du 13 août 2001, *HOUNTONDJI Victor* ; DCC 03-023 du 27 février 2003, *KOHOUNFO Moïse ;* DCC 01-073 du 13 aout 2001, *HOUNTONDJI Victor ;* DCC 03-023 du 27 février 2003, *KOHOUNFO Moïse.*

[1144] DCC 97-047 du 13 aout 1997, *GBAGUIDI Athanase.*

[1145] DCC 96-063 du 26 septembre 1996, *Maitre d'ALMEIDA Grâce.*

[1146] Décision 16 DC en date du 3 juin 1993, *op.cit.*

[1147] DCC 99-039 du 28 juillet 1999, *ACCROMBESSI Victor.*

[1148] DCC 08- 094 du 21 août 2008.

[1149] DCC 27-94 du 24 aout 1994, *Président de l'Assemblée Nationale.*

décisions[1150] (y compris la Cour constitutionnelle). Dans une autre décision, elle souligne qu'un jugement n'étant ni une loi, ni un texte réglementaire, ni un acte administratif au sens de l'article 3, alinéa 3 de la Constitution, son contrôle ne relève pas de la compétence de la Cour constitutionnelle[1151].

- *Recours subjectif.* Son fondement peut être tiré de l'article 121 de la Constitution. La Haute juridiction n'est incompétente pour des actes ci-dessus énumérés que pour autant que la requête ne soulève une question des droits fondamentaux ou des libertés publiques. Ainsi, elle n'est par exemple incompétence pour les décisions de justice que pour autant qu'elles ne violent pas les droits fondamentaux[1152], ce qui signifie clairement que le champ des actes soumis à sanction en matière de *recours subjectif* est plus étendu. Il est évident que les droits de la personne peuvent être violés non seulement par des actes juridiques mais aussi des opérations purement matérielles, une telle extension s'explique dès lors logiquement. Dans une série de décisions rendues en 2013, la Cour juge que *le Coutumier du Dahomey* fixé par la *Circulaire A.P. 128 du 19 mars 1931* ne peut servir de base légale à une décision judiciaire et aucune juridiction ne saurait asseoir sa décision sur un principe ou règle censé porter atteinte aux droits fondamentaux de la personne humaine. Dans le cas d'espèce, *l'Arrêt n° 95/98* rendu par la Cour d'appel de Cotonou a méconnu la Constitution en ses articles 26 et 34 et la CADHP en son article 3 qui prescrit l'égalité de tous devant la loi, sans distinction d'origine, de race, de sexe, de religion et affirme que l'homme et la femme sont égaux en droit[1153].

- *Recours dans l'intérêt de l'ordre juridique.* Son fondement est entre autres l'article 114 de la Constitution. La spécialité et l'existence de ce que nous avons choisi d'appeler *« le recours dans l'intérêt de l'ordre constitutionnel »* vient de ce que la Cour examine la requête sur le fond, alors même que l'acte attaqué ne figure pas dans le champ des actes de l'article3, alinéa 3 (recours

---

[1150] V° DCC 98-021 du 11 mars 1998, *Société Nationale pour la Promotion Agricole « SONAPRA » ;* DCC 98-022 du 11 mars 1998, *Société Nationale pour la Promotion Agricole « SONAPRA ».*

[1151] DCC 02-141 du 19 décembre 2002, *HADOUNOU Daniel ;* DCC 03-166 du 11 nov. 2003, *Maitre FELIHO Florentin.*

[1152] DCC 06-049 du 05 avril 2006, *GBABIRI Issifou ;* DCC 05-92 du 30 août 2005, *KPANGON Hubert ;* DCC 05-097 du 30 aout 2005, *Héritiers feu YEHOUENOU José.*

[1153] DCC 13-082 du 09 aout 2013, *Marcelline GBEMENOU.*

objectif) et ne soulève non plus une question de droits fondamentaux de la personne humaine ou des libertés publiques (recours subjectif prévu à l'article 121 de la Constitution). Au nom de quoi donc la Cour examine la requête sur le fond ? Avant de répondre à cette question, présentons quelques illustrations :

En 1996, le Général Mathieu KEREKOU, vainqueur des élections de 1996 qui l'opposent au Président sortant, Nicéphore SOGLO, revient au pouvoir. Lors de la prestation solennelle de serment, le Général omet intentionnellement de mentionner *« les Mânes des Ancêtres »*. Pour rappel, aux termes de l'article 53 de la Constitution : *« Avant son entrée en fonction, le président de la République prête le serment suivant : 'Devant Dieu, les Mânes des Ancêtres, la Nation et devant le Peuple béninois, seul détenteur de la souveraineté ; Nous........, président de la République, élu conformément aux lois de la République jurons solennellement : - de respecter et de défendre la Constitution que le Peuple béninois s'est librement donnée ; - de remplir loyalement les hautes fonctions que la Nation nous a confiées ; - de ne nous laisser guider que par l'intérêt général et le respect des droits de la personne humaine, de consacrer toutes nos forces à la recherche et à la promotion du bien commun, de la paix et de l'unité nationale ; - de préserver l'intégrité du territoire national ; - de nous conduire partout en fidèle et loyal serviteur du peuple. En cas de parjure, que nous subissions les rigueurs de la loi. ' Le serment est reçu par le président de la Cour constitutionnelle devant l'Assemblée nationale et la Cour suprême »*.L'omission par le Président KEREKOU du membre de phrase relatif aux *« Mânes des ancêtres »*, serait, selon le requérant, intentionnelle, il traduirait un certain dédain du culte des ancêtres ; argument d'autant plus pertinent qu'entre 1991, date à laquelle KEREKOU quitte le pouvoir et 1996 où il revient, il s'est converti au christianisme. Le refus sibyllin de mentionner les *« Mânes des ancêtres »* viserait donc à rejeter ce qu'il considère visiblement comme des croyances non christiques. Attitude non moins contraire à l'article 53 de la Constitution. Ce qui nous intéresse davantage dans ce cas jurisprudentiel, est que le requérant, Monsieur GANGBE Aurélien, ne s'attaque ni à un acte administratif, au sens de l'article 3, alinéa 3, ni ne fait état des violations des droits subjectifs au sens de l'article 121, alinéa 2. Toutefois, le juge constitutionnel reçoit favorablement sa requête, il rappelle que la formule du serment de l'article

53 est une *« formule sacramentelle »*[1154], il invalide le serment prononcé et ordonne la reprise de la cérémonie de prestation de serment.

En août 2014, la Cour a, suivant la requête d'un citoyen, sanctionné des *« propos »* de Madame la Ministre de l'Agriculture et de l'Elevage, elle avait au cours de l'émission *« Zone franche »* du 20 juillet 2014, sur la chaine de Télévision Canal 3, laissé entendre que le Président du Benin pût prétendre à un troisième mandat présidentiel à la demande du Peuple. Selon l'argumentaire, du reste erroné, développé par la Ministre, c'est le Président américain Franklin ROOSVELT qui, fatigué d'exercer le pouvoir, institua la limitation de mandat, cette limitation ne devrait dès lors pas être, selon ses propos, interprétée de manière absolue, le dernier mot devant revenir au Peuple souverain. La Cour constitutionnelle a estimé que ces *« propos »* sont contraires non seulement à l'article 42, mais aussi à l'article 124, alinéa 3 de la Constitution (autorité de chose jugée)[1155]. Les déclarations de la Ministre étaient d'autant plus tendancieuses que dans la décision susmentionnée de la Cour, rendue en 2012, elle a sanctionné la loi sur les conditions du recours au referendum votée par l'AN, au motif qu'elle ne reprenait pas toutes les options de la CFVN notamment : « *Le mandat présidentiel de cinq ans, renouvelable une seule fois ; la limite d'âge de 40 ans au moins et 70 ans au plus pour tout candidat à l'élection présidentielle ; le type présidentiel du régime politique au Bénin »*[1156]. Quoiqu'il en soit, il est clair que ce n'est ni un acte juridique, ni les droits fondamentaux de la personne qui furent en cause dans le cas d'espèce, mais une règle essentielle de l'ordre constitutionnel.

En novembre 2014, des citoyens introduisent des requêtes contre une lettre ouverte largement diffusée, adressée au Président Boni YAYI, par laquelle Monsieur Latifou DABOUTOU l'invite, au terme de son second et dernier mandat, à réviser la Constitution pour prétendre à un nouveau mandat. Malgré le fait que le recours est dirigé contre une lettre qui en principe dans le cadre du recours objectif de l'article 3, alinéa 3 serait irrecevable, et qu'il ne soulève nullement une question de droits fondamentaux, la Cour se prononce sur le fond. Elle rappelle que la révision de la Constitution résultant de la mise en œuvre du pouvoir constituant dérivé ne peut détruire

---

[1154]DCC 96-017 du 05 avril 1996, *GANGBE Aurélien,Obs.,Ismaïla Madior FALL, ABJC, pp. 280-289.*

[1155] DCC 14-156 du 19 aout 2014, *Jean Claude DOSSA, op.cit.*

[1156]DCC 11-067 du20 octobre 2011, *Président de la République, op.cit.*

l'ordre constitutionnel. La Cour conclut qu'en invitant par une lettre ouverte largement diffusée, le Président, au terme de son second et dernier mandat, à réviser la Constitution pour prétendre à un nouveau mandat, Monsieur Latifou DABOUTOU a violé la Constitution[1157].

Il appert clairement que ces différentes hypothèses touchent à l'essence même de l'ordre constitutionnel. Ceci montre que la Cour a une approche fonctionnelle de la recevabilité des requêtes. Pour mieux comprendre les raisons pour lesquelles elle se prononce d'office, il est important de relire l'article 114 de la Constitution qui résume par ailleurs notre classification tripartite des recours en contentieux constitutionnel béninois : *« La Cour Constitutionnelle est la plus haute juridiction de l'État en matière constitutionnelle. Elle est juge de la constitutionnalité de la loi et elle garantit les droits fondamentaux de la personne humaine et les libertés publiques. Elle est l'organe régulateur du fonctionnement des institutions et de l'activité des pouvoirs publics ».*Il ressort de cette disposition trois fonctions essentielles auxquelles correspondent trois formes de recours :

- *Elle est juge de la constitutionnalité de la loi (recours objectif) ;*
- *Elle garantit les droits fondamentaux de la personne humaine et les libertés publiques (recours subjectif) ;*
- *Elle est l'organe régulateur du fonctionnement des institutions et de l'activité des pouvoirs publics (recours dans l'intérêt de l'ordre constitutionnel).*

4) Les délais d'action

Un délai spécial d'action est prévu par *la loi organique n° 94-027 du 15 juin 1999 relative au Conseil Supérieur de la Magistrature.* L'article 20, alinéas 3 et 4 dispose que *« la décision du Conseil Supérieur de la Magistrature n'est susceptible d'aucun recours, sauf en cas de violation des droits de la personne humaine et des libertés publiques. Le recours le cas échéant contre la décision doit intervenir dans un délai de trois (3) jours pour compter de la notification ».* La Cour veille au respect de ce délai. Elle a jugé dans les faits que le requérant n'a pas respecté le délai de saisine de (3) trois mois, imparti à l'article 20 de *la loi n° 94-057 du 15 juin 1999 sur le CSM.* Il y a lieu de

[1157]DCC 14-199 du 20 novembre 2014, *Latifou Daboutou.*

dire et de juger que le requérant est forclos et sa requête doit être déclarée irrecevable. Dans une décision rendue en 2014, elle déclare forclos un requérant qui avait agi 4 jours après la notification de la décision du CSM[1158].

Si la Cour n'exige pas un intérêt juridique à agir, elle juge en revanche qu'il n'y a pas lieu à statuer lorsque la situation du requérant est en cours de régularisation[1159], lorsque la requête est devenue sans objet parce que la situation est irrémédiablement compromise[1160], lorsque les faits se sont produits dans un passé tel qu'il n'est plus possible d'établir leur matérialité, lorsqu'il n'y a pas de preuve[1161], ou encore lorsqu'il est établi que le requérant a obtenu gain de cause avant l'issue de l'action engagée devant la Cour constitutionnelle[1162].

5) Moyens d'inconstitutionnalité

Deux points sont à mentionner : les moyens d'inconstitutionnalité doivent être précis, ils doivent en outre être sérieux.

- *Précisions :* la requête doit mentionner les actes présumés inconstitutionnels et dire en quoi les dispositions constitutionnelles ont été violées, il ne suffit pas de les énumérer[1163]. Même si la Cour dispose de véritables pouvoirs d'instruction lui permettant d'apporter un certain nombre d'éclairages sur l'affaire, il est recommandé au requérant d'établir par lui-même la preuve de ses allégations. Dans bien des cas, la Cour juge qu'il n'y

---

1158 DCC 14-123 du 03 juillet 2014, *Collectif des Avocats de Justin GBENAMETO, représenté par Maitre Casimir-Marin HOUNTO.*

1159 DCC 06-005 du 12 janvier 2006, *Cour constitutionnelle ;* DCC 06-10 du 17 juin 2006, *HOUNYE et consorts (elle en a jugé ainsi, à propos de la requête d'un citoyen, victime d'expropriation et en cours de dédommagement).* Il en va ainsi lorsque la Cour suprême est en train de statuer sur le cas (DCC 06-042 du 04 avril 2006, *Serge PRINCE AGBODJAN* ; DCC 05-150 du 1er décembre 2005, *TCHITOU Machoudi ;* DCC05-019 du 20 décembre 2005, *ABDOU Mahommed).*

1160 Elle estime ainsi que la requête est devenue sans objet, dès lors que les élections sont terminées ; DCC 06-035 du 04 avril 2006, *CAKPO Robert.*

1161 DCC 06-029 du 14 février 2006, *BADOU Catherine.*

1162 DCC 05-047 du 26 mai 2005, *AMOUSSOU-GUENOU Wilfried (A propos d'un gendarme qui croyait être frappé par une sanction disciplinaire alors que les rapports du Conseil de discipline avaient été invalidés pour irrégularités).*

1163 DCC 07-104 du 22 aout 2007, *NOUGBODOHOUE Sylvain.*

a pas lieu de statuer dès lors que les déclarations des parties sont contradictoires[1164]. Toutefois, en pareille hypothèse, elle juge que l'agent a violé l'article 35, soit parce qu'il a mal tenu les registres, soit parce qu'il a négligé d'y porter une mention, par exemple l'évasion d'une personne gardée à vue[1165]. En matière de *recours objectif,* les choses sont plus simples, il suffit de produire une copie de l'acte que l'on estime inconstitutionnel à l'appui de la requête. En matière de *recours subjectif,* les choses ne sont pas évidentes, si la violation est fondée sur un acte, la preuve sera comme dans le cas précédent, facile à établir, en revanche, lorsqu'il s'agit des faits, les preuves doivent être convaincantes. Si le requérant se plaint par exemple de mauvais traitements, un certificat médical délivré par un médecin et comportant des mentions précises et des éléments permettant d'établir le lien de causalité entre ces mentions et les violences alléguées doit être fourni. Le certificat médical permet simplement d'apprécier *le pretium doloris*[1166], il faut en plus établir le lien de causalité. Le témoignage n'est pas suffisant, car dans bien des cas, la Cour, après son instruction, a jugé les déclarations des parties contradictoires ou alors qu'aucun élément du dossier ne lui permet d'établir sa religion à bon escient[1167].

- *Sérieux :* ce critère, en matière de recours directs, permet d'écarter des recours fantaisistes. L'exploitation de la jurisprudence laisse apparaitre un nombre important de recours dont on cherche en vain l'intérêt, tant du point de vue du préjudice subi que du profit escompté : on citera le cas de ce requérant visiblement méticuleux et tatillon qui invitait la Cour à bien vouloir préciser les différentes dimensions des bandes du drapeau national[1168], ou encore la demande faite à la Cour de sanctionner l'émission des fausses notes musicales pendant l'interprétation de l'hymne nationale[1169]. L'exigence de recours sérieux pose également le problème de la preuve de l'inconstitutionnalité. A propos de la liberté syndicale, la Cour a par exemple affirmé qu'aucun élément du dossier ne permettait de conclure à la violation

---

1164 DCC 05-041 du 19 mai 2007, *Cour constitutionnelle.*
1165 DCCC 05-040 du 19 mai 2005, *op.cit.*
1166 DCC-06 -055 du 19 avril 2006, *GBODO Grégoire.*
1167 DCC-054 du 19 avril 2006, *AHOUANDJINOU Pierre.*
1168 DCC 13-113 du 05 septembre 2013, *Firmin MEDENOUVO, op.cit.*
1169 *Ibidem.*

d'une liberté syndicale, il n'y a pas lieu à statuer en l'état en ce qui concerne l'entrave à cette liberté[1170].

Notons que la Cour a comme le Conseil constitutionnel français non seulement le pouvoir de soulever ce que l'on appelle les *« conclusions d'office »*, de plus fort, celui de soulever d'office des moyens que les saisissants ont volontairement ou involontairement négligés.

B) Procédure du recours indirect

Le recours indirect que l'on appelle encore improprement *« le recours incident »* ; *« le recours par voie d'exception »* ; ou encore *« l'exception d'inconstitutionnalité »* comporte également un certain nombre de règles. Il est important d'insister sur : la forme du recours (1) ; l'acte présumé inconstitutionnel, c'est le lieu de dire que le juge constitutionnel béninois distingue curieusement entre les actes qui peuvent être attaqués par la voie d'un recours direct, de ceux qui peuvent être attaqués par la voie d'un recours indirect. Le recours indirect ne peut porter selon la Cour que sur une « loi », cette interprétation comme on le verra est contestable. Toutefois, il faut dire nonobstant cette restriction que la Cour reste toujours maitresse quant à la possibilité d'exercer son contrôle d'office du respect des droits subjectifs, contrôle prévu à l'article 121 alinéa 2 ; ou encore son contrôle d'office dans *« l'intérêt de l'ordre constitutionnel »,* selon la terminologie que nous avons consacrée ci-avant ; et ce conforment à l'article 114 de la Constitution (2). Le juge constitutionnel a également dégagé la règle de non cumul du recours direct et indirect, que l'on peut appeler *principe de non cumul* ou *« règle electa una via* » (*« choisir une seule voie »).*Il déclare la requête irrecevable en cas de violation de ladite règle (3). Autre point important à souligner : le recours indirect doit respecter l'autorité de chose jugée de l'article 121, alinéa 2. La Cour vise à éviter que les requérants n'essaient de remettre en cause par la voie du recours indirect, ce qui a été définitivement jugé par la voie du recours direct ou même par la voie du recours indirect dans un cas similaire (4). Pour terminer, des précisions s'imposent au niveau des moyens d'inconstitutionnalité ; il ressort de l'analyse de la jurisprudence qu'un bon nombre de requérants aient tenté un

---

[1170] DCC 01-055 du 27 juin 2001, *Collectif des agents SUNTREV-BENIN (AGUESSY Anicet).*

abus de procédure, en invoquant l'exception d'inconstitutionnalité à des fins dilatoires. Cela n'a pas échappé aux sages de la Cour (5).

1) Forme du recours incident

L'exception d'inconstitutionnalité doit être introduite par une décision de la juridiction devant laquelle elle a été soulevée[1171].Ceci résulte de l'article 41 du RI de la Cour : *« L'exception d'inconstitutionnalité prévue à l'article 24 de la loi organique sur la Cour Constitutionnelle peut être soulevée à tout moment de la procédure devant la juridiction concernée. Celle-ci* ***doit*** *saisir la Cour Constitutionnelle dans les délais* ***de huit (08)*** *jours au plus tard et* ***surseoir à statuer*** *jusqu'à la décision de la Cour »*[1172].La Cour a rappelé que l'exception d'inconstitutionnalité ne peut directement lui être portée, elle doit nécessairement être soulevée en cours d'instance devant la juridiction saisie du litige principal[1173]. Dans plusieurs décisions, la Cour rappelle que lorsqu'une juridiction est saisie de l'exception d'inconstitutionnalité, elle est tenue de la transmettre dans les conditions de l'article 24 de la loi organique. Cette disposition comporte trois points qu'il faut souligner :

- L'usage du verbe « devoir » implique clairement que la juridiction ordinaire ne dispose pas d'un pouvoir d'appréciation, elle est tenue de transmettre la question quoiqu'elle lui paresse saugrenue.

- Elle doit user de diligence pour transmettre la question, la disposition institue un terme qui est de (8) huit jours, ce qui suppose qu'elle peut le faire avant, mais ne doit pas en tout cas dépasser les (8) huit jours. Dans plusieurs espèces, la Cour sanctionne les juges ordinaires pour n'avoir pas transmis l'exception d'inconstitutionnalité à temps. Elle qualifie ce retard de violation de l'article 35 de la Constitution qui prescrit aux agents chargés d'une fonction publique, les devoirs de conscience et de dévouement et l'article 7.1. d) de la CADHP qui prescrit entre autres, l'exigence du délai raisonnable en matière de justice[1174].

[1171] DCC 07-016 du 14 février 2007, *FAGBOHOUN Séfou.*

[1172] DCC 07-169 du 27 décembre 2007, *TANDJI Christophe ;* DCC 05-140 du 17 novembre 2005, *YASUNNU Magloire.*

[1173] DCC 07-151 du 22 novembre 2007, *CISSE Mamadou.*

[1174] V° par exemple DCC 05-140 du 25 octobre 2005, *YELOUASSI Louis Marie.* Dans cette espèce, la Cour juge que la CS en s'abstenant de transmettre dans les

- *La juridiction saisie doit « surseoir à statuer » jusqu'à ce qu'intervienne la décision de la Cour constitutionnelle.* On comprend dès lors l'importance des requêtes dilatoires et des irrecevabilités corrélatives déclarées par la Cour constitutionnelle.

2) L'acte présumé inconstitutionnel

Le recours indirect ne peut porter que sur la question de conformité à la loi. Dans une décision rendue en 2013, après avoir rappelé que l'exception d'inconstitutionnalité doit porter sur une question de conformité à la Constitution d'une loi applicable au procès en cours, la Cour définit ce qu'on doit entendre par loi au sens de l'article 122 de la Constitution. La loi s'entend *« d'une règle écrite générale et permanente, votée par un Parlement et promulguée par une autorité compétente »*[1175]. Elle juge dans les faits que *« la Convention de Vienne sur les relations diplomatiques »* n'est pas une loi *stricto sensu*, pouvant être soumise à un contrôle de conformité à la Constitution[1176]. De même, l'exception d'inconstitutionnalité qui porte non sur la violation de la loi, mais sur la question de *« la violation des droits de la défense »*[1177] ; sur *« la violation des dispositions de la Constitution »*[1178] ; sur un Acte uniforme qui est un acte communautaire ne pouvant être assimilé à une loi, est irrecevable[1179]. Dans le même sens, il a été jugé que l'exception d'inconstitutionnalité doit porter sur la violation de la Constitution par la loi et non la violation d'un article d'un Acte uniforme OHADA par les Statuts d'une société commerciale[1180] . La Cour rappelle que l'exception d'inconstitutionnalité doit porter sur la question de conformité à la Constitution d'une loi applicable au procès en cours et non sur la violation des *«dispositions de la Constitution qui consacrent et protègent la famille, la femme et l'enfant »,* une telle affirmation est –selon la Cour, évasive. Par ailleurs, elle juge qu'en invoquant l'inconstitutionnalité de l'article 181de l'Acte uniforme OHADA portant organisation des

délais l'exception d'inconstitutionnalité, a violé la Constitution lue en combinaison avec la CADHP.

[1175] DCC 05-021 du 22 mars 2005, *Président de la Cour d'Appel de Cotonou.*

[1176] DCC 13-144 du 1er octobre 2013, *Noel AHOUNOU.*

[1177] DCC 13-154 du 17 octobre 2013, *Société Grands moulins du Bénin (GMB).*

[1178] DCC 13-160 du 29 octobre 2013, *Julienne BOCCO.*

[1179]DCC 12 – 128 du 12 juin 2012, *Vital AHOUANSE (requête transmise par le Président du Tribunal de Première Instance de Deuxième Classe d'Allada).*

[1180] DCC 07-151 du 22 novembre 2007, *CISSE Mamadou.*

procédures simplifiées de recouvrement et des voies d'exécution, le requérant ne s'est pas conformé aux prescriptions constitutionnelles. Il découle de l'article 122 de la Constitution et d'une jurisprudence constante que l'exception d'inconstitutionnalité ne peut porter sur une décision de justice[1181], ou une demande de rétractation d'une ordonnance judiciaire[1182]. Le fait de soulever l'exception d'inconstitutionnalité pour *« violation des droits de la défense »*est inopérant. La Haute juridiction rappelle qu'une exception d'inconstitutionnalité qui ne porte pas sur une loi mais sur une procédure en cours[1183] ou sur une procédure tout simplement[1184], sur une détention[1185], sur le refus du juge d'appliquer une règle du CPC[1186], sur la teneur d'une ordonnance[1187], sur un Arrêté portant retrait des parcelles, annulation de permis d'habiter et confirmation du droit de propriété[1188], sur des faits ou une ordonnance [1189], est irrecevable. Une exception d'inconstitutionnalité évoquée par un citoyen, qui ne porte pas sur une loi, mais vise à faire déclarer abusive et contraire à la Constitution sa garde à vue, est irrecevable[1190] ; de même que lorsqu'elle fait grief à une *décision de justice*[1191] ou à la procédure de délivrance d'un certificat administratif ou un titre foncier[1192] d'avoir violé la Constitution. De manière surprenante la Cour juge également que l'exception d'inconstitutionnalité ne peut porter sur un décret[1193].

- *Observations critiques.* Un commentaire s'impose après la présentation de ces différents recours. Il y a une inégalité entre la procédure du recours direct et celle du recours incident. On ne comprend pas pourquoi le juge se

---

[1181] DCC 07-048 du 03 juillet 2007, *Collectif des présumés propriétaires de parcelles à Fifayi Yenawa.*

[1182] DCC 06-031 du 27 février 2006, *GASPAC-ONG.*

[1183] DCC 02-011 du 07 février 2002, *Maitre Robert DOSSOU.*

[1184] DCC13-001 du 15 janvier 2013, *op.cit.*

[1185] DCC 99-054 du 29 décembre 1999, *DASSI Adamon.*

[1186] DCC 07-106 du 09 octobre 2007, *POGNON Yaya et MOUSTAPHA Issiaka.*

[1187] DCC 07-136 du 20 novembre 2007, *ATINDEHOU Gilbert.*

[1188] DCC 05-012 du 15 février 2005, *ESSOU Pascal.*

[1189] DCC 05-075 du 2 juillet 2005, *MAGAZI Mamah.*

[1190] DCC 98-070 du 24 aout 1998, *Chambre d'accusation de la Cour d'Appel de Cotonou.*

[1191] DCC 97-041 du 12 aout 1997, *Maitre ATITA Kato ; DCC 97-042 du 12 aout 1997, DJAKOUE Kouessan.*

[1192] DCC 05-106 du 06 septembre 2005, *Héritiers feu ZOHOUN Hector.*

[1193] DCC 07-041 du 16 mai 2007, *DEGUENON Abdon.*

montre figé à la loi, acte de l'organe législatif dans la procédure d'exception d'inconstitutionnalité, alors qu'il admet l'action dirigée contre tous les actes de l'article 3, alinéa 3 de la Constitution lorsqu'il est saisi directement et dans le cadre du *recours subjectif* et du recours dans *l'intérêt de l'ordre constitutionnel,* des propos, et autres actes matériels. Sans doute l'exigence de contester une norme juridique plutôt que des faits matériels, vise pour le juge constitutionnel à éviter que l'affaire soulevée devant le juge ordinaire ne se transporte finalement devant la Cour constitutionnelle, mais alors dans cette hypothèse, il devrait pouvoir tout aussi admettre l'exception d'inconstitutionnalité dirigée contre un acte réglementaire ou administratif unilatéral individuel qui constituent également des normes juridiques et non des faits. On ne comprend pas pourquoi un requérant qui, de par l'article 3 alinéa 3, peut attaquer une loi, un acte réglementaire ou un acte administratif, ne pourrait pas en revanche attaquer par la voie indirecte, un décret qui est un acte administratif. Une décision rendue en 2012 laisse penser que l'exception d'inconstitutionnalité peut porter sur *des lois ; des textes réglementaires des actes administratifs sous peine d'irrecevabilité* [1194]. Supposons que c'est l'article 122 à l'exclusion de l'article 3, alinéa 3 de la Constitution qui soit applicable en cette matière, cette disposition parle des *« lois »,* rien n'empêchait la Cour d'opter pour une conception *lato sensu.* Le terme *« lois »* de l'article 122 nous semble générique, il devrait être lu en combinaison avec l'article 3, alinéa 3 : *« (...) Toute loi, tout texte réglementaire et tout acte administratif contraires à ces dispositions sont nuls et non avenus. En conséquence, tout citoyen a le droit de se pourvoir devant la Cour constitutionnelle contre les lois, textes et actes présumés inconstitutionnels ».* Selon cette interprétation, on devrait admettre pour l'exception d'inconstitutionnalité *« toute loi, tout texte réglementaire et tout acte administratif » ;* et le vocable *« pourvoir »* de l'article 3, alinéa 3 devrait être compris comme valable pour *« le recours direct et indirect ».* La situation n'est pas alarmante, dans la mesure où le citoyen jouit du recours direct qui, comme on le voit, est facilement actionnable que le recours indirect. Les choses ne sont sans doute pas égales, si les délais au terme desquels la Cour doit rendre sa décision sont en principe de (15) jours en cas de recours direct, avec possibilité en cas de procédure d'urgence d'être ramenés à (8) jours (article 120 de la Constitution), ils sont de (30) jours en principe en matière de recours indirect avec possibilité d'être ramenés à (8)

[1194] DCC 12-006 du 24janvier 2012, *Gilles SODONON (Procureur Général près la Cour d'Appel de Cotonou.*

jours au cas où serait en cause une question des droits fondamentaux. Le juge constitutionnel devrait dès lors revoir sa jurisprudence sur ce point.

3) Principe de non cumul

Il signifie comme on l'a souligné plus haut, que le justiciable doit choisir entre l'action directe et l'exception d'inconstitutionnalité, il ne peut pas les exercer concurremment. Ainsi dans une décision rendue en 2013,la Cour souligne très clairement qu'il résulte de l'article 122 de la Constitution que le citoyen a le choix entre l'action directe et l'exception d'inconstitutionnalité ; que dans le cas d'espèce, le requérant a invoqué l'exception d'inconstitutionnalité devant la Cour d'appel de Cotonou le 28 mars 2013 avant de saisir directement la Cour le 02 mai 2013 ; les deux requêtes tendant aux mêmes fins, le requérant a violé l'article 122, les deux recours sont dès lors irrecevables[1195]. La Cour l'a rappelé quelques mois plus tard en précisant par ailleurs que la requête en exception d'inconstitutionnalité ne peut être introduite directement devant la Cour constitutionnelle [1196]. Plus récemment, après avoir constaté que Maître Théodore ZINFLOU a recouru concurremment à l'exception d'inconstitutionnalité devant la cour d'Assises de Cotonou le 08 décembre 2015 et à la procédure de l'action directe devant la Cour constitutionnelle le 11 décembre 2015, et ce, en méconnaissance des dispositions de l'article 122 précité de la Constitution, la Cour juge l'action directe ainsi engagée concurremment avec l'exception d'inconstitutionnalité irrecevable[1197]. Une telle solution nous parait sévère, plutôt que de considérer les deux requêtes irrecevables, la meilleure solution eût été de ne considérer que la première requête.

4) Respect de la chose jugée

La Cour n'a pas organisé une procédure de révision de ses décisions, on ne peut dès lors en usant la voie de l'exception d'inconstitutionnalité essayer de remettre en cause ce qui a été jugé par le biais de l'action directe ou même

[1195] DCC 05-119 du 27 septembre 2005, *Agent judiciaire du Trésor ;* DCC 06-076 du 27 juillet 2006, *ATOYO Victor et consorts* ; DCC 13-069 du 11 juillet 2013, *Kouassi NIKOUE assisté de Maitre Gustave CASSA et Hyppolite YEDE.*

[1196] DCC 13-160 du 29 octobre 2013, *Julienne BOCCO.*

[1197] DCC 16-002 du 05 janvier 2016, *Maitre ZINFLOU.*

une action indirecte[1198] – l'autorité de chose jugée s'y oppose[1199], et inversement. Le 22 mai 2009, la Haute juridiction constitutionnelle béninoise est saisie par jugement *avant-dire-droit* du 15 mai 2009, de l'exception d'inconstitutionnalité évoquée devant la première Chambre correctionnelle du tribunal de première instance de Cotonou par les requérants, en examinant cette requête, la Haute juridiction constatera, qu'elle avait déjà par sa décision *DCC 09- 081 du 30 Juillet 2009,* précisé que *« le législateur a instauré une disparité de traitement entre l'homme et la femme en ce qui concerne les éléments constitutifs du délit ; (...) alors que l'adultère du mari ne peut être sanctionné que lorsqu'il est commis au domicile conjugal, celui de la femme est sanctionné quel que soit le lieu de commission de l'acte ».* Pour la Cour, *« l'incrimination ou la non incrimination de l'adultère ne sont pas contraires à la Constitution, mais (...) toute différence de traitement de l'adultère entre l'homme et la femme est contraire aux articles 26 de la Constitution, 2 et 3 de la Charte Africaine des Droits de l'Homme et des Peuples ».* Elle avait conclu à la contrariété des articles 336 à 339 du CP à la Constitution. Il y a dès lors autorité de chose jugée.

5) Moyens d'inconstitutionnalité

Deux points sont à souligner à ce niveau, comme en matière d'action directe : le moyen tiré de l'exception d'inconstitutionnalité doit être à la fois *précis* et *sérieux.* Même si ces deux conditions peuvent se recouper, il n'en est toujours pas ainsi. On retiendra dès lors qu'elles sont cumulatives et non alternatives.

- *Précisions :* l'exception ne doit pas être fantaisiste. Il ne suffit pas simplement de viser une loi, un texte réglementaire ou un acte administratif. Celui qui soulève l'exception d'inconstitutionnalité doit non seulement préciser la disposition qui lui semble entrer en contradiction avec la Constitution, mais plus encore, la disposition du bloc de constitutionnalité ou principe à valeur constitutionnelle qui lui semble avoir été violée. La Cour

---

[1198] DCC 05-038 du 19 mai 2005, *SIDI Seïdou Ali et consorts.*

[1199] DCC 02-010 du 07 février 2002, *Maitre AGBANTOU Saïdou ;* DCC 12-003 du 12 janvier 2012, *Eric HOUNDETE ;* DCC 14-085 du 13 mai 2014, *Célestin NOUDOFININ ;* DCC13-001 du 15 janvier 2013, *Maitre Alfred POGNON, Conseil de Lionel AGBO.*

juge que les requérants en soulevant l'exception d'inconstitutionnalité n'ont précisé aucune disposition de la loi en cause qui leur paraît contraire à la Constitution, dès lors, l'exception d'inconstitutionnalité soulevée doit être rejetée. Le juge rejette le recours incident d'un Avocat qui n'indique pas en quoi une disposition invoquée, serait contraire à la Constitution, l'exception d'inconstitutionnalité est dès lors irrecevable[1200]. La Cour juge dans certains cas, que l'absence de *précisions* constitue un dilatoire. Ainsi, le fait pour un Avocat, auxiliaire de justice, d'invoquer l'exception d'inconstitutionnalité d'une loi sans toutefois préciser les dispositions qui lui paraissent contraires à la Constitution participe d'une volonté manifeste de faire du dilatoire[1201]. Le moyen tiré de l'exception d'inconstitutionnalité doit en outre être sérieux.

- *Sérieux :* le recours incident ne doit pas être dilatoire. Certains justiciables peuvent essayer de faire trainer le procès en soulevant l'exception d'inconstitutionnalité, d'autant plus qu'il est prévu la suspension de la cause pendante devant la juridiction où l'exception d'inconstitutionnalité est soulevée. La Cour exige de ce fait du sérieux. Le fait pour un auxiliaire de justice de soulever l'exception d'inconstitutionnalité fondée sur la non publication d'une loi dans le *Journal Officiel* constitue une volonté manifeste de faire du dilatoire et d'empêcher ainsi le tribunal de rendre sa décision dans un délai raisonnable[1202]. En procédant comme ils l'ont fait, les Conseils du mis en cause, en leurs qualités d'auxiliaires de justice, ont voulu faire du dilatoire, empêchant ainsi le juge saisi de rendre sa décision dans le délai [1203]. Dans le même sens, la Cour a jugé que l'exception

---

[1200]DCC 12-174 du 27 septembre 2012, *Maître Igor Cécile SACRAMENTO.*

[1201]DCC 12-032 du 16 février 2012, *Président de la Cour d'Appel de Cotonou (Félix ADJOVI et Léonard KPEHOUNTON, assistés de Maîtres Gilbert ATINDEHOU et Guillaume N'SOYENOU).*

[1202]DCC 12-159du 21 août 2012, *Greffier en chef du Tribunal de Première Instance de 2ème Classe de Ouidah (Emile BOCO assisté de Maître Sévérin -Maxime QUENUM) ;* DCC 12-174 du 27 septembre 2012, *Greffier en chef du Tribunal de Première Instance de Deuxième Classe d'Abomey-Calavi (Maître Igor SACRAMENTO, Avocat de Dame Afiwa KLUDZA épse Maurice ASSOGBA) ;* DCC 14 -084 du 13 mai 2014, *Société ASCHBEL SARL représentée par Maitre Alain AROUNA ;* DCC 12-176 du 25 octobre 2011.

[1203] DCC 07-021 du 27 février 2007, *YEDE Hyppolite ;* DCC 12-184 du 31decembre 2012 ; DCC 12-178 du 25 octobre 2012, *Président du Tribunal de Première Instance de Première Classe de Cotonou (Maître Zakari SAMBAOU, Avocat de Lionel AGBO) ;* DCC 16-001 du 05 janvier 2016, *Greffier en chef de la Cour d'Appel de Cotonou.*

d'inconstitutionnalité soulevée par un Avocat était dilatoire, à partir du moment où *« les articles 10 à25 de la Constitution par lui visés n'ont aucune pertinence au regard des questions soulevées dans la procédure d'exécution en cours »* [1204] . Il en va également de l'exception d'inconstitutionnalité tirée des mêmes moyens qui avaient été soulevés en instance et pour lesquels la Cour avait prononcé un rejet. Le fait de soulever une nouvelle fois à une autre étape de la procédure, l'exception d'inconstitutionnalité est une preuve du dilatoire, comme atteste également la précipitation avec laquelle l'Avocat a rédigé *« ses conclusions en exception d'inconstitutionnalité ».* La Cour a dans cette décision, fait injonction à la juridiction saisie de rejeter le moyen et de poursuivre la procédure[1205]. De manière constante, la Cour souligne que le fait pour un plaideur d'invoquer l'exception d'inconstitutionnalité en toute circonstance[1206], alors que selon la Constitution, celle-ci ne peut porter que sur une loi, dénote une volonté manifeste de faire du dilatoire et d'empêcher le juge chargé du dossier de rendre sa décision dans les délais[1207]. Il en va de même du fait de soulever l'inconstitutionnalité d'une disposition dont le requérant sait conforme à la Constitution[1208].

Dans une décision rendue en 2013, la Cour explique clairement le fondement de l'interdiction des recours en inconstitutionnalité dilatoires, elle la rattache aux articles 34 et surtout 35 de la Constitution qui imposent le devoir de loyauté qui, dans le cas des auxiliaires de justice, se traduit par le respect de la déontologie[1209]. Dans cette même décision, la Cour a rendu ce qu'on appelle en droit de l'Union européenne, un *« arrêt-pilote »,* c'est-à-dire une décision qui vient régler une situation collective et ne se limite pas simplement à résoudre le litige individuel. C'est en quelque sorte ce qu'on

---

[1204]DCC 12-174 du 27 septembre 2012, *op.cit.*

[1205] DCC13-016 du 14 février 2013, *Maitre Igor SACRAMENTO, Avocat de madame Afiwa ASSOGBA.*

[1206] DCC 07-149 du 22 novembre 2007, *Société Africaine des Relations Commerciales et Industrielles (SARCI) ;* DCC 07-150 du 22 novembre 2007, *DETCHENOU Yvon et VLAVONOU Emile ;* DCC 07-042 du 16 mai 2007, *AHOUANDOGBO Raphael ;* DCC 07-106 du 09 octobre 2007, *POGNON Yaya et MOUSTAPHA Issiaka* ; DCC 07-135 du 20 novembre 2007, *MOUSTAPHA Issiaka.*

[1207] DCC 07-021 du 27 février 2007, *YEDE Hyppolite.*

[1208]DCC 15 -238 du 18 novembre 2015, *Greffier en chef de la cour d'Appel de Cotonou.*

[1209] DCC13-001 du 15 janvier 2013, *Maitre Alfred POGNON, Conseil de Lionel AGBO.*

appelait dans le vieux vocabulaire révolutionnaire français, *« les arrêts de règlement »*. Constatant en effet qu'il y' avait un nombre important des recours en inconstitutionnalité et qu'elle avait en 2012 décrié une telle situation, elle rappelle que le fait pour le Bâtonnier de n'avoir rien fait dans ce sens, est contraire aux obligations constitutionnelles des articles 34 et 35, elle invite à nouveau *« Monsieur le Bâtonnier et le Conseil de l'ordre des Avocats à prendre toutes les dispositions utiles pour mettre fin aux recours abusifs d'Avocats à l'exception d'inconstitutionnalité »* et invite par la même occasion, les Procureurs Généraux près les Cours d'Appel à tenir main forte à la décision de la Cour en cas de défaillance du Barreau[1210].

Il ressort de notre analyse que l'exception d'inconstitutionnalité est dans les faits, le trou noir de la justice constitutionnelle au Bénin : sur environs trois mille décisions examinées, très peu sont celles où le requérant a réussi à saisir la Cour par l'exception d'inconstitutionnalité. Cette situation résulte d'une méconnaissance de la part des citoyens et des Avocats de la jurisprudence de la Cour ou d'une volonté manifeste de faire du dilatoire. Ils peuvent utilement s'inspirer de la présente étude. Il résulte de notre recherche que (6) six conditions sont nécessaires pour actionner avec succès l'exception d'inconstitutionnalité :

- *Il est un incident de procédure, qui ne peut être porté directement à la Cour, mais selon des formes de transmission précises ;*
- *Il doit être précis, il ne suffit pas d'alléguer de la violation de Constitution, il faut préciser en plus la loi inconstitutionnelle, les dispositions constitutionnelles violées, et dire en quoi la loi viole la Constitution ;*
- *il doit être sérieux et ne doit pas être un dilatoire visant à faire trainer la procédure principale ;*
- *il doit être dirigé contre une loi présumée contraire à la Constitution et non contre tout acte ;*
- *il doit respecter l'autorité de chose jugée des décisions rendues par la voie directe ou indirecte ;*
- *le requérant doit en outre choisir entre l'action directe et l'exception d'inconstitutionnalité. Les deux voies n'étant pas cumulatives.*

[1210] *Ibidem,* DCC13-001 du 15 janvier 2013.

Soulignons pour terminer sur ce point, que le constituant béninois fait une légère confusion à l'article 3, alinéa 3, sur la catégorisation des actes administratifs unilatéraux[1211]. *Les textes réglementaires* ne s'opposent pas aux *actes administratifs unilatéraux,* ils sont une catégorie des *actes administratifs unilatéraux,* on distingue à l'intérieur des actes administratifs unilatéraux, des *actes individuels* et des *actes réglementaires.* Le constituant eut mieux fait de distinguer entre *acte individuel* et *acte réglementaire.* Distinction qui structure en droit administratif le régime juridique des actes administratifs, qu'il s'agisse de la notification, de la motivation, des délais de recours contentieux ou encore de la théorie du retrait. Nous avons toutefois retenu dans l'exposé, la distinction erronée du constituant béninois, afin de ne pas perdre le lecteur. Elle doit toutefois être corrigée pour répondre aux conventions de langage consacrées techniquement par la doctrine administrativiste. Quid des effets de la saisine de la Cour ?

C) Effets de la saisine de la Cour

La saisine de la Cour a, en fonction des cas, les effets suivants : effet dévolutif (1) ; effet suspensif (2) ; effet définitif (3).

1) L'effet dévolutif

La notion d'*ultra petita* occupe une place importante. La saisine de la Cour porte nécessairement et indivisiblement sur la totalité du texte déféré. Le fait que certaines dispositions de celui-ci soient seules critiquées ne limite en rien la compétence de la Haute juridiction, puisqu'aussi bien la saisine pourrait ne s'accompagner d'aucune critique et n'être pas moins opératoire. Selon l'article 20 de la loi organique sur la Cour, qui renvoie à l'article 121 de la Constitution, saisie par le PR ou tout membre de l'AN, la Cour *« (...) peut, en vertu de l'article 114 de la Constitution, examiner l'ensemble de la loi déférée même si la saisine est limitée à certaines dispositions de ladite loi ».*Le recours indirect a également un effet dévolutif, ce qui signifie qu'à l'occasion de l'examen de l'exception d'inconstitutionnalité, la Cour peut soulever d'office une violation des droits de l'Homme en application de l'article 121 alinéa 2 de la Constitution qui lui donne compétence pour se

---

[1211] La Haute juridiction avoue d'ailleurs son embarras dans une affaire rendue en 2007 ; DCC 97-005 du 18 février 1997, *CHALLA David.*

prononcer d'office en cas de violation des droits de la personne humaine et des libertés publiques[1212].

La Cour s'est exprimée de manière claire sur l'effet dévolutif de la saisine. Elle le fonde sur l'article 114 de la Constitution : *« Il résulte des dispositions de l'article 114 de la Constitution que, quel que soit l'objet de la saisine, la Cour est saisie d'une loi dans son entier. Dès lors,* ***le juge constitutionnel est habilité à juger de l'ensemble de la loi en dehors des griefs et moyens évoqués par les requérants.*** *Lorsque certains articles seulement, ou même certains mots d'un article, sont jugés contraires à la Constitution, la Cour peut prononcer la séparabilité qui autorise la promulgation de la loi amputée seulement des dispositions jugées contraires à la Constitution »*[1213]. La Cour souligne que *« l'un des buts du contrôle de constitutionnalité est, au cas d'inconstitutionnalité constatée, de permettre à la loi votée qui n'exprime la volonté générale que dans le respect de la Constitution d'être sans retard amendée à cette fin. Il résulte des dispositions de l'article 114 de la Constitution que,* ***quel que soit l'objet de la saisine, la Cour est saisie d'une loi dans son entier.*** *Dès lors, le juge constitutionnel est habilité à juger de l'ensemble de la loi en dehors des griefs et moyens évoqués par les requérants »*[1214].

2) L'effet suspensif

Aux termes de l'article 20 de la loi organique susmentionné, le PR ou tout membre de l'AN peut saisir la Cour, *« (...) La saisine de la Cour Constitutionnelle suspend le délai de promulgation. »*La publication d'une déclaration de la Cour constatant qu'une disposition n'est pas contraire à la Constitution met fin à la suspension du délai de promulgation suivant les dispositions de l'article 120 de la Constitution[1215].L'article 24 du même texte dispose que *« tout citoyen peut (...) saisir directement la Cour Constitutionnelle sur la constitutionnalité des lois. Il peut également, dans une affaire qui le concerne, invoquer devant une juridiction l'exception d'inconstitutionnalité. Celle-ci [juridiction], suivant la procédure de l'exception d'inconstitutionnalité doit saisir immédiatement et au plus tard*

[1212] DCC 98-070 du 24 aout 1998, *Chambre d'accusation de la Cour d'Appel de Cotonou.*
[1213] DCC 96-002du 05 janvier 1996, *GBADAMASSI Moucharaf.*
[1214] DCC 96-010 du 24 janvier 1996, *Président de la République.*
[1215]Article 29 de la loi organique.

dans les huit jours la Cour Constitutionnelle et ***surseoir à statuer*** *jusqu'à la décision de la Cour ».*

S'agissant de l'action ordinaire du citoyen, précisément du *recours objectif,* il n'entraine pas automatiquement suspension de la loi, de l'acte réglementaire ou administratif contre lequel il est dirigé. Toutefois, la Cour s'est reconnue de manière prétorienne le pouvoir de suspendre un décret lorsque son exécution pendant qu'elle statue, risque de compromettre irrémédiablement les intérêts du requérant. Elle a bâti ainsi, en l'absence de prévisions expresses de la Constitution, de la loi organique, ou du RI, un véritable sursis à exécution. La Cour juge très précisément que dès lors que les moyens articulés par le requérant sont de nature telle que le décret déféré pourrait, pour cause d'inconstitutionnalité, être censuré, il y a lieu d'ordonner le sursis à exécution dudit décret en ce qui concerne le requérant[1216]. Pût-elle statuer ainsi si l'on était en présence d'une loi, acte voté par l'AN, c'est-à-dire suspendre son application non pas de manière générale, mais simplement en ce qui concerne le requérant ? La réponse est forcément mitigée, la loi ne peut en principe pas produire d'effet dommageable sur le requérant sans des mesures d'exécution qui sont forcément des mesures administratives, qu'elles soient écrites ou orales.

3) Indisponibilité des recours subjectif et dans l'intérêt de l'ordre constitutionnel

Dans plusieurs décisions, après avoir défini le désistement, la Cour rappelle le principe : le désistement s'analyse comme la décision prise par l'auteur d'une requête, de renoncer à son action ou encore comme la renonciation à une initiative prise dans le cadre d'une instance juridictionnelle et dont les effets ne sont pas encore acquis[1217]. Cependant, s'agissant d'atteinte aux droits de la personne humaine, la Cour doit se prononcer nonobstant le

---

[1216] DCC 06-018 du 06 février 2006, *KOUKPAKI Fréjus.*

[1217] DCC 97-018 du 29 avril 1997, *GNAMOU John* ; DCC 98-014 du 05 février 1998, *AVAHOUIN Rogatien* ; DCC 01-081 du 17 aout 2001, *AMOUSSOU Jean – Marie et consorts ;* DCC 03-130 du 21aout 2003, *AHEKO Clément* ; DCC 03-76 du 16 avril 2003, *DJIDONOU Philibert ;* DCC 03-111 du 08 juillet 2003, *ADJINA Daniel ;* DCC 02-079 du 24 juillet 2002, *BAH Akpan ;* DCC 01-113 du 26 décembre 2001, *D'ALMEIDA Claude ;* DCC 00-060 du 12 octobre 2000, *GBAGUIDI Léonard.*

désistement en vertu de l'article 121, alinéa 2 de la Constitution[1218] et dans un délai rapide[1219].

La Cour a jugé qu'un requérant qui soulève une question de droits fondamentaux ne peut pas se désister ; elle ne donne pas en tout cas acte à ce désistement. Cela se comprend, à partir du moment où elle a une compétence d'office en matière de droits fondamentaux[1220]. Il faut déduire de cette décision que la saisine de la Cour par un recours subjectif emporte indisponibilité de l'action. Il irait également d'un recours dans l'intérêt de l'ordre constitutionnel.

Paragraphe 2. Procédures extraordinaires

La distinction entre procédure ordinaire et procédures extraordinaires est purement didactique, elle n'est consacrée ni par les textes béninois, ni par la doctrine ; elle nous semble pourtant opératoire. Dans la catégorie des procédures extraordinaires, nous rangeons des procédures particulières soit par leur objet –paramètre substantiel (A) ; soit par les délais particulièrement réduits qui s'imposent à la Cour lorsqu'elles sont mises en branle – paramètre temporel (B). On pourrait autrement appeler les premières, *procédures spéciales* et les secondes, *procédures d'urgence.*

A) Procédures extraordinaires substantielles

Au nombre de ces procédures, nous rangeons : la procédure consultative (demande d'avis), la constatation de la vacance du PR, les conflits d'attributions, les outrages de l'AN, le contrôle de la constitutionnalité des accords et traités. On devrait aussi y ranger toutes les requêtes en matière des élections nationales, toutefois, ce domaine a fait l'objet de développements suffisants en première partie de l'ouvrage. Ceci étant, quelques précisions s'imposent à propos, de chacune de ces procédures :

- *La procédure consultative* (demande d'avis). Aux termes des articles 51 et 52 du RI, *« la Cour Constitutionnelle donne ses avis dans tous les cas où son intervention est prévue par la Constitution et/ou par des dispositions*

[1218]DCC 09-006 du 05 février 2009, *Population du village d'Adjago.*
[1219]DCC 03-166 du 11 nov. 2003, *Maitre FELIHO Florentin.*
[1220] DCC 05-117 du 20 septembre 2005, *GAGNON Bonaventure.*

*législatives ou réglementaires (...).Les avis émis par la Cour Constitutionnelle sont notifiés à l'autorité qui l'a saisie ».*Ces hypothèses sont prévues par les articles 58, 68, 100 et 102 de la Constitution. Selon l'article 58 relatif au référendum: *« **Le président de la République, après consultation du président de l'Assemblée nationale et du président de la Cour constitutionnelle,** peut prendre l'initiative du référendum sur toute question relative à la promotion et au renforcement des droits de l'homme, à l'intégration sous-régionale ou régionale et à l'organisation des pouvoirs publics ».* L'article 68 de la Constitution se rapporte aux circonstances exceptionnelles :*« Lorsque les institutions de la République, l'indépendance de la Nation, l'intégrité du territoire national ou l'exécution des engagements internationaux sont menacées de manière grave et immédiate et que le fonctionnement régulier des pouvoirs publics et constitutionnels est menacé ou interrompu, le président de la République, **après consultation du président de l'Assemblée nationale et du président de la Cour constitutionnelle,** prend en Conseil des ministres les mesures exceptionnelles exigées par les circonstances sans que les droits des citoyens garantis par la Constitution soient suspendus. Il en informe la Nation par un message. L'Assemblée nationale se réunit de plein droit en session extraordinaire ».* La Cour a jugé que lorsque dans le cadre de la mise en œuvre de l'article 68, alinéa 1, le PR consulte la Cour constitutionnelle, celle-ci se réunit immédiatement et émet un avis motivé, publié au *Journal Officiel,* sur la réunion des conditions exigées par ledit article, conformément aux dispositions des articles 75 et 76 de *la loi organique n°91-009 du 04 mars 1991*[1221]. Selon l'article 100 : *« Les matières autres que celles qui sont du domaine de la loi ont un caractère réglementaire. Les textes de forme législative intervenus en ces matières antérieurement à l'entrée en vigueur de la présente Constitution peuvent être modifiés par décret pris après **avis de la Cour constitutionnelle** ».*L'article 102 de la Constitution dispose que *« le Gouvernement peut, pour l'exécution de son programme, demander à l'Assemblée nationale de voter une loi l'autorisant à prendre par ordonnance pendant un délai limité des mesures qui sont normalement du domaine de la loi. Cette autorisation ne peut être accordée qu'à la majorité des deux tiers des membres de l'Assemblée nationale. Les ordonnances sont prises en Conseil des ministres, **après avis de la Cour constitutionnelle.** Elles entrent en vigueur dès leur publication, mais deviennent caduques si le*

[1221] Avis CC 001-94 du 14 septembre 1994, *Président de la République.*

projet de la loi de ratification n'est pas déposé devant l'Assemblée avant la date fixée par la loi d'habilitation. A l'expiration du délai mentionné au premier alinéa du présent article, les ordonnances ne peuvent plus être modifiées que par la loi dans leurs dispositions qui sont du domaine législatif ».

Il résulte de ces dispositions et de la jurisprudence de la Cour que d'une part, le requérant d'une demande d'avis doit avoir la qualité ; d'autre part la demande d'avis formulée par le PR doit se situer dans l'un des domaines prévus par les dispositions constitutionnelles ci-dessus citées. Sur la qualité du requérant, la Cour rappelle dans plusieurs espèces que le citoyen n'a pas qualité pour solliciter un avis[1222]. Elle souligne qu'aucune disposition de la Constitution ne confère à un citoyen qualité pour solliciter de la Haute Juridiction un quelconque avis, ni pour lui-même, ni pour une tierce personne. Elle déclare l'irrecevabilité[1223] en pareille hypothèse, il en va de même à propos d'une association[1224], il a été jugé que la Cour ne peut donner des avis que dans les cas exceptionnellement prévus par la Constitution[1225]. Sur l'objet de l'avis, la Cour a admis que le PR ne pouvait demander un avis dans les domaines où il n'y est pas expressément autorisé de par la Constitution. Il résulte selon la Haute juridiction, des dispositions des articles 58, 68, 100,102 que les cas où l'avis de la Cour ou celui de son Président est requis sont expressément définis[1226].

- *La constatation de la vacance du Président de la République.* Aux termes de l'article 50 : *« En cas de vacance de la présidence de la République par décès, démission ou empêchement définitif, l'Assemblée nationale se réunit pour statuer sur le cas à la majorité absolue de ses membres. Le président de l'Assemblée nationale saisit la Cour constitutionnelle qui constate et déclare la vacance de la présidence de la République ».*Cette disposition

---

1222 DCC 14-126 du 08 juillet 2014, *Noel KOKO ;* DCC 14-184 du 06 novembre 2014, *Paul N'OUEMON ;* DCC 14-197 du 20 novembre 2014, *Christiane ATEGBO ;* DCC13-055 du 23 mai 2013, *Septime TOMETIN ;* DCC 13-123 du 12 septembre 2013, *Olaniyi BADAROU.*

1223 DCC 12-074 du 22 mars 2012, *Paul KEKELE ;* décision EP 11-004 du 10 février 2011, *François Xavier LOKO.*

1224 Avis DCC 00-071 du 15 novembre 2000, *YORO André.*

1225 DCC 07-080 du 24 juillet 2007, *MIGAN Bertin (Président de l'association ALCAA-Bénin) ;* DCC 07-94 du 08 avril 1994, *Président de la République.*

1226 DCC 00-001 du 07 janvier 2000, *Président de la République.*

pose également deux exigences : seul le Président de l'AN a qualité pour saisir la Cour constitutionnelle pour constatation et déclaration de vacance ; par ailleurs, le constituant a expressément et limitativement prévu des cas ouvrant lieu à l'action : le décès, la démission, l'empêchement définitif. A propos de la vacance présidentielle, il importe de renvoyer à une décision et un Avis de la Cour constitutionnelle malienne très instructifs : *la décision n° 2012-001/CC/Vacance du 10 avril 2012* constatant la vacance de la Présidence suite au coup d'Etat ayant renversé le Président Ahmadou TOUMANI TOURE et *l'Avis n° 2012-002/CCM du 31 mai 2012,* concernant le délai d'intérim présidentiel, la Cour constitutionnelle ayant constaté l'état de nécessite a permis une prorogation de l'intérim au delà du délai prévu par la Constitution, et dont elle avait estimé qu'il fût impératif et intangible. Elle s'est ainsi déjugée en raison des circonstances exceptionnelles.

- *Les conflits d'attributions.* Aux termes de l'article 117, dernier alinéa de la Constitution, *« la Cour Constitutionnelle (...) statue obligatoirement sur (...) les conflits d'attributions entre les institutions de l'État ».*L'article 114 dispose qu'elle *« (...) est l'organe régulateur du fonctionnement des institutions et de l'activité des pouvoirs publics ».* Les conflits d'attributions ne constituent en fait qu'un aspect de la fonction de régulation de la Cour constitutionnelle. Le conflit d'attributions peut être territorial ou matériel ; vertical ou horizontal ; positif ou négatif. Si la Cour ne s'est pas longuement étendue sur cette mission spécifique, c'est que le conflit d'attributions tire généralement sa source d'un problème de conformité, raison pour laquelle, c'est dans le domaine du contrôle ordinaire de constitutionnalité que la Cour exerce l'arbitrage entre les institutions. Nous avons par ailleurs déjà évoqué cette compétence spécifique dans *le titre* consacré au principe de *la séparation des pouvoirs.* En cas de conflit d'attributions entre les institutions de l'Etat, le Président de l'AN ou le PR saisit la Cour constitutionnelle. La Cour a clairement affirmé qu'un citoyen n'a pas de qualité pour soulever un conflit d'attributions entre la Cour suprême et la Haute cour de justice[1227].

- *Les outrages de l'AN.* L'article 76 de la Constitution définit *« l'outrage à l'AN »* de manière suivante : *« Il y a outrage à l'Assemblée nationale lorsque sur des questions posées par l'Assemblée Nationale sur l'activité*

[1227]DCC 02-089 du 07 aout 2002, *TOGNON Alphonse.*

gouvernementale, le président de la République ne fournit aucune réponse dans un délai de trente jours ». Passé ce délai, le président de l'AN saisit la Cour constitutionnelle de ce manquement grave aux dispositions constitutionnelles. La Cour constitutionnelle statue dans les(3) trois jours[1228].

- *Le contrôle de la constitutionnalité des accords et traités.* Aux termes de l'article 146 : *« Si la Cour constitutionnelle saisie par le président de la République ou par le président de l'Assemblée nationale a déclaré qu'un engagement international comporte une clause contraire à la Constitution, l'autorisation de la ratifier ne peut intervenir qu'après la révision de la Constitution ».*Il résulte de cette disposition que le contrôle de constitutionnalité *a priori* d'un engagement international, c'est-à-dire avant sa ratification ne peut être mis en branle qu'à la requête du PR ou de Président de l'AN. Le citoyen et les autres autorités, sont dès lors exclus de cette action. Au total, le citoyen ne peut contester *a priori* la constitutionnalité d'un traité, ni *a posteriori,* vu que l'exception d'inconstitutionnalité prévue doit porter sur une loi et que la Cour a jugé selon la conception restrictive qu'elle a adoptée, qu'un traité ou un acte de droit communautaire[1229], n'était pas une loi au sens de l'article 122 de la Constitution. Pas plus, le citoyen ne peut contester la conventionalité d'une loi, c'est-à-dire sa conformité au traité, que le juge constitutionnel béninois est compétent dans le domaine de la constitutionnalité et non de la conventionalité ou de la légalité.

Spéciales par leur objet, il faudra ajouter à la nomenclature des procédures que nous avons qualifiées d' *« extraordinaires »,* celles qui imposent une certaine célérité à la Cour constitutionnelle.

B) Procédures extraordinaires temporelles

Les procédures extraordinaires temporelles sont comme on l'a dit plus haut, celles où la Cour est appelée à statuer dans un délai relativement court. Nous nous limiterons d'évoquer la procédure d'urgence, réservant l'examen des autres hypothèses où la célérité de la Cour est requise, au Chapitre consacrée aux modalités de la décision. La procédure d'urgence répond à deux conditions : le requérant doit avoir qualité (1) ; l'objet de la procédure doit se

[1228] Article 77 de la Constitution.
[1229] DCC 12 – 128 du 12 juin 2012, *Vital AHOUANSE, op.cit.*

situer dans le champ des questions qui peuvent juridiquement être soumises à l'urgence (2). Selon l'article 120, *« la Cour doit statuer dans les délais de quinze jours, après qu'elle a été saisie d'un texte de loi ou d'une plainte en violation des droits de la personne humaine et des libertés publiques. Toutefois à la demande du Gouvernement s'il y a urgence, ce délai est ramené à huit jours. Dans ce cas, la saisine de la Cour Constitutionnelle suspend le délai de promulgation de la loi »*.

1) La qualité du requérant en procédure d'urgence

L'article 120 de la Constitution ci-dessus mentionné dispose que à la demande du Gouvernement s'il y'a urgence, le délai d'examen d'un texte de loi ou d'une plainte en violation des droits de la personne humaine et des libertés publiques, est ramené à (8) huit jours. La saisine de la Haute juridiction suspend dans ce cas le délai de promulgation de la loi. Le constituant béninois fait le choix d'enfermer le juge constitutionnel dans les délais fixes qu'il agisse comme juge électoral, juge de la conformité, ou juge de la protection des droits et libertés de la personne humaine. Dans les faits, il faut dire que si elle respecte constamment les délais, la Cour est souvent victime de son propre succès et n'hésite pas à violer ces délais constitutionnels. Il faut remarquer par ailleurs que seul le Gouvernement à l'exclusion du citoyen est compétent pour solliciter la procédure d'urgence devant la Cour constitutionnelle[1230].

2) L'objet de la requête en procédure d'urgence

L'urgence est limitée au plan organique et matériel. Seules les dispositions des articles 120 de la Constitution, 19 et 36 de la loi organique sur la Cour constitutionnelle énumèrent les cas où le Gouvernement peut demander à statuer en procédure d'urgence. La Cour a jugé que la loi soumise à examen ne relevant d'aucunes catégories prévues par les textes, la demande d'examen en procédure d'urgence présentée par le PR est irrecevable[1231].

[1230] DC 03-027 du 27 février 2003, *AYAYI Manassé ;* DCC 98-038 du 09 avril 1998, *Président de la République*.

[1231] DCC 99-009 du 04 février 1999, *Président de la République ;* DCC 98-080 du 20 octobre 1998, *Président de la République* et DCC 98-079 du 20 octobre 1998, *Président de la République* ; DCC 98-084 du 19 novembre 1998, *Président de la République.*

Dans le même sens, elle a prononcé l'irrecevabilité de l'avis du PR au motif que les conditions d'application de l'article 100 ne sont pas réunies[1232]. La requête du 10 février 2000, objet de la *décision DC 00-072 du 17 novembre 2000 porte sur le contrôle de constitutionnalité d'une loi de Finances.* En conséquence, le délai mis par la Cour pour statuer ne viole pas la Constitution[1233].Seuls les actes énumérés peuvent être soumis à l'urgence, la demande du PR est irrecevable[1234]. Il a été jugé que les textes soumis à la procédure d'urgence par le PR, ne relèvent d'aucune des catégories énumérées par les articles 120 de la Constitution, 16 et 36 de la loi organique sur la Cour, la demande du PR est dès lors irrecevable[1235].

L'article 121 prévoit que *« la Cour Constitutionnelle, à la demande du Président de la République ou de tout membre de l'Assemblée Nationale, se prononce sur la constitutionnalité des lois avant leur promulgation. Elle se prononce d'office sur la constitutionnalité des lois et de tout texte réglementaire censés porter atteinte aux droits fondamentaux de la personne humaine et aux libertés publiques. Elle statue plus généralement sur les violations des droits de la personne humaine et sa décision doit intervenir dans un délai de huit jours ».*Et l'article 122 dispose que *« tout citoyen peut saisir la Cour Constitutionnelle sur la constitutionnalité des lois, soit directement, soit indirectement, soit par la procédure d'exception d'inconstitutionnalité invoquée dans une affaire qui la concerne devant une juridiction. Celle-ci doit surseoir jusqu'à la décision de la Cour Constitutionnelle qui doit intervenir dans un délai de trente jours ».*Dans une importante décision [1236], la Cour rappelle que les délais fixés par les dispositions des articles 120, 121, 122 de la Constitution ne s'appliquent qu'au cas :

- *de violation des droits de la personne humaine et des libertés publiques ;*
- *d'urgence déclarée par le Gouvernement ;*
- *d'exception d'inconstitutionnalité.*

[1232] DCC 98-010 du 23 janvier 1998, *Président de la République ; v°* aussi DCC 98-074 du 30 septembre 1998, *Président de la République.*
[1233] DCC 98-90 du 07 décembre 1998, *BADET Pierre.*
[1234] DCC 98-97 du 11 décembre 1998, *Président de la République.*
[1235] V° aussi DCC 98-039 du 14 avril 1998, *BAH Nathaniel*
[1236]DCC 02-029 du 10 avril 2002, *HOUETOGNANKOU Jude.*

La dimension sociale des modalités de contrôle de constitutionnalité se vérifie également à travers la conception généreuse des normes de contrôle.

Section 3. Normes de contrôle

Il convient de distinguer parmi les normes de contrôle : les normes de référence, celles sur le fondement desquelles la Cour opère son contrôle ; et les normes contrôlées, c'est-à-dire celles qui sont l'objet de contrôle. La particularité du système béninois est qu'il adopte une conception extensive aussi bien des normes de référence (Paragraphe 1) que des normes contrôlées (Paragraphe 2). Cette conception donne à la dimension sociale de la justice constitutionnelle tout son pesant d'or, dans la mesure où les citoyens en sont les heureux bénéficiaires.

Paragraphe 1. Normes de référence

La Cour constitutionnelle a dégagé ce qu'il est convenu d'appeler le bloc de constitutionnalité : il y a d'une part des normes de référence nationales (A) et des normes de référence supranationales (B).

A) Normes de référence nationales

Au plan national, il y a en premier lieu les dispositions et les principes à valeur constitutionnelle (1) ; en deuxième lieu, les lois organiques (2) ; en troisième lieu, les Règlements intérieurs et les lois –peu importe leur nature, mettant en œuvre la Constitution (3).

1) Dispositions et principes constitutionnels

S'agissant du texte constitutionnel, il s'agit aussi bien du Préambule que du dispositif.

Pour ce qui est du dispositif, il s'agit du texte du 11 décembre 1990. Dans une décision rendue en 2013, le requérant essayait d'amener la Cour a une conception matérielle de la Constitution qui inclurait non seulement :

- *La loi n° 90-32 du 11 décembre 1990 portant Constitution de la République du Bénin ;*

- Les droits de l'homme tels qu'ils ont été définis par la Charte des Nations-Unies de 1945 et la Déclaration Universelle des Droits de l'Homme de 1948 ;

- La Charte Africaine des Droits de l'Homme et des Peuples adoptée en 1981 par l'Organisation de l'Unité africaine, ratifiée par le Bénin le 20 janvier 1986.

Selon le requérant, cet ensemble ne pourrait être amputé d'une quelconque de ses composantes, il invitait donc la Cour à sanctionner toute transcription papier ou électronique de la Constitution du Bénin qui omettrait l'un quelconque de ces textes. La Cour souligne que la Constitution telle que publiée n'est pas contraire à la Constitution à partir du moment où les textes dont fait état le requérant sont effectivement intégrés dans le *corpus* constitutionnel[1237]. S'agissant des dispositions, il faut distinguer entre les articles à effet immédiat et les dispositions frappées de progressivité[1238].

Pour ce qui est du Préambule, la Cour a, dans l'espèce ci-dessus mentionnée, débouté le requérant et profité de l'occasion pour rappeler la valeur juridique du Préambule. Elle souligne qu'il dispose : *« (...) Réaffirmons notre attachement aux principes de la Démocratie et des Droits de l'Homme tels qu'ils ont été définis par la Charte des Nations-Unies de 1945 et la Déclaration Universelle des Droits de l'Homme de 1948, à la Charte Africaine des Droits de l'Homme et des Peuples adoptée en 1981 par l'Organisation de l'Unité Africaine, ratifiée par le Bénin le 20 janvier 1986 et dont les dispositions font partie intégrante de la présente Constitution et du Droit béninois et ont une valeur supérieure à la loi interne ».* Que selon l'article 40, alinéa 1 de la Constitution : *« L'Etat a le devoir d'assurer la diffusion et l'enseignement de la Constitution, de la Déclaration Universelle des Droits de l'Homme de 1948, de la Charte Africaine des Droits de l'Homme et des Peuples de 1948 ainsi que tous les instruments internationaux dument ratifiés et relatifs aux Droits de l'homme ».* La Cour conclut qu'il résulte de ces instruments juridiques et de sa jurisprudence constante que la méconnaissance de ces textes est sanctionnée par la Haute juridiction.

[1237] DCC 13-131 du 17 septembre 2013, *Firmin MEDENOUVO.*
[1238] DCC 12 – 124 du 07 juin 2012.

Le Préambule fait partie intégrante de la Constitution. Dans beaucoup de décisions, la Cour fait référence au Préambule. Elle souligne dans ce sens, le Préambule dispose : « *Nous, PEUPLE BENINOIS, (...) affirmons solennellement notre détermination par la présente Constitution de créer un Etat de droit(...), dans lequel les droits fondamentaux de l'homme, les libertés publiques, la dignité de la personne humaine et la justice sont protégés et promues comme la condition nécessaire au développement véritable et harmonieux de chaque Béninois tant dans sa dimension temporelle, culturelle que spirituelle* ;- *réaffirmons notre attachement aux principes de la Démocratie et des Droits de l'Homme tels qu'ils ont été définis par la Charte des Nations Unies de 1945 et la Déclaration Universelle des Droits de l'Homme de 1948, à la Charte Africaine des Droits de l'Homme et des Peuples adoptée en 1981 par l'Organisation de l'Unité Africaine (...)* » ; qu'en outre, selon l'article 25, alinéa 1 de la DUDH de 1948 : *«Toute personne a droit à un niveau de vie suffisant pour assurer sa santé, son bien-être et ceux de sa famille, notamment pour l'alimentation, l'habillement, le logement, les soins médicaux ainsi que pour les services sociaux nécessaires ».*Que le droit du citoyen à l'eau potable fait partie de ses droits fondamentaux ; qu'il s'agit d'un *droit –créance* opposable à l'Etat ; que, toutefois, l'Etat ne peut couvrir l'intégralité d'un tel droit que dans la progressivité d'une politique donnée comprenant une contrepartie à supporter par tout bénéficiaire ; qu'il résulte des éléments du dossier que contrairement aux allégations de la requérante, le Gouvernement a engagé des actions pour alimenter progressivement la majorité de la population en eau potable ; que les prix de cession d'eau potable tels que fixés par le Gouvernement (198 F/m3 pour le branchement individuel et 330 F/m3 pour l'accès collectif) sont en deçà du coût de revient du mètre cube d'eau traitée (473 F/m3), preuve de la détermination du Gouvernement à permettre à la majorité de la population l'accès à l'eau potable ; que, dès lors, on ne saurait conclure à une violation des droits de l'homme, à l'alimentation et à l'eau. Il n'y a pas violation de la Constitution.

S'agissant des principes à valeur constitutionnelle. Ce sont des principes dégagés de l'ordre juridique soit de l'absence de dispositions constitutionnelles expresses, soit du recoupement entre plusieurs dispositions constitutionnelles plus ou moins précises. Ces principes attestent des logiques politique et sociale de l'œuvre de la Cour constitutionnelle, car ils servent à gérer des situations de crise ou de vide institutionnel. Une précision toute aussi importante est qu'ils ont un effet rétroactif. Ainsi il a été jugé que *« (...) selon la jurisprudence constante de la Cour, la Constitution du 11 décembre 1990 n'est rétroactive que si l'affaire querellée porte sur un principe à valeur constitutionnelle »*[1239]. De ce point de vue, il serait plus intéressant pour un justiciable de se fonder sur un principe à valeur constitutionnelle plutôt que sur une autre norme de référence, s'il dispose d'une option lui permettant d'invoquer l'une de ces deux normes. La Cour juge que *« les faits allégués par le requérant remontent à février 1987 et sont donc antérieurs à la Constitution du 11 décembre 1990. Cependant selon la jurisprudence de la Cour, la Constitution n'est rétroactive que si l'affaire querellée porte sur un principe à valeur constitutionnelle. La Cour constate ensuite que les différentes Constitutions et Chartes constitutionnelles du Bénin, ont de façon constante proclamé et affirmé le droit à la présomption d'innocence et celui à la défense. Ces différents textes consacrent* ***la présomption d'innocence*** *et* ***le droit à la défense,*** *qui ont acquis une valeur constitutionnelle ».*

La Cour juge en revanche que selon sa jurisprudence constante, la Constitution du 11 décembre 1990 n'est rétroactive que si l'affaire querellée porte sur un principe à valeur constitutionnelle; qu'il n'est pas établi que les conditions de mise en œuvre de l'expropriation pour cause d'utilité publique ont acquis valeur constitutionnelle ; qu'en conséquence, l'article 22 de la Constitution du 11 décembre 1990 ne saurait recevoir application en l'espèce[1240]. Dans une décision rendue en 2012, la Cour en dit plus sur la logique de son raisonnement. Elle déboute un requérant prétendant avoir été courant 1973, exproprié par l'Etat béninois d'une partie de sa maison pour y construire un module de trois classes pour l'école primaire publique de Cocotomey, ceci sans aucun dédommagement ; que l'expropriation pour cause d'utilité publique dont il se plaint a donc été réalisée quatre (4) années avant la Loi Fondamentale du 26 août 1977 susceptible de s'appliquer aux faits ; que cette Loi Fondamentale dispose en son article 28 : « *L'Etat peut, selon les dispositions de la loi, en cas de nécessité et pour des raisons d'intérêt public, réquisitionner, acheter d'autorité ou prendre en charge la terre, les biens et les autres moyens de production dans les villes comme dans les campagnes. Une indemnisation intervient si les conditions l'exigent*

[1239]DCC 01-051 du 27 juin 2001, *Cour constitutionnelle.*

[1240]DCC 01-051 du 27 juin 2001, *Cour constitutionnelle.*

».Que l'expropriation dont il fait état est donc réglementée par cette disposition qui n'est pas identique à celle de l'article 22 de la Constitution du 11 décembre 1990 intervenue dix-sept (17) ans après et qui énonce : « *Toute personne a droit à la propriété. Nul ne peut être privé de sa propriété que pour cause d'utilité publique et contre juste et préalable dédommagement* ». Il résulte, de ce qui précède, que si la Constitution de 1990 fait du dédommagement une condition préalable à toute expropriation, la Loi Fondamentale du 26 août 1977 n'en fait qu'une faculté laissée à la discrétion des pouvoirs publics, l'expropriation querellée étant antérieure à la Constitution du 11 décembre 1990, l'article 22 de ladite Constitution ne saurait rétroagir pour être appliqué à la situation du requérant, la Cour conclut que la requête doit être déclarée irrecevable[1241].

Le principe à valeur constitutionnelle implique une exception au *principe de non rétroactivité* de la loi, reconnu par la Cour constitutionnelle. *Le principe de non rétroactivité* n'est pas violé dès lors que les faits sont antérieurs à la promulgation de la loi ou plus généralement du texte dont il est fait application. Aux termes de l'article 16, alinéa 1 de la Constitution : « *Nul ne peut être arrêté ou inculpé qu'en vertu d'une loi promulguée antérieurement aux faits qui lui sont reprochés* ».La Cour fait application de cette disposition à propos des infractions de corruption : le requérant a été cité à comparaître devant le tribunal le 3 avril 2012 pour des faits qui se sont produits le 25 janvier 2012, la Cour constate que *la loi n° 2011-20 portant lutte contre la corruption et autres infractions connexes en République du Bénin* a été déclarée conforme à la Constitution par décision *DCC 11-064 du 30 septembre 2011* et promulguée par le PR le 12 octobre 2011, qu'elle est donc antérieure aux faits reprochés au requérant. Il ne saurait dès lors être fait grief au juge d'avoir violé l'article 16 alinéa 1er précité. Il n'y a pas violation de la Constitution[1242]. La Cour constitutionnelle allemande rappelle très opportunément que « *le fait qu'une loi ait un contenu rétroactif n'est pas considéré, par principe, comme contraire à la loi fondamentale par la Cour constitutionnelle et plus précisément au principe de sécurité juridique. D'une façon générale, la rétroactivité ne peut être considérée comme contraire au principe de sécurité juridique que dans l'hypothèse d'une loi comportant une modification défavorable de la situation juridique des*

[1241]DCC 12-102 du 03 mai 2012, *François HOUNKANRIN.*
[1242]DCC 12–141 du 28 juin 2012, *Emile TEGBEDE BOKO.*

citoyens. Il faut encore ajouter que l'hypothèse d'une loi rétroactive modifiant dans un sens défavorable la situation juridique antérieure des personnes ne suffit pas non plus pour que celle-ci soit considérée automatiquement non conforme à la constitution[1243] ». En France, le législateur a la faculté d'adopter des lois non pénales rétroactives, mais il ne peut le faire, affirme le Conseil constitutionnel français, qu'« *en considération d'un motif d'intérêt général suffisant et sous réserve de ne pas priver de garanties légales des exigences constitutionnelles*[1244]».Parmi les principes à valeur constitutionnelle, nous pouvons encore citer : *le principe de représentation proportionnelle, le principe du consensus, le principe de transparence, le principe de paix et d'unité nationale...*

- *Principe de représentation proportionnelle majorité/minorité.* La Cour souligne à ce propos que *« (...) s'il est vrai que ni la Constitution, ni la loi organique sur la Haute cour de justice, ni le règlement intérieur de l'Assemblée nationale n'ont expressément prévu une procédure spécifique pour la désignation des membres de la Haute cour de justice, il n'en demeure pas moins que la mise en œuvre de ces prescriptions doit se faire conformément aux exigences de la démocratie pluraliste, sur la base de la représentation proportionnelle majorité/minorité, principe à valeur constitutionnelle ».* Dans le cas d'espèce, l'AN a désigné le 19 décembre 2008 les (6) six Députés devant siéger à la Haute Cour de Justice uniquement au sein de la majorité parlementaire, en méconnaissance des droits de la minorité. Il y a lieu de dire et juger que cette désignation viole la Constitution. En outre, cette désignation est intervenue le 19 décembre 2008, soit après plus de (21) vingt-et-un mois. Ce délai anormalement long est préjudiciable au bon fonctionnement de la HCJ[1245]. Dans sa décision *DCC 09-02,* la Cour a affirmé que *«le choix des députés appelés à représenter l'Assemblée Nationale en tant que Corps, à animer ses organes de gestion ou à siéger au sein d'autres institutions de l'Etat, doit se faire selon le principe à valeur constitutionnelle de la représentation proportionnelle majorité/minorité »*[1246], que ce principe fut confirmé dans les décisions *DCC*

[1243] ZIMMER (W), *« Constitution et sécurité juridique », in Annuaire international de justice constitutionnelle,* XV, 1999, p. 105.
[1244] Décision n°98-404 DC.
[1245]DCC 09-002 du 08 janvier 2009 ; DCC 03-168 du 26 nov. 2003, *ISSA Salifou (représentation proportionnelle et scrutin secret).*
[1246] DCC 09-02 du 08 janvier 2009.

09-015 et 09-016 du 19 février 2009. Dans une autre décision, la Cour note que les (6) six députés à élire à la HCJ proviennent des (6) six groupes parlementaires que compte l'AN. Pour ce faire, le 30 juin 2011, les (6) six députés devant siéger à la HCJ ont été désignés par l'AN sur le *principe du mode de répartition proportionnelle par groupe parlementaire* proposé par la Commission des Lois, de l'Administration et des Droits de l'homme, il y a lieu donc de dire et juger que la procédure suivie par l'AN, en sa séance du 30 juin 2011, pour la désignation des (6) six Députés membres de la HCJ respecte le *principe à valeur constitutionnelle de représentation proportionnelle* de l'article 3 de la Constitution. En outre, ni la Constitution, ni la loi organique sur la HCJ, ni le RI de l'AN ne prescrivent une reconduction automatique des Députés réélus dont le mandat s'est achevé avec la fin de la mandature[1247]. L'AN ayant désigné ses représentants dans les Parlements régionaux en méconnaissance des droits de la minorité, il y a lieu de dire et juger que cette désignation viole le *principe à valeur constitutionnelle de la représentation proportionnelle majorité/minorité* et par conséquent la Constitution[1248]. La majorité à l'AN constituée des groupes parlementaires *G13, ADD –Nation et Développement, ADD –Paix et Progrès et PRD* –est tenue de proposer à l'élection trois (03) Députés devant siéger à la HCJ au plus tard le mercredi 06 mai 2009. La Cour constitutionnelle constate que l'AN n'a procédé qu'à une désignation partielle de ses membres devant siéger dans les institutions parlementaires, elle prend acte du renoncement de la majorité parlementaire à son droit de proposer la désignation des Députés pour siéger dans les institutions parlementaires communautaires[1249].

- *Principe de consensus national. Le consensus* est un principe à valeur constitutionnelle, tel qu'il a été affirmé par la décision *DCC 06-074 du 08 juillet 2006* de la Haute Juridiction. La Cour a dit et jugé que *« (...) le processus de désignation du représentant de la société civile doit reposer sur le consensus,* ***principe à valeur constitutionnelle (...)*** *».*Ce processus garantissant une représentation plus transparente et une participation plus démocratique des organisations de la société civile, impose une implication

---

[1247]DCC 11-066 du 06 octobre 2011, *Eric HOUNDETE (Député à l'Assemblée Nationale).*
[1248]DCC 09-016 du 19 février 2009, *Assouan DEGLA (Député à l'Assemblée Nationale).*
[1249]DCC 09-057 du 21 avril 2009, *Président de l'Assemblée Nationale.*

de toutes ses composantes au plan national[1250]. Le cadre national de concertation des organisations de la société civile est l'expression de ce consensus. Le juge avait omis de fixer son contenu, c'est désormais chose faite, il souligne ultérieurement que « *le consensus, loin de signifier l'unanimisme, est d'abord un processus de choix ou de décision sans passer par le vote ; (...) il permet, sur une question donnée, de dégager par une voie appropriée, la solution satisfaisant le plus grand nombre de personnes* ». *Le consensus* ne doit donc pas être assimilé à *l'unanimisme*[1251]. Il implique dans sa mise en œuvre, non pas une obligation de résultat ou une univocité sur la question, mais une obligation de moyen, en termes de concertation, de dialogue constructif avant la prise de décision. Dans sa décision rendue en 2010, après avoir constaté que *le consensus,* principe à valeur constitutionnelle, tel qu'affirmé par la décision *DCC 06-074 du 08 juillet 2006* susmentionnée, préoccupe légitimement tous les acteurs de la vie sociale, la Haute juridiction fait œuvre de pédagogie en y apportant des clarifications nécessaires. Selon la Cour, l'absence d'unanimité sur une question donnée ne peut constituer un motif suffisant pour invoquer la violation du *principe du consensus national*[1252]. La Cour juge dans les faits, qu'il est constant que le *consensus* est établi sur la LEPI depuis 1999 et confirmé par la *loi n° 2009-10 du 13 mai 2009* votée à une très large majorité, qu'en matière électorale, *le consensus* doit autant que possible être constamment recherché sans pour autant constituer une source de ralentissement excessif, de blocage ou de perversion du processus de mise en œuvre d'une décision déjà acquise ou de l'accomplissement d'une mission confiée à une institution quelconque de la République, qu'en ce qui concerne le fonctionnement interne de chacun des organes chargés de réaliser le RENA et la LEPI, il repose sur son RI qui peut en cas de nécessité être réaménagé. En conséquence, le défaut de *consensus* sur des points techniques d'exécution, ne peut nullement fonder l'abrogation de la loi ayant créé l'organe en cause[1253].

[1250] DCC 10-050 du 14 avril 2010, *Pierre AGOSSEVI, Directeur Exécutif CEFRATOM/ONG, agissant en qualité de coordonnateur des Organisations de la Société Civile (OSC) de Dogbo et consorts.*

[1251]DCC 10-117 du 8 septembre 2010, *Président de la République.*

[1252] DCC 10-049 du 5 avril 2010, *Président de la République ;v° Obs.*, Arsène - Joël ADELOUI, *AJCB,* p.343.

[1253] DCC 10-049 du 5 avril 2010, *op.cit.*

Le principe ainsi dégagé par la Cour béninoise tire sa source dans une tradition africaine précoloniale, appelée *« la palabre » ;* elle consistait à se retrouver autour d'un grand arbre en cas de question cruciale concernant la vie de la cité, de discuter jusqu'à ce qu'une solution soit trouvée.

- *Principe de transparence.* La Cour a jugé que*« les textes en vigueur dans l'armée n'étant pas au-dessus des lois et de la Constitution, ils ne sauraient aller* ***contre l'esprit de l'ordre constitutionnel*** *en interdisant à une certaine catégorie de citoyens, fussent-ils militaires, l'exercice des droits qui leurs sont reconnus par la Constitution »* [1254]. Ainsi le caractère public du dépouillement prévu par la loi électorale, visant à garantir la sincérité et la transparence du scrutin, tous les citoyens, civils ou militaires, sans distinction aucune, ont le droit et même l'obligation d'y assister. Se dérober à cette exigence constitue une violation de la loi électorale, et, partant, de la Constitution. Dès lors, il y a lieu de dire et de juger que les sanctions prises à l'encontre d'un citoyen pour avoir pris part au dépouillement d'un scrutin – un droit garanti et reconnu par la Constitution, constituent une violation de la Constitution. La reconnaissance de la transparence par les décisions *DCC 34-94 du 23 décembre 1994 ; DCC 00-78 du 07 décembre 2000 et DCC 01-011 du 12 janvier 2001* comme principe à valeur constitutionnelle n'est pas sans conséquence sur le Législateur.

- *Principe de paix et d'unité nationale.* La Cour constitutionnelle a rappelé en 2013 que ses décisions s'imposent à tous. Le fait pour un groupe de citoyens, en l'occurrence, *le Front citoyen pour la sauvegarde des acquis démocratiques,* de déclarer qu'il passerait à des actions concrètes dans les jours à venir et qu'il braverait le pouvoir à travers les rues, alors que la Cour constitutionnelle a vidé le contentieux de l'élection présidentielle et déclaré le titulaire du poste élu, est une méconnaissance de la Constitution[1255]. Le Principe de paix et d'unité nationale s'impose même au Président de la République –chef de l'Etat, elle estime ainsi qu'en tenant, lors d'une interview télévisée, des propos tels que : *« je leur opposerai les miens du Bénin profond et ils vont s'affronter »,* ou *« je peux leur faire mal ces petits-là qui m'insultent tous les matins »,* le PR méconnait l'article 36 de la Constitution[1256].

[1254] DCC 02-028 du 10 avril 2002, *COSSAHINTO Christiane.*
[1255] DCC 13-071 du 11 juillet 2013.
[1256] DCC 13-071 du 11 juillet 2013, op.cit., *épigraphe,* p. 11.

Il ne s'agit pas à l'évidence de l'ensemble des principes à valeur constitutionnelle, la liste est longue, citons encore entre autres, *le principe de parallélisme des formes*[1257].

2) Les lois organiques

La loi organique fait partie du bloc de constitutionnalité, elle est une norme supérieure à la loi ordinaire et au décret[1258]. En revanche les lois ordinaires ne font pas partie du bloc de constitutionnalité[1259], contrôler la conformité des textes inferieurs aux lois ordinaires, reviendrait à opérer un contrôle de légalité. Or dans plusieurs décisions, la Cour en faisant une distinction entre la légalité et la constitutionnalité reconnait son incompétence pour les questions rentrant dans le premier domaine. A propos des lois organiques, la Cour juge dans les faits que *le décret n° 98-160 du 28 avril 1998 portant approbation des Statuts de la Société Anonyme Benin Télédiffusion et fixant son capital initial* est contraire à *la loi organique n°92- 021 du 21 aout 1992 relative à la HAAC*. La loi organique fait en tout cas pleinement partie du bloc de constitutionnalité[1260].

3) Règlements intérieurs

La Cour a affirmé dans une espèce que le Règlement intérieur de la Cour constitutionnelle et la Constitution constituent le bloc de constitutionnalité[1261]. De même, dans plusieurs décisions, elle sanctionne le comportement des membres de l'AN à la lumière du Règlement de ladite Assemblée. Dans une espèce rendue en 2014 par exemple, la Cour juge que le Président de l'AN a violé l'article 42 du RI. On retiendra donc que le RI de l'AN, tout comme d'ailleurs tous les autres Règlements prévus par la Constitution font partie du bloc de constitutionnalité[1262]*pour autant qu'ils constituent l'application des dispositions constitutionnelles.* Dans plusieurs décisions en effet, la Cour a affirmé qu'elle « *a compétence pour apprécier la violation des dispositions du règlement intérieur de l'Assemblée nationale [et des autres institutions constitutionnelles] lorsque lesdites dispositions*

[1257] DCC 05-117 du 03 mars 2005, *GAKPOGAN Marius.*
[1258]DCC 00-016 du 09 février 2000, *KOKOSSOU Anicette.*
[1259] DCC 97-008 du 19 février 1997, *ADJANKPA Tinoubou.*
[1260] DCC 98-087 du 18 novembre 1998, *HOUNTONDJI Victor.*
[1261] DCC 98-019 du 20 février 1998, *FELIHO Jean Florentin.*
[1262] DCC 14-179 du 22 septembre 2014, *Valère TCHOBO (Député à l'AN).*

constituent la mise en œuvre des règles constitutionnelles et font partie dès lors, du bloc de constitutionnalité »[1263].

4) Les lois mettant en œuvre la Constitution et les lois électorales

Par extension, toutes les lois peu importe leur nature qui mettent en œuvre la Constitution et les lois électorales font partie du bloc de constitutionnalité. Par identité des motifs, nous verrons ci-dessous que les conventions en matière de droits de l'homme visées par la Constitution ou mettant en œuvre ses dispositions font partie du bloc de constitutionnalité.

La Cour a jugé dans ce sens que la question des incompatibilités et des indemnités relatives au statut du Député porte sur des règles à valeur constitutionnelle. *La loi n°94-015 du 27 janvier 1995 définissant les règles particulières pour l'élection des membres de l'AN* constituant la mise en œuvre des dispositions constitutionnelles des articles 81 et 91, les agissements de l' AN et du Ministre des Finances sont intervenus en méconnaissance des articles 33 et 35 de la Constitution . De même la suspension par le Ministre des accessoires du traitement du requérant viole la Constitution[1264].

B) Normes de référence supranationales

La Cour n'a pas compétence pour opérer un contrôle de conventionalité, c'est-à-dire la conformité d'un décret ou d'une loi à un traité classique ou un acte de droit communautaire (au niveau africain également le contrôle de conventionalité est exclu), elle affirme ainsi que *« la requête qui tend à faire contrôler la conformité d'un arrêté au traité CEDEAO et non la conformité du traité à la Constitution ne relève pas de sa compétence »*[1265]. Toutefois, les Conventions en matière de droits de l'homme visées par la Constitution font partie intégrante de celle-ci et rentrent donc dans le bloc de constitutionnalité. De même la Cour est compétente pour contrôler la constitutionnalité des traités internationaux classiques. Il convient de

---

[1263]DCC 06-074 du 8 juillet 2006. V° aussi DCC 08-072 du 25 juillet 2008 et DCC 10-114 du 6 septembre 2010.

[1264] DCC 98-068 du 19 aout 1998, *CHEDE Lucien.*

[1265] DCC 07-123 du 18 octobre 2007, *DOUGNON Innocent.*

distinguer entre les Conventions générales (A) et les Conventions africaines (B).

A) Conventions générales

Le Préambule de la Constitution réaffirme l'attachement du Peuple béninois, entre autres, aux principes de la démocratie et des droits de l'homme, tels qu'ils ont été définis par la Charte des Nations-Unies de 1945 et la Déclaration Universelle des Droits de l'Homme de 1948.

A côté de la DUDH, deux conventions importantes ayant le même objet ont été adoptées dans le cadre des Nations-Unies : le Pacte International relatifs aux Droits Civils et Politiques (PIDCP) et le Pacte relatifs aux Droits Sociaux, Economiques et Culturels (PIDSEC). La doctrine est d'avis que les droits proclamés par le second Pacte n'ont pas d'effectivité juridique directe, ils ont un effet de *stand-still.* On insistera davantage sur le PIDCP (3), sur la DUDH et la Charte des NU (2). Avant il convient de faire des précisions sur les Conventions internationales classiques (1).

1) Conventions internationales classiques

L'article 146 de la Constitution dispose que *« si la Cour constitutionnelle saisie par le Président de la République ou par le Président de l'Assemblée nationale a déclaré qu'un engagement international comporte une clause contraire à la Constitution, l'autorisation de le ratifier ne peut intervenir qu'après la révision de la Constitution ».*L'article 147 de la Constitution dispose que *« les traités et accords régulièrement ratifiés ont dès leur publication, une autorité supérieure à celle des lois, sous réserve pour chaque accord au traité, de son application par l'autre partie ».* Après avoir visé l'article 147 de la Constitution, la Cour constate que la Convention relative aux droits de l'enfant du 20 novembre 1989 ratifiée par le Benin le 30 aout 1990 n'a jamais été publiée et n'entre donc pas dans le droit positif, en conséquence, le moyen tiré de ladite Convention est inopérante[1266].Après avoir visé l'article 147, la Cour juge qu'il ne lui appartient pas, saisie dans les conditions de l'article 100 de la Constitution, de vérifier la conformité à la Constitution ou aux stipulations d'un accord ou traité [1267], d'une

[1266] DCC 03- 009 du 19 février 2003, *SINZOGAN Marguerite.*
[1267] Décision 6 DC du 28 avril 1992, *Secrétaire Générale du Gouvernement.*

modification par décret d'un texte d'une forme législative. L'article 100 dispose en effet que les matières autres que celles qui sont du domaine de la loi sont du domaine règlementaire. Les textes de forme législative intervenus en ces matières antérieurement à l'entrée en vigueur de la Constitution peuvent être modifiés par décret pris après avis de la Cour constitutionnelle. La Cour a longtemps affirmé qu'une loi contraire à un traité ne serait pas pour autant contraire à la Constitution, elle rejette de ce fait sa compétence en matière de contrôle de conventionalité[1268]. Après avoir visé l'article 147 de la Constitution, la Cour juge que *l'Annexe 9 de la Convention de Chicago, au chapitre 3 point 3-4 sur l'Organisation de l'Aviation Civile Internationale,* prescrit aux Etats contractants parmi lesquels le Benin de *« ne (...) pas prolonger la période de validité de leurs documents de voyage lisibles à la machine au moyen d'un tampon ou par d'autres moyens manuels (...). Les spécifications relatives aux documents de voyage lisibles à la machine (...) n'autorisent pas la modification de la date d'expiration et des autres données dans la zone de lecture automatique » ;* la Cour constate que c'est pour se conformer aux normes et pratiques prescrites par l'OACI que le Benin a entrepris depuis 2010 la délivrance des passeports sans la page de prolongation, que le Ministre de l'intérieur, n'a pas violé la Constitution[1269]. Après avoir visé l'article 145 de la Constitution *: « Les traités de paix, les traités ou accords relatifs à l'organisation internationale, ceux qui engagent les finances de l'État ceux qui modifient les lois internes de l'État (...) ne peuvent être ratifiés qu'en vertu d'une loi ».* La Haute juridiction note que *la loi n°99-028 du 28 Octobre 1999 portant autorisation de ratification des Conventions internationales du travail n°`81-135-138-144-150* est conforme, en toutes ses dispositions, à la Constitution[1270]. Le juge constitutionnel béninois prend, en l'espèce tout au moins, le contrepied de la position qu'il a toujours défendue, à savoir l'irrecevabilité de l'action en contrôle de conventionalité. Il considère en effet que « *l'abrogation de la loi n° 2009-10 du 13 mai 2009 enlève aux accords avec les partenaires, le soubassement juridique et viole par ailleurs les exigences du Protocole additionnel de la CEDEAO en matière de transparence et de fiabilité de la liste électorale ; qu'en procédant à l'abrogation de ladite loi, l'Assemblée*

[1268] Décision DC du 28 avril 1992, *Secrétaire Générale du Gouvernement.*
[1269] DCC 14-054 du 11 mars 2014, *David DAGNIHO.*
[1270]V° aussi DCC 00-021 du 10 mars 2000, *Président de la République.*

Nationale a violé la Constitution »[1271]. On retiendra toutefois que la Cour est incompétente pour vérifier la conformité d'une loi à un traité. Pas plus, elle ne peut contrôler la conformité d'un décret en référence à un traité[1272].

2) DUDH et la Charte des Nations-Unies

Quoique la Cour constitutionnelle préfère se référer abondamment à la CADHP, la DUDH a quelques fois été citée pour appuyer ses décisions. Le Préambule de la Constitution affirme en effet l'attachement du Peuple béninois *« (...) aux principes de la démocratie et des droits de l'homme tels qu'ils ont été définis par la Charte des Nations unies de 1945 et la Déclaration universelle des droits de l'homme de 1948 (...) »*[1273]. Dans la décision susmentionné, rendue en 2004, la Cour invoque l'article 21, alinéa 3 de la DUDH : *« (...) La volonté du peuple est le fondement de l'autorité des pouvoirs publics ; cette volonté doit s'exprimer par des élections honnêtes qui doivent avoir lieu périodiquement, au suffrage universel égal et au vote secret, suivant une procédure équivalente assurant la liberté de vote (...) »* pour approuver le principe d'une CENA[1274].

[1271]DCC 10-049 du 05 avril 2010, *Président de la République (loi d'abrogation de la loi sur le RENA et la LEPI).*

[1272] DCC 98-103 du 23 décembre 1998, *FELIHO Gilles ;* DCC 02 -23 du 03 avril 2002, *DEGUENON Abdon.*

[1273] Une série de textes sont intervenus récemment qui poursuivent la marche vers une « *société des droits* » : *la loi n° 2011-11 du 18 août 2011 portant autorisation d'adhésion de la République du Bénin au deuxième Protocole Facultatif au PIDCP,* adopté à New York le 15 décembre 1989 *; la loi n° 2011-18 du 25 août 2011 portant autorisation de ratification de la Charte Africaine de la démocratie, des élections et de la gouvernance,* adoptée à Addis-Abeba (Ethiopie), le 30 janvier 2007 ; *la loi n° 2011-20 du 30 août 2011 portant lutte contre la corruption et autres infractions connexes en République du Bénin ; la loi n° 2011-26 du 27 septembre 2011 portant prévention et répression des violences faites aux femmes ; la loi n° 2011-37 du 09 décembre 2011 portant autorisation de ratification de la Convention internationale pour la protection de toutes les personnes contre les disparitions forcées, adoptée à New York, le 20 décembre 2006 ; la loi n° 2012-15 du 30 mars 2012 portant CPP en République du Bénin ; la loi n° 2012-24 du 24 juillet 2012 portant réglementation bancaire en République du Bénin ; la loi n° 2012-36 du 17 décembre 2012 portant création de la Commission Béninoise des Droits de l'Homme.*

[1274] DCC 34-94 du 23 décembre 1994, *Président de la République.*

3) Pacte International relatif aux droits civils et politiques

La Cour juge que l'application des dispositions du PIDCP notamment les articles 9.2 et 14.3 qui font obligation au juge de notifier le chef d'inculpation à toute personne condamnée, relève du contrôle de légalité, elle est dès lors incompétente[1275]. La Cour est incompétente pour exercer un contrôle de conventionalité (conformité d'un décret à un traité) et incompétente pour donner des injonctions à la Commission nationale d'attribution des bourses et de stages[1276].

B) Conventions africaines et actes de droit communautaire

Le Préambule de la Constitution dispose :*« Réaffirmons notre attachement aux principes de la démocratie et des droits de l'homme tels qu'ils ont été définis (...) à la Charte africaine des droits de l'homme et des peuples adoptée en 1981 par l'Organisation de l'unité africaine, ratifiée par le Bénin le 20 janvier 1986 et dont les dispositions font partie intégrante de la présente Constitution et du droit béninois et ont une valeur supérieure à la loi interne (...) ».* Il proclame par ailleurs l'attachement du Peuple béninois à la cause de l'unité africaine et l'engage à tout mettre en œuvre pour réaliser l'intégration sous-régionale et régionale. Il ressort de l'exploitation que nous avons effectuée de la jurisprudence constitutionnelle que la Charte africaine des droits de l'Homme et des Peuples (1) est, après les dispositions et principes à valeur constitutionnelle, la source principale du contrôle de constitutionnalité des normes. La Cour semble exclure en revanche les actes de droit communautaire du bloc de constitutionnalité qu'il s'agisse des actes UEMOA (2) ou de la CEDEAO (3).

1) Charte africaine des droits de l'Homme et des Peuples

La Charte africaine des droits de l'homme et des peuples (CADHP) a été adoptée par la dix-huitième Conférence des Chefs d'Etat et de Gouvernement de l'OUA le 18 juin 1981 à Nairobi au Kenya et ratifiée par le Bénin le 20 janvier 1986. Elle est annexée à la Constitution. Le Préambule de la Charte précise qu'elle s'inscrit dans les objectifs de l'OUA, aujourd'hui remplacée par l'Union Africaine :*« La liberté, l'égalité, la*

[1275] DCC 98-095 du 11 décembre 1998, *AÏZOUN Hounmènou.*
[1276] DCC 03-150 du 30 oct. 2003, *AYADJI Jacques.*

justice et la dignité sont des objectifs essentiels à la réalisation des aspirations légitimes des peuples africains ». Le Préambule affirme par ailleurs qu'il est *« (...) essentiel d'accorder désormais une attention particulière au droit au développement, que les droits civils et politiques sont indissociables des droits économiques, sociaux et culturels, tant dans leur conception que dans leur universalité et que la satisfaction des droits économiques, sociaux et culturels garantit la jouissance des droits civils et politiques (...) ».* Il souligne ainsi que dans la conception africaine des droits de l'homme ; les trois (ou quatre) générations des droits de l'Homme sont interdépendantes et les droits sociaux économiques et culturels ne peuvent être relégués au second plan comme ils l'ont longtemps été en Europe continentale. Le droit au développement marque la spécificité de la situation africaine. La Charte comporte 68 articles.

2) Textes UEMOA

Beaucoup de requérants évoquent les textes UEMOA devant la Cour, il faut dire qu'elle n'est pas compétente pour contrôler la conformité d'une loi ou d'un décret à ces textes, c'est-à-dire pour opérer un contrôle de conventionalité qui reviendrait dans ce cas spécifique à la Cour de l'UEMOA. Toutefois, elle contrôle la régularité de la loi d'adhésion et la constitutionnalité de ces textes et Actes UEMOA, en référence aux textes constitutionnels. La Cour peut également évoquer les dispositions des textes UEMOA pour motiver sa décision. Ils sont dès lors une référence –mais insuffisante, de la Cour, ainsi elle a sanctionné *la loi n°2004-03 portant création de l'Ordre des experts comptables et comptables agréés en République du Bénin,* adoptée par l'AN le 10 février 2004 au motif qu'elle remet en cause les acquis de *la Directive de l'UEMOA n° 02/97/CM/UEMOA du 28 septembre 1997.* Selon la Cour la loi ne peut disposer que pour l'avenir[1277]. Mêmement, la Haute juridiction contrôle la loi d'approbation. Il a été jugé qu'*« en application des prescriptions des articles 117 et 121 de la Constitution, le contrôle de la mise en conformité révèle que toutes les dispositions de la loi n° 2000-12 portant sur les instruments de paiement de l'UEMOA : chèques, cartes de paiement, lettre*

[1277] DCC 05-135 du 28 octobre 2005, *Président de la République.*

de change, billet à ordre, et adoptées par l'Assemblée Nationale le 27 juin 2000 sont conformes à la Constitution »[1278].

En règle générale toutefois, la Haute juridiction se montre réservée. Après avoir visé l'article 147 de la Constitution qui dispose : « *Les traités ou accords régulièrement ratifiés ont, dès leur publication, une autorité supérieure à celle des lois, sous réserve, pour chaque accord ou traité, de son application par l'autre partie », * elle constate dans un cas qui lui a été soumis, que le Bénin a ratifié le traité de l'UEMOA du 10 janvier 1994 et que *le décret n° 2009-192 du 13 mai 2009* querellé comporte en son dernier visa : « *Vu la Directive n° 03/2008/CM/UEMOA du 28 mars 2008 relative aux fournisseurs de Services portuaires au sein de l'Union Economique et Monétaire Ouest Africaine* », que ledit décret a été pris en application du droit communautaire, et tout différend y relatif relève de la compétence de la Cour de l'UEMOA. Par conséquent, l'appréciation du décret sous examen ne relève pas du champ de compétence de la Cour constitutionnelle tel que défini par les articles 114 et 117 de la Constitution[1279].

3) Textes de la CEDEAO

Ce qui a été dit pour les textes UEMOA est applicable *mutatis mutandis* aux textes CEDEAO. La Cour est incompétence pour contrôler la conformité des décrets ou des lois aux textes CEDEAO (contrôle de conventionalité), elle a en revanche compétence pour contrôler la loi de ratification et peut par ailleurs invoquer les dispositions CEDEAO pour motiver sa décision.

En certaines occasions toutefois, la lecture des décisions de la Cour laisse penser que les textes CEDEAO feraient partie du bloc de constitutionnalité. Ainsi, dans une décision rendue en 2015, après avoir visé l'article 147 de la Constitution, la Haute juridiction souligne que *le Protocole A/SP1/12/01 sur la démocratie et la bonne gouvernance, additionnel au Protocole relatif au mécanisme de prévention, de gestion, de règlement des conflits, de maintien de la paix et de la sécurité de la CEDEAO* auquel le Bénin est astreint de par la ratification par *le décret n° 2003-264 du 31 juillet 2003* sur autorisation de *la loi n° 2003-11 du 09 juillet 2003*, prescrit en son article 2.1 : « *Aucune*

[1278] DCC 01-014 du 12 février 2001, *Président de la République.*

[1279] DCC 12-015 du 02 février 2012, *Didier DJIVO, Directeur de l'Entreprise « TALENTS & INITIATIVES ».*

*réforme substantielle de la loi électorale ne doit intervenir dans les six (6) mois précédant les élections, sans le consentement d'une large majorité des acteurs politiques(...) » ;*elle constate que la loi sous examen, adoptée le 6 mars 2015, à moins de six (06) mois des élections législatives, municipales, communales et locales prévues pour se tenir les 26 avril et 31 mai 2015, l'a été sans le consentement d'une large majorité des acteurs politiques. Elle n'est donc pas respectueuse des prescriptions du *Protocole A/SP1/12/01 ci-dessus* cité auquel le Bénin est astreint. La loi est dès lors contraire à la Constitution[1280]. Par décision rendue en 2015, la Cour réaffirme que *la loi n° 2015-17 portant modification et dérogation aux articles 28, 392, 393 et 465* de *la loi n° 2013-06 du 25 novembre 2013 portant Code électoral en République du Bénin* votée par l'AN le 16 mars 2015 est contraire à un Protocole CEDEAO et donc à la Constitution[1281].

Paragraphe 2. Normes contrôlées

En ce qui concerne les normes contrôlées, la logique sociale de la justice constitutionnelle se manifeste à travers la conception particulièrement étendue des normes soumises à contrôle. Selon l'article117 de la Constitution, *« la Cour Constitutionnelle (...), statue obligatoirement sur :*

- La constitutionnalité des lois organiques et des lois en général avant leur promulgation ;

- Les règlements intérieurs de l'Assemblée nationale, de la Haute Autorité de l'audiovisuel et de la communication et du Conseil économique et social avant leur mise en application, quant à leur conformité à la Constitution ;

*- La constitutionnalité des lois et des actes réglementaires censés porter atteinte aux droits fondamentaux de la personne humaine et aux libertés publiques et en général, sur la violation des droits de la personne humaine (...) ».*Comme dans le cas des normes de référence, il convient de distinguer entre les actes nationaux (A) et les actes internationaux (B).

1280

1281 DCC 15-086, *op.cit. (La Cour Constitutionnelle rejette la modification de la loi sur le code électoral).*

A) Actes nationaux

Au plan national, à côté de l'article 117, la disposition de base est l'article 3, alinéa 3 de la Constitution : *« Toute loi, tout texte réglementaire et tout acte administratif contraires [à la Constitution loi suprême du pays] sont nuls et non avenus. En conséquence, tout citoyen a le droit de se pourvoir devant la Cour constitutionnelle contre les lois, textes et actes présumés inconstitutionnels ».*Cet article appelle quelques commentaires :

- Le champ des actes soumis au contrôle de constitutionnalité en droit béninois est particulièrement étendu. L'article 3, alinéa 2 vise *« toute loi ».* On pourrait donc déduire qu'il y inclut la loi en général, qu'elle soit *organique, ordinaire, ordonnancielle, cadre...* Sont exclues en principe *les lois référendaires.* A propos de la loi dans sa généralité, la Cour précise qu'il doit s'agir d'une loi votée et non d'un simple projet ou proposition. On se rappellera qu'en France, en matière de loi, François LUCHAIRE dans son commentaire de la Constitution de 1958, effectué en 1987[1282], rappelait qu'il y a plusieurs typologies d'actes, compris dans la catégorie générale des *« lois votées par le Parlement »,* et susceptibles d'être contrôlées par le Conseil constitutionnel *(dans la décision n° 62-20 DC du 6 novembre 1962 sur la loi référendaire, le Conseil s'était déclaré incompétent, motif pris de ce que cette catégorie de lois est votée par le Peuple souverain).* Il y aurait donc, d'un côté, les lois ordinaires, votées par le Parlement et les lois organiques, et, de l'autre, les lois constitutionnelles, votées en dernière lecture par le Congrès, c'est-à-dire le Parlement [1283] ou par référendum. Le Conseil

---

[1282] COHENDET (A.M.), *Manuel de Droit constitutionnel,* Paris, 2002, p. 36 ; PACTET, *Institution politiques et droit constitutionnel,* Paris, A. Colin, 2001, p. 523.

[1283] Selon la doctrine française classique, la loi existe dès son vote par les Assemblées législatives. Aucune intervention du Gouvernement ou du Chef de l'État agissant en qualité d'organe législatif ou sous la forme d'une *« sanction »* n'est donc nécessaire. Selon la même doctrine, la promulgation est un acte d'exécution de la loi – son premier acte d'exécution –, il resterait qu'une telle loi, existante mais non applicable, serait dépourvue de tout effet. En droit positif, elle ne peut être appliquée, elle équivaut à une absence de loi, et la question du contrôle de sa constitutionnalité est sans objet. Une fois que la loi est promulguée, que ce soit après avoir été examinée et jugée constitutionnelle par le Conseil constitutionnel, ou sans lui avoir été soumise, elle échappe à toute contrôle de constitutionnalité, De MALBERG (C), *Contribution à la théorie générale de l'État,* t. 1, Sirey, Paris, 1920, n° 137 et s., pp. 403 et s.

constitutionnel a depuis 1962, en s'appuyant sur l'article 61, exclu sa compétence pour contrôler les procédures et le fond ayant abouti au *référendum* ; il réitère cette exclusion plus tard : *« Au regard de l'équilibre des pouvoirs établis par la Constitution, les lois que celle-ci a entendu viser dans son article 61 sont uniquement les lois votées par le Parlement et non point celles qui, adoptées par le peuple français à la suite d'un référendum constituent l'expression directe de la souveraineté nationale »*[1284]. Cette analyse paraissait déboucher sur une distinction entre les révisions constitutionnelles opérées par la voie du Congrès et celles s'appuyant sur un référendum. Quelques temps après, sur la base de l'*Arrêt de 1992,* des commentateurs concluront que le Conseil se serait exclu en matière de *contrôle des lois constitutionnelles*[1285]. Le Conseil s'exclura ultérieurement, malgré l'article 61, à contrôler certaines catégories de lois ordinaires.

- Tous les actes de l'Exécutif sont également soumis à contrôle, ce qui est particulier par rapport à la majorité des systèmes européens et d'Afrique noire francophone, où le juge administratif est généralement considéré comme le juge des actes de l'Administration. Le juriste autrichien Hans KELSEN recommandait à ce propos une grande prudence avant de faire rentrer dans le champ des actes soumis à la justice constitutionnelle un *« acte public ».* Il fallait selon lui, veiller à éviter une confusion entre

---

[1284] Décision n° 92-313 du 23 septembre 1992, *Maastricht III.*

[1285] Depuis 1958, le Conseil constitutionnel n'a rendu que (4) quatre décisions d'incompétence ; (2) deux d'entre elles sont en lien avec la problématique du contrôle de constitutionnalité des lois constitutionnelles : d'abord la décision n° 62-20 DC du 6 novembre 1962, *loi relative à l'élection du Président de la République au suffrage universel direct,* adoptée par le référendum du 28 octobre 1962, *JORF* 7 novembre 1962, p. 10778 ; ensuite la décision n° 2003-469 DC du 26 mars 2003, *révision constitutionnelle relative à l'organisation décentralisée de la République, JORF* 29 mars 2003, p. 5570. Les deux autres résultant, pour l'une de ce que la loi déférée, bien qu'ordinaire, était comme en 1962, référendaire, décision n° 92-313 DC du 23 septembre 1992, *loi autorisant la ratification du traité sur l'Union européenne, JORF* 25 septembre 1992, p. 13337, et pour l'autre, du constat de ce que la loi déférée au Conseil constitutionnel avait été, dès avant, promulguée, décision n° 97-392 DC du 7 novembre 1997, *loi portant réforme du service national, JORF* du 8 novembre 1997, p. 16255, LE DIVELLEC (A.), LEVADE (A.), PIMENTEL (C.-M), « Le contrôle de constitutionnalité des lois constitutionnelles - Avant-propos »,*Cahiers du Conseil constitutionnel* n° 27, janv. 2010. V° aussi la décision n° 92-312 DC du 2 septembre 1992, *traité sur l'Union européenne, JORF* 3 septembre 1992, p. 12095, FAVOREU (L), « L'injusticiabilité des lois constitutionnelles », *RFDA* 2003, p. 792.

constitutionnalité et légalité[1286]. La Cour constitutionnelle béninoise fait précisément une distinction intéressante entre la *constitutionnalité* et la *légalité,* elle nous semble à la fois originale et opératoire. *La constitutionnalité* en matière d'actes administratifs consiste à les confronter à la Constitution, elle est de la compétence de la Cour constitutionnelle. *La légalité* en revanche consiste à confronter des actes administratifs à la loi, elle est de la compétence du juge administratif. Au Gabon, la Cour constitutionnelle est compétente pour connaitre du contentieux des actes réglementaires si et seulement si ils portent atteintes aux *droits fondamentaux de la personne humaine* et aux *libertés publiques du citoyen.* A cette fin la Cour peut être saisie par voie directe par les particuliers et la juridiction administrative se déclare incompétente en pareille hypothèse[1287]. En France, il y a un seul exemple à notre connaissance où le Conseil constitutionnel a été amené à contrôler un acte de nature réglementaire, en l'occurrence un décret. La Haute juridiction française examina au fond un recours contre le décret fixant les dates de l'élection des Députés après la dissolution de 1981. Contraire à toute la jurisprudence antérieure, cette solution s'imposait selon Georges VEDEL[1288], parce que le refus aurait amené le Conseil à reporter l'exercice de sa compétence en matière électorale après le scrutin et seulement à l'occasion des contestations élevées dans chacune des circonscriptions, ce qui aurait été juridiquement absurde et politiquement impraticable. Par une décision ultérieure, le Conseil a d'ailleurs très strictement défini les conditions de mise en jeu de son intervention préventive en matière de contentieux électoral. Il s'agirait d'une *« force majeure juridico-politique à statuer dans une contestation non expressément prévue par les textes[1289]. »*

- Le juge constitutionnel est le juge de droit commun des libertés publiques, rôle dévolu au juge judiciaire en France et dans les Etats comme le Sénégal, le Cameroun...

1286 KELSEN (H), « La garantie juridictionnelle de la Constitution », *RDP,* 1928, p. 230.

1287 V° en ce sens décision du 17 avril 2001 et Cour administrative du Gabon, arrêt du 23 juin 2000.

1288 VEDEL (G), « Excès de pouvoir administratif et excès de pouvoir législatif », *Cahiers du Conseil constitutionnel*, n° 2, mai 1997, p. 4 et ss.

1289 *Ibidem.*

- *Rappelons pour terminer que le constituant béninois fait à l'article 3, alinéa 3, une certaine confusion regrettable sur la terminologie des actes de l'Administration consacrée en droit administratif*[1290]. Il parle de *« tout texte réglementaire et tout acte administratif »*, ce qui pourrait laisser croire que *l'acte réglementaire* s'opposerait à *l'acte administratif,* or *l'acte réglementaire* est un *acte administratif.* On distingue à l'intérieur des *actes administratifs, l'acte réglementaire* et *l'acte administratif individuel.* Il aurait dû ajouter l'adjectif *« individuel ».* De même, le constituant écrit *« (...) En conséquence, tout citoyen a le droit de se pourvoir devant la Cour constitutionnelle contre les lois, textes et actes présumés inconstitutionnels*[1291]». D'une part, les *lois* sont des *textes* et les deux sont des *actes ; d'autre part,* le vocable *« actes »,* lorsqu'il n'est pas suivi d'autres précisions est conçu de manière très large, de manière à ce qu'on pourrait y inclure des actes *implicites, oraux, comportementaux, négatifs...* Interprétation somme toute large à laquelle la Cour est parvenue, bien que timidement. La HCR affirme dans sa *décision 16 DC du 3 juin 1993* que *« du point de vue formel, l'acte administratif est toute décision prise par une autorité administrative ».* Il s'agit là d'une conception purement organique. Nous sommes d'accord avec Monsieur Stéphane MBOLLE qui estimait qu'on crée à tort *« une zone de non-constitutionnalité »* au profit des actes de la Cour suprême contraires aux exigences de l'Etat de droit[1292]. Toutefois, la zone de non-constitutionnalité n'est pas absolue, car comme nous l'avons démontré plus haut, la Cour n'est incompétence en matière des décisions de justice que pour autant que celles-ci ne violent les droits de la

---

[1290] *L'acte réglementaire* s'adresse à une généralité de personnes considérées de manière abstraite, quoiqu'il puisse dans les faits concerner un seul individu. Il se caractérise par sa permanence et sa vocation à être appliqué dans un nombre indéterminé de cas. *L'acte individuel* en revanche vise un ou plusieurs destinataires bien déterminés, considérés de manière concrète, quoiqu'il puisse dans les faits concerner plusieurs personnes. L'acte individuel épuise en principe son autorité en une seule application. Il n'est pas pour autant éphémère, ainsi, la nomination d'un fonctionnaire constitue une décision individuelle qui permettra à son bénéficiaire d'exercer longtemps des fonctions qui l'autoriseront à prendre des décisions à l'égard d'un grand nombre de personnes. La distinction entre acte réglementaire et individuel n'est donc pas numérique ou quantitative, v° LEROY (M), *Les règlements et leurs juges,* Bruxelles, *Bruylant,* 1987, p. 20 et s.

[1291] DCC 01-049 du 21 juin 2001, *KOUDJROHEDE Jean de Dieu.*

[1292] MBOLLE (S), *Le nouveau régime constitutionnel... op.cit.,* p .662.

personne humaine et les libertés publiques[1293]. En Allemagne et en Espagne, la Haute juridiction constitutionnelle contrôle très clairement les décisions de justice.

Quoiqu'il en soit, le constituant béninois est généreux en matière de contrôle de constitutionnalité, lorsqu'il y inclut des lois (1) ; des règlements intérieurs, des actes réglementaires et administratifs individuels (3) ou encore des actes oraux ou comportementaux (4).

1) Les lois

En droit public français, la doctrine et les juges ont éprouvé une réelle réticence à admettre que l'on pût contrôler la loi, considérée comme l'expression de la volonté générale. Cela résulte de la conception quasi-oraculaire de la loi. Les philosophes des Lumières voyaient dans la loi le moyen de rendre le droit rationnel. Le *légicentrisme,* c'est-à-dire conception selon laquelle parmi les sources du droit, la loi devrait être la principale, si ce n'est la seule, a été une passion de la Révolution française. L'adoption, de 1804 à 1811, des cinq codes établis sous l'impulsion de NAPOLEON Ier, premier Consul puis Empereur, a été la plus belle manifestation de cet amour de la loi, de cette nomophilie. On pouvait donc considérer comme une révolution copernicienne l'institution en 1958 du Conseil constitutionnel. L'affirmation par la Haute juridiction française, dans les années 1985, du postulat selon lequel : *« la loi n'exprime la volonté générale que dans la mesure où elle respecte la Constitution et non plus du seul fait de son vote par les élus du peuple[1294] »*fut un pas considérable. Toutefois cette hardiesse, n'a pas été suffisante à profaner la sacralité de la loi. Une distinction semblait poindre de la jurisprudence constitutionnelle française entre les lois organiques, référendaires, les lois de révision constitutionnelle et les lois ordinaires. *Le juge constitutionnel béninois* ne partage pas cette circonspection. Il est allé beaucoup plus loin que le juge français dans la soumission de la loi à la Constitution.

[1293] DCC 06-076 du 27 juillet 2006, *ATOYO.* La Cour constitutionnelle a par cette décision, déclaré les décisions 185/2000 du 10 avril 2000 du tribunal de première instance de Ouidah et n° 75/2001 du 4 décembre 2001 de la Cour d'Appel de Cotonou, contraires à la Constitution. Dans sa décision DCC 14-135 du 15 juillet 2014, *Claude ATOYO et consorts,* la Cour déclare l'arrêt n° 92-11 du 09 juillet 2011 de la Cour d'Appel de Cotonou, contraire à la Constitution.
[1294] CC 85-197 DC 23 août 1985, *Evolution de la Nouvelle-Calédonie.*

- *Lois référendaires.* Disons *prima facie* que la loi référendaire, c'est-à-dire le texte définitif issu des opérations référendaires ne peut être l'objet de contrôle. Toutefois, la Cour constitutionnelle exerce un contrôle sur les conditions de recours au referendum, la procédure ayant abouti au référendum, mais aussi des opérations référendaires. S'agissant des *conditions de recours au référendum*, elle veille à ce que la limitation substantielle positive (matières pouvant être l'objet du référendum) et la limitation substantielle négative (matières expressément exclues), les limitations temporelles soient respectées. S'agissant de *la procédure* d'initiative et d'adoption, elle veille notamment à ce que les consultations prévues et les majorités requises soient respectées. S'agissant pour terminer des *opérations matérielles,* elle exerce un contrôle comparable à celui effectué à l'occasion des élections nationales, sous réserve des spécificités résultant de la nature du référendum. Selon Monsieur Stéphane MBOLLE[1295] *« (...) l'annulation d'une loi référendaire engendrerait un risque politique démesuré pour la justice constitutionnelle (...) »,* il préconise, à l'appui de la solution française, une incompétence pure et simple[1296]. Il estime également que *« l'inconstitutionnalité d'une loi se ramène toujours à une règle de procédure »*[1297]. A son avis, *«(...) si l'irrégularité d'une loi parlementaire peut être couverte par une révision constitutionnelle approuvée par la seule Assemblée Nationale, il semble illogique d'appliquer par analogie cette solution à une loi référendaire (...) ».* Le référendum par combinaison des premiers alinéas des articles 3 et 4 de la Constitution serait, conclut-il, *« l'expression directe de la souveraineté nationale ».* Il reste que la Cour contrôle à la fois les conditions de recours, la procédure et le déroulement matériel.

- *Lois organiques.* Généralement, la loi organique se distingue de la loi ordinaire par un aspect substantiel et procédural. L'article 97 *in fine* de la Constitution du 11 décembre 1990 prévoit que le texte de la loi organique *« ne peut être adopté qu'à la majorité absolue des membres de l'Assemblée nationale ».* L'exigence d'une majorité plus renforcée pour la loi organique que pour la loi ordinaire est tout à fait normale. Une loi organique vise à compléter la Constitution, elle se rapporte nécessairement à l'organisation et

---

[1295] MBOLLE (S), *Le nouveau régime constitutionnel du Bénin…op.cit.,* p 659.
[1296]*Ibidem,* p. 658.
[1297] EISENMANN (C), « La justice constitutionnelle et la Haute Cour Constitutionnelle d'Autriche », *op.cit.,* p. 17.

au fonctionnement des institutions républicaines fondamentales. Il s'agit, en fait, de lois qui concernent, en général, les pouvoirs publics et qui sont contenues dans la Constitution qu'elles complètent, précisent et adaptent tout en épargnant ainsi au texte constitutionnel d'être trop lourd et de perdre de sa majesté et de sa pérennité dans des détails ou des développements qui ne sont pas les siens. La Cour du Bénin rappelle que la majorité absolue s'entend de plus de moitié des voix, l'Assemblée étant composée de 83 Députés, la majorité absolue s'établit donc à 42 Députés. A propos de l'adoption d'une loi organique, la Cour relève que la loi organique du 30 septembre 2011 a été votée par 59 voix de Députés favorables. Elle constate que 59 voix, c'est plus que les 42 voix constituant le barème de la majorité absolue. Partant, elle conclut que la condition de majorité d'adoption est remplie. Les conditions de majorité exigées par l'article 97 de la Constitution pour l'adoption d'une loi organique sont respectées. La Cour opère à la fois un contrôle de procédure et de fond sur la loi organique.

S'agissant des *délais* qui sont un aspect de la procédure, il convient de noter que chaque fois, pour l'appréciation du délai d'adoption d'une loi organique, il faut que la Cour constitutionnelle détermine la date de dépôt et la date d'adoption. En l'occurrence, la détermination des deux dates ne pose aucune difficulté. En générale, la date d'adoption est facile à constater en toute hypothèse, puisqu'elle est mentionnée par l'AN sur l'acte lui-même. La date de dépôt, ou plus précisément la date à partir de laquelle le délai de (15) quinze jours commence à courir, peut poser quelques difficultés. En pratique, il peut y avoir problèmes lorsque le Parlement doit procéder automatiquement à une seconde lecture de la loi. Ce fut le cas de *la loi organique n° 93-013 sur la Haute Cour de justice du 22 août 1994*. Cette loi a été adoptée une première fois par l'AN le 29 juillet 1993. Soumise au contrôle de la Cour, celle-ci a sanctionné certaines de ses dispositions dans sa décision *DCC 04-93 du 23 novembre 1993*. La loi a fait l'objet d'une seconde lecture et a été adoptée le 22 août 1994 par l'AN. La loi a dû être une seconde fois déférée à la Cour qui a apprécié à nouveau la condition du respect du délai d'adoption. Dans cet exercice, la Cour a précisé que le point de départ du délai doit être la date du 20 décembre 1993, date à laquelle a été notifiée à l'AN la décision *DCC 04-93 du 23 novembre 1993* par laquelle la Cour constitutionnelle censurait certaines dispositions de la première mouture de la loi organique[1298].La Cour constitutionnelle constate *« qu'entre ces deux dates, il s'est écoulé plus de quinze (15) jours ». Elle en conclut subséquemment que les conditions de délai « exigées par l'article 97 de la Constitution pour l'adoption d'une loi organique sont respectées ».*

- *Lois ordinaires.* La Cour exerce également à la fois un contrôle substantiel et procédural. S'agissant de la *procédure,* elle veille par exemple à ce que la procédure législative soit respectée, notamment le respect de la proposition/projet de l'article 98 de la Constitution, ou des règles liés aux amendements (article 104 de la Constitution). Un point essentiel en matière de procédure est l'exigence du respect des *délais.* S'agissant du contrôle matériel, la loi doit être conforme aux dispositions supérieures.

- *Ordonnances.* La jurisprudence assimile quoiqu'implicitement à une loi, une ordonnance portant loi de finances et constituant une mesure exceptionnelle au sens de l'article 68 de la Constitution [1299]. Stéphane MBOLLE estime que la même solution doit s'appliquer à l'ordonnance de l'article 102 par application d'une loi d'habilitation et l'ordonnance de l'article 110, alinéa 3 publié pour palier la carence budgétaire du Parlement. Il ne faut sans doute pas confondre les ordonnances de nature quasi législative ou réglementaire avec les ordonnances judicaires pour lesquels la Cour a clairement jugé qu'ils ne rentrent pas dans la catégorie des normes contrôlées[1300] sous réserve bien évidement de l'exception des droits de la personne humaine et des libertés publiques.

- *Loi-cadre*[1301]. S'agissant de la loi-cadre la Cour juge que*« (...)la loi d'orientation est une loi cadre qui détermine les principes fondamentaux régissant une matière donnée ; que la Constitution en son article 98 dispose : (...) Sont du domaine de la loi, les règles concernant (...) l'organisation territoriale , la création et la modification de circonscriptions*

[1298] « Loi organique portant conditions de recours au référendum », DCC 11-067 du 20 octobre 2011, *Président de la République,* obs., Abdoulaye SOMA, *ACJB,* p. 132.

[1299] DCC 27-94 du 24 aout 1994 et DCC 32-94 du 24 novembre 1994 ; DCC 96-023 du 26 avril 1996, MBOLLE (S), *Le nouveau régime constitutionnel du Bénin*...op.cit., p. 658.

[1300] DCC 03-055 du 18 mars 2003, *Collectivité HOUHKPE.*

[1301] DCC 14-145 du 22 juillet 2014, *Président de la République (à propos de la loi-cadre n° 2014 19 relative à la pèche et à l'aquaculture en République du Bénin).*

administratives (...) La loi détermine les principes fondamentaux : (...) de la libre administration des collectivités territoriales , de leurs compétences et de leurs ressources (...) Qu'au regard de ces dispositions constitutionnelles, la matière légiférée portant organisation territoriale doit l'être par fixation des règles précises et non par détermination des principes fondamentaux ; qu'il s'en suit que l'intitulé de la loi déférée est contraire à la Constitution (...) »[1302].

2) Règlements intérieurs avant leur promulgation

Aux termes de l'article 117 de la Constitution, la Cour constitutionnelle statue obligatoirement sur la constitutionnalité des lois organiques et des lois en général avant leur promulgation, les Règlements intérieurs de l'AN, de la HAAC et du CES avant leur mise en application, quant à leur conformité à la Constitution [1303].Le contenu du Règlement intérieur de chacune de ces institutions doit être conforme à la Constitution. Cette limite vise à éviter qu'une institution, profitant de la liberté qui lui est accordée de gérer elle-même son organisation, ne déforme ou ne sollicite la Constitution dans un sens qui lui est favorable, au lieu de la compléter ou la préciser. Certains articles des Règlements intérieurs font partie du bloc de constitutionnalité à condition, cependant, qu'ils constituent la mise en œuvre d'une disposition constitutionnelle ou à valeur constitutionnelle[1304].La Cour a jugé que parmi les Règlements intérieurs devant lui être soumis avant leur promulgation[1305], le Règlement de la CENA n'y figure pas[1306]. Il a également été jugé que la qualité de *« délégué »* ou *« d'ordonnateur délégué »* est contenue respectivement dans les articles 154 et 155 du RI. Ces dispositions font partie du bloc de constitutionnalité[1307].

[1302] DCC 98-026 du 13 mars 1998, *Président de la République*.

[1303] Cette disposition ne fait pas mention du RI de la Cour constitutionnelle. Aux termes de *articles 55 et 56 du RI de la Cour, « le Règlement Intérieur de la Cour Constitutionnelle est adopté à la majorité absolue des membres de la Cour (...). Sur l'initiative de tout membre, le Règlement Intérieur peut être révisé par la Cour Constitutionnelle, et dans ce cas, le vote a lieu à la majorité absolue de ses membres »*.

[1304]DCC 01-013 du 29 janvier 2001.

[1305] Décision11 DC du 06 aout 1992, *Président de l'Assemblée Nationale.*

[1306] DCC 02-122 du 11 sept. 2002, *EKITE Juste.*

[1307] DCC 00-058 du 10 octobre 2000, *DOSSOUNON Camille.*

3) Actes réglementaires et individuels

S'agissant des actes administratifs unilatéraux, dans une décision du 24 novembre 1994, la Cour juge que « *(...) eu égard à la hiérarchie des normes, un décret ne peut interdire l'exercice d'une liberté ou d'un droit reconnu et garanti par la Constitution ; qu'en conséquence ledit décret est contraire à la constitution »*[1308]. Le HCR considère, dans sa décision en 1993 que *« du point de vue formel l'acte administratif est toute décision prise par une autorité administrative »*[1309]. Cette décision vague s'il en fût, a quand même le mérite de nous renseigner sur l'option du constituant béninois pour le critère organique de *l'acte administratif unilatéral.*

Toujours à propos des *« actes réglementaires et administratifs »,* la Cour a jugé que le 3ème tiret de l'article 1er de la Constitution énonce : « *'L'hymne de la République est l'« Aube Nouvelle »*. Il ressort de cette disposition que la Constitution n'a prescrit ni mode d'articulation, ni intonation. Il appert ainsi des éléments du dossier que l'émission de fausses notes lors de l'exécution de *l' « Aube Nouvelle »* ne saurait être analysée comme une violation de la Constitution[1310]. De même, une erreur qui ne repose sur aucun acte matériel ne peut être déférée devant la Cour[1311]. Un arrêt de la Cour d'assises ne constitue pas un acte règlementaire au sens de l'article 117 de la Constitution. La Cour constitutionnelle n'est pas dès lors compétente pour en connaitre[1312].Il faut réserver le cas où la Cour est saisie d'une question des droits ou des libertés. Dans ces domaines, l'application de l'article 3, alinéa 3 s'efface dans la mesure où la Cour est compétente, peu importe que la violation alléguée résulte d'un acte, d'une loi, d'un comportement, des propos …

B) Actes internationaux

En matière de Conventions internationales, il convient de noter que si l'AN, et la Cour constitutionnelle interviennent dans le processus de ratification, la

---

1308 DCC 33-94 du 24 novembre 1994, *Joseph HOUESSOU ;* v° aussi DCC 16-94 en date du 27 mai 1994, *BOUSSOU Moïse* et DCC 18-94 en date du 3 juin 1994, *AHOSSI Basile.*

1309 Décision 16 DC du 3 juin 1993, *Président de l'Assemblée Nationale.*

1310 DCC 12-111 du 10 mai 2012, *Moussa BIO-SANA. (Hymne national).*

1311 DCC 14-203 du 09 décembre 2014, *Ignace AHOUISSOU.*

1312 Décision 13DC du 28 octobre 1992, *HOSPICE Antonio.*

compétence incombe normalement au pouvoir exécutif (c'est-à-dire au PR et aux organes du pouvoir exécutif qui l'assistent, notamment le Ministère en charge des affaires étrangères). En ce qui concerne l'intervention de la Cour constitutionnelle, une distinction s'impose entre, d'une part, les traités proprement dit (1) et, d'autre part, les lois d'assentiment (2).

1) Contrôle de constitutionnalité des traités classiques

Le débat sur la hiérarchie entre ordre juridique national et international a fait l'objet de beaucoup de contributions en doctrine. La Constitution béninoise dispose, article 3, alinéa 2 :*« La souveraineté s'exerce conformément à la (...) Constitution qui est la Loi Suprême de l'Etat ».* Il est dès lors clair que le Benin a opté pour la primauté de la norme constitutionnelle. Participe de cette idée, l'article 146 qui dispose, *« si la Cour constitutionnelle saisie par le président de la République ou par le président de l'Assemblée nationale a déclaré qu'un engagement international comporte une clause contraire à la Constitution, l'autorisation de la ratifier ne peut intervenir qu'après la révision de la Constitution ».*

Dans une importante décision[1313] rendue en 1994, la Cour constate que les clauses du traité OHADA prescrivent un abandon de souveraineté, l'on peut dès lors soutenir valablement en se fondant sur la Constitution, que ces clauses ne sont pas inconstitutionnelles, on lit en effet dans le Préambule de la Constitution: « *Nous, Peuple béninois... proclamons notre attachement à la cause de l'Unité africaine et nous engageons à tout mettre en œuvre pour réaliser l'intégration sous-régionale et régionale* ». L'article 149 de la Constitution dispose: « *La République du Bénin, soucieuse de réaliser l'Unité africaine, peut conduire tout accord d'intégration régionale ou sous-régionale conformément à l'article 145* », la réalisation de l'Unité africaine implique nécessairement un abandon et, à tout le moins, une limitation de souveraineté : une telle limitation ou un tel abandon partiel de souveraineté a un fondement constitutionnel. Il faut et il suffit alors qu'une loi en autorise la ratification eu égard, bien entendu, au principe de réciprocité affirmé par l'article 147 de la Constitution. La Cour constate également que le traité portant Organisation de l'Harmonisation en Afrique du Droit des Affaires (OHADA) signé à Port-Louis le 17 octobre 1993 contient certes un abandon

[1313] DCC 19-94 du 30 juin1994, *Président de la République*, obs., Abdoulaye SOMA, *ABJC,* op.cit., 155 à 160.

partiel de souveraineté dans le but affirmé par le Préambule « *d'accomplir de nouveaux progrès sur la voie de l'Unité africaine* », elle conclut qu'aucune clause du traité signé à Port-Louis le 17 octobre 1993 sur l'OHADA n'est contraire à la Constitution.

Dans une décision rendue en 2014, la Cour juge que la requête vise en réalité à apprécier les conditions d'application des dispositions de la Convention de Genève du 28 juillet 1951 relative au statut des refugies. Or l'appréciation d'une telle question n'entre pas dans le champ de ses compétences définies aux articles 114 et 117[1314]. Elle distingue ainsi la conventionalité de la constitutionnalité. En 2016, elle a jugé après avoir visé l'article 114 de la Constitution lui conférant une fonction de régulation, qu'il résulte de cette disposition que se compétence est strictement nationale et ne concerne que l'appréciation des actes émis, entre autres, par le PR ; que dès lors, elle ne saurait intervenir pour apprécier des actes pris par le Président de la Conférence des chefs d'Etat et de Gouvernement de l'Union Economique et Monétaire Ouest Africaine (UEMOA), agissant *ès-qualité,* fût-il le PR du Bénin. Elle se déclare par conséquent incompétente[1315].

2) Lois d'assentiment

La Cour contrôle également les lois d'assentiment. A titre d'exemple, elle estime que l'examen de *la loi n °98-031 adoptée par l'AN le 30 juillet 1998 portantautorisation de ratification de Conventions et Protocoles* révèle qu'ils n'ont rien de contraire à la Constitution[1316].

[1314] DCC 14-094 du 15 mai 2014, *Franck DEGLA.*
[1315] DCC 16-006 du 07 janvier 2016, *Honorat ADJOVI.*
[1316]DCC 00–033 du 28 juin 2000, *Président de la République.*

Comment conclure ce chapitre ? Les modalités de contrôle sont propres à ouvrir le prétoire à un nombre important de requérants. Pour nous en tenir simplement aux conditions de recevabilité des requêtes devant la Cour constitutionnelle, elles sont une preuve éclatante de la socialisation de la justice constitutionnelle. Dans les pays d'Afrique noire francophone, bien de justiciables perdent leur procès avant de l'avoir commencé alors qu'ils ont des moyens saisissants sur le fond. D'une part, la complexification des règles de procédure, d'inspiration occidentale, laisse les requérants dans une résignation et une semi-hébétude que le nombre de désistements est élevé. En conséquence, plus de la moitié des requêtes s'achèvent dans les mouroirs du non-respect de la procédure ou de l'abandon. D'autre part, la pauvreté matérielle des citoyens ne facilite pas l'accès au juge, lorsque l'on sait que la saisine de la justice est généralement subordonnée au dépôt d'une consignation *ad litem* ou aux frais de timbres, ou des frais de justice tout court. Dans un contexte où la population vit sous le seuil d' (1) un dollar par jour, il est évident, pour nous en tenir à la courbe de MASLOW, que le besoin de subsistance l'emporte sur un procès long, dont les étapes s'apparentent à un jeu d'aventure à l'issue incertaine, les pouvoirs publics jouissant souvent dans les faits, d'une quasi-immunité en cas d'inexécution des décisions de justice.

Chapitre 2.

MODALITES DE LA DECISION

L'instruction, première phase du travail de la Cour, lui permet normalement de vérifier les conditions de recevabilité et d'enrôler l'affaire. C'est un rôle qui dans le système judiciaire classique est normalement dévolu au Greffe. Dans le contexte béninois, c'est le Secrétariat général qui assure cette fonction. Les points importants à remarquer à ce niveau sont la simplicité, la gratuité de la procédure, son caractère écrit et contradictoire, le ministère de l'Avocat est facultatif, l'assistance et la représentation sont prévues. Après l'enregistrement, la désignation du Rapporteur chargé de dresser et de présenter à la Cour un Rapport synthétique d'instruction devant lui permettre de fonder sa religion. Il importe de remarquer que, de manière prétorienne, la Cour s'est forgée, au départ de l'article 35 de la Constitution, de véritables pouvoirs d'instruction lui permettant d'établir la matérialité des faits. Cette précaution est nécessaire à la bonne application du droit. Le constituant ayant prévu l'enquête en matière électorale n'a pas été très loquace sur les mesures d'instruction en matière de conformité. De même, la Cour s'est reconnu un pouvoir de suspension aux fins de vérification des faits. Il faut examiner également le contenu du Rapport (Section 1).

Une fois l'affaire mise en état d'être jugée, commence la deuxième phase, le jugement ou la délibération. Deux points nous intéressent à ce niveau : d'une part, le quorum nécessaire et les délais. Le constituant a enfermé la Cour dans des délais qui varient en fonction de l'objet de la demande et qui répondent en tout cas, aux exigences de la notion des délais raisonnables, chère à la Cour EDH (ils vont de 3 jours à 1 mois). Il faut également examiner la forme et le contenu de la décision : le premier point (la forme) permet d'apprécier le travail intellectuel de la Cour, elle ne se contente pas de conclure à la conformité ou à la non-conformité, mais mobilise des réserves d'interprétation ; le second point (contenu) permet d'examiner la motivation, les moyens … (Section 2).

La justice constitutionnelle serait un vain mot si au terme de ce travail, la décision pouvait être remise en cause ou ignorée, d'où la troisième phase qui a trait aux effets de la décision. Elle commence à produire normalement avec la publicité de la décision qui garantit l'autorité de chose jugée. Cette force supérieure est l'essence même de l'autorité de la Cour (Section 3).

Section 1. Instruction de la requête

L'instruction de l'affaire commence après l'introduction et l'enregistrement de la requête (Paragraphe 1), il faut ensuite que le Rapporteur soit désigné, commence alors un travail d'enquête et de synthèse aboutissant à la mise en état de l'affaire (Paragraphe 2). Le travail du Rapporteur permet d'apporter des lumières sur l'affaire et mettre le point sur les questions soumises à la délibération. Il s'agit d'un véritable prémâchage.

Paragraphe 1. Principes et enregistrement de la requête

Il convient de prime abord de rappeler les principes de la procédure (A), avant de voir les règles présidant à l'enregistrement de la requête, qui sont fort simples (B).

A) Principes de la procédure

Les requérants doivent être au fait des principes de procédure. La procédure devant la Cour constitutionnelle est écrite, secrète, contradictoire, inquisitoriale.

- *Caractère écrit.* Selon l'article 28 du RI, la procédure devant la Cour est écrite. Ceci ne dispense pas le Rapporteur, s'il juge nécessaire d'auditionner les parties ou toute autre personne. C'est ce qu'on appelle *« les débats succincts »* ou encore *« la comparution sommaire ».*

- *Caractère secret.* Selon l'article 28 du RI, « *la procédure devant la Cour (...) est secrète. Les débats ne sont pas publics, sauf décision contraire de la Cour Constitutionnelle notamment en ce qui concerne le contentieux électoral. Nul ne peut demander à y être entendu ».*Toutefois, le Rapporteur peut choisir d'entendre une personne dont les déclarations lui paraissent utiles pour la bonne instruction de l'affaire.

- *Caractère contradictoire.* Le principe s'impose tant aux parties qu'au juge, depuis l'introduction d'une procédure judiciaire jusqu'à la mise en délibéré. Le principe du contradictoire doit évidemment être rapproché du principe du respect des droits de la défense. Aucune pièce du dossier ou de procédure ne peut être soumise au juge, sans avoir été communiquée préalablement à toutes les parties en litige. De même, toute mesure d'instruction doit toujours être mise en œuvre moyennant le respect du principe du contradictoire, ce qui signifie que les parties doivent pouvoir formuler en temps utile leurs critiques à l'égard des constatations opérées au cours des mesures d'instruction mises en œuvre.

La procédure devant la Cour est contradictoire selon la nature de la requête[1317]. Les parties peuvent se faire assister de toute personne physique ou morale compétente. Celle-ci peut déposer des Mémoires signés par les parties concernées[1318]. C'est le lieu de rappeler que l'Assistance prévu par le RI est différent de la Représentation où la personne lésée est un peu comme substituée par le Représentant au point où celui-ci puisse signer la requête à sa place. Il en va autrement de l'Assistance. En prévoyant l'Assistance, le législateur permet de réaliser l'égalité des armes entre acteurs judicaires et répond également aux contraintes liées à la pauvreté. Toute personne peut se faire assister soit de son enfant qui fait des études de droit, de son voisin, d'une ONG…

Caractère inquisitorial. L'examen du rôle respectif du juge et des parties dans le déroulement d'un procès aboutit généralement à opposer la procédure accusatoire (l'initiative de l'action et la conduite du procès appartiennent aux parties, le rôle du juge est passif, en ce que son intervention a pour objet de départager les parties) et la procédure inquisitoire (le juge joue le rôle de véritable moteur, en ce qu'il dirige le procès jusqu'à son issue). Au regard d'importants pouvoirs d'instruction dont dispose la Cour constitutionnelle du Benin, on peut dire que la procédure suivie devant elle est inquisitoriale.

B) Enregistrement de la requête

La forme de la demande est bien entendue la requête, qui peut être une lettre comportant toutefois les mentions précises. Selon l'article 27 du RI, *«la Cour Constitutionnelle est saisie par une requête. Celle-ci est déposée au Secrétariat Général qui l'enregistre suivant la date d'arrivée »*.Dans une

[1317] Article 28 du RI de la Cour.
[1318] Article 30 du RI de la Cour.

affaire rendue en 2014, la Cour a rappelé que le requérant qui avait adressé à la Cour une *« ampliation d'une correspondance »* qu'il a adressé au Procureur General près la Cour d'Appel de Cotonou ne s'était pas conformé à l'article 27 du RI de la Cour constitutionnelle. Sa correspondance a dès lors été déclarée irrecevable[1319].

L'Enregistrement de la requête est une simple formalité, il n'y a pas de contrôle de recevabilité à ce niveau.

Paragraphe 2. Elaboration du rapport d'instruction

La requête et tout ce qui l'accompagne sont affectés à un Rapporteur désigné par le Président, qui procède à l'instruction de l'affaire en vue d'un rapport écrit à soumettre à la Cour. Il entend, le cas échéant, les parties. Il peut également entendre toute personne dont l'audition lui paraît opportune, ou solliciter par écrit des avis qu'il juge nécessaires. Il fixe aux parties des délais pour produire leurs moyens et ordonne au besoin des enquêtes. Le rapport analyse les moyens soulevés et énonce les points à trancher. Il est déposé au Secrétariat Général qui le communique sans délai aux membres de la Cour. Il est lu à l'audience par le Rapporteur[1320].

A) Pouvoirs d'instruction

En matière électorale et selon les articles 64 et 65, la Cour et les Sections peuvent ordonner une enquête et se faire communiquer tous les documents et rapports ayant trait aux élections. L'article 29 du RI donne au Rapporteur le pouvoir d'entendre le cas échéant les parties ou toute personne dont l'audition lui parait opportune. Ça ne change rien au fait que la procédure soit écrite. Il peut également solliciter des avis d'experts s'il le souhaite (médecins, architectes, etc.).

Dans les autres matières, notamment en matière de constitutionnalité, la Cour se fonde sur l'article 35 de la Constitution plutôt que sur l'article 29 du RI : elle se reconnait ainsi le pouvoir de demander et d'obtenir de toute autorité exerçant une fonction publique ou politique, toutes les informations

---

[1319] DCC 14-149 du 19 août 2014, *William MEHOU.*

[1320] Article 29 du RI.

ou documents ayant trait à une affaire dont elle est saisie (1). Elle s'est par ailleurs reconnu un pouvoir de suspension aux fins d'instruction (2).

1) Demande d'informations et de documents

La Cour s'est reconnue en s'appuyant sur l'article 35 de la Constitution, la possibilité de demander –et parfois en des termes comminatoires, qui laisseraient penser à un pouvoir d'injonction, à toutes les autorités de l'Etat quelles qu'elles soient (PR, Président de l'AN, Ministres, Préfets, Maires, Commissaires…), bref, des personnes participant au service public ou même privée, des informations ou la communication des dossiers concernant une cause pendante devant elle, dont elles seraient parties ou témoins. Il ressort de la jurisprudence que le Rapporteur peut à cette fin, utiliser des moyens techniques tels que le téléphone, le fax, internet[1321]…

Pour rappel, l'article 35 de la Constitution dispose : *« Les citoyens chargés d'une fonction publique ou élus à une fonction politique ont le devoir de l'accomplir avec conscience, compétence, probité, dévouement et loyauté dans l'intérêt et le respect du bien commun »*[1322]. Il est évident que le constituant en rédigeant pareille disposition n'aurait que très peu envisagé qu'elle eut été la base même de l'opérabilité de la Cour, car on ne pourrait concevoir une justice qui s'exercerait sans une claire disposition des faits. Ainsi, la Cour considère que l'article 35 est violé lorsqu'une autorité ne répond pas, répond tardivement aux mesures d'instruction de la Cour. Il en va de même lorsqu'elle fournit de fausses déclarations en vue d'induire la Cour en erreur, ou encore lorsqu'il résulte des faits qu'elle aurait démontré une certaine négligence dans la tenue des registres par exemple ou lorsqu'elle n'établit pas un procès-verbal conformément à la loi[1323]. Dans ces différentes hypothèses, la Cour prononce la violation par l'autorité requise de l'article 35 de la Constitution en mentionnant parfois son nom et son poste d'exercice. Cette mesure à l'évidence nous parait symbolique aussi longtemps qu'elle ne s'accompagne pas d'une condamnation pécuniaire par

[1321] DCC 05-058 du 07 juillet 2005, *FELE Ahmed.*
[1322] Dans la décision DCC 14-090 du 15 mai 2014, *Armand BOGNON*, la Cour fait une application autonome de l'article 35 de la Constitution, elle sanctionne l'acte de deux agents de l'Etat qui ont par une négligence informatique conduit l'autorité administrative à faire une erreur préjudiciable à un citoyen.
[1323] DCC 14-138 du 15 juillet 2014, *Alain MITHOUN.*

exemple pour inconstitutionnalité fautive. La réticence des autorités met en effet la Cour, comme elle le conclut habituellement, dans l'impossibilité de rendre justice et donc dans le déni de justice –la chose la plus insupportable dans un Etat de droit. Le requérant gagnerait à appuyer sa demande de preuves irréfragables afin d'éviter de tels inconvénients.

A titre d'exemple, la Cour juge que pour n'avoir pas réagi aux mesures d'instruction, le Commandant de brigade a violé l'article 35 de la Constitution[1324], il en va de même d'un Commissaire de police qui n'a pas répondu aux mesures d'instruction [1325]. Elle sanctionne également la mauvaise tenue des registres[1326] ou la perte d'un dossier judicaire[1327]. Pour n'avoir pas cru devoir répondre aux trois correspondances que lui a adressées la Haute juridiction le 8 mai 2009, les 20 janvier et 16 septembre 2010, le Maire de la ville concernée a violé l'article 35 de la Constitution[1328]. Pour n'avoir pas répondu aux mesures d'instruction de la Haute juridiction, le Commissaire de police a violé la Constitution[1329].Le Commandant de brigade de gendarmerie de Sèdjégbe a violé l'article 35[1330]. De même, les Avocats participant au service public de la justice et appartenant à un ordre professionnel exerçant une mission de service public, sont astreints aux prescriptions de l'article 35 de la Constitution[1331]. Il ressort des éléments du dossier que pour la mise en œuvre de l'Arrêté interministériel en date du 16 mars2006, le Ministre chargé de la Fonction Publique et du Travail a procédé à la désignation et à la formation des Assesseurs travailleurs et employeurs ; que la liste desdits Assesseurs a été transmise au Ministre de la Justice, de la Législation et des Droits de l'Homme pour leur prise de fonction conformément aux articles 52 et 56 de *la loi n° 2001-31 du 27 août 2002 portant organisation judiciaire en République du Bénin.* En dépit des

---

[1324]DCC 12-061 du 15 mars 2012, *Hounnassin BALOGOUN (Président de la Communauté nationale du Culte Vodou du Bénin).*

[1325] DCC 03-050 du 14 mars 2003, *ATINDOKPO Patrice ;* DCC 14-112 du 03 juin 2014, *Jean HOUNGBEDI.*

[1326] DCC 02-045 du 2 mai 2002, *CALENCIO Gabriel.*

[1327]DCC 03-144 du 16 oct. 2003, *Cour constitutionnelle.*

[1328]DCC 12-030 du 16 février 2012, *Alain HOUETO et Ignace YONHOSSOU, agissant pour le compte de la collectivité TEZOKPA-AHOKPOKOUN.*

[1329]DCC 12-080 du 3 avril 2012, *Eric AVOHOU.*

[1330] DCC 03- 021 du 20 février 2003, *DAVO Nicholas.*

[1331]DCC 12-006 du 24janvier 2012, *Gilles SODONON, Procureur Général près la Cour d'Appel de Cotonou (HOUNGA Nicodème).*

diverses initiatives prises par le Garde des Sceaux, certains Assesseurs ne se sont pas présentés, d'autres n'ont pas accompli les diligences nécessaires à leur prestation de serment, formalité substantielle sans laquelle ils ne pourront siéger aux audiences en qualité d'Assesseurs. Il ne saurait dès lors être fait grief aux deux Ministres d'avoir violé les dispositions de l'article 35 de la Constitution précitées[1332]. Invité par différentes lettres à faire tenir à la Cour ses observations sur les faits allégués par le requérant, le Commissaire de 2ème classe, Séverin TAFFODE, chargé du Commissariat de Police de DASSA, n'a pas cru devoir répondre aux mesures d'instruction de la Haute juridiction. En agissant comme il l'a fait, il a violé les dispositions de l'article 35 de la Constitution[1333].

2) Suspension aux fins d'enquête

La Cour s'est conféré le pouvoir d'ordonner le sursis à exécution lorsque les moyens articulés par le demandeur en recours en inconstitutionnalité d'un décret ou d'une loi sont de nature telle que ledit décret pourrait être censuré[1334]. La Cour ayant ordonné des mesures d'instruction et ne pouvant se prononcer immédiatement sur le fond d'un recours, à la faculté d'ordonner un sursis à exécution de l'acte déféré pour cause d'inconstitutionnalité, si les conditions sont réunies[1335].

B) Contenu du Rapport

Le rapport doit contenir tous les points importants devant faciliter la prise de la décision :

- *Les témoignages et déclarations recueillis au terme des mesures d'instruction ;*
- *Il doit mettre en évidence les prétentions des parties ;*
- *Les moyens invoqués au soutien de ces prétentions ;*
- *Les arguments qui appuient les moyens ;*

[1332] DCC 12-105 du 03 mai 2012, *Roberto PRINCE AGBODJAN.*

[1333] DCC 12-080 du 03 avril 2012, *Eric AVOHOU.*

[1334] DCC 95 -021 du 12 mai 1995, *TABOULA Josaphat.*

[1335] DCC 95-011 du 02 mars 1995, *AMOUSSOU Georges ;* DCC 95-017 du 15 mars 1995, *HOUNMENOU A.*

- *Les observations du Rapporteur. Ces observations ont trait aux faits mais également au droit, elles sont appuyées de la jurisprudence de la Cour.*

L'enjeu du rapport est de simplifier au maximum la complexité de l'affaire afin de rendre la compréhension et l'analyse des autres juges faciles.

Section 2. Délibération

La Cour constitutionnelle se réunit sur la convocation de son Président ou en cas d'empêchement de celui-ci, sur la convocation du Vice-président de la Cour ou par le plus âgé de ses membres[1336]. La délibération est constituée des débats et des votes. S'agissant des débats, il n'y a pas grand chose à dire, sinon que de rappeler l'article 10 du RI qui précise que le Président de la Cour constitutionnelle exerce les pouvoirs et prérogatives que lui confèrent la Constitution et la loi organique. Il assure le fonctionnement général de la Cour. Il rend, après consultation des membres de la Cour, des ordonnances qui ne sont susceptibles d'aucun recours. Il préside les audiences et les réunions de la Cour dont il assure la police. Pendant les audiences, réunions ou séances de travail de la Cour, il peut, quand il estime que l'ordre public est troublé ou menacé, requérir la force publique ou prendre toutes les mesures nécessaires, entre autres, ordonner le huis-clos. Il peut faire appel, en tant que de besoin, à des consultants extérieurs dont les frais et honoraires sont supportés par le budget de la Cour.

Le point le plus important concerne le vote. Pour que la délibération soit valable, un certain quorum est exigé (Paragraphe 1), ceci permet de donner une certaine assise à la décision prise et prévient l'absentéisme des membres de la Cour. Par ailleurs, la décision de la Cour doit intervenir dans des délais expressément prévus. Le Rapporteur doit tenir compte de ces différents délais. Ils varient en fonction de la nature de la question examinée (Paragraphe 2).

[1336] V° l'article 20 du RI de la Cour.

Paragraphe 1. Quorum et délais

Examinons un tant soit peu le quorum de délibération (A), avant de voir les différents délais impartis à la Haute juridiction (B).

A) Quorum de délibération

On distingue deux quorums : *le quorum total des membres de la Cour* (nécessaire à la tenue de toute session) et *le quorum nécessaire à l'adoption d'une délibération.* Le premier quorum ne varie pas, à la seule précision qu'en cas d'empêchement la loi exige la mention expresse sur le procès-verbal. Aux termes de l'article 16 de la loi organique sur la Cour constitutionnelle, *« les décisions et avis de la Cour constitutionnelle sont rendus par* ***cinq conseillers au moins****, sauf en cas de* ***force majeure*** *dument constatée au procès-verbal ».*L'article 21 du RI dispose que *« pour délibérer valablement, la Cour Constitutionnelle doit comprendre au moins cinq (05) membres. Lorsque ce quorum n'est pas atteint en raison d'empêchement ou de cas de force majeure, mention en est faite au procès-verbal de ladite séance. Le Secrétaire Général assiste aux séances de la Cour sans voix délibérative. Les décisions sont prises à la majorité simple des participants. L'abstention n'est pas admise lors d'un vote ».* Dans plusieurs décisions, la Cour rappelle qu'aux termes de l'article 16 de la loi organique sur la Cour constitutionnelle, *« les décisions et les avis de la Cour constitutionnelle sont rendus par cinq (5) conseillers au moins, sauf en cas de force majeure dument constaté au procès-verbal »*[1337]**.**Dans une décision rendue en 2015, la Cour a constaté la force majeure, elle rappelle qu'aux termes de l'article 16 de la loi organique : « *Les décisions et les avis de la Cour constitutionnelle sont rendus par cinq conseillers au moins, sauf en cas de force majeure dûment constatée au procès-verbal* » ; elle constate ensuite que Messieurs Bernard DEGBOE et Akibou IBRAHIM sont en mission à l'extérieur du pays et que Madame Lamatou NASSIROU est en congé administratif ; elle conclut que, conformément à l'article 16 précité, elle est habilitée à siéger et à rendre sa décision avec seulement quatre (04) de ses membres[1338].

En revanche, le second quorum (quorum de délibération) tout comme les délais, varient en fonction de la nature de la question examinée. De manière

---

[1337] DCC 03-001 du 8 janvier 2003, *Président de la République.*
[1338]DCC 15-209 du 15 octobre 2015, *Président de la République.*

globale, les décisions sont prises soit à la majorité qualifiée des 4/5, soit à la majorité absolue.

1) Majorité absolue

L'article 43 de la loi organique dispose que *« lorsqu'elle est saisie par le Président de l'Assemblée nationale, dans les cas prévus à l'article 50 de la Constitution, pour constater l'empêchement définitif du Président de la République, la Cour Constitutionnelle statue à la* ***majorité absolue*** *des membres la composant ».*Lorsqu'elle est saisie par le Président de l'AN, dans le cas prévu à l'article 86 de la Constitution, pour constater que les séances de l'Assemblée ne peuvent pas se dérouler au lieu ordinaire de ses sessions, la Cour constitutionnelle se prononce à **la majorité absolue** de ses membres, dans un délai de trois jours[1339]. Lorsqu'elle est saisie par le Gouvernement dans le cas prévus à l'article 52, alinéa 1 de la Constitution, la Cour constitutionnelle se prononce dans un délai de (15) quinze jours, à **la majorité absolue** de ses membres[1340].

2) Majorité qualifiée

Dans le cas prévu à l'article 77, alinéa 2 de la Constitution (interpellation du PR), la Cour constitutionnelle statue dans les (3) trois jours, à la majorité des 4/5 de ses membres[1341]. Lorsque la Cour constitutionnelle est saisie dans le cas d'outrage à l'AN, prévu à l'article 77 de la Constitution, elle statue par une décision motivée dans les trois (03) jours, à la majorité visée à l'article 49 ci-dessus, sur rapport de l'une de ses sections. La décision est aussitôt notifiée au Président de l'AN et au PR[1342].

Ajoutons que dans les cas prévus aux articles 3 (élection du Président de la Cour), 4 (élection du Vice-président de la Cour), 13 (constatation de la déchéance du mandat d'un membre de la Cour) et 16 (décisions et avis de la Cour) de la loi organique sur la Cour, les membres sont tenus de participer directement au vote. Aucune procuration n'est admise[1343]. Autre

[1339]Article 44 de la loi organique sur la Cour constitutionnelle.
[1340] Article 48 de la Loi Organique sur la Cour.
[1341]Article 49 de la L.O sur la Cour.
[1342]78.2-de la L.O sur la Cour.
[1343]Article 50 de la L.O sur la Cour.

aménagement spécial : lorsque le Président de la Cour constitutionnelle est appelé à assurer l'intérim du PR dans le cas prévu à l'article 50 de la Constitution, la Cour est provisoirement présidée par le Vice-président[1344].

B) Délais de décision

Les délais pour statuer varient comme on l'a dit plus haut en fonction de l'objet de la demande et du type d'action, ils sont expressément prévus par les textes. Nous proposons de faire une distinction entre le délai normal (30 jours et 15 jours), le délai d'urgence (8 jours) et le délai d'urgence extrême (3 jours).

1) Délai normal

S'agissant de l'examen de la conformité. ***En cas de recours direct,*** selon l'article 120 de la Constitution,*« la Cour constitutionnelle doit statuer dans le délai de* ***quinze jours*** *après qu'elle a été saisie d'un texte de loi ou d'une plainte en violation des droits de la personne humaine et des libertés publiques.* ***En cas de recours indirect***, l'article 122 dispose que *« tout citoyen peut saisir la Cour Constitutionnelle sur la constitutionnalité des lois, soit directement, soit par la procédure de l'exception d'inconstitutionnalité invoquée dans une affaire qui le concerne devant une juridiction. Celle-ci doit surseoir jusqu'à la décision de la Cour constitutionnelle qui doit intervenir dans un délai de* ***trente jours »***[1345]. La lecture combiné des articles 120 et 122 de la Constitution laisse penser que le constituant distingue le délai qu'à la Cour pour statuer en cas de violation des droits de la personne, selon qu'elle est saisie par un requérant (15 jours) ou qu'elle se saisit d'office (8) huit Jours.

Le délai ordinaire convient pour l'examen des textes en forme législative. Dans les cas prévus à l'article 100, alinéa 2[1346] de la Constitution, la Cour est

---

[1344]Article 45 de la L.O sur la Cour.

[1345] V° aussi l'article 25 de la Loi organique –à propos du délai de la Cour en cas d'exception d'inconstitutionnalité. La Cour Constitutionnelle doit prendre sa décision dans un délai de (30) trente jours.

[1346] Selon l'article 100 de la Constitution : *« Les matières autres que celles qui sont du domaine de la loi ont un caractère réglementaire. Les textes de forme législative intervenus en ces matières antérieurement à l'entrée en vigueur de la présente* saisie par le PR. La Cour se prononce dans le délai d'un (1) mois. Ce délai est réduit à (8) huit jours quand le Gouvernement déclare l'urgence[1347]. La Cour constate, par une déclaration motivée, le caractère législatif ou réglementaire des dispositions qui lui sont soumises[1348]. Il est prévu également dans le cas de *l'autorisation de l'achat ou location des biens du domaine de l'Etat.* Selon l'article 52, alinéa 1 de la Constitution : *« Durant leurs fonctions, le président de la République et les membres du Gouvernement ne peuvent par eux-mêmes, ni par intermédiaire rien acheter ou prendre en bail qui appartienne au domaine de l'État, sans autorisation préalable de la Cour constitutionnelle dans les conditions fixées par la loi ».* Et l'article 48 *de la loi organique dispose que « lorsqu'elle est saisie par le Gouvernement dans le cas prévu à l'article 52, alinéa1 de la Constitution, la Cour Constitutionnelle se prononce dans un délai de* ***quinze jours****, à la majorité absolue de ses membres ».*

2) Délai d'urgence

L'article 120 dispose qu'*« (...) à la demande du Gouvernement, s'il y a urgence, ce délai est ramené à* ***huit jours.*** *Dans ce cas, la saisine de la Cour constitutionnelle suspend le délai de promulgation de la loi ».* Il y a donc un délai normal (15 jours) et un délai d'urgence (8 jours). Nous avons vu ci-dessus que seul le Gouvernement pouvait solliciter l'urgence sur des matières précises. Le délai d'urgence est également prévu en cas de ***saisine d'office***. L'article 121, alinéa 2 dispose : *« La Cour se prononce d'office sur la constitutionnalité des lois et de tout texte réglementaire censés porter atteinte aux droits fondamentaux de la personne humaine et aux libertés publiques. Elle statue plus généralement sur les violations des droits de la personne humaine et sa décision doit intervenir dans un délai de* ***huit jours*** *».* Ce délai de (8) huit jours est rappelé par la disposition éponyme du RI de la Cour[1349].

Le délai d'urgence est prévu en cas d'examen des conflits d'attribution. Selon l'article 104 de la Constitution, *« les propositions, projets et*

Constitution peuvent être modifiés par décret pris après avis de la Cour constitutionnelle. »

[1347] Article 36 de la loi organique.

[1348] Article 37 de la loi organique.

[1349] Article 32 du RI.

amendements qui ne sont pas du domaine de la loi sont irrecevables. L'irrecevabilité est prononcée par le président de l'Assemblée nationale après délibération du bureau. S'il apparaît que la proposition ou l'amendement sont contraires à une délégation accordée en vertu de l'article 102 de la présente Constitution, le Gouvernement peut opposer l'irrecevabilité. En cas de contestation sur les alinéas 1 et 3 du présent article, la Cour constitutionnelle, saisie par le président de l'Assemblée nationale ou le Gouvernement, statue dans un ***délai de huit jours »***.Le délai d'urgence suspensif[1350] se justifie également dans cette hypothèse, il s'agit d'éviter la paralysie des institutions, la célérité permet d'assurer la continuité de l'action publique. La déclaration de la Cour est notifiée au Président de l'AN et au PR.

Le constituant fait une distinction entre le délai du recours direct où la Cour doit statuer en principe dans les 15 jours et l'exception d'inconstitutionnalité où elle est appelée à statuer dans les 30 jours. N'y a-t-il pas violation du principe d'égalité entre les citoyens qui saisissent directement la Cour et ceux qui la saisissent indirectement ? Pourquoi avoir donné une possibilité de délai d'urgence au PR par rapport au recours du citoyen ?La seconde interrogation ne doit pas être exagérée, dans la mesure où lorsqu'elle se saisit d'office d'un cas de violation des droits de l'homme, la Cour statue dans les (8) huit jours. C'est dire que le constituant est conscient de ce que le délai de 15 jours pour l'action directe ou de 30 jours pour l'action indirecte, peut irrémédiablement compromettre les libertés publiques. En dehors de la violation de ses droits subjectifs, on ne voit pas autre hypothèse qui exigerait un besoin d'une plus grande célérité au profit du requérant.

3) Délai d'urgence extrême

Le délai d'extrême urgence est de (3) trois jours, il conviendrait dans le cas de l'indisponibilité provisoire du lieu ordinaire des séances de la Cour. La

---

[1350]Selon l'article 38 de la Loi organique : *« Aux cas prévus par l'article 104 de la Constitution, la discussion de la proposition de loi ou de l'amendement auquel le Président de l'Assemblée nationale ou le Gouvernement a opposé l'irrecevabilité est immédiatement suspendue ».* Selon l'article 39 : *« L'autorité qui saisit la Cour Constitutionnelle en avise aussitôt l'autre Autorité qui a également compétence à cet effet selon l'article 104 de la Constitution ».* Et l'article 40 dispose : *« Conformément à l'article 104, alinéa 4 de la Constitution, la Cour statue dans un délai de huit jours ».*

Cour étant enfermée dans le respect des délais dans la prise de ses décisions, ce délai vise à empêcher que l'indisponibilité du lieu de séance n'aboutisse à un retard, surtout que la Cour a été très rigoureuse envers les juges ordinaires sur la question des délais raisonnables. C'est cette considération qui justifie l'aménagement du même délai pour ce qui est des séances de l'AN. Ainsi, l'article 44 de la loi organique dispose que *« lorsqu'elle est saisie par le Président de l'Assemblée nationale, dans le cas prévu à l'article 86 de la Constitution, pour constater que les séances de l'Assemblée ne peuvent pas se dérouler au lieu ordinaire de ses sessions, la Cour Constitutionnelle se prononce à la majorité absolue de ses membres, dans un délai de* ***trois jours*** *».*Le délai de 3 jours est aussi aménagé en cas d'outrage à l'AN prévu à l'article 77 de la Constitution. Saisie dans cette hypothèse, la Cour statue par une décision motivée dans les trois (03) jours, à la majorité visée à l'article 49, sur rapport de l'une de ses Sections.

Paragraphe 2. Forme et contenu de la décision

La forme (A) et le contenu (B) de la décision sont expressément prévus par les textes sur la Cour.

A) Forme de la décision

Aux termes de l'article 22 du RI, les décisions de la Cour comportent les visas des textes applicables, les motifs sur lesquels la Cour se fonde, et le dispositif. Elles contiennent la mention des membres qui ont siégé à la séance au cours de laquelle elles ont été prises. Les décisions et avis de la Cour constitutionnelle sont signés par le Président et le Rapporteur. Cette disposition prescrit au plan formel un ensemble de mentions :

- *Les visas des textes applicables ;*
- *Les motifs qui sont au fondement du dispositif ;*
- *Le dispositif ;*
- *Les membres ayant siégé à la séance au cours de laquelle la décision a été adoptée ;*
- *La signature du Président et du Rapporteur.*

B) Contenu de la décision

En général, le contrôle de constitutionnalité implique quatre sortes de décisions. La Cour peut déclarer une loi conforme en toutes ses dispositions, sans émettre des observations ou réserves (conformité totale et absolue) ; elle peut déclarer une loi conforme en toutes ses dispositions avec des réserves (conformité totale et relative). Elle peut déclarer certaines dispositions contraires et d'autres conformes (conformité partielle absolue). Elle peut enfin déclarer certaines dispositions conformes et d'autres conformes sous réserves (conformité partielle relative).

- *Conformité totale et absolue*. La loi contrôlée peut être déclarée, en toutes ses dispositions, conforme à la Constitution. A titre d'exemple, la Cour juge que :*« Sont conformes à la Constitution toutes les dispositions de la loi n° 2015-42 portant institution du Régime d'Assurance Maladie universelle (RAMU) en République du Bénin votée par l'Assemblée nationale le 28 décembre 2015*[1351]*.* »Dans le même sens : *« (...) sont conformes à la Constitution toutes les dispositions de la Loi n°2012-21 portant lutte contre le financement du terrorisme en République du Bénin votée par l'Assemblée Nationale le 10 mai 2012 »*[1352]. Autre exemple, elle souligne que l'examen de *la loi n°2012-26 portant répression des infractions en matière de chèque, de carte bancaire et d'autres instruments et procédés électroniques de paiement* votée par l'AN le 22 juin 2012 fait apparaître qu'elle est conforme à la Constitution en toutes ses dispositions[1353].Dans ce cas, le PR doit la promulguer en respectant le délai indiqué. S'il ne le fait pas, le Président de l'AN a l'obligation de saisir la Cour afin que celle-ci déclare la loi exécutoire [1354]. A titre d'exemple, la Cour a déclaré conforme à la

---

[1351] DCC 16-029 du 28 janvier 2016, *Président de la République.*

[1352]DCC 12-142 du 17 juillet 2012,*Président de la République, v° aussi* DCC 15-251du 26 novembre 2015, *Président de la République (à propos de loi n° 2015-08 portant code de l'enfant, votée par l'AN le 23 janvier 2015, puis mise en conformité avec la Constitution le 08 octobre 2015, suite à la décision DCC 15-099 du 15 mai 2015 de la Cour constitutionnelle.*

[1353]DCC 12- 152 du 02 août 2012, *Président de la République.*

[1354] DCC 36-94 du 29 décembre 1994, *Président de l'Assemblée Nationale ;* DCC 95-044 du 28 décembre 1995, *Président de l'Assemblée Nationale ;* DCC 98-015 du 06 février 1998, *Président de la République* ; DCC 98-025 du 12 mars 1998, *Président de la République ;* DCC 99-030 du 17 mars 1999, *Président de l'Assemblée Nationale ;* DCC 03-069 du 20 mars 2003, *Président de la République (à propos de la loi instituant le Code de la sécurité sociale au Bénin) ;* dans le même

Constitution en toutes ses dispositions, la *loi n° 2012-24 portant réglementation bancaire en République du Bénin,* votée par l'AN le 31 mai 2012[1355]. Toute la loi peut être déclarée contraire à la Constitution. Ce cas n'intervient que si la procédure législative n'a pas été respectée ou lorsque la loi est intervenue dans un domaine réglementaire (article 100 de la Constitution)[1356].

- *Conformité totale et relative. Tout le texte est conforme sous réserves d'observations.* Elle fait dans cette hypothèse usage des réserves d'interprétation[1357]. Le juge constitutionnel transitoire a décidé qu'aux termes des articles 57, 6 et 124 de la Constitution, les dispositions censurées par le HCR doivent être de nouveau soumises à son approbation avant d'être exécutoires[1358]. Lorsqu'elle « (...) *constate la non-conformité totale à la Constitution d'un acte réglementaire, cet acte ne peut être appliqué. Lorsqu' [elle] constate la non-conformité partielle à la Constitution d'un acte réglementaire et qu'elle se prononce sur le caractère séparable de la ou des dispositions incriminées, celles-ci ne peuvent être appliquées. La Cour peut indiquer, si elle l'estime nécessaire, ceux des effets du règlement incriminé qui doivent être considérés comme définitifs. La décision est notifiée au Président de la République afin qu'il remédie à la situation juridique résultant de la décision »*[1359].

---

sens DCC 03-155 du 04 nov. 2003, *Président de la République (à propos de la loi portant orientation de l'éducation nationale en République du Bénin) ;* DCC 03-156 du 04 nov. 2003, *Président de la République (à propos de la loi relative à la répression du faux monnayage...)* ; DCC 02-129 du 10 oct. 2002, *Président de la République ; DCC* 02-132 du 25 nov. 2002, *Président de la République.*

[1355]DCC 12-143 du 19 juillet 2012, *Président de la République.*

[1356] Les articles 95 et 100 de la Constitution repartissent les domaines de compétence entre la loi et le Règlement ; DCC 07-116 du 17 octobre 2007, *Président de la République.*

[1357] DCC 03-058 du 19 mars 2003, *Président de la République (conformité partielle, réserves d'interprétation).* Dans le même sens (conformité partielle), DCC 03-060 du 19 mars 2003, *Président de la République ;* DCC 03-145 du 16 oct.2003, *Président de la République ;* DCC 02-016 du 20 mars 2002, *Président de la République ;* DCC 02-004 du 09 janvier 2002, *Président de la République (loi sur le droit de grève) ;* DCC 02-128 du 10 octobre 2002, *Président de la République.*

[1358] Décision 4 DC du 09 janvier 1992, *Président de l'Assemblée Nationale.*

[1359]Article 40 du Règlement Intérieur de la Cour Constitutionnelle du Bénin.

- *Conformité partielle relative.* Certains articles de la loi peuvent être déclarés contraires à la Constitution alors que d'autres le sont sous réserves de certaines observations[1360]. Lorsque certains articles seulement ou même certains mots d'un article sont jugés contraires à la Constitution, la Cour peut prononcer la *« séparabilité »* qui autorise la promulgation de la loi amputée seulement des dispositions jugées contraires à la Constitution. Tel a été le cas de *la loi n° 91-009 du 31 mai 2001 portant loi organique sur la Cour* dont les articles 75,76 et 77 ont été déclarés inapplicables pour inconstitutionnalité[1361]. Elle peut également prononcer l'inséparabilité des articles jugés contraires à la Constitution ou leur séparabilité[1362]. La Cour juge ainsi à propos de *la loi n°2012-15 portant Code de procédure pénale* votée par l'AN le 30 mars 2012[1363].

Conformité partielle absolue[1364]. Lorsque la Cour prononce la conformité partielle relative ou totale, l'autorité est tenue de se conformer à ses observations lors de la mise en conformité de son acte, sinon la Cour constatera la violation de l'article 124 [1365]. L'AN a l'obligation constitutionnelle, en vertu du principe de l'autorité de chose jugée, de les mettre en conformité à la Constitution. Dans une décision rendue en 2005, la Cour déclare certaines dispositions conformes, d'autres dispositions non conformes et d'autres conformes sous réserves d'interprétation[1366].

Section 3. Effets de la décision

La décision de la Cour commence à produire ses effets avec la publicité (Paragraphe 1). A partir de ce moment, elle est investie de l'autorité de chose jugée (Paragraphe 2).

[1360] DCC 07-079 du 24 juillet 2007, *Président de la République.*
[1361] DCC 96-010 des 23 et 24 janvier 1996.
[1362] DCC 07-51 du 23 juillet 2007, *Président de la République.*
[1363] DCC 12-153 du 04 août 2012, *Président de la République, (Réserves d'interprétation).*
[1364] DCC 03-045 du 13 mars 2003, *Ministre d'Etat chargé de la Coordination....*
[1365] DCC 07-111 du 11 octobre 2007, *Président de la République.*
[1366] DCC 05-69 du 27 juillet 2005, *Président de la République.*

Paragraphe 1. Publicité de la décision

Comme en droit administratif, il faut distinguer entre la publication qui concerne les actes à portée générale (A) et la notification qui concerne les actes à portée individuelle (B).

A) Publication de la décision

Selon l'article 23 du RI, les décisions de la Cour constitutionnelle sont publiées au *Journal* Officiel ou dans un *Journal d'Annonces Légales.* Elles prennent effet à compter de leur prononcé. Elles sont notifiées aux parties concernées. Elles ne sont susceptibles d'aucun recours. Elles s'imposent aux pouvoirs publics, à toutes les autorités civiles, militaires et juridictionnelles et à toutes les personnes physiques ou morales.

B) Notification de la décision

S'agissant de la demande d'avis, l'article 26 de la loi organique prévoit que la Cour constitutionnelle, saisie conformément aux articles 121, 122, 123 et 146 de la Constitution, avise immédiatement le PR, le Président de l'AN, et le cas échéant, les Présidents de la HAAC et du CES, lorsqu'ils sont concernés. Ces derniers en informent les membres de l'Assemblée et des organes en question. Selon l'article 29, la publication d'une déclaration de la Cour constitutionnelle constatant qu'une disposition n'est pas contraire à la Constitution met fin à la suspension du délai de promulgation suivant les dispositions de l'article 120 de la Constitution.

Paragraphe 2. L'autorité des décisions de la Cour

Aux termes de l'article 124 : *« Une disposition déclarée inconstitutionnelle ne peut être promulguée ni mise en application. Les décisions de la Cour constitutionnelle ne sont susceptibles d'aucun recours. Elles s'imposent aux pouvoirs publics et à toutes les autorités civiles, militaires et juridictionnelles ».* Selon l'article 34, alinéas 2, 3 et 4 de la loi organique sur la Cour : *« Les décisions de la Cour Constitutionnelle ne sont susceptibles d'aucun recours. Elles s'imposent aux pouvoirs publics et à toutes les autorités civiles, militaires et juridictionnelles. Elles doivent en conséquence être exécutées avec la diligence nécessaire ».*Par ailleurs l'article 43 du RI dispose que *« lorsque la Cour constate la non-conformité à la Constitution d'une loi, d'une ordonnance ou d'un acte réglementaire, l'autorité concernée est appelée à se conformer à la situation juridique résultant de cette décision »*.

L'autorité de chose jugée des décisions de la Cour constitutionnelle revêt au moins trois implications, en cas de contrariété à la Constitution, l'invalidité du texte ou des dispositions contraires (A), l'irrecevabilité des recours portant sur le même objet (B), l'obligation d'exécuter, qui elle-même comporte selon la jurisprudence de la Cour diverses implications (C).

A) Invalidité de l'acte

Les textes parlent de nullité, il est préférable toutefois de parler d'invalidité, la nullité fait surtout écho aux conventions de droit privé. La Cour tient compte également du vice d'inconstitutionnalité. Ainsi, un Arrêté qui a été pris sur le fondement d'un décret contraire à la Constitution est contraire à la Constitution[1367].Il a été jugé que *l'ordonnance n°2000-001 du 02 janvier 2000 portant loi de Finances pour la gestion 2000 et la loi n° 2000-01 du 24 janvier 2000* ayant été déclarées non conformes à la Constitution par *décision DCC 00-072 du 17 novembre 2000*, les ressources de financement du Programme d'investissements publics inscrites au budget national sont également contraires à la Constitution[1368].

1) Décision sur la conformité de la loi

Dans le cas où la Cour déclare que la loi dont elle est saisie contient une disposition contraire à la Constitution et inséparable de l'ensemble de cette loi, celle-ci ne peut être promulguée[1369]. Dans le cas où la Cour déclare que la loi dont elle est saisie contient une disposition contraire à la Constitution sans constater en même temps qu'elle est inséparable de l'ensemble de cette loi, le PR peut soit promulguer la loi à l'exception de cette disposition, soit demander à l'AN une nouvelle lecture. De même, lorsque la Cour saisie par un citoyen déclare qu'une loi, un texte réglementaire ou un acte administratif

---

[1367] DCC 00-059 du 12 octobre 2000, *ASSOGBA Léon.*

[1368] DCC-075 du 06 décembre 2006, *Président de la République* ; DCC 00-074 du 06 décembre 2006, *Président de la République.*

[1369] Article 30 de la L.O sur la Cour.

est contraire aux dispositions de l'article 3 de la Constitution, ces lois, texte ou acte sont nuls et non avenus[1370].

2) Décision sur la Conformité des Règlements intérieurs

Dans le cas où la Cour constitutionnelle déclare que le Règlement soit de l'AN, soit de la HAAC ou bien du CES qui lui a été transmis, contient une disposition contraire à la Constitution, cette disposition ne peut pas être mise en application par l'AN ou l'institution qui l'a votée.

3) Décision sur la violation des droits fondamentaux

Dans le cas où la Cour déclare que la loi, le texte réglementaire ou l'acte administratif contient une disposition qui viole les droits fondamentaux de la personne humaine et les libertés publiques, la loi, le texte réglementaire ou l'acte administratif est considéré comme nul et de nul effet et ne peut être mis en application ou exécuté par le pouvoir exécutif. De manière générale, aux termes de l'article 124 de la Constitution, une disposition déclarée inconstitutionnelle ne peut être promulguée, ni mise en application.

4) Condamnation à la réparation

Dans le souci de rendre ses décisions coercitives en matière des droits de l'homme, la Cour, bien qu'aucune disposition constitutionnelle n'accorde expressément aux victimes des violations de droits de l'homme le droit à réparation, a enrichi sa jurisprudence en accordant ce droit. Elle s'est inspirée pour ce faire de la doctrine, de la coutume internationale ainsi que de certaines dispositions constitutionnelles qui proscrivent les traitements infâmants[1371]. Initiée en 2002, la condamnation à la réparation est constante dans la jurisprudence de la Cour.

Il est souhaitable que la Haute juridiction affine cette exigence de deux manières : d'une part, elle doit la préciser, elle accorde ce droit d'office dans certaines situations ; ne l'accorde pas dans des situations similaires ; refuse de faire droit à la demande de dommages et intérêts dans des affaires où elle a admis que la violation des droits de la personne humaine était établie.

[1370] Article 31 de la L.O sur la Cour.

[1371] DCC 02-052 du 31 mai 2002, *Recueil des décisions et avis,* 2002, p. 217.

D'autre part, il est souhaitable qu'elle précise les modalités de calcul de cette réparation et qu'elle assure son effectivité. La condamnation à la réparation semble à l'heure actuelle un vœu pieu plus qu'une réalité.

B) Irrecevabilité des recours

Pour qu'il y ait autorité de chose jugée, il doit avoir identité de la demande, c'est-à dire elle doit porter sur les mêmes faits et tendre au même objet[1372]. Lorsque ces conditions sont remplies, la Cour a vidé son office, elle ne peut recevoir un recours en appel (1) en révision (2) ou même en interprétation (3).

1) Irrecevabilité du recours en appel

L'autorité de chose jugée couvre également les décisions qui ont été rendues au départ d'une exception d'inconstitutionnalité[1373]. En d'autres termes, un requérant ne peut contester par la voie du recours direct, ce qui a été jugé par la voie de l'exception d'inconstitutionnalité. L'exception d'inconstitutionnalité a dès lors plus qu'un effet *inter-partes*, tout est fonction du contenu de la décision.

Dans plusieurs décisions, la Cour vise l'article 124 de la Constitution, *« une disposition déclarée inconstitutionnelle ne peut être promulguée ni mise en application. Les décisions de la Cour constitutionnelle se sont susceptibles d'aucun recours. Elles s'imposent aux pouvoirs publics et à toutes les autorités civiles, militaires et juridictionnelles »*[1374]. Dans les faits, elle juge que la requête de Monsieur Philippe NOUDJENOUME n'a pas pour objet la rectification d'une erreur matérielle, mais invite plutôt la Cour à reconsidérer la *décision EP 11-005 du 10 février 2011* rendue sur la recevabilité de sa candidature à l'élection présidentielle de 2011 en raison du report de la date du scrutin. Il y a lieu pour la Haute juridiction de dire et juger que sa requête est irrecevable[1375]. Elle rappelle l'irrecevabilité des requêtes qui portent sur

[1372] DCC06-024 du 14 février 2006, *(collectif des ex-soldats de la classe 94/1 et 94/2) ;* DCC 06-027 du 14 février 2006, *HOUDADJO Severin.*

[1373]DCC 12-008 du 24 janvier 2012, *Armand ZINZINDOHOUE.*

[1374] DCC 14-083 du 08 mai 2014, *Georges AMOUSSOU.*

[1375]Décision EP 11 –012du 17 février 2011, *Philippe NOUDJENOUME (candidat à l'élection présidentielle de 2011).*

des faits déjà jugés par elle[1376]. Après avoir constaté que le contrôle de constitutionnalité des décisions de la HAAC relève de sa compétence exclusive et qu'elle a jugé que la *décision n° 97-073/HAAC du 12 septembre 1997,* qu'elles ne violent pas l'article 26 de la Constitution[1377], elle conclut que le recours tendant à un nouvel examen d'une loi déjà censurée par la Cour constitutionnelle est irrecevable en application du principe de l'autorité de la chose jugée[1378]. *A contrario*, elle accueille favorablement des requêtes ayant strictement pour but une rectification d'erreur matérielle. Il a ainsi été jugé que la rectification d'erreur matérielle par la Cour ne viole pas l'autorité de chose jugée[1379]. De même en 2015, après avoir relevé que la requête de Monsieur Serge PRINCE AGBODJAN, objet de la décision *DCC 15-200 du 10 septembre 2015,* date du 21 avril 2015 au lieu du 31 mars 2015 mentionnée dans ladite décision, souligne qu'il y a lieu de procéder à la rectification de l'erreur matérielle constatée dans ladite décision ; que cette rectification ne met pas en cause l'autorité de chose jugée attachée à la décision *DCC 15- 200 du 10 septembre 2015* de la Cour ; qu'en conséquence, il y a lieu de dire et juger que la mention : *« la requête du 31 mars 2015 »* contenue dans la toute première phrase et à la 1ère ligne de la décision *DCC 15-200 du 10 septembre 2015* est remplacée par la mention : *« requête du 21 avril 2015[1380] ».*

2) Irrecevabilité du recours en révision

Le recours tendant à un nouvel examen de faits ayant donné lieu à une décision de la Cour est irrecevable en application du principe de l'autorité de chose jugée[1381]. L'autorité de chose jugée entraine l'irrecevabilité de la requête[1382]. Elle est établie lorsque la requête porte sur les mêmes faits et sur le même objet[1383].

1376 DCC 98-013 du 05 février 1998, *DOHOU Victor.*

1377 DCC 98-012 du 05 février 1998, *SOTON Mouléro.*

1378 DCC 01-093 du 07 novembre 2001, *DAVO Lani.*

1379 DCC 00-068 du 15 novembre 2000, *AKANDE Ganiou.*

1380 DCC 15 – 250 du 26 novembre 2015, *Serge Roberto PRINCE AGBODJAN.*

1381 DCC 01-044 du 21 juin 2001, *Population de Tanto, Commune d'Avotrou.*

1382 DCC 14-014 du 16 janvier 2014, *Léopold AMOUSSOU.*

1383 DCC14-027 du 13 février 2014, *Taté OUINDEYAMA ;* DCC 14-062 du 20 mars 2014, *Célestin NOUDOFININ.*

2) Irrecevabilité du recours en interprétation

Dans plusieurs décisions, la Cour a rappelé son incompétence pour interpréter à titre principal une disposition de la Constitution[1384].La Cour décline sa compétence lorsque le requérant demande directement l'interprétation d'une disposition constitutionnelle ou d'une décision de justice le concernant, ou alors qu'il formule une demande équivalente à une demande d'interprétation. Le recours en interprétation prévu dans le cadre du droit communautaire n'est pas prévu en droit constitutionnel béninois.

C) Exécution de la décision

Les décisions de la Cour constitutionnelle ne sont susceptibles d'aucun recours. Elles s'imposent aux pouvoirs publics et à toutes les autorités civiles, militaires et juridictionnelles. Elles doivent en conséquence être exécutées avec la diligence nécessaire. La Cour constitutionnelle a permis par sa jurisprudence de dégager les obligations à charge des pouvoirs publics et aux autorités. Dans sa décision *DC 06-016,* elle rappelle que selon une jurisprudence constante, l'autorité de chose jugée attachée à ses décisions *« impose à l'Administration une double obligation à savoir d'une part, l'obligation de prendre toutes les mesures pour exécuter la décision juridictionnelle et d'autre part, l'obligation de ne rien fait qui soit en contradiction avec ladite décision »*[1385]. Règle qu'elle rappelle d'ailleurs quelques mois après[1386].Ceci s'exprime en termes d'actions positives (1) et négatives (2). Par ailleurs, la Cour a affirmé que ses décisions s'imposent à elle-même (3).

1) Prendre toutes mesures pour exécuter la décision

Dans les faits, la Cour juge que Messieurs les Ministres de la Fonction Publique et de la Justice pour n'avoir pas, chacun en ce qui le concerne, tirer les conséquences juridiques résultant de la décision de la Cour et ce, en remettant les requérants dans la même situation que les autres lauréats au

---

[1384] DCC 01-007 du 11 janvier 2001, *SESSOU Placide ;* DCC 03-097 du 19 juin 2003, *KOFFI Romain.*
[1385] DCC 06-016 du 31 janvier 2006, *ALEDJI Ousman et consorts.*
[1386] DCC 06-052 du 19 avril 2006, *ALEDJI Ousman et consorts.*

concours ont violé ladite décision[1387]. Elle juge dans le même sens, que Monsieur le Ministre de l'Enseignement supérieur et le Directeur de l'ENAM qui ont pourtant reçu notification de la décision en cause, n'ont rien fait pour exiger l'application de celle-ci et par ailleurs, les éléments du dossier révèlent que les requérants n'ont reçu aucun acte les invitant à effectuer la rentrée académique. La Cour conclut que ces autorités civiles n'ont pris aucune décision dans les (2) mois, dans le but de satisfaire à la double obligation de l'autorité de chose jugée[1388].

2) S'abstenir de tout fait contraire à la décision

L'autorité de chose jugée s'impose également au pouvoir législatif. La Cour a jugé que lorsqu'elle déclare une loi inconstitutionnelle sous réserves d'observations et qu'après la mise en conformité de la loi en accord avec la décision de la Cour, elle est soumise de nouveau à l'AN pour approbation. Le fait pour l'AN de rejeter par vote une loi serait contraire à l'autorité de chose jugée des décisions de la Cour[1389].De même, un décret contraire à une décision de justice viole l'article 124 de la Constitution[1390]. Dans une décision rendue en 2005, la Cour explique que *« (...) les décisions de la Cour qui (...) prennent effet à compter de leur prononcé s'imposent aux pouvoirs publics et à toutes les autorités civiles, militaires et juridictionnelles et donc à la Cour constitutionnelle elle-même ; que celle-ci ne peut dès lors ni ordonner le sursis à exécution d'une décision déjà rendue ni en retarder l'exécution ni décider des modalités de son exécution (...) »*[1391].

3) Exécuter la décision avec la diligence nécessaire

Cette troisième exigence qui n'apparait pas clairement dans les décisions ci-dessus citées est affirmée sans équivoque par la Cour dans une décision rendue en 2006. La Haute juridiction souligne que l'autorité de chose jugée attachée à ses décisions, exige des destinataires d'une part, l'obligation de prendre toutes les mesures pour exécuter la décision juridictionnelle ; d'autre

---

[1387] *Ibidem.*
[1388] *Ibidem.*
[1389] DCC 05-110 du 11 septembre 2005, *NATA Théophile.*
[1390] DCC 06-016 du 31 janvier 2006, *AREDJI Ousman.*
[1391] DCC 05-156 du 20 décembre 2005, *KPOSSI Sylvestre.*

part, l'obligation de ne rien faire qui soit en contradiction avec ladite décision et enfin, celle d'exécuter la décision avec les diligences nécessaires[1392]. Dans les faits, la Cour constate que les Ministres concernés ont reçu la notification de sa décision le 09 septembre 2005, qu'ils ne l'ont toujours pas exécutée à la date où elle rend sa nouvelle décision, le 21 juin 2006. Elle conclut qu'en s'abstenant de prendre diligemment les actes administratifs nécessaires à la régularisation de la situation administrative du requérant, les Ministres visés par le dossier ont violé l'autorité de chose jugée prévue aux articles 124 de la Constitution, 34 de la loi organique et 43 du RI de la Cour[1393].

En règle générale, la Cour juge que le fait de ne pas tenir compte de ses observations, après une décision de conformité relative, est une violation de l'autorité de chose jugée, prévue à l'article 124. La Haute juridiction avait préalablement à cette espèce, jugé à propos de la Cour suprême, que l'institution de la révision comme voie de recours au niveau de la Cour suprême viole l'article 131 de la Constitution qui traite de l'autorité des décisions de la Cour suprême[1394].

[1392] DCC 06-073 du 21 juin 2006, *HINDEME Michel.*
[1393] *Ibidem.*
[1394] DCC 06-066 du 21 juin 2006, *Président de la République.*

Comment conclure ce chapitre ? Une fois les modalités de la décision régulières, c'est-à-dire conformes aux principes d'une bonne justice, il reste l'exécution de la décision, l'autorité de chose jugée ne peut pas simplement compter sur la formule exécutoire, elle dépend globalement de la volonté politique. Prenons un contre-exemple qui démontre bien comment est-ce que la volonté politique peut constituer un plomb dans l'aile de la justice en Afrique : au Cameroun, le juge constitutionnel transitoire (la Cour suprême) a, par sa *décision n°001/CC/02-03 du 28 novembre 2002*sur la réforme du RI de l'AN, reconnu la non-conformité à la Constitution, d'une loi adoptée par le Parlement[1395], résolvant ainsi une question qui faisait couler beaucoup d'encre au sein de la doctrine *: « La validation des mandats des députés de l'AN ».* En marge de toute logique juridique, le chef de l'Etat, le Président Paul BIYA, est intervenu le 02 décembre 2002 pour promulguer la loi telle qu'elle avait été adoptée, c'est-à dire affectée de son vice d'inconstitutionnalité, ce qui à l'évidence peut être interprété comme une nouvelle violation de la Constitution, notamment l'article 5, alinéa 2 qui confie précisément au PR, le soin de veiller au respect de la Constitution, tout autant qu'une violation de l'article 50 (2) de la loi organique sur le Conseil constitutionnel qui dispose expressément qu'*« une décision déclarée inconstitutionnelle ne peut être promulguée ni mise en application* ». Les autorités camerounaises doivent profondément méditer les enseignements de la Cour constitutionnelle du Bénin.

[1395] Selon la disposition en cause (article 3, alinéa 1 de la loi) : *« L'Assemblée nationale est seule juge de l'éligibilité de ses membres après la proclamation des résultats des élections législatives par le Conseil constitutionnel* ».

CONCLUSION DU TITRE I

Le juge constitutionnel béninois est allé très loin dans la garantie de l'Etat de droit. En matière de contrôle de normativité, il ne se laisse pas obstruer par des présupposés théoriques. Toutes les autorités sont dans l'exercice de leurs compétences soumises à la Constitution, peu importe leur rang et la nature de leurs fonctions. S'agissant des lois votées par l'AN, qu'elles soient des lois de révision constitutionnelle, organiques, ordinaires, elles n'échappent pas au contrôle du juge. Si la loi sur les conditions de recours au référendum affirme l'immunité de la loi référendaire, le contrôle des conditions de mise en œuvre, de la procédure et des opérations référendaires qu'il effectue permet de relativiser une telle immunité. S'agissant des actes administratifs, le contrôle concerne aussi bien les actes règlementaires qu'individuels du PR, des membres de son Gouvernement, des autorités de la HAAC dans la mesure où elle a été investie d'un pouvoir normatif, des autorités administratives déconcentrées et décentralisées…

Pour faire une comparaison avec le contrôle de constitutionnalité des lois en France, il faut dire que le spectre *du principe de la souveraineté de la loi* dont certains ont signalé la décadence en 1946 et surtout en 1958 avec l'institution du contrôle de constitutionnalité des lois, continue à irradier à travers le droit public français aux grands dams de l'Etat de droit. Dans la philosophie des révolutionnaires, telle qu'elle a été mise en lumière notamment par les travaux de Georges BURDEAU [1396], Carré de MALBERG [1397], Maxime LEROY [1398], la loi, expression de la volonté générale, bénéficiait d'un prestige et d'une force inégalable, elle était l'objet d'une véritable sacralisation. Dans ce contexte, elle n'est pas une règle de droit parmi tant d'autres, ni même une règle supérieure, elle est purement et simplement *le droit* (au point qu'elle s'écrit avec une majuscule). A elle s'attache les caractères d'*impersonnalité* et de *généralité*, mais aussi celui de *perfection absolue* [1399]. C'est ce que traduit fort opportunément le

---

[1396] BURDEAU (G), « L'essai sur la notion de loi en droit français en droit français », paru aux *Archives de philosophie de droit,* 1939.

[1397] CARRE de MALBERG (R) (préface Georges BURDEAU), *La Loi, expression de la volonté générale*, Paris, Economica, coll. « Classiques », 1984.

[1398] LEROY (M), *La Loi, essai sur la théorie de l'autorité dans la démocratie*, Paris, 1908.

[1399] VERPEAUX (M), *La naissance du pouvoir réglementaire 1789-1799*, PUF (Les grandes thèses du droit français), 1991, p. 9.

constitutionnaliste belge, Marc VERDUSSEN lorsqu' il écrit que *« la culture politique issue de la Révolution française a longtemps véhiculé une foi apologétique en un législateur infaillible (...). C'est l'idée que la loi tient sa transcendance, non pas de ses prétendues qualités intrinsèques, mais de la majesté de son origine : elle ne peut être que parfaite puisqu'elle a été votée par les représentants du peuple »*[1400]. Selon cette conception, la volonté des représentants serait celle des représentés et la volonté des représentés celle des représentants. Toute tentative de dissocier les deux volontés, pour opposer l'une à l'autre, répond à des préoccupations antidémocratiques[1401]. On comprend dès lors les réticences du juge à contrôler les lois organiques, la procédure et le fond du référendum, les lois de révision constitutionnelle. Il s'agit à l'évidence d'une faute logique.

[1400] VERDUSSEN (M), *Les douze juges, La légitimité de la Cour constitutionnelle*, Bruxelles, Editions Labor, 2004, p. 11.

[1401] ROUSSEAU (D), « Faut-il supprimer le Conseil constitutionnel ? », in ROUSSEAU (D) (Sous la direction de), *Le Conseil constitutionnel en questions*, Paris, L'Harmattan, 2004, p. 10 ; cité par BADET (G), *Les attributions originales de la Cour constitutionnelle du Bénin,* p. 174, éd. Friedrich Embert, 2013.

Titre 2.

PRINCIPE DE L'ETAT LIBERAL

L'Etat libéral ne saurait être réduit à une *« Abbaye de thélème »* ou à une *« Cour pétaudière ».* Dans presque tous les systèmes juridiques, il existe un conflit inavouable et permanent entre un ensemble de valeurs et principes. Dans ce contexte, les juges suprêmes sont parfois appelés à jouer le rôle d'*« équilibristes à la Thémis ».* En France sous la période postrévolutionnaire, il y eut par exemple une vive opposition entre *la sécurité* et *la liberté.* Actuellement, dans le cadre des Nations-Unies, de l'Union Européenne, du système de la CEDH, les juges supranationaux concilient habilement *la lutte contre le terrorisme* et *la protection de la vie privée.* Un conflit d'allégeance comparable entre *la construction nationale* et *les droits et libertés subjectifs des citoyens* a été évoqué par certains juristes africains aux lendemains des Indépendances.

La mission originelle du juge constitutionnel n'était certainement pas la protection des droits et libertés des citoyens. En France par exemple, les différentes Constitutions ont rarement énoncé les droits des citoyens. Le plus souvent, ce furent les Préambules qui remplissent ce rôle : ainsi le Préambule de la Constitution de 1958 renvoie à la DDHC de 1789 ainsi qu'au Préambule de la Constitution de 1946. Alors que les droits *individuels et politiques* furent tirés de la DDHC de 1789[1402], les droits *économiques et sociaux* découlèrent du Préambule de la Constitution de 1946 qui réaffirme les droits de 1789 en tenant compte des apports de la IIIe République en ce domaine, il fait clairement allusion aux *« principes fondamentaux reconnus par les lois de la République »* sans énoncer explicitement ceux-ci. Il proclame surtout *« (...) comme particulièrement nécessaires à notre temps, les principes politiques, économiques et sociaux* ». On y inclut désormais : *le droit de se syndiquer, de faire grève, le droit au travail...* bref, des droits qui ne s'exercent que collectivement et dans le cadre des rapports économiques et/ou sociaux. Tous ces droits n'étant pas reconnus par la Constitution

---

[1402] Les droits reconnus par la Déclaration sont avant tout des droits individuels. Ce sont en effet les hommes et les citoyens qui sont les destinataires de cet acte comme le rappelle son titre. C'est donc bien l'individu considéré dans les deux dimensions, civile et politique, qui se voit reconnaître des droits. Il s'agit de la liberté, de l'égalité, de la propriété, de la sûreté et de la résistance à l'oppression.

proprement-dite, n'avaient en droit positif aucune valeur[1403], même si certains auteurs affirmèrent le contraire, en se basant sur des arguments *jus naturalistes* (Maurice HAURIOU et Léon DUGUIT).

Les Etats africains sont des sociétés d'équilibres instables, caractérisées par un foisonnement des différences culturelles, ethniques, régionales, sociales,

---

[1403] Le Conseil constitutionnel français reconnaitra à ces dispositions une valeur constitutionnelle, en assimilant le Préambule à la Constitution. Il ira même plus loin encore. *La décision « Liberté d'association » (CC 71-44 DC 16 juillet 1971) affirme la valeur constitutionnelle du Préambule.* Tous les éléments du Préambule vont être invoqués par le Conseil Constitutionnel. *Les principes de la DUDH* : le droit de propriété *(article 17) (CC, 81-139 DC, 11 fév. 1982, Nationalisations II, DECC 164)* ; la liberté de communication *(article 11) (CC, 84-181 DC, 10 oct. 1984, Entreprises de presse, DECC 221)* ; le principe d'égalité des citoyens *(article 1) (CC, 73-51 DC, 27 déc. 1973) ;* la taxation d'office ; *(DECC 73 ; CC, 82-146 DC, 18 nov. 1982, Code électoral et code des communes, DECC190)* ; l'interdiction de la détention arbitraire *(article 9) (CC, 93-326 DC, 11 août 1993, Réforme du code de procédure pénale, DECC 628)* ; le principe de proportionnalité des peines *(article 8) (CC, 93-321 DC, 20 juillet 1993, Code de la nationalité, DECC 606).Les principes fondamentaux reconnus par les lois de la République* : la liberté d'association (CC, 71-44 DC, 16 juillet 1991, *liberté d'association,* DECC 63) ; la liberté de l'enseignement *(CC, 77-87 DC, 23 novembre 1977)* ; le respect des droits de la défense*(CC, 76-70 DC, 2 décembre 1976, Prévention des accidents du travail 11, DECC 84)* ; l'indépendance de la justice administrative *(CC, 80119 DC, 22 juillet 1980, validation d'actes administratifs, DECC 137)* ; la liberté de l'enseignement supérieur et de la recherche *(CC, 83-165 DC, 20 janvier 1984, libertés universitaires, DECC 213)* ; la compétence exclusive de la juridiction administrative pour l'annulation des actes de la puissance publique *(CC, 86-224 DC, 23 janvier 1987, Conseil de la concurrence, DECC 340)* ; l'autorité judiciaire gardienne de la propriété immobilière privée *(CC, 89-256 DC, 25 juillet1989, Urbanisme et agglomérations).Les principes particulièrement nécessaires à notre temps* : le droit de grève *(CC, 79- 105 DC, 25 juillet 1979, grève à la radio et à la télévision, DECC 127)* ; la liberté syndicale *(CC, 83-162 DC, 19 juillet 1983, Démocratisation du secteur public, DECC 195)* ; le principe du non recours à la force contre la liberté d'un Peuple *(CC, 75-59 DC, 30 décembre 1975, Autodétermination des Comores, DECC 82)* ; l'organisation de l'enseignement public, gratuit et laïque *(CC, 77-87 DC, 23 novembre 1977)* ; la liberté d'enseignement et de conscience. *A ces principes, le Conseil constitutionnel ajoutera* des *« principes à valeur constitutionnelle »,* entre autres le principe de la protection de la santé et de la sécurité des personnes *(CC 80-177, DC 20 juillet 1980)* ; des *« principes généraux du droit de valeur constitutionnelle »* : la continuité des services publics *(CC, 79-105 DC 25 juillet 1979) ;* la séparation des pouvoirs *(CC, 79-104 DC 23 mai 1979)* ; des *« objectifs à valeur constitutionnelle »* : la sauvegarde de l'ordre public *(CC, 82-142 DC 27 juillet 1982*). Ces principes et objectifs non écrits permettent en fait au Conseil de concilier plusieurs principes.

religieuses. Ce caractère bigarre n'est pas en soi une menace pour la paix et la cohésion nationale. Toutefois, s'il n'est pas bien géré, il donne lieu à des situations d'exclusion, de radicalisation, à des revendications identitaires et finalement à des guerres fratricides. La Constitution béninoise du 11 décembre 1990, fruit, comme on l'a dit, de la soif exprimée du Peuple pour la démocratie et l'Etat de droit libéral a consacré de manière généreuse un ensemble de droits, parmi les plus modernes, aménageant parfois des dispositions surréalistes[1404].

Le juge constitutionnel, dans ce contexte, intervient pour garantir l'exercice de ces droits et libertés[1405]. Cela passe par la reconnaissance des principes que nous choisissons d'appeler ***principes constitutionnels fondamentaux*** (Chapitre 1). Toutefois, il a également dégagé ce que nous subsumerons sous la notion de *contre-principes constitutionnels fondamentaux,* ou plus simplement de ***principes limitatifs fondamentaux***, ils sont tout simplement des conditions d'exercice des premiers (Chapitre 2). La Cour constitutionnelle parvient ainsi à assurer par cet équilibrage, la paix et la cohésion nationale, elle est la véritable gardienne de ***la constitution sociale.***

[1404] V° l'alinéa 1 du point 3 du Préambule est formulé comme suit : *« (...) affirmons solennellement notre détermination (...) de créer un Etat de droit (...) dans lequel (...) la dignité de la personne humaine et la justice sont garantis, protégés et promues comme la condition nécessaire au développement véritable et harmonieux de chaque Béninois, tant dans sa dimension temporelle, culturelle que spirituelle »* ; v° TAMA (J.N), « Les droits de l'homme dans la Constitution béninoise du 11 décembre 1990 et leurs applications par le juge constitutionnel », in *Revue juridique et politique*, 2006, n° 2, pp. 211- 256, particulièrement pp. 229 à 236.

[1405] De nouvelles instances ont vu le jour, l'exemple de la Commission béninoise des droits de l'homme instituée par la *loi n°2012-36,* déclarée conforme à la Constitution par décision DCC 13-018 du 14 février 2013, *Président de la République.*

Chapitre 1.

PRINCIPES LIBERAUX FONDAMENTAUX

Nous avons déjà précisé que l'adjectif *« libéral »* n'est pas employé dans le sens de *« l'économie libérale »,* il est employé dans un sens juridique et correspond à *« l'Etat des libertés et des droits ».* La *« fondamentalité »* de certains droits est aujourd'hui très discutée, surtout lorsqu'on voudrait par ce substantif opérer une distinction et hiérarchisation à l'intérieur des libertés et droits proclamés par la Constitution. *« La fondamentalité »* est dès lors un aspect de la *« supraconstitutionnalité ».*

Pour faire l'économie d'interminables débats doctrinaux, nous préciserons que cette notion ne renvoie nullement à l'idée de hiérarchie matérielle à l'intérieur de la Constitution ou de supraconstitutionnalité, quoi que ces idées puissent être valablement défendables. De même, la systématisation des principes fondamentaux exposés ci-dessous n'engage personnellement que l'auteur de ces pages et ne découle nullement des précisions expresses de la Cour constitutionnelle béninoise, qui préfère s'en tenir à l'idée d'*« indivisibilité des droits et libertés constitutionnels »*[1406]. Nous voulons en revanche dire que certains principes seraient les plus importants de l'ordre juridique. Est-ce à dire que les autres principes le seraient moins ? Et à quoi renverrait la notion d'*« importance »* ? Le pourcentage quantitatif de décisions constitutionnelles en rapport avec certains principes n'est-il pas la preuve de leur *« fondamentalité »* ? Il exprime, à notre avis, l'idée qu'ils seraient le point névralgique de la collectivité, plus sensible à leur violation, et le noyau dur du contrat social. Ajoutons qu'ils sont les plus importants en l'état actuel de la jurisprudence. Les aspirations d'un Peuple en termes de droits et libertés ne sont pas invariables, elles sont évolutives et filles du contexte social, économique et politique. Notre analyse se base sur la jurisprudence constitutionnelle de 1991 à début 2016, il n'est dès lors pas étonnant que les vingt prochaines années, d'autres principes montent à la surface des eaux jurisprudentielles et s'insèrent dans ce noyau dur. En vertu

[1406] C'est ce qui ressort de l'Audience officielle que nous avons eue avec le Président de la Cour constitutionnelle le 17 avril 2015, v° Quotidien *la Nation* du 22 avril 2015.

de la progressivité des droits de l'homme, nous pouvons présager que ces nouveaux principes ne puissent que s'ajouter ou affiner les principes actuels.

Quoiqu'il en soit, il faut considérer aujourd'hui que les apports jurisprudentiels sur le principe de laïcité (Section I), le principe d'égalité (Section II), le principe de sécurité (Section III), le principe du procès équitable (Section IV) sont les signes de la construction d'un Etat des droits et des libertés au Bénin.

Section 1. Principe de laïcité de l'Etat

La proclamation de la liberté religieuse et l'assaut des nouvelles religions et religiosités, cohabitant avec des cultes traditionnels, rendent les choses complexes en Afrique. Si cette diversité est signe d'ouverture, elle peut également être source de tensions, surtout lorsqu'elle s'accompagne d'un radicalisme qui conduit au rejet et mépris de l'autre. Le principe de laïcité est utilisé par le juge constitutionnel béninois pour réguler la cohabitation et la coexistence pacifique entre les différentes religions importées ; entre les différents cultes traditionnels ; et entre les premiers et les seconds. Il est affirmé de manière laconique à l'article 2, alinéa 1 de la Constitution : « *La République du Bénin est une et indivisible, **laïque** et démocratique*». La Cour a dégagé deux dimensions du principe de laïcité. Il est l'objet d'une application verticale en ce sens qu'il s'impose aux pouvoirs publics dans les rapports aux communautés et citoyens, mais aussi d'une application horizontale, en ce sens qu'il s'applique aux personnes privées, collectivement ou individuellement. La laïcité est ainsi un principe de neutralité de l'Etat et des pouvoirs publics (Paragraphe 1) et un principe d'organisation sociale (Paragraphe 2).

Paragraphe 1. La laïcité, principe de neutralité de l'Etat et des pouvoirs publics

Dans son application verticale, la laïcité de l'Etat s'entend de sa neutralité confessionnelle, à savoir que l'Etat adopte à l'égard des diverses églises et religions, une attitude d'impartialité et de neutralité. Dès lors, le PR et les membres de son Gouvernement doivent garder une attitude d'impartialité et de neutralité à l'égard des prophéties dont fait état un requérant[1407]. La Cour constitutionnelle juge toutefois que la référence à Dieu par le Chef de l'Etat dans ses discours n'est pas une violation du principe de laïcité dans la mesure où le vocable *« Dieu »* est un terme générique[1408] ; il en va de même de l'organisation par un Maire, d'une manifestation privée de remerciement, à l'intérieur d'un stade, même s'il est établi que celle-ci visait à rendre des grâces à Dieu[1409]. Dans une décision rendue en 2013, il a été jugé que : *« Témoigner sa sollicitude aux confessions religieuses de diverses manières ne signifie pas violation de la laïcité de l'Etat par le Gouvernement*[1410] *»*. Ainsi, en témoignant sa sollicitude par, soit sa présence aux manifestations religieuses dans des lieux appropriés, soit l'allocation de dons aux confessions religieuses, le Gouvernement ne porte pas atteinte au principe de la laïcité de l'Etat consacré par la Constitution. Le fait précisément pour le Gouvernement de s'être rendu au pèlerinage marial de l'église catholique à Dassa-Zoumè ne viole donc pas la laïcité de l'Etat[1411].

La Haute juridiction juge que la neutralité de l'Etat découlant du principe de laïcité n'emporte pas interdiction des subventions, toutefois, si l'Etat veut intervenir en soutenant financièrement ou par des dons, les confessions religieuses, cela doit se faire sans discrimination[1412]. De même, le fait pour l'Etat d'autoriser la construction d'une église dans un ancien camp militaire n'est pas une violation du principe de laïcité, dès lors que le requérant n'a fait aucune demande et n'a pas été défavorisé[1413].

Si l'Etat peut subventionner sans discrimination les cultes, il ne peut en revanche intervenir dans la gestion des communautés religieuses, pas plus que le juge constitutionnel n'est compétent pour régler les conflits internes aux communautés, il déclare dans une espèce, qu'il ressort des auditions et des éléments du dossier que le requérant tend en réalité à faire régler par la Cour, un conflit de leadership au sein de la *« Fraternité OGBONI »* ; que l'article 23, alinéa 2 de la Constitution dispose :*« Les institutions, les*

[1407]DCC 12-017 du 02 février 2012, *Narcisse WOLO.*
[1408] DCC 10-007 du 21 janvier 2010, *John Augustino FRANCEY.*
[1409] DCC 14-017 du 21 janvier 2014, *Jean AVOHOU.*
[1410] DCC 13-096 du 29 août 2013.
[1411]*Ibidem.*
[1412]DCC 09-019 du 26 février 2009, *Boni FAAKIH ;* DCC 10-006 du 21 janvier 2010, *Franck OKE.*
[1413] DCC 98-006 du 08 janvier 1998, *Badourou OLANIYI.*

communautés religieuses ou philosophiques ont le droit de se développer sans entraves. Elles ne sont pas soumises à la tutelle de l'Etat. Elles règlent et administrent leurs affaires d'une manière autonome ; qu'il s'ensuit que la Cour doit se déclarer incompétente (...) »[1414]. La Cour a également jugé que le déploiement des unités de la gendarmerie autour des lieux des cultes dans des circonstances précises qui laissent craindre des troubles à l'ordre public n'est pas une intrusion dans les affaires internes des communautés. Dans les faits, elle juge que c'est pour respecter la neutralité de l'Etat dans l'administration des affaires des communautés religieuses et au nom de l'ordre public que le Ministre d'Etat chargé de la Défense nationale a instruit les autorités de la gendarmerie de n'intervenir que comme *« forces d'interposition entre les protagonistes pour maintenir l'ordre public et sauvegarder la paix sociale »*[1415].

Paragraphe 2. La laïcité, principe d'organisation de la vie sociale

Dans son application horizontale, la laïcité résulte des articles 23 de la Constitution et 8 de la CADHP lus en combinaison avec l'article 36 de la Constitution qui ne concerne pas seulement le domaine religieux, mais est susceptible d'une application large. Aux termes de l'article 36 : *« Chaque Béninois a le devoir de respecter et de considérer son semblable sans discrimination aucune et d'entretenir avec les autres des relations qui permettent de sauvegarder, de renforcer et de promouvoir le respect, le dialogue et la tolérance réciproque en vue de la paix et de la cohésion nationale ».*Cette disposition permet au juge d'imposer une attitude de respect mutuel entre groupes de personnes, communautés religieuses, citoyens, époux, etc.

La Cour a posé le principe qu'aucune communauté religieuse ne doit imposer à l'autre ses croyances ou pratiques religieuses. L'Etat, dans le

---

[1414]DCC 08-014 du 04 février 2008, *Oba INOUSSA* ; v° aussi DCC 13-158 du 22 octobre 2013, *Adétona ERIYONA et consorts ;* DCC 13-159 du 22 octobre 2013, *« Eminence le Pontife » Hounon TOMADJILEHOUKPO II (Chef et souverain du pouvoir religieux exclusif du vodou au Bénin, dans la région, en Afrique et dans les pays de diaspora vodou du monde).*

[1415] DCC 03-027 du 27 février 2003, *Manassé AYAYI.*

respect de la laïcité et de l'ordre public, doit garantir la libre pratique de toutes religions ou pratiques religieuses[1416].

Dans les faits, la Cour sanctionne les comportements d'intolérance des parties, en l'espèce il s'agissait d'échauffourées entre les adeptes du culte *« Oro »* et le Pasteur de l'église évangélique de Yougou-Tohou, méconnaissant les dispositions précitées de la Constitution[1417]. Dans une décision rendue quelques mois plus tard, à propos d'une affaire similaire, la Cour souligne que le fait pour un homme de religion catholique et ses amis, de faire irruption dans un couvent *vodou* quel qu'en soit le motif, d'enlever sa femme qui participait à ces cérémonies semant ainsi troubles et entravant l'exercice normal du culte, constitue une violation des articles 36 de la Constitution et 8 de la CADHP[1418]. Dans une autre décision, ce sont les chrétiens cette fois qui furent pris à partie : la Haute juridiction juge que les adeptes du *zangbéto* à Dankanmé comme à Houèto ayant empêché les chrétiens de jouir de leur liberté de culte et de religion, il y a lieu de dire et de juger que leurs comportements constituent une violation de la Constitution[1419]. Elle sanctionne également deux communautés chrétiennes ayant eu des comportements d'intolérance, l'une vis-à-vis de l'autre, en violation de l'article 23 de la Constitution[1420]. Il a également été jugé à propos d'un clip musical que, la visualisation du vidéogramme *« Mahou Abraham ton »* permet d'observer un groupe d'hommes et de femmes habillés en rouge et noir, en train de célébrer un culte traditionnel, auxquels l'artiste adresse une invitation à renoncer aux cultes du genre, et à adorer, comme lui, Dieu d'Abraham ; que si, dans l'ensemble, les images véhiculées par le support cinématographique de cette chanson ne peuvent être qualifiées de blasphématoires à l'égard des cultes traditionnels ou de profanatrices de lieux de culte, il apparaît cependant que certaines scènes tendent à tourner en dérision des cérémonies traditionnelles de cultes *vodou,* ce qui pourrait créer auprès des pratiquants de ces cultes, un climat de gêne et un esprit de réprobation, et ne serait pas de nature à sauvegarder, à renforcer et à

[1416] DCC 00-049 du 31 aout 2000, *OUEOUNOU Ernest.*

[1417] Décision DCC 08-008 du 17 janvier 2008, *Abel AYIKPOLA et consorts (tous membres du comité du collectif des églises chrétiennes de Saketé).*

[1418] DCC 08-034 du 03 mars 2008, *Dah ALIGBONON, Président de l'Organisation Non Gouvernementale (ONG) Retrouvailles et Echanges Culturels de l'Aire Adja Tado pour le Développement Economique et Social (RECADES).*

[1419] DCC 03-049 du 14 mars 2003, *Abbé Daniel AIZANNON.*

[1420] DCC 00-062 du 12 octobre 2000, *BIAOU Adolphe.*

promouvoir le respect, le dialogue et la tolérance réciproque en vue de la paix et de la cohésion nationale ; que, ce faisant, l'artiste Beranis BERVI par son clip *« Mahou Abraham ton »* a violé l'article 36 de la Constitution[1421].

La violation de la liberté religieuse doit toutefois être sérieuse pour emporter la sanction de la Cour. De simples discussions sur les religions qui, à supposer même, tournent en railleries, ne peuvent pas être analysées selon la Cour comme étant une violation de la liberté de religion telle que garantie à l'article 23 de la Constitution[1422]. De même, le fait pour un Chef traditionnel (le roi SOUNON SIROUM) d'envoyer des émissaires auprès des paysans originaires de l'Atacora, résidant dans le village de Tandou et ses hameaux, afin de recueillir une taxe de 500 FCFA et des tubercules d'igname dans le cadre des pratiques cultuelles de la *« Gani »,* afin d'aider le roi à recevoir ses étrangers, n'est pas contraire aux libertés de conscience, de religion, de culte et d'association garanties par la Constitution, à partir du moment où il résulte des mesures d'instruction que cette contribution est une souscription volontaire et non une obligation imposée aux habitants et donc la non-exécution ne saurait être sanctionnée[1423]. Dans une espèce rendue en 2014, la Cour juge que la simple installation d'un fétiche dans un couvent ne saurait être analysée comme une privation de la liberté de pensée et de culte pour une population, telle que reconnue à l'article 23 de la Constitution[1424].

Il faut dire pour conclure sur ce point, que le Bénin a une conception tout à fait originale de la laïcité, qui le distingue à la fois de la France et de la Belgique, l'affirmation de la laïcité ne signifie nullement que la République reprouve les signes religieux dit *« ostentatoires ».* Toutefois, l'Etat doit éviter d'opérer une discrimination entre citoyens sur la base de la religion. Comme en Belgique, l'Etat peut financer les cultes, à la seule différence qu'il s'agit d'une faculté dans le cadre béninois. Toutefois, lorsqu'il choisit d'octroyer des subventions, il est tenu de respecter le principe d'égalité. Dans la décision Jean AVOHOU, citée ci-avant, la Cour par la voix du Rapporteur nous donne des informations enrichissantes sur cette conception particulière de la notion de laïcité : *« Si la laïcité s'analyse comme un rejet de l'emprise religieux sur la vie politique, publique (...), elle n'en demeure*

[1421] Décision DCC 08-113 du 09 septembre 2008, *Augustino John FRANCEY.*
[1422] DCC 03-153 du 30 oct. 2003, *MEDETONOU Bernard.*
[1423] DCC 13-021 du 14 février 2013, *Comlan ADJILE.*
[1424] DCC 14-001 du 07 janvier 2014, *Edouard KOSSOU.*

pas moins un principe d'organisation de la vie sociale fondée sur la concorde et l'harmonie sociale garantissant l'égalité des citoyens et des cultes ; que la ***laïcité ne signifie nullement l'ignorance, mais plutôt le respect du fait religieux,*** *expression de la liberté du citoyen (...) La Constitution laisse au citoyen la liberté de pratiquer la religion de son choix dans le respect des textes sans porter atteinte à l'ordre public »*[1425].La laïcité ne saurait être assimilée ni à l'athéisme ni à l'agnosticisme. Elle est et demeure *« une philosophie de respect des croyances, mais aussi de rejet des discriminations ».* Elle est tolérance et respect des différences. L'Etat laïc, à la différence de l'Etat théocratique, est un Etat neutre entre les cultes, dégagé de toute conception théologique[1426].

La notion de laïcité est devenue aujourd'hui le principal article de foi d'un monde qui malheureusement ne croit plus en rien. Un fourre-tout dans le contexte français, elle est constamment pervertie par les politiciens au mépris de la position des Hautes juridictions françaises, elle est présentée comme le point nodal d'affrontement entre les *« civilisations »* ; certains n'hésitant pas à la présenter de façon tout à fait erronée, comme l'élément le plus caractéristique de l'identité nationale française, en prenant appui sur la loi de 1905 relative à la séparation entre l'église et l'Etat, *la loi n° 2004-228 du 15 mars 2004 sur le port de signes ou de tenues manifestant une appartenance religieuse dans les écoles, collèges et lycées publics* et *la loi n° 2010-1192 du 11 octobre 2010 interdisant la dissimulation du visage dans l'espace public,* toutes validées par le Conseil constitutionnel et par la Cour EDH. Il nous semble pourtant que la laïcité n'a pas de contenu propre, elle ne doit pas servir d'appendice ou de caisse de résonnance à des athées ou gnostiques. L'identité française est constituée de tous ces mouvements et religions que la loi autorise, la laïcité doit être une digue contenant les flots religieux et irréligieux afin d'éviter des débordements et déluges qu'ils pourraient entrainer ; elle ne peut être pensée comme l'antithèse de la religion, elle est son accessoire indispensable. Comme le principe de laïcité, le principe d'égalité irradie à travers les décisions de la Cour constitutionnelle.

[1425] DCC 14-17 du 21 janvier 2014, *Jean AVOHOU.*

[1426] HOLO (T), « Regard sur le contexte national », *Bulletin de la Cour Constitutionnelle –organe d'Information et d'Éducation n° 003, op. cit.*, p.6.

Section 2. Principe d'égalité

Le peuple béninois a, comme on l'a dit plus haut, marqué en 1990, son opposition radicale à tout régime politique fondé sur l'arbitraire, la dictature, l'injustice, la corruption, la confiscation du pouvoir et le pouvoir personnel. Beaucoup de conflits en Afrique résultent des inégalités diverses. Il peut s'agir de l'inégalité entre couches sociales, souvent favorisée par la corruption et le capitalisme à outrance ; à côté de la bourgeoisie, les pays offrent souvent le spectacle désolant des musées de souffrances. Ces inégalités peuvent découler du régime politique en place qui pratique le favoritisme en accordant des facilités aux ressortissants de la Région, de l'ethnie, de la secte, du club ou de la tribu dominante. Elles peuvent s'exprimer par la disparité en termes de grands investissements dans les Régions du Pays, de promotion à des postes de responsabilité publique ; elles peuvent résulter également de la corruption qui conduit à attribuer des avantages sur base d'une rétribution financière ou en nature (droit de cuissage par exemple).La frustration sociale peut également, contrairement à des appréhensions, découler d'une conception purement méritocratique, aristocratique ou rétributive de la société. Une Nation est faite de tout et de tous : des vieillards, des femmes, des enfants, des hommes, des handicapés, des forts, des faibles, des riches, des pauvres ; des intellectuels, des illettrés ; des gens gentils et des sottes gens.

C'est conscient de ces disparités naturelles si elles en fussent, que le constituant et le juge béninois ont consacré fortement le principe d'égalité dans ses deux versants. Aux termes de l'article 26 de la Constitution :*« L'État assure à tous l'égalité devant la loi sans distinction d'origine, de race, de sexe, de religion, d'opinion politique ou de position sociale. L'homme et la femme sont égaux en droit. L'État protège la famille et particulièrement la mère et l'enfant. Il veille sur les handicapés et les personnes âgées ».*Cette disposition prévoit non seulement l'égalité devant la loi, c'est-à-dire le principe d'égalité de traitement, que l'on appelle autrement le principe de non-discrimination (Paragraphe 1) et l'égalité par la loi que l'on appelle encore le principe de discrimination positive (Paragraphe 2). Comme on le verra, le principe d'égalité est transversal, susceptible d'être invoqué dans divers domaines.

Paragraphe 1. Egalité devant la loi, principe de non-discrimination

Le principe de non-discrimination est l'objet de l'article 26, alinéa 1 de la Constitution qui dispose : *« L'Etat assure à tous l'égalité devant la loi sans distinction d'origine, de race, de sexe, de religion, d'opinion politique ou de position sociale (...)».*L'article 3 de la CADHP dispose : *« Toutes les personnes bénéficient d'une totale égalité devant la loi. Toutes les personnes ont droit à une égale protection de la loi»*.L'article 2 du même texte pose également le principe de non-discrimination[1427] : *«Toute personne a droit à la jouissance des droits et libertés reconnus et garantis dans la présente Charte sans distinction aucune, notamment de race, d'ethnie, de couleur, de sexe, de langue, de religion, d'opinion politique ou de toute autre opinion, d'origine nationale ou sociale, de fortune, de naissance ou de toute autre situation ».* Il s'agit d'un principe dont la portée est générale. Il vise l'interdiction de traiter différemment des situations semblables[1428] et de traiter semblablement les situations différentes. Selon la jurisprudence constante de la Cour, la notion d'égalité doit s'analyser comme étant un principe général selon lequel la loi doit être la même pour tous dans son adoption et dans son application ; qu'il en découle que les personnes placées dans la même situation doivent être soumises au même traitement[1429] ou encore *« (...) un principe général selon lequel la loi doit être la même pour tous et ne doit comporter aucune discrimination injustifiée »*[1430].

La Constitution comporte des dispositions propres à des domaines particuliers, notamment en matière de Fonction publique, dans le domaine du « genre », et en matière d'accès aux services régaliens de l'Etat. Ainsi selon l'article 8 : « L'État (...) assure [aux] citoyens l'égal accès à la santé, à l'éducation, à la culture, à l'information, à la

---

[1427] Dans le cadre de la CEDH, l'égalité ne signifie pas forcément non-discrimination.

[1428] DCC 05-019 du 03 mars 2005, *Cour constitutionnelle.*

[1429]DCC 12-007 du 24 janvier 2012, *AGOSSOU Joséphine née BAHOUNCOLE ;* DCC 11-042 du 21 juin 2011, *Ingrid HOUESSOU (Dans cette décision, la Cour condamne l'Etat pour avoir fait une discrimination non justifiée en faveur du personnel du Ministère des Finances).*

[1430] DCC 96-067 du 21 octobre 1996, *SALAVI Gabriel et GABA Abraham, Recueil des décisions et avis,* 1996, p. 582.

formation professionnelle et à l'emploi ». Et l'article 13, alinéa 3 de la CADHP dispose « (…) Toute personne a le droit d'user des biens et services publics dans la stricte égalité de tous devant la loi ».Nous insisterons davantage sur les deux premiers domaines particuliers du principe d'égalité.

En matière de Fonction publique, l'article 13, alinéas 1 et 2 de la CADHP dispose que *« tous les citoyens ont le droit de participer librement à la direction des affaires publiques de leur pays, soit directement, soit par l'intermédiaire de représentants librement choisis, ce, conformément aux règles édictées par la loi. Tous les citoyens ont également le droit d'accéder aux fonctions publiques de leurs pays ».*Dans ce domaine, le principe d'égalité implique que les personnes relevant de la même catégorie doivent être soumises au même traitement, sans discrimination[1431]. Toutefois, il faut que dans les faits, les personnes considérées soient effectivement dans les situations semblables[1432]. La preuve du traitement discriminatoire appartient à celui qui l'allègue, il ne suffit pas simplement de dire qu'il y a traitement inégal[1433], la Cour a ainsi jugé qu'elle ne peut statuer en l'état sur la violation du principe d'égalité par *l'Arrêt n° 43/CA du 03 juin 1999* dès lors que le requérant n'a pas été en mesure d'apporter la preuve du traitement inégal[1434] ; elle estime qu'elle n'est pas compétente pour se prononcer sur l'admissibilité d'un organe de presse privé à l'aide d'Etat. A défaut d'administration de preuve des mesures discriminatoires, elle conclut que *les décisions n° 98-05 et 98-086/HAAC du 07 octobre 1998* ne sont pas contraires à la Constitution[1435]. Il faut également que l'acte qui fonde la discrimination soit existant et que le recours ne repose pas sur des rumeurs

---

[1431] DCC 98-023 du 11 mars 1998, *GNAHO Claude ;* DCC 12 - 069 du 22 mars 2012, *Sikiré TOKO.*

[1432]DCC 08 – 131 du 18 septembre 2008, *Evariste AKPLAKA.* Le requérant se plaint d'une inégalité de traitement entre les malades du Sida et les autres malades en ce que les premiers bénéficient d'une politique universelle de lutte contre le fléau. Il n'invoque pas avec précision le cas d'un malade qui, se trouvant dans les mêmes situations que lui, aurait bénéficié d'un traitement différent du sien. Dès lors, il n'y a pas violation de la Constitution.

[1433] En pareil cas, la Cour refuse de statuer, DCC 03-087 du 28 mai 2003, *LOUKPEY Didier ;* DCC 03-034 du 12 mars 2003, *TCHONGO Yves ;* DCC 02-063 du 05 juin 2002, *Da TRINIDADE Jean-Marie.*

[1434] DCC 03-012 du 19 février 2003, *HOUESSOU Zachée.*

[1435] DCC 99-046 du 04 aout 1999, *BRATHIER Léon.*

ou des actes préparatoires[1436]. Ceci implique également que les personnes concernées remplissent les conditions pour bénéficier du statut ou de l'avantage auxquels elles prétendent[1437], ainsi en a jugé la Cour à propos : des conditions pour obtenir une parcelle[1438], des conditions pour obtenir une libération conditionnelle[1439]. La Cour a dans ce sens jugé que le principe d'égal accès aux emplois n'empêche pas l'autorité administrative compétente de prendre des mesures pour fixer les critères de participation et d'admissibilité à un concours[1440].

Les personnes prises en compte doivent être dans des situations comparables[1441]. A propos des fonctionnaires et agents de l'Etat, la Cour a dans plusieurs affaires estimé que le requérant n'était pas dans le même corps de métiers [1442] de la hiérarchie administrative (à propos des Commissaires de police et gardiens de la paix[1443])ou dans la même catégorie avec la personne à laquelle il se comparait : à propos de la catégorie des fonctionnaires ou des agents de l'Etat[1444], du bénéfice d'une bonification du point indiciaire, prévue par un arrêté[1445] ou un traitement salarial[1446], d'un recours déposé à la Cour suprême[1447], d'une sanction disciplinaire[1448], des Enseignants ayant servi en qualité de Jeunes Instituteurs Révolutionnaires

---

1436 DCC 03-072 du 16 avril 2003, *OKE Noëllie et consorts.*
1437 DCC 03-112 du 08 juillet 2003, *DJOFFON Magloire.*
1438 DCC 03-109 du 26 juin 2003, *GADO Ibouïrima.*
1439 DCC 03-162 du 04 nov. 2003, *SINGBO Léonard.*
1440 DCC 07-035 du 01 mars 2007, *Luc SAIZONOU et William NONNOU.*
1441 DCC 07-147du 22 novembre 2007, *Président de la République ;*DCC 12 - 173 du 20 septembre 2012, *SANOUSSI Abdoul.*
1442 DCC 07-065 du 23 juillet 2007, *ECHOUDINA Babarindé.*
1443DCC 15 -236 du 16 novembre 2015, *Urbain Minassou DJOSSOU.*
1444*Ibidem ;* DCC 12- 063 du 15 mars 2012,*Adjaï AVAMASSE ;* DCC 09-011 du 05 février 2009, *WADAÏ Patrice ;*DCC 11-038 du 31 mai 2011, *Tamou SEKE et consorts ;*DCC 11-073 du 17 novembre 2011, *Ibrahim BANI ;* DCC 08 – 121 du 11 septembre 2008, *Ghislain LOKONON et Bertin HESSOU (représentant le Collectif des Instituteurs Adjoints du Bénin)* ; DCC 12-007 du 24 janvier 2012, *Joséphine AGOSSOU née BAHOUNCOLE* ; DCC 08– 151 du 23 octobre 2008, *Godson AGOUNTCHE ;* DCC 03-115 du 10 juillet 2003, *« Collectif des soldats des promotions 94/1 et 94/2... » ;* DCC 02-31 du 10 avril 2002, *KOURA Jacques.*
1445DCC 12-079 du 03 avril 2012, *Alphonse KOUMAGNON.*
1446DCC 11-032 du 26 mai 2011, *Saturnin VIOSSI et François DAVES.*
1447DCC 12-092 du 26 avril 2012, *Maître Charles BADOU (Codjo KPEDE).*
1448DCC 12-150 du 26 juillet 2012, *Hervé APIA.*

(JIR) et ceux ne l'ayant pas[1449], de deux citoyens[1450], de la distinction entre d'une part Vice-Doyens, Directeurs-adjoints, et Enseignants d'autre part[1451], d'un recrutement à la Communauté Electrique du Bénin[1452], des frais de déplacement[1453], du bénéfice d'une revalorisation des soldes indiciaires, prévue par un arrêté interministériel[1454], de stages médicaux[1455], de la distinction entre le Statut du policier et celui du gendarme[1456], de la distinction entre les agents permanents et les agents non permanents de l'Etat[1457], d'un soldat de deuxième classe ne remplissant pas les conditions pour accéder au grade supérieur[1458], d'une mise à la retraite[1459], du pourcentage des intérêts bancaires[1460], d'une différence des promotions[1461].

L'égalité ne concerne pas que les fonctionnaires, mais aussi des procédures judiciaires, dans une intéressante décision, après avoir défini la récusation, le juge estime que l'article 396 du CPC n'est pas discriminatoire au regard du Préambule de la Constitution et des articles 3 et 7 de la CADHP[1462] ; de même, il a estimé que le transfèrement d'un prisonnier vers le Nigeria n'était pas contraire à l'article 26, alinéa 1 de la Constitution à partir du moment où il est intervenu suites aux réquisitions du Procureur de la République[1463]. L'égalité de traitement concerne aussi les sanctions et les situations défavorables[1464]. La Cour juge qu'il n'y a pas violation des articles 3, alinéa 1 de la CADHP et 26, alinéa 1 de la Constitution dès lors qu'il découle de l'analyse de ces dispositions, que les chefs de l'opposition en déplacement à

[1449] DCC 15-254 du 02 décembre 2015, *Albert GBAGUIDI représentant le « bureau national des Instituteurs adjoints stagiaires (IAS).*

[1450] DCC 09-039 du 18 mars 2009, *Jules AKILADE.*

[1451] DCC 13-064 du 09 juillet 2013, *Fivègnon YEKPE et consorts.*

[1452] DCC 12 -173 du 20 septembre 2012, *Abdoul SANOUSSI.*

[1453] DCC 13-019 du 14 février 2013, *Jean NOBIME.*

[1454] DCC 12- 079 du 03 avril 2012, *Alphonse KOUMAGNON.*

[1455] DCC 07-11du 30 janvier 2007, *AHOGA Sourou.*

[1456] DCC 12- 021 du 07 février 2012, *Claude GNAHO.*

[1457] DCC 07-068 du 23 juillet 2007, *LINHOUNHINTO Narcisse* ; DCC 14-006 du 14 janvier 2014, *Mouléro ADJIBOLA.*

[1458] DCC 03-014 du 19 janvier 2003, *ADAGBE Janvier.*

[1459] DCC 03-118, 10 juillet 2003, *Adegbindin Ganiou.*

[1460] DCC 12-113 du 22 mai 2012, *Gilbert BOKO et Apollinaire AYADJI.*

[1461] DCC 02-032 du 10 avril 2002, *AHITONOU Valentin.*

[1462] DCC 03-113 du 10 juillet 2003, *OMICHESSAN Mounirou.*

[1463] DCC 14-002 du 07 janvier 2014, *Serge PRINCE AGBODJAN.*

[1464] DCC 118 du 16 octobre 2010 *(exclusion d'un candidat au Baccalauréat) ;* DCC 09-054 du 02 avril 2009 *(exclusion d'un concours de recrutement).*

l'extérieur du Bénin jouissent des mêmes avantages d'accueil et d'assistance que les membres du Gouvernement[1465].

La Cour a également, en matière d'égalité, consacré le principe selon lequel une erreur ne saurait être source de droit, ce principe équivaut à la règle *« pas d'égalité dans l'illégalité »* ; il s'agissait en l'espèce de l'abrogation d'un acte de droit administratif relatif au reclassement d'agents permanents de l'Etat après un concours professionnel, elle souligne l'impossibilité du requérant à se prévaloir de cette erreur pour invoquer un quelconque traitement discriminatoire[1466]. Elle rappelle en référence à la jurisprudence administrative que *« l'autorité administrative en présence d'un acte obtenu par fraude, qu'elle s'en aperçoive elle-même, ou qu'elle soit alertée par un administré, se doit de réparer son erreur à tout moment et sans qu'elle ne soit soumise au principe du maintien des droits acquis »*[1467]. La Haute juridiction conclut qu'il n'y a pas traitement discriminatoire. Elle juge ainsi que, s'il est établi que les reclassements dont ont bénéficiés des fonctionnaires ont été faits en méconnaissance des dispositions légales en vigueur, un requérant ne saurait s'en prévaloir pour invoquer un quelconque traitement inégal parce qu'une erreur ne peut être source de droit[1468]. Dans une autre espèce, elle admet que le requérant ne pouvait pas invoquer un avantage qui avait été concédé par erreur à la personne avec qui il estime être dans la même situation. De même a-t-elle admis que le principe de non discrimination n'est pas indépendant et autonome, à propos d'une question de formation des militaires en Lybie : dans le cadre de la coopération militaire entre la République du Bénin et la Jamahiriya arabe libyenne socialiste et populaire, ce pays avait octroyé en 2002 aux Forces armées béninoises vingt-neuf (29) places de formation d'officiers dans diverses spécialités. La prise en charge des stagiaires béninois était prévue pour être

---

[1465] DCC 09-070 du 09 juillet 2009, *AGBODJAN Serge.*

[1466] DCC 12-016 du 02 février 2012, *Pauline Mahougbé GBAGUIDI épse KANHONOU.*

[1467] DCC 12 - 016 des 02 février 2012, *Pauline Mahougbé GBAGUIDI épse KANHONOU ;* Arrêt n° 43/CA du 03 juin 1999 *(affaire concernant le Collectif des Instituteurs titulaires du CAP admis au test des Préposés des Douanes c/MFPTRA)* ; v° aussi Arrêt n° 43/CA du 03 juin 1999 *(affaire concernant le Collectif des Instituteurs titulaires du CAP admis au test des Préposés des Douanes c/ MFPTRA).*

[1468] DCC 00-06 du 02 février 2000, *HINNOUDE Patrice ;* DCC 07-061 du 23 juillet 2007, *DJOSSOU Arnold-Orphée* ; DCC 07-088 du 06 aout 2007, *YELOUASSI Louis-Marie.*

totalement assurée par la partie libyenne ; que la partie béninoise a pris toutes les dispositions et la sélection des vingt neuf (29) a eu lieu à l'issue d'un test. Contre toute attente, la Libye a finalement décidé de n'accueillir que cinq (05) élèves-officiers à l'Académie militaire des garçons et cinq (05) élèves-officiers filles à l'Académie militaire des filles sur les vingt-neuf (29) candidats initialement retenus. Dans ces conditions, le commandement militaire avait décidé, pour des raisons d'équité et de transparence, de faire voyager les cinq (05) premiers candidats pour l'Académie des garçons et les cinq (05) candidates pour l'Académie militaire des filles. La Cour juge que le requérant n'est ni dans la catégorie des filles ni dans la catégorie des cinq premiers garçons, catégories auxquelles il se compare. Il ne saurait dès lors faire grief au commandement militaire d'avoir agi en méconnaissance du principe d'égalité[1469].

L'égalité de traitement suppose aussi qu'un traitement similaire ne doit pas être réservé à des situations différentes, la Cour a estimé que le fait pour la Cour suprême, par un arrêt, de traiter de la même manière 813 agents ne remplissant pas au 1er janvier 1987 toutes les conditions pour la régularisation de leur situation administrative, avec 438 agents permanents de l'Etat était contraire au principe d'égalité[1470]. De même, elle précise très clairement en 2013 qu'il *« (...) n'y a pas de traitement discriminatoire en cas de traitement différent entre deux personnes ne se trouvant pas dans la même situation[1471] »*. En l'espèce, elle a estimé qu'une personne ne saurait, pour dénoncer une discrimination, se comparer à une autre qui a été traitée différemment par l'Administration publique pour avoir pris l'initiative d'une procédure judiciaire qu'elle a gagnée alors que la plaignante n'a entamé aucune démarche comparable[1472].

Dans d'autres espèces, elle a admis que le principe avait été violé, à propos du traitement financier d'un fonctionnaire[1473], du traitement salarial[1474] et

[1469]DCC 15 -253 du 02 décembre 2015, *Mohamed DEKI.*
[1470] DCC 03-073 du 16 avril 2003, *MIGNIHA Grace et consorts.*
[1471] DCC 13-114 du 05 septembre 2013.
[1472]*Ibidem.*
[1473]DCC 12 - 057 du 13 mars 2012, *Abel DJOSSOUVI.*
[1474]DCC 11-042 du 21 juin 2011, *Ingrid HOUESSOU.*

administratif[1475], du paiement des primes de moralisation[1476], de la distinction entre fonctionnaires du Ministère des Finances et ceux des autres départements ministériels[1477], de la réintégration des agents de l'Etat[1478], le fait pour le législateur de fonder la répartition du capital sur l'origine des investisseurs[1479]. La Cour juge qu'en accordant l'autorisation de concourir à un enseignant et en la refusant à un autre, tous deux enseignants appartenant à la même catégorie socioprofessionnelle, inscrits dans la même filière et répondant aux mêmes conditions d'inscription, le Ministre de l'Éducation nationale et de la Recherche scientifique a méconnu les dispositions de l'article 26 de la Constitution[1480]. De même, en décidant de retirer aux requérants leur paquetage et de maintenir en fonction des personnes dans la même situation, est une violation par le Ministre de l'Intérieur, de la Sécurité et de l'Administration territoriale et le Ministre de la Fonction publique du Travail et de la Réforme administrative, de la Constitution[1481].

Dans le domaine des relations hommes –femmes, l'article 26 de la Constitution est spécifique à l'aspect « genre »: *« L'homme et la femme sont égaux en droit ».* Malgré cette disposition, il n'est pas toujours évident de dire qui met le pantalon ! La Cour ne rend pas les choses faciles, car elle a rendu deux décisions d'envergure : la première a pour effet de censurer la polygamie ; la seconde rétablit une égalité en matière d'infraction d'adultère dans un couple.

S'agissant de la première décision, après avoir déclaré sur base du principe d'égalité que le mariage ne devait pas faire perdre l'identité à la femme, la Haute juridiction a admis le principe que la femme mariée devait pouvoir conserver son nom de jeune fille, auquel elle adjoindrait celui de son mari, la Cour s'attaque à l'option du mariage. Elle déclare à l'occasion du contrôle de constitutionnalité de la loi portant Code des personnes et de la famille, qu'*« il y a traitement inégal entre l'homme et la femme en ce que l'option*

1475 DCC 02-081 du 24 juillet 2002, *D'ALMEIDA Reine ;* DCC 12 - 057 du 13 mars 2012, *Abel Gaétan DJOSSOUVI.*

1476 DCC 12-091 du 26 avril 2012, *Djimidou IDRISSOU et consorts.*

1477 DCC 96-049 du 12 aout 1996, *HOUNNOUGBO Antoine et consorts.*

1478 DCC 03-071 du 16 avril 2003, *COULISSOU Rogatien et consorts ;* DCC 02-082 du 24 juillet 2002, *ANATO Florentin.*

1479 DCC 98-047 du 15 mai 1998, *FAGBOHOUN Séfou.*

1480 DCC 01-058 du 27 juin 2001, *DJIDONOU Philibert*

1481 DCC 00-063 du 12 octobre 2000, *KAKPOSSA Félix.*

prévue à l'alinéa 2 de l'article 143 permet à l'homme d'être polygame alors que la femme ne peut être que monogame »[1482]. Par cette décision, conclut Louis ATANGANA AMOUGOU, la Cour constitutionnelle béninoise venait de mettre fin à l'une des traditions les plus ancrées sur le continent africain, la polygamie[1483].

S'agissant de la seconde décision, examinant l'exception d'inconstitutionnalité soulevée contre les articles 336 à 339 du Code Pénal, la Cour les déclare contraires à la Constitution, car ils prévoyaient que l'adultère du mari ne peut être sanctionné que lorsqu'il est commis au domicile conjugal, alors que la femme est sanctionnée quelque soit le lieu de commission de l'acte. La Cour ajoute que l'incrimination ou non de l'adultère n'est pas contraire à la Constitution, mais toute différence de traitement entre l'homme et la femme est contraire aux articles 26 de la Constitution, 2 et 3 de la CADHP[1484].

Paragraphe 2. Egalité par la loi, principe de discrimination positive

L'égalité par la loi vise les situations de discrimination positive. La notion de *« discrimination positive »* a été forgée par la classe politique française. Le concept américain *d'affirmative actions* semble plus approprié, car l'expression *« discrimination positive »* est un oxymore qui soulève chez certains une levée de boucliers. On ne comprend pas en effet qu'une discrimination pourrait être positive. Au regard de l'assise que la notion a acquise au sein de la doctrine, nous emploierons dans le cadre de cette étude le terme *« discrimination positive ».* Il s'agit généralement des cas où l'Etat intervient en matière de recrutement ou des droits sociaux et économiques ou même des droits civils et politiques, pour favoriser une fraction de la population, naturellement plus délaissée que les autres, ou qui mérite d'être privilégiée par rapport aux autres. Dans le cadre de l'Union européenne et du droit de la Convention, la discrimination positive obéit à trois conditions : il faut un objectif identifié par le législateur ; les mesures prises doivent tendre à l'objectif susvisé, elles doivent en outre être proportionnelles.

1482 DCC 02-144 du 23 décembre 2002, *Président de la République et VIEYRA-SOGLO Rosine, Recueil des décisions et avis,* 2002, p.582.
1483 *Ibidem.*
1484 DCC 09-081 du 30 juillet 2009.

De la jurisprudence constitutionnelle, on doit, à notre avis, distinguer deux situations. L'hypothèse où la discrimination positive est prévue par les textes et l'hypothèse où elle relève d'un choix politique de l'Etat. Nous appellerons les premières *les discriminations positives impératives* (A) et les secondes, *les discriminations positives indicatives* (B).

A) Discriminations positives impératives

Les actions positives impératives trouvent leur fondement dans le texte constitutionnel ou la CADHP. A titre d'exemple, l'article 26 de la Constitution prévoit que *« (...) L'Etat protège la famille et particulièrement la mère et l'enfant. Il veille sur les handicapés et les personnes âgées».*Et selon l'article18, alinéas 1 à 4, *« la famille est l'élément naturel et la base de la société. Elle doit être protégée par l'Etat qui doit veiller à sa santé physique et morale. L'Etat a l'obligation d'assister la famille dans sa mission de gardienne de la morale et des valeurs traditionnelles reconnues par la Communauté. L'Etat a le devoir de veiller à l'élimination de toute discrimination contre la femme et d'assurer la protection des droits de la femme et de l'enfant tels que stipulés dans les déclarations et conventions internationales. Les personnes âgées ou handicapées ont également droit à des mesures spécifiques de protection en rapport avec leurs besoins physiques ou moraux ».*

En pareille hypothèse, la jurisprudence met à la charge de l'Etat une obligation de faire, de telle sorte qu'elle sanctionne l'inaction de celui-ci. La Cour a estimé que *« le législateur peut déroger au principe d'égalité en ce qui concerne les personnes handicapées en matière de droit de la Fonction publique pour des raisons d'intérêt général et de continuité de service public (...) quitte à prendre en leur faveur des mesures spécifiques »*[1485].Il a été dans ce sens jugé qu'aux termes des articles 8 et 26 de la Constitution, la personne humaine est sacrée et inviolable. L'Etat a l'obligation absolue de la respecter et de la protéger. Il lui garantit un plein épanouissement. A cet effet, il assure à ses citoyens l'égal accès à la santé, à l'éducation, à la culture, à l'information, à la formation professionnelle et à l'emploi. La Cour a jugé mêmement qu'il ressort de la lecture combinée et croisée des articles 8, 26 et 30 de la Constitution et 2, 13.2 et 18.4 de la CADHP, que si l'Etat

[1485] DCC 01-005 du 11 janvier 2001, *HINNOUHO Sylvain, Recueil des décisions et avis,* 2001, p. 30.

doit tout mettre en œuvre pour éviter toute discrimination, il doit en plus, *« (...) en ce qui concerne les personnes handicapées, prendre des mesures spécifiques de protection en rapport avec leurs besoins physiques ou moraux ; qu'en l'espèce, l'Etat, en ne prenant pas toutes les mesures nécessaires pour faire composer la requérante en écriture braille au concours des auditeurs de justice alors même que celle-ci a régulièrement passé tous ses examens grâce à ladite écriture, a méconnu les dispositions suscitées de la Constitution (...) »*. Le juge constitutionnel admet dans le même sens, que le législateur *« peut déroger au principe d'égalité en ce qui concerne les personnes handicapées en matière de droit de la fonction publique pour des raisons d'intérêt général et de continuité du service public »*[1486]. Toutefois, lorsqu'il y procède, il doit rapporter la preuve que les personnes handicapées concernées remplissent les obligations légales exigées et sont aptes à la fonction pour laquelle elles postulent[1487].

La Cour concède également les immunités reconnues par la loi. Apres avoir rappelé sa jurisprudence constante selon laquelle, la notion d'égalité s'analyse comme étant un principe général selon lequel la loi doit être la même pour tous dans son adoption et dans son application et ne doit contenir aucune discrimination injustifiée, et les personnes relevant de la même catégorie doivent être soumises au même traitement sans discrimination, elle tempère en affirmant que, s'il est clair que la Constitution en son article 26 et la CADHP en son article 3 énoncent que tous les citoyens sont égaux devant la loi, il est tout aussi avéré que la même Constitution édicte en son article 136 que certains citoyens de par l'exercice de leurs fonctions bénéficient du privilège de juridiction. Dans le cas d'espèce, si pour la même infraction, deux des mis en cause relèvent de la compétence des juridictions de droit commun, en revanche, le troisième, en sa qualité de membre de Gouvernement au moment des faits, relève de la compétence de la Haute Cour de justice. Dans ces conditions, il n'y a pas traitement discriminatoire[1488]. Ces privilèges peuvent également s'exprimer en termes d'avantages. Toutefois, ces avantages doivent s'appliquer de la même manière pour les personnes relevant de la même catégorie. La Cour constitutionnelle a estimé que la loi instituant la Caisse de retraite des Députés était contraire à la Constitution en ce qu'elle excluait les autres

---

[1486]DCC 01-005 du 11 janvier 2001, *obs.*, Jean Louis ATANGANA, *op.cit.*
[1487] DCC 01-005 du 11 janvier 2001, *HINNOUHO Sylvain.*
[1488] DCC 08 – 181 du 11 décembre 2008, *Lydie GUEDEGBE et consorts.*

personnalités exerçant un mandat[1489]. Dans une autre décision, il a été jugé que l'immunité est un privilège accordé par la loi à certaines personnes en raison de leur situation sociale, familiale ou juridique afin de les protéger. Elle éteint l'action publique et met fin aux poursuites. De ce fait, elle constitue une exception au principe de la responsabilité pénale, au droit de poursuite qui s'y attache. Dès lors, la loi sous examen votée par le Haut Conseil de la République faisant office d'organe législatif et constitutionnel n'a rien de contraire à la Constitution[1490].

Par sa décision de 2001[1491], la Cour a dit et jugé qu'il n'y a pas violation des articles 8 et 26 de la Constitution en ce qui concerne la répartition par quota, des places mises au concours, elle affirme que dans le souci de réaliser un équilibre interrégional garant de la paix sociale, le recrutement dans les corps concernés a toujours été effectué par quota, sur base d'une répartition géographique tenant compte du poids démographique de chaque département. Elle est dès lors conforme à la Constitution, la réponse du Ministre de la Fonction publique du Travail et de la Réforme Administrative de l'époque des faits semble convaincante pour le juge constitutionnel : *« Le principe de répartition par département, des places mises au concours tire son fondement juridique de l'article 2 de l'arrêté interministériel du 17 décembre 1999 accordant aux anciens départements de l'Atlantique, de l'Ouémé, et du Zou, neuf (9) places, au Borgou et au Mono huit (8) places contre sept (7) pour l'Atacora ; que ce fondement juridique est lui-même tiré de la pratique qui est devenue une coutume dans notre pays en matière de recrutement des corps militaires et paramilitaires ; que dans un souci de réaliser un équilibre interrégional, garant de la paix sociale, les gouvernements successifs de notre pays ont toujours organisé le recrutement de ces corps par quota sur base d'une répartition géographique qui tient compte du poids démographique de chaque département ».* La Cour reconnait ainsi la notion de *« coutume constitutionnelle »* et semble n'admettre le principe d'équilibre régional que dans le cas des concours nationaux, à l'exclusion des concours départementaux ; et dans des domaines bien précis notamment les corps militaires et paramilitaires. Elle rappelle la

---

[1489] DCC 01-085 du 29 aout 2001, *Président de la République.*
[1490] DCC 02-015 du 20 mars 2002, *HOUETOGNANKOU Jude.*
[1491] DCC 01-070 du 13 août 2001, *CLEDJO Flavien.*

règle dans une décision rendue en 2010[1492] en faisant d'ailleurs référence à sa décision de 2001.

La Cour juge également que la disparité créée par un arrêté dans la fixation des taux de contributions scolaires peut s'expliquer par des considérations d'ordre socio-économiques, propres à chaque département et par la volonté de l'Etat de prendre des mesures incitatives pour relever le taux de scolarisation dans certaines Régions du Pays[1493]. De même, il a été jugé que le Ministre de l'Intérieur en autorisant par arrêté, l'inscription d'un citoyen à la formation d'élève Commissaire de police à l'école supérieure de Police nationale, pour récompenser son mérite personnel, n'a pas violé l'article 26 de la Constitution[1494] (le candidat avait réussi un concours international). Inversement, la Cour a invalidé une discrimination positive instituée par une loi, au profit des femmes en matière de postes électifs. Pour la Haute juridiction, une telle discrimination manque de fondements constitutionnels. Une loi portant règles particulières pour l'élection des membres de l'AN a été votée par l'organe législatif le 24 août 2010. Par la lettre du 26 août 2010, le Président de l'AN a saisi le PR aux fins de promulgation. Le PR a transmis le texte voté à la Cour constitutionnelle le 27 août 2010 aux fins de contrôle préalable de constitutionnalité. Plusieurs Députés, pour des motifs divers, ont saisi également la Haute juridiction, avant la promulgation de la loi, pour demander que celle-ci soit déclarée contraire à la Constitution. L'article 3, alinéa 4, du texte querellé dispose que *« la liste d'un parti politique ou groupe de partis politiques pour être valable doit comporter vingt pour cent (20%) au moins de candidats féminins »*. Les requérants estiment qu'une telle prescription est contraire au principe d'égalité entre l'homme et la femme et doit être déclarée non conforme aux articles 26 de la Constitution, 2 et 3 de la CADHP.

La Haute juridiction rappelle la règle des quotas en matière d'équilibre politique, en l'espèce, la nécessité de la prise en compte de la composante féminine dans la composition de l'AN[1495]. Pour la Cour, *« au regard de l'affirmation de la règle constitutionnelle, le rôle du législateur, dans son*

[1492] DCC 10-086 du 15 juillet 2010, *Armand BOGNON.*

[1493] DCC 01- 021 du 16 mai 2001, *Association des parents d'élèves du GEG de Gbégamey.*

[1494] DCC 02-139 du 19 décembre 2002, *AKPO Innocent.*

[1495] DCC 10-117 du 08 septembre 2010, *Président de la République.*

domaine de compétence, est de garantir l'égal accès des hommes et des femmes aux mandats électifs et électoraux ; (...) en réservant aux femmes un quota de vingt pour cent (20%) au moins sur les listes de candidature, le législateur établit une disparité fondée sur le sexe entre les candidats masculins et féminins éligibles à une même fonction (...) une telle répartition ne répond ni à la lettre ni à l'esprit des dispositions constitutionnelles précitées (...) il en résulte que l'alinéa 4 de l'article 3 de la loi sous examen est contraire aux dispositions suscitées ». Pour qu'il soit possible de procéder à une discrimination positive, il faudrait donc recourir à une révision de la Constitution. Seule une disposition expresse de la Constitution peut en effet permettre pareille pratique.

B. Discriminations positives indicatives[1496]

En pareille hypothèse, le juge constitutionnel estime qu'il n'y a pas d'obligation de faire, mais une *« progressivité »* et les pouvoirs publics ont des coudées franches, quant au choix des bénéficiaires prioritaires. Dans une décision rendue en 2012[1497], la Cour constitutionnelle juge que *« les articles 13 et 54 alinéas 1er et 2 de la Constitution disposent respectivement que : ' L'Etat pourvoit à l'éducation de la jeunesse par des écoles publiques. L'enseignement primaire est obligatoire. L'Etat assure progressivement la gratuité de l'enseignement public (...) Le Président de la République est le détenteur du pouvoir exécutif. Il est le Chef du Gouvernement, et à ce titre, il détermine et conduit la politique de la Nation. Il exerce le pouvoir réglementaire' (...) il découle de ces dispositions notamment de celles de l'article 13 que la gratuité de l'enseignement public ne peut s'opérer pour tous au même moment ; qu'il revient donc au Chef de l'Etat dans le cadre de la détermination et de la conduite de la politique de la Nation de veiller à sa mise en œuvre* ***progressive*** *; qu'en décidant par conséquent que l'enseignement secondaire est gratuit uniquement pour les filles des classes de 6ème et 5ème dans les lycées et collèges publics, le Chef de l'Etat a agi conformément à l'article 13 sus cité et n'a de ce fait institué aucun traitement discriminatoire (...) »*. Il ne découle donc pas une obligation impérative à charge du PR.

[1496] La jurisprudence mobilise cette notion de *« progressivité »* en matière de droits sociaux et économiques, v° DCC 12 – 124 du 07 juin 2012, *Fidélia APOVO.*
[1497]DCC 12-010 du 24 janvier 2012, *Jean Iréné AHOSSI.*

La Haute juridiction juge dans une décision rendue en 2014 que si l'article 14 de la Constitution dispose que *« les institutions et les communautés religieuses peuvent également concourir à l'éducation de la jeunesse. Les écoles privées, laïques ou confessionnelles, peuvent être ouvertes avec l'autorisation et le contrôle de l'Etat. Les écoles privées peuvent bénéficier des subventions déterminées par la loi »*.Et l'article 12 de la *loi n° 2003-17 du 11 novembre 2003 portant orientation de l'Education nationale,* prise en application de cette disposition constitutionnelle prévoit : *« L'Etat assure progressivement la gratuité de l'enseignement public et garantit l'égalité des chances, l'égalité des sexes et l'équilibre interrégional. Les écoles privées peuvent bénéficier des subventions de l'Etat conformément aux dispositions de l'article 14 de la Constitution (...) Les conditions et modalités d'attribution de ces subventions sont déterminées par décret pris en conseil de Ministres, sur proposition du ou des ministre (s) chargé (s) de l'éducation nationale »*.Il ressort de ces textes que *« la subvention des écoles privées demeure en l'état actuel de la législation, une faculté, aucune disposition constitutionnelle ou légale ne faisant obligation à l'Etat de l'accorder aux établissements privés ou à leurs promoteurs ; qu'il ne saurait dès lors valablement [être fait grief] à l'Etat d'avoir refusé d'accorder des subventions aux écoles privées, encore moins d'avoir violé la Constitution »*[1498].La Cour consacre le principe de la progressivité des droits sociaux et de l'effet *« stand still »* ou *« effet cliquet »*. L'effet *« stand still »* est bien consacré dans sa jurisprudence ; ainsi, dans une importante décision, après avoir rappelé toutes les avancées connues en matière de liste électorale et les atermoiements préalables à ceux-ci, la Cour indique que toute nouvelle législation devant intervenir en cette matière « *doit être de nature à accélérer et faire progresser la transparence et le processus d'élaboration de la liste électorale permanente informatisée en cours et non l'arrêter, le ralentir ou le faire reculer »*[1499].

Section 3. Principe de sécurité

Le mal de l'Afrique contemporaine réside dans l'absence de sécurité. Il n'est pas rare dans certains Etats du continent d'assister à la disparition mystérieuse des opposants, journalistes, représentants des ONG, membres de

[1498] DCC14-080 du 08 mai 2014, *Marius DAKPOGAN.*
[1499]DCC 10-049 du 5 avril 2010.

la société civile ou simples citoyens. Les pouvoirs publics qui ont succédé à la puissance coloniale ont souvent, au-delà de la ferveur et des slogans discursifs sur la démocratie et l'Etat de droit, reproduit et amplifié les méthodes martiales d'administration. L'Administration est alors perçue comme le dieu *Thor* de la mythologie germanique, capable de manier habilement la foudre et le tonnerre ; de commander aux vents et d'arrêter les tempêtes. Beaucoup de citoyens sont ainsi froissés dans leur personne et spoliés de leurs biens, en marge des procédures juridiques et des indemnisations qui s'imposent. Cette situation d'insécurité entame les anticipations légitimes d'autrui et est propre à rebuter les investisseurs étrangers en provoquant l'exode des citoyens intellectuels, opérateurs économiques, étudiants, en quête de paix et de mieux-être.

S'il est un point caractéristique du juge constitutionnel béninois, c'est sa détermination à toute épreuve dans la protection de la personne humaine (paragraphe 1). Il n'est que trop conscient, par ailleurs, que le bonheur d'un homme est aussi tributaire de ce qu'il possède. Cela passe par la protection des biens (paragraphe 2). Les forces vives n'ont-elles pas placé l'épanouissement de la personne humaine dans ses dimensions matérielle, morale, spirituelle, au centre du nouvel ordre constitutionnel ? Le régime marxiste-léniniste du Général Mathieu KEREKOU s'était caractérisé par des arrestations arbitraires, des disparitions mystérieuses, des exécutions sommaires, des confiscations des biens. On comprend aisément la détermination constante de la Cour à protéger la personne humaine.

Paragraphe 1. Sécurité de la personne humaine

La conception africaine du monde place l'homme au centre de toute chose, comme disait le sage PROTAGORAS, *« l'homme est la mesure de toute chose »*. Les sociétés africaines sont plurielles, il y cohabite des clans, ethnies, tribus... Conscient de cela, le constituant béninois établit à l'article 36, une disposition que nous choisissons d'appeler *« le principe du respect mutuel »*. Ce principe qui se confond avec le principe de dignité, interdit à l'autorité publique d'infliger aux citoyens des traitements inhumains, cruels et dégradants, il proscrit également aux citoyens de traiter toute personne avec condescendance et légèreté. Notons en outre que les autorités chargées de l'application de la loi (Gouverneurs, Préfets, Maires, Magistrats,

Gendarmes, Policiers…) excédent souvent leurs pouvoirs en raison des convenances personnelles ; or la privation de la liberté d'un individu au-delà des conditions légales affecte gravement la cohésion sociale.

La liberté d'aller et venir et l'interdiction de la torture revêtent sans doute un caractère fondamental dans la jurisprudence de la Cour constitutionnelle. Lorsque ces principes sont en cause, le juge constitutionnel admet sa compétence d'office, peu importe l'irrégularité formelle de la requête[1500], comme d'ailleurs dans les autres hypothèses de violation des droits de la personne humaine[1501], il souligne par exemple que *« les faits tels qu'allégués par le requérant sont constitutifs de violation des droits de la personne humaine. En vertu de l'article 121 alinéa 2 de la Constitution, il échet pour la Haute Juridiction de se prononcer d'office »*[1502]. L'interdiction de la torture figure incontestablement parmi les quelques normes impératives de droit international des droits de l'homme, énonçant des droits absolus[1503]. Elle est importante pour la cohésion sociale et la reconnaissance internationale[1504].

La garantie de ces principes est effectivement le gage de la cohésion sociale et nationale. Considérons un individu *lambda* qui a un travail précaire, pour une petite dispute avec son voisin policier, il est gardé indéfiniment à vue. S'il a un emploi, il perdra son travail au terme d'un certain temps ; à supposer que l'éducation et l'instruction de ses jeunes filles reposent sur ses revenus, les jeunes filles courront alors le risque de décrocher et se lancer soit dans le petit commerce, soit dans des dérives (vols, prostitutions, mendicité…), c'est la cohésion sociale qui s'en trouve affectée. Le respect de la personne humaine s'impose aussi bien aux pouvoirs publics (A), aux

---

[1500] DCC 03-104 du 24 juin 2003, *YAROU TIKANDE ;* DCC 03-065 du 19 mars 2003, *ATINDOKPO Zinsou*

[1501] DCC 12-110 du 10 mai 2012, *Paul DJIDONOU et Pierre AKONDE.* Toutefois le requérant doit bien formuler sa demande. Dans une espèce où la violation des droits de la personne était perceptible, la Cour s'est déclarée incompétence tout simplement parce que la requérante avait demandé son intervention pour protéger sa vie, ce qui laissait croire qu'elle demandait la prise des mesures provisoires et préventives, ce que ne peut faire la Cour, DCC 09-032 du 12 mars 2009, *Edwige KPONOU.*

[1502] DCC 10-076 du 08 juillet 2010, *Barnabé WEWE.*

[1503] PETTITI (L.E.), *La Convention européenne des droits de l'homme : commentaire article par article,* Paris, Economica, 1995, p. 155.

[1504] *Ibidem.*

institutions privées qu'aux individus (B). Les traitements inhumains donnent droit généralement à réparation. Toutefois, la Cour n'est pas, comme on l'a dit plus haut, claire sur le régime ou les modalités de la réparation, elle considère par exemple qu'une garde à vue abusive n'est pas un traitement inhumain et ne saurait dès lors donner lieu à réparation[1505].

Le principe de sécurité impose non seulement des devoirs à charge des pouvoirs publics (A) ; mais également des devoirs entre les individus (B).

A) Devoirs à charge des pouvoirs publics

Aux termes de l'article 18, alinéas 1 et 4 de la Constitution : « *Nul ne sera soumis à la torture, ni à des sévices ou traitements cruels, inhumains et dégradants (...) Nul ne peut être détenu pendant une durée supérieure à quarante-huit (48) heures que par la décision d'un magistrat auquel il doit être présenté. Ce délai ne peut être prolongé que dans des cas exceptionnellement prévus par la loi et qui ne peut excéder une période supérieure à huit jours* ». L'article 19 est plus clair : « *Tout individu, tout agent de L'Etat qui se rendrait coupable d'acte de torture, de sévices ou traitements cruels, inhumains ou dégradants dans l'exercice ou à l'occasion de l'exercice de ses fonctions, soit de sa propre initiative, soit sur instruction, sera puni conformément à la loi. Tout individu, tout agent de L'Etat est délié du devoir d'obéissance lorsque l'ordre reçu constitue une atteinte grave et manifeste au respect des droits de l'homme et des libertés publiques*». Selon la Cour, l'article 18, alinéa 1 de la Constitution tend à protéger l'intégrité de la personne humaine et interdit l'usage de la contrainte, des pressions et tous les actes de violence provoquant chez la victime des souffrances physiques ou mentales ou aboutissant à une désintégration de sa personnalité ou à l'anéantissement de sa volonté[1506]. L'article 19 ci-dessus dans son second alinéa s'adresse tout particulièrement aux hommes de rang, ils sont, de par cette disposition, tenus de désobéir à un ordre manifestement illégal, c'est-à-dire dont l'effet est d'infliger des traitements cruels, inhumains et dégradants à un citoyen. Ils doivent se comporter comme des *« baïonnettes intelligentes »*.

[1505] DCC 07-119 du 16 octobre 2007, *AGONGBONOU Emile et AGONGBE Vincent ;* DCC 14-004 du 14 janvier 2014, *Maitre Ibrahim SALAMI (Conseil de Rodrigue FASSINOU).*

[1506] DCC 99-010 du 04 février 1999, *AGBOTON Mathieu.*

La torture peut être le fait d'un agent de l'Etat ou d'un individu. L'article 6 prévoit que « *tout individu a droit à la liberté et à la sécurité de sa personne. Nul ne peut être privé de sa liberté sauf pour des motifs et dans des conditions préalablement déterminées par la loi ; en particulier nul ne peut être arrêté ou détenu arbitrairement* ».L'article 4 de la CADHP dispose que « *la personne humaine est inviolable. Tout être humain a droit au respect de sa vie et à l'intégrité physique et morale de sa personne. Nul ne peut être privé arbitrairement de ce droit* ». Et selon l'article 5 : « *Tout individu a droit au respect de la dignité inhérente à la personne humaine et à la reconnaissance de sa personnalité juridique. Toutes formes d'exploitation et d'avilissement de l'homme notamment l'esclavage, la traite des personnes, la torture physique ou morale, et les peines ou les traitements cruels inhumains ou dégradants sont interdites* ». Ces dispositions protègent deux valeurs essentielles liées à la personne humaine, à savoir la dignité (1), mais aussi la sécurité et la liberté d'aller et venir du citoyen (2).

1) Respect de la dignité

La dignité interdit non seulement la torture, les traitements cruels, inhumains et dégradants. Mais aussi impose l'obligation de respect (la notion de « *bonnes mœurs* » est contenue dans la notion de dignité humaine). A propos par exemple du droit à l'image, la Haute juridiction rappelle qu'aux termes de l'article 5 de la CADHP : « *Tout individu a droit au respect de la dignité inhérente à la personne humaine et à la reconnaissance de sa personnalité juridique. Toutes les formes d'exploitation et d'avilissement de l'homme notamment (...) la torture physique ou morale, et les peines ou les traitements cruels, inhumains ou dégradants sont interdits* » ; le fait d'enregistrer et de commercialiser sans son consentement les images du requérant lors d'une opération de « *désensorcellement* » à laquelle il n'a pas été associé, constitue une atteinte à sa dignité ; en conséquence, il y a violation de l'article 5 précité de la CADHP[1507]. De même, estime t'elle que le respect de la dignité humaine interdit « *l'usage de la contrainte, des pressions, et tous actes de violence caractérisés, provoquant chez la victime des souffrances physiques ou mentales, ou aboutissant à une désintégration de sa personnalité ou l'anéantissement de sa volonté* »[1508].

[1507]DCC 15 -245 du 26 novembre 2015, *Akpochihala Dah ALLIGBONON.*
[1508] DCC 98-065 du 05 août 1998, *Recueil des décisions et avis,* 1998, p.321

- *Interdiction de la torture et traitements cruels, inhumains et dégradants.* La Cour a défini la notion, le caractère et la preuve de la torture et des traitements cruels, inhumains et dégradants[1509]. En pareille hypothèse, elle se prononce d'office [1510] en application de l'article 121, alinéa 2 de la Constitution. Les dommages doivent être établis par une preuve acceptable (un certificat médical par exemple), ils doivent êtres imputables aux agents de maintien de l'ordre. Pour retenir cette qualification, il faut qu'on soit en présence de mauvais traitements caractérisés ou alors présentant une certaine gravité et irrégularité. La preuve doit être suffisante et il doit surtout y avoir un lien de causalité entre les dommages et les faits de l'agent ou de la personne incriminée.

- *Mauvais traitements caractérisés et irréguliers.* La Haute juridiction béninoise se détermine au cas par cas. Toutefois, elle a fixé un critère d'appréciation : *« Les traitements cruels, inhumains et dégradants s'apprécient non seulement en fonction de leur effet sur l'état physique ou mental de l'individu, mais également au regard de leur durée, de leur caractère délibéré et des circonstances dans lesquelles ils ont été infligés »* [1511] . Elle considère ainsi que sont des *« traitements cruels, inhumains et dégradants »* : des gifles[1512], des coups de poings, des coups de pieds ou de rangers[1513], des violences et voies de faits[1514], des coups de lanière, des fractures[1515], de chicottes ou de matraques[1516]..., perpétrés par les agents des forces de sécurité publique sur les citoyens. Il en va de même du fait de dénuder un citoyen[1517], des sévices corporels[1518] ayant créé une

---

1509 DCC 99-11 du 04 février 1999, *AHINON Jacques.*

1510 DCC 12 – 172 du 20 septembre 2012, *Razack BOGNANHO et consorts.*

1511 DCC 99-011 du 04 février 1999, *AHINON Jacques, Recueil des décisions et avis*, 1999, p. 37 ; DCC 03-120 du 20 août 2003 ; DCC 03- 009, du 19 février 2003, *SINZOGAN Marguerite.*

1512 DCC 96-084 du 13 novembre 1996, *HOUNKARIN Pierre, Recueil des décisions et avis* 1996, p.352-353. V° aussi, DCC 09-069 du 09 juillet 2009, *Célestine TCHOUKPA née GBLOMADJE.*

1513 DCC 98-100 du 23 décembre 1998, *HOUNSA Jean, Recueil des décisions et avis,* 1998, p. 490 ; DCC 04-006 du 06 janvier 2004, *Recueil des décisions et avis,* 2004 p. 35.

1514 DCC 07-12 du 30 janvier 2007, *D'ALMEIDA Olga.*

1515 DCC 14-091 du 15mai 2014, *Idrissou LAWANI.*

1516 DCC 00-022 du 10 mars 2000, *VLAVONOU Marc, Recueil des décisions et avis,* 2000 p. 86.

1517 DCC 08-061 du 20 mai 2008, *Symphorien N'VEKOUNOU.*

1518 DCC 98-100 du 23 décembre 1998, *HOUNZA Jean, op. cit.*

incapacité physique temporaire ou définitive, la mise à genoux et les coups portés sur des citoyens détenus[1519], le port d'entraves aux pieds d'un détenu pendant quatorze mois[1520]même si celui-ci a un comportement insupportable, la détention d'un citoyen pendant quinze jours dans un local non aéré, à peine éclairé, dans les odeurs pestilentielles d'urines et parfois même de matières fécales[1521], des sévices corporels infligés par un Chef de village sous prétexte de prévenir des sévices divins plus cruels[1522], le fait d'obliger un enseignant à sarcler la devanture du Commissariat situé au bord de la voie publique au vu et au su de tous, notamment de ses élèves, collègues et amis[1523], le fait de tenir un citoyen par le menton et le faire embarquer dans un véhicule bâché pendant deux heures, en présence de son fils, ses frères, enfants et autres[1524], le fait de contraindre un citoyen gardé à vue de nettoyer des locaux abritant les bureaux de la brigade et ses dépendances[1525], des sévices corporels infligés par des agents de force de l'ordre[1526]. Le fait de ficher une personne soupçonnée alors que *« les résultats de sa mise en observation (...) ont été négatifs »* constitue un traitement dégradant[1527], le fait pour un OPJ de mettre à genoux un journaliste, de lui tirer les oreilles, de le mettre en slip, menotté[1528] et enfermé dans une cellule[1529], le fait de retenir un individu menotté contre les barreaux de la fenêtre d'un local de police pendant dix heures sans être autorisé à uriner malgré l'insistance de la victime [1530], le fait de placer des menottes à un citoyen alors que sa représentation est assurée[1531] ou de menotter des enfants de douze ans au motif qu'ils feraient la résistance contre quatre agents de police[1532], le fait

---

[1519] DCC 98-101 du 23 décembre 1998, *KOUNASSO Fernand et consorts.*

[1520]DCC 02-002 du 09 janvier 2002, *DJATOU Aboudou, Recueil des décisions et avis*, 2002, p.17.

[1521]DCC 99-011 du 04 février 1999, *AHINON Jacques, op.cit., p.37.*

[1522] DCC 02-014 du 19 février 2002, *GBAGUIDI Boris.*

[1523]DCC 02-074 du 20 juin 2002, *Recueil des décisions et avis*, 2002, p.309.

[1524] DCC 06-057 du 20 juin 2006, *GAYON Dominique.*

[1525] DCC 07-51 du 03 juillet 2007, *ENONE Théodore et consorts.*

[1526]DCC 01-048 du 21 juin 2001, *AGBOGNONNOU Roger* ; DCC 00–036 du 28 juin 2000, *ASSOGBA Rock.*

[1527] DCC 08-119 du 11 septembre 2008, *Moubarakou YESSOUFOU.*

[1528]DCC 99-013 du 10 février 1999, *AKPOVO Célestin.*

[1529] DCC 03-088 du 28 mai 2003, *HOUESSOU Etienne et consorts, Recueil des décisions et avis,* 2003, p. 365.

[1530] DCC 03-143 du 16 octobre 2003, *AKPLAKA Evariste, Recueil des décisions et avis,* 2003, p. 586.

[1531] DCC 00-014 du 09 février 2000, *ABLO Luc Michel.*

[1532] DCC 99-010 du 04 février 1999, *AGBOTON Mathieu.*

pour un individu d'être menotté au cours de son interrogatoire les bras dans le dos sans la preuve de son agressivité[1533]. L'exécution, même forcée d'une décision de justice, ne justifie pas les actes de violence exercés sur les membres d'une famille ; ces agissements ouvrent droit à réparation[1534]. La Cour considère également que le fait de menotter deux géomètres et parcourir le village à la recherche d'un autre mis en cause alors qu'ils ne présentent aucune résistance constitue un traitement dégradant et humiliant[1535], elle admet les traitements inhumains au cas où le citoyen aurait été arrêté par erreur et menotté alors qu'il protestait[1536]. Les agents de l'ordre doivent vérifier l'identité du prévenu, l'opposition à un détenu qui voulait aller faire ses besoins[1537] est tout aussi constitutive de mauvais traitement. Il en va de même des sévices infligés à une citoyenne par la garde rapprochée du PR[1538]. La pose des menottes lors de la conduite d'un citoyen au Parquet ou au Commissariat, alors que celui-ci n'a opposé et n'oppose aucune résistance est un mauvais traitement[1539].

En revanche, la Cour estime que les mesures de sécurité qui consistent en un renforcement du service de garde et de mise en faction d'un agent de service devant la Cellule n'ont eu pour effet de porter atteinte ni à l'intégrité physique ou morale du requérant, ni à l'un de ses droits élémentaires comme le droit à la vie. Les mesures ne sauraient donc être interprétées comme des traitements inhumains, cruels et dégradants[1540]. Il n'y a pas de mauvais traitements lorsqu'un Centre spécialisé en psychiatrie est habilité à prendre toutes sortes de mesures, au besoin de contention physique, dans l'intérêt d'un malade et de son entourage[1541] ; de même, la privation de repas pendant l'audition ne saurait être assimilée à un mauvais traitement, sans qu'il ne soit rapporté la preuve qu'une telle privation a eu des effets sur la santé[1542]. La

---

[1533] DCC 03-148 du 30 octobre 2003, *KINNINVO Clément, Recueil des décisions et avis,* 2003, p 607-608.
[1534] DCC 02-109 du 22 aout 2002, *BADA Mathurin.*
[1535]DCC 10-026 du 11 mars 2010, *Dominique OUSSOU ;* DCC 08-068 du 24 juillet 2008, *Akim LATOUNDJI et Karim AMZAT.*
[1536]DCC 10-076 du 08 juillet 2010, *Barnabé WEWE.*
[1537] DCC 03-143 du 16 octobre 2003, *AKPLAKA Evariste.*
[1538] DCC 02-058 du 04 juin 2002, *FAVI Adèle.*
[1539] DCC 07-117 du 16 octobre 2007, *MELE Aubin et consorts.*
[1540] DCC 02-103 du 21 aout 2002, *AMOULE Léon.*
[1541] DCC 01-094 du 07 novembre 2001, *ALAPINI Patrick.*
[1542] DCC 05-024 du 22 mars 2005, *NEHME Abdallah.*

seule insistance d'un OPJ ne saurait constituer un traitement inhumain et dégradant[1543], il en va de même du fait de poser des menottes à un citoyen qui a essayé de prendre la fuite[1544]. On ne saurait parler de traitements inhumains dès lors que, suite aux injonctions de la Gendarmerie, la requérante qui n'a pas cru devoir s'arrêter, a été blessée par balles, les blessures reçues dans ces circonstances ne sauraient être analysées comme des coups et blessures volontaires constitutifs de torture ou de traitements inhumains et dégradants au sens de l'article 18, alinéa 1 ; il n'y a donc pas violation de la Constitution [1545]. La Cour considère également que l'obligation faite aux prévenus de porter, à l'occasion des procès, une tenue réglementaire, relève des mesures sécuritaires qu'il appartient aux seules autorités pénitentiaires de prendre en vue d'éviter que les prévenus concernés aient la possibilité de se fondre dans le public pour échapper à la surveillance des gardes à eux affectés. Cette mesure sécuritaire ne saurait être analysée comme un traitement dégradant au sens de l'article 18 de la Constitution[1546]. De même, lorsque le requérant n'a pas cru devoir répondre aux différentes convocations de la gendarmerie, il ne peut se plaindre des traitements inhumains lors de son arrestation[1547]. Il en va également des blessures occasionnées par tirs de balles suite à une tentative de neutralisation d'un présumé agresseur [1548]. Il n'y a pas de traitement inhumain dans le chef des parents qui ont conduit leur fils sous garde, malgré lui, à l'hôpital psychiatrique, dès lors qu'il résulte des éléments du dossier, qu'ils ont agi afin que des soins [1549] lui soient administrés. En revanche, dans les relations parentales, la Cour a estimé qu'un père qui manque d'assurer l'entretien et l'éducation de ses enfants –et partant de sa famille, viole l'article 29 de la CADHP[1550].

[1543] DCC 98-065 du 05 aout 1998, *BOCO Hortense.*

[1544] DCC 06-059 du 20 juin 2006, *LOKOSSOU François.*

[1545] DCC 12-175 du 27 septembre 2012, *Gilles VIGAN* ; v° dans le même sens, DCC 12- 180 du 08 novembre 2012, *Hermann AMOUSSOUVI.*

[1546] DCC 07-167 du 27 décembre 2007, *Serge PRINCE AGBODJAN ;* DCC 10-082 du 13 juillet 2010, *Paul ZINSOU.*

[1547] DCC 14-022 du 11 février 2014, *Henri AGBOSSOUKPO.*

[1548] DCC 13-098 du 29 aout 2013, *Armel KOGBELEVI et son épouse Clémentine née QUENUM.*

[1549] DCC 05-042 du 19 mai 2005, *TANIMOMO Pascal.*

[1550] DCC 01-082 du 17 aout 2001, *Enfants OKPEITCHA Mathieu.*

- *Exigence d'une preuve suffisance.* La preuve doit permettre d'établir la matérialité des faits[1551], la Cour rejette la requête lorsque, les griefs de traitements dégradants en milieu carcéral ou de privation de visite médicale articulés par le requérant ne sont pas prouvés et ne reposent sur aucun fondement[1552], il en va de même lorsque le requérant se plaint d'un dommage moral[1553]. La preuve la plus crédible est un certificat médical[1554],le juge admettrait aussi des *« factures de médecin », « ordonnance médicale »*[1555]. Toutefois, il juge que les photocopies d'ordonnances en l'absence de certificats médicaux ne permettent pas d'établir la matérialité des faits[1556]. Il s'intéresse particulièrement aux mentions portées sur le certificat, elles doivent être pertinentes[1557], il souligne *« les mentions portées au certificat médical ne permettent pas d' (...) établir la matérialité [des*

[1551] DCC 10-138 du 26 octobre 2010,*Hubert GADABO ;* DCC 106-139 du 11 novembre 2010, *Armand ZINZINDOHOUE (ancien Ministre de l'Intérieur et de la Sécurité Publique) ;* DCC 09-078 du 28 juillet 2009, *Raïmi AYININ ;* DCC 09-099 du 27 août 2009, *Ségla DEGBEGNI* ; DCC 09-131 du 05 novembre 2009, *Thècle ROSSILET-AKODJENOU (Dans cette espèce les piqures de moustique sur le requérant n'ont pas permis d'établir la matérialité des faits) ;* DCC 11-027 du 26 mai 2011, *Pamphile GNANSOUNOU ;*DCC 11-052 du 09 août 2011, *Maître Angelo HOUNKPATIN (Conseil de Auguste PODANHO) ;*DCC 11-081 du 1er décembre 2011, *Adrienne ALAO-FARI GODONOU;*DCC 11-082 du 1er décembre 2011,*Adrienne ALAO-FARI GODONOU* ; DCC 08-114 du 09 septembre 2008, *Claude ANANI ADANOU ;*DCC 03-102 du 24 juin 2003, *DEGUENON Abdon ;*DCC 03-065 du 19 mars 2003, *ATINDOKPO Zinsou ;* DCC 02 -114 du 28 aout 2002 *HOUANVOEGBE Patrice ;* DCC 02-024 du 03 avril 2002, *HOUWANOU Laly ;* DCC 02-027 du 03 avril 2002, *HADEDJRO François ;* DCC 12-133 du 19 juin 2012, *Eunice AHOUANGANSI ;* DCC 14-101 du 22 mai2014, *Noel AMOUSSOU ;* DCC 14-110 du 03 juin 2014, *Honorine FELIHO ;* DCC 13-003 du 15 janvier 2013, *Sèmako HOUESSOU ;* DCC 13-027 du 21 février 2013, *Happy CHADARE.*

[1552] DCC 03-122 du 20 août 2003, *AMOUSSOU Daniel ;*DCC 12-024 du 14 février 2012, *Valery AZIFAN ;* DCC 09-022 du 05 mars 2009,*Nadine MENOUKON née HOUNDONOUGBO ;* DCC 09-130 du 05 novembre 2009, *Stéphane AKPOVI*; DCC 03-006 du 18 février 2003, *LAOUROU Marcellin.*

[1553] DCC 14-104 du 27 mai 2014, *Blanche GBAGUIDI.*

[1554]*Ibidem ; v°* également, DCC 08-025 du 03 mars 2008, *DOSSA Jean* ; DCC 08-031 du 03 mars 2008, *Emmanuel FAGNIHOUN* ; DCC 03-108 du 24 juin 2003, *TCHINTOUNA Boni* ; DCC 03-039 du 12 mars 2003, *JOSSE Léon* ; DCC 01-109 du 19 décembre 2001, *SANTOS Léonard* ; DCC07-018 du 14 février 2007, *LAWANI Josiane, née NOUHOUMON.*

[1555] DCC 98-63 du 29 juillet 1998, *Cour constitutionnelle.*

[1556] DCC 13-137 du 19 septembre 2013, *Aboubacar NOMA.*

[1557] DCC 05-040 du 19 mai 2005, *LAWANI Ojima.*

faits] »[1558]. Ces mentions doivent être précises[1559].Le certificat doit en outre être valide (signé et revêtu de cachet du personnel compétent), ainsi, un document dit *« certificat de consultation infirmière »* qui fait état de *« plaies au niveau des poignets, aux coups-de-pied probablement causées par les entraves et une autre plaie dans le dos »* ne saurait tenir lieu de pièce à conviction car il ne porte ni le cachet de l'infirmière de la prison civile de Parakou, ni celui du Régisseur de ladite Prison. Dès lors, la preuve des sévices et traitements allégués n'est pas rapportée[1560]. Une photo[1561] ou la planche photographique, non appuyée de certificat médical, produite par le requérant ne constitue pas une preuve suffisante des sévices et traitements inhumains allégués par le requérant[1562]. Dans d'autres espèces, le juge constitutionnel laisse penser qu'une photographie serait recevable : *« Considérant que (...) le requérant n'a produit ni certificat médical, ni photographie attestant des violences subies par l'intéressé ; que les traitements inhumains évoqués ne sont donc pas établis*[1563] *(...) »*. Dans le même sens : *« Celui-ci n'a pas non plus produit un certificat médical ou des photographies attestant des violences subies. Dès lors, il y a lieu de dire et juger que la Cour ne peut statuer en l'état »*[1564].Le juge considère aussi qu'on ne pourrait ajouter foi à des certificats médicaux contradictoires, délivrés par deux Médecins différents à propos d'un patient[1565] ou un certificat délivré par un *« faux médecin »*[1566]. Il semble admettre également la preuve testimoniale[1567]. Certains requérants ont évoqué la notion de *« torture morale »*[1568] qui est malheureusement difficilement admissible devant le juge. Les mauvais traitements peuvent intervenir à l'occasion de l'arrestation, pendant la garde à vue ou à toute autre occasion. Dans cette logique, la Cour estime que le certificat médical joint par le requérant à sa requête fait état d'un *« gonflement douloureux des poignets et des chevilles entrainant une impotence fonctionnelle des membres, une mobilisation*

[1558]DCC 09-028 du 12 mars 2009, *Ogoudjè Séverin KODJORI*; DCC 08-051 du 20 mai 2008, *Godonou AVOCEVOU.*
[1559] DCC 14-013 du 16 janvier 2014, *Candide AGBOGBE.*
[1560]DCC 08-048 du 20 mai 2008, *Jeanne ATCHADE.*
[1561] DCC 07-152 du 22 novembre 2007, *HOUNSON Julien.*
[1562]DCC 12-157 du 16 août 2012*, Gérôme KAKA.*
[1563]DCC 09-028 du 12 mars 2009.
[1564]DCC 08-134 du 10 octobre 2008.
[1565] DCC 03-120 du 20 août 2003.
[1566] DCC 14-088 du 15 mai 2014, *Prosper ABIKOU.*
[1567] DCC 02-036 du 17 avril 2002, *NASSE Christophe.*
[1568] DCC 02-001 du 09 janvier 2002, *AKPO Emmanuel.*

douloureuse du cou, une vive douleur à la palpation de la cage thoracique avec un pretium doloris très important », que ces constatations sont la preuve de mauvais traitements infligés à l'intéressé. La Cour conclut que les agents de l'Unité RAID ont violé l'article 18 précité de la Constitution[1569]. Toujours à propos des agents de l'Unité RAID, la Cour souligne dans une autre affaire que l'examen clinique indique : *« Un œdème généralisé, une hyperthermie et une hypertension artérielle (...)»,* qu'il résulte de ces mentions que le requérant a subi de la part de ces agents, des sévices au sens de l'article 18, alinéa 1er de la Constitution[1570]. La Haute juridiction juge qu'il n'y a pas lieu de statuer dès lors que les faits allégués se sont produits il y a longtemps et ont été établis par des certificats qui datent également[1571].

Lien de causalité. Il doit en outre y avoir un lien de causalité directe entre les dommages et les agents des forces de l'ordre ; le juge constitutionnel considère que le requérant qui allègue avoir subi des tortures, sévices et traitements inhumains et dégradants au cours de sa garde à vue et qui produit à l'appui de ses dires un certificat médical, sans que ce certificat n'établisse aucun rapport avec le Commissariat de Houègbo, n'a pas prouvé les traitements inhumains allégués, en conséquence, il n'y a pas violation de la Constitution[1572]. Il en va de même dans une situation où en réaction à l'incivisme des requérants, les forces de sécurité publique ont recouru à des *« techniques »* dites de *« self défense applicables sur tout individu présentant des caractères atypiques »* pour les maîtriser et rétablir l'ordre. Cette intervention n'est pas disproportionnée à la rébellion constatée. Au surplus, le lien entre les maux évoqués et lesdites techniques n'est pas établi, dès lors, la Cour juge qu'il n'y a pas traitements inhumains et dégradants[1573]. La Cour considère qu'il n'ya pas lien de causalité dès lors que le certificat médical du requérant établit qu'il souffrait d'une *« (...) insuffisance chronique évolutive depuis près de six (6) mois (...) »,* indications sans rapport avec les faits[1574]. De même, elle juge qu'il est impossible d'établir le

---

[1569]DCC 12-116 du 22 mai 2012, v° aussi DCC 15-247 du 26 novembre 2015, *Zakari Alassan ADAM.*

[1570]DCC 12 -103 du 03 mai 2012, *Ganiou EZIN-KPLEKOU.*

[1571] DCC 14-042 du 27 février 2014, *Coffi ADEKPO.*

[1572]DCC 12-151 du 26 juillet 2012 ; v° dans le même sens, DCC 12-055 du 06 mars 2012 ; DCC 13-006 du 22 janvier 2013, *Yaya SEKOSSOUNON.*

[1573]DCC 10-092 du 03 août 2010.

[1574] DCC 14-150 du 19 aout 2014, *Ambroisine ANATO.*

lien de causalité lorsque le requérant qui se plaint des traitements inhumains a attendu 4 jours après sa libération pour se rendre dans un centre de santé où un certificat lui a été délivré mentionnant *« courbatures, insomnie, brulures mictionnelles, multiples éraflures sur le corps »*, rien ne permet de dire que ces sévices résultent de sa garde à vue[1575].

Dans d'autres affaires, la Cour considère que le lien est établi ; elle déclare ainsi qu'il y a violation de l'article 18, alinéa 1 de la Constitution en ce que les lésions portées par la requérante sont consécutives aux sévices et traitements cruels, inhumains et dégradants à elle infligés et que les explications du Sous-officier ne sauraient justifier le recours à l'usage de prétendus[1576]*« objets de sûreté »*.Ayant constaté que les requérants portaient des blessures sur leur corps aussi bien à leur présentation à la brigade qu'à leur admission au centre de santé ; que ces blessures étaient consécutives aux traitements qui leurs ont été infligés, la Cour conclut que les traitements infligés aux requérants sont cruels, inhumains et dégradants et constituent une violation des articles 18, alinéa 1 et 19, alinéa 2 de la Constitution. Les préjudices subis par les requérants leur ouvrent droit à réparation[1577]. Elle a jugé également que le dépassement du délai de garde à vue, n'établit nullement que les constatations figurant au certificat médical proviennent d'un quelconque traitement subi dans les locaux de la Brigade. Le requérant, quant à lui, n'administre aucune preuve à l'appui de ses allégations ; dès lors, il n'y a pas violation de l'article 18, alinéa 1er de la Constitution[1578]. Concernant une arrestation par erreur au cours de laquelle la victime aurait subi des actes de violence, la Cour juge que le requérant a produit un certificat médical aux termes duquel l'examen clinique indique : *« un œdème généralisé, une hyperthermie et une hypertension artérielle (...) »* ; qu'il résulte de ces mentions qu'il a subi de la part des agents de l'Unité RAID

[1575] DCC 14-162 du 28 aout 2014, *Maximin POGNON agissant au nom et pour le compte de Gabin HOSSOU.*

[1576]DCC 09-052 du 02 avril 2009.

[1577]DCC 08-075 du 11 août 2008 ; DCC 03-088 du 28 mai 2003, *HOUESSOU Etienne et consorts (à propos d'un Directeur général de la Police qui s'est fait justice lui-même en molestant des journalistes) ;* DCC 03-063 du 19 mars 2003, *DOLTAIRE Nadine ;* DCC 03-148 du 30 oct. 2003, *KINNINVO Clément ;* DCC 03-154 du 30 oct. 2003, *AZIAKOU Henri ;* DCC 02-121 du 04 sept.2002, *Cour constitutionnelle ;* DCC 02-131 du 11 oct. 2002, *SANTOS Augustine ;* DCC 02-052 du 31 mai 2002, *FANOU Laurent (toutefois la Cour est incompétente pour statuer sur la non restitution des effets personnels du requérant).*

[1578]DCC 08-153 du 29 octobre 2008.

des sévices au sens de l'article 18, alinéa 1er de la Constitution ; que, dès lors, il y a violation de la Constitution[1579]. Le certificat médical versé au dossier indique qu'à l'examen clinique, Monsieur Razack BOGNANHO présente : *une notion de perte de connaissance initiale, une altération sévère de l'état général, des plaies contuses multiples avec ecchymoses périlésionnelles des faces latérales des deux bras, de la face dorsale de la main droite, de la cuisse droite, une contusion du gros orteil droit, un important œdème des muscles de la jambe gauche et une plaie nummulaire avec perte de substance cutanée en regard de la crête tibiale, un hématome de la région occipitale, une bouffissure de la face prédominante dans la région malaire gauche et une injection conjonctivale bilatéral, des éraflures multiples et une ecchymose de la région lombaire,* qu'il s'agit là des conséquences évidentes de sévices corporels infligés à Monsieur Razack BOGNANHO par les agents de la Brigade de Gendarmerie de Zinvié ; qu'il s'ensuit qu'il y a violation de l'article 18, alinéa 1er précité de la Constitution[1580].

2) Respect de la liberté individuelle

La Cour a jugé que les dispositions des articles 15 de la Constitution et 6 de la CADHP s'imposent à tout détenteur de la force publique dans l'exercice de ses prérogatives[1581]. Selon la jurisprudence, la liberté d'aller et venir est un droit fondamental de la personne humaine et nul ne peut y porter atteinte sans autorisation expresse de la loi[1582]. Elle juge que *« même en matière de 'Sécurité de l'Etat' les règles prescrites par la Constitution et relatives à la garde à vue s'imposent »*[1583].Dans le même sens, il a été jugé que *« la liberté d'aller et venir, corollaire de la liberté individuelle, constitue l'un des principaux droits de la personne humaine, il ne peut y être porté atteinte que par la loi conformément à la Constitution »*[1584]. Toutefois, l'instauration du péage sur la route Cotonou-Porto-Novo n'est pas contraire à la liberté d'aller et de venir[1585].

1579DCC 12-103 du 03 mai 2012.

1580DCC 12-005 du 17 janvier 2012.

1581 DCC 96-055 du 29 aout 1996, *Etablissements Bénin brillant équipement.*

1582 DCC 01-020 du 16 mai 2001, BARA Franck ; DCC 95-034 du 1er septembre 1995, *ODJO Jean.*

1583 DCC 96-015 du 22 février 1996, *TEVOEDRJE Albert.*

1584 DCC 96-060 du 26 septembre 1996, *MELO Angela épse BERTRAND.*

1585 DCC 01-096 du 07 novembre 2007, *HOUSSOU Désiré.*

La Cour pose le principe que *« dès qu'une autorité administrative (...) n'a pas motivé sa décision d'interdiction d'une [des libertés], et s'il n'est pas démontré que la jouissance de la liberté peut porter atteinte à l'ordre public, alors, il y a violation de la Constitution »*[1586]. Aux termes des dispositions de l'article 18, alinéas 3 et 4 de la Constitution : *« Nul ne peut être détenu dans un établissement pénitentiaire s'il ne tombe sous le coup d'une loi pénale en vigueur. Nul ne peut être détenu pendant une durée supérieure à quarante-huit heures que par la décision d'un magistrat auquel il doit être présenté. Ce délai ne peut être prolongé que dans des cas exceptionnellement prévus par la loi et qui ne peut excéder une période supérieure à huit jours »*. Selon l'article 6 de la CADHP : *« Tout individu a droit à la liberté et à la sécurité de sa personne. Nul ne peut être privé de sa liberté sauf pour des motifs et dans des conditions préalablement déterminés par la loi ; en particulier nul ne peut être arrêté ou détenu arbitrairement »*. L'arrestation ou la garde à vue n'est pas la seule atteinte à cette liberté, le fait pour une autorité de retenir le passeport de la requérante (Madame MELO Angela) et le maintien de celle-ci à la disposition de la Commission parlementaire d'information, d'enquête et de contrôle, viole la Constitution[1587]. Le juge reconnait que dans le cadre d'une enquête judiciaire ou pour des motifs justifiés (fragrant délit par exemple), tout citoyen peut être l'objet d'une arrestation (1), mieux d'une garde à vue, toutefois, celle-ci doit répondre aux conditions y afférentes (2).

- *Conditions d'arrestation.* L'arrestation d'un citoyen ne doit pas être arbitraire et abusive[1588]. Il doit exister un ou des motifs. Le motif doit être justifié, ou doit intervenir dans le cadre d'une procédure judiciaire appropriée. Notons également que si l'arrestation a lieu au domicile, elle doit respecter les heures prévues à cet effet[1589] (article 20 de la Constitution).

- *Motifs justifiés.* Une arrestation sans motif[1590], par erreur de facies[1591], pour des raisons politiques[1592] ou pour des dettes civiles[1593], est arbitraire et

[1586] DCC 00-003 du 20 janvier 2000, *Recueil des décisions et avis*, 2000, p.19 - DCC 03-134 du 21 août 2003, *Recueil des décisions et avis,* 2003, p. 543
[1587] DCC 96-060 du 26 septembre 1996, *MELO Angela épse BERTRAND.*
[1588]DCC 97-055 du 8 Octobre 1997, *obs., Gilles BADET, op.cit., p. 518-525.*
[1589] DCC 02-078 du 24 juillet 2002, *QUENUM Fréjus.*
[1590] DCC 02-093 du 07 aout 2002, *GUEDOU Suzanne.*
[1591]DCC 12 – 103 du 03 mai 2012, *Ganiou EZIN-KPLEKOU.*
[1592] DCC 02-37 du 17 avril 2002, *Cour constitutionnelle.*

contraire à la Constitution. La Cour distingue l'arbitraire de l'abus de pouvoir : *« L'arbitraire s'entend de l'exercice d'un pouvoir non fondé en droit (...) l'abus de pouvoir consiste en l'usage non approprié d'un pouvoir régulièrement conféré par la loi (...) »*[1594]. Les motifs justifiés sont en principe ceux prévus par la loi [1595]. La Cour considère ainsi que l'interpellation et la détention de Monsieur Bernard Adandé OUSSOUKPEVI, Commandant du Port Autonome de Cotonou, au Commissariat Central de Cotonou, motif pris de *« l'encombrement des principales artères de la ville de Cotonou par les camions gros-porteurs »* le 17 juin 2011 de 9 heures à 17 heures, pour audition est injustifiée, arbitraire et constitue une violation de l'article 6 précité de la CADHP[1596]. Une garde à vue, opérée sans motif[1597], *« pour stellionat »*[1598], pour *« garde d'enfant sans qu'une décision de justice ne soit intervenue »*[1599], pour *« caractère social de l'affaire »*[1600], pour *« anomalies constatées sur une carte de recharge achetée »*[1601], pour *« retard de paiement de loyers »*[1602]pour non remboursement de dette [1603] sans qu'il soit commis une infraction particulière[1604], sans un ordre de la justice, est arbitraire et constitue une violation de l'article 6 précité de la CADHP[1605]. De manière générale, la Cour considère comme non conforme à la Constitution l'interpellation d'un citoyen dans le cadre d'une action civile[1606], le but de la justice civile n'étant pas répressif mais indemnitaire. L'arrestation du requérant, du fait qu'il se

---

1593 DCC 13-134 du 17 septembre 2013.
1594 DCC 10-049du 05 avril 2010, *Président de la République.*
1595 DCC 02-064 du 05 juin 2002, *ZOUNZIN Pascal.*
1596 DCC 12-115 du 22 mai 2012.
1597 DCC 10-127 du 21 octobre 2010.
1598 DCC 08-011 du 17 janvier 2008.
1599 DCC 02-089 du 07 aout 2002, *TOGNON Alphonse.*
1600 DCC 02-077 du 24 juillet 2002, *OKE Blandine.*
1601 Décision DCC 08-070 du 24 juillet 2008.
1602 DCC 08-071 du 24 juillet 2008.
1603 DCC 07-009 du 30 janvier 2007, *HOUNLEKON Théodore ;* DCC 07-070 du 24 juillet 2007, *ENIANLOKO Estelle ;* DCC 07-072 du 24 juillet 2007, *AWALI Djabirou ;* DCC 12-131 du 19 juin 2012, *Ogoun CHAFFA.*
1604 DCC 03-057 du 18 mars 2003, *AMOUSSOU Thierry ;* DCC 02-119 du 04 sept. 2002, *Ambroise LISSASSI.*
1605 DCC 08 – 147 du 23 octobre 2008 ; DCC 12-131 du 19 juin 2012.
1606 DCC 01-076 du 13 aout 2001, *GNIMAGNON Casimir* ; DCC 07-071 du 24 juillet 2007, *MANOUNGANANA Yvon (à propos d'un employé gardé à vue pendant 24 heures, motif pris du détournement d'une somme de 290 mille à son patron, sans qu'une procédure judiciaire n'ait été diligentée contre lui).*

serait refusé non seulement d'obéir aux injonctions d'un agent de police, mais se serait permis de le rudoyer et de l'agresser au moment où ce dernier régulait une circulation devenue trop dense, n'est pas arbitraire [1607]. L'arrestation et la garde à vue de deux géomètres consécutives à une *« violation des droits de propriété d'un citoyen tirés d'un titre foncier »* ne sont pas arbitraires et ne constituent pas une violation de la Constitution[1608]. De même qu'une arrestation pour *« coups mortels »*[1609].

- *Procédure judiciaire régulière* [1610].L'incarcération d'un citoyen régulièrement ordonnée par un Magistrat est conforme à la Constitution[1611]. La garde à vue effectuée dans une affaire commerciale n'est pas opérée dans le cadre d'une procédure judiciaire appropriée, elle est en conséquence arbitraire [1612]. La Cour juge qu'il ressort des éléments du dossier que Monsieur Denis TETEGAN, inculpé pour faux en écriture privée de banque, usage de faux, escroquerie, a été placé sous mandat de dépôt le 28 décembre 2004 ; que par ordonnance du 27 juillet 2006, l'intéressé a été mis en liberté provisoire sous cautionnement ; qu'il suit de ce qui précède que le maintien en détention, allégué par les requérants n'est pas arbitraire et ne constitue pas une violation des dispositions précitées de la Constitution[1613]. Il en va ainsi si

[1607]DCC 10-022 du 11mars 2010.
[1608]DCC 10-026 du 11 mars 2010 ; DCC 08-015 du 04 février 2008.
[1609]DCC 10-071 du 1er juillet 2010.
[1610]DCC 07-028 du 27 février 2007, CODO Sévérin ; DCC 07-029 du 27 février 2007, *YABI Annie.* DCC 07-010 du 30 janvier 2007, *HOUANSOU Moise ;* DCC 07-005 du 23 janvier 2007, *ALLADATIN Antoine ;* DCC 98-069 du 19 aout 1998, Cour constitutionnelle ; DCC 12-149 du 26 juillet 2012, *Françoise VIANOU épouse TCHOUKPA ;* DCC 13-079 du 09 Août 2013 ; DCC 14-098 du 22 mai 2014, *Secrétaire Permanente de l'IIED ;* DCC 14-119 du 03 juillet 2014, *Kodjo TATI ;* DCC 118 du 1er juillet 2014, *Clément KINNINVO ;* DCC 14-124 du 03 juillet 2014, *Zornita STANKOVA* ; DCC 14-141 du 17 juillet 2014, *Florent BOGNON ;* DCC 14-140 du 17 juillet 2014, *Hervé DODJINOU et Gabriel AGOSSOU.*
[1611] DCC 95-014 du mars 1995, *Inoussa BELLO.*
[1612]DCC 12–112 du 10 mai 2012.
[1613]DCC 10-045 du 30 mars 2010 ; DCC 10-064 du 30 juin 2010 ; DCC 12-126 du 07 juin 2012 ; DCC 08-052 du 20 mai *2008 (à propos d'un mandat d'arrêt togolais) ;* DCC 03-040 du 12 mars 2003, *DAGUEY Boniface (à propos d'un refus d'obtempérer susceptible de troubler l'ordre) ;* DCC 03-047 du 13 mars 2003, *AGBANGNONDE (à propos d'un mandat de dépôt) ;* DCC 02-026 du 03 avril 2002, *AFAGNIBO Dieudonné (complicité de faux, escroquerie) ;*DCC 01-046 du 21 juin 2001, Cour constitutionnelle ; DCC 98-094 du 07 décembre 1998, *HOUSSOU Félicien (détournement de fonds...).*

un mandat de dépôt a été délivré contre la personne détenue[1614].A ce propos, la Cour a rappelé que l'instruction du Procureur aux fins de détention d'un citoyen, doit reposer sur un titre[1615].La Cour constate que la requête fait état de violation des droits fondamentaux de la personne humaine, en l'occurrence la liberté d'aller et de venir ; qu'il y a lieu, en vertu de l'article 121, alinéa 2 de la Constitution, de se prononcer d'office ; qu'il ressort des éléments que les requérants ont été arrêtés dans le cadre d'une enquête judiciaire ; que par conséquent leur arrestation n'est pas arbitraire et ne constitue pas une violation de la Constitution[1616]. Ainsi, l'arrestation et la garde à vue intervenues dans le cadre d'une enquête judiciaire ne sont pas arbitraires et ne constituent pas une violation de la Constitution[1617]. Le fait de conduire un citoyen au Commissariat pour un contrôle d'identité n'est pas contraire à la Constitution[1618].

- *Conditions de la garde à vue.* La garde à vue doit scrupuleusement respecter la Constitution[1619]. Le juge constitutionnel, après avoir rappelé les articles 8 et 25 de la Constitution, note que *« la constitution tenant compte*

1614 DCC 97-006 du 18 février 1997, *KOHOUNFO Moïse.*
1615 DCC 06-053 du 19 avril 2006, *ADJAKIDJE Romulus.*
1616 DCC 12-110 du 10 mai 2012.
1617 DCC 12-014 du 02 février 2012 ; DCC 09-040 du 18 mars 2009 ; DCC 09-045 du 24 mars 2009 *(acte d'escroquerie) ;*DCC 08-135 du 10 octobre 2008 ; DCC 08-136 du 16 octobre 2008 ; DCC 03-124 du 20 aout 2003, *HOUNKPATIN et consorts ;* DCC 03-126 du 21 août 2003, *TOKO Dansou ;* DCC 03-127 du 21 Août 2003, *HOUENOUKPO Claude ;* DCC 03-032 du 12 mars 2003, *MENSAH Aristide ;* DCC 12-038 du 21 février 2012 ; DCC 10-095 du 10 août 2010*(escroquerie) ;* DCC 10-099 du 12 août 2010 *(querelles familiales) ;*DCC 10-100 du 12 août 2010 *(inexécution contractuelle –créance non soldée) ;*DCC 10-101 du 17 août 2010 *(violences et voies de fait) ; DCC* 10-106 du 26 août 2010 *(vente d'immeubles familiales) ;*DCC 10-134 du 26 octobre 2010 *(détournement des recettes) ;* DCC 09-044 du 24 mars 2009 *(enlèvement et viol de mineur) ;* DCC 09-116 du 17 septembre 2009 *(coups et blessures entre deux parties) ;* DCC 08-041 du 04 mars 2008 *(vol de moto) ;* DCC 08-124 du 11 septembre 2008 *(menaces verbales de mort) ; DCC* 08 – 150 du 23 octobre 2008 *(opposition à une décision de justice, vol de récoltes) ;*DCC 08 – 157 du 30 octobre 2008 *(vente de la propriété immobilière d'autrui) ;*DCC 08 – 168 du 06 novembre 2008 *(assassinat) ;* DCC 12 -173 du 20 septembre 2012 ; DCC 12 – 172 du 20 septembre 2012 ; DCC 12-171 du 20 septembre 2012 *(abus de confiance) ;* DCC 12-107 du 10 mai 2012 *(arrestation et détention pour crimes et délits)* ; DCC 12 -058 du 13 mars 2012 ; DCC 09-091 du 20 août 2009 ; DCC 12-110 du 10 mai 2012 ; DCC 13-014 du 07 février 2013, *Clémence TCHANSI.*
1618 DCC 14-035 du 20 février 2013, *Mahutin AHOUANDJINOU.*
1619 DCC 08-026 du 03 mars 2008.

de l'impératif de sauvegarde de la paix et de l'ordre public, a apporté des limites à l'exercice de ce droit [liberté d'aller et venir] en organisant la garde à vue qui est une possibilité donnée aux détenteurs de la force publique de retenir une personne dans le cadre d'une procédure pénale : que ce pouvoir est si exorbitant que la Constitution l'a expressément réglementé à l'article 18 alinéa 4 (...) »[1620]. Les conditions de la garde à vue se rapportent à la contrainte, à la durée, mais aussi au traitement de la personne pendant la garde à vue.

- *Contrainte.* Il résulte des éléments du dossier que les requérants se sont présentés eux-mêmes au Commissariat dans la matinée *« pour négocier ».* Le fait de n'avoir été reçus qu'à 19h 20 mn ne peut être analysé comme une garde à vue. Par ailleurs, aucun élément du dossier ne permet d'établir qu'ils ont été placés en Cellule de 19h 30 mn à 0h[1621] . De même, une attente de 02 heures 15 mn observée par le requérant dans les locaux d'un Commissariat ne saurait être analysée comme une garde à vue au sens des dispositions des articles 18, alinéa 4 de la Constitution et 6 de la CADHP. Le temps d'attente de 10 h à 17 h ne peut être analysé comme une garde à vue. En conséquence, il n'y a pas violation de la Constitution[1622]. Il en va de même d'une personne à qui on a demandé d'attendre afin d'être reçue dans le cadre d'une convocation pour enquête judiciaire[1623]. De même, le fait pour le requérant d'être auditionné sous procès-verbal dans une affaire de non remboursement de loyers, ne saurait être assimilé à une garde à vue[1624].

- *Durée.* Il y a une durée normale et une possibilité de prorogation. La durée normale ne doit pas excéder 48 heures, elle se décompte à partir de l'heure de l'arrestation jusqu'à celle de la libération ou de la présentation à un Magistrat[1625]. Par ailleurs, elle se décompte d'heure à heure[1626]. Au terme de ce délai, la personne détenue doit être soit libérée[1627], soit présentée à un

---

[1620] DCC 96-015 du 22 février 1996, *TEVOEDJRE Albert.*
[1621]DCC 10-043 du 30 mars 2010.
[1622]DCC 09-108 du 10 septembre 2009.
[1623] DCC 01-071 du 13 aout 2001*, ZINSOU Thérèse.*
[1624] DCC 13-020 du 14 février 2013, *Fortuné AGOSSADOU.*
[1625] DCC 99-025 du 11 mars 1999, *Cour constitutionnelle* ; DCC 13-034 du 21 mars 2013, *Boniface ISSAMA.*
[1626] DCC 96-035 du 18 juillet 1996, *AGUIAR Luc.*
[1627] DCC 03-033 du 12 mars 2003, *SAVI Dansou ;* DCC 99 -011 du 04 février 1999, *AHINON Jacques.*

Magistrat[1628] (il ne suffit pas simplement d'informer le Procureur de la garde à vue[1629], de lui envoyer un message[1630], ou de lui téléphoner[1631], la personne détenue doit lui être effectivement présentée[1632]). Lorsque sa durée est en deçà de 48 h, elle est autorisée[1633]. A *contrario,* lorsqu'elle excède 48 h, elle est en principe abusive[1634] en ce qu'elle constitue une violation de l'article 18, alinéa 4 de la Constitution[1635]. La garde à vue est d'autant plus irrégulière

---

[1628] DCC 98-092 du 24 aout 1998, *Cour constitutionnelle ;* DCC 08-033 du 03 mars 2008 ; DCC 08-073 du 11 août 2008 ; DCC 02-078 du 24 juillet 2002, *QUENUM Fréjus ;* DCC 99-053 du 27 décembre 1999, *HONJOUILA Joseph et autres ;* DCC 98-63 du 29 juillet 1998, *Cour constitutionnelle.*

[1629] DCC 00-066 du 13 octobre 2000, *DAGAN Cossi.*

[1630] DCC 02-116 du 28 aout 2002, *HOUEHOU Gilbert.*

[1631] DCC 02-046 du 29 mai 2002, *GAHOU Romuald.*

[1632] DCC 03-057 du 18 mars 2003, *AMOUSSOU Thierry.*

[1633] DCC 00-048 du 31 aout 2000, *GBAGUIDI Thierry ;* DCC 00-073 du 17 novembre 2000, *DOGNITO Jacob ;* DCC 00-057 du 10 octobre 2000, *UKAEGBU Ifeany ;* DCC 99-057 du 29 décembre 1999, *D'AGUIAR Deen Sharaf ;* DCC 03-022 du 20 février 2003, *LIHOUNHINTOU Sylvain ;*DCC 12-110 du 10 mai 2012 ; DCC 03-094 du 04 juin 2003, *AKPADJI Narcisse ;* DCC 03-095 du 04 juin 2003, *DESO William ;* DCC 03-039 du 12 mars 2003, *JOSSE Léon ;* DCC 98-011 du 05 février 1998, *BASSEY IKWUKA ;* DCC 13-007 du 22 janvier 2013, *Luc PADONOU ;* DCC 14-009 du 14 janvier 2014, *SOGBO Jonas.*

[1634] DCC 00-011 du 09 février 2000, *ADJOVI Bonaventure* ; DCC 96-054 du 13 aout 1996, *ASSAH Germain ;* DCC 07-005 du 23 janvier 2007, *ALLADATIN Antoine ;* DCC 01-077 du 13 aout 2001, *SAGBOHAN Moïse ;* DCC 10-105 du 26 août 2010 ; DCC 09-105 du 03 septembre 2009 ; DCC 09-118 du 17 septembre 2009 ; DCC 03-104 du 24 juin 2003, *YAROU TIKANDE ;* DCC 02-043 du 29 mai 2002, *Cour constitutionnelle ;* DCC 02-061 du 04 juin 2002, *LAWSON Berthe ;* DCC 02-025 du 03 avril 2002, *GBENONTIN Francis ;* DCC 01-078 du 17 aout 2001, *Cour constitutionnelle ;* DCC 01-107 du 19 décembre 2001, *TOGBE Jean ;* DCC 01-108 du 19 décembre 2001, *Mouvement de Jeunesse « le Défi » (absence de capacité de l'association, requête irrecevable) ;* DCC 01-004 du 11 janvier 2001, *AGBADJICLOUNOU Coussou ;*DCC 01-045 du 21 juin 2001, *FANNOU Hervé ;* DCC 01-090 du 31 octobre 2001, *AHODEDE Benjamin ;*DCC 00–039 du 28 juin 2000, *GANGAN Déko ;* DCC 00-061 du 12 octobre 2000, *AHOULOU Antoine ;* DCC 00-065 du 13 octobre 2000, *AKANDE Ganiou ;* DCC 07-017 du 14 février 2007, *AHYITE Fernand.*

[1635]DCC 09-060 du 28 avril 2009 ; DCC 12 - 005 du 17 janvier 2012 ; DCC 03-111 du 08 juillet 2003, *ADJINA Daniel ;* DCC 03-114 du 10 juillet 2003, *LATIF et consorts ;* DCC 03-93 du 04 juin 2003, *NOUMONVI Toussaint ;* DCC 01-110 du 19 décembre 2001, *HOUNYO Pascal ;*DCC 00–035 du 28 juin 2000, *AGBATO Cica ;* DCC 00-022 du 10 mars 2000, *VKAVONOU Marc ;* DCC 00-069 du 15 novembre 2000, *Prince AYIMINASSO Louis de Napoléon ;* DCC 98-098 du 11 décembre 1998, *LOKO Maurice ;* DCC 98-104 du 23 décembre 1998, *GANVO Pierre ;* DCC 10-036 du 23 mars 2010 *(à propos des faits de détournement de deniers publics) ;*DCC 12-

lorsqu'elle est maintenue malgré l'ordre de libération donné par le Procureur[1636], le fait de vouloir protéger le détenu contre les menaces proférées par les plaignants n'est pas une justification. Si la fin de la garde à vue est un jour férié ou un week-end, le détenu doit être libéré[1637]. Dans certaines hypothèses, le juge accompagne la décision, d'une réparation à la faveur de la personne qui a été gardée à vue au-delà de 48 h[1638]. C'est la victime qui fournit des éléments permettant d'apprécier la véracité des faits[1639] ; dans l'hypothèse où l'usage de l'article 35 ne permet pas d'avoir des éléments d'appréciation, le requérant est débouté[1640]. Le caractère précaire des lieux de détention, le comportement insupportable du détenu ou même la pénurie du personnel[1641] ne justifient pas le dépassement du délai[1642]. Dans une décision rendue en 2007, la Cour laisse penser que cette durée est d'ordre public : *« Quelles que soit les justifications, une garde à vue qui a duré du 05 juin au 07 septembre 1998 constitue une violation de la Constitution »*[1643].Le juge constitutionnel juge que le fait de maintenir une détention (5) mois après que le détenu ait demandé la libération est une violation de l'autorité de chose jugée[1644].

Prorogation. Selon l'article 18, alinéa 4 de la Constitution, *« nul ne peut être détenu pendant une durée supérieure à quarante-huit heures que par la décision d'un magistrat auquel il doit être présenté. Ce délai ne peut être*

---

014 du 02 février 2012 ; DCC 03-103 du 24 juin 2003, *AGBATO Cica ;* DCC 03-141du 08 oct. 2003, *Cour constitutionnelle ;* DCC 02-089 du 07 aout 2002, *TOGNON Alphonse ;* DCC 01-048 du 21 juin 2001, *AGBOGNONNOU Roger ;* DCC 01-022 du 16 mai 2001, *DAGNON Alphonse.*

1636 DCC 03-75 du 16 avril 2003, *OROU GANI Bani ;* DCC 00-019du 03 mars 2000, *YEBOU Paulin.*

1637 DCC 02-136 du 18 décembre 2002, *KOÏ Franck.*

1638 DCC 03-011 du 19 février 2003, *HOUNDJO Elise Marianne ;* DCC 03-107 du 24 juin 2003, *ZANNOU Eugène ;* DCC 03-108 du 24 juin 2003, *TCHINTOUNA Boni ;* DCC 03-053 du 14 mars 2003, *MASSENON Théophile ;* DCC 03-066 du 19 mars 2003, *AVOHOU Eric ;* DCC 03-143 du 16 oct.2003, *AKPLAKA Evariste ;* DCC 02-136 du 18 décembre 2002, *KOÏ Franck ;* DCC 02-138 du 19 décembre 2002, *ADJILE Nicolas ;* DCC 02-146 du 23 décembre 2002, *AGBELESSESSI David.*

1639 DCC 13-004 du 15 janvier 2013, *Euloge ASSOUKADAMEY.*

1640 DCC 02-047 du 30 mai 2002, *ZINSOU Mathieu.*

1641 DCC 96-037 du 18 juillet 1996, *AHONOUKOUN Florence.*

1642 DCC 02-002 du 09 janvier 2002, *DJATON Ganiou.*

1643 DCC 00-64 du 13 octobre 2000, *KAJELIJELI Juvénal.*

1644 DCC 07-066 du 23 juillet 2007, *DOGRAN Codjo.*

prolongé que dans des cas exceptionnellement prévus par la loi et qui ne peut excéder une période supérieure à huit jours »[1645].La Cour juge dans les faits et conclut que la garde à vue qui se situe dans l'intervalle du délai légal n'est pas abusive et ne saurait dès lors être contraire à la Constitution[1646]. Une fois le délai de la prorogation expiré, la personne doit être libérée ou le mandat de dépôt renouvelé, sinon la détention est considérée pour la période concernée comme étant intervenue sans titre[1647]. La Cour rappelle par ailleurs qu'il est dans les prérogatives d'un juge d'inculper un citoyen par un mandat de dépôt[1648]. En l'absence de l'une de ces alternatives à l'expiration du délai légal de garde à vue, il y a violation de l'article 6 de la CADHP, qui fait partie intégrante de la Constitution. La prorogation doit être effectivement autorisée par le Magistrat, l'existence d'une demande de prorogation formulée par les agents de force de l'ordre ne justifie pas la prorogation[1649], de même que les difficultés d'ordre matériel invoquées par un Commissaire[1650] ou encore le refus du plaignant de se présenter aux besoins d'enquête[1651]. La preuve d'instruction de prolongation par le Procureur doit être établie, autrement, la garde à vue serait abusive[1652]. La Cour n'a pas compétence pour apprécier la régularité de l'ordonnance de prorogation de la détention, une telle question relève de la légalité[1653]. La notification de l'ordonnance de prorogation n'a pas d'effet sur sa validité ; en conséquence, une prorogation ne peut pas être abusive du simple fait que l'ordonnance n'a pas été notifiée[1654], en revanche, l'autorité qui devrait faire la notification viole l'article 35 de la Constitution[1655] s'il omet de la faire.

Par plusieurs décisions, la Cour affirme que les gardes à vue d'une requérante ne sont pas arbitraires en ce qu'elles sont intervenues dans le

---

[1645] DCC 98-024 du 12 mars 1998, *LOKO Maurice ;* DCC 08 – 142 du 16 octobre 2008 ; DCC 14-194 du 20 novembre 2014, *Serge PRINCE ASSOGBA.*
[1646]DCC 12-173, *op.cit. ;* DCC 15-240 du 18 novembre 2015, *Mounirou ALIASSOUM.*
[1647]DCC 13-132 du 17 septembre 2013 ; v° aussi DCC 15 -239 du 18 novembre 2015, *Sourou HEZONDENOU, Dénagni AVOCE et Agossou GBEDOAGO.*
[1648] DCC 05-085 du 18 juillet 2005, *HOUNDADJO.*
[1649] DCC 01-032 du 17 mai 2001, *YANCLO Jean.*
[1650] DCC 99-025 du 11 mars 1999, *Cour constitutionnelle.*
[1651] DCC 98-029 du 26 mars 1998, *GANGLOZOUN Raphael.*
[1652]DCC 12-132 du 19 juin 2012, *Aristide AKONDE et consorts.*
[1653] DCC 14-078 du 08 mai 2014, *HONSOU Benoit.*
[1654] DCC 07-096 du 21 about 2007, *YAMONGBE Romuald.*
[1655] DCC 07-043 du 22 mai 2007, *ADIHOU François.*

cadre d'une enquête judiciaire. En revanche, la garde à vue au-delà des prescriptions constitutionnelles est abusive et constitue une violation de la Constitution[1656]. Par ailleurs la Cour a jugé que le requérant doit donner toutes les informations sur la période, la durée, l'identité des personnes gardées avec lui et doit répondre aux instructions de la Cour à cet effet[1657] ; il doit préciser en outre le lieu de sa détention, pour lui permettre de faire des investigations[1658]. Dans ses investigations, elle va faire jouer aussi les articles 52, alinéa 1 et 54 du Code de Procédure Pénale qui édictent respectivement : *« Tout officier de police judiciaire doit mentionner sur le procès-verbal d'audition de toute personne gardée à vue la durée des interrogatoires auxquels elle a été soumise et des repos qui ont séparé ces interrogatoires, le jour et l'heure à partir desquels elle a été gardée à vue, ainsi que le jour et l'heure à partir desquels elle a été soit libérée, soit amenée devant le magistrat compétent ou tenue à la disposition de ce magistrat ». Et « Les procès-verbaux dressés par l'officier de police judiciaire en exécution des articles 41 à 49 sont rédigés sur-le-champ et signés par lui sur chaque feuille du procès-verbal ».*Les officiers qui ne remplissent pas ces conditions violent l'article 35 de la Constitution[1659].

- *L'audition, l'établissement du procès-verbal et la notification.* La Cour a estimé que le fait pour un OPJ de mettre en garde à vue un citoyen sans l'avoir auditionné, ni dressé un procès-verbal conformément à l'article 52 du Code de Procédure Pénale, constituait une irrégularité et de surcroit, une violation de l'article 35 de la Constitution[1660]. Il a également été jugé que l'ordonnance du 24 novembre 2014 prorogeant la détention provisoire du sieur Sourou HEZONDENOU et consorts ne leur a pas été notifiée jusqu'au 29 décembre 2014, date de saisine de la Cour, soit plus d'un (01) mois après la prise de ladite ordonnance ; que ce faisant, le juge des libertés et de la

---

[1656]DCC 10- 008 du 28 janvier 2010 *(à propos d'une escroquerie en parcelle et pratiques rétrogrades) ;* DCC 10-014 du 08 mars 2010 *(résistance à se prêter au contrôle de la police).*

[1657] DCC 03-110 du 8 juillet 2003, *HOUNYÊGBO Etchê ;* DCC 03-094 du 04 juin 2003, *AKPADJI Narcisse*

[1658] DCC 03-005 du 18 février 2003, *SHARMA N. G ;* DCC 02- 135 du 18 décembre 2002, *ABOUTA Florentin.*

[1659]DCC 12-131 du 19 juin 2012, *Ogoun dèlé Latifou CHAFFA.*

[1660] DCC 13-024 du 21 février 2013, *Martine GUENDEHOU.*

détention du tribunal de première Instance de Porto-Novo a méconnu les dispositions de l'article 35 de la Constitution[1661].

B) Devoirs à charge de personnes privées

Le respect de la personne humaine n'est pas qu'un devoir des pouvoirs publics, il s'impose dans les relations entre les personnes privées, qu'il s'agisse du respect de la dignité(1) ou de l'intégrité (2).

1) Respect de la dignité

La Cour juge que les violences et sévices exercés par un citoyen sur un autre et attestés par un médecin agrée constituent des traitements inhumains et dégradants au sens de l'article 18, alinéa 1er de la Constitution[1662]. Sur le fondement des articles 18 et 19 de la Constitution, les tortures, les sévices et traitements cruels, inhumains et dégradants infligés à un individu par un Directeur de société constituent une violation de la Constitution[1663]. Dans une autre affaire, elle juge qu'il découle des énonciations du certificat médical, que la requérante a été l'objet, de la part d'un garde de corps, de voies de fait, lesquelles sont constitutives de sévices au sens des articles 18, alinéa 1 et 19, alinéa 1 de la Constitution. Par ailleurs, les comportements des protagonistes ne sont pas de nature à entretenir et à sauvegarder le respect, le dialogue et la tolérance réciproque en vue de la paix et de la cohésion, prescrits à l'article 36 de la Constitution[1664]. A titre de rappel, cette disposition prévoit que *« chaque béninois a le devoir de respecter et de considérer son semblable sans discrimination aucune et d'entretenir avec les autres des relations qui permettent de sauvegarder, de renforcer et de promouvoir le respect, le dialogue et la tolérance réciproque en vue de la paix et de la cohésion nationale »*[1665]. La Cour juge qu' il est établi qu'il y a eu des écarts de langage réciproques entre deux citoyens, ceux-ci ne sont pas de nature à entretenir et à sauvegarder le respect, le dialogue et la tolérance réciproque en vue de la paix et de la cohésion, prescrits à l'article 36 de la Constitution ; qu'en se comportant comme ils l'ont fait, et sans qu'il

[1661] DCC 15 -239 du 18 novembre 2015, *Sourou HEZONDENOU, Dénagni AVOCE et Agossou GBEDOAGO.*

[1662] DCC 01-072 du 13 aout 2001, *WOKOU Thomas.*

[1663] DCC 01-031 du 17 mai 2001, *TINGBO Jocelyne.*

[1664] DCC 12-081 du 3 avril 2012, *Flavie Christiane de CAMPOS.*

[1665] DCC 12-061 du 15 mars 2012.

soit besoin de statuer sur les autres moyens, ils ont violé ledit article[1666]. La Cour a jugé que les membres d'une collectivité ont violé l'article 36 de la Constitution dans la mesure où en contestant la désignation d'un Chef traditionnel, ils ont détruit ses biens et exercé des voies de fait sur sa personne et celle de sa femme[1667].

La Cour juge que l'engagement souscrit par un individu de se comporter en homme respectueux vis-à-vis des parents, frères et sœurs est une traduction concrète des dispositions des articles 27, 29, alinéa 1er de la CADHP et 36 de la Constitution[1668]. Un Commissaire avait fait signer un engagement à des jeunes, gardés à la Brigade de Cotonou, ceux-ci dénoncèrent devant la Cour de tels engagements, ils ont été déboutés. De même, la Cour a jugé que le fait pour deux citoyens, de se porter des coups entrainant des traumatismes de part et d'autre, est constitutif de traitements inhumains et dégradants comme en témoignent les deux certificats médicaux. Qu'en se comportant comme ils l'ont fait, les deux citoyens ont violé les articles 18, alinéa 1er et 36 de la Constitution[1669].

2) Respect de l'intégrité

Aux termes de l'article 15 de la Constitution, *« tout individu a droit à la vie, à la liberté, à la sécurité et à l'intégrité de sa personne » ;* l'article 4 de la CADHP énonce : *« La personne humaine est inviolable. Tout être humain a droit au respect de sa vie et à l'intégrité physique et morale de sa personne (...) » ;* selon l'article 12 de la DUDH du 10 décembre 1948, *« nul ne sera l'objet d'immixtions arbitraire dans sa vie privée, sa famille, son domicile ou sa correspondance, ni d'atteinte à son honneur et à sa réputation ».* La Cour juge que le droit à l'intégrité morale, s'entend du droit à la protection de l'honneur et de la réputation. Ainsi la publication par un Journal d'un article portant atteinte à l'honneur et à la réputation d'une citoyenne, fût-elle Ministre, est contraire à la Constitution[1670].

[1666]DCC 12 – 081 du 03 avril 2012.
[1667] DCC 07-120 du 16 octobre 2007, *TONNIN Emile.*
[1668] DCC 96-024 du 26 avril 1996, *D'ALMEIDA Gaétan.*
[1669] DCC 07-060 du 23 juillet 2007, *Flore LOKO.*
[1670] DCC 01-024 du 16 mai 2001, *Ministre du Commerce, de l'Artisanat et du Tourisme.*

A propos des miss défilant en *« tenue de vérité »*[1671], la Cour a estimé qu'il n'y avait pas d'atteinte aux bonnes mœurs ou à la dignité. Selon la Haute juridiction, la violation de l'article 36 doit être rapportée par des preuves ; à propos d'un requérant qui attribuait des injures au Parti *« Union fait la Nation »,* par le biais d'un Journal, or le Journal en cause ne comportait pas une telle publication[1672]. Selon les articles 10 et 26 de la Constitution: « *Toute personne a droit à la culture. L'Etat a le devoir de sauvegarder et de promouvoir les valeurs nationales de civilisation tant matérielles que spirituelles, ainsi que les traditions culturelles*». Ces dispositions participent de l'intégrité du citoyen.

Paragraphe 2. Sécurité des biens

En matière de propriété, on distingue *les res privata (choses privées) ; les res nullius (choses n'appartenant à personne) ; et les res communis (choses communes c'est-à-dire appartenant à la communauté dans son ensemble).* Le juge constitutionnel veille tout particulièrement sur la propriété privée (A) et la propriété commune (B).

A) Protection de la propriété privée

Selon l'article 22 de la Constitution : *« Toute personne a droit à la propriété. Nul ne peut être privé de sa propriété*[1673]*que pour cause d'utilité publique et contre juste et préalable dédommagement».* Les dispositions de l'article 22 remplacent celles de la Loi fondamentale du 26 août 1977. Et l'article 14 de la CADHP dispose : *« Le droit de propriété est garanti. Il ne peut y être porté atteinte que par nécessité publique ou dans l'intérêt général de la collectivité, ce, conformément aux dispositions des lois appropriées »*.

En principe, le juge constitutionnel n'est pas le juge compétent en matière de propriété privée ou de litiges fonciers et domaniaux, il l'a rappelé dans plusieurs affaires, il est incompétent pour connaitre des faits relatifs au vol et dommages portés à la propriété d'autrui[1674] ; le règlement de la question de

[1671] DCC 03-52 du 14 mars 2003, *YAOVI Sessou.*
[1672] DCC 14-114 du 05 juin 2014, *Salifou DEKE.*
[1673]DCC 01-028 du 16 mai 2001, *ATINDESSA Pierre.*
[1674] DCC 01-112 du 26 décembre 2001, *DANHOUBO Kétodji.*

propriété est un préalable à la Cour afin de statuer[1675]. Toutefois, s'il ne peut connaitre des contestations entre particuliers, qui sont des litiges de nature domaniale[1676], il protège la propriété privée contre des immixtions ou dépossessions de l'autorité publique. Dans une décision rendue en 2013, la Cour refuse de sanctionner certaines dispositions de *la loi n° 65-25 du 14 aout 1965 portant propriété foncière au Benin.* Selon la Haute juridiction, les dispositions querellées ont été édictées pour protéger aussi bien les propriétaires du titre foncier que les tiers ; l'action personnelle en indemnité en cas de dol, prévu par ladite loi constitue également une protection du droit de propriété, il n'y a pas dès lors violation de l'article 22 de la Constitution[1677].

Il faut toutefois distinguer entre le régime de l'expropriation pour cause d'utilité publique (1) et le régime de la réquisition (2).

1) Régime de l'expropriation

Pour que la Cour admette qu'une expropriation pour cause d'utilité publique est établie, il faut un acte d'expropriation : d'une part, le requérant ne doit pas fonder son action sur le *« ouï-dire » ;* d'autre part, toutes les opérations portant sur la propriété privée ne sont pas forcément des actes d'expropriation ; il faut qu'il soit le propriétaire du bien exproprié ; il faut également qu'il n'ait pas été indemnisé ni en nature, ni par compensation. Par ailleurs, pour bénéficier du régime *in mitius* de la Constitution de 1990, l'expropriation doit être antérieure à la prise d'effet du texte constitutionnel, car l'indemnisation n'est pas un principe à valeur constitutionnelle. La Cour ne contrôle pas la régularité de la cession, c'est-à-dire l'utilité publique alléguée, question qui revient au juge de la légalité[1678], elle vérifie tout simplement que l'opération dont il s'agit est bien une expropriation et que le propriétaire a bien été indemnisé.

- *L'expropriation est différente du lotissement,* par exemple, défini comme une opération de création volontaire d'un tissu parcellaire[1679]. Il consiste à

[1675] DCC 03-054 du 18 mars 2003, *Collectivité DEGBENOU.*
[1676] DCC 13-039 du 04 avril 2013, *Président de la République.*
[1677] DCC 13-93 du 16 aout 2013, *Barthelemy DJISSOU.*
[1678] DCC 06-026 du 14 février 2006, *DAMASSOH Hyacinthe.*
[1679] DCC06-082 du 27 juillet 2006, *ZONOU Moise.*

diviser un terrain en plusieurs parcelles destinées à la construction. La réduction inhérente à tout lotissement pour nécessité de viabilisation et d'édification d'infrastructures communautaires ne saurait être analysée comme une privation de propriété [1680]. La Cour rappelle en plusieurs occasions son incompétence en matière de lotissement [1681]. Le domaine revendiqué par les requérants ayant été morcelé dans le cadre d'une opération de lotissement, il ne s'agit donc pas d'une expropriation au sens de l'article 22 de la Constitution[1682] ; il n'y a pas de violation de l'article 22 dès lors que l'opération décrite par le requérant ne porte pas sur une expropriation mais sur autre chose[1683] ; la Cour n'est pas compétente pour connaitre de la question de la gestion des réserves constituées sur un lotissement[1684]. De même, il a été jugé que l'expropriation est différente des conflits domaniaux ; la démolition du domicile du requérant par des individus qui l'ont confondue à un Palais royal, constitue un conflit domanial et non une expropriation, la Cour est incompétente[1685] ; il en va de même d'une question portant sur un bail emphytéotique conclu entre l'Etat et un particulier[1686] ; d'une requête sollicitant la création de parcelles sur les espaces libres compris dans le domaine du requérant et le morcellement de la bande lagunaire Aboki Codji pour une mise en place de lots et de création de parcelles ; que l'appréciation de ces demandes ne relève pas du champ de compétence de la Cour constitutionnelle tel que défini par les articles 114 et 117 de la Constitution ; qu'en conséquence, il échet pour la Cour de se déclarer incompétente.

L'expropriation est tout aussi différente de la saisie. A propos d'une saisie de fonds, la Cour estime qu'il n'ya pas violation du droit de propriété dès lors que le blocage et les saisies des comptes bancaires des sociétés

---

[1680] DCC 00-0188 du 03 mars 2000, *AFFOGNON Armand.*

[1681] DCC 02-106 du 22 aout 2002, *GADEDJRO Barthélémy* ; DCC 16-009 du 07 janvier 2016, *Georges MENSAH et autres.*

[1682] DCC 02-090 du 07 aout 2002, *Collectivité SAÏZONOU MONNOU.*

[1683] DCC 02-059 du 04 juin 2002, *MEDEGNON Jean Baptiste. DCC 02-048 du 30 mai 2002, DAGBA Inoussa.*

[1684] DCC 05-001 du 25 janvier 2005, *Association au Développement Economique et Socioculturel d'Avotrou (ADESCA).*

[1685] DCC 14-071 du 15 avril 2014, *Collectif des fils de feu KPOLOMEY GBESSO représenté par Lambert AGBLO.*

[1686] DCC 06-058 du 20 juin 2006, *AHOUANGONOU Jean –Claude ;* DCC 05-129 du 26 octobre 2005, *YESSOUFOU Mouftiou.*

requérantes n'emportent nullement transfert au profit de l'Etat de la propriété des fonds qui sont déposés dans lesdits comptes[1687]. Dans ce sens, il a été jugé qu'il n'y a pas expropriation dès lors que le Préfet n'a pas pris un acte pour exproprier[1688].

- *Titre de propriété.* Il va de soi que celui qui se prévaut d'une expropriation doit être le *verus dominus,* c'est-à-dire le véritable propriétaire de la parcelle en cause, il n'y a pas expropriation à l'égard d'un citoyen qui n'a aucun droit de propriété sur une parcelle qui a été déclarée d'utilité publique par arrêté[1689] ; de même, un citoyen ne saurait faire valoir un quelconque droit de propriété sur une zone publique et prétendre avoir été exproprié[1690]. La Cour rappelle en 2014 que l'application de l'article 22 de la Constitution suppose *« la préexistence d'un droit de propriété établi selon les voies légales » ;* dans le cas d'espèce, les requérants n'ont pas pu produire des documents légaux, notamment les titres fonciers attestant de leur droit de propriété, la Cour conclut qu'il n'ya pas violation de l'article 22[1691].

- *Juste et préalable indemnisation.* La Cour rappelle cette exigence dans plusieurs espèces. En application des dispositions de l'article 22 de la Constitution, un Préfet de Département ne peut, même pour des motifs de *« paix publique »,* priver les bénéficiaires d'une attribution, de leur droit de propriété sans juste et préalable dédommagement [1692] . Faute de dédommagement préalable, l'arrêté pris par un Préfet pour exproprier un citoyen viole la Constitution[1693].Selon les dispositions de l'article 22 de la Constitution, l'expropriation qui a été réalisée sans juste et préalable dédommagement a été faite en violation de la Loi fondamentale[1694]. Les arrêtés de dépossession d'un citoyen de ses parcelles, sans l'avoir au préalable dédommagé violent l'article 22 de la Constitution[1695]. La Cour a

---

[1687] DCC 98-017 du 11 février 1998, *DAGNON Serge.*

[1688] DCC 06-079 du 27 juillet 2006, *DEEN zihnatou épse AMADAN.*

[1689] DCC 01-080 du 17 aout 2001, *Collectivité des Mandjanou de Sèdjè Dénou.*

[1690] DCC 00-012 du 09 février 2000, *LAWANI Kifouli.*

[1691] DCC 14-200 du 20 novembre 2014, *Maurice FACHINA.*

[1692] DCC 98-050 du 20 mai 1998, *KOUMAGNON Hossou ; DCC 05-032 du 07 avril 2005, GBOZO Boniface.*

[1693]DCC 01-039du 13 juin 2001, *AGBIDI Félix ; v° aussi* DCC 13-112 du 05 septembre 2013.

[1694]DCC 00–032 du 28 juin 2000, *Héritiers de Feu FOHOUNHEDO Houévoessan.*

[1695]DCC 02-003 du 09 janvier 2002, *GNASSOUNOU Gilles.*

sanctionné le Maire de la Commune d'Abomey Calavi pour avoir attribué un domaine appartenant à la famille du requérant, à une Ecole primaire publique, dès lors que ce transfert est intervenu sans juste et préalable indemnisation[1696]. C'est la même fermeté qu'elle a affirmée contre la Préfecture de l'Atlantique qui a exproprié les requérantes sans que celles-ci ne soient ni racassées, ni dédommagées[1697]. Dans une affaire rendue en 2014, la Cour juge que le Maire qui s'était contenté de mentionner dans l'arrêté d'expropriation que la requérante *« prendra une parcelle en compensation dans la zone de lotissement en cours »*, n'avait pas respecté la condition de *« dédommagement **préalable** »*. Ledit arrêté a dès lors été déclaré contraire à l'article 22 de la Constitution[1698]. Dans le même sens, elle sanctionne les arrêtés d'expropriation du Sous-préfet de Comé qui ont attribué un domaine au projet éducation III sans dédommagement des propriétaires[1699]. La Cour rappelle que les dispositions constitutionnelles de l'article 22 consacrent le caractère fondamental du droit de propriété et organisent sa protection en accordant des garanties aux titulaires de ce droit[1700]. Le juge constitutionnel a sanctionné un arrêté du Maire de Savalou du 30 juin 2010 faisant donation au Ministre de l'Enseignement Supérieur et de la Recherche Scientifique pour la construction des infrastructures de l'Ecole Nationale de Journalisme, d'un domaine exploité par le requérant et les siens. La Cour estime que s'il est établi que ledit domaine est bien la propriété du requérant et consorts, le Maire ne saurait procéder à une telle donation que sur accord du présumé propriétaire ou par la procédure d'expropriation pour cause d'utilité publique. Que n'ayant pas procédé de la sorte, l'autorité municipale a violé l'article 22 de la Constitution[1701]. Par ailleurs, la réclamation du dédommagement doit résulter d'une expropriation et non des opérations de lotissement et de recasement qui ne rentrent pas dans le champ de l'article 22 de la Constitution et pour lesquelles la Cour n'est pas compétente[1702].

[1696] DCC 14-039 du 27 février 2014, *Kouassi DOHOU ; DCC 14-067 du 08 avril 2014, Isidore ESSOU.*

[1697] DCC 14-074 du 17 avril 2014, *Théophilia DAGBA et Clémentine SODOGANDJI.*

[1698] DCC 14-177 du 22 septembre 2014, *Gontran DAGBINDE.*

[1699] DCC 13-112 du 05 septembre 2013, *Gilbert HOUENOU et consorts.*

[1700] DCC 00-029 du 05 avril 2000, *SEVO Honoré.*

[1701] DCC 13-036 du 28 mars 2013, *Célestin ASSOGBA.*

[1702] DCC13-136 du 19 septembre 2013, *Christophe GOGAN.*

- *Postériorité de l'expropriation par rapport à la Constitution.* Les dispositions de l'article 22 du texte constitutionnel de 1990 ont, comme nous l'avons dit plus haut, remplacé celles de la Loi fondamentale de 1977, le régime de l'expropriation se trouve dès lors amélioré pour les citoyens qui en sont victimes, comme l'a d'ailleurs reconnu le juge constitutionnel lorsqu'il estime que les conditions d'expropriation définies par l'article 28 de la Loi fondamentale du 26 août 1977 ne sont pas identiques à celles de l'article 22 de la Constitution du 11 décembre 1990[1703]. Certains requérants ayant été l'objet d'une expropriation antérieure à 1990, ont tenté d'invoquer à leur bénéfice les dispositions de la nouvelle Constitution, ils ont été toutefois déboutés. Le juge ayant préféré le principe de sécurité juridique qui voudrait que les situations même acquises illégalement ou en toute iniquité ne puissent pas être indéfiniment remises en cause devant le juge. La Cour juge ainsi qu'il n'y a pas lieu de contrôler la conformité à la Constitution du 11 décembre 1990, une expropriation effectuée sous l'empire de la Loi fondamentale du 09 septembre 1977[1704]. Dans le même sens, elle note qu'aux termes de l'article 28 de la Loi fondamentale du 26 août 1977, *« l'Etat peut, selon les dispositions de la loi, en cas de nécessité et pour des raisons d'intérêt public, réquisitionner, acheter d'autorité ou prendre en charge, la terre, les biens et les autres moyens de production dans les villes comme dans les campagnes. Une indemnisation intervient si les conditions l'exigent* » ; que la prise en charge de la station BP du requérant équivaut à une expropriation réglementée par l'article 28 précité ; que les conditions d'expropriation définies par ledit article ne sont pas identiques à celles de l'article22 de la Constitution du 11 décembre 1990. Elle note également que si la Constitution du 11 décembre 1990 fait du dédommagement une condition préalable à toute expropriation, la Loi fondamentale du 26 aout 1977 n'en fait qu'une faculté laissée à la discrétion des pouvoirs publics. En conséquence, la Cour ne saurait apprécier les faits de la cause qu'au regard des dispositions de la Constitution du 11 décembre 1990[1705].

2) Régime de la réquisition

Dans une importante décision rendue en septembre 2006, la Cour vise les dispositions de l'article 22 de la Constitution et 14 de la CADHP ci-dessus,

---

[1703]DCC 01-043 du 21 juin 2001, *KOUZANGNAN Hilaire.*
[1704] DCC 97-046 du 13 aout 1997, *AKLEBE Rufin.*
[1705]DCC 03-043 du 13 mars 2003, *HOUNKPEVI Anani.*

puis rappellent que le droit de propriété est un droit absolu qui doit être garanti contre toutes les atteintes. L'Etat ne peut y porter atteinte que dans certaines circonstances particulières moyennant indemnisation. La Cour précise ensuite que l'expropriation et la réquisition constituent deux modes de cession forcée des biens particuliers au profit de la collectivité publique. Que l'expropriation est une acquisition de propriété par acte d'autorité publique, elle opère un transfert de propriété d'un immeuble, d'un particulier à l'Etat dans le but d'utilité publique et moyennant une indemnité juste et préalable. Que la réquisition quant à elle est une opération unilatérale par laquelle l'autorité administrative contraint des particuliers –personnes physiques ou morales, à fournir, soit à des personnes publiques, soit à des personnes privées, des prestations de service, l'usage des biens immobiliers ou la propriété de biens mobiliers, en vue de la satisfaction de besoins exceptionnels et temporaires reconnus d'intérêt général dans les conditions définies par la loi. La Cour en déduit que *« peuvent être requis pour les besoins d'un pays les services des entreprises et des personnes, la propriété ou l'usage de tous les biens à l'exception de la propriété des meubles par nature de même que les entreprises ; qu'à la différence de l'indemnité d'expropriation, l'indemnité de réquisition est réglée postérieurement à la réquisition »*[1706]. On ne peut plus clair ! La Cour définit clairement le régime de la réquisition et le distingue par ailleurs de celui de l'expropriation. On retiendra que :

- L'expropriation opère un transfert de la personne privée à l'Etat alors que la réquisition peut opérer de la personne privée au profit de l'Etat ou d'une personne privée ;

- L'expropriation opère un transfert définitif de propriété immobilière, alors que la réquisition porte soit sur le transfert de propriété mobilière, soit sur l'usage de la propriété immobilière, soit sur la fourniture de prestations de service ;

- L'indemnisation pour cause d'expropriation est antérieure à la cession de propriété alors qu'elle est postérieure dans le cadre de la réquisition. La Cour justifie cette différence des régimes par le fait que l'urgence pour

---

[1706] DCC 06-126 du 27 septembre 2006, *AKLE Paul Joseph et consorts.*

l'Administration à agir dans l'hypothèse de la réquisition, ne peut s'accommoder du paiement préalable d'une indemnisation.

Dans les faits, il a été jugé qu'à partir du moment où le PR a reconnu de façon explicite le droit à indemnisation du propriétaire des biens, objets de la réquisition, il n'y a pas lieu à conclure à une violation de la Constitution[1707].

B) Protection de la propriété publique

La propriété publique comporte au moins deux dimensions : la propriété publique matérielle (1) et la propriété publique immatérielle (2).

1) Propriété publique matérielle : bien public

La Cour a jugé que si aux termes de l'article 22 de la Constitution : *« Toute personne a droit à la propriété. Nul ne peut être privé de sa propriété que pour cause d'utilité publique et contre juste et préalable dédommagement »*, les statues érigées par l'autorité publique sur des voies et places publiques de Cotonou tombent dans le patrimoine de la municipalité et deviennent ainsi un bien public que l'Etat se doit de protéger[1708]. Elle a estimé également que la portion du périmètre de reboisement consacrée par *l'Arrêté n° 2524/SE du 19 juillet 1943* demeure partie intégrante du domaine forestier de l'Etat ; que lors de l'installation de la Zone Franche Industrielle (ZFI) de Sèmè-Podji, seules les populations des villages Okoun-Sèmè I, Okoun-Sèmè 2 et Adiyémé ont été identifiées comme sinistrées ; que l'Etat, propriétaire des forêts classées, a, par arrêté du 15 janvier 2004, décidé de détacher des portions de la forêt classée de Sèmè pour dédommager les populations des villages cités ci-dessus ; que les populations du village Agongo n'ont pas été identifiées comme sinistrées dans le cadre de l'installation de la Zone Franche Industrielle (ZFI) de Sèmè et ne sont pas concernées par l'arrêté sus indiqué ; que les allégations des requérants selon lesquelles, avec l'installation de la Zone Franche Industrielle (ZFI), la partie objet du présent recours a été abandonnée par le service des Eaux, Forêts et Chasses, ne

---

[1707] *Ibidem.*

[1708] DCC 00-067 du 15 novembre 2000, *MIDIOHOUAN Guy.*

reposent sur aucun fondement ; qu'en conséquence, il n'y a pas expropriation et donc pas violation de l'article 22 de la Constitution[1709].

2) Propriété publique immatérielle : intérêt général

Les articles 27 à 29 sont consacrés à la protection de l'environnement et certains aspects de la santé publique. Selon l'article 27, *« toute personne a droit à un environnement sain, satisfaisant et durable et a le devoir de le défendre. L'État veille à la protection de l'environnement ».*L'article 28 de la Constitution dispose : *« Le stockage, la manipulation et l'évacuation des déchets toxiques ou polluants provenant des usines et autres unités industrielles ou artisanales installées sur le territoire national sont réglementés par la loi ».*Et selon l'article 29 : *« Le transit, l'importation, le stockage, l'enfouissement, le déversement sur le territoire national des déchets toxiques ou polluants étrangers et tout accord y relatif constituent un crime contre la Nation. Les sanctions applicables sont définies par la loi ».*La Cour a estimé que l'on ne saurait parler d'atteinte au droit à un environnement sain au sens de l'article 27 de la Constitution, dès lors qu'il est établi que les aménagements contestés par le requérant vise en réalité à assainir un tronçon d'un marché et le sécuriser, et que tout a été établi en vue de garantir tant la salubrité publique, d'éviter la pollution sous toutes ses formes[1710].

La Cour a reconnu le droit à un environnement sain[1711] consacré pas la Constitution, toutefois comme dans les autres cas, elle insiste sur la preuve :*« Il n'y a pas lieu de statuer en l'état sur la requête d'un citoyen qui ne rapporte pas la preuve de l'exploitation massive et anarchique de la forêt sacrée de Ouèdo. Par ailleurs, la loi n° 93-009 du 02 juillet 1993 portant régime des forets en République du Bénin a déterminé les principes fondamentaux des régimes des forets. Dans ces conditions, les ventes de coupes sous pied concédées par l'administration foncière à des privés dans les plantations de Ouèdo ne sont pas contraires à la Constitution »*[1712].

[1709]DCC 12- 013 du 31 janvier 2012.

[1710] DCC 14-023 du 13 février 2014, *Charles MENSAH et consorts.*

[1711]DCC 02-065 du 05 juin 2002, *BOYA Comlan.*

[1712]DCC 02-102 du 21 aout 2002, *HINVI Toussaint.*

Section 4. Principe du procès équitable

La notion de procès équitable est l'une des plus fondamentales du droit de la CEDH. Consacrée à l'article 6, elle fait l'objet d'une jurisprudence abondante, non seulement de la Cour EDH, mais également de la CJUE. Dans les systèmes juridiques étrangers, le procès équitable correspond aux principes de bonne justice. Le procès équitable se décline en un ensemble d'exigences : *droits de la défense, tribunal impartial et indépendant, principe du contradictoire, motivation des décisions de justice, égalité des armes, exécution des décisions de justice, droit à un recours effectif, droit d'être assisté par un Avocat...*

Parmi celles-ci, la jurisprudence de la Cour constitutionnelle béninoise a insisté au départ de la Constitution et de la CADHP sur des garanties particulières. Dans sa décision rendue en 2014[1713], la Cour a estimé que les articles 27 et suivants de *la loi n° 65 -6 du 20 avril 1965 instituant le Barreau de la République du Bénin* ; 45 et suivants du RI du Barreau du Bénin relatifs au Conseil de Discipline de l'Ordre des Avocats ne sont pas contraires à la Constitution. La Cour constate que ces dispositions ont prévues : *le droit d'être entendu, le droit de disposer d'un temps pour préparer sa défense, le respect du principe du contradictoire, le droit au recours et le droit à l'exercice effectif de ce recours, le droit à la défense et celui de se faire assister par un Conseil de son choix, le droit de faire citer et interroger des témoins.* Elle estime que l'argument des requérants jugeant insuffisants de telles garanties, n'est pas fondé. Les exigences du procès équitable sont résumées par les articles 17 et 7 de la CADHP. Selon l'article 7 : *« 1. Toute personne a droit à ce que sa cause soit entendue. Ce droit comprend: a) le droit de saisir les juridictions nationales compétentes de tout acte violant les droits fondamentaux qui lui sont reconnus et garantis par les conventions, les lois, règlements et coutumes en vigueur; b) le droit à la présomption d'innocence, jusqu'à ce que sa culpabilité soit établie par une juridiction compétente; c) le droit à la défense, y compris celui de se faire assister par un défenseur de son choix; d) le droit d'être jugé dans un délai raisonnable par une juridiction impartiale.2. Nul ne peut être condamné pour une action ou une omission qui ne constituait pas, au*

[1713] DCC 14-116 du 1er juillet 2014, *Maitre Gustave ANANI CASSA et Alain OROUNLA.* Il importe de remarquer que l'exception d'inconstitutionnalité dans cette affaire avait été soulevée devant le Conseil de l'Ordre des Avocats (Il est assimilé à une juridiction).

moment où elle a eu lieu, une infraction légalement punissable. Aucune peine ne peut être infligée si elle n'a pas été prévue au moment où l'infraction a été commise. La peine est personnelle et ne peut frapper que le délinquant ».

Une distinction est possible entre les principes qui se rattachent au procès (Paragraphe 1) et les principes liés à la décision juridictionnelle (Paragraphe 2).

Paragraphe 1. Principes liés au procès

Parmi les principes liés au procès, la Cour a insisté tout particulièrement sur la présomption d'innocence (A) ; le droit à un Tribunal impartial et indépendant (B) ; le respect des droits de la défense qui s'étend également aux sanctions disciplinaires prises dans le cadre administratif (C).

A) Présomption d'innocence

Le principe de la présomption d'innocence est consacré à l'article 17, alinéa 1er de la Constitution : « *Toute personne accusée d'un acte délictueux est présumée innocente jusqu'à ce que sa culpabilité ait été légalement établie au cours d'un procès public durant lequel toutes les garanties nécessaires à sa libre défense lui auront été assurées ».* Et l'article7.1.b) susmentionné de la CADHP : *« Toute personne a droit à ce que sa cause soit entendue. Ce droit comprend : le droit à la présomption d'innocence, jusqu'à ce que sa culpabilité soit établie par une juridiction compétente »*[1714]. La Cour définit la présomption d'innocence comme un principe selon lequel en matière pénale, toute personne poursuivie est considérée comme innocence des faits qui lui sont reprochés tant qu'elle n'a pas été déclarée coupable par la juridiction compétente. Selon la Cour, le prévenu ou l'accusé continue de bénéficier de la présomption d'innocence tant que la décision de condamnation n'a pas acquis autorité de chose jugée, la présomption d'innocence implique entre autres pour le prévenu ou l'accusé, le droit d'exercer des voies de recours. Ces voies de recours sont prévues par le CPP même en matière des intérêts civils[1715].Cette décision qui fait référence au domaine pénal et relativement au domaine civil, doit être étendue, de ce qui

[1714] DCC 05-115 du 20 septembre 2005, *HLOUEDJE Félix.*
[1715] DCC 05-004 du 26 janvier 2005, *Président de la Cour d'Appel de Cotonou.*

ressort de la jurisprudence de la Cour, au domaine des sanctions administratives et même des sanctions au sein des entreprises privées.

La Cour a surtout dans ce domaine, protégé les travailleurs. Il est souvent difficile après des péripéties judiciaires de réintégrer la vie en société sans la moindre suspicion, même si la culpabilité n'est pas clairement établie. Les employeurs préfèrent généralement se séparer des agents contre lesquels des actions en justice ont été diligentées, au mépris évident de la présomption d'innocence. Le juge béninois a rappelé en 2016 que l'enquête disciplinaire est indépendante de l'enquête judiciaire de sorte que l'autorité hiérarchique n'est pas obligée de tenir compte de l'existence ou non de la poursuite pénale pour décider de l'opportunité de la poursuite disciplinaire quand bien même les deux enquêtes porteraient sur un même fait[1716]. Elle énonce à cet égard pour ce qui concerne particulièrement les agents de l'Etat, l'article 130 de *la loi n°86-013 du 26 février 1986 portant Statut général des agents permanents de l'Etat* qui dispose : *« Sans préjudice de l'application, le cas échéant, de la loi pénale, la faute professionnelle ou extra-professionnelle peut entraîner des sanctions disciplinaires à l'encontre de l'agent permanent de l'Etat en cause »*. Selon la jurisprudence constante de la Cour, notamment de la décision *DCC 13-091 du 16 août 2013,« un fait infractionnel commis dans une administration, un établissement ou une société peut également comporter un aspect disciplinaire autonome ».*Cependant la Cour énonce de manière constante qu'*« en l'absence de condamnation pénale ou de sanction disciplinaire, ne pas réintégrer un employé en liberté provisoire est une violation de la présomption d'innocence*[1717] *»*.Dans les faits, elle juge que le requérant (Basile TOGBONO) a été incarcéré le 28 novembre 2006 et mis en liberté provisoire le 05 mars 2008 après paiement d'un cautionnement, alors qu'aucune décision définitive d'une juridiction compétente n'est intervenue jusqu'à la date du 21 février 2011 et donc que sa culpabilité n'ait pas légalement été établie, le DG de Bénin-Télécoms SA ne pouvait dès lors refuser de lui faire reprendre service entre le 05 mars 2008 et le 21 février 2011. Qu'il a de ce fait méconnu le principe de la présomption d'innocence, garanti par les dispositions de la Constitution[1718]. La Cour a rendu une décision similaire en 2013, elle a estimé que le fait pour la Direction de la Loterie Nationale du Bénin de refuser de lever la suspension de service d'un

---

[1716] DCC 16-005 du 07 janvier 2016, *Amédée WEINSOU, op.cit.*
[1717] V° DCC 13-139 du 19 septembre 2013 et DCC 13-091 du 16 août 2013.
[1718] V° aussi DCC 13-091 du 16 aout 2013, *Fréderic TCHEDJI.*

de ses agents qui avait été incarcéré puis mis en liberté provisoire, contre le paiement d'une caution, était une violation de la présomption d'innocence, dès lors qu'aucune décision définitive n'était intervenue et donc que la culpabilité du requérant (Lavenir SAGBOHAN) n'était pas légalement établie[1719]. Elle sanctionne la Société Béninoise d'Energie Electrique[1720] (SBEE) par identité des motifs. Il a également été ainsi, à propos d'une requérante (dame Dorcas DJAGOUN), poursuivie pour détournement de deniers publics et incarcérée le 11 juin 2009, puis mise en liberté provisoire le 02 décembre 2011, avant de recouvrer sa liberté le 15 décembre 2011. La Cour constate que jusqu'au 8 juillet 2015, date de la saisine, aucune décision définitive d'une juridiction compétente n'est intervenue établissant légalement la culpabilité de madame DJAGOUN ; qu'en refusant de lui faire reprendre service, la Poste du Bénin a méconnu le principe de la présomption d'innocence garanti par les dispositions de la Constitution[1721]. La Haute juridiction estime également que le principe est violé dès lors que l'Administration dans une sanction disciplinaire, fait référence à une infraction pénale qu'aurait commis le requérant, sans qu'une décision de justice ne soit intervenue établissant la véracité des préventions[1722].

En revanche, on ne doit pas perdre de vue selon la Cour qu'un fait infractionnel peut comporter un aspect disciplinaire autonome. Ainsi le fait pour la Direction générale de la BTSA de se fonder sur la Convention collective du travail applicable au personnel, pour refuser la reprise du service dans l'attente de la décision du Conseil de discipline, ne constitue pas une violation de la présomption d'innocence[1723]. De même, la radiation du tableau d'avancement faisant partie des sanctions disciplinaires applicables aux personnels de la Police nationale, on ne saurait faire grief à l'Administration policière de l'avoir appliquée dans la procédure disciplinaire initiée contre le requérant. Il n'y a pas violation de la présomption d'innocence dès lors que cette sanction est le résultat d'une action disciplinaire autonome et ne résulte en rien de la procédure judiciaire

---

[1719] DCC 13-033 du 21 mars 2003, *Lavenir SAGBOHAN ;* DCC 13-139 du 19 septembre 2013, *Paul KPODOHOUN.*

[1720] DCC 13-044 du 11 avril 2013, *Maurice AGBODI.*

[1721] DCC 15-248 du 26 novembre 2015, *Dorcas DJAGOUN.*

[1722] DCC 14-041 du 27 février 2014, *Charles GANGBO.*

[1723] DCC 14- 045 du 27 février 2014, *Basile GUIASSOU.*

diligente contre le requérant et non encore aboutie[1724]. Il en va de même lorsqu'il ressort des éléments du dossier que le requérant a été suspendu par mesure conservatoire pour manquement grave à l'éthique et à la déontologie professionnelle, cette suspension ne saurait être analysée comme une arbitraire, il n'y a pas violation de l'article 17 précité de la Constitution[1725].

La Cour juge comme on l'a dit plus haut que le principe est rompu, lorsque l'Administration dans la mise en œuvre de sanctions disciplinaires fait référence à des infractions pénales pour lesquelles l'accusé n'a pas été définitivement condamné par un tribunal, en l'espèce, la motivation de la sanction disciplinaire évoquait la *« contrefaçon des sceaux de l'Etat et imitation de la signature de l'autorité administrative pour la délivrance du visa d'entrée et de séjour au Bénin »*[1726]. Dans le même sens, il a été jugé que si l'autorité qui a sanctionné le requérant dans le cadre d'une procédure judiciaire pouvait légitimement mentionner les termes *« enclin au gain facile, relation avec les milieux mafieux, atteinte à l'honneur et au prestige de l'armée »,* comme motifs convenant au prononcé d'une sanction administrative, l'usage en revanche du mot *« escroquerie »*, qui correspond à la qualification d'une infraction pénale est une violation de la présomption d'innocence de l'article 17, alinéa 1er de la Constitution, dès lors qu'aucune décision définitive d'une juridiction n'ait établi la culpabilité du citoyen concerné[1727]. La Cour juge dans le même sens que si la mention *« mauvaise foi et mauvais comportement notoire »* convient bien à l'exclusion d'un homme de rang, au regard de la loi, en revanche, la mention d'*« escroqueries »* comme motif de sanction disciplinaire sans qu'une décision définitive d'un Tribunal ne soit intervenue est contraire à l'article 17, alinéa 1er de la Constitution[1728]. Il en va de même d'une note de service qui porte les mentions *« complicité »* et *« recel »*[1729].

Inversement la Cour juge en rapport avec le principe de la présomption d'innocence, qu'il n'y a pas violation de la Constitution dès lors que la mise

[1724] DCC 13-164 du 14 novembre 2013, *Mèmèvos SEGBO et autres.*
[1725] DCC 12–150 du 26 juillet 2012 ; DCC 12-072 du 22 mars 2012.
[1726] DCC 07-020 du 27 février 2007, *ADJAVON Friggens.*
[1727] DCC 07-099 du 21 aout 2007, *AMOUSSOU-GUENOU Wilfried.*
[1728] DCC 05-112 du 20 septembre 2005, *SENOU Athanase ;* DCC 05-060 du 07 juillet 2005, *MAKA Paul ;* DCC 06-089 du 03 aout 2006, *OUANGBEY Aurelien ;* DCC 07-131 du 18 octobre 2007, *IBRAHIMA Nassirou.*
[1729] DCC 07-154 du 22 novembre 2007, *ODOUMONHOU Bernadin.*

en cause a été inculpée et mise sous mandat de dépôt pour détournement de deniers publics, faux en écritures authentiques et publiques et mis en liberté provisoire après paiement d'une caution. A la date de la saisine de la Cour par le requérant, aucune décision judiciaire définitive n'étant intervenue contre la mise en cause, sa nomination comme membre de la HAAC par le Bureau de l'AN n'est pas contraire à la Constitution[1730].

B) Tribunal impartial et indépendant

Si l'indépendance est relativement facile à établir, il en va différemment de l'impartialité. La Cour se base en tout cas sur des éléments de fait. La preuve appartient à l'évidence au requérant, il a été jugé qu'en l'absence d'éléments de preuve, la partialité du Tribunal de Cotonou n'est pas établie, le principe constitutionnel d'impartialité du juge n'est pas violé[1731].La Haute juridiction juge également que le requérant qui lui demande d'écarter de la connaissance d'un litige, tous les membres composant une juridiction de jugement pour cause de partialité, sollicite en réalité le dessaisissement de ladite juridiction pour cause de suspicion légitime, alors qu'il n'existe aucune autre Cour d'appel à laquelle l'affaire pourrait être envoyée. Elle conclut qu'il n'y a pas violation de la Constitution, si la juridiction oppose un refus de récusation de la Cour qui aboutirait à empêcher de dire le droit[1732]. Il en va de même d'un requérant qui n'a pas apporté la preuve d'une collusion entre les juges et l'Administrateur provisoire, on ne saurait dès lors conclure à une violation de l'article 7,1 de la CADHP[1733]. La Cour a estimé également que l'absence de réponses à certains de ses courriers ne saurait s'analyser comme une violation du droit du justiciable de saisir les juridictions nationales, au sens des dispositions constitutionnelles; qu'au demeurant, les griefs qu'évoque le requérant après les procès à l'issue desquels il a été condamné ne peuvent que servir de fondement à l'exercice des voies de recours contre les condamnations dont il a fait l'objet ; qu'il y a donc lieu pour la Cour de dire et juger que le Parquet de Cotonou n'a pas violé la Constitution[1734].

[1730] DCC 14-163 du 23 aout 2014, *Toulassi ESSOWE.*

[1731]DCC 00–040 du 29 juin 2000, *SONACOP SA (Me POGNON Alfred).*

[1732]DCC 01-105 du 10 décembre 2001, *Maitre HONNOU Séverin.*

[1733]DCC 03-119 du 28 août 2003.

[1734]DCC 12–155 du 16 août 2012, *Salifou IMOROU.*

C) Respect des droits de la défense

Selon la jurisprudence de la Cour, les droits de la défense se résument au moins à trois exigences : *le droit d'obtenir la communication du dossier*[1735], *le droit d'être entendu et le droit de se faire assister.*

Dans les faits, la Cour juge que la décision de suspension d'un citoyen sans l'avoir au préalable entendu, viole les dispositions de l'article 7.1 de la CADHP : « *Considérant qu'il résulte des éléments du dossier que le demandeur est le fils de la requérante ; qu'il est à tout le moins surprenant que ni le fils, ni la gendarmerie, ni la poste n'ait été en mesure de remettre l'une des prétendus multiples convocations à dame Houé ASSOGBA demeurant à Adohoun Togboda, commune d'Athémé ; que pourtant ; lorsqu'il s'est agi de lui notifier l'ordonnance d'exécution du jugement n°960/01du 2 novembre 2001, la requérante a été retrouvée et gardée à vue pour être présentée au Procureur de la République ; qu'il est donc établi que dame Houé ASSOGBA n'a jamais reçu en mains propres de convocation pour faire valoir ses droits de la défense, que dès lors ; il y'a violation du principe du contradictoire résultant du droit à la défense tel que prévu à l'article 7-c de la Charte africaine des droits de l'Homme et des peuples (...) »*[1736]. Il a été jugé que *la loi n° 83-005 du 17 mai 1983 portant Statut de la Magistrature béninoise* n'ayant pas organisé les droits de la défense à l'étape de la procédure de suspension, elle méconnait les exigences de la protection des droits fondamentaux de la personne humaine et des libertés publiques garanties par la Constitution, en particulier à l'article 7 de la CADHP. Il s'ensuit que la mesure de suspension prise à l'encontre d'un Magistrat qui n'a pas été mis en mesure d'exercer ses droits de la défense est contraire à la Constitution[1737]. Pour n'avoir pas participé à la séance de discussion portant sur sa sanction disciplinaire, un citoyen peut se prévaloir de la violation des droits de la défense[1738]. Les droits de la défense étant reconnus par la Constitution, une décision qui suspens un fonctionnaire sans

---

[1735] *Ibidem.*

[1736] DCC03-125 du 20 août 2003, *ASSOGBA Houé.*

[1737] DCC 96-089 du 06 décembre 1996, *DEGLA Salomon ;* v° aussi DCC 96-065 du 26 septembre 1996, *GOUHOUEDE Antoine.*

[1738] DCC 00-056 du 10 octobre 2000, *GOURMA Mohamed et autres.*

que celui-ci n'ait préalablement été entendu est contraire à la Constitution[1739].

Dans les matières relevant du droit de la Fonction publique, les droits de la défense s'exercent dans le cadre d'une procédure disciplinaire. Dès lors, que le requérant n'a pas été mis en mesure d'exercer son droit à la défense, la note de service portant son affectation disciplinaire est contraire à la Constitution [1740]. L'arrêté de suspension du Directeur de la Télévision nationale qui n'a pas été mis en mesure d'exercer son droit à la défense est inconstitutionnel[1741]. La Cour juge que la communication du dossier est un élément du droit de la défense[1742]. Un Magistrat qui n'a pas permis à un justiciable d'exercer son droit à la défense viole la Constitution[1743]. Les décisions contenues dans un message porté emportant sanctions et ayant été pris en considération de la personne des mis en cause, sans que ceux-ci aient été mis en mesure d'exercer leurs droits à la défense, sont contraires à la Constitution de même que les actes subséquents [1744]. L'arrêté portant sanction disciplinaire d'un individu qui n'a pas été mis en mesure d'exercer son droit de la défense est contraire à la Constitution[1745].

En revanche, dès lors que la sanction disciplinaire à l'encontre du requérant a été prise à la suite d'une enquête administrative au cours de laquelle il a été entendu et a produit un rapport écrit sur les faits qui lui sont reprochés, il n'y a pas violation de l'article 7 de la CADHP[1746]. Il n'y a pas non plus violation des droits de la défense pour le requérant qui refuse d'être auditionné[1747], la Cour tient également compte de la théorie de *la connaissance acquise*[1748]. Si avant de prendre sa décision, la Cour d'appel a mis un justiciable en mesure de produire des moyens de défense, il n'y a pas violation du droit de la

[1739] DCC 98-005 du 08 janvier 1998, *AGBANTOU Saïdou.*
[1740] DCC 98-018 du 20 février 1998, *ANAGO Aristide.*
[1741] DCC 99-026 du 11 mars 1999, *HOUENONTIN Clément.*
[1742] DCC 05-103 du 01 septembre 2005, *Cour constitutionnelle.*
[1743] DCC 96-021 du 26 avril 1996, *AMOUSSOU Georges.*
[1744] DCC 98-037 du 09 avril 1998, *Association pour le Développement Economique, sociale et culturel du village BAME.*
[1745] DCC 99-024 du 11 mars 1999, *Populations de Kansoukpa.*
[1746] DCC 07-50 du 03 juillet 2007, *AFANOU Ludovic.*
[1747] DCC 98-002 du 07 janvier 1998, *DOSSOU Bernard.*
[1748] DCC 03-100 du 19 juin 2003, *TAFFODE Severin.*

défense[1749]. S'il est établi qu'à toutes les étapes de la procédure, un requérant a eu à exercer son droit à la défense, y compris celui de se faire assister par un défenseur de son choix, il n'y a pas violation de la Constitution[1750]. La Cour a estimé qu'il en va ainsi, dès lors que le salaire du requérant avait été suspendu suite à sa mise en détention préventive ; pour la Cour, la suspension de salaire ne signifie pas la suspension des fonctions, elle est une mesure d'ailleurs prescrite par les articles 139, alinéas 1, 2, 3 et 149, alinéa 1er de *la loi n° 86 -013 du 26 février 1986 portant Statut Général des Agents Permanents de l'Etat.* Un requérant soutenait la violation du droit à la défense par l'arrêté portant création de la Commission Technique Spéciale de Retrait de Permis de conduire, la Cour a jugé qu'il ressort des éléments du dossier que contrairement aux allégations du requérant, la Commission n'émet *« d'avis techniques qu'après avoir entendu les conducteurs concernés ou toutes personnes susceptibles d'éclairer sa religion »* ; que, dès lors, lesdites allégations sont sans fondement, il n' y a pas violation de la Constitution[1751].

Pour terminer ce paragraphe, il faut préciser que le double degré de juridiction n'est pas un élément du procès équitable, la Cour juge à cet effet que l'institution de plusieurs degrés de juridiction permettant l'exercice des voies de recours est une faculté laissée au législateur. En prévoyant aux articles 547 et suivants de CPP, l'exercice des voies de recours contre les décisions et arrêts prononcés par la Chambre judiciaire, le législateur entend mettre en œuvre une procédure spéciale pour les Magistrats, comme c'est le cas pour d'autres corps de l'Etat. De ce fait, les articles 547, 548, 549 de l'ordonnance déférée n'ont rien de contraires à la Constitution[1752].

Paragraphe 2. Principes liés à la décision juridictionnelle

L'exécution des décisions de justice (A), le respect des délais raisonnables (B), la motivation des décisions de justice (C) constituent des principes fondamentaux liés à la décision juridictionnelle.

[1749]DCC 00-056 du 02 octobre 2000, *AKOWANOU Germain.*

[1750] DCC 02-142 du 19 décembre 2002, *SOSSOUHOUNTOU Francis ;* DCC 02-087 du 31 juillet 2002, *KANDISSOUNON Léon.*

[1751]DCC 12-073 du 22 mars 2012.

[1752] DCC 02-097 du 14 août 2002, *CHABI Adébiyi.*

A) Exécution des décisions de justice

Aux termes de l'article 59 de la Constitution : *« Le Président de la République assure l'exécution des lois et garantit celle des décisions de justice ».* Selon la Cour, cette disposition, s'agissant des décisions de justice devenues définitives, impose au Chef de l'Etat et partant à toute Administration, une double obligation à savoir d'une part, l'obligation de prendre toutes les mesures pour exécuter les décisions juridictionnelles et d'autre part, l'obligation de ne prendre aucune mesure de caractère général constituant une résistance à l'exécution des décisions de justice. Dans le cas d'espèce, dans *la lettre du 1er juin 2009* déférée, le Préfet des Départements de l'Atlantique et du Littoral subordonne l'exécution de toute décision de justice à son avis préalable; que le caractère général d'une telle décision s'analyse comme une obstruction à l'exécution des décisions de justice, ce qui est contraire aux dispositions de l'article 59 précité. La décision du Préfet contenue dans la lettre du 1er juin 2009 viole la Constitution[1753].

B) Respect des délais raisonnables

La Cour a fixé le principe que *« dans le domaine de la justice et particulièrement lorsqu'est en cause la liberté d'un citoyen, tout juge est tenu aux meilleures diligences pour faire aboutir toute procédure pénale dans un délai raisonnable »*[1754]. Ce principe est déduit des articles 35 de la Constitution et 6 de la CADHP. Dans une décision rendue en 2014, elle rappelle cette importante règle et ajoute que *« (...) toute défaillance à cette obligation s'analyse comme une violation des prescriptions de l'article 35 de la Constitution »*[1755]. Pour apprécier le délai raisonnable la Cour tient compte entre autres de la complexité de l'affaire et de la qualification des faits[1756].Dans les faits, il a été jugé que le Tribunal de première instance de Lokassa a violé le délai raisonnable[1757]. Il en va de même du fait pour le

---

[1753] DCC 12- 125 du 07 juin 2012.

[1754] DCC 12-158 du 16 aout 2012 ; DCC 14-185 du 06 novembre 2014, *Serge PRINCE AGBODJAN.* La Cour juge dans cette espèce que le Procureur Général près la Cour d'appel de Cotonou a violé l'article 35 de la Constitution.

[1755] DCC 14-108 du 03 juin 2014, *Raphael FALOLA.*

[1756] DCC 07-153 du 22 novembre 2007, *LAWAN Mahomed.*

[1757] DCC 03-084 du 28 mai 2003, *TEGBE Kocou.*

tribunal de Cotonou d'observer un *« délai anormalement long »*[1758] ; dans d'autres cas, elle estime que cette violation ouvre droit à réparation[1759]. Le tribunal de première instance d'Abomey, n'ayant transmis aucun dossier à la Cour d'appel de Cotonou au bout de 11 ans environ, viole l'article 7 de la CADHP[1760].

La Cour a estimé qu'un certain nombre de raisons ne pourraient pas justifier le délai anormalement long. Ainsi les affectations, le dysfonctionnement du Greffe, le départ en congé d'un président de Chambre ne sauraient justifier un délai anormalement long de jugement, d'où la violation des dispositions de l'article 7 de la CADHP[1761]. Elle souligne que les raisons invoquées, pour réelles qu'elles soient ne sauraient justifier le délai de 5 ans 9 mois, mis par le tribunal, il a violé sa mission constitutionnelle de rendre la justice dans un délai raisonnable ; *a fortiori* une procédure qui dure 9 ans est contraire à la CADHP article[1762] 7.1. d). Dans une autre espèce, après avoir visé les articles 6 et 7.1.d) de la CADHP, la Cour juge que Monsieur Nassirou ABDOULAYE a été inculpé et placé sous mandat de dépôt le16 novembre 2005, depuis lors, les actes posés dans le dossier sont l'interrogatoire au fond et les différentes prorogations du mandat de dépôt. Le dernier acte d'instruction (interrogatoire au fond) est intervenu le 03 août 2006, ce que n'infirme pas le juge qui a pris soin de ne pas préciser les dates des différentes auditions au fond comme cela a été le cas pour les ordonnances de prorogation. La procédure enclenchée depuis novembre 2005 n'est pas encore terminée au 22 février 2012, date de saisine de la Haute juridiction, que les dysfonctionnements énumérés par le juge ne sauraient l'exonérer de sa mission constitutionnelle de rendre la justice dans un délai raisonnable ; le délai mis par le juge pour instruire le dossier est donc anormalement long et constitue une violation de l'article 7.1.d) de la CADHP, le juge d'instruction du premier Cabinet du Tribunal de première instance de Parakou, et le cas échéant, tout juge l'ayant précédé sur ce dossier ont violé les dispositions de

---

[1758] DCC 03-59 du 19 mars 2003, *Cour constitutionnelle* ; v° aussi DCC 01-008 du 11 janvier 2001, *KANGNI Joseph- Marie* et DCC 01-009 du 11 janvier 2001, *KPADONOU Bruno ;* DCC 00–041 du 29 juin 2000, *ALI Raymond.*

[1759] DCC 03-144 du 16 oct. 2003.

[1760] DCC 98-059 du 04 juin 1998, *EKPAGOUDA Vincent ;* v° aussi DCC 07-13 du 30 janvier 2007, *Comlan AGBENON.*

[1761] DCC 01-023 du 16 mai 2001, *HOUNMENOU Jean-Marie,* v° aussi DCC 13-101 du 29 aout 2013, *Gabriel OSSEY.*

[1762] DCC 00-051 du 31 aout 2000, *GOUTHON Philippe.*

l'article 35[1763]. Il a également été jugé que la non-comparution d'une partie civile ne saurait ni constituer un frein à l'évolution normale de la procédure d'instruction, ni justifier le délai anormalement long observé par le juge eu égard aux faits de l'espèce[1764]. Dans le même sens, la négligence des parties dans l'accomplissement des actes de procédure, la composition irrégulière des Chambres, l'empêchement des juges, les grèves, les sessions de la Cour d'Assises, les mutations des Magistrats ne sauraient exonérer les juridictions de leurs missions constitutionnelles de rendre justice dans un délai raisonnable [1765] .Très récemment, la Cour souligne qu'*« aucune raison valable ne saurait justifier un délai anormalement long de 5 ans 9 mois mis dans l'examen d'une procédure de référé civil[1766] »*.Il en va de même pour un délai de 18 (dix-huit) mois observé pour la transmission d'un dossier d'appel[1767].

Dans d'autres cas, la Cour estime que la règle n'a pas été violée[1768]. Elle constate qu'entre le 4 octobre 2010, date de signature du rapport et le 12 janvier 2012, date à laquelle le dossier a été enrôlé pour la première fois, il s'est écoulé un délai de quinze (15) mois. Un tel délai, au regard de tout ce qui précède, ne paraît pas anormalement long[1769].Le fait pour le Préfet de laisser s'écouler un délai d' (1) un mois entre la notification de la décision et son exécution ne constitue pas un délai anormalement long[1770]. Il ressort des éléments fournis que l'instruction du dossier du requérant a connu plusieurs difficultés, d'une part, l'admission du premier Rapporteur à faire valoir ses droits à la retraite, d'autre part, le décès du nouveau Rapporteur désigné qui était en même temps le Président de la Chambre administrative, ce n'est que le 15 septembre 2010 que ce dossier a pu être identifié lors de l'inventaire des dossiers en instance dans le bureau du Conseiller défunt, qu'entre le 04 octobre 2010, date de signature du rapport et le 12 janvier 2012, date à

[1763]DCC 12–158 du 16 août 2012, *Nassirou ABDOULAYE.*
[1764]DCC 02-088 du 31 juillet 2002, *ABDOULAYE Ibrahim.*
[1765]DCC 00-007 du 02 février 2000, *FELIHO Jean Florentin.*
[1766]DCC 13-101 du 29 août 2013.
[1767] DCC 16-032 du 04 février 2016, *Timothée DANSOU.*
[1768] DCC 03-170 du 26 nov. 2003, *ISSAKA Moukaïla ;* DCC 03-139 du 25 septembre 2003, *HOUNMENOU Jean-Marie ;* DCC 03-167du 11 nov. 2003, *YELOUASSI Louis-Marie ;* DCC 03-147 du 30 oct. 2003, *Da TRINADE Jean-Marie.*
[1769]DCC 12-092 du 26 avril2012.
[1770] DCC 01- 017 du 9 mai 2001, *KOUMAGNON Bernard et consorts.*

laquelle le dossier a été enrôlé pour la première fois, il s'est écoulé un délai de (15) quinze mois. Un tel délai, au regard de tout ce qui précède, ne paraît pas anormalement long. Dès lors, il n'y a pas en l'état violation de l'article 7.1.d) de la CADHP qui dispose : *« Toute personne a droit à ce que sa cause soit entendue. Ce droit comprend (...) le droit d'être jugé dans un délai raisonnable par une juridiction impartiale »*[1771]. La Cour considère qu'il n'y a pas refus d'exécuter de la part du Ministère de la Fonction publique, (2) deux mois après la notification de la décision[1772].

Il convient de noter que les délais raisonnables sont opposables aussi bien aux juridictions qu'aux parties. Ainsi dans une décision rendue en 2016, la Cour juge que *« s'il est établi que le dysfonctionnement du service de la justice ne peut nuire au droit des justiciables à être jugés dans un délai raisonnable (...) ceux-ci doivent y concourir, pour autant que la loi le permet, par leur présence et la production par eux de tous écrits ou documents nécessaires au dénouement rapide du procès*[1773]*. »* Dans les faits, elle constate qu'il s'est écoulé sept (07) ans deux (02) mois sans que la procédure n'ait été finalisée ; que ce délai anormalement long est imputable tant à la cour d'Appel d'Abomey qu'aux parties au procès et à leurs Conseils ; les raisons évoquées pour justifier cette lenteur, pour réelles qu'elles soient, ne sauraient exonérer la Cour d'Appel de sa mission constitutionnelle de rendre la justice dans un délai raisonnable ; que de même, l'absence à certaines audiences des parties au procès et de leurs conseils y a largement contribué . Il y a violation de la Constitution[1774].

C) Obligation de motivation des décisions de justice

La motivation consiste à indiquer les principaux motifs de fait et de droit qui sont à la base d'une décision. Elle est une exigence du procès équitable ; selon l'article 7, alinéa 2 de la CADHP : *« Nul ne peut être condamné pour une action ou une omission qui ne constituait pas, au moment où elle a eu lieu, une infraction légalement punissable. Aucune peine ne peut être infligée si elle n'a pas été prévue au moment où l'infraction a été commise. La peine est personnelle et ne peut frapper que le délinquant »*. Le juge doit

---

[1771]DCC 12-092 du 26 avril 2012.
[1772] DCC 02-001 du 09 janvier 2002, *AKPO Emmanuel.*
[1773] DCC 16 -007 du 07 janvier 2016, Guillaume KPAKPA.
[1774]*Ibidem.*

dès lors indiquer la base légale sur laquelle il fonde sa décision, qu'il s'agisse de l'incrimination ou de la peine. La motivation permet au justiciable de comprendre la décision qui a été prise dans l'affaire qui le concerne ; lorsque des voies de recours sont autorisées, elle permet aux juges supérieurs de mieux exercer leur examen sur la décision qui leur est soumise, ils peuvent ainsi voir si les premiers juges ont bien rendu la justice, vérifier que ceux-ci ont convenablement appliqué le droit.

La motivation concerne également les décisions de la Cour constitutionnelle, si elles ne sont pas, aux termes de l'article 121 de la Constitution, susceptibles de recours, il ne fait l'ombre d'aucun doute qu'elles restent astreintes à l'obligation de motivation. Aux termes de l'article 22 du RI de la Cour constitutionnelle, *« les décisions de la Cour comportent les visas des textes applicables, les motifs sur lesquels elles se fondent et un dispositif. Elles contiennent la mention des membres qui ont siégé à la séance au cours de laquelle elles ont été prises. Les décisions et avis de la Cour Constitutionnelle sont signés par le Président et le Rapporteur »*.

La motivation concerne également les décisions administratives, particulièrement celles qui concernent les sanctions disciplinaires, Jean RIVERO explique que *« si l'on prend la peine d'expliquer à l'homme le pourquoi et le comment de ce qui lui est imposé, sa liberté et sa raison entreront en jeu. Elles sont pour l'action, des auxiliaires plus féconds que la hargne ou la semi-hébétude née de la contemplation d'un imprimé, rédigé dans une langue apparemment étrangère »*[1775].On devrait admettre la règle pour toute mesure défavorable au citoyen prise par l'autorité, même dans le cadre des relations privées.

[1775]RIVERO (J.), « A propos des métamorphoses de l'administration », in Mélanges Savatier, p. 828, cité par POULET-GIBOT LECLERCQ (N.), *Le Conseil d'Etat et le contenu de la motivation des actes administratifs ;Dalloz* Sirey, Chronique XII, p. 61 ; v° aussi notre article « l'obligation de motivation des actes administratif au Cameroun » in *L'obligation ;* Mélanges offerts à Paul-Gérard POUGOUE (dir. François ANOUKAHA et Alain Didier OLINGA), l'Harmattan 2015, p. 655 et ss.

Que retenir de ce chapitre ? La jurisprudence de la Cour montre que celle-ci s'est efforcée de construire un Etat garantissant la liberté des citoyens. Les principes qui ont été examinés ci-dessus ne sont qu'un morceau choisi des apports de la Cour dans ce domaine ; la Haute juridiction a reconnu en plus, entre autres la liberté de commerce et d'industrie, le droit à la vie, la liberté d'association, le droit à un environnement sain…

S'agissant de la liberté du commerce et d'industrie, elle estime que le monopole de la distribution et de la vente au détail du ciment dont jouissent les sociétés cimentières est une limite à la liberté du commerce et d'industrie, qui est une liberté publique dont le législateur est seul habilité à assurer la réglementation[1776]. La Cour reconnait la liberté d'association[1777], lorsqu'elle souligne que *l'Arrêté interministériel du 29 juillet 2005 portant fixation des modalités d'enlèvement et de mise en consommation des intrants du coton* est discriminatoire et viole le principe de la liberté d'association[1778]. A propos du droit à la vie, la Cour note que le constituant n'ayant pas prévu la peine de mort, une personne ne pourra être privée de ce droit qu'à la condition que cette privation ne soit pas arbitraire mais fondée sur une loi[1779]. En matière de droit à un environnement sain, il a été jugé qu'il n'y a pas violation de l'article 29 de la Constitution dès lors que toutes les structures compétentes ont attesté dans leurs réponses aux mesures d'instruction, que l'enfouissement du riz avarié a été réalisé dans les conditions techniques et sanitaires optimales, conformément à la réglementation en vigueur[1780]. Mêmement, les réseaux électriques d'une société privée ne sont pas au regard des éléments du dossier, de nature à polluer l'environnement ni à nuire à la santé des populations. En conséquence, il n'y a pas violation de l'article 27 de la Constitution[1781]. Inversement, elle estime que l'implantation et l'exploitation de l'usine de la société des ciments du Bénin dans une zone commerciale, portent atteinte au droit des citoyens à un environnement sain[1782].

[1776] Avis CC 001/98 du 19 novembre 1998, *Président de la République.*

[1777] DCC 95-033 du 1er septembre 1995, *Union Nationale des Scolaires et Etudiants du Benin (UNSEB).*

[1778] DCC 06-O37 du 4 avril 2006.

[1779] Droit à la vie. DCC 99-051 du 13 octobre 1999, *KOLLE Adrien.*

[1780] DCC 08 – 029 du 03 mars 2008.

[1781] DCC 09-125 du 29 octobre 2009.

[1782] DCC 09-046 du 24 mars 2009.

Chapitre 2.

PRINCIPES LIMITATIFS FONDAMENTAUX

Les droits et libertés, fussent-ils constitutionnels, ne pourraient pas être juridiquement absolus, contrairement à une certaine vision idéelle et irréaliste. Il ne s'agit pas de souscrire à des thèses idéologiques et instrumentales, qui aux lendemains des Indépendances, ont été servies par les dictateurs africains pour justifier l'oppression du Peuple. D'un point de vue conceptuel, on ne peut non plus souscrire à une prétendue universalité des droits de l'homme qui ne comporterait en réalité que le projet européocentriste ou occidentalo-centriste du Monde. Le relativisme culturel est un paramètre à prendre en compte dans la conception et l'application des droits. La conception du respect, de la dignité, de la vie en Chine, n'est pas la même qu'au Japon, à Bamako, à Bruxelles ou à Paris. Et même à Bruxelles, on est loin de l'unanimité sur des questions comme la fin de vie, l'interruption volontaire de grossesses, le mariage des personnes de même sexe, l'immigration et les droits des migrants.

Le relativisme introduit par la Cour constitutionnelle béninoise n'est pas conceptuel, il est d'un tout autre genre (technique), car il lui appartient d'appliquer les droits et libertés inscrits dans la Constitution sans avoir à les discuter quant à leur bien fondé. Toutefois, dans la pratique, un certain nombre de limitations s'imposent comme des nécessités incontournables permettant de garantir la stabilité même de la *constitution sociale.* Nous avons choisi de les appeler *« principes limitatifs fondamentaux ».* Ils peuvent se définir comme des principes qui rendent efficient et pacifique, l'exercice des droits constitutionnels subjectifs. Ce sont donc des principes objectifs, c'est-à-dire qui ne constituent pas des prérogatives au profit du citoyen, mais se rattachent à la notion *« d'intérêt général ».*

Au nombre de ceux-ci, on citera –et cela est commun à tous les systèmes juridiques, le principe selon lequel, les droits et libertés des uns ne peuvent s'exercer que dans le mesure du respect des droits et libertés des autres. C'est le sens du vieil adage *« la liberté des uns s'arrête là où commence celle des autres ».* C'est ce que nous choisissons d'appeler *le principe de proportionnalité*[1783] (Section 1) ; ensuite, les prérogatives des citoyens ne peuvent s'exercer que dans les conditions fixées par la loi, cette évidence résulte de la formulation constitutionnelle de certains droits et libertés, c'est ce que nous appellerons *le principe du respect de la loi* (Section 2) ; de même, la Cour constitutionnelle a rappelé à plusieurs occasions *le principe de l'exception d'ordre public* (Section 3), principe fondamental connu en droit administratif, qui permet aux autorités de restreindre l'exercice d'un droit ou d'une liberté lorsque celui-ci menacerait l'ordre public ; enfin *le principe des circonstances exceptionnelles* (Section 4) importé du droit public français et consacré par la Constitution.

Section 1. Principe de proportionnalité

A l'intérieur du principe de proportionnalité, nous y incluons deux aspects : la proportionnalité entre les droits/libertés et les devoirs constitutionnels de chaque citoyen (Paragraphe 1) et la proportionnalité entre les droits/libertés de chaque citoyen et les droits/libertés des autres (Paragraphe 2). Dans l'exposé qui suit, nous emploierons la notion de « droits » pour designer également *« les libertés »*.

Paragraphe 1. Proportionnalité entre droits et devoirs de chaque citoyen

Beaucoup de dispositions constitutionnelles comportent uniquement des devoirs, qui viennent ainsi contrebalancer les droits proclamés. L'article 32de la Constitution institue un devoir de patriotisme : *« La défense de la Nation et de l'intégrité du territoire de la République est* ***un devoir sacré pour tout citoyen béninois. Le service militaire est obligatoire****. Les conditions d'accomplissement de ce devoir sont déterminées par la loi »*. Ce devoir est concrétisé à l'article 67 relatif à l'état de siège (nous reviendrons sur cette disposition) : *« En cas de coup d'État, de putsch, d'agression par des mercenaires ou de coup de force quelconque, tout membre d'un organe constitutionnel a le droit et le devoir de faire appel à tous les moyens pour rétablir la légitimité constitutionnelle, y compris le recours aux accords de coopération militaire ou de défense existants »*. L'article 33 est lié au devoir de travail et à l'obligation fiscale : *« Tous les citoyens de la République du Bénin* ***ont le devoir*** *de travailler pour le bien commun, de remplir toutes leurs* ***obligations*** *civiques et professionnelles, de s'acquitter de leurs contributions fiscales ».*L'article 34 est une invitation au civisme : *« Tout citoyen béninois, civil ou militaire, a le* ***devoir sacré*** *de respecter, en toutes circonstances, la Constitution et l'ordre constitutionnel établi ainsi que les lois et règlements de la République* ». On ne manquera pas de citer l'article 35 lié aux devoirs de conscience et de dévouement, sur lequel la Cour s'est abondamment exprimée : *« Les citoyens chargés d'une fonction publique ou élus à une fonction politique* ***ont le devoir*** *de l'accomplir avec conscience, compétence, probité, dévouement et loyauté dans l'intérêt et le respect du bien commun ».* L'article 36 a servi à arbitrer des conflits entre citoyens et communautés : *« Chaque Béninois* ***a le devoir*** *de respecter et de considérer son semblable sans discrimination aucune et d'entretenir avec les autres des relations qui permettent de sauvegarder, de renforcer et de promouvoir le respect, le dialogue et la tolérance réciproque en vue de la paix et de la cohésion nationale. »* L'article 37 : *« Les biens publics sont sacrés et inviolables. Tout citoyen béninois* ***doit*** *les respecter scrupuleusement et les protéger. Tout acte de sabotage, de vandalisme, de corruption, de détournement, de dilapidation ou d'enrichissement illicite est réprimé dans les conditions prévues par la loi ».*

Dans une décision rendue en 2013, la Cour rappelle que cette proportionnalité établie par la Constitution, n'épargne pas la première personnalité de l'Etat. Elle souligne que *« le Président de la République pour être Chef de l'Etat et Chef du Gouvernement n'en est pas moins un citoyen de la République titulaire des droits, libertés et devoirs incombant à tout citoyen, sous la seule réserve des obligations spécifiques et fonctionnelles de sa charge ; qu'ainsi les propos par lui tenus (...) en réponse aux déclarations faites (...) par le Front Citoyen pour la sauvegarde des acquis démocratiques : 'je leur opposerai les miens du Bénin profond et ils vont s'affronter (...) je peux leur faire mal ces petits-là qui m'insultent tous les matins' (...) que l'effet produit sur lui par les menaces des citoyens quelle qu'en soit leur ampleur, ne saurait le dispenser de ses obligations de Chef de l'Etat ; que la paix, principe consubstantiel à la démocratie et à l'Etat de droit, s'impose aussi bien aux gouvernés qu'aux gouvernants et particulièrement au Chef de l'Etat, Président de tous les Béninois ; qu'en conséquence, le Président de la République (...) par ses propos (...) a méconnu l'article 36 de la Constitution »*[1784].

Paragraphe 2. Proportionnalité entre droits des uns et des autres

Cette exigence est affirmée sans équivoque à l'article 27 alinéa 3 de la CADHP : *« Les droits et libertés de chaque personne s'exerce dans le respect du droit d'autrui, de la sécurité collective, de la morale et de l'intérêt commun ».* La Constitution béninoise a consacré un arsenal de libertés (liberté d'expression, d'association, de réunion, la liberté de manifestation...) et de droits (droit de vote, droit de grève...) en posant comme condition, le respect des droits et libertés des autres. A titre d'exemples, l'article 9 dispose : *« Tout être humain a droit au développement et au plein épanouissement de sa personne dans ses dimensions matérielle, temporelle, intellectuelle et spirituelle, pourvu qu'il ne viole pas les droits d'autrui ni n'enfreigne l'ordre constitutionnel et les bonnes mœurs ».*Et selon l'article 11, toutes les communautés composant la Nation béninoise jouissent de la liberté d'utiliser leurs langues parlées et écrites et de développer leur propre culture **tout en respectant celles des autres.** L'État doit promouvoir le développement de langues nationales d'intercommunication.

La Cour rappelle dans plusieurs décisions l'exigence de proportionnalité, elle a ainsi estimé dans les faits qu'en exerçant leur droit de manifestation, Gildas AHISSOU et ses camarades ont violé l'article 9 de la Constitution qui dispose : *« Tout être humain a droit au développement et au plein épanouissement de sa personne dans ses dimensions matérielle, temporelle, intellectuelle, spirituelle,* ***pourvu qu'il ne viole pas les droits d'autrui ni n'enfreigne l'ordre constitutionnel et les bonnes mœurs »****,* et 27, alinéa 3 de la CADHP. Les mises en cause avaient cadenassé *« (...) toutes les entrées du Collège pour empêcher le Personnel Administratif et les Professeurs qui devraient avoir cours, de travailler ces jours-là, et renvoyer des salles de classe les Elèves et leurs Professeurs à coups de bâton et jets de projectiles ».*La Cour en déduit qu'ils ont dans l'exercice de leurs droits de manifestation violé les articles 9 de la Constitution et 27 de la CADHP[1785].

[1784] DCC 13-071 du 11 juillet 2013, *Serge PRINCE AGBODJAN, op.cit.*
[1785] DCC 14-129 du 08 juillet 2014, *Delphin GNANSOUNOU.*

Dans le même sens, la Cour rappelle à propos du droit de grève et après avoir visé l'article 31, que la Constitution reconnait à tout travailleur le droit de grève, ce droit implique la liberté de faire ou de ne pas faire dans les conditions fixées par la loi, en tout état de cause, **l'Etat doit assurer une égale protection des personnes et des biens** sur toute l'étendue du territoire national, en l'espèce, les mesures prises par le Gouvernement ne constituent pas une entrave à l'exercice du droit de grève, dès lors, il n'y a pas violation de l'article 31 de la Constitution[1786].

Section 2. Principe du respect de la loi

La loi doit être comprise dans un sens large, synonyme du droit. Dans une décision rendue en 2013, la Cour rappelle que *« l'usage de la liberté d'expression ne saurait constituer en lui-même une violation de **la loi** (...) le contenu de la parole peut être de nature à enfreindre **la loi** y compris la loi constitutionnelle »*[1787]. Beaucoup de droits consacrés par la Constitution ne sont pas absolus, ils doivent s'appliquer dans le respect d'un certain nombre de conditions prévues par la loi. Dans la décision suscitée[1788], la Cour précise, en rapport avec l'article 31 sur le droit de grève, que la Constitution reconnait à tout travailleur le droit de grève, ce droit implique la liberté de faire ou de ne pas faire dans les conditions fixées par la loi, qu'en tout état de cause, l'Etat doit assurer une égale protection des personnes et des biens sur toute l'étendue du territoire national, qu'en l'espèce, les mesures prises par le Gouvernement ne constituent pas une entrave à l'exercice du droit de grève ; dès lors, il n'y a pas violation de l'article 31 de la Constitution. En revanche, elle a reconnu qu'un message constituait une violation du droit de grève reconnu à l'article 31 de la Constitution[1789].

Dans beaucoup d'hypothèses, la Cour refuse de sanctionner des Arrêtés administratifs contraires à la Constitution, dès lors que le droit constitutionnel invoqué a été organisé par les dispositions législatives, conformément aux dispositions constitutionnelles qui l'instituent. Une telle façon de faire est qualifiée par la doctrine française de théorie de la loi-écran

---

[1786]DCC 03-003, *op.cit., SG du Syndicat national des travaux publics unifié des travailleurs (SYNUTRA-TP).*
[1787] DCC 13-071du 11 juillet 2013.
[1788]DCC 03-003, *op.cit.*
[1789]DCC 03-004, *SG de l'Union nationale des syndicats des travailleurs.*

(Paragraphe 1), nous pouvons dès lors soutenir à côté de la supraconstitutionnalité, l'idée d'infraconstitutionnalité (Paragraphe 2). Il y aurait, à notre avis, à l'intérieur des normes constitutionnelles, des normes à valeur supraconstitutionnelle, des normes à valeur constitutionnelle et des normes à valeur infraconstitutionnelle.

Paragraphe 1. Principe de la loi-écran

Habituellement, la théorie de la loi-écran est appliquée par le juge administratif et non le juge constitutionnel, car selon la conception française, le juge administratif n'est pas le juge de la constitutionnalité, il est le juge de la légalité administrative. Par ailleurs, l'article 62 de la Constitution française consacre l'exclusivité de la compétence du Conseil constitutionnel en matière de constitutionnalité. Rappelons le principe de la loi-écran, il est énoncé sous la plume de Raymond ODENT : « *Quand la légalité d'un acte administratif est contestée pour des motifs tirés de la violation de la constitution, la position du juge administratif est totalement différente selon qu'une loi s'interpose entre la constitution et cet acte, auquel cas, la loi constitue pour le juge un écran infranchissable, et c'est en fonction de la loi seule qu'il apprécie la légalité de l'acte litigieux. Si au contraire, aucune loi n'est intervenue en la matière, le juge administratif apprécie directement par rapport à la loi constitutionnelle la légalité discutée devant lui de l'acte administratif* »[1790]. La formule que donne la doctrine camerounaise sous la plume de Roger Gabriel NLEP est beaucoup plus développée : « *La technique juridique a ceci de particulier qu'elle aboutit parfois à la situation profane de l'esclave qui doit servir deux maîtres. Et dans la trilogie, juge de l'administration, normes constitutionnelles, normes infra-constitutionnelles, le juge de l'administration se trouve dans la situation de l'esclave qui doit servir deux maitres dont les ordres sont contradictoires : d'une part les normes constitutionnelles, d'autre part les normes infra-constitutionnelles, pour ne pas dire simplement législatives. Lorsque les deux catégories de normes rentrent en contradiction et que l'acte de l'autorité administrative soit conforme à la loi, mais non conforme à la Constitution, le juge*

[1790] ODENT (R.), *Contentieux administratif*, Paris, les cours de droit, 1977, fasc. 1, p. 232 et s.

administratif, dans sa décision, doit faire prévaloir l'une sur l'autre (...)»[1791].

Si la théorie de la loi écran se pose devant le juge constitutionnel béninois, c'est parce que le constituant lui a donné la compétence en matière de conformité des actes administratifs à la Constitution, ce qui dans la plupart des régimes juridiques est normalement de la compétence du juge ordinaire (administratif notamment). Evoquons maintenant deux exemples concrets dans la jurisprudence constitutionnelle béninoise, se rapportant à l'article 39 de la Constitution qui traite du droit des étrangers :

- *Premier exemple.* Selon l'article 39 de la Constitution : *« Les étrangers bénéficient sur le territoire de la République du Benin des mêmes droits et libertés que les citoyens béninois et ce, dans les conditions déterminées par la loi. Ils sont tenus de se conformer à la Constitution, aux lois et aux règlements de la République ».* Dans une importante affaire, leRapporteur dans son Instruction a rappelé que ce droit devait s'exercer dans le respect de *la loi n° 86-12du 26 février 1986 portant régime des étrangers en République du Benin,* de sorte qu'un Arrêté administratif d'expulsion d'un étranger pris sur le fondement de cette loi n'était pas contraire à la Constitution[1792]. La Cour applique ainsi la théorie de la loi -écran, ce qui signifie que lorsqu'un requérant conteste la régularité d'un Arrêté ou de tout acte administratif unilatéral, en tirant argument de la violation de la Constitution, si une loi est intervenue entre la disposition constitutionnelle et l'Arrêté en cause, la Cour considère que c'est en application de la loi que l'Arrêté a été pris, elle se déclare incompétente, la loi fait écran entre l'Arrêté et la Constitution. Le requérant pourrait bien sûr mieux se pouvoir, c'est-à-dire aller devant le juge administratif béninois pour un contrôle de légalité, c'est-à-dire de conformité de l'Arrêté à la loi. La position de la Cour constitutionnelle est bien évidement critiquable.

- *Second exemple,* dans une affaire datant de 2013, le requérant faisait grief à l'Arrêté du 20 avril 2012 portant mesure d'expulsion en son encontre, d'avoir violé l'article 39 de la Constitution. La Cour souligne que ledit

---

[1791] NLEP (R), *« Le juge de l'Administration face aux droits fondamentaux en Afrique : le cas du Cameroun »,* (Leçon inaugurale prononcée à l'occasion de la rentrée solennelle des universités camerounaises, année 1997-1998), *inédit.*
[1792] DCC 13-037 du 28 mars 2013, *Ali KHAROUBI.*

Arrêté a été pris en vertu de *la loi n° 86-12 du 26 février 1986 portant régime des étrangers en République du Bénin*[1793]. C'est sur la base de cette loi et non de la Constitution que l'Arrêté devrait être confronté, d'où l'incompétence de la Cour.

Paragraphe 2. L'infraconstitutionnalité en droit béninois

Avant d'en venir à la question de l'infraconstitutionnalité, on pourrait se demander de façon naïve, au nom de quoi la Cour constitutionnelle refuse de confronter une disposition administrative à la Constitution dès lors qu'une loi est intervenue ? Le contrôle devait d'autant plus être opéré dans les deux exemples ci-dessus cités, que la loi en cause date de 1986, c'est-à-dire bien avant l'avènement du renouveau démocratique ; il n'est pas anodin que les requérants eussent soulevé la contradiction évidente avec l'article 39 de la Constitution de 1990 qui procède d'un esprit libéral, en tout cas différent de celui prévalant en 1986 ; c'eut été une occasion pour le juge de constater le décalage entre cette loi et le nouvel ordre constitutionnel et procéder à un toilettage nécessaire. Ce n'est pas la rétroactivité de la Constitution que le requérant sollicite (il est clair selon la jurisprudence que la rétroactivité de la Constitution de 1990 n'a lieu que lorsqu'est en cause un principe à valeur constitutionnelle), mais l'application de la Constitution à une situation postérieure à 1990, on ne comprend dès lors pas pourquoi le juge constitutionnel oppose une fin de non-recevoir au moyen tiré de la violation de l'article 39 motif pris de ce que la mesure administrative ait été prise sur le fondement de la loi de 1986.

L'application de la théorie de la loi écran ne poserait pas de problème particulier, si la loi intervenue fût postérieure à la Constitution, car le mécanisme de contrôle de constitutionnalité mis en place depuis 1990 permet de sanctionner par voie d'action et d'exception, les lois infidèles, c'est-à-dire celles qui violent les droits fondamentaux. Avant 1990, un tel mécanisme n'était pas aussi efficace, on était dans une situation comme nous l'avons souligné en introduction, de *« justice constitutionnelle embryonnaire »* supplantée par le présidentialisme négro-africain. La Cour constitutionnelle gagnerait à l'avenir, chaque fois qu'une loi antérieure à

[1793] DCC 13 -085 du 13 aout 2013, *Andrey RAZUVAEV.*

1990 est querellée devant elle, de redoubler de vigilance et d'audace, en la sanctionnant au besoin, pour susciter une intervention législative.

Quoiqu'il en soit, il ressort de ces espèces que de la même façon que l'on distingue à l'intérieur des dispositions du texte constitutionnel, des normes supraconstitutionnelles, il y'aurait des normes infraconstitutionnelles. L'infraconstitutionnalité de certaines dispositions, résulte de leur formulation au sein du texte constitutionnel, leur effectivité ou limitations sont dépendantes de l'intervention législative. Quelques exemples peuvent être rapportés :

- *L'article 14 de la Constitution dispose : « (...) Les écoles privées peuvent bénéficier des subventions de l'État* ***dans les conditions déterminées par la loi ».***

- *L'article 23 : « Toute personne a droit à la liberté de pensée, de conscience, de religion, de culte, d'opinion et d'expression* ***dans le respect de l'ordre public établi par la loi et les règlements.*** *L'exercice du culte et l'expression des croyances s'effectuent* ***dans le respect de la laïcité de l'État ».***

- *L'article 24 : « La liberté de la presse est reconnue et garantie par l'État. Elle est protégée par la Haute Autorité de l'audiovisuel et de la communication* ***dans les conditions fixées par une loi organique ».***

- *L'article 25 : « L'État reconnaît et garantit,* ***dans les conditions fixées par la loi****, la liberté d'aller et venir, la liberté d'association, de réunion, de cortège et de manifestation ».*

- *L'article 39 : « Les étrangers bénéficient sur le territoire de la République du Bénin des mêmes droits et libertés que les citoyens béninois et ce,* ***dans les conditions déterminées par la loi.*** *Ils sont tenus de se conformer à la Constitution, aux lois et aux règlements de la République ».*

Nous pouvons déduire de ces formulations que les droits proclamés n'ont pas la pleine valeur constitutionnelle, car leur exigibilité est conditionnée par l'intervention législative et le juge refuse de sanctionner leur violation, dès lors qu'une loi est intervenue pour les organiser. Il rejeté ainsi la compétence sur le juge de la légalité. Il n'est pas incongru de conclure que ces dispositions auraient à tout le moins une valeur législative, en tout cas infraconstitutionnelle, car qu'est-ce que finalement une norme constitutionnelle ? C'est n'est pas simplement une norme inscrite dans la Constitution, mais une norme dont la modification ne peut intervenir que par une procédure constitutionnelle et dont le juge constitutionnel assure le respect.

Section 3. Principe de l'exception d'ordre public

Le danger d'un Etat de droit libéral est qu'il ne dérive à plus ou moins brève échéance, vers le libertinage. Pierre Augustin CARON[1794] disait que la parfaite raison fuit toute extrémité et veut que l'on soit sage avec sobriété. Si la notion d'*« ordre public »* a souvent été en France et dans les Etats d'Afrique noire francophone, un gigantesque mouroir des libertés publiques, elle recouvre ses lettres de noblesse dans la jurisprudence constitutionnelle béninoise, elle sert à éviter que l'exercice de la liberté par le citoyen ne porte atteinte à l'ordre. Ainsi la plupart des droits garantis par la Constitution comporte la réserve du respect de la loi ou de l'ordre public[1795]. Citons par exemple les articles 23 de la Constitution et 8 de la CADHP qui disposent respectivement : *« Toute personne a droit à la liberté de pensée, de conscience, de religion, de culte, d'opinion et d'expression dans le respect de* ***l'ordre public*** *établi par la loi et les règlements. L'exercice du culte et l'expression des croyances s'effectuent dans le respect de la laïcité de l'Etat. Les institutions, les communautés religieuses ou philosophiques ont le droit de se développer sans entraves (...) » ; « La liberté de conscience, la profession, et la pratique libre de la religion sont garanties. Sous réserve de* ***l'ordre public,*** *nul ne peut être l'objet de mesures de contrainte visant à restreindre la manifestation de ces libertés ».* Cette disposition conforte l'idée avancée plus haut. Il est clair que pour le constituant béninois, les principes de laïcité et d'ordre priment sur la liberté de pensée, de conscience, de religion, de culte et d'expression. Ils n'excluent pas ces libertés, mais conditionnent leur exercice.

Bien avant l'Indépendance, a été adopté un *décret-loi du 23 octobre 1935 portant réglementation des mesures relatives au renforcement du maintien de l'ordre public,* il a été modifié par *la loi n° 60-4 du 14 mars 1960.*

[1794] POQUELIN (J.B), dit MOLIÈRE, Misanthrope, éd. Collationnées., 1666, I, 1.
[1795] DCC 16-94 du 27 mai 1994, *Moïse BOSSOU.*

L'ordre public est actuellement régi par *le décret n°2005-377 du 23 juin 2005 portant réglementation du maintien de l'ordre public.* Toutefois, ce texte ne fait pas partie du bloc de constitutionnalité, et les contestations relatives à son application ne relève pas du juge constitutionnel[1796]. C'est ce qui découle de la jurisprudence de la Cour[1797]. La Haute juridiction a particulièrement apporté deux enseignements en matière d'ordre public. Cette notion a une dimension positive et une dimension négative : d'une part, elle vise à éviter des abus dans l'exercice des droits et libertés du citoyen (Paragraphe 2) ; d'autre part, elle ne peut justifier des abus des autorités administratives dans la restriction des libertés (paragraphe 2). L'usage abusif de la notion d'ordre public pourrait donner lieu à la responsabilité de l'Etat[1798].

Paragraphe 1. Limitations des excès liés à l'exercice de la liberté

L'exercice des libertés ou des droits ne se fait pas sans conditions, comme le rappelle fort opportunément la Cour, lorsqu'elle juge que, si l'article 23 protège la liberté de religion et de culte, il n'en demeure pas moins que celle-ci s'exerce dans le respect de l'ordre public établi par la loi et les règlements ; qu'en l'espèce, les requérants ne se sont pas conformés aux prescriptions légales, il n'y a dès lors pas violation de la Constitution[1799].

Deux précisions méritent d'être soulignées à propos des limitations des excès liés à l'exercice de la liberté ou d'un droit : la restriction d'un droit ou d'une liberté fondée sur la notion d'ordre public doit reposer sur une existence réelle des menaces à l'ordre public (A) ; à partir du moment où ces menaces sont établies, la jurisprudence constitutionnelle reconnait au profit des autorités administratives la possibilité de prendre un nombre varié de mesures (B).

[1796] DCC 14-081 du 08 mai 2014, *Serge Roberto PRINCE AGBODJAN.*

[1797] DCC 06-047 du 05 avril 2006, *BANNI Sidi et DEMON Abdoulaye.*

[1798] DCC 07-175 du 27 novembre 2007, *VELE Jeanne et consorts (cette décision parle aussi de la violation de la séparation des pouvoirs).*

[1799] DCC 07-007 du 23 janvier 2007, *Paul Comlan ADJILE.*

A) Existence des menaces réelles à l'ordre public

La Cour a rappelé encore récemment le principe selon lequel *« (...) l'autorité administrative est fondée, dès qu'il existe un risque ou une menace perceptible à l'ordre public, à prendre toute mesure utile pour préserver la quiétude et la sécurité des biens et des personnes »*[1800]. Elle juge que, si selon l'article 25 de la Constitution : *« L'Etat reconnaît et garantit, dans les conditions fixées par la loi, la liberté d'aller et venir, la liberté d'association, de réunion, de cortège et de manifestation »*, il résulte de ces dispositions que la jouissance des libertés par les citoyens doit se faire dans le respect de l'ordre public ; il ressort des éléments du dossier *« l'existence réelle des risques de menaces de tension susceptibles de provoquer des troubles à l'ordre public »*. Le Préfet était donc fondé à prendre des dispositions nécessaires pour préserver l'ordre public, en invitant le Maire à interdire les meetings projetés, le Préfet des Départements du Borgou et de l'Alibori n'a pas violé la Constitution[1801].

Dans le même sens, la Cour juge qu'un Arrêté pris pour préserver la paix social suite aux nombreux incidents entre des partisans de Pasteurs n'est pas contraire à la Constitution tant bien même qu'il suspendrait provisoirement les activités de l'URHC et fermerait provisoirement des Paroisses dans toutes les communautés. Ainsi, les agissements des fidèles de l'église URHC de Ouèssè, toutes tendances confondues sont contraires à la Constitution. A propos de la liberté d'aller et venir, de manifestation et de réunion, la Cour estime que le Chef de circonscription urbaine de Cotonou a pris sa décision en conformité avec le *décret-loi du 23 octobre 1935 portant réglementation des mesures relatives au renforcement du maintien de l'ordre public, modifié par la loi n° 60-4 du 14 mars 1960*[1802]. Si la Constitution reconnait et garantit la liberté de presse, elle n'en prévoit pas moins l'exercice dans le respect de la loi et de l'ordre public[1803]. Le conflit entre les musulmans de

---

1800 DCC 14-015 du 21 janvier 2014, *Kpadessi KPENONHOUN et consorts (à propos d'une lettre du Maire instruisant au Chef d'arrondissement d'interdire toute manifestation publique pour la journée du samedi 10 janvier 2009, à Aklampa, suite à des risques de menaces à l'ordre public résultant de la dévolution du trône d'une Chefferie traditionnelle).*

1801 DCC 12-070 du 22 mars 2012, *Abdoulaye ADAM ;* v° aussi DCC 02-080 du 24 juillet 2002, *AYAYI Manassé et consorts.*

1802 DCC 01-003 du 11 janvier 2001, *Prince AGBODJAN Roberto.*

1803 DCC 99-013 du 10 février 1999, *AKPOVO Célestin.*

Madina et ceux de kabassira et kadira à Parakou étant de nature à porter atteinte à l'ordre public, l'invitation qui a été faite par l'Imam de la Mosquée de Madina à Parakou ne viole pas la Constitution[1804].

B) Mesures autorisées en cas de menaces à l'ordre public

Selon la jurisprudence de la Cour, l'autorité administrative doit *« prendre toute mesure utile pour préserver la quiétude et la sécurité des biens et des personnes »*[1805]. On ne pourrait donc établir une liste exhaustive des mesures susceptibles d'être prises. Toutefois, on notera : *le renforcement des mesures de surveillance, l'interdiction provisoire d'une liberté, le sursis d'une prérogative, la suspension provisoire d'un droit ou de l'exécution d'une décision de justice, le recours à la force publique.* Il va sans dire que ces mesures doivent cesser avec la disparition de la cause qui les a fait naitre, c'est-à-dire des menaces à l'ordre public.

Le renforcement des mesures de surveillance. A propos de l'article 23 de la Constitution, la Cour a jugé par exemple que s'il est établi que c'est dans le cadre de l'exécution d'une décision de justice qu'une équipe de policiers et de gendarmes a eu à assurer la garde du temple de l'église Protestante Méthodiste de Lokossa[1806], il n'y a pas violation de la vie privée (la Cour a requalifié les faits de la cause, les requérants faisait valoir qu'on est en présence d'un conflit entre communautés religieuses, la Cour considère qu'il s'agit plutôt d'un conflit de leadership entre deux branches d'une même famille au sujet de la désignation du Chef de collectivité), dès lors qu'il résulte des éléments du dossier que les violences générées par les querelles des uns et des autres ont nécessité l'intervention tant du Commandant de brigade que celle des autorités politico-administratives pour assister cette famille et préserver l'ordre public. En agissant comme ils l'ont fait, malgré l'intervention des autorités, les membres de cette collectivité ont méconnu les dispositions des articles 36 de la Constitution et 18.2 de la CADHP[1807].

L'interdiction provisoire. La Cour juge également que c'est pour prévenir les troubles à l'ordre public et préserver la paix sociale que le Maire de la

---

[1804]DCC 98-048 du 15 mai 1998, *Communauté musulmane de Madina à Parakou.*
[1805] DCC 14-015 du 21 janvier 2014, *Kpadessi KPENONHOUN et consorts, op.cit.*
[1806] DCC 02-053 du 31 mai 2002, *Conseil de l'Eglise Protestante Méthodiste de Lokossa.*
[1807] DCC 06-080 du 27 juillet 2006, *SAHOUEGNON Takannou et SAHOUEGNOU Tohonlou.*

localité a pris une mesure d'interdiction provisoire, deux collectivités étant entrées en conflit suite à la désignation d'un Chef traditionnel, il n'y a pas violation de l'article 23 de la Constitution[1808]. Dans le même sens, il a été jugé qu'en invitant le Maire à interdire les meetings projetés, le Préfet n'a pas violé la Constitution en ce qu'il ressort des éléments du dossier l'existence réelle des risques de menaces et de tensions susceptibles de provoquer des troubles à l'ordre public[1809].

La suspension d'un droit ou d'une liberté. La Cour a rappelé en 2014 que si l'exercice de la liberté de religion et de culte est édicté pour le respect des libertés individuelles des adeptes et des autres confessions religieuses, il reste que l'exercice d'une religion ne doit pas être source de tensions ni de soulèvement de la population et ne doit pas porter atteinte à l'ordre public ; qu'en cas de trouble à l'ordre public, les autorités en charge de religion, du culte et du service public ont le pouvoir de requérir à la force publique pour faire rétablir l'ordre, la paix et la sécurité publique[1810]. Dans les faits, la Cour juge qu'il est établi qu'au cours de plusieurs manifestations de *« dame Parfaite »,* les autorités mises en cause ont fait appel aux agents des forces de l'ordre pour prévenir les affrontements de la population, et le maintien de l'ordre public ; qu'elles n'ont interdit les activités de l'église que lorsqu'il y a eu menace avérée de trouble à l'ordre public ; qu'en agissant comme ils l'ont fait, le Ministre de l'intérieur, de la sécurité publique et des cultes, le Préfet des Départements de Zou et des Collines et le Maire de la Commune de Zagnanado n'ont pas violé la liberté de religion et de culte[1811].

Le sursis d'une prérogative. Il résulte des dispositions de l'article 31 de la Constitution que la jouissance de la liberté syndicale par les citoyens doit se faire dans les conditions prévues par la loi. De telles dispositions visent à éviter les abus tant dans la jouissance de ladite liberté par les citoyens, que sa restriction par les autorités chargées de l'administration territoriale. Dans le cas d'espèce, il est établi que les responsables syndicaux n'ont pas respecté le consensus retenu, de même que les dispositions de la lettre -circulaire portant mise en œuvre des modalités pratiques de la nouvelle formule de

---

[1808] DCC 07-143 du 18 octobre 2007, *OBA Adé Tutu.*

[1809] DCC 12-070 du 22 mars 2012.

[1810] DCC 14-188 du 11 novembre 2014, *« Leurs Eminences Jean Cardinal VIATONOU, Nathaniel Cardinal AGBASSI, Judas Cardinal OREKAN et Pierre Cardinal ASSOGBA) ».*

[1811] *Ibidem.*

gestion des gares routières. La persistance de la menace à l'ordre public et à la paix a conduit l'autorité communale à surseoir à l'installation des responsables syndicaux. Une telle décision ne saurait être analysée comme une entrave à l'exercice des libertés syndicales[1812].

La suspension de l'exécution d'une décision de justice. L'ordre public peut également justifier la suspension de l'exécution d'une décision de justice. Dans une décision rendue en 2013, suite à une requête par laquelle, le requérant faisait valoir que son droit à l'accès à la justice qui implique l'exécution des décisions de justice avait été violé par les Procureurs Généraux qui se sont succédé à la Cour d'Appel de Cotonou[1813]. La Cour juge que le Procureur général près la Cour d'Appel à l'époque des faits, Mr Constant AMOUSSOU et l'actuel Procureur, Monsieur Gilles SODONOU, sont intervenus afin d'éviter tout trouble à l'ordre public en raison des menaces persistances. On ne saurait dès lors leur faire grief d'avoir violé la CADHP ou la Constitution.

Le recours à la Force publique. Il a été jugé qu'il résulte des éléments du dossier que si les franchises universitaires sont édictées pour le respect des libertés individuelles et collectives des différents acteurs de l'Université, il reste que l'exercice desdites libertés ne doit pas porter atteinte à l'ordre public ; qu'en cas de trouble, l'autorité en charge de l'Université a le pouvoir de requérir la force publique pour faire rétablir la paix et la sécurité. Dans le cas d'espèce, le Recteur de l'Université d'Abomey-Calavi a fait appel aux agents des forces de l'ordre pour faire cesser les scènes de terreur, de jets d'œufs pourris, des chiottes sur les lieux de délivrance des cartes d'étudiant ;en agissant comme il l'a fait, le Recteur de l'Université d'Abomey-Calavi n'a pas violé les franchises universitaires. Il y a donc lieu pour la Cour de dire et juger qu'il n'y a pas violation de la Constitution[1814]. Après avoir rappelé que le Chargé d'Affaire de l'Ambassade du Bénin en Lybie a compétence pour veiller à l'ordre public au sein de l'Ambassade, la Cour conclut qu'il n'y a pas en l'espèce violation des droits de l'homme, le

[1812]DCC 10-091 du 15 juillet 2010.

[1813] L'article 569 de *la loi n° 2008-07 du 28 juillet 2011 portant Code de la procédure Civile, Sociale et Administrative confie aux Procureurs de la République et aux Procureurs Généraux,* le devoir d'exécuter les décisions de justice.

[1814]DCC 12-138 du 28 juin 2012.

requérant ayant été arrêté par la Police libyenne sous plainte du Chargé d'Affaire, pour avoir refusé de se conformer aux instructions[1815] .

Paragraphe 2. Limitations des excès de la restriction de la liberté

La Cour constitutionnelle béninoise a posé des balises de fond et de forme au recours à la notion d'ordre public dans le cadre de la restriction des droits et libertés. Sur le fond, il faut dans le chef de l'autorité administrative une démonstration sur base des faits concrets, qu'il y'a réellement des menaces à l'ordre public (A). Sur la forme, sa décision doit en outre être motivée (B).Par exemple, à propos de la liberté d'aller et venir, la liberté d'association, de réunion, de cortège et de manifestation, la Cour juge que « *dès qu'une autorité administrative (...) n'a pas motivé sa décision d'interdiction d'une de ces libertés, et s'il n'est pas démontré que la jouissance de la liberté peut porter atteinte à l'ordre public, alors, il y a violation de la Constitution »*[1816].

A) Exigence d'une démonstration des menaces à l'ordre public

La Cour juge dans ce sens que si la prévention d'atteinte à l'ordre public, notamment d'atteinte à la sécurité des personnes et des biens est nécessaire à la sauvegarde des principes et des droits ayant valeur constitutionnelle, elle ne peut justifier dans le cas d'espèce, l'arrestation et la conduite sous escorte du requérant aux fins de passation de service à la Mairie. En conséquence, il y a violation de la Constitution[1817]. Dans le même sens, il a été jugé qu'il ressort des éléments du dossier que d'une part, les textes régissant le personnel de la police nationale, notamment le *décret du 30 novembre 1997,* reconnaissent aux policiers le droit de s'organiser en formation syndicale ; d'autre part, le Ministre de l'Intérieur, de la Sécurité et de la Décentralisation ne rapporte pas la preuve de ce que la tenue du congrès consultatif du syndicat de police serait de nature à troubler l'ordre public. Il y a lieu, par conséquent, de déclarer contraire aux articles 23, alinéa 1 et 25 de la Constitution, *la lettre du 13 avril 2004* du DG de la police nationale portant

[1815] DCC 03-016 du 19 février 2003, *RADJI-ALI Habib.*
[1816] DCC 00-003 du 20 janvier 2000, *Recueil des décisions et avis*, 2000, p.19 ; DCC 03-134 du 21 août 2003, *Recueil des décisions et avis,* 2003, p. 543.
[1817]DCC 08-010 du 17 janvier 2008.

suspension provisoire de la tenue du congrès constitutif du syndicat de police[1818].

B) Existence d'une décision valablement motivée

Après avoir constaté que la jouissance des libertés publiques doit se faire dans le respect de l'ordre public établi par la loi et les règlements, la Cour souligne que de telles conditions visent à éviter des abus tant dans la jouissance des libertés par les citoyens que dans leur restriction par les autorités chargées de l'Administration territoriale. *« (...) Considérant que dans sa lettre (...) du 29 avril 2002, le chef de la Circonscription urbaine de Cotonou motive sa décision d'interdiction de la marche programmée pour le jeudi 02 mai 2002 par la Renaissance du Bénin, par la menace de troubles à l'ordre public contenue dans la correspondance (...) du 29 avril 2009 ; que l'analyse de la correspondance de la Renaissance du Bénin ne relève aucun élément susceptible de faire craindre des troubles à l'ordre public ; que les raisons invoquées sont sans rapport avec l'exception d'ordre public et l'effectif suffisant d'agents de force de sécurité publique disponible ; que dans ces conditions, la Cour doit faire droit à la demande du requérant en déclarant contraire à la Constitution la Lettre n° 287/CUC/CAB-SP querellée »*[1819].

Dans le même ordre d'idées, la Cour rappelle que les libertés d'aller et venir ; d'association, de réunion[1820], de cortège et de manifestation ont pour but de garantir à l'individu la jouissance des libertés fondamentales et de la protéger contre tout arbitraire. Dès lors qu'une autorité administrative, en l'occurrence le Sous-préfet n'a pas motivé sa décision d'interdiction d'une de ces libertés, il y a violation de la Constitution[1821]. Les exigences de la surveillance du territoire et de la sécurité des personnes et des biens impliquent qu'il soit tenu compte du droit à la liberté d'aller et venir reconnu

---

[1818] DCC 05-059 du 07 juillet 2005, *ZOUNON Emmanuel.*

[1819] DCC 03-134 du 21 aout 2003, *BADET Pierre ;* DCC 03-142 du 16 oct. 2003, *AMADOU Awaou épse SANTOS.*

[1820] DCC 01-038 du 13 juin 2001, *Union nationale des conducteurs démocratiques duBénin (UNACODEB).*

[1821] DCC 00-003 du 20 janvier 2000, *Bureau directeur de l'association Wanignon de Toffo (ADWAT).*

à chaque citoyen par la Constitution[1822]. Il faut préciser par ailleurs que ce sont les autorités administratives et les personnes exerçant un commandement administratif qui sont en principe garantes de l'ordre public. De fait, un particulier ne peut entraver la liberté de culte sous prétexte de faire régner l'ordre public[1823].De même, le pouvoir reconnu aux autorités administratives ne leur permet pas de s'immiscer dans les affaires internes des organisations, la Cour a sanctionné un Maire qui s'est ingéré dans le fonctionnement d'un syndicat pour essayer de le contrôler[1824].*A contrario,* dès lors qu'il est constaté par exemple que le trouble à l'ordre public est le motif qui sous-tend la décision de suspension prise par la séance de concertation, on ne saurait conclure à la violation de la liberté de religion et de culte, telle que prescrite par l'article 23, alinéa 1de la Constitution[1825].

Section 4. Principe des circonstances exceptionnelles

Les articles 66, 67, 68 de la Constitution sont relatifs aux circonstances exceptionnelles. Malgré la proclamation de foi métaphysique du Peuple béninois sur l'autel des valeurs démocratiques et de l'Etat de droit en 1990, il n'est pas exclu que des situations imprévisibles remettent en cause cette détermination. Les dispositions ci-dessus laissent apparaitre deux situations d'importances inégales sur la situation des droits des citoyens : l'état de siège (paragraphe 1) et l'état d'urgence (paragraphe 2). La Cour a jugé que les articles 66, 67,68 de la Constitution précisent les différentes situations de crise ainsi que les moyens de les résoudre et l'article 98 de la Constitution précise que les règles relatives à l'état de siège et à l'état d'urgence sont du domaine de la loi. Il s'ensuit que le *décret portant création d'un comité de crise* qui a disposé de manière générale et sans aucune réserve, a été pris en méconnaissance des dispositions susvisées de la Constitution[1826].

Paragraphe 1. L'Etat de siège

Selon l'article 66 de la Constitution : *« En cas de coup d'Etat, de putsch, d'agression par des mercenaires ou de coup de force quelconque, tout*

[1822] DCC 01-089 du 31 octobre 2001, *KPARA Nourou.*
[1823]DCC03-140 du 25 septembre 2003, *AKIGBE Roger.*
[1824] DCC 05-149 du 1er décembre 2005, *BAKPON.*
[1825] DCC 02-101 du 21 aout 2002, *Collectif des Fidèles de l'Eglise Union Renaissance Hommes en Christ (URHC) de la Paroisse de SEHOUE.*
[1826] DCC 96-047 du 6 aout 1996, *DOKPA Isidore.*

membre d'un organe constitutionnel a le droit et le devoir de faire appel à tous les moyens pour rétablir la légitimité constitutionnelle, y compris le recours aux accords de coopération militaire ou de défense existants. Dans ces circonstances, pour tout Béninois, désobéir et s'organiser pour faire échec à l'autorité illégitime constitue le plus sacré des droits et le plus impératif des devoirs ». L'article 67 prévoit que *« le Président de la République ne peut faire appel à des Forces Armées et de Police étrangères pour intervenir dans un conflit intérieur sauf dans les cas prévus à l'article 66 ».*Il convient de distinguer entre les conditions relatives à l'Etat de siège (A) et les mesures autorisées dans cette circonstance (B).

A) Conditions relatives à l'Etat de siège

Celles-ci découlent clairement de l'article 66 qui vise un ensemble d'hypothèses précises :

- *En cas de coup d'Etat ;*
- *De putsch ;*
- *D'agression par des mercenaires ;*
- *Ou de coup de force quelconque.*

Une telle disposition ne s'invente pas, elle ne peut être comprise qu'en prenant en compte l'histoire rocambolesque du BENIN, marquée par une instabilité politico-institutionnelle et une pandémie de coup d'Etat et putsch. Ces différentes circonstances peuvent être classées en deux catégories : les coups de force intérieurs et les coups de force extérieurs, qui historiquement ont été l'œuvre des mercenaires ou des services secrets étrangers. Toutefois l'article 66 a un champ beaucoup plus vaste, qui inclurait même les agressions directes des puissances étrangères ou le maintien d'un Président déchu au pouvoir, dans la mesure où il fait mention du *« coup de force quelconque ».*

Coups de forces intérieurs. La situation politico-institutionnelle du Bénin va se stabiliser à partir de 1972 avec l'arrivée au pouvoir du General Mathieu KEREKOU. De l'indépendance à cette date, les coups de force tenaient lieu de révision constitutionnelle : le 1er août 1960, le Dahomey obtient son indépendance de la France et Hubert MAGA devient premier PR ; le 28 octobre 1963, le Général Christophe SOGLO renverse le Président Hubert

MAGA par un coup d'Etat sans effusion de sang. En décembre 1963, le pouvoir retourne aux mains des civils: Sourou MIGAN APITHY devient PR et Justin AHOMADEBGE devient PM et Vice-président. Le 22 décembre 1965, le Général Christophe SOGLO reprend de nouveau le pouvoir à la suite d'un coup d'État. Deux ans après, soit le 17 décembre 1967, le Commandant KOUANDETE organise un coup d'Etat et confie la formation d'un nouveau Gouvernement au Lieutenant-colonel Alphonse ALLEY. Un an après, le 26 juin 1968 un Groupe de jeunes militaires regroupés au sein du CMR confie le pouvoir à un civil, à savoir le Docteur Emile Derlin ZINSOU. Le 10 décembre 1969, le lieutenant-colonel KOUANDETE revient à la charge en organisant un autre coup d'État, le Président Emile Derlin ZINSOU est renversé, Paul Émile de SOUZA prend le pouvoir, un an après, le 7 mai 1970, on assiste à la formation d'un présidium (Conseil présidentiel de trois membres, composé de Sourou MIGAN APITHY, Hubert MAGA et Justin AHOMADJEBGE, dont la présidence sera tournante). Le 26 octobre 1972, le Conseil présidentiel est renversé par un coup d'État organisé par de jeunes militaires, dirigés par le Commandant Mathieu KEREKOU. Le Gouvernement Militaire Révolutionnaire (GMR) est formé. Il se maintiendra au pouvoir pendant une vingtaine d'années, en février 1990, la Constitution (Loi fondamentale du 26 août 1977) est suspendue, cette suspension est suivie de l'organisation de la Conférence Nationale des Forces Vives de la Nation (CNFVN). En décembre 1990, le nouveau projet de Constitution est adopté par référendum, il instaure un régime formellement présidentiel et un multipartisme intégral ; le 24 mars 1991, le Général Nicéphore SOGLO remporte les premières élections présidentielles de l'ère du renouveau démocratique face à Mathieu KEREKOU.

Peut-on dire que l'on est parvenu au Benin à une démocratie consolidée ? L'exemple du Mali commande de rester vigilant. Alors que la plupart des observateurs s'accordaient à présenter le Mali comme un régime politique stable et consolidé[1827], on assistera dans la nuit du 21 au 22 mars 2012 à un coup d'Etat par lequel le Capitaine SANOGO mit fin au mandat de Ahmadou TOUMANI TOURE. Après une période de transition exercée par la junte militaire dénommée *« Comité National de Redressement de la Démocratie et de Restauration de l'Etat »,* un Accord-cadre sur la transition malienne entre le Médiateur de la CEDEAO et les autorités de fait sera

[1827] GAZIBO (M), *Introduction à la politique africaine,* Montréal, les Presses de l'Université de Montréal, 2006, p. 212-222.

signé. Sur base de cet Accord-cadre, le Président déchu, de son exil, présentera le 08 avril sa décision, le 10 avril, la Cour constitutionnelle par sa décision n° 2012-001/CC/Vacance du 10 avril 2012, a pris acte de la démission du Président TOURE et déclaré la vacance de la Présidence de la République[1828].

Coups de force extérieurs. Si le constituant cite expressément *« les agressions par les mercenaires »*, c'est au regard du phénomène qui sévit sur le Continent africain après les Indépendances. Malheureusement, les puissances colonisatrices sont souvent intervenues directement au gré de leurs intérêts, soit pour défendre un régime politique comme celui de Léon MBA au Gabon, soit pour tenter de le renverser, comme ça été le cas pour le régime de Sékou TOURE en Guinée-Conakry. Au nombre de ces interventions, figure l'assassinat du nationaliste camerounais Félix Roland MOUMIE qui succomba a une dose de thallium versée dans son verre après un diner avec un agent des services secrets français, William BECHTEL, qu'il croyait être un journaliste. Au Cameroun, cet événement a marqué durablement les esprits. Pour y parvenir, les puissances étrangères ont eu recours soit à des mercenaires, soit aux services secrets de l'Etat. Deux noms ont particulièrement marqués l'histoire de l'Afrique : le français Bob DENARD et le belge Jean SCHRAMME.

Arrêtons-nous sur deux exemples : le 30 juin 1967, l'ex-sécessionniste Moïse KAPEND-TSHOMBE est enlevé de façon spectaculaire. Ses amis Bob DENARD et Jean SCHRAMME associés aux anciens gendarmes katangais réagissent en attaquant les villes de Kisangani, Kindu, Bukavu qu'ils occupent pendant (4) quatre mois. Leurs assauts seront repoussés par l'Armée Nationale Congolaise du Maréchal MOBUTU, les mercenaires sont mis en déroute et s'enfuient vers le Rwanda. Le 16 janvier 1977, un groupe de mercenaires dirigé par Bob DENARD lance une agression armée aérienne contre le Bénin, le Général Mathieu KEREKOU informé de cette agression attend avec ses troupes les mercenaires à l'aéroport, Bob DENARD et ses troupes sont obligés de redécoller à l'emporte-pièce.

[1828] V° SINDJOUN (L), « Les dynamiques de la justice constitutionnelle en Afrique : histoires du chêne et du roseau », in Mélanges Paul-Gérard POUGOUE, De l'esprit du droit africain, éd…20…p. 671-672.

Jean SCHRAMME et quelques compagnons retournent en Belgique le 28 avril 1968. En 1986, après (20) vingt ans de procédure actionnée par les filles du défunt, il est condamné par contumace à (20) vingt ans de prison pour l'exécution d'un homme d'affaires (Maurice QUINTIN). Peu après son arrestation, SCHRAMME, malgré ses aveux, aura la possibilité d'échapper à la justice et de s'enfuir au Brésil, d'où il ne sera jamais extradé. Bob DENARD sera lui aussi jugé au moins symboliquement en France dans les années 1990.

L'article 66 de la Constitution béninoise s'inscrit dans un ensemble de textes internationaux et africains visant à lutter contre le mercenariat. On citera la Convention internationale contre le recrutement, l'utilisation, le financement et l'instruction de mercenaires adoptée par l'Organisation des Nations Unies en 1989 en vue de pénaliser le mercenariat. Elle est en vigueur depuis 2001. Avant cette Convention, au moins deux textes relatifs aux mercenaires avaient déjà été adoptés, ils n'ont pu visiblement empêcher les actes ci-dessus présentés : l'article 47 du Protocole I de 1977 additionnel aux Conventions de Genève de 1949 ; la Convention sur l'élimination du mercenariat en Afrique adoptée par l'Organisation de l'Unité Africaine en 1977.

B) Mesures autorisées en cas d'Etat de siège

Examinons maintenant les mesures autorisées par le texte constitutionnel en cas d'Etat de siège. En ces circonstances, la Constitution met des obligations à charge des organes constitutionnels, des citoyens, du Chef de l'Etat. Ainsi :

- Tout membre d'un organe constitutionnel a le droit et le devoir de faire appel à tous les moyens pour rétablir la légitimité constitutionnelle, y compris le recours aux accords de coopération militaire ou de défense existants ;

- Dans ces circonstances, pour tout Béninois, désobéir et s'organiser pour faire échec à l'autorité illégitime constitue le plus sacré des droits et le plus impératif des devoirs ;

- L'article 67 prévoit que « le Président de la République ne peut faire appel à des Forces Armées et de Police étrangères pour intervenir dans un conflit intérieur sauf dans les cas prévus à l'article 66 ».

Paragraphe 2. L'Etat d'urgence

L'état d'urgence entraine un renversement de la légalité normale. Il admet des compétences constitutionnelles dérogatoires accordées au chef de l'Etat ou à l'Exécutif en période de crise afin de rétablir l'ordre public et de permettre le retour au fonctionnement régulier des pouvoirs publics[1829]. On parle également de *« législation d'exception »*.L'article 68 dispose : *« Lorsque les institutions de la République, l'indépendance de la Nation, l'intégrité du territoire national ou l'exécution des engagements internationaux sont menacés de manière grave et immédiate et que le fonctionnement des pouvoirs publics et constitutionnels est menacé ou interrompu, le Président de la République après consultation du Président de l'Assemblée Nationale et du Président de la Cour constitutionnelle, prend en conseil des Ministres les mesures exceptionnelles exigées par les circonstances sans que les droits des citoyens garanties par la Constitution soient suspendus. Il en informe la Nation par message. L'Assemblée Nationale se réunit de plein droit en session extraordinaire »*. Il a été jugé *« (...) qu'en cas de recours à l'article 68 par le président de la République, celui-ci concentre en ses mains tous les pouvoirs et le contrôle des mesures prises dans ce cadre ne peut s'effectuer que sur le fondement des articles 68 et 69 ;(...) qu'en l'espèce, les ordonnances incriminées sont restées dans les limites assignées par les articles 68 et 69 de la Constitution, il y a lieu de déclarer qu'elles ne sont pas contraires à la Constitution »*. La jurisprudence s'est étendue sur les conditions de mise en œuvre de l'Etat d'urgence. La

[1829] Les pouvoirs exceptionnels ont été utilisés par Messieurs Nicéphore Dieudonné SOGLO et Mathieu KEREKOU pour légiférer et notamment pour faire voter les lois de finances. Ce fut le cas avec les *Ordonnances n° s 2002 – 001, 2002-002 et 2002-003 du 31 janvier 2002 portant respectivement loi de finances pour la gestion 2002, principes fondamentaux du régime des Télécommunications en République du Bénin, création et attributions de l'Autorité de Régulation des Télécommunications en République du Bénin* sous le Président KEREKOU. Mais avant lui, entre 1995 et 1996, le Président SOGLO avait destiné l'usage des pouvoirs exceptionnels à cette même fin. Les *Ordonnances n°s 96-01 du 31 janvier 1996 portant autorisation de ratification de l'accord de crédit n° 2727/BEN relatif au troisième programme d'ajustement structurel signé entre la République du Bénin et l'Association internationale de Développement le 08 juin 1995, 96-02 du 31 janvier 1996 portant loi de finances pour la gestion 1996 , 96-03 du 31 janvier 1996 portant programme d'investissements publics pour l'année 1996 et 96-04 du 31 janvier 1996 portant code des marchés publics applicables en République du Bénin* en sont l'illustration. Le Président Boni YAYI ....

Cour juge que le recours à l'application de l'article 68 dès lors que sont respectées les conditions prescrites par la Constitution, est un acte de gouvernement qui n'est pas susceptible de contrôle devant la Cour constitutionnelle. Le Chef de l'Etat a eu recours, parfois dans des conditions discutables, aux pouvoirs de crise prévus à l'article 68, pour contourner la majorité parlementaire[1830]. Le recours aux pouvoirs exceptionnels permettant ainsi de justifier de la nature présidentielle d'un régime politique dont la dérégulation peut parfois conduire la majorité parlementaire à imposer PR, en contradiction avec l'article 54 de la Constitution, une politique qui n'est pas la sienne[1831].

Il ne faut certainement pas se méprendre sur la notion d' *« acte de gouvernement »* utilisée par la Cour, contrairement à la situation en contentieux administratif français, elle n'implique nullement immunité juridictionnelle absolue de l'acte ainsi désigné. Comme en matière de referendum, on verra que la Cour exerce un contrôle poussée en amont sur la procédure de mise en œuvre de l'article 68, mais aussi en aval dans la mesure où aux termes de cette même disposition, les droits constitutionnels des citoyens ne doivent pas être suspendus. L'immunité découlant de l'article 68 est conditionnée par le respect des lourdes prescriptions constitutionnelles. Ainsi le régime d'état d'urgence se distingue aussi bien du droit constitutionnel français que de beaucoup de pays d'Afrique noire francophone. L'Etat d'urgence au Bénin n'entraine nullement une restriction des droits, encore moins un contrôle minimum, mais simplement une modification dans l'exercice normale des compétences.

A la lumière de ces précisions, examinions les conditions de mise en œuvre de l'Etat d'urgence (A) ; puis les mesures autorisées (B).

A) Conditions de mise en œuvre de l'Etat d'urgence

Il faut distinguer les conditions de forme (1) des conditions de fond, c'est-à-dire les raisons invoquées (2).

[1830] V° *Commentaire de la Constitution béninoise du 11 décembre 1990,* Esprit, lettre, interprétation, et pratique de la Constitution par le Benin et ses institutions, éd., Fondation, Konrad Adenauer Stiftung, Cotonou, juillet 2009, pp. 149 et ss.
[1831] *Ibidem.*

1) Conditions de forme

Elles sont au nombre de trois : la déclaration préalable, la consultation préalable et l'information de la Nation.

- *Déclaration préalable.* La Cour a jugé que l'article 68 attribue au PR le pouvoir de prendre des mesures exceptionnelles, que cette compétence implique nécessairement une décision initiale qui serve de fondement à ces mesures, que cette décision initiale de mise en œuvre des pouvoirs exceptionnels est un pouvoir discrétionnaire du PR[1832].Selon le plan de contingence Inter Agences Bénin de mai 2009, le document référentiel des Nations-Unies, toute situation d'urgence comme les inondations, est considérée comme état d'urgence. La déclaration d'une telle situation catastrophique est nécessaire pour bénéficier de l'assistance de la communauté internationale. Une telle déclaration n'entraînant pas l'accroissement de l'autorité militaire et n'apportant pas de restrictions à l'exercice des libertés publiques, ne requiert pas l'instauration d'un régime d'exception telle que prévue à l'article 101 de la Constitution. En conséquence, la déclaration du Ministre de l'intérieur et de la sécurité publique n'est pas contraire à la Constitution[1833].

La Cour rappelle en d'autres occasions que l'article 68 de la Constitution attribue au PR le pouvoir de prendre des mesures exceptionnelles. Cette compétence implique nécessairement une décision initiale qui serve de fondement à ces mesures. La décision initiale de mise en œuvre des pouvoirs exceptionnels est un acte discrétionnaire qui ne peut être soumis au contrôle de constitutionnalité que quant aux conditions de forme prescrites. Dès lorsque les Ordonnances incriminées sont restées dans les limites assignées par les articles 68 et 69 de la Constitution, il y a lieu de déclarer qu'elles ne sont pas contraires à la Constitution[1834].

- *Consultation préalable.* Le PR doit consulter le Président de l'AN et le Président de la Cour constitutionnelle. La Cour a jugé que la décision du PR de recourir à l'exercice des pouvoirs exceptionnels est un acte de gouvernement qui n'est pas susceptible de recours devant la Cour Haute

[1832] DCC 27-94 du 24 aout 1994, *Président de l'Assemblée Nationale.*
[1833] DCC 10-005 du 21 janvier 2010.
[1834] DCC 96-023 du 26 avril 1996, *AMOUSSOU Bruno.*

juridiction. Les mesures exceptionnelles ayant des limites constitutionnelles, elles ne peuvent échapper de manière absolue au contrôle de constitutionnalité[1835]. La loi organique sur la Cour a été prise en application de l'article 115 de la Constitution. L'article 77 de ladite loi, prescrivant au PR de recueillir l'avis de la Cour sur les mesures exceptionnelles, doit, dès lors recevoir application. Le défaut d'avis constitue un vice de procédure[1836]. La Cour précise que selon l'article 68 de la Constitution, seul le Président de la Cour constitutionnelle et non la Cour en tant qu'institution, a qualité pour émettre un avis sur la mise en œuvre de l'article 68 de la Constitution, la Haute juridiction ne peut intervenir qu'*a posteriori* pour contrôler la constitutionnalité des mesures exceptionnelles qui auront été prises en Conseil des Ministres[1837].Bien que les avis soient simplement consultatifs, le défaut d'avis constitue un vice de procédure[1838].

- *Formalité d'information de la Nation.* L'article 66 de la Constitution dispose que le Président informe la Nation par voie de message. En l'absence d'autres précisions, on préjuge d'une part que ce message doit se faire par tous moyens susceptibles d'atteindre le Peuple, le plus pratique serait d'user des médias télévisuels et radiophoniques. La communication du PR sera sans doute utilement relayée dans la Presse. En général, l'usage des médias officiels est fortement recommandé, car en temps de crise, la partie qui contrôle ces moyens de communication officielle est généralement perçue par l'opinion publique comme celle qui est en position de force. D'autre part, le message doit être clair, il doit notamment faire ressortir les circonstances que traverse le pays et déclarer l'état d'urgence. En tant que l'état d'urgence entraine la prise d'un certain nombre de mesures exceptionnelles, le vœu du constituant est que les citoyens soient informés sans délai préalablement à la mise en œuvre d'une telle mesure. Rien n'interdit au Chef de l'Etat de s'adresser à partir de l'étranger, sous réserve de ce qui a été dit plus haut. Historiquement, c'est à la BBC que le Général de GAULLE lança l'appel à la résistance du 18 juin 1940. L'occupation de la France par les nazis allemands ne permettait pas qu'il fût procédé autrement.

[1835] DCC 27-94 du 24 aout 1994, *op.cit.*
[1836] *Ibidem.*
[1837] DCC 96-011 du 30 janvier 1996, *Président de la République.*
[1838] DCC 27-94 du 24 août 1994.

2) Conditions de fond

On doit être en présence d'une menace grave et immédiate ou interruption du fonctionnement des pouvoirs publics et constitutionnels touchant :

- *Les institutions de la République ;*
- *L'indépendance de la Nation, l'intégrité du territoire national ;*
- *L'exécution des engagements internationaux.*

Dans un avis rendu en 1994, la Cour a jugé qu'une loi de finance votée et non promulguée, et par conséquent, non exécutoire, ne saurait constituer une menace grave et immédiate pour l'exécution des engagements internationaux[1839]. Il faut noter que l'article 68 a servi à surmonter des crises institutionnelles au Bénin. Ainsi, en 1994, après la dévaluation du franc CFA, le Gouvernement, dans l'élaboration du projet de loi de finances, gestion 1995, avait prévu des mesures sociales, notamment le relèvement des salaires et du taux des bourses en raison des conséquences sociales liées à la nouvelle parité du franc CFA. L'AN avait décidé à son niveau de revoir à la hausse les pourcentages du Gouvernement. Malgré les explications de l'Exécutif, l'AN campée dans sa logique, avait adopté le budget. Pour mettre un terme à *« la bataille du budget »,* le PR d'alors avait mis en œuvre les dispositions de l'article 68 de la Constitution[1840]. La Cour Constitutionnelle saisie avait, à travers sa décision *DCC 27- 94 du 24 août 1994* concernant la *« mise à exécution du projet de Loi de finances exercice 1995 par Ordonnance »,* déclaré que la décision du PR de recourir à l'exercice des pouvoirs exceptionnels que lui confère la Constitution est un acte de gouvernement qui n'est pas susceptible de recours devant la Cour constitutionnelle.

B) Mesures autorisées en cas d'Etat d'urgence

L'article 68 dispose que le PR prend les mesures exceptionnelles exigées par les circonstances sans que les droits des citoyens garanties par la Constitution soient suspendus. Il faut bien noter que l'état d'urgence ne

---

[1839] Avis CC 002-94 du 14 septembre 1994, Président de la République.
[1840] HOLO (T), « Regard sur le contexte national », *Bulletin de la Cour Constitutionnelle –organe d'Information et d'Éducation n° 003*, op.cit., p.5.

confère nullement un blanc-seing au PR, le respect des droits subjectifs constitutionnels des citoyens apparait comme le contrepoids des pouvoirs exceptionnels attribués au PR. Ce faisant le dispositif béninois se distingue à la fois du système français et de celui de certains pays d'Afrique noire francophone. Quelques Etats parmi ceux-ci ont encadré l'état d'urgence par une loi alors que l'Etat de siège entraine un renversement de la légalité, une dictature de salut public. Au Bénin, d'une part les mesures autorisées doivent être prises en Conseil de Ministres (1), d'autre part, elles ne doivent pas suspendre les droits constitutionnels des citoyens (2).

1) Conseil des Ministres

Le PR prend en Conseil des Ministres. Cette exigence ne fait nullement du PR, un *« dictateur »* au sens romain, les mesures doivent impérativement être prises en conseil de Ministre. La Cour veille à cette exigence, le non-respect de cette règle équivaut à un vice de procédure. Le Conseil des Ministres n'est rien d'autre que la réunion des membres du Gouvernement investis de la qualité de *« Ministre».* Il est dirigé par le PR et sa mission est d'aider celui-ci dans la prise de certaines décisions devant se matérialiser ultérieurement par des actes présidentiels. Le Conseil des Ministres prend ses décisions par des délibérations. Il faut faire la différence des actes pris par délibération et des actes de l'article 54 dernier alinéa qui sont signés du PR, puis contresignés par les Ministres chargés de leur exécution. Seuls ces derniers actes, et non les délibérations, ont une valeur juridique et sont susceptibles de recours.

2) Respect de l'intégrité des droits constitutionnels

Les mesures exceptionnelles exigées par les circonstances doivent être prises par le PR, sans ***que les droits des citoyens garantis par la Constitution soient suspendus.*** La Cour précise que les mesures exceptionnelles de l'article 68 sont prises en Conseil de Ministres quel que soit leur objet, ou le domaine dans lequel elles interviennent, ces mesures ont pour limite la sauvegarde des droits des citoyens garantis par la Constitution, le juge ajoute la volonté d'assurer aux pouvoirs publics constitutionnels dans les moindres délais, les moyens d'accomplir leurs missions[1841]. Nous avons souligné plus

[1841] DCC 27-94 du 24 aout 1994, *op.cit.*

haut que la décision de recourir à l'article 68 n'est pas susceptible de recours devant la Cour constitutionnelle mais est également insusceptible de recours devant n'importe quelle autre juridiction. En effet, l'acte de gouvernement jouit d'une immunité juridictionnelle absolue. Par ailleurs, la qualification d'acte de gouvernement permet également de distinguer la fonction gouvernementale de la fonction administrative. Par contre, les conditions prescrites pour la mise en œuvre peuvent être déférées à un contrôle de constitutionnalité. On voit bien que la notion d'état d'urgence, doit être comprise en tenant compte de l'autonomie des concepts.

La théorie des circonstances exceptionnelles ne peut être dévoyée dans le contexte béninois, dans la mesure où l'état de siège associe non seulement le PR, les pouvoirs constitutionnels, mais aussi les citoyens ; et l'état d'urgence ne peut en aucun cas entrainer ou justifier une violation des droits de la personne humaine. On est donc loin du scénario nigérien (ci-dessus examiné) sous la période de Mamadou TANDJA, qui n'a pas hésité à se fonder sur cette théorie pour dissoudre la Cour constitutionnelle et hypothéquer le destin de la Nation.

Que retenir de ce chapitre ? Il n'est pas aisé devant la consistance des droits proclamés de concilier les prérogatives individuelles avec les exigences d'ordre et les nécessités de l'action publique. Le mérite du juge constitutionnel béninois est d'être parvenu à réaliser un équilibre acceptable et accepté par le corps social. La Cour constitutionnelle précise ainsi des contre-limites aux droits fondamentaux des citoyens. Il faut bien remarquer que ces principes limitatifs ne peuvent aboutir à remettre en cause les droits fondamentaux ; même dans l'hypothèse de la théorie dite des circonstances exceptionnelles ou de l'exception d'ordre public, le juge béninois se montre lucide. Ces deux notions ont pourtant dans la plupart des Etats d'Afrique noire francophone été instrumentalisées pour prendre en otage les libertés publiques. Pourtant elles sont apparues dans des contextes particuliers en vue de répondre à des fins précises. La notion d'ordre public a été définie en France par la loi du 5 avril 1884, reprise par *le Code des Collectivités Territoriales* à l'article L. 2212-2 *« la police municipale a pour objet d'assurer le bon ordre, la sureté, la sécurité et la salubrité publique »*[1842]. *La théorie des circonstances exceptionnelles* trouve, quant à elle, son fondement de l'Arrêt *Hieyriès* rendu par le Conseil d'Etat français le 28 juin 1918, elle a été consacrée ultérieurement à l'article 16 de la Constitution du 04 octobre 1958. La Haute juridiction administrative française reconnut la légalité du décret de 1914 suspendant l'application de l'article 65 de la loi du 22 avril 1905 en se fondant sur l'article 3 de la loi constitutionnelle du 25 février 1875[1843]. Le Conseil d'Etat déduit de la situation de guerre que la violation du droit à la communication du dossier, n'entrave pas la légalité d'un acte

---

[1842]Maurice HAURIOU dira dans son *Précis* en 1927 que *l'ordre public « (...) au sens de la police est l'ordre matériel et extérieur (...) la police (...) n'essaie point d'atteindre les causes profondes du mal social, elle se contente de rétablir l'ordre matériel (...) En d'autres termes, elle ne poursuit pas l'ordre moral dans les idées. »* A côté de ces composantes, la jurisprudence française a ajouté depuis longtemps *« la moralité publique »,* il a été jugé que le Maire peut prendre des mesures de police administratives en cas d'atteintes portées à la décence, CE 17 décembre 1909, *Chambre syndicale de la corporation des marchands de vins et de liquoristes de Paris* ; CE 11 décembre 1956, *Dame Hubert et Crepelle.* A côté de la *« moralité publique »,* René CHAPUS a ajouté un autre élément, sur base *de* l'Arrêt d'Assemblée du CE en date du 27 octobre 1995, *Commune de Morsang-sur-Orge, confirmé par CE 9 octobre 1996, Association « Ici et maintenant » ;* CE 30 aout 2006, *Association Free Dom.* Le juge français a également limité l'abus par l'autorité administrative de la restriction fondée sur *« la moralité publique » ;* CE 8 décembre 1997, *Commune d'Arcueil ;* CE 14 juin 2002, *Association « promouvoir ».*

[1843] V° aussi CE 28 février 1919, *Dames Dol et Laurent.*

administratif, en vertu des circonstances exceptionnelles. L'idée de base est qu'un acte de l'administration normalement illégal puisse être considéré comme régulier pour autant que l'on soit dans des circonstances précises, en temps de guerre ou de paix[1844].

[1844] CE du 18 avril 1965, *Jarrigion.*

CONCLUSION DU TITRE II

Selon Louis FAVOREU, le contrôle de constitutionnalité est la *« manifestation (...) de la suprématie de la constitution en tant que norme fondamentale »*[1845]. La construction de l'Etat de droit libéral ne se limite pas à l'institutionnalisation du contrôle de normativité, il faut un deuxième niveau sans lequel on ne saurait parler *d'Etat de droit.* Il s'agit de rendre *« effective la soumission du législateur souverain à la règle qui fonde [Constitution notamment] son pouvoir en le contraignant par là au respect des libertés publiques »*[1846]. Dans le même sens, on peut lire sous la plume de Jean RIVERO : *« Définir un droit, c'est identifier son titulaire, préciser son objet, identifier ceux auxquels il est opposable et enfin prévoir une sanction pour [en]garantir le respect »*[1847]. Riccardo GUASTINI soulignait que, rien ne sert de s'activer à égrener un chapelet de droits et de libertés si on ne parvient pas à en organiser efficacement la protection[1848] .

L'ouverture de la saisine de la Haute juridiction au particulier devait s'imposer dès lors comme une évidence. Reprenons à notre compte le raisonnement du président de la Cour suprême des Etats-Unis John MARSHALL à l'époque de l'Arrêt *Marbury vs Madison (1803)* : « *L'on ne peut présumer qu'il se trouve dans la Constitution des clauses qui soient sans effet ».* Ce disant, le juge américain posait deux principes : le principe selon lequel la supériorité de la Constitution sur la loi doit avoir plein effet en droit. Il appartient au pouvoir judiciaire d'interpréter la Constitution et donc d'apprécier la conformité des lois. Il est donc clairement admis que le *judicial review* (*contrôle de constitutionnalité*) est une conséquence du pouvoir de juger.

[1845] FAVOREU (L), « Propos d'un 'néo-constitutionnaliste'», in *La Constitution aujourd'hui* (dir. SEURIN (J), Paris, Economica, 1984, pp. 24-27.

[1846] RIVERO (J), « Fin d'un absolutisme », in *Pouvoirs* n°13, pp 209-219, p. 209.

[1847] RIVERO (J), « Déclarations parallèles et nouveaux droits de l'homme», in *Revue trimestrielle des droits de l'homme*, n°2, 1990, p. 324.

[1848] GUASTINI (R), « Réflexions sur les garanties des droits constitutionnels et la théorie de l'interprétation », in *RDP*, 4ème trimestre, 1991, p. 1079 et s...

CONCLUSION PARTIE II

L'émotion suscitée par des événements aussi regrettables qu'ignobles peut donner lieu à des relativisations aussi inacceptables des droits de l'homme. Que n'a-t-on pas entendu après les attentats de Paris du 7 janvier 2015. Le législateur et les juges suprêmes doivent pouvoir en pareilles circonstances, garder une lucidité à toute épreuve, comme l'atteste l'attitude du juge communautaire européen. Depuis les attentats du 11 septembre 2001, les Nations-Unies ont pris des résolutions qui enjoignent aux Etats-membres de prévoir des incriminations et sanctions contre les activités terroristes. Les juges européens, ont été appelés à faire un équilibre entre la lutte contre le terrorisme et la vie privée, plus globalement les impératifs démocratiques. D'abord dans le cadre de la Convention, la Cour EDH a rappelé que si les Etats ont un intérêt légitime à se protéger contre les agissements des groupes terroristes, les mesures prises ne doivent pas dépasser ce qui est nécessaire dans une société démocratique[1849]. Dans le cadre de l'UE ensuite, le Conseil de l'UE a adopté *la Position commune 2001/931/PESC* relative à l'application des mesures spécifiques visant à lutter contre le terrorisme[1850]. L'UE avait élaboré à cet effet une liste noire de personnes physiques et morales contre lesquels il devait y avoir un gel des avoirs ; puis elle adopta sur le fondement des articles 60, 301, 308 du TCE, un *Règlement (CE) n° 881/2002 du Conseil du 27 mai 2002 qui modifie le Règlement n°467/2001.* Ces mesures ont donné lieu à l'Arrêt KADI du 03 septembre 2008 qui est un bel exemple de mise en balance entre la liberté et la restriction. Suivant les conclusions de l'Avocat général, Poiares MADURO de la CJCE (actuelle CJUE) conclut que les Etats-membres de l'UE ont violé les droits de la défense, le droit à un recours juridictionnel effectif et le droit de propriété[1851].

[1849] Cour EDH, Arrêt du 23 novembre 1997, Zana c/ Turquie, Recueil 1997- VII, p. 2548.

[1850] J.O L 344, p. 93.

[1851] CJCE, *Arrêt KADI* du 03 septembre 2008.

CONCLUSION GENERALE

Que dire en conclusion de cette étude ? Le Benin a réussi non pas la greffe, mais l'inculturation de la justice constitutionnelle. Il semble sur ce point indiquer la voie à beaucoup d'Etats du continent. Le mécanisme mis en place est porteur d'espoir ; considéré comme une graine aux lendemains des indépendances, la justice constitutionnelle est aujourd'hui à l'image d'un plant qui fleurie au bord d'un cours d'eau. Pour autant, peut-on parler de « modèle africain de justice constitutionnelle ? »[1852]. Il est tôt pour le dire, nous préférons parler de « philosophie africaine de justice constitutionnelle », elle se révèle à travers un ensemble de traits caractéristiques :

L'individualisme. La justice constitutionnelle au Benin n'est pas seulement une justice institutionnelle, réservée à l'oligarchie représentative, mais une justice qui intègre l'individu dans ses besoins immédiats : le besoin de vivre, de manger, de s'exprimer, de travailler, d'aller et venir sans être inquiété. La conception individualiste ne signifie pas que la dimension collective soit laissée de côté, loin s'en faut ! L'homme africain aime se retrouver avec les autres en fonction de la religion, de la tribu, de la profession, il doit dans ce cadre tout aussi être protégé. On peut dire avec Marc PENOUIL que *« la démocratie véritable repose sur deux éléments culturels de base : le respect de la diversité et de l'antagonisme des intérêts, l'acceptation de la relativité du pouvoir »*[1853].

L'informalisation. Le constituant a évité le formalisme accru qui caractérise la procédure judiciaire classique. Participe de cette logique la gratuité de la

[1852] Il est difficile de soutenir l'idée d'un « modèle africain de justice constitutionnelle », car l'examen du cas béninois nous permet de dire qu'il répond globalement aux quatre finalités de la justice constitutionnelle telles que définies par Louis FAVOREU : *« Apaisement des conflits politiques, facilitation et authentification des alternances et des changements des majorités, protection des minorités contre les abus des majorités, adaptation progressive de la Constitution aux changements sociaux », v° « Brèves réflexions sur la justice constitutionnelle en Afrique », in* Gérard CONAC (dir.), *Les Cours suprêmes en Afrique*, t. 2, la jurisprudence, Paris, Economica 1989, p. 43.

[1853] PENOUIL (M.), « La démocratie –le mythe idéologique et les réalités dans le monde contemporain », in *Constitution et les valeurs*, Mélanges en l'honneur de Dimitri Georges LAVROFF, Paris, Dalloz 2005, p. 543.

procédure, bien indiquée dans le contexte africain marqué par la pauvreté endémique ; la gratuité de la procédure devant la Cour constitutionnelle ouvre l'accès à un nombre important de requérants, il en va de même de la simplification de la saisine ou encore le caractère facultatif du ministère de l'avocat.

La célérité est un autre trait caractéristique de la justice constitutionnelle au Bénin, un délai trop long vide la justice de son sens.

Le volontarisme des acteurs politiques, au-dessus de tout, participe de ce succès, une décision de justice n'est rien si elle pouvait se passer d'exécution.

Au cœur d'une Afrique politique belliciste, la justice constitutionnelle au Bénin garantit la paix et la cohésion nationale, la Cour constitutionnelle s'est affirmée ces vingt dernières années comme *« la pierre angulaire de l'Etat de droit libéral »*[1854]et *« la clé de voûte de tout le système politico- juridique ».* Ce qui confirme le pronostic optimiste de Gérard CONAC, l'un des grands connaisseurs des régimes politiques africains : *« Le succès de la Conférence nationale du Bénin en 1990 et la refondation de l'Etat Sud-africain dans un esprit de réconciliation furent des événements si inattendus et spectaculaires que d'aucuns pourraient les assimiler à des miracles. Grâce à de tels exemples l'Afrique tout à la fois a apporté sa contribution à l'extension de la démocratie et de manière inédite à l'invention démocratique*[1855]*. »*

1854 DCC 33-94 du 24 novembre 1994, *Recueil des décisions et avis,* 1994, p. 157.

1855 CONAC (G), « Quelques réflexions sur les transitions démocratiques en Afrique », *op.cit.,* p.6.

BIBLIOGRAPHIE

- ADAMON (A.), *Le Renouveau démocratique au Bénin*, La conférence nationale des Forces vives et la période de transition, Paris, L'Harmattan, 1995.

- ADJAHO (R.), *La faillite du contrôle des Finances Publiques au Bénin* (1960-1990), éd. du Flamboyant, Cotonou, 1992.

- ADEKOUNTE (F.), *Entreprises Publiques Béninoises : la descente aux enfers,* Cotonou, éd. du Flamboyant et Fondation Hans Seidel, 1996.

- ADJOLOHOUN (H.), *Droits de l'homme et justice constitutionnelle en Afrique : le modèle béninois à la lumière de la Charte africaine des droits de l'homme et des peuples*, Paris, L'Harmattan, 2011.

- AÏVO (F.), dir., *La Constitution du 11 décembre 1990, un modèle pour l'Afrique ?* Mélanges AHAHANZO, Paris, L'Harmattan 2014.

- AÏVO (F.J.), *La Constitution de la République du Bénin. La Constitution de tous les records en Afrique*, Cotonou, Les Presses de L'ONIP, Nouvelle édition, 2013.

- ARNE (S.), « Existe-t-il des normes supraconstitutionnelles » in *Contribution à l'étude des droits fondamentaux et de la constitutionnalité, RDP,* 1993.

- ATANGANA AMOUGOU (J.L.), « La Cour constitutionnelle du Bénin comme modèle de justice constitutionnelle en Afrique ? », in Actes du colloque sur la Constitution béninoise du 11 décembre 1990. Un modèle pour l'Afrique ? Mélanges en honneur de Maurice AHAHANZO-GLELE, à paraître en 2014.

- AUCOC (L.), *Conférences sur l'administration et le droit administratif* (Conférences faites à l'Ecole des ponts et chaussés), 3e éd., t.1, Paris, Dunod, 1885.

- BADET (G.), *Les attributions originales de la Cour constitutionnelle du Bénin,* éd., Friedrich Embert, 2013.

- BANEGAS (R.), « Mobilisations sociales et oppositions sous Kérékou », Politique africaine, n° 54, juin 1995, p. 25-44.

- BARBAROUSSIS (N.), *La fonction régulatrice du Président de la République hellénique,* Paris, LGDJ, 2000.

- BARTHELEMY (J.) et DUEZ (P.), *Traité de droit constitutionnel,* éd., 1933, Réédition Economica, 1985.

- BAYART (J.F.), *L'Etat en Afrique,* Paris, Fayard, 1989.

- BEAUD (O.), *La Puissance de l'État,* Paris, P.U.F., coll. « Léviathan », 1994.

- BEAUD (O.), « Maastricht et la théorie constitutionnelle, la nécessaire et inévitable distinction entre le pouvoir constituant et le pouvoir de révision constitutionnelle », *Les petites affiches n°39,* 31 mars 1993.

- BEAUD (O.), « La souveraineté de l'État, le pouvoir constituant et le Traité de Maastricht », in *RFDA,* 1993, p. 1056 et, surtout, *La puissance de l'État*, Paris, PUF, 1994.

- BECHILLON (D.), « L'ordre de la hiérarchie des normes et la théorie réaliste de l'interprétation », in *Revue de la recherche juridique, Droit prospectif,* 1994, n°1.

- BONNARD (R.), *Précis de droit administratif,* Paris, LGDJ, 4e éd., 1943.

- BONNARD (R.),« Les actes constitutionnels de 1940 », in *RDP,* 1942.

- BOULAGA (E.F.), « Les conférences nationales : une affaire à suivre », éd. Karthala, 1993.

- BOURGI (A.) et CASTERNAN (E.), « Le printemps de l'Afrique », Paris, Hachette, 1991, p. 186.

- BIGO (D.), « Justice, pouvoir politique et appareil judiciaire en Afrique au Sud du Sahara », in *la justice en Afrique,* Afrique contemporaine, n° spécial, *Documentation française,* 1990.

- BUIJTENHUIJS (R.) et THIRIOT (C.) *Démocratisation en Afrique au Sud du Sahara,* 1992-1995, Un bilan de la littérature, Bordeaux et Leiden, Centre d'Etude d'Afrique Noire et Centre d'Etudes Africaines, 1995.

- BURDEAU (G.), *Traité de science politique*, T. IV, *Le statut du pouvoir dans l'Etat*, LGDJ, 1969.

- BURDEAU (G.), « Essai sur l'évolution de la notion de loi en droit français », in *Archives de philosophie de droit et de sociologie juridique,* 1939, n° 1.

- CARRE de MALBERG (R.) (préface Georges BURDEAU), *La Loi, expression de la volonté générale*, Paris, Economica, coll. « Classiques », 1984.

- BURDEAU (G.), *Manuel de droit constitutionnel et institutions politiques,* Paris, L.G.D.J, 1984.

- CABANIS (A.G.) et LOUIS MARTIN (M.), « Le nouveau cycle constitutionnel ultra-méditerranéen francophone et la Constitution d'octobre 1958 », in *Les politiques du mimétisme institutionnel*, la greffe et le rejet, Paris, L'Harmattan, 1993.

- CAMBY (J.P.), « Supra-constitutionnalité : la fin d'un mythe », in *RDP,* 2003, p. 671-688.

- CANDEO (M.), « L'histoire d'une double occasion manquée », *RDP,* 2003, p. 767-792.

- CANTEBOUT (B.), *Droit constitutionnel et science politique*, Armand Colin, 6eme *éd.*, 1985.

- CAPPELLETTI (M.), "Judicial Review in Comparative Perspective", 58 California Law Review (1970), pp. 1021-1022.

- CARRE de MALBERG (R.), *Contribution à la théorie générale de l'Etat,* t. 2, Paris, éditions du CNRS, 1985.

- CHALTIEL (F.), « La souveraineté du pouvoir constituant dérivé : développements récents (à propos de la décision n° 2003-469 D.C. du Conseil constitutionnel du 26 mars 2003) », *LPA* n° n° 123 (20 juin 2003).

- CHEVALLIER (J.), « Le juge constitutionnel et l'effet Becket », in *Renouveau du droit constitutionnel,* Mélange en l'honneur de Louis FAVOREU, Paris, Dalloz, 2007, p. 83-94.

- COHENDET (A.M.), *Manuel de Droit constitutionnel,* Paris, 2002.

- PACTET, *Institution politiques et droit constitutionnel,* Paris, A. Colin, 2001.

- COWRAT (J.P.), « Le Bénin, un laboratoire de démocratie en Afrique », in la *Tribune de l'expansion*, 24 déc. 1991.

- DARBON (D.), « A qui profite le mime ? Le mimétisme institutionnel confronté à se représentations en Afrique », in *Les politiques du mimétisme institutionnel,* La greffe et le rejet, Paris, L'Harmattan, 1993.

- DARGENT (F.), « Les échecs du mimétisme constitutionnel en Afrique noire francophone », in *Atelier* n°4, inédit.

- De GAUDUSSON (J.) et CONAC (G.), *La justice en Afrique*, Paris, La Documentation française, 1990, respectivement p. 13-20 ; 21-26.

- De GAUDUSSON (J.), « Les solutions constitutionnelles des conflits politiques », in Afrique contemporaine n° spéc., 4ème trimestre, 1996, pp. 250-256.

- De GAUDUSSON (J.), « Les élections à l'épreuve de l'Afrique », in *Les Cahiers du Conseil constitutionnel,* n° 13, « Etudes et doctrine- La sincérité du scrutin », Dalloz, 2002.

- De GAUDUSSON (J.), « Soutien au processus démocratique et conditionnalités de l'aide internationale : question sur les dangers d'une liaison fatale », in Etudes à la mémoire de LAPOYADE-DESCHAMPS, Pessac, Presses universitaires de Bordeaux, 2003.

- De GAUDUSSON (J.), « L'accord de Marcoussis, entre droit et politique », in *Afrique contemporaine*, 2003/2 n° 206, p. 41-55.

- De GAUDUSSON (J.), « Quel statut constitutionnel pour le Chef d'Etat en Afrique ? », in *le nouveau constitutionnalisme,* Mélanges en l'honneur de Gérard CONAC, Paris, LGDJ, 2001.

- De GAUDUSSON (J.), « Défense et illustration du constitutionnalisme en Afrique après quinze ans de pratique du pouvoir », in Mélanges en l'honneur de Louis FAVOREU, Paris, Dalloz, 2007.

- De MALBERG (C.), *Contribution à la théorie générale de l'État*, T. Ier, Sirey, Paris, 1920, n° 137.

- DIALLO (I.), « A la recherche d'un modèle africain de justice constitutionnelle», Essais in Annuaire International de Justice Constitutionnelle, XX- 2004, pp. 93-120.

- DOSSOU (R.), « Le nouveau défi de la Cour constitutionnelle », in *Bulletin de la Cour constitutionnelle*, n° 001.

- DOSSOU (R.), « L'expérience béninoise de la Conférence nationale », Rapport introductif n° 1, Colloque de Bamako.

- DOSSOU (R.), « La Cour Constitutionnelle du Bénin : l'influence de sa jurisprudence sur le constitutionnalisme et les Droits de l'Homme », Communication prononcée lors de la Conférence Mondiale sur la Justice Constitutionnelle (CMJC) à Cap Town en Afrique du Sud du 23 au 24 janvier 2009.

- DODZI KOKOROKO, « Controverses doctrinales à propos de la décision DCC 11-067… », *Annuaire Béninois de Justice Constitutionnelle* (*ABJC*), volume I, 2013.

- DRAGO (G.), « La supra constitutionnalité, présentation et problématique générale », *RIDC*, Journée franco-italienne, 1993, n° spécial, p. 317.

- DUSEPULCHRE (G.), La conditionnalité comme instrument européen de promotion des droits de l'homme dans le cadre des relations extérieures de l'Union européenne (Thèse de doctorat), sous la direction de Marianne DONY, inédit, Bibliothèque de l'Université Libre de Bruxelles, 2002.

- DUVERGER (M.), *Manuel de droit constitutionnel et de science politique*, Paris, P.U.F., 5e édition, 1948.

- DRAGO, *La légitimité de la jurisprudence du Conseil constitutionnel,* Paris, Economica, 1999.

- DUGUIT (L.), *Traité de droit constitutionnel*, 2e édition, Paris, Ancienne librairie Fontemoing, 1924, t. IV.

- EBOUSSI BOULAGA (F.), *Les Conférences nationales en Afrique noire : une affaire à suivre,* éd. Karthala, 2009.

- EDDY (A.), « La conférence nationale, est-elle une solution ? » « Parlements et francophonie », avril- juin 1992, pp. 47-53.

- EISENMANN (C.), *La justice constitutionnelle et la Haute Cour constitutionnelle d'Autriche,* LGDJ, Paris, 1928 (rééd. Economica et PUAM, 1986).

- EISENMANN (C.), *Cours de droit administratif,* tome I, LGDJ, Paris, 1982.

- FALL (A.B.), « Le juge constitutionnel béninois, avant-garde du constitutionnalisme africain ? », in Actes du colloque sur la constitution béninoise du 11 décembre 1990 –Un modèle pour l'Afrique ? Mélanges en honneur de Maurice AHANHANZO-GLEGLE ? (2014).

- FALL (I.) (dir.), *Les décisions et avis du Conseil constitutionnel du Sénégal,* Credila, 2008.

- FAVOREU (L.), « La notion de Cour constitutionnelle », in *De la constitution,* Etudes en l'honneur de Jean-François Aubert, Bale-Francfort-Sur-le-main, Helbing et Lichtenhahn, 1996, pp. 15-27.
- FAVOREU (L.), « La légitimité du juge constitutionnel » RIDC, 2-1994, pp. 557-581 ; « Le principe de constitutionnalité », in Mélanges EISENMANN, Paris, Cujas, 1975.

- FAVOREU (L.), « La modernité des vues de Charles Eisenmann sur la justice constitutionnelle » in la pensée de Charles EISENMANN sous la direction de Paul AMSELECK, Economica, 1986, pp. 85-101.

- FAVOREU (L.) et PHILIP (L.), *Les grandes décisions du Conseil constitutionnel,* Paris, Sirey, 7ème éd., 1993, n° 21, p. 275-290.

- FAVOREU (L.), « Souveraineté et supraconstitutionnalité », in *Pouvoirs* n° 67, 1993, p. 71-77.

- FAVOREU (L.), « Le contrôle de constitutionnalité du traité de Maastricht et le développement du 'droit constitutionnel international'», in *RGDIP* 1993, t. 97.

- FAVOREU (L.), « Supraconstitutionnalité et jurisprudence de la juridiction constitutionnelle en droit privé et en droit public français », in *Journées de la Société de la législation comparée,* Paris, 1993.

- FOVOREU (L.), *Du déni de justice en droit public français,* LGDJ, 1964.

- FAVOREU (L.), « L'injusticiabilité des lois constitutionnelles », *RFDA* 2003.

- FAVOREU (L.), « La notion de Cour constitutionnelle », in *De la constitution, Etudes en l'honneur de Jean-François Aubert*, Bale-Francfort-Sur-le-main, Helbing et Lichtenhahn, 1996, pp. 15-27 ;

- FAVOREU (L.) « La légitimité du juge constitutionnel »,RIDC, 2-1994, pp. 557-581 ; « Le principe de constitutionnalité », in Mélanges EISENMANN, Paris, Cujas, 1975.

- FAVOREU (L.), « La modernité des vues de Charles Eisenmann sur la justice constitutionnelle », in la pensée de Charles EISENMANN sous la direction de Paul AMSELECK, Economica, 198,6 pp. 85-101.

- FAVOREU (L.), « Brèves réflexions sur la justice constitutionnelle en Afrique », in *Les Cours suprêmes en Afrique II : La jurisprudence*, Paris, Economica, 1989.

- FROMONT (M.), « La justice constitutionnelle en Europe », in *Présence du droit public et des droits de l'homme*, Mélanges offerts à Jacques Velu, Bruxelles, Bruylant, pp. 297-306.

- FROMONT (M.), « Présentation de la Cour constitutionnelle fédérale d'Allemagne », in *Cahiers du Conseil Constitutionnel,* n°15, 2003.

- FROMONT (M.), « La justice constitutionnelle en Europe », in *Présence du droit public et des droits de l'homme*, Mélanges offerts à Jacques Velu, Bruxelles, Bruylant, pp. 297-306.

- GENEVOIS (B.), « Les limites d'ordre juridique à l'intervention du pouvoir constituant », in *RFDA,* 1998.

- GÖZLER (K.), « La question de la hiérarchie entre les normes constitutionnelles », in *Annales de le Faculté de droit d'İstanbul,* Vol. XXXII, No.48, 1998, p. 65-92.

- HAMON (F.), TROPER (M.), *Droit constitutionnel,* Paris, L.G.D.J, 23 éd., 1993.

- HERAUD(G), *L'ordre juridique et pourvoir originaire* (Thèse de doctorat), Faculté de droit de Toulouse, Paris, Sirey, 1946.

- HESSELING (G.) « La réception du droit constitutionnel en Afrique trente ans après: quoi de neuf ? », in Carla M. ZOETHOUT et al., Constitutionnalism in Africa, a question of autochtonous principles sanders Institut, Gonda Quint-Deventer, 1996, p. 33 et ss.

- HOLO (T.), « Émergence de la justice constitutionnelle », in *Pouvoirs,* 2009/2, n° 129.

- HOLO (T.), « Démocratie revitalisée ou démocratie émasculée ? Les constitutions du renouveau démocratique dans les États de l'espace francophone africain : régime juridique et système politique », in*Revue Béninoise de Sciences Juridiques et Administratives*, 2006, n°16.

- HOLO (T.), « Constitution et nouvel ordre politique au Bénin », in *Revue Béninoise des Sciences Juridiques et Administratives*, N° 13, Décembre 1989.

- HOLO (T.), « Le citoyen : pierre angulaire de la justice constitutionnelle au Bénin », Communication au 6ème congrès de l'Association des Cours et Conseils Constitutionnels ayant en partage l'usage du français (ACCPUF), Marrakech-Royaume du Maroc, les 4, 5 et 6 juillet 2012, le 24 août 2012.

- HOUNTONDJI (E.), *L'essor de la justice constitutionnelle au Bénin, au Mali et au Sénégal* (Thèse de Doctorat en Droit), Université de Cergy-Pontoise, 2007.

- JACQUE (J.P.), « Droit constitutionnel national, droit communautaire, CEDH, Charte des Nations-Unies, l'instabilité des systèmes juridiques », PUF / *RFDC* 2007-n° 6.

- JACQUE (J.P.), « Droit constitutionnel national, droit communautaire, CEDH, Charte des Nations-Unies, l'instabilité des rapports de systèmes entre ordres juridiques », *RFDC*, 2007/1, n° 69, p. 3-37.

- JEZE (G.) (Préface) *Principes généraux de droit administratif*, Dalloz, t. 1, 3ème édition, 1925.

- KAMTO (M.), « Les conférences nationales africaines ou la création révolutionnaire des constitutions », in *La création du droit en Afrique*, dir., DARBON (D.) et De GAUDUSSON (J.), éd. Karthala, Paris, 1997.

- KANE (E.), « Les obstacles structurels et culturels à l'épanouissement de la justice constitutionnelle en Afrique, unpan1.org/infradoc.

- KELSEN (H.), « La garantie juridictionnelle de la Constitution », in *RDP*, 1928.

- KELSEN (H.), « La garantie juridictionnelle de la Constitution », in *RDP*, 1928, t. 45ème, pp. 197-257.

- KOMBI (M.), « La conférence nationale africaine. L'émergence d'un mythe politique », Afrique 2000 novembre, 1991, pp. 35-40.

- LACOME (D.), « Essai sur le commerce atlantique des idées républicaines », in *Les politiques du mimétisme institutionnel, la greffe et le rejet*, Paris, L'Harmattan, 1993.

- LAFERRIERE (E.), *Traité de la juridiction administrative et des recours contentieux*, Paris, Berger-Levrault, 1888, t. 2

- LALOUPO (F.), « La conférence nationale au Bénin : un concept nouveau de changement de régime politique », in *L'Année Africaine*, 1992-1993, pp. 89-113.

- LAMBERT (J.), « Histoire constitutionnelle de l'Union américaine » vol. I p. 288 ; « Les origines du contrôle judiciaire de la constitutionnalité des lois fédérales aux Etats-Unis », in *Revue du droit*, 1931.

- LATH (S.), « Utopie et vraisemblance de l'indépendance du service public de la justice constitutionnelle en Afrique francophone », in *Quel service public de la justice en Afrique francophone ?* Sous la dir. de HOURQUEBIE (F.), Bruxelles, Bruylant, 2013, p. 27-52.

- LAVROFF (D.G.), *Le droit constitutionnel de la Vème République*, 3ème éd., Dalloz, 1999 ;

- LE DIVELLEC (A.), LEVADE (A.), PIMENTEL (C.-M.), « Le contrôle de constitutionnalité des lois constitutionnelles. Avant-propos », in *Cahiers du Conseil constitutionnel* n° 27 (Dossier : Le contrôle de constitutionnalité des lois constitutionnelles) - janvier 2010.

- LIET-VEAUX (G.), « 'La fraude à la Constitution' -Essai d'une analyse juridique des révolutions communautaires récentes : Italie, Allemagne, France », in *DP*, 1943, p.116-150.

- LEROY (M.), *Les règlements et leurs juges,* Bruxelles, Bruylant, 1987.

- LEROY (M.), *La Loi, essai sur la théorie de l'autorité dans la démocratie*, Paris, 1908.

- LOSCHAK (D.), *Le rôle politique du juge administratif français*, Paris, LGDJ, 1972.

- LUCHAIRE (F.), « Le Conseil constitutionnel, régulateur de l'activité des pouvoirs publics », in *RDP*, 1967.

- MAIDOKA (A.), « La Constitution nigérienne du 26 décembre 1992 », in *Revue Juridique et Politique,* 47, n°3, 1993, p. 475-491.

- MAILLARD (D), « Le pouvoir constituant dérivé reste souverain », in *RDP*, 2003, p. 725-739.

- MBOLLE (S.), *Le nouveau régime constitutionnel du Bénin. Essai sur la construction d'une démocratie africaine,* Montpelier 1, 13 décembre 1997.

- MBOME (F.X.) « Les transitions démocratiques en Afrique : l'exemple du Cameroun », in *Juris Périodique*, n° 41, janvier-février 2000.

- MBOLLE (S.), « Des constitutions made in Afrique », Communication au VI° Congrès français de droit constitutionnel, Montpellier, 9, 10, 11 juin 2005.

- MEDE (N.), *Les grandes décisions de la Cour constitutionnelle du Bénin,* Berlin, EUE, 2012.

- MEINDL (T.), « Le Conseil constitutionnel aurait pu se reconnaître compétent », in *RDP,* 2003.

- MELEDJE (D.), *Les grands arrêts de la jurisprudence constitutionnelle ivoirienne,* Abidjan, CNDJ, 2012.

- MELLERAY (F.), *Essai sur la structure du contentieux administratif français. Pour un renouvellement de la classification des principales voies de droit ouvertes devant les juridictions à compétence générale*, Bibliothèque de droit public, LGDJ, 2001.

- MONKOTAN (J.B.), « Une nouvelle voie d'accès au pluralisme politique : la conférence nationale souveraine », in *Afrique* 2000, n° 7, oct.-déc., 1991, pp. 41-53.

- MORTATI (C.), *La Costituzione in senso materiale,* Milano, Giuffrè, 1998.

- MODERNE (F.), "*Réviser" la Constitution*, Paris, Dalloz, 2006, pp. 12-13.

- OST (F.) et Van der KERCHOVE (M.), *De la pyramide au réseau ?-Pour une théorie dialectique du droit,* Publication des FUSL, 2002.

- OWONA (J.), « L'essor du constitutionnalisme rédhibitoire en Afrique Noire : Etude de quelques « constitutions Janus » », In Mélanges P. F. GONIDEC, *L'Etat moderne en Afrique,* Horizon 2000 : Aspects internes et externes, pp. 235-243.

- PETTITI (L.E.), *La Convention européenne des droits de l'homme : commentaire article par article,* Paris, Economica, 1995.

- PERROT (C.H.), « Le contrôle du pouvoir royal dans les Etats Akan aux XVIIIe et XIXe siècles », in CONAC (G.), dir., *L'Afrique en transition vers le pluralisme politique,* Paris, Economica, 1993.

- PFERSMANN (O.), «Une théorie sans objet, une dogmatique sans théorie. En réponse à Michel TROPER», PUF/*RFDC*, 2002/4-n°52.

- PFERSMANN (O.), « La révision constitutionnelle en Autriche et en Allemagne fédérale : théorie, pratique, limites », in *La révision constitutionnelle* (Journées d'études des 20 mars et 16 décembre 1992, Travaux de l'association française des constitutionnalités), Paris Economica, PUAM, 1993, pp. 7-65.

- OUANJA (O.), in *La République en droit français,* Actes du colloque de Dijon, 10 et 11 décembre 1992.

- PINI (J.), « La Cour Constitutionnelle autrichienne et les rapports entre juge constitutionnel et le pouvoir constituant », in *Cahiers du Conseil Constitutionnel n° 7,* 1999.

- RAYNAL (J.J.), « Le renouveau démocratique béninois : modèle ou mirage ? *Afrique contemporaine* n° 160 oct.-déc. 1991, p. 35 ; DALLOZ (J.P), « L'itinéraire du pionnier : sur l'évolution politique béninoise », in *Politique africaine* n° 46.

- RAYNAL (J.J.), « Conférence nationale, Etat de droit et démocratie –Quelques réflexions à propos d'une occasion manquée », in *La création du droit en Afrique*, Paris, Kartala, 2000.

- REYNTJENS (F.) 'Winds of Change in Francophone Africa', 1990-1991, in *Journal of Afnam Law,* 1991, 35.

- RIALS (S.), « Supraconstitutionnalité et systématicité du droit », in *Archives de philosophie du droit,* 1886, t.31.

- RIVERO (J.), « *Le Huron au Palais-Royal ou réflexions naïves sur le recours pour excès de pouvoir* », Dalloz, 1962, Chronique VI, p. 37-40.

- ROBERT (J.), « La forme républicaine du gouvernement », in *RDP,* 2003, p. 357 et ss.

- ROUSSEAU (J.J.), *Du contrat social,* éditeur : Marc Michel Rey,1762.

- ROUSSEAU (D.), « Faut-il supprimer le Conseil constitutionnel ? », in D. ROUSSEAU (dir.), *Le Conseil constitutionnel en questions*, Paris, L'Harmattan, 2004.

- SALAMI (I.), *La protection de l'Etat de droit par les Cours constitutionnelles africaines. Analyse comparative des cas béninois, ivoirien, sénégalais et togolais* (Thèse en Droit), Université François Rabelais de Tours, 2005.

- SAINT-HUBERT (M.), « La Cour suprême de l'Inde : Garante de la structure fondamentale de la Constitution, la construction d'une nouvelle doctrine visant à limiter le pouvoir constituant dérivé », in *RIDC,* 3-2000.

- SINDJOUN (L.), *Les grandes décisions de la justice constitutionnelle africaine. Droit constitutionnel jurisprudentiel et politiques constitutionnelles au prisme des systèmes politiques africains*, Bruxelles, Bruylant, 2009.

- SIEYES (E.), *Qu'est-ce que le Tiers Etat ?* Paris, Edition du Boucher, 2002.

- SINDJOUN (L.) « Les nouvelles constitutions africaines et la politique internationale : contribution à une économie internationale des biens politico-constitutionnels », in *Afrique* 2000, n° 21, avril-juin.

- SOGLOHOUN (P.), *Le rôle du juge constitutionnel dans le processus de démocratisation en Afrique. Les cas du Bénin, du Mali, du Sénégal et du Togo* (Thèse de Doctorat unique en Droit), Université d'Abomey-Calavi, 2011.

- TAMA (J.N.), « Les droits de l'homme dans la Constitution béninoise du 11 décembre 1990 et leurs applications par le juge constitutionnel », in *Revue juridique et politique*, 2006, N° 2, pp. 211- 256, particulièrement pp. 229 à 236.

- TROPER (M.) *« Réplique à Otto PFERSMANN»* paru aux PUF/*RFDC* 2002/2-n° 50.

- VEDEL (G.), *Manuel élémentaire de droit constitutionnel,* Librairie du recueil Sirey, 1949.

- VEDEL (G.), « Souveraineté et supraconstitutionnalité », in *Pouvoirs*, n° 67,1993, p. 89-90.

- VEDEL (G.) « Schengen et Maastricht (A propos de la décision n° 91-294 DC du Conseil constitutionnel du 25 juillet 1991) », in *RFDA*, 1992.

- VEDEL (G.) dans son *Manuel élémentaire de droit constitutionnel,* Sirey, 1949.

- VEDEL (G.), « Schengen et Maastricht : à propos de la décision n°91-294 DC du Conseil constitutionnel du 25 juillet 1991 », in *Revue française de droit administratif,* 1992.

- VERPEAUX (M.), *La naissance du pouvoir réglementaire 1789-1799*, PUF (Les grandes thèses du droit français), 1991.

- VERDUSSEN (M.), *Les douze juges, La légitimité de la Cour constitutionnelle*, Bruxelles, Editions Labor, 2004.

- ZAGRELSKY (G), « La supraconstitutionnalité en tant que présupposition historico-culturelle de la Constitution », in *RIDC*, Journée franco-italienne, 1993, n° Spécial, p. 451-452.

- ZOLLER (E.), « Présentation de la Cour suprême des Etats-Unis », in *Cahiers du Conseil Constitutionnel*, n°5.

- ZOLLER (E.), « L'américanisation du droit constitutionnel » : préjugés et ignorances », Arch. Phil. dr., 2001, t. 45.

- ZOLLER (E.), *Les grands arrêts de la Cour suprême des Etats-Unis,* Paris, PUF, 2000.

- ZOLLER (E.), « Comment une question politique peut-elle devenir une question judiciaire aux Etats-Unis ? Le verrou de l'intérêt pour agir », in *Le dialogue des juges*, Mélanges en l'honneur du Président Bruno Genevois, Paris, Dalloz, 2009, pp. 1139-1156.

- ZOLLER (E.), « Etats-Unis : le pouvoir discrétionnaire de juge de la Cour suprême », in *Pouvoirs*, 1998, n°84, pp. 163-175.

- ZOLLER (E.), « Considérations sur les causes de la puissance de la Cour suprême des Etats-Unis et de sa retenue », C.C.C., 2011, n°33, pp. 231-251.

ANNEXES

ANNEXE 1. Constitution de la République du Bénin du 11 décembre 1990.

Titre premier. De l'État et de la souveraineté.

Titre II. Des droits et des devoirs de la personne humaine.

Titre III. Du pouvoir exécutif.

Titre IV. Du pouvoir législatif.

Titre V. De la Cour constitutionnelle.

Titre VI. Du pouvoir judiciaire.

Titre VII. Du Conseil économique et social.

Titre VIII. De la Haute Autorité de l'audio-visuel et de la communication.

Titre IX. Des traités et accords internationaux.

Titre X. Des collectivités territoriales.

Titre XI. De la révision.

Titre XII. Dispositions transitoires et finales.

À la fin de l'année 1989, l'agitation sociale et le désordre conduisent le président Kérékou à renoncer au marxisme-léninisme comme doctrine officielle de l'État et à convoquer une conférence chargée d'élaborer de nouvelles institutions politiques. C'est ainsi que la Conférence nationale des forces vives de la nation réunit 521 délégués représentant partis, syndicats, églises, associations, sous la présidence de l'évêque de Cotonou, Mgr de Souza. Un gouvernement de transition est mis en place et un Haut Conseil de la République chargé du pouvoir législatif. Il adopte le 9 août le projet de Constitution qui est approuvé par référendum le 2 décembre 1990. Il s'agit de la 7e Constitution béninoise dont les institutions sont mises en place au début de 1991.

Source : Journal Officiel de la République du Bénin, 102e année, n. 1, 1er janvier 1991, Site du gouvernement du Bénin, consulté le 27 juillet 1999 et le 12 novembre 2007.

Préambule.
Le Dahomey, proclamé République le 4 décembre 1958, a accédé à la souveraineté internationale le 1er août 1960. Devenu République populaire du Bénin le 30 novembre 1975, puis République du Bénin le 1er mars 1990, il a connu une évolution constitutionnelle et politique mouvementée depuis son accession à l'indépendance. Seule est restée pérenne l'option en faveur de la République.

Les changements successifs de régimes politiques et de gouvernements n'ont pas émoussé la détermination du Peuple Béninois à rechercher dans son génie propre, les valeurs de civilisation culturelles, philosophiques et spirituelles qui animent les formes de son patriotisme.

Ainsi, la Conférence des Forces Vives de la Nation tenue à Cotonou, du 19 au 28 février 1990, en redonnant confiance au peuple, a permis la réconciliation nationale et l'avènement d'une ère de Renouveau Démocratique.

Au lendemain de cette conférence, Nous, Peuple Béninois,

- Réaffirmons notre opposition fondamentale à tout régime politique fondé sur l'arbitraire, la dictature, l'injustice, la corruption, la concussion, le régionalisme, le népotisme, la confiscation du pouvoir et le pouvoir personnel ;

- Exprimons notre ferme volonté de défendre et de sauvegarder notre dignité aux yeux du monde et de retrouver la place et le rôle de pionnier de la démocratie et de la défense des droits de l'homme qui furent naguère les nôtres ;

- Affirmons solennellement notre détermination par la présente Constitution de créer un État de droit et de démocratie pluraliste, dans lequel les droits fondamentaux de l'homme, les libertés publiques, la dignité de la personne humaine et la justice sont garantis, protégés et promus comme la condition nécessaire au développement véritable et harmonieux de chaque Béninois tant dans sa dimension temporelle, culturelle que spirituelle ;

- Réaffirmons notre attachement aux principes de la démocratie et des droits de l'homme tels qu'ils ont été définis par la Charte des Nations unies de 1945 et la Déclaration universelle des droits de l'homme de 1948, à la Charte africaine des droits de l'homme et des peuples adoptée en 1981 par l'Organisation de l'unité africaine, ratifiée par le Bénin le 20 janvier 1986 et dont les dispositions font partie intégrante de la présente Constitution et du droit béninois et ont une valeur supérieure à la loi interne ;

- Affirmons notre volonté de coopérer dans la paix et l'amitié avec tous les peuples qui partagent nos idéaux de liberté, de justice, de solidarité humaine, sur la base des principes d'égalité, d'intérêt réciproque et de respect mutuel de la souveraineté nationale et de l'intégrité territoriale ;

- Proclamons notre attachement à la cause de l'unité africaine et nous engageons à tout mettre en œuvre pour réaliser l'intégration sous-régionale et régionale ;

- Adoptons solennellement la présente Constitution qui est la loi suprême de l'État et à laquelle nous jurons loyalisme, fidélité et respect.

Titre premier. De l'État et de la souveraineté.

Article premier.
L'État du Bénin est une République indépendante et souveraine.

La capitale de la République du Bénin est Porto-Novo.

L'emblème national est le drapeau tricolore vert, jaune et rouge. En partant de la hampe, une bande verte sur toute la hauteur et sur les deux cinquièmes de sa longueur, deux bandes horizontales égales : la supérieure jaune, l'inférieure rouge.

L'hymne de la République est « L'Aube nouvelle ».

La Devise de la République est « Fraternité-Justice-Travail ».

La langue officielle est le français.

Le sceau de l'État, constitué par un disque de cent vingt millimètres de diamètre, représente :

- à l'avers une pirogue chargée de six étoiles à cinq rais voguant sur des ondes, accompagnée au chef d'un arc avec une flèche en palme soutenu de deux récades en sautoir et, dans le bas, d'une banderole portant la devise « Fraternité-Justice-Travail » avec, à l'entour, l'inscription « République du Bénin » ;

- et au revers un écu coupé au premier de sinople, au deuxième parti d'or et de gueules, qui sont les trois couleurs du drapeau, l'écu entouré de deux palmes au naturel les tiges passées en sautoir.

Les armes du Bénin sont :

- Écartelé au premier quartier d'un château Somba d'or ;

- Au deuxième d'argent à l'Étoile du Bénin au naturel c'est-à-dire une croix à huit pointes d'azur anglées de rayons d'argent et de sable en abîme;

- Au troisième d'argent palmier de sinople chargé d'un fruit de gueule ;

- Au quatrième d'argent au navire de sable voguant sur une mer d'azur avec en brochant sur la ligne de l'écartelé un losange de gueule ;

- Supports : deux panthères d'or tachetées ;

- Timbre : deux cornes d'abondance de sable d'où sortent des épis de maïs ;

- Devises : Fraternité-Justice-Travail en caractère de sable sur une banderole.

Article 2.
La République du Bénin est une et indivisible, laïque et démocratique. Son principe est : le Gouvernement du Peuple, par le Peuple et pour le Peuple.

Article 3.
La souveraineté nationale appartient au peuple. Aucune fraction du peuple, aucune communauté, aucune corporation, aucun parti ou association politique, aucune organisation syndicale ni aucun individu ne peut s'en attribuer l'exercice.

La souveraineté s'exerce conformément à la présente Constitution qui est la loi suprême de l'État.

Toute loi, tout texte réglementaire et tout acte administratif contraires à ces dispositions sont nuls et non avenus. En conséquence, tout citoyen a le droit de se pourvoir devant la Cour constitutionnelle contre les lois, textes et actes présumés inconstitutionnels.

Article 4.
Le Peuple exerce sa souveraineté par ses représentants élus et par voie de référendum. Les conditions de recours au référendum sont déterminées par la présente Constitution et par une loi organique. La Cour constitutionnelle veille à la régularité du référendum et en proclame les résultats.

Article 5.
Les partis politiques concourent à l'expression du suffrage. Ils se forment et exercent librement leurs activités dans les conditions déterminées par la charte des partis politiques. Ils doivent respecter les principes de la souveraineté nationale, de la démocratie, de l'intégrité territoriale et la laïcité de l'État.

Article 6.
Le suffrage est universel, égal et secret. Sont électeurs, dans les conditions déterminées par la loi, tous les nationaux béninois des deux sexes âgés de dix-huit ans révolus et jouissant de leurs droits civils et politiques.

Titre II. Des droits et des devoirs de la personne humaine.

Article 7.
Les droits et les devoirs proclamés et garantis par la Charte africaine des droits de l'homme et des peuples adoptée en 1981 par l'Organisation de

l'unité africaine et ratifiée par le Bénin le 20 janvier 1986 font partie intégrante de la présente Constitution et du droit béninois.

Article 8.
La personne humaine est sacrée et inviolable. L'État a l'obligation absolue de la respecter et de la protéger. Il lui garantit un plein épanouissement. A cet effet, il assure à ces citoyens l'égal accès à la santé, à l'éducation, à la culture, à l'information, à la formation professionnelle et à l'emploi.

Article 9.
Tout être humain a droit au développement et au plein épanouissement de sa personne dans ses dimensions matérielle, temporelle, intellectuelle et spirituelle, pourvu qu'il ne viole pas les droits d'autrui ni n'enfreigne l'ordre constitutionnel et les bonnes mœurs.

Article 10.
Toute personne a droit à la culture. L'État a le devoir de sauvegarder et de promouvoir les valeurs nationales de civilisation tant matérielles que spirituelles, ainsi que les traditions culturelles.

Article 11.
Toutes les communautés composant la Nation béninoise jouissent de la liberté d'utiliser leurs langues parlées et écrites et de développer leur propre culture tout en respectant celles des autres. L'État doit promouvoir le développement de langues nationales d'intercommunication.

Article 12.
L'État et les collectivités publiques garantissent l'éducation des enfants et créent les conditions favorables à cette fin.

Article 13.
L'État pourvoit à l'éducation de la jeunesse par des écoles publiques. L'enseignement primaire est obligatoire. L'État assure progressivement la gratuité de l'enseignement public.

Article 14.
Les institutions et les communautés religieuses peuvent également concourir à l'éducation de la jeunesse. Les écoles privées, laïques ou confessionnelles, peuvent être ouvertes avec l'autorisation et le contrôle de l'État. Les écoles

privées peuvent bénéficier des subventions de l'État dans les conditions déterminées par la loi.

Article 15.
Tout individu a droit à la vie, à la liberté, à la sécurité et à l'intégrité de sa personne.

Article 16.
Nul ne peut être arrêté ou inculpé qu'en vertu d'une loi promulguée antérieurement aux faits qui lui sont reprochés.

Aucun citoyen ne peut être contraint à l'exil.

Article 17.
Toute personne accusée d'un acte délictueux est présumée innocente jusqu'à ce que sa culpabilité ait été légalement établie au cours d'un procès public durant lequel toutes les garanties nécessaires à sa libre défense lui auront été assurées.

Nul ne sera condamné pour des actions ou omissions qui, au moment où elles ont été commises, ne constituaient pas une infraction d'après le droit national. De même, il ne peut être infligé de peine plus forte que celle qui était applicable au moment où l'infraction a été commise.

Article 18.
Nul ne sera soumis à la torture, ni à des sévices ou traitements cruels, inhumains ou dégradants.

Nul n'a le droit d'empêcher un détenu ou un prévenu de se faire examiner par un médecin de son choix.

Nul ne peut être détenu dans un établissement pénitentiaire s'il ne tombe sous le coup d'une loi pénale en vigueur.

Nul ne peut être détenu pendant une durée supérieure à quarante-huit heures que par la décision d'un magistrat auquel il doit être présenté. Ce délai ne peut être prolongé que dans des cas exceptionnellement prévus par la loi et qui ne peut excéder une période supérieure à huit jours.

Article 19.
Tout individu, tout agent de l'État qui se rendrait coupable d'actes de torture, de sévices ou traitements cruels, inhumains ou dégradants dans l'exercice ou à l'occasion de l'exercice de ses fonctions, soit de sa propre initiative, soit sur instruction, sera puni conformément à la loi.

Tout individu, tout agent de l'État est délié du devoir d'obéissance lorsque l'ordre reçu constitue une atteinte grave et manifeste au respect des droits de l'homme et des libertés publiques.

Article 20.
Le domicile est inviolable. Il ne peut y être effectué de visites domiciliaires ou de perquisitions que dans les formes et conditions prévues par la loi.

Article 21.
Le secret de la correspondance et des communications est garanti par la loi.

Article 22.
Toute personne a droit à la propriété. Nul ne peut être privé de sa propriété que pour cause d'utilité publique et contre juste et préalable dédommagement.

Article 23.
Toute personne a droit à la liberté de pensée, de conscience, de religion, de culte, d'opinion et d'expression dans le respect de l'ordre public établi par la loi et les règlements. L'exercice du culte et l'expression des croyances s'effectuent dans le respect de la laïcité de l'État.

Les institutions, les communautés religieuses ou philosophiques ont le droit de se développer sans entraves. Elles ne sont pas soumises à la tutelle de l'État. Elles règlent et administrent leurs affaires d'une manière autonome.

Article 24.
La liberté de la presse est reconnue et garantie par l'État. Elle est protégée par la Haute Autorité de l'audiovisuel et de la communication dans les conditions fixées par une loi organique.

Article 25.
L'État reconnaît et garantit, dans les conditions fixées par la loi, la liberté d'aller et venir, la liberté d'association, de réunion, de cortège et de manifestation.

Article 26.
L'État assure à tous l'égalité devant la loi sans distinction d'origine, de race, de sexe, de religion, d'opinion politique ou de position sociale. L'homme et la femme sont égaux en droit. L'État protège la famille et particulièrement la mère et l'enfant. Il veille sur les handicapés et les personnes âgées.

Article 27.
Toute personne a droit à un environnement sain, satisfaisant et durable et a le devoir de le défendre. L'État veille à la protection de l'environnement.

Article 28.
Le stockage, la manipulation et l'évacuation des déchets toxiques ou polluants provenant des usines et autres unités industrielles ou artisanales installées sur le territoire national sont réglementés par la loi.

Article 29.
Le transit, l'importation, le stockage, l'enfouissement, le déversement sur le territoire national des déchets toxiques ou polluants étrangers et tout accord y relatif constituent un crime contre la Nation. Les sanctions applicables sont définies par la loi.

Article 30.
L'État reconnaît à tous les citoyens le droit au travail et s'efforce de créer les conditions qui rendent la jouissance de ce droit effective et garantissent au travailleur la juste rétribution de ses services ou de sa production.

Article 31.
L'État reconnaît et garantit le droit de grève. Tout travailleur peut défendre, dans les conditions prévues par la loi, ses droits et ses intérêts soit individuellement, soit collectivement ou par l'action syndicale. Le droit de grève s'exerce dans les conditions définies par la loi.

Article 32.
La défense de la Nation et de l'intégrité du territoire de la République est un devoir sacré pour tout citoyen béninois. Le service militaire est obligatoire. Les conditions d'accomplissement de ce devoir sont déterminées par la loi.

Article 33.
Tous les citoyens de la République du Bénin ont le devoir de travailler pour le bien commun, de remplir toutes leurs obligations civiques et professionnelles, de s'acquitter de leurs contributions fiscales.

Article 34.
Tout citoyen béninois, civil ou militaire, a le devoir sacré de respecter, en toutes circonstances, la Constitution et l'ordre constitutionnel établi ainsi que les lois et règlements de la République.

Article 35.
Les citoyens chargés d'une fonction publique ou élus à une fonction politique ont le devoir de l'accomplir avec conscience, compétence, probité, dévouement et loyauté dans l'intérêt et le respect du bien commun.

Article 36.
Chaque Béninois a le devoir de respecter et de considérer son semblable sans discrimination aucune et d'entretenir avec les autres des relations qui permettent de sauvegarder, de renforcer et de promouvoir le respect, le dialogue et la tolérance réciproque en vue de la paix et de la cohésion nationale.

Article 37.
Les biens publics sont sacrés et inviolables. Tout citoyen béninois doit les respecter scrupuleusement et les protéger. Tout acte de sabotage, de vandalisme, de corruption, de détournement, de dilapidation ou d'enrichissement illicite est réprimé dans les conditions prévues par la loi.

Article 38.
L'État protège à l'étranger les droits et intérêts légitimes des citoyens béninois.

Article 39.
Les étrangers bénéficient sur le territoire de la République du Bénin des mêmes droits et libertés que les citoyens béninois et ce, dans les conditions

déterminées par la loi. Ils sont tenus de se conformer à la Constitution, aux lois et aux règlements de la République.

Article 40.
L'État a le devoir d'assurer la diffusion et l'enseignement de la Constitution, de la Déclaration universelle des droits de l'homme de 1948, de la Charte africaine des droits de l'homme et des peuples de 1981 ainsi que de tous les instruments internationaux dûment ratifiés et relatifs aux droits de l'homme.

L'État doit intégrer les droits de la personne humaine dans les programmes d'alphabétisation et d'enseignement aux différents cycles scolaires et universitaires et dans tous les programmes de formation des forces armées, des forces de sécurité publique et assimilées.

L'État doit également assurer dans les langues nationales par tous les moyens de communication de masse, en particulier par la radiodiffusion et la télévision, la diffusion et l'enseignement de ces mêmes droits.

Titre III.
Du pouvoir exécutif.

Article 41.
Le président de la République est le chef de l'État. Il est l'élu de la Nation et incarne l'unité nationale. Il est le garant de l'indépendance nationale, de l'intégrité territoriale et du respect de la Constitution, des traités et accords internationaux.

Article 42.
Le président de la République est élu au suffrage universel direct pour un mandat de cinq ans, renouvelable une seule fois.

En aucun cas, nul ne peut exercer plus de deux mandats présidentiels.

Article 43.
L'élection du président de la République a lieu au scrutin uninominal majoritaire à deux tours.

Article 44.
Nul ne peut être candidat aux fonctions de président de la République s'il :

- n'est de nationalité béninoise de naissance ou acquise depuis au moins dix ans ;

- n'est de bonne moralité et d'une grande probité ;

- ne jouit de tous ses droits civils et politiques ;

- n'est âgé de 40 ans au moins et 70 ans au plus à la date de dépôt de sa candidature ;

- ne réside sur le territoire de la République du Bénin au moment des élections ;

- ne jouit d'un état complet de bien-être physique et mental dûment constaté par un collège de trois médecins assermentés désignés par la Cour constitutionnelle.

Article 45.
Le président de la République est élu à la majorité absolue des suffrages exprimés. Si celle-ci n'est pas obtenue au premier tour de scrutin, il est procédé, dans un délai de quinze jours, à un second tour.

Seuls peuvent se présenter au second tour de scrutin les deux candidats qui ont recueilli le plus grand nombre de suffrages au premier tour. En cas de désistement de l'un ou l'autre des deux candidats, les suivants se présentent dans l'ordre de leur classement après le premier scrutin.

Est déclaré élu au second tour le candidat ayant recueilli la majorité relative des suffrages exprimés.

Article 46.
La convocation des électeurs est faite par décret pris en Conseil des ministres.

Article 47.
Le premier tour du scrutin de l'élection du président de la République à lieu trente jours au moins et quarante jours au plus avant la date d'expiration des pouvoirs du président en exercice.

Le mandat du nouveau président de la République prend effet pour compter de la date d'expiration du mandat de son prédécesseur.

Article 48.
La loi fixe les conditions d'éligibilité, de présentation des candidatures, de déroulement du scrutin, de dépouillement et de proclamation des résultats de l'élection du président de la République.

La loi fixe la liste civile du président de la République et détermine la pension à allouer aux anciens Présidents de la République.

Toutefois, pour compter de la promulgation de la présente Constitution, seuls les Présidents de la République constitutionnellement élus pourront bénéficier des dispositions du précédent alinéa.

Article 49.
La Cour constitutionnelle veille à la régularité du scrutin et en constate les résultats. L'élection du président de la République fait l'objet d'une proclamation provisoire.

Si aucune contestation relative à la régularité des opérations électorales n'a été déposée au greffe de la Cour par l'un des candidats dans les cinq jours de la proclamation provisoire, la Cour déclare le président de la République définitivement élu.

En cas de contestation, la Cour est tenue de statuer dans les dix jours de la proclamation provisoire ; sa décision emporte proclamation définitive ou annulation de l'élection.

Si aucune contestation n'a été soulevée dans le délai de cinq jours et si la Cour constitutionnelle estime que l'élection n'était entachée d'aucune irrégularité de nature à en entraîner l'annulation, elle proclame l'élection du président de la République dans les quinze jours qui suivent le scrutin.

En cas d'annulation, il sera procédé à un nouveau tour de scrutin dans les quinze jours de la décision.

Article 50.
En cas de vacance de la présidence de la République par décès, démission ou empêchement définitif, l'Assemblée nationale se réunit pour statuer sur le cas à la majorité absolue de ses membres. Le président de l'Assemblée nationale saisit la Cour constitutionnelle qui constate et déclare la vacance de la présidence de la République.

Les fonctions de président de la République, à l'exception de celles mentionnées aux articles 54 alinéas 3, 58, 60, 101 et 154 sont provisoirement exercées par le président de l'Assemblée nationale.

L'élection du nouveau président de la République a lieu trente jours au moins et quarante jours au plus après la déclaration du caractère définitif de la vacance.

En cas de mise en accusation du président de la République devant la Haute Cour de justice, son intérim est assuré par le président de la Cour Constitutionnelle qui exerce toutes les fonctions de président de la République à l'exception de celles mentionnées aux articles 54 alinéa 3, 58, 60, 101 et 154.

En cas d'absence du territoire, de maladie et de congé du président de la République, son intérim est assuré par un membre du Gouvernement qu'il aura désigné et dans la limite des pouvoirs qu'il lui aura délégués.

Article 51.
Les fonctions de président de la République sont incompatibles avec l'exercice de tout autre mandat électif, de tout emploi public, civil ou militaire et de toute autre activité professionnelle.

Article 52.
Durant leurs fonctions, le président de la République et les membres du Gouvernement ne peuvent par eux-mêmes, ni par intermédiaire rien acheter ou prendre en bail qui appartienne au domaine de l'État, sans autorisation préalable de la Cour constitutionnelle dans les conditions fixées par la loi.

Ils sont tenus, lors de leur entrée en fonction et à la fin de celle-ci, de faire sur l'honneur une déclaration écrite de tous leurs biens et patrimoine adressée à la chambre des comptes de la Cour suprême. Ils ne peuvent prendre part aux marchés de fournitures et aux adjudications pour les administrations ou institutions relevant de l'État ou soumises à leur contrôle.

Article 53.
Avant son entrée en fonction, le président de la République prête le serment suivant.

« Devant Dieu, les Mânes des Ancêtres, la Nation et devant le Peuple béninois, seul détenteur de la souveraineté ; Nous........, président de la République, élu conformément aux lois de la République jurons solennellement :

- de respecter et de défendre la Constitution que le Peuple béninois s'est librement donnée ;

- de remplir loyalement les hautes fonctions que la Nation nous a confiées ;

- de ne nous laisser guider que par l'intérêt général et le respect des droits de la personne humaine, de consacrer toutes nos forces à la recherche et à la promotion du bien commun, de la paix et de l'unité nationale ;

- de préserver l'intégrité du territoire national ;

- de nous conduire partout en fidèle et loyal serviteur du peuple.

En cas de parjure, que nous subissions les rigueurs de la loi. »

Le serment est reçu par le président de la Cour constitutionnelle devant l'Assemblée nationale et la Cour suprême.

Article 54.
Le président de la République est le détenteur du pouvoir exécutif.

Il est le chef du Gouvernement, et à ce titre, il détermine et conduit la politique de la Nation. Il exerce le pouvoir réglementaire. Il dispose de l'administration et de la force armée. Il est responsable de la défense nationale.

Il nomme, après avis consultatif du bureau de l'Assemblée nationale, les membres du Gouvernement ; il fixe leurs attributions et met fin à leurs fonctions. Les membres du Gouvernement sont responsables devant lui.

Les fonctions de membre du Gouvernement sont incompatibles avec l'exercice de tout mandat parlementaire, de tout emploi public, civil ou militaire et de toute activité professionnelle.

Les actes du président de la République autres que ceux prévus aux articles 60 et 115 sont contresignés par les ministres chargés de leur exécution.

Article 55.
Le président de la République préside le Conseil des ministres. Le Conseil des ministres délibère obligatoirement sur :

- les décisions déterminant la politique générale de l'État ;

- les projets de loi ;

- les ordonnances et les décrets réglementaires.

Article 56.
Le président de la République nomme trois des sept membres de la Cour constitutionnelle.

Après avis du président de l'Assemblée Nationale, il nomme en Conseil des ministres : le président de la Cour suprême, le président de la Haute Autorité de l'audiovisuel et de la communication, le grand chancelier de l'Ordre national.

Il nomme également en Conseil des ministres : les membres de la Cour suprême, les ambassadeurs, les envoyés extraordinaires, les magistrats, les officiers généraux, et supérieurs, les hauts fonctionnaires dont la liste est fixée par une loi organique.

Article 57.
Le président de la République a l'initiative des lois concurremment avec les membres de l'Assemblée nationale.

Il assure la promulgation des lois dans les quinze jours qui suivent la transmission qui lui en est faite par le président de l'Assemblée nationale. Ce délai est réduit à cinq jours en cas d'urgence déclarée par l'Assemblée nationale.

Il peut, avant l'expiration de ces délais, demander à l'Assemblée nationale une seconde délibération de la loi ou de certains de ses articles. Cette seconde délibération ne peut être refusée.

Si l'Assemblée nationale est en fin de session, cette seconde délibération a lieu d'office lors de la session ordinaire suivante. Le vote pour cette seconde délibération est acquis à la majorité absolue des membres composant l'Assemblée nationale. Si après ce dernier vote, le président de la République refuse de promulguer la loi, la Cour constitutionnelle, saisie par le président de l'Assemblée nationale, déclare la loi exécutoire si elle est conforme à la Constitution.

La même procédure de mise à exécution est suivie lorsque, à l'expiration du délai de promulgation de quinze jours prévu à l'alinéa 2 du présent article, il n'y a ni promulgation, ni demande de seconde lecture.

Article 58.
Le président de la République, après consultation du président de l'Assemblée nationale et du président de la Cour constitutionnelle, peut prendre l'initiative du référendum sur toute question relative à la promotion et au renforcement des droits de l'homme, à l'intégration sous-régionale ou régionale et à l'organisation des pouvoirs publics.

Article 59.
Le président de la République assure l'exécution des lois et garantit celle des décisions de justice.

Article 60.
Le président de République a le droit de grâce. Il exerce ce droit dans les conditions définies par l'article 130.

Article 61.
Le président de la République accrédite les ambassadeurs et les envoyés extraordinaires auprès des puissances étrangères ; les ambassadeurs et les envoyés extraordinaires des puissances étrangères sont accrédités auprès de lui.

Article 62.
Le président de la République est le chef suprême des armées. Il nomme en conseil des ministres les membres du Conseil supérieur de la défense et préside les réunions dudit Conseil.

La composition, l'organisation et le fonctionnement du Conseil supérieur de la défense sont fixés par une loi.

Article 63.
Le président de la République peut, outre les fonctions spécialisées de défense de l'intégrité territoriale dévolues à l'armée, faire concourir celle-ci au développement économique de la Nation et à toutes autres tâches d'intérêt public dans les conditions définies par la loi.

Article 64.
Tout membre des forces armées ou de sécurité publique qui désire être candidat aux fonctions de président de la République doit au préalable donner sa démission des forces armées ou de sécurité publique. Dans ce cas, l'intéressé pourra prétendre au bénéfice des droits acquis conformément aux statuts de son corps.

Article 65.
Toute tentative de renversement du régime constitutionnel par les personnels des forces armées ou de sécurité publique sera considérée comme une forfaiture et un crime contre la Nation et l'État et sera sanctionnée conformément à la loi.

Article 66.
En cas de coup d'État, de putsch, d'agression par des mercenaires ou de coup de force quelconque, tout membre d'un organe constitutionnel a le droit et le devoir de faire appel à tous les moyens pour rétablir la légitimité constitutionnelle, y compris le recours aux accords de coopération militaire ou de défense existants.

Dans ces circonstances, pour tout Béninois, désobéir et s'organiser pour faire échec à l'autorité illégitime constituent le plus sacré des droits et le plus impératif des devoirs.

Article 67.
Le président de la République ne peut faire appel à des forces armées ou de police étrangères pour intervenir dans un conflit intérieur sauf dans les cas prévus à l'article 66.

Article 68.
Lorsque les institutions de la République, l'indépendance de la Nation, l'intégrité du territoire national ou l'exécution des engagements internationaux sont menacées de manière grave et immédiate et que le fonctionnement régulier des pouvoirs publics et constitutionnels est menacé ou interrompu, le président de la République, après consultation du président de l'Assemblée nationale et du président de la Cour constitutionnelle, prend en Conseil des ministres les mesures exceptionnelles exigées par les circonstances sans que les droits des citoyens garantis par la Constitution soient suspendus. Il en informe la Nation par un message. L'Assemblée nationale se réunit de plein droit en session extraordinaire.

Article 69.
Les mesures prises doivent s'inspirer de la volonté d'assurer aux pouvoirs publics et constitutionnels dans les moindres délais, les moyens d'accomplir leur mission. L'Assemblée nationale fixe le délai au terme duquel le président de la République ne peut plus prendre des mesures exceptionnelles.

Article 70.
Le président de la République peut déléguer certains de ses pouvoirs aux ministres, sauf ceux prévus aux articles 54 alinéa 3, 60, 61, 101, 115, 133 et 144.

Article 71.
Le président de la République ou tout membre de son Gouvernement peut, dans l'exercice de ses fonctions gouvernementales, être interpellé par l'Assemblée nationale.

Le président de la République répond à ces interpellations par lui-même ou par l'un de ses ministres qu'il délègue spécialement devant l'Assemblée nationale.

En la circonstance, l'Assemblée Nationale peut prendre une résolution pour faire des recommandations au Gouvernement.

Article 72.
Le président de la République adresse une fois par an un message à l'Assemblée nationale sur l'état de la Nation. Il peut aussi, à tout moment, adresser des messages à l'Assemblée nationale. Ces messages ne donnent lieu à aucun débat ; ils peuvent toutefois inspirer les travaux de l'Assemblée.

Article 73.
La responsabilité personnelle du président de la République est engagée en cas de haute trahison, d'outrage à l'Assemblée, ou d'atteinte à l'honneur et à la probité.

Article 74.
Il y a haute trahison lorsque le président de la République a violé son serment, est reconnu auteur, co-auteur ou complice de violations graves et caractérisées des droits de l'homme, de cession d'une partie du territoire national ou d'acte attentatoire au maintien d'un environnement sain, satisfaisant, durable et favorable au développement.

Article 75.
Il y a atteinte à l'honneur et à la probité notamment lorsque le comportement personnel du président de la République est contraire aux bonnes mœurs ou qu'il est reconnu auteur, co-auteur ou complice de malversations, de corruption, d'enrichissement illicite.

Article 76.
Il y a outrage à l'Assemblée nationale lorsque, sur des questions posées par l'Assemblée Nationale sur l'activité gouvernementale, le président de la République ne fournit aucune réponse dans un délai de trente jours.

Article 77.
Passé ce délai, le président de l'Assemblée nationale saisit la Cour constitutionnelle de ce manquement grave aux dispositions constitutionnelles. La Cour constitutionnelle statue dans les trois jours.

Le président de la République est tenu de fournir des réponses à l'Assemblée nationale dans les plus brefs délais et dans tous les cas avant la fin de la session en cours. A l'expiration de ce délai, si aucune suite n'est donnée par le président de la République à la décision de la Cour, le président de la République est déféré devant la Haute Cour de justice pour outrage à l'Assemblée nationale.

Article 78.
Les faits prévus aux articles 74 à 77 seront poursuivis et punis selon les dispositions des articles 136 à 138 de la présente Constitution.

Titre IV.

Du pouvoir législatif.

I. De l'Assemblée nationale

Article 79.
Le Parlement est constitué par une assemblée unique dite Assemblée nationale dont les membres portent le titre de député. Il exerce le pouvoir législatif et contrôle l'action du Gouvernement.

Article 80.
Les députés sont élus au suffrage universel direct. La durée du mandat est de quatre ans. Ils sont rééligibles. Chaque député est le représentant de la Nation toute entière et tout mandat impératif est nul.

Article 81.
La loi fixe le nombre des membres de l'Assemblée nationale, les conditions d'éligibilité, le régime des incompatibilités, les conditions dans lesquelles il est pourvu aux sièges vacants.

La Cour constitutionnelle statue souverainement sur la validité de l'élection des députés.

Tout membre des forces armées ou de sécurité publique qui désire être candidat aux fonctions de député doit au préalable donner sa démission des forces armées ou de sécurité publique. Dans ce cas, l'intéressé pourra prétendre au bénéfice des droits acquis conformément aux statuts de son corps.

Article 82.
L'Assemblée nationale est dirigée par un président assisté d'un bureau. Ils sont élus pour la durée de la législature dans les conditions fixées par le règlement intérieur de ladite Assemblée.

Lorsqu'il assure l'intérim du président de la République dans les conditions prévues à l'article 50 de la présente Constitution, le président de l'Assemblée nationale est remplacé dans ses fonctions conformément au règlement intérieur de l'Assemblée.

Article 83.
En cas de vacance de la présidence de l'Assemblée nationale par décès, démission ou toute autre cause, l'Assemblée élit un nouveau président dans les quinze jours qui suivent la vacance, si elle est en session ; dans le cas contraire, elle se réunit de plein droit dans les conditions fixées par le règlement intérieur.

En cas de nécessité, il est pourvu au remplacement des autres membres du bureau conformément aux dispositions du règlement intérieur de ladite Assemblée.

Article 84.
Le président de l'Assemblée nationale doit rendre compte à l'Assemblée de sa gestion et de ses activités et lui fournir toutes explications qui lui seront demandées. Tout député peut adresser au président de l'Assemblée des questions écrites ou orales sur ses activités et sa gestion.

L'Assemblée nationale peut constituer une commission d'enquête chargée de lui faire un rapport circonstancié. Aux termes de ce rapport, l'Assemblée Nationale peut demander la démission de son président à la majorité des deux tiers de ses membres. Si ce quorum est atteint, le président de l'Assemblée Nationale est automatiquement démis de ses fonctions, tout en conservant son titre de député. L'Assemblée nationale procède dans un délai de quinze jours à l'élection d'un nouveau président.

Article 85.
Si à l'ouverture d'une session, le quorum de la moitié plus un des membres composant l'Assemblée nationale n'est pas atteint, la séance est renvoyée au troisième jour qui suit. Les délibérations sont alors valables, quel que soit le quorum.

Article 86.
Les séances de l'Assemblée ne sont valables que si elles se déroulent au lieu ordinaire de ses sessions, sauf cas de force majeure dûment constaté par la Cour constitutionnelle. Le compte rendu intégral des débats de l'Assemblée nationale est publié au Journal officiel.

Article 87.
L'Assemblée se réunit de plein droit en deux sessions ordinaires par an. La première session s'ouvre dans le cours de la première quinzaine du mois d'avril. La deuxième session s'ouvre dans le cours de la seconde quinzaine du mois d'octobre. Chacune des sessions ne peut excéder trois mois.

Article 88.
L'Assemblée nationale est convoquée en session extraordinaire par son président, sur un ordre du jour déterminé, à la demande du président de la République ou à la majorité absolue des députés. La durée d'une session extraordinaire ne peut excéder quinze jours. L'Assemblée nationale se sépare sitôt l'ordre du jour épuisé.

Article 89.
Les travaux de l'Assemblée nationale ont lieu suivant un règlement intérieur qu'elle adopte conformément à la Constitution. Le règlement intérieur détermine :

- la composition, les règles de fonctionnement du bureau ainsi que les pouvoirs et prérogatives de son président ;

- le nombre, le mode de désignation, la composition, le rôle et la compétence de ses commissions permanentes, ainsi que celles qui sont spéciales et temporaires ;

- la création de commissions d'enquête parlementaires dans le cadre du contrôle de l'action gouvernementale ;

- l'organisation des services administratifs dirigés par un secrétaire général administratif, placé sous l'autorité du président de l'Assemblée nationale ;

- le régime de discipline des députés au cours des séances de l'Assemblée ;

- les différents modes de scrutin, à l'exclusion de ceux prévus expressément par la présente Constitution.

Article 90.
Les membres de l'Assemblée nationale jouissent de l'immunité parlementaire. En conséquence, aucun député ne peut être poursuivi, recherché, arrêté, détenu ou jugé à l'occasion des opinions ou votes émis par lui dans l'exercice de ses fonctions.

Aucun député ne peut, pendant la durée des sessions, être poursuivi ou arrêté en matière criminelle ou correctionnelle qu'avec l'autorisation de l'Assemblée nationale, sauf les cas de flagrant délit.

Aucun député ne peut, hors session, être arrêté qu'avec l'autorisation du bureau de l'Assemblée nationale, sauf les cas de flagrant délit, de poursuites autorisées ou de condamnation définitive.

La détention ou la poursuite d'un député est suspendue si l'Assemblée nationale le requiert par un vote à la majorité des deux tiers.

Article 91.
Les députés perçoivent des indemnités parlementaires qui sont fixées par la loi.

Article 92.
Tout député nommé à une fonction ministérielle perd d'office son mandat parlementaire. Les conditions de son remplacement sont fixées par la loi.

Article 93.
Le droit de vote des députés est personnel. Le règlement intérieur de l'Assemblée nationale peut autoriser exceptionnellement la délégation de vote. Dans ce cas, nul ne peut recevoir délégation de plus d'un mandat.

II. Des rapports entre l'Assemblée et le Gouvernement

Article 94.
L'Assemblée nationale informe le président de la République de l'ordre du jour de ses séances et de celui de ses commissions.

Article 95.
Les membres du Gouvernement ont accès aux séances de l'Assemblée nationale. Ils sont entendus à la demande d'un député, d'une commission ou à leur propre demande. Ils peuvent se faire assister par des experts.

Article 96.
L'Assemblée nationale vote la loi et consent l'impôt.

Article 97.
La loi est votée par l'Assemblée nationale à la majorité simple. Cependant, les lois auxquelles la présente Constitution confère le caractère de lois organiques sont votées et modifiées dans les conditions suivantes :

- la proposition ou le projet n'est soumis à la délibération et au vote de l'Assemblée qu'après l'expiration d'un délai de quinze jours après son dépôt sur le bureau de l'Assemblée ;

- le texte ne peut être adopté qu'à la majorité absolue des membres composant l'Assemblée ;

- les lois organiques ne peuvent être promulguées qu'après déclaration par la Cour constitutionnelle de leur conformité à la Constitution.

Article 98.
Sont du domaine de la loi les règles concernant :

- la citoyenneté, les droits civiques et les garanties fondamentales accordées aux citoyens pour l'exercice des libertés publiques ; les sujétions imposées, dans l'intérêt de la défense nationale et la sécurité publique, aux citoyens en leur personne et en leurs biens ;

- la nationalité, l'état et la capacité des personnes, les régimes matrimoniaux, les successions et les libéralités ;

- la procédure selon laquelle les coutumes seront constatées et mises en harmonie avec les principes fondamentaux de la Constitution ;

- la détermination des crimes et délits ainsi que les peines qui leur sont applicables ;

- l'amnistie ;

- l'organisation des juridictions de tous ordres et la procédure suivie devant ces juridictions, la création de nouveaux ordres de juridiction, le statut de la magistrature, des offices ministériels et des auxiliaires de justice ;

- l'assiette, le taux et les modalités de recouvrement des impositions de toute nature ;

- le régime d'émission de la monnaie ;

- le régime électoral du président de la République, des membres de l'Assemblée nationale et des assemblées locales ;

- la création des catégories d'établissements publics ;

- le statut général de la fonction publique ;

- le statut des personnels militaires, des forces de sécurité publique et assimilés ;

- l'organisation générale de l'administration ;

- l'organisation territoriale, la création et la modification de circonscriptions administratives ainsi que les découpages électoraux ;

- l'état de siège et l'état d'urgence.

La loi détermine les principes fondamentaux :

- de l'organisation de la défense nationale ;

- de la libre administration des collectivités territoriales, de leurs compétences et de leurs ressources ;

- de l'enseignement et de la recherche scientifique ;

- du régime de la propriété, des droits réels et des obligations civiles et commerciales ;

- des nationalisations et dénationalisations d'entreprises et des transferts de propriété d'entreprises du secteur public au secteur privé ;

- du droit du travail, de la sécurité sociale, du droit syndical et du droit de grève ;

- de l'aliénation et de la gestion du domaine de l'État ;

- de la mutualité et de l'épargne ;

- de l'organisation de la production ;

- de la protection de l'environnement et de la conservation des ressources naturelles ;

- du régime des transports et des télécommunications ;

- du régime pénitentiaire.

Article 99.
Les lois de finances déterminent les recettes et les dépenses de l'État.

Les lois de règlement contrôlent l'exécution des lois de finances, sous réserve de l'apurement ultérieur des comptes de la Nation par la chambre des comptes de la Cour suprême.

Les lois de programme fixent les objectifs de l'action économique et sociale de l'État.

Article 100.
Les matières autres que celles qui sont du domaine de la loi ont un caractère réglementaire.

Les textes de forme législative intervenus en ces matières antérieurement à l'entrée en vigueur de la présente Constitution peuvent être modifiés par décret pris après avis de la Cour constitutionnelle.

Article 101.
La déclaration de guerre est autorisée par l'Assemblée nationale.

Lorsque, à la suite de circonstances exceptionnelles, l'Assemblée nationale ne peut siéger utilement, la décision de déclaration de guerre est prise en Conseil des ministres par le président de la République qui en informe immédiatement la Nation.

L'état de siège et l'état d'urgence sont décrétés en Conseil des ministres, après avis de l'Assemblée nationale. La prorogation de l'état du siège ou de l'état d'urgence au-delà de quinze jours ne peut être autorisée que par l'Assemblée nationale. Lorsque l'Assemblée Nationale n'est pas appelée à se prononcer, aucun état de siège ou état d'urgence ne peut être décrété sans son autorisation, dans les soixante jours qui suivent la date de mise en vigueur d'un précédent état de siège ou d'urgence.

Article 102.
Le Gouvernement peut, pour l'exécution de son programme, demander à l'Assemblée nationale de voter une loi l'autorisant à prendre par ordonnance pendant un délai limité des mesures qui sont normalement du domaine de la loi. Cette autorisation ne peut être accordée qu'à la majorité des deux tiers des membres de l'Assemblée nationale.

Les ordonnances sont prises en Conseil des ministres, après avis de la Cour constitutionnelle. Elles entrent en vigueur dès leur publication, mais deviennent caduques si le projet de la loi de ratification n'est pas déposé devant l'Assemblée avant la date fixée par la loi d'habilitation.

A l'expiration du délai mentionné au premier alinéa du présent article, les ordonnances ne peuvent plus être modifiées que par la loi dans leurs dispositions qui sont du domaine législatif.

Article 103.
Les députés ont le droit d'amendement.

Article 104.
Les propositions, projets et amendements qui ne sont pas du domaine de la loi sont irrecevables. L'irrecevabilité est prononcée par le président de l'Assemblée nationale après délibération du bureau.

S'il apparaît que la proposition ou l'amendement sont contraires à une délégation accordée en vertu de l'article 102 de la présente Constitution, le Gouvernement peut opposer l'irrecevabilité.

En cas de contestation sur les alinéas 1 et 3 du présent article, la Cour constitutionnelle, saisie par le président de l'Assemblée nationale ou le Gouvernement, statue dans un délai de huit jours.

Article 105.
L'initiative des lois appartient concurremment au président de la République et aux membres de l'Assemblée nationale.

Les projets de loi sont délibérés en Conseil des ministres, après avis motivé de la Cour suprême saisie conformément à l'article 132 de la présente Constitution et déposés sur le bureau de l'Assemblée nationale.

Les projets et propositions de loi sont envoyés avant délibération en séance plénière, à la commission compétente de l'Assemblée nationale pour examen.

Le projet du budget de l'Assemblée nationale ne peut être examiné en commission ou en séance plénière sans avoir été au préalable soumis au bureau de ladite Assemblée.

Article 106.
La discussion des projets de loi porte sur le texte présenté par la commission. Celle-ci, à la demande du Gouvernement, doit porter à la connaissance de

l'Assemblée nationale les points sur lesquels il y a désaccord avec le Gouvernement.

Article 107.
Les propositions et amendements déposés par les députés ne sont pas recevables lorsque leur adoption aurait pour conséquence soit une diminution des ressources publiques, soit la création ou l'aggravation d'une charge publique, à moins qu'ils ne soient accompagnés d'une proposition d'augmentation de recettes ou d'économies équivalentes.

Article 108.
Les députés peuvent, par un vote à la majorité des trois quarts, décider de soumettre toute question au référendum.

Article 109.
L'Assemblée nationale vote le projet de loi de finances dans les conditions déterminées par la loi. L'Assemblée nationale est saisie du projet de loi de finances au plus tard une semaine avant l'ouverture de la session d'octobre. Le projet de loi de finances doit prévoir les recettes nécessaires à la couverture intégrale des dépenses.

Article 110.
L'Assemblée nationale vote le budget en équilibre. Si l'Assemblée nationale ne s'est pas prononcée, à la date du 31 décembre, les dispositions du projet de loi de finances peuvent être mises en vigueur par ordonnance.

Le Gouvernement saisit, pour ratification, l'Assemblée Nationale convoquée en session extraordinaire dans un délai de quinze jours. Si l'Assemblée Nationale n'a pas voté le budget à la fin de cette session extraordinaire le budget est établi définitivement par ordonnance.

Article 111.
Si le projet de loi de finances n'a pu être déposé en temps utile pour être promulgué avant le début de l'exercice, le président de la République demande d'urgence à l'Assemblée nationale l'autorisation d'exécuter les recettes et les dépenses de l'État par douzièmes provisoires.

Article 112.
L'Assemblée Nationale règle les comptes de la Nation selon les modalités prévues par la loi organique de finances. Elle est, à cet effet, assistée de la

chambre des comptes de la Cour suprême, qu'elle charge de toutes enquêtes et études se rapportant à l'exécution des recettes et des dépenses publiques, ou à la gestion de la trésorerie nationale, des collectivités territoriales, des administrations ou institutions relevant de l'État ou soumises à son contrôle.

Article 113.
Le Gouvernement est tenu de fournir à l'Assemblée nationale toutes explications qui lui seront demandées sur sa gestion et sur ses activités. Les moyens d'information et de contrôle de l'Assemblée nationale sur l'action gouvernementale sont :

- l'interpellation conformément à l'article 71 ;

- la question écrite ;

- la question orale avec ou sans débat, non suivie de vote ;

- la commission parlementaire d'enquête. Ces moyens s'exercent dans les conditions déterminées par le Règlement Intérieur de l'Assemblée Nationale.

Titre V. De la Cour constitutionnelle.

Article 114.
La Cour Constitutionnelle est la plus haute juridiction de l'État en matière constitutionnelle. Elle est juge de la constitutionnalité de la loi et elle garantit les droits fondamentaux de la personne humaine et les libertés publiques. Elle est l'organe régulateur du fonctionnement des institutions et de l'activité des pouvoirs publics.

Article 115.
La Cour constitutionnelle est composée de sept membres dont quatre sont nommés par le bureau de l'Assemblée nationale et trois par le président de la République pour un mandat de cinq ans renouvelable une seule fois. Aucun membre de la Cour Constitutionnelle ne peut siéger plus de dix ans.

Pour être membre de la Cour Constitutionnelle, outre la condition de compétence professionnelle, il faut être de bonne moralité et d'une grande probité.

La Cour Constitutionnelle comprend :

- trois magistrats ayant une expérience de quinze années au moins, dont deux sont nommés par le bureau de l'Assemblée nationale et un par le président de la République ;

- deux juristes de haut niveau, professeurs ou praticiens du droit, ayant une expérience de quinze années au moins nommés l'un par le bureau de l'Assemblée nationale et l'autre par le président de la République ;

- deux personnalités de grande réputation professionnelle nommées l'une par le bureau de l'Assemblée Nationale et l'autre par le président de la République.

Les membres de la Cour constitutionnelle sont inamovibles pendant la durée de leur mandat. Ils ne peuvent être poursuivis ou arrêtés sans l'autorisation de la Cour constitutionnelle et du bureau de la Cour suprême siégeant en session conjointe sauf les cas de flagrant délit. Dans ces cas, le président de la Cour constitutionnelle et le président de la Cour suprême doivent être saisis immédiatement et au plus tard dans les quarante-huit heures.

Les fonctions de membre de la Cour constitutionnelle sont incompatibles avec la qualité de membre du Gouvernement, l'exercice de tout mandat électif, de tout emploi public, civil ou militaire, de toute autre activité professionnelle ainsi que de toute fonction de représentation nationale, sauf dans le cas prévu à l'article 50 alinéa 3.

Une loi organique détermine l'organisation et le fonctionnement de la Cour constitutionnelle, la procédure suivie devant elle, notamment les délais pour sa saisine de même que les immunités et le régime disciplinaire de ses membres.

Article 116.
Le président de la Cour Constitutionnelle est élu par ses pairs pour une durée de cinq ans parmi les magistrats et juristes membres de la Cour.

Article 117.
La Cour Constitutionnelle :

- statue obligatoirement sur :

- la constitutionnalité des lois organiques et des lois en général avant leur promulgation ;
- les règlements intérieurs de l'Assemblée nationale, de la Haute Autorité de l'audiovisuel et de la communication et du Conseil économique et social avant leur mise en application, quant à leur conformité à la Constitution ;
- la constitutionnalité des lois et des actes réglementaires censés porter atteinte aux droits fondamentaux de la personne humaine et aux libertés publiques et en général, sur la violation des droits de la personne humaine ;
- les conflits d'attributions entre les institutions de l'État.

- veille à la régularité de l'élection du président de la République ; examine les réclamations, statue sur les irrégularités qu'elle aurait pu, par elle-même, relever et proclame les résultats du scrutin ; statue sur la régularité du référendum et en proclame les résultats ;

- statue, en cas de contestation, sur la régularité des élections législatives ;

- fait de droit partie de la Haute Cour de justice à l'exception de son président.

Article 118.
Elle est également compétente pour statuer sur les cas prévus aux articles 50, 52, 57, 77, 86, 100, 102, 104 et 147.

Article 119.
Le président de la Cour Constitutionnelle est compétent pour :

- recevoir le serment du président de la République ;

- donner son avis au président de la République dans les cas prévus aux articles 58 et 68 ;

- assurer l'intérim du président de la République dans le cas prévu à l'article 50, alinéa 3.

Article 120.
La Cour constitutionnelle doit statuer dans le délai de quinze jours après qu'elle a été saisie d'un texte de loi ou d'une plainte en violation des droits de la personne humaine et des libertés publiques. Toutefois, à la demande du Gouvernement, s'il y a urgence, ce délai est ramené à huit jours. Dans ce cas, la saisine de la Cour constitutionnelle suspend le délai de promulgation de la loi.

Article 121.
La Cour constitutionnelle, à la demande du président de la République ou de tout membre de l'Assemblée nationale, se prononce sur la constitutionnalité des lois avant leur promulgation.

Elle se prononce d'office sur la constitutionnalité des lois et de tout texte réglementaire censés porter atteinte aux droits fondamentaux de la personne humaine et aux libertés publiques. Elle statue plus généralement sur les violations des droits de la personne humaine et sa décision doit intervenir dans un délai de huit jours.

Article 122.
Tout citoyen peut saisir la Cour Constitutionnelle sur la constitutionnalité des lois, soit directement, soit par la procédure de l'exception d'inconstitutionnalité invoquée dans une affaire qui le concerne devant une juridiction. Celle-ci doit surseoir jusqu'à la décision de la Cour constitutionnelle qui doit intervenir dans un délai de trente jours.

Article 123.
Les lois organiques avant leur promulgation, les règlements intérieurs de l'Assemblée nationale, de la Haute Autorité de l'audiovisuel et de la communication et du Conseil économique et social avant leur mise en application, doivent être soumis à la Cour constitutionnelle qui se prononce sur leur conformité à la Constitution.

Article 124.
Une disposition déclarée inconstitutionnelle ne peut être promulguée ni mise en application.

Les décisions de la Cour constitutionnelle se sont susceptibles d'aucun recours. Elles s'imposent aux pouvoirs publics et à toutes les autorités civiles, militaires et juridictionnelles.

Titre VI. Du pouvoir judiciaire.

Article 125.
Le pouvoir judiciaire est indépendant du pouvoir législatif et du pouvoir exécutif. Il est exercé par la Cour suprême, les cours et tribunaux créés conformément à la présente Constitution.

Article 126.
La justice est rendue au nom du Peuple béninois. Les juges ne sont soumis, dans l'exercice de leurs fonctions, qu'à l'autorité de la loi. Les magistrats du siège sont inamovibles.

Article 127.
Le président de la République est garant de l'indépendance de la justice. Il est assisté par le Conseil supérieur de la magistrature.

Article 128.
Le Conseil supérieur de la magistrature statue comme conseil de discipline des magistrats.

La composition, les attributions, l'organisation et le fonctionnement du Conseil supérieur de la magistrature sont fixés par une loi organique.

Article 129.
Les magistrats sont nommés par le président de la République, sur proposition du garde des sceaux, ministre de la justice, après avis du Conseil supérieur de la magistrature.

Article 130.
Le Conseil supérieur de la magistrature étudie les dossiers de grâce et les transmet avec son avis motivé au président de la République.

I. De la Cour suprême.

Article 131.
La Cour suprême est la plus haute juridiction de l'État en matière administrative, judiciaire et des comptes de l'État. Elle est également compétente en ce qui concerne le contentieux des élections locales.

Les décisions de la Cour suprême ne sont susceptibles d'aucun recours. Elles s'imposent au pouvoir exécutif, au pouvoir législatif, ainsi qu'à toutes les juridictions.

Article 132.
La Cour suprême est consultée par le Gouvernement plus généralement sur toutes les matières administratives et juridictionnelles.

Elle peut, à la demande du Chef de l'État, être chargée de la rédaction et de la modification de tous les textes législatifs et réglementaires, préalablement à leur examen par l'Assemblée nationale.

Article 133.
Le président de la Cour Suprême est nommé pour une durée de cinq ans par le président de la République, après avis du président de l'Assemblée nationale, parmi les magistrats et les juristes de haut niveau, ayant quinze ans au moins d'expérience professionnelle par décret pris en Conseil des ministres. Il est inamovible pendant la durée de son mandat qui n'est renouvelable qu'une seule fois.

Les fonctions du président de la Cour suprême sont incompatibles avec la qualité de membre de Gouvernement, l'exercice de tout mandat électif, de tout emploi public, civil ou militaire, de toute autre activité professionnelle ainsi que de toute fonction de représentation nationale.

Article 134.
Les présidents de chambre et les conseillers sont nommés parmi les magistrats et les juristes de haut niveau, ayant quinze ans au moins

d'expérience professionnelle, par décret pris en Conseil des ministres par le président de la République, sur proposition du président de la Cour suprême et après avis du Conseil supérieur de la magistrature. La loi détermine le statut des magistrats de la Cour suprême.

II. De la Haute Cour de justice.

Article 135.
La Haute Cour de justice est composée des membres de la Cour constitutionnelle, à l'exception de son président, de six députés élus par l'Assemblée nationale et du président de la Cour suprême. La Haute Cour élit en son sein son président.

Une loi organique fixe les règles de son fonctionnement ainsi que la procédure suivie devant elle.

Article 136.
La Haute Cour de justice est compétente pour juger le président de la République et les membres du Gouvernement à raison de faits qualifiés de haute trahison, d'infractions commises dans l'exercice ou à l'occasion de l'exercice de leurs fonctions, ainsi que pour juger leurs complices en cas de complot contre la sûreté de l'État.

Les juridictions de droit commun restent compétentes pour les infractions perpétrées en dehors de l'exercice de leurs fonctions et dont ils sont pénalement responsables.

Article 137.
La Haute Cour de justice est liée par la définition des infractions et par la détermination des sanctions résultant des lois pénales en vigueur à l'époque des faits.

La décision de poursuite, puis la mise en accusation du président de la République et des membres du Gouvernement est votée à la majorité des deux tiers des députés composant l'Assemblée nationale, selon la procédure prévue par le règlement intérieur de l'Assemblée nationale.

L'instruction est menée par les magistrats de la chambre d'accusation de la cour d'appel ayant juridiction sur le lieu du siège de l'Assemblée nationale.

Article 138.
Le président de la République et les membres du Gouvernement sont suspendus de leurs fonctions en cas de mise en accusation pour haute trahison, outrage à l'Assemblée nationale et toute atteinte à l'honneur et à la probité. En cas de condamnation, ils sont déchus de leurs charges.

Titre VII. Du Conseil économique et social.

Article 139.
Le Conseil économique et social donne son avis sur les projets de loi, d'ordonnance ou de décret ainsi que sur les propositions de loi qui lui sont soumis. Les projets de loi de programme à caractère économique et social lui sont obligatoirement soumis pour avis.

Le président de la République peut consulter le Conseil économique et social sur tout problème à caractère économique, social, culturel, scientifique et technique. Le Conseil économique et social peut, de sa propre initiative, sous forme de recommandation, attirer l'attention de l'Assemblée nationale et du Gouvernement sur les réformes d'ordre économique et social qui lui paraissent conformes ou contraires à l'intérêt général.

Sur la demande du Gouvernement, le Conseil économique et social désigne un de ses membres pour exposer devant les commissions de l'Assemblée nationale l'avis du Conseil sur les projets ou propositions de lois qui lui ont été soumis.

Article 140.
Le Conseil économique et social élit en son sein son président et les membres de son bureau. La composition, l'organisation et le fonctionnement du Conseil économique et social sont fixés par une loi organique.

Article 141.
Les membres du Conseil économique et social perçoivent des indemnités de session et de déplacement. Le montant de ces indemnités est fixé par décret pris en Conseil des ministres.

Titre VIII.

De la Haute Autorité de l'audiovisuel et de la communication.

Article 142.
La Haute Autorité de l'audiovisuel et de la communication a pour mission de garantir et d'assurer la liberté et la protection de la presse, ainsi que de tous les moyens de communication de masse dans le respect de la loi.

Elle veille au respect de la déontologie en matière d'information et à l'accès équitable des partis politiques, des associations et des citoyens aux moyens officiels d'information et de communication.

Article 143.
Le président de la Haute Autorité de l'audiovisuel et de la communication est nommé, après consultation du président de l'Assemblée nationale, par décret pris en Conseil des ministres.

La composition, les attributions, l'organisation et le fonctionnement de la Haute Autorité de l'audiovisuel et de la communication sont fixés par une loi organique.

Titre IX.
Des traités et accords internationaux.

Article 144.
Le président de la République négocie et ratifie les traités et accords internationaux.

Article 145.
Les traités de paix, les traités ou accords relatifs à l'organisation internationale, ceux qui engagent les finances de l'État, ceux qui modifient les lois internes de l'État, ceux qui comportent cession, échange ou adjonction de territoire, ne peuvent être ratifiés qu'en vertu d'une loi.

Nulle cession, nul échange, nulle adjonction de territoire n'est valable sans le consentement des populations intéressées.

Article 146.
Si la Cour constitutionnelle saisie par le président de la République ou par le président de l'Assemblée nationale a déclaré qu'un engagement international comporte une clause contraire à la Constitution, l'autorisation de la ratifier ne peut intervenir qu'après la révision de la Constitution.

Article 147.
Les traités ou accords régulièrement ratifiés ont, dès leur publication, une autorité supérieure à celle des lois, sous réserve pour chaque accord ou traité, de son application par l'autre partie.

Article 148.
La République du Bénin peut conclure avec d'autres États des accords de coopération ou d'association sur la base des principes d'égalité, de respect mutuel de la souveraineté, des avantages réciproques et de la dignité nationale.

Article 149.
La République du Bénin, soucieuse de réaliser l'unité africaine, peut conclure tout accord d'intégration sous-régionale ou régionale conformément à l'article 145.

Titre X. Des collectivités territoriales.

Article 150.
Les collectivités territoriales de la République sont créées par la loi.

Article 151.
Ces collectivités s'administrent librement par des conseils élus et dans les conditions prévues par la loi.

Article 152.
Aucune dépense de souveraineté de l'État ne saurait être imputée à leur budget.

Article 153.
L'État veille au développement harmonieux de toutes les collectivités territoriales sur la base de la solidarité nationale, des potentialités régionales et de l'équilibre inter-régional.

Titre XI. De la révision.

Article 154.
L'initiative de la révision de la Constitution appartient concurremment au président de la République, après décision prise en Conseil des ministres et aux membres de l'Assemblée nationale. Pour être pris en considération, le projet ou la proposition de révision doit être voté à la majorité des trois quarts des membres composant l'Assemblée nationale.

Article 155.
La révision n'est acquise qu'après avoir été approuvée par référendum, sauf si le projet ou la proposition en cause a été approuvé à la majorité des quatre cinquièmes des membres composant l'Assemblée nationale.

Article 156.
Aucune procédure de révision ne peut être engagée ou poursuivie lorsqu'il est porté atteinte à l'intégrité du territoire.

La forme républicaine et la laïcité de l'État ne peuvent faire l'objet d'une révision.

Titre XII. Dispositions transitoires et finales.

Article 157.
La présente Constitution devra être promulguée dans les huit jours après son adoption au référendum.

Le président de la République devra entrer en fonction, l'Assemblée devra se réunir au plus tard le 1er avril 1991.

Le Haut Conseil de la République et le Gouvernement de transition continueront d'exercer leurs fonctions jusqu'à l'installation des institutions nouvelles.

Le serment du président de la République sera reçu par le président du Haut Conseil de la République en Assemblée plénière. L'Assemblée nationale sera installée par le président du Haut Conseil de la République en présence des membres dudit Conseil.

Article 158.
La législation en vigueur au Bénin jusqu'à la mise en place des nouvelles institutions reste applicable, sauf intervention de nouveaux textes en ce qu'elle n'a rien de contraire à la présente Constitution.

Article 159.
La présente Constitution sera soumise au référendum. Les dispositions nécessaires à son application feront l'objet, soit de lois votées par le Haut Conseil de la République, soit de décrets pris en Conseil des ministres. Les attributions dévolues par la présente Constitution à la Cour constitutionnelle seront exercées par le Haut Conseil de la République jusqu'à l'installation des institutions nouvelles.

Article 160.
La présente loi sera exécutée comme Constitution de la République du Bénin.

ANNEXE 2. Charte Africaine des Droits de l'Homme et des Peuples, OAU Doc. CAB/LEG/67/3 rev. 5, 21 I.L.M. 58 (1982), 27 juin 1981, *entré en vigueur* 21 octobre 1986.

PREAMBULE

Les Etats africains membres de L'OUA, parties à la présente Charte qui porte le titre de "Charte Africaine des Droits de l'Homme et des Peuples".

Rappelant la décision 115 (XVI) de la Conférence des Chefs d'Etat et de Gouvernement, en sa Seizième Session Ordinaire tenue à MONROVIA (Liberia) du 17 au 20 Juillet 1979, relative à l'élaboration d'un avant-projet de Charte Africaine des Droits de l'Homme et des Peuples, prévoyant notamment l'institution d'organes de promotion et de protection des Droits de l'Homme et des Peuples;

Considérant la Charte de l'Organisation de l'Unité Africaine, aux termes de laquelle, "la liberté, l'égalité, la justice et la dignité sont des objectifs essentiels à la réalisation des aspirations légitimes des peuples africains";

Réaffirmant l'engagement qu'ils ont solennellement pris à l'Article 2 de ladite Charte, d'éliminer sous toutes ses formes le colonialisme de l'Afrique, de coordonner et d'intensifier leur coopération et leurs efforts pour offrir de meilleures conditions d'existence aux peuples d'Afrique, de favoriser la coopération internationale en tenant dûment compte de la Charte des Nations Unies et de la Déclaration Universelle des Droits de l'Homme;

Tenant compte des vertus de leurs traditions historiques et des valeurs de civilisation africaine qui doivent inspirer et caractériser leurs réflexions sur la conception des droits de l'homme et des peuples;

Reconnaissant que d'une part, les droits fondamentaux de l'être humain sont fondés sur les attributs de la personne humaine, ce qui justifie leur protection internationale et que d'autre part, la réalité et le respect des droits du peuple doivent nécessairement garantir les droits de l'homme;

Considérant que la jouissance des droits et libertés implique l'accomplissement des devoirs de chacun;

Convaincus qu'il est essentiel d'accorder désormais une attention particulière au droit au développement; que les droits civils et politiques sont indissociables des droits économiques, sociaux et culturels, tant dans leur conception que dans leur universalité, et que la satisfaction des droits économiques, sociaux et culturels garantit la jouissance des droits civils et politiques;

Conscients de leur devoir de libérer totalement l'Afrique dont les peuples continuent à lutter pour leur indépendance véritable et leur dignité et s'engageant à éliminer le colonialisme, le néocolonialisme, l'apartheid, le sionisme, les bases militaires étrangères d'agression et toutes formes de discrimination, notamment celles fondées sur la race, l'ethnie, la couleur, le sexe, la langue, la religion ou l'opinion politique;

Réaffirmant leur attachement aux libertés et aux droits de l'homme et des peuples contenus dans les déclarations, conventions et autres instruments adoptés dans le cadre de l'Organisation de l'Unité Africaine, du Mouvement des Pays Non-alignés et de l'Organisation des Nations-Unies; Fermement convaincus de leur devoir d'assurer la promotion et la protection des droits et libertés de l'homme et des peuples, compte dûment tenu de l'importance primordiale traditionnellement attachée en Afrique à ces droits et libertés,

SONT CONVENUS DE CE QUI SUIT:

PREMIERE PARTIE: DES DROITS ET DES DEVOIRS CHAPITRE 1, DES DROITS DE L'HOMME ET DES PEUPLES

Article 1

Les Etats membres de l'Organisation de l'Unité Africaine, parties à la présente Charte, reconnaissent les droits, devoirs et libertés énoncés dans cette Charte et s'engagent à adopter des mesures législatives ou autres pour les appliquer.

Article 2

Toute personne a droit à la jouissance des droits et libertés reconnus et garantis dans la présente Charte sans distinction aucune, notamment de race, d'ethnie, de couleur, de sexe, de langue, de religion, d'opinion politique ou de toute autre opinion, d'origine nationale ou sociale, de fortune, de naissance ou de toute autre situation.

Article 3

1. Toutes les personnes bénéficient d'une totale égalité devant la loi.

2. Toutes les personnes ont droit à une égale protection de la loi.

Article 4

La personne humaine est inviolable. Tout être humain a droit au respect de sa vie et à l'intégrité physique et morale de sa personne: Nul ne peut être privé arbitrairement de ce droit.

Article 5

Tout individu a droit au respect de la dignité inhérente à la personne humaine et à la reconnaissance de sa personnalité juridique. Toutes formes d'exploitation et d'avilissement de l'homme notamment l'esclavage, la traite des personnes, la torture physique ou morale, et les peines ou les traitements cruels inhumains ou dégradants sont interdites.

Article 6

Tout individu a droit à la liberté et à la sécurité de sa personne. Nul ne peut être privé de sa liberté sauf pour des motifs et dans des conditions préalablement déterminés par la loi; en particulier nul ne peut être arrêté ou détenu arbitrairement.

Article 7

1. Toute personne a droit à ce que sa cause soit entendue. Ce droit comprend:

a) le droit de saisir les juridictions nationales compétentes de tout acte violant les droits fondamentaux qui lui sont reconnus et garantis par les conventions, les lois, règlements et coutumes en vigueur;

b) le droit à la présomption d'innocence, jusqu'à ce que sa culpabilité soit établie par une juridiction compétente;

c) le droit à la défense, y compris celui de se faire assister par un défenseur de son choix;

d) le droit d'être jugé dans un délai raisonnable par une juridiction impartiale.

2. Nul ne peut être condamné pour une action ou une omission qui ne constituait pas, au moment où elle a eu lieu, une infraction légalement punissable. Aucune peine ne peut être infligée si elle n'a pas été prévue au moment où l'infraction a été commise. La peine est personnelle et ne peut frapper que le délinquant.

Article 8

La liberté de conscience, la profession et la pratique libre de la religion, sont garanties. Sous réserve de l'ordre public, nul ne peut être l'objet de mesures de contrainte visant à restreindre la manifestation de ces libertés.

Article 9

1. Toute personne a droit à l'information.

2. Toute personne a le droit d'exprimer et de diffuser ses opinions dans le cadre des lois et règlements.

Article 10

1. Toute personne a le droit de constituer librement des associations avec d'autres, sous réserve de se conformer aux règles édictées par la loi.

2. Nul ne peut être obligé de faire partie d'une association sous réserve de l'obligation de solidarité prévue à l'article 29.

Article 11

Toute personne a le droit de se réunir librement avec d'autres. Ce droit s'exerce sous la seule réserve des restrictions nécessaires édictées par les lois et règlements, notamment dans l'intérêt de la sécurité nationale, de la sûreté d'autrui, de la santé, de la morale ou des droits et libertés des personnes.

Article 12

1. Toute personne a le droit de circuler librement et de choisir sa résidence à l'intérieur d'un Etat, sous réserve de se conformer aux règles édictées par la loi.

2. Toute personne a le droit de quitter tout pays, y compris le sien, et de revenir dans son pays. Ce droit ne peut faire l'objet de restrictions que si celles-ci sont prévues par la loi, nécessaires pour protéger la sécurité nationale, l'ordre public, la santé ou la moralité publique.

3. Toute personne a le droit, en cas de persécution, de rechercher et de recevoir asile en territoire étranger, conformément à la loi de chaque pays et aux conventions internationales.

4. L'étranger légalement admis sur le territoire d'un Etat partie à la présente Charte ne pourra en être expulsé qu'en vertu d'une décision conforme à la loi.

5. L'expulsion collective d'étrangers est interdite. L'expulsion collective est celle qui vise globalement des groupes nationaux, raciaux, ethniques ou religieux.

Article 13

1. Tous les citoyens ont le droit de participer librement à la direction des affaires publiques de leur pays, soit directement, soit par l'intermédiaire de représentants librement choisis, ce, conformément aux règles édictées par la loi.

2. Tous les citoyens ont également le droit d'accéder aux fonctions publiques de leurs pays.

3. Toute personne a le droit d'user des biens et services publics dans la stricte égalité de tous devant la loi.

Article 14

Le droit de propriété est garanti. Il ne peut y être porté atteinte que par nécessité publique ou dans l'intérêt général de la collectivité, ce, conformément aux dispositions des lois appropriées.

Article 15

Toute personne a le droit de travailler dans des conditions équitables et satisfaisantes et de percevoir un salaire égal pour un travail égal.

Article 16

1. Toute personne a le droit de jouir du meilleur état de santé physique et mentale qu'elle soit capable d'atteindre.

2. Les Etats parties à la présente Charte s'engagent à prendre les mesures nécessaires en vue de protéger la santé de leurs populations et de leur assurer l'assistance médicale en cas de maladie.

Article 17

1. Toute personne a droit à l'éducation.

2. Toute personne peut prendre part librement à la vie culturelle de la Communauté.

3. La promotion et la protection de la morale et des valeurs traditionnelles reconnues par la Communauté constituent un devoir de l'Etat dans le cadre de la sauvegarde des droits de l'homme.

Article 18

1. La famille est l'élément naturel et la base de la société. Elle doit être protégée par l'Etat qui doit veiller à sa santé physique et morale.

2. L'Etat a l'obligation d'assister la famille dans sa mission de gardienne de la morale et des valeurs traditionnelles reconnues par la Communauté.

3. L'Etat a le devoir de veiller à l'élimination de toute discrimination contre la femme et d'assurer la protection des droits de la femme et de l'enfant tels que stipulés dans les déclarations et conventions internationales.

4. Les personnes âgées ou handicapées ont également droit à des mesures spécifiques de protection en rapport avec leurs besoins physiques ou moraux.

Article 19

Tous les peuples sont égaux ; ils jouissent de la même dignité et ont les mêmes droits. Rien ne peut justifier la domination d'un peuple par un autre.

Article 20

1. Tout peuple a droit à l'existence. Tout peuple a un droit imprescriptible et inaliénable à l'autodétermination. Il détermine librement son statut politique et assure son développement économique et social selon la voie qu'il a librement choisie.

2. Les peuples colonisés ou opprimés ont le droit de se libérer de leur état de domination en recourant à tous moyens reconnus par la Communauté internationale.

3. Tous les peuples ont droit à l'assistance des Etats parties à la présente Charte, dans leur lutte de libération contre la domination étrangère, qu'elle soit d'ordre politique, économique ou culturel.

Article 21

1. Les peuples ont la libre disposition de leurs richesses et de leurs ressources naturelles. Ce droit s'exerce dans l'intérêt exclusif des populations. En aucun cas, un peuple ne peut en être privé.

2. En cas de spoliation, le peuple spolié a droit à la légitime récupération de ses biens ainsi qu'à une indemnisation adéquate.

3. La libre disposition des richesses et des ressources naturelles s'exerce sans préjudice de l'obligation de promouvoir une coopération économique internationale fondée sur le respect mutuel, l'échange équitable, et les principes du droit international.

4. Les Etats parties à la présente Charte s'engagent, tant individuellement que collectivement, à exercer le droit de libre disposition de leurs richesses et de leurs ressources naturelles, en vue de renforcer i 'unité et la solidarité africaines.

5. Les Etats, parties à la présente Charte, s'engagent à éliminer toutes les formes d'exploitation économique étrangère, notamment celle qui est pratiquée par des monopoles internationaux, afin de permettre à la population de chaque pays de bénéficier pleinement des avantages provenant de ses ressources nationales.

Article 22

1. Tous les peuples ont droit à leur développement économique, social et culturel, dans le respect strict de leur liberté et de leur identité, et à la jouissance égale du patrimoine commun de l'humanité.

2. Les Etats ont le devoir, séparément ou en coopération, d'assurer l'exercice du droit au développement.

Article 23

1. Les peuples ont droit à la paix et à la sécurité tant sur le plan national que sur le plan international. Le principe de solidarité et de relations amicales

affirmé implicitement par la Charte de l'Organisation des Nations Unies et réaffirmé par celle de l'Organisation de l'Unité Africaine est applicable aux rapports entre les Etats.

2. Dans le but de renforcer la paix, la solidarité et les relations amicales, les Etats, parties à la présente Charte, s'engagent à interdire:

a) qu'une personne jouissant du droit d'asile aux termes de l'article 12 de la présente Charte entreprenne une activité subversive dirigée contre son pays d'origine ou contre tout autre pays, parties à la présente Charte;

b) que leurs territoires soient utilisés comme base de départ d'activités subversives ou terroristes dirigées contre le peuple de tout autre Etat, partie à la présente Charte.

Article 24

Tous les peuples ont droit à un environnement satisfaisant et global, propice à leur développement.

Article 25

Les Etats parties à la présente Charte ont le devoir de promouvoir et d'assurer, par l'enseignement, l'éducation et la diffusion, le respect des droits et des libertés contenus dans la présente Charte, et de prendre des mesures en vue de veiller à ce que ces libertés et droits soient compris de même que les obligations et devoirs correspondants.

Article 26

Les Etats parties à la présente Charte ont le devoir de garantir l'indépendance des Tribunaux et de permettre l'établissement et le perfectionnement d'institutions nationales appropriées chargées de la promotion et de la protection des droits et libertés garantis par la présente Charte.

CHAPITRE II - DES DEVOIRS - de la PREMIERE PARTIE: DES DROITS ET DES DEVOIRS

Article 27

1. Chaque individu a des devoirs envers la famille et la société, envers l'Etat et les autres collectivités légalement reconnues et envers la Communauté Internationale.

2. Les droits et les libertés de chaque personne s'exercent dans le respect du droit d'autrui, de la sécurité collective, de la morale et de l'intérêt commun.

Article 28

Chaque individu a le devoir de respecter et de considérer ses semblables sans discrimination aucune, et d'entretenir avec eux des relations qui permettent de promouvoir, de sauvegarder et de renforcer le respect et la tolérance réciproques.

Article 29

L'individu a en outre le devoir:

1. De préserver le développement harmonieux de la famille et d'œuvrer en faveur de la cohésion et du respect de cette famille ; de respecter à tout moment ses parents, de les nourrir, et de les assister en cas de nécessité;

2. De servir sa communauté nationale en mettant ses capacités physiques et intellectuelles à son service;

3. De ne pas compromettre la sécurité de l'Etat dont il est national ou résident;

4. De préserver et de renforcer la solidarité sociale et nationale, singulièrement lorsque celle-ci est menacée;

5. De préserver et de renforcer l'indépendance nationale et l'intégrité territoriale de la patrie et, d'une façon générale, de contribuer à la défense de son pays, dans les conditions fixées par la loi;

6. De travailler, dans la mesure de ses capacités et de ses possibilités, et de s'acquitter des contributions fixées par la loi pour la sauvegarde des intérêts fondamentaux de la société;

7. De veiller, dans ses relations avec la société, à la préservation et au renforcement des valeurs culturelles africaines positives, dans un esprit de tolérance, de dialogue et de concertation et d'une façon générale de contribuer à la promotion de la santé morale de la société;

8. De contribuer au mieux de ses capacités, à tout moment et à tous les niveaux, à la promotion et à la réalisation de l'unité africaine.

CHAPITRE I - DE LA COMPOSITION ET DE L'ORGANISATION DE LA COMMISSION AFRICAINE DES DROITS DE L'HOMME ET DES PEUPLES- de la DEUXIEME PARTIE - DES MESURES DE SAUVEGARDE

Article 30

Il est créé auprès de l'Organisation de l'Unité Africaine une Commission Africaine des Droits de l'Homme et des Peuples ci-dessous dénommée "la Commission", chargée de promouvoir les droits de l'homme et des peuples et d'assurer leur protection en Afrique.

Article 31

1. La Commission se compose de onze membres qui doivent être choisis parmi les personnalités africaines jouissant de la plus haute considération, connues pour leur haute moralité, leur intégrité et leur impartialité, et possédant une compétence en matière de droits de l'homme et des peuples, un intérêt particulier devant être donné à la participation de personnes ayant une expérience en matière de droit.

2. Les membres de la Commission siègent à titre personnel.

Article 32

La Commission ne peut comprendre plus d'un ressortissant du même Etat.

Article 33

Les membres de la Commission sont élus au scrutin secret par la Conférence des Chefs d'Etat et de Gouvernement, sur une liste de personnes présentées à cet effet, par les Etats parties à la présente Charte.

Article 34

Chaque Etat partie à la présente Charte peut présenter deux candidats au plus. Les candidats doivent avoir la nationalité d'un des Etats parties à la présente Charte. Quand deux candidats sont présentés par un Etat, l'un des deux ne peut être national de cet Etat.

Article 35

1. Le Secrétaire Général de l'Organisation de l'Unité Africaine invite les Etats parties à la présente Charte à procéder, dans un délai d'au moins quatre mois, avant les élections, à la présentation des candidats à la Commission.

2. Le Secrétaire Général de l'Organisation de l'Unité Africaine dresse la liste alphabétique des personnes ainsi présentées et la communique un mois au moins avant les élections, aux Chefs d'Etat et de Gouvernement.

Article 36

Les membres de la Commission sont élus pour une période de six ans renouvelable. Toutefois, le mandat de quatre des membres élus lors de la première élection prend fin au bout de deux ans, et le mandat de trois autres au bout de quatre ans.

Article 37

Immédiatement après la première élection, les noms des membres visés à l'article 36 sont tirés au sort par le Président de la Conférence des Chefs d'Etat et de Gouvernement de l'OUA.

Article 38

Après leur élection, les membres de la Commission font la déclaration solennelle de bien et fidèlement remplir leurs fonctions en toute impartialité.

Article 39

1. En cas de décès ou de démission d'un membre de la Commission, le Président de la Commission en informe immédiatement le Secrétaire Général de l'OUA qui déclare le siège vacant à partir de la date du décès ou de celle à laquelle la démission prend effet.

2. Si de l'avis unanime des autres membres de la Commission, un membre a cessé de remplir ses fonctions pour toute autre cause qu'une absence de caractère temporaire, ou se trouve dans l'incapacité de continuer à les remplir, le Président de la Commission en informe le Secrétaire Général de l'Organisation de l'Unité Africaine qui déclare alors le siège vacant.

3. Dans chacun des cas prévus ci-dessus, la Conférence des Chefs d'Etat et de Gouvernement procède au remplacement du membre dont le siège est devenu vacant pour la portion du mandat restant à courir, sauf si cette portion est inférieure à six mois.

Article 40

Tout membre de la Commission conserve son mandat jusqu'à la date d'entrée en fonction de son successeur.

Article 41

Le Secrétaire Général de l'OUA désigne un secrétaire de la Commission et fournit en outre le personnel et les moyens et services nécessaires à l'exercice effectif des fonctions attribuées à la Commission. L'OUA prend à sa charge le coût de ce personnel et de ces moyens et services.

Article 42

1. La Commission élit son Président et son Vice-président pour une période de deux ans renouvelable.

2. Elle établit son règlement intérieur.

3. Le quorum est constitué par sept membres.

4. En cas de partage des voix au cours des votes, la voix du Président est prépondérante.

5. Le Secrétaire Général de l'OUA peut assister aux réunions de la Commission. Il ne participe ni aux délibérations, ni aux votes. Il peut toutefois être invité par le Président de la Commission à y prendre la parole.

Article 43

Les membres de la Commission, dans l'exercice de leurs fonctions, jouissent des privilèges et immunités diplomatiques prévus par la Convention sur les privilèges et immunités de l'Organisation de l'Unité Africaine.

Article 44

Les émoluments et allocations des membres de la Commission sont prévus au budget régulier de l'Organisation de l'Unité Africaine.

CHAPITRE II - DES COMPETENCES DE LA COMMISSION - de la DEUXIEME PARTIE, DES MESURES DE SAUVEGARDE

Article 45

La Commission a pour mission de:

1. Promouvoir les droits de l'homme et des peuples et notamment:

a) Rassembler de la documentation, faire des études et des recherches sur les problèmes africains dans le domaine des droits de l'homme et des peuples, organiser des séminaires, des colloques et des conférences, diffuser des informations, encourager les organismes nationaux et locaux s'occupant des droits de l'homme et des peuples et, le cas échéant, donner des avis ou faire des recommandations aux gouvernements;

b) Formuler et élaborer, en vue de servir de base à l'adoption de textes législatifs par les gouvernements africains, des principes et règles qui permettent de résoudre les problèmes juridiques relatifs à la jouissance des droits de l'homme et des peuples et des libertés fondamentales;

c) Coopérer avec les autres institutions africaines ou internationales qui s'intéressent à la promotion et à la protection des droits de l'homme et des peuples.

2. Assurer la protection des droits de l'homme et des peuples dans les conditions fixées par la présente Charte.

3. Interpréter toute disposition de la présente Charte à la demande d'un Etat partie, d'une Institution de l'OUA ou d'une Organisation africaine reconnue par l'OUA.

4. Exécuter toutes autres tâches qui lui seront éventuellement confiées par la Conférence des Chefs d'Etat et de Gouvernement.

CHAPITRE III - DE LA PROCEDURE DE LA COMMISSION - de la DEUXIEME PARTIE, DES MESURES DE SAUVEGARDE

Article 46

La Commission peut recourir à toute méthode d'investigation appropriée; elle peut notamment entendre le Secrétaire Général de l'OUA et toute personne susceptible de l'éclairer.

Article 47

Si un Etat partie à la présente Charte a de bonnes raisons de croire qu'un autre Etat également partie à cette Charte a violé les dispositions de celle-ci, il peut appeler, par communication écrite, l'attention de cet Etat sur la question. Cette communication sera également adressée au Secrétaire Général de l'OUA et au Président de la Commission. Dans un délai de trois mois à compter de la réception de la communication, l'Etat destinataire fera tenir à l'Etat qui a adressé la communication, des explications ou déclarations écrites élucidant la question, qui devront comprendre dans toute la mesure du possible, des indications sur les lois et règlements de procédure applicables ou appliqués et sur les moyens de recours, soit déjà utilisés, soit en instance, soit encore ouverts.

Article 48

Si dans un délai de 3 (trois) mois à compter de la date de réception de la communication originale par l'Etat destinataire, la question n'est pas réglée à la satisfaction des deux Etats intéressés, par voie de négociation bilatérale ou par toute autre procédure pacifique, l'un comme l'autre auront le droit de la soumettre à la Commission par une notification adressée à son Président, à l'autre Etat intéressé et au Secrétaire Général de l'OUA.

Article 49

Nonobstant les dispositions de l'article 47, si un Etat partie à la présente Charte estime qu'un autre Etat également partie à cette Charte a violé les dispositions de celle-ci, il peut saisir directement la Commission par une communication adressée à son Président, au Secrétaire Général de l'OUA et à l'Etat intéressé.

Article 50

La Commission ne peut connaitre d'une affaire qui lui est soumise qu'après s'être assurée que tous les recours internes, s'ils existent, ont été épuisés, à moins qu'il ne soit manifeste pour la Commission que la procédure de ces recours se prolonge d'une façon anormale.

Article 51

1. La Commission peut demander aux Etats parties intéressés de lui fournir toute information pertinente.

2. Au moment de l'examen de l'affaire, des Etats parties intéressés peuvent se faire représenter devant la Commission et présenter des observations écrites ou orales.

Article 52

Après avoir obtenu, tant des Etats parties intéressés que d'autres sources, toutes les informations qu'elle estime nécessaires et après avoir essayé par tous les moyens appropriés de parvenir à une solution amiable fondée sur le respect des droits de l'homme et des peuples, la Commission établit, dans un délai raisonnable à partir de la notification visée à l'article 48, un rapport relatant les faits et les conclusions auxquelles elle a abouti. Ce rapport est envoyé aux Etats concernés et communiqué à la Conférence des Chefs d'Etat et de Gouvernement.

Article 53

Au moment de la transmission de son rapport, la Commission peut faire à la Conférence des Chefs d'Etat et de Gouvernement, telle recommandation qu'elle jugera utile.

Article 54

La Commission soumet à chacune des sessions ordinaires de la conférence des Chefs d'Etat et de Gouvernement un rapport sur ses activités.

Article 55

1. Avant chaque session, le Secrétaire de la Commission dresse la liste des communications autres que celles des Etats parties à la présente Charte et les communique aux membres de la Commission qui peuvent demander à en prendre connaissance et en saisir la Commission.

2. La Commission en sera saisie, sur la demande de la majorité absolue de ses membres.

Article 56

Les communications visées à l'article 55 reçues à la Commission et relatives aux droits de l'homme et des peuples doivent nécessairement, pour être examinées, remplir les conditions ci-après:

1. Indiquer l'identité de leur auteur même si celui-ci demande à la Commission de garder l'anonymat;

2. Etre compatibles avec la Charte de l'Organisation de l'Unité Africaine ou avec la présente Charte;

3. Ne pas contenir des termes outrageants ou insultants à l'égard de l'Etat mis en cause, de ses institutions ou de l'OUA;

4. Ne pas se limiter à rassembler exclusivement des nouvelles diffusées par des moyens de communication de masse;

5. Etre postérieures à l'épuisement des recours internes s'ils existent, à moins qu'il ne soit manifeste à la Commission que la procédure de ces recours se prolonge d'une façon anormale;

6. Etre introduites dans un délai raisonnable courant depuis l'épuisement des recours internes ou depuis la date retenue par la Commission comme faisant commencer à courir le délai de sa propre saisine;

7. Ne pas concerner des cas qui ont été réglés conformément soit aux principes de la Charte des Nations Unies, soit de la Charte de l'Organisation de l'Unité Africaine et soit des dispositions de la présente Charte.

Article 57

Avant tout examen au fond, toute communication doit être portée à la connaissance de l'Etat intéressé par les soins du Président de la Commission.

Article 58

1. Lorsqu'il apparaît à la suite d'une délibération de la Commission qu'une ou plusieurs communications relatent des situations particulières qui semblent révéler l'existence d'un ensemble de violations graves ou massives des droits de l'homme et des peuples, la Commission attire l'attention de la Conférence des Chefs d'Etat et de Gouvernement sur ces situations.

2. La Conférence des Chefs d'Etat et de Gouvernement peut alors demander à la Commission de procéder sur ces situations, à une étude approfondie, et de lui rendre compte dans un rapport circonstancié, accompagné de ses conclusions et recommandations.

3. En cas d'urgence dûment constatée par la Commission, celle-ci saisit le Président de la Conférence des Chefs d'Etat et de Gouvernement qui pourra demander une étude approfondie.

Article 59

1. Toutes les mesures prises dans le cadre du présent chapitre resteront confidentielles jusqu'au moment où la Conférence des Chefs d'Etat et de Gouvernement en décidera autrement.

2. Toutefois, le rapport est publié par le Président de la Commission sur décision de la Conférence des Chefs d'Etat et de Gouvernement.

3. Le rapport d'activités de la Commission est publié par son Président après son examen par la Conférence des Chefs d'Etat et de Gouvernement.

CHAPITRE IV - DES PRINCIPES APPLICABLES - de la DEUXIEME PARTIE, DES MESURES DE SAUVEGARDE

Article 60

La Commission s'inspire du droit international relatif aux droits de l'homme et des peuples, notamment des dispositions des divers instruments africains relatifs aux droits de l'homme et des peuples, des dispositions de la Charte des Nations Unies, de la Charte de l'Organisation de l'Unité Africaine, de la

Déclaration Universelle des Droits de l'Homme, des dispositions des autres instruments adoptés par les Nations Unies et par les pays africains dans le domaine des droits de l'homme et des peuples ainsi que des dispositions de divers instruments adoptés au sein d'institutions spécialisées des Nations Unies dont sont membres les parties à la présente Charte.

Article 61

La Commission prend aussi en considération, comme moyens auxiliaires de détermination des règles de droit, les autres conventions internationales, soit générales, soit spéciales, établissant des règles expressément reconnues par les Etats membres de l'Organisation de l'Unité Africaine, les pratiques africaines conformes aux normes internationales relatives aux droits de l'homme et des peuples, les coutumes généralement acceptées comme étant le droit, les principes généraux de droit reconnus par les nations africaines ainsi que la jurisprudence et la doctrine.

Article 62

Chaque Etat partie s'engage à présenter tous les deux ans, à compter de la date d'entrée en vigueur de la présente Charte, un rapport sur les mesures d'ordre législatif ou autre, prises en vue de donner effet aux droits et libertés reconnus et garantis dans la présente Charte.

Article 63

1. La présente Charte sera ouverte à la signature, à la ratification ou à l'adhésion des Etats membres de l'Organisation de l'Unité Africaine.

2. Les instruments de ratification ou d'adhésion de la présente Charte seront déposés auprès du Secrétaire Général de l'Organisation de l'Unité Africaine.

3. La présente Charte entrera en vigueur trois mois après la réception par le Secrétaire Général, des instruments de ratification ou d'adhésion de la majorité absolue des Etats membres de l'Organisation de l'Unité Africaine.

TROISIEME PARTIE: DISPOSITIONS DIVERSES

Article 64

1. Dès l'entrée en vigueur de la présente Charte, il sera procédé à l'élection des membres de la Commission dans les conditions fixées par les dispositions des articles pertinents de la présente Charte.

2. Le Secrétaire Général de l'Organisation de l'Unité Africaine convoquera la première réunion de la Commission au siège de l'Organisation. Par la suite, la Commission sera convoquée chaque fois qu'il sera nécessaire et au moins une fois par an par son Président.

Article 65

Pour chacun des Etats qui ratifieront la présente Charte ou y adhéreront après son entrée en vigueur, ladite Charte prendra effet trois mois après la date du dépôt par cet Etat, de son instrument de ratification ou d'adhésion.

Article 66

Des protocoles ou accords particuliers pourront, en cas de besoin, compléter les dispositions de la présente Charte.

Article 67

Le Secrétaire Général de l'Organisation de l'Unité Africaine informera les Etats membres de l'Organisation de l'Unité Africaine du dépôt de chaque instrument de ratification ou d'adhésion.

Article 68

La présente Charte peut être amendée ou révisée si un Etat partie envoie à cet effet une demande écrite au Secrétaire Général de l'Organisation de l'Unité Africaine. La conférence des Chefs d'Etat et de Gouvernement n'est saisie du projet d'amendement que lorsque tous les Etats parties en auront été dûment avisés et que la Commission aura donné son avis à la diligence de l'Etat demandeur. L'amendement doit être approuvé par la majorité absolue des Etats parties. II entre en vigueur pour chaque Etat qui l'aura accepté conformément à ses règles constitutionnelles trois mois après la notification de cette acceptation au Secrétaire Général de l'Organisation de l'Unité Africaine. Adoptée par la dix-huitième Conférence des Chefs d'état et de Gouvernement Juin 1981 - Nairobi, Kenya.

ANNEXE 3. Loi n° 91-009 du 04mars 1991 portant loi organique sur la Cour constitutionnelle modifiée par la loi du 31 mai 2001

- Le Haut Conseil de la République a délibéré et adopté ;
- L'Assemblée Nationale a délibéré et adopté en ses séances du 17 juin 1997 et 11 juillet 2000 suite aux Décisions DCC 96 – 010 des 23 et 24 janvier 1996, DCC 98-015 du 06 février 1998 et DCC 98-058 du 02 juin 1998 de la Cour Constitutionnelle pour mise en conformité avec la Constitution ;

- Vu la Décision DCC 01-027 du 16 mai 2001 de conformité à la Constitution ;

LE PRESIDENT DE LA REPUBLIQUE promulgue la loi dont la teneur suit :

TITRE PREMIER ORGANISATION DE LA COUR CONSTITUTIONNELLE

Article premier.- Les sept membres de la Cour Constitutionnelle sont nommés conformément aux dispositions de l'article 115 de la Constitution du 11 décembre 1990.

Avant leur nomination, soit par le Bureau de l'Assemblée Nationale, soit par le Président de la République, les personnes pressenties pour être membres de la Cour Constitutionnelle doivent produire :
- un curriculum vitae qui permette de juger de leurs qualifications et expérience professionnelles ;
- un extrait de casier judiciaire.

La décision et décret portant nomination des membres de la Cour doivent être publiés au Journal Officiel, de même que les résultats des élections au sein de la Cour.

Article 2.- Il est pourvu au renouvellement des membres de la Cour, vingt (20) jours au moins avant l'expiration de leurs fonctions.

Article 3.- Le Président de la Cour Constitutionnelle est élu par ses pairs pour une durée de cinq ans parmi les Magistrats et Juristes membres de la

Cour. L'élection a lieu au scrutin secret et à la majorité absolue des membres présents et votants.

Article 4.- Le Président de la Cour Constitutionnelle est assisté d'un Vice-président élu par ses pairs à la majorité absolue des membres présents et votants.

Article 5.- Sont considérés comme membres votants ceux qui votent pour ou contre le candidat. L'abstention n'est pas admise lors d'un vote.

Article 6.- Le renouvellement du Président de la Cour Constitutionnelle a lieu quinze (15) jours au moins avant l'expiration de ses fonctions.

Article 7.- Avant d'entrer en fonction, les membres de la Cour Constitutionnelle prêtent serment devant le Bureau de l'Assemblée Nationale et le Président de la République. Ils jurent de bien et fidèlement remplir leurs fonctions, de les exercer en toute impartialité dans le respect de la Constitution, de garder le secret des délibérations et des votes, de ne prendre aucune position publique, de ne donner aucune consultation sur les questions relevant de la compétence de la Cour. Acte est dressé de la prestation de serment.

Article 8.- Tout manquement à ce serment constitue un acte de forfaiture et sera puni conformément à la législation en vigueur.

Article 9.- Les fonctions de membres de la Cour Constitutionnelle sont incompatibles avec la qualité de membre de Gouvernement, l'exercice de tout mandat électif, de tout autre emploi public, civil ou militaire ou de toute autre activité professionnelle ainsi que de toute fonction de représentation nationale, sauf dans le cas prévu à l'article 50 alinéa 3 de la Constitution. S'ils sont fonctionnaires publics, leurs avancements d'échelon et de grade sont automatiques. Les membres du Gouvernement, de l'Assemblée Nationale, de la Haute Autorité de l'Audiovisuel et de la Communication, de la Cour Suprême ou du Conseil Economique et Social nommés à la Cour Constitutionnelle sont réputés avoir opté pour ces dernières fonctions s'ils n'ont exprimé une volonté contraire dans les huit (08) jours suivant la publication de leur nomination. Les membres de la Cour Constitutionnelle nommés à des fonctions gouvernementales ou élus soit à l'Assemblée

Nationale, soit dans une Assemblée municipale ou départementale, ou désignés comme membres de la Haute Autorité de l'Audiovisuel et de la Communication, à la Cour Suprême ou au Conseil Economique et Social, sont remplacés dans leurs fonctions, à l'expiration du délai d'option fixé au troisième alinéa du présent article.

Article 10.- Les membres de la Cour Constitutionnelle reçoivent un traitement fixé par la loi ; ce traitement est égal au moins à celui alloué aux membres du Gouvernement. 3 Ils ont en outre droit à des avantages et indemnités fixés par la loi et qui ne sauraient être inférieurs à ceux accordés aux membres du Gouvernement.

Article 11.- Un décret pris en Conseil des Ministres, sur proposition de la Cour Constitutionnelle, définit les obligations imposées aux membres de la Cour, afin de garantir l'indépendance et la dignité de leurs fonctions. Ces obligations doivent notamment comprendre l'interdiction pour les membres de la Cour Constitutionnelle, pendant la durée de leurs fonctions, de prendre aucune position publique sur les questions ayant fait, ou susceptibles de faire l'objet de décisions de la part de la Cour ou de consulter sur les mêmes questions. Les dispositions du précédent alinéa ne sont pas exclusives des publications et communications à caractère scientifique à condition que les conclusions de telles publications soient dans l'esprit et le sens des décisions rendues par la Cour Constitutionnelle et ce dans les conditions déterminées au Règlement Intérieur.

Article 12.- Un membre de la Cour Constitutionnelle peut démissionner par une lettre adressée au Président de ladite Cour. La nomination du remplaçant intervient au plus tard dans le mois de la démission. Celle-ci prend effet pour compter de la nomination du remplaçant.

Article 13.- La Cour Constitutionnelle constate, le cas échéant, à la majorité de cinq (5) conseillers au moins, la démission d'office de celui de ses membres qui aurait exercé une activité ou accepté une fonction ou un mandat électif incompatible avec sa qualité de membre de la Cour ou qui n'aurait pas la jouissance des droits civils et politiques. Il est alors pourvu à son remplacement dans la quinzaine pour le reste du mandat.

Article 14.- Les règles posées à l'article 13 ci-dessus sont applicables aux membres de la Cour Constitutionnelle définitivement empêchés par une incapacité physique permanente.

TITRE II FONCTIONNEMENT DE LA COUR CONSTITUTIONNELLE.
CHAPITRE I DISPOSITIONS COMMUNES.

Article 15.- La Cour Constitutionnelle se réunit sur la convocation de son Président ou en cas d'empêchement de celui-ci sur la convocation du Vice-président de la Cour ou par le plus âgé de ses membres.

Article 16.- Les décisions et les avis de la Cour Constitutionnelle sont rendus par cinq conseillers au moins, sauf en cas de force majeure dûment constatée au procès-verbal.

Article 17.- Un décret pris en Conseil des Ministres sur proposition de la Cour Constitutionnelle détermine l'organisation du Secrétariat Général.

Article 18.- Sur proposition du Président de la Cour Constitutionnelle, les crédits nécessaires au fonctionnement de ladite Cour sont inscrits au Budget National. Le Président de la Cour est Ordonnateur des dépenses.

CHAPITRE II DES DECLARATIONS DE CONFORMITE A LA CONSTITUTION

Article 19.- Les Lois organiques adoptées par l'Assemblée nationale sont transmises à la Cour Constitutionnelle par le Président de la République pour contrôle de constitutionnalité. La lettre de transmission indique, le cas échéant, qu'il y a urgence.

Article 20.- Conformément à l'article 121 de la Constitution, le Président de la République ou tout membre de l'Assemblée nationale peut saisir la Cour Constitutionnelle. La saisine de la Cour Constitutionnelle suspend le délai de promulgation. La Cour Constitutionnelle doit se prononcer dans un délai de quinze (15) jours. Elle peut, en vertu de l'article 114 de la Constitution, examiner l'ensemble de la loi déférée même si la saisine est limitée à certaines dispositions de ladite loi. La saisine de la Cour Constitutionnelle par le Président de la République ne fait pas obstacle à sa saisine par un membre de l'Assemblée nationale et inversement. La saisine de la Cour Constitutionnelle par le Président de la République ou par un membre de l'Assemblée nationale n'est valable que si elle intervient pendant les délais de promulgation fixés par l'article 57 alinéas 2 et 3 de la Constitution.

Article 21.- Les règlements intérieurs et les modifications aux règlements adoptés par l'Assemblée nationale, la Haute Autorité de l'Audiovisuel et de la Communication et par le Conseil Economique et Social sont, avant leur mise en application, soumis à la Cour Constitutionnelle par le Président de chacun des organes concernés.

Article 22.- De même sont transmis à la Cour Constitutionnelle soit par le Président de la République, soit par tout citoyen, par toute association ou organisation non gouvernementale de défense des Droits de l'Homme, les lois et actes réglementaires censés porter atteinte aux droits fondamentaux de la personne humaine et aux libertés publiques, et en général, sur la violation des droits de la personne humaine.

Article 23.- En cas de conflit d'attributions entre les institutions de l'Etat, le Président de l'Assemblée nationale ou le Président de la République saisit la Cour Constitutionnelle.

Article 24.- Tout citoyen peut, par une lettre comportant ses noms, prénoms et adresse précise, saisir directement la Cour Constitutionnelle sur la constitutionnalité des lois. Il peut également, dans une affaire qui le concerne, invoquer devant une juridiction l'exception d'inconstitutionnalité. Celle-ci, suivant la procédure de l'exception d'inconstitutionnalité doit saisir immédiatement et au plus tard dans les huit jours la Cour Constitutionnelle et surseoir à statuer jusqu'à la décision de la Cour.

Article 25.- La Cour Constitutionnelle doit prendre sa décision dans un délai de trente jours.

Article 26.- La Cour Constitutionnelle, saisie conformément aux articles 121, 122, 123 et 146 de la Constitution, avise immédiatement le Président de la République, le Président de l'Assemblée nationale, et le cas échéant, les Présidents de la Haute Autorité de l'Audiovisuel et de la Communication et du Conseil Economique et Social, lorsqu'ils sont concernés. Ces derniers en informent les membres de l'Assemblée et des organes en question.

Article 27.- L'appréciation de la conformité à la Constitution est faite sur le rapport d'un membre de la Cour dans les délais fixés par les articles 120, 121 et 122 de la Constitution. La décision est prise par la Cour siégeant en séance plénière.

Article 28.- La déclaration de la Cour Constitutionnelle est motivée. Elle est publiée au Journal Officiel.

Article 29.- La publication d'une déclaration de la Cour Constitutionnelle constatant qu'une disposition n'est pas contraire à la Constitution met fin à la suspension du délai de promulgation suivant les dispositions de l'article 120 de la Constitution.

Article 30.- Dans le cas où la Cour Constitutionnelle déclare que la loi dont elle est saisie contient une disposition contraire à la Constitution et inséparable de l'ensemble de cette loi, celle-ci ne peut être promulguée.

Article 31.- Dans le cas où la Cour Constitutionnelle déclare que la loi dont elle est saisie contient une disposition contraire à la Constitution sans constater en même temps qu'elle est inséparable de l'ensemble de cette loi, le Président de la République peut soit promulguer la loi à l'exception de cette disposition, soit demander à l'Assemblée nationale une nouvelle lecture. De même, lorsque la Cour saisie par un citoyen déclare qu'une loi, un texte réglementaire ou un acte administratif est contraire aux dispositions de l'article 3 de la Constitution, cette loi, texte ou acte sont nuls et non avenus.

Article 32.- Dans le cas où la Cour Constitutionnelle déclare que le règlement soit de l'Assemblée nationale, soit de la Haute Autorité de l'Audiovisuel et de la Communication ou bien du Conseil Economique et Social qui lui a été transmis contient une disposition contraire à la Constitution, cette disposition ne peut pas être mise en application par l'Assemblée nationale ou l'Institution qui l'a votée.

Article 33.- Conformément à l'article 121 alinéa 2 de la Constitution, la Cour Constitutionnelle se prononce d'office sur la constitutionnalité des lois et de tout texte réglementaire censé porter atteinte aux droits fondamentaux de la personne humaine et aux libertés publiques. Elle statue plus généralement sur les violations des droits de la personne humaine et sa décision doit intervenir dans un délai de huit jours. Dans le cas où la Cour Constitutionnelle déclare que la loi, le texte réglementaire ou l'acte administratif contient une disposition qui viole les droits fondamentaux de la personne humaine et les libertés publiques, la loi, le texte réglementaire ou l'acte administratif est considéré comme nul et de nul effet et ne peut être mis en application ou exécuté par le pouvoir exécutif.

Article 34. - Conformément à l'article 124 de la Constitution, une disposition déclarée inconstitutionnelle ne peut être promulguée ni mise en application. Les décisions de la Cour Constitutionnelle ne sont susceptibles d'aucun recours. Elles s'imposent aux pouvoirs publics et à toutes les autorités civiles, militaires et juridictionnelles. Elles doivent en conséquence être exécutées avec la diligence nécessaire.

CHAPITRE III.- DE L'EXAMEN DES TEXTES DE FORME LEGISLATIVE

Article 35.- Dans les cas prévus à l'article 100 alinéa 2 de la Constitution, la Cour Constitutionnelle est saisie par le Président de la République.

Article 36.- La Cour Constitutionnelle se prononce dans le délai d'un mois. Ce délai est réduit à huit jours quand le Gouvernement déclare l'urgence.

Article 37.- La Cour Constitutionnelle constate, par une déclaration motivée, le caractère législatif ou réglementaire des dispositions qui lui sont soumises.

CHAPITRE IV.- DE L'EXAMEN DES IRRECEVABILITES.

Article 38.- Aux cas prévus par l'article 104 de la Constitution, la discussion de la proposition de loi ou de l'amendement auquel le Président de l'Assemblée nationale ou le Gouvernement a opposé l'irrecevabilité est immédiatement suspendue.

Article 39.- L'autorité qui saisit la Cour Constitutionnelle en avise aussitôt l'autre Autorité qui a également compétence à cet effet selon l'article 104 de la Constitution.

Article 40.- Conformément à l'article 104, alinéa 4 de la Constitution, la Cour statue dans un délai de huit jours.

Article 41.- La déclaration de la Cour est notifiée au Président de l'Assemblée nationale et au Président de la République.

CHAPITRE V.- ATTRIBUTIONS DE LA COUR CONSTITUTIONNELLE EN CE QUI CONCERNE LE PRESIDENT DE LA REPUBLIQUE

Article 42.- Les attributions de la Cour Constitutionnelle en matière d'élection à la Présidence de la République sont déterminées par la Constitution dans ses articles 49 et 117 et par les lois électorales en vigueur. La Cour veille à la régularité de l'élection du Président de la République, examine les réclamations, statue sur les irrégularités qu'elle aurait pu, par elle-même relever et proclame les résultats du scrutin conformément aux dispositions de l'article 49 de la Constitution.

Article 43.- Lorsqu'elle est saisie par le Président de l'Assemblée nationale, dans les cas prévus à l'article 50 de la Constitution, pour constater l'empêchement définitif du Président de la République, la Cour Constitutionnelle statue à la majorité absolue des membres la composant.

Article 44.- Lorsqu'elle est saisie par le Président de l'Assemblée nationale, dans le cas prévu à l'article 86 de la Constitution, pour constater que les séances de l'Assemblée ne peuvent pas se dérouler au lieu ordinaire de ses sessions, la Cour Constitutionnelle se prononce à la majorité absolue de ses membres, dans un délai de trois jours.

Article 45.- Lorsque le Président de la Cour Constitutionnelle est appelé à assurer l'intérim du Président de la République dans le cas prévu à l'article 50 de la Constitution, la Cour est provisoirement présidée par le Vice-président.

Article 46.- Le Président de la Cour Constitutionnelle consulté, donne son avis motivé au Président de la République dans les cas prévus aux articles 58 et 68 de la Constitution.

Article 47.- Le Président de la Cour Constitutionnelle, conformément à l'article 119 de la Constitution, reçoit le serment du Président de la République. A cette occasion, il est entouré de ses pairs en tenue d'apparat et selon un protocole approprié.

Article 48.- Lorsqu'elle est saisie par le Gouvernement dans le cas prévu à l'article 52 alinéa 1er de la Constitution, la Cour Constitutionnelle se prononce dans un délai de quinze jours, à la majorité absolue de ses membres.

Article 49.- Dans le cas prévu à l'article 77 alinéa 2 de la Constitution, la Cour Constitutionnelle statue dans les trois jours, à la majorité de cinq de ses membres.

Article 50.- Dans les cas prévus aux articles 3, 4, 13 et 16 de la présente loi, les membres sont tenus de participer directement au vote. Aucune procuration n'est admise.

Article 51.- Conformément aux dispositions de l'article 117 de la Constitution alinéa 4, la Cour Constitutionnelle fait de droit partie de la Haute Cour de Justice à l'exception de son Président.

CHAPITRE VI.- DU CONTENTIEUX DE L'ELECTION DES MEMBRES DE L'ASSEMBLEE NATIONALE

Article 52.- Conformément aux dispositions de l'article 81 alinéa 2 de la Constitution, la Cour Constitutionnelle statue souverainement sur la validité de l'élection des députés, ainsi que sur la régularité des élections législatives en cas de contestation comme il est prévu à l'article 117 alinéa 3 de la Constitution.

Article 53.- Chaque commission électorale centralise les résultats du scrutin de l'ensemble de la Circonscription Electorale. Les travaux consignés dans un procès-verbal doivent être achevés au plus tard, le lendemain du scrutin et immédiatement transmis à la Cour Constitutionnelle par le Ministre chargé de l'Intérieur. Les procès-verbaux auxquels le Ministre chargé de l'Intérieur joint l'expédition de l'acte de naissance et le bulletin n° 2 du casier judiciaire des candidats dont l'élection est contestée ainsi que ceux de leurs remplaçants, sont tenus à la disposition des personnes inscrites sur les listes électorales et des personnes ayant fait une déclaration de candidature, pendant un délai de dix jours. Passé ce délai, les procès-verbaux et leurs annexes sont déposés aux Archives départementales et à celles du Ministère chargé de l'Intérieur. Ils ne peuvent être communiqués qu'à la Cour Constitutionnelle, sur demande de celle-ci.

Article 54.- Les résultats définitifs des élections législatives sont arrêtés et proclamés par la Cour Constitutionnelle au plus tard dans les soixante-douze heures de la date de réception des résultats des Commissions électorales départementales. La Cour Constitutionnelle communique sans délai à l'Assemblée nationale, les noms des personnes proclamées élues.

Article 55.- L'élection d'un député peut être contestée devant la Cour Constitutionnelle durant les dix jours qui suivent la proclamation des résultats du scrutin. Le droit de contester une élection appartient à toutes les personnes inscrites sur les listes électorales de la Circonscription dans laquelle il a été procédé à l'élection ainsi qu'aux personnes qui ont fait acte de candidature.

Article 56.- La Cour Constitutionnelle ne peut être saisie que par une requête écrite adressée au Secrétariat Général de la Cour, au Sous-préfet, au Chef de Circonscription Urbaine, au Préfet ou au Ministre chargé de l'Intérieur. Le Sous-préfet, le Chef de Circonscription Urbaine, le Préfet ou le Ministre chargé de l'Intérieur saisi avise, par télégramme ou tout autre moyen de communication approprié le Secrétariat Général de la Cour et assure sans délai la transmission de la requête dont il a été saisi. Le Secrétaire Général de la Cour donne sans délai avis à l'Assemblée nationale des requêtes dont il a été saisi ou avisé.

Article 57.- Les requêtes doivent contenir les noms, prénoms, qualité et adresse du requérant, le nom des élus dont l'élection est attaquée, les moyens d'annulation évoqués. Le requérant doit annexer à la requête les pièces produites au soutien de ses moyens. La Cour peut lui accorder, exceptionnellement, un délai pour la production d'une partie de ces pièces. La requête n'a pas d'effet suspensif. Elle est dispensée de tous frais de timbre ou d'enregistrement. La Cour Constitutionnelle donne avis au député ou à la liste de candidats dont l'élection est contestée, qui peut produire des observations écrites dans un délai de trois (03) jours à compter de la date de notification.

Article 58.- La Cour Constitutionnelle forme, en son sein, deux sections composées chacune de trois membres, désignés par le sort. Il est procédé à des tirages au sort séparés entre les membres nommés par le Président de la République et entre les membres nommés par le Bureau de l'Assemblée nationale. Chaque année, dans la première quinzaine d'Octobre, la Cour Constitutionnelle arrête une liste de six rapporteurs adjoints choisis parmi les 10 Conseillers à la Chambre Administrative et à la Chambre des Comptes de la Cour Suprême, ainsi que parmi les professeurs agrégés des Facultés de Droit et des praticiens du droit public ayant au moins dix (10) ans d'expérience professionnelle. Les rapporteurs adjoints n'ont pas voix délibérative.

Article 59.- Dès réception d'une requête, le Président de la Cour Constitutionnelle en confie l'examen à l'une des sections et désigne un rapporteur qui peut être assisté d'un rapporteur adjoint.

Article 60. - Les sections instruisent les affaires dont elles sont chargées et qui sont portées devant la Cour siégeant en séance plénière. Toutefois, la Cour, sans instruction contradictoire préalable, peut rejeter, par décision motivée, les requêtes irrecevables ou ne contenant que des griefs qui manifestement ne peuvent avoir une influence sur les résultats de l'élection. La décision est aussitôt notifiée à l'Assemblée nationale.

Article 61.- Dans les autres cas, avis est donné au membre de l'Assemblée nationale dont l'élection est contestée, ainsi que le cas échéant à son remplaçant, la section leur impartit un délai pour prendre connaissance de la requête et des pièces au Secrétariat de la Cour et produire leurs observations écrites.

Article 62.- Dès réception de ces observations ou à l'expiration du délai imparti pour les produire, l'affaire est rapportée devant la Cour, qui statue par une décision motivée. La décision est aussitôt notifiée au Président de l'Assemblée nationale et au Ministre chargé de l'Intérieur.

Article 63.- Lorsqu'elle fait droit à une requête, la Cour peut, selon le cas, annuler l'élection contestée ou réformer le procès-verbal des résultats établis par la Commission électorale ou le Ministre chargé de l'Intérieur. Elle proclame ensuite le candidat régulièrement élu. La décision est notifiée au Président de l'Assemblée Nationale et au Ministre chargé de l'Intérieur.

Article 64.- La Cour et les sections peuvent, le cas échéant, ordonner une enquête et se faire communiquer tous documents et rapports ayant trait à l'élection. Le rapporteur est commis pour recevoir sous serment les déclarations des témoins. Procès-verbal est dressé par le rapporteur et communiqué aux intéressés, qui ont un délai de trois jours pour déposer leurs observations écrites.

Article 65.- La Cour et les sections peuvent commettre l'un de leurs membres ou un rapporteur adjoint pour procéder sur place à d'autres mesures d'instructions.

Article 66.- Pour le jugement des affaires qui lui sont soumises, la Cour Constitutionnelle a compétence pour connaître de toute question et exception posée à l'occasion de la requête. 11 En ce cas, sa décision n'a d'effet juridique qu'en ce qui concerne l'élection dont il est saisi.

Article 67.- Sous réserve d'un cas d'inéligibilité du titulaire ou du remplaçant qui se révélerait ultérieurement, la Cour Constitutionnelle statue sur la régularité de l'élection tant du titulaire que du remplaçant.

CHAPITRE VII DU CONTROLE DE REGULARITE DU REFERENDUM ET DE LA PROCLAMATION DES RESULTATS

Article 68.- Conformément à l'article 4 alinéa 2 et à l'article 117 alinéa 2 de la Constitution, la Cour Constitutionnelle veille et statue sur la régularité du référendum et en proclame les résultats.

Article 69.- Conformément aux articles 58 et 68 de la Constitution, le Président de la Cour Constitutionnelle est consulté par le Président de la République sur toute initiative et sur l'organisation des opérations de référendum. Il est avisé sans délai de toute mesure prise à ce sujet. De même, lorsqu'un référendum est décidé par l'Assemblée nationale, conformément à l'article 108 de la Constitution, la Cour Constitutionnelle doit être avisée. Elle doit veiller à la régularité du référendum et en proclamer les résultats.

Article 70.- Déclaré inapplicable pour inconstitutionnalité (cf. Décision DCC 96-010 des 23 et 24 janvier 1996 de la Cour Constitutionnelle).

Article 71.- La Cour Constitutionnelle peut désigner un ou plusieurs délégués chargés de suivre les opérations. Ils sont choisis avec l'accord des Ministres compétents, parmi les magistrats de l'ordre judiciaire ou administratif de la Cour Suprême ainsi que parmi les professeurs agrégés de droit.

Article 72.- La Cour Constitutionnelle assure directement la surveillance du recensement général.

Article 73.- La Cour examine et tranche définitivement toutes les réclamations. Dans le cas où la Cour Constitutionnelle constate l'existence d'irrégularités dans le déroulement des opérations, il lui appartient d'apprécier si, eu égard à la nature et à la gravité de ces irrégularités, il y a lieu soit de maintenir lesdites opérations, soit de prononcer leur annulation totale ou partielle.

Article 74.- La Cour Constitutionnelle proclame les résultats du référendum. Mention de la proclamation est faite dans le décret portant promulgation de la loi adoptée par le peuple.

CHAPITRE VIII DE LA CONSULTATION DE LA COUR CONSTITUTIONNELLE DANS LE CAS D'OUTRAGE A L'ASSEMBLEE NATIONALE

Article 75.- Déclaré inapplicable pour inconstitutionnalité (cf. Décision DCC 96-010 des 23 et 24 janvier 1996 de la Cour Constitutionnelle).

Article 76.- Déclaré inapplicable pour inconstitutionnalité (cf. Décision DCC 96-010 des 23 et 24 janvier 1996 de la Cour Constitutionnelle).

Article 77.- Déclaré inapplicable pour inconstitutionnalité (cf. Décision DCC 96-010 des 23 et 24 janvier 1996 de la Cour Constitutionnelle).

Article 78.-

78.1- En cas d'outrage à l'Assemblée nationale par le Président de la République, le Président de l'Assemblée nationale saisit la Cour Constitutionnelle.

78.2- Lorsque la Cour Constitutionnelle est saisie dans le cas d'outrage à l'Assemblée nationale, prévu à l'article 77 de la Constitution, elle statue par une décision motivée dans les trois (03) jours, à la majorité visée à l'article 49 ci-dessus, sur rapport de l'une de ses sections. La décision est aussitôt notifiée au Président de l'Assemblée nationale et au Président de la République.

CHAPITRE IX DES IMMUNITES ET DU REGIME DISCIPLINAIRE DES MEMBRES DE LA COUR CONSTITUTIONNELLE

Article 79.- Conformément aux dispositions de l'article 115 alinéa 4 de la Constitution, les membres de la Cour Constitutionnelle sont inamovibles pendant la durée de leur mandat. Ils ne peuvent être poursuivis ou arrêtés sans l'autorisation de la Cour Constitutionnelle et du Bureau de la Cour Suprême siégeant en session conjointe sauf les cas de flagrant délit.

Article 80.- Dans les cas prévus à l'article précédent, sur décision du Gouvernement, le Ministre de la Justice saisit immédiatement le Président de la Cour Constitutionnelle ainsi que le Président de la Cour Suprême et au plus tard dans les quarante-huit heures.

Article 81.- La session conjointe de la Cour Constitutionnelle et du Bureau de la Cour Suprême prévue à l'article 115 alinéa 4 de la Constitution doit sous la présidence du Président de la Cour Constitutionnelle statuer, dans les trois jours, à la majorité des deux tiers de ses membres. La décision motivée doit être sans délai notifiée au Gouvernement et au Bureau de l'Assemblée nationale.

Article 82.- Déclaré inapplicable pour double emploi avec l'article 8 de la même loi organique (cf. Décision DCC 96-010 des 23 et 24 janvier 1996 de la Cour Constitutionnelle).

TITRE III DISPOSITIONS DIVERSES ET TRANSITOIRES

Article 83.- Les modalités d'application de la présente loi organique pourront être déterminées par décret pris en Conseil des Ministres, après consultation de la Cour Constitutionnelle et avis de la Cour Suprême.

Article 84.- La Cour Constitutionnelle complétera par son règlement intérieur les règles de procédure édictées par le Titre II de la présente loi organique. Elle précisera notamment les conditions dans lesquelles auront lieu les enquêtes et mesures d'instructions et de surveillance des opérations du référendum prévues aux articles 64, 65 et 71 ci-dessus sous la direction d'un rapporteur.

Article 85. - Conformément à l'article 159 alinéa 3 de la Constitution, les attributions dévolues à la Cour Constitutionnelle seront exercées par le Haut Conseil de la République jusqu'à l'installation des institutions nouvelles.

Article 86. - Dès l'installation des membres de la Cour Constitutionnelle, le Secrétariat du Haut Conseil de la République transmet à la Cour les dossiers des affaires dont il a été saisi et sur lesquelles il n'a pas encore statué.
Article 87. - La Cour Constitutionnelle établit son règlement intérieur, sous l'autorité de son Président. Ce règlement intérieur sera publié au Journal Officiel de la République du Bénin.

Article 88. - Les délais impartis à la Cour Constitutionnelle par les articles 120, 121, 122 et 123 de la Constitution ne commenceront à courir que huit jours après son installation.

Article 89. - La présente loi sera publiée au Journal Officiel de la République du Bénin et exécutée comme Loi Organique.

Fait à Cotonou, le 31 mai 2001

Par le Président de la République,
Chef de l'Etat, Chef du Gouvernement.

Mathieu KEREKOU

Le Ministre d'Etat, Chargé de la Coordination
De l'Action Gouvernementale, de la Prospective et du Développement,
Bruno AMOUSSOU

Le Ministre des Finances
Le Garde des Sceaux, Ministre de et de l'Economie, la Justice, de la Législation et des
Droits de l'Homme,
Abdoulaye BIO-TCHANE.- Joseph H. GNONLONFOUN.

ANNEXE 4. Règlement intérieur de la Cour constitutionnelle

TITRE I : DISPOSITIONS GENERALES

Article 1er : Le présent Règlement Intérieur est pris en application des dispositions de la Loi n° 90-032 du 11 décembre 1990 portant Constitution de la République du Bénin et de la Loi n° 91-009 du 04 mars 1991 portant loi organique sur la Cour Constitutionnelle modifiée par la Loi du 31 mai 2001.

Article 2 : La Cour Constitutionnelle est la plus haute juridiction de l'Etat en matière constitutionnelle. Elle est juge de la constitutionnalité de la loi et elle garantit les droits fondamentaux de la personne humaine et les libertés publiques. Elle est l'organe régulateur du fonctionnement des institutions et de l'activité des pouvoirs publics.
Les membres de la Cour Constitutionnelle portent le titre de « Conseiller à la Cour Constitutionnelle ».
Ils sont nommés pour un mandat de cinq (05) ans renouvelable une seule fois. Ce mandat prend effet à compter de la prestation de serment.

Article 3 : Le siège de la Cour Constitutionnelle est fixé à COTONOU.
Lorsque, par suite de circonstances exceptionnelles constitutives de force majeure dûment constatées par la Cour Constitutionnelle, celle-ci ne peut se réunir à COTONOU, son siège peut être transféré provisoirement en toute autre localité du territoire national sur sa décision, après consultation du Président de la République et du Président de l'Assemblée Nationale. Ce transfert prend fin avec la disparition du cas de force majeure dûment constaté par la Cour Constitutionnelle.

Article 4 : Au début de chaque mandat, la Cour se réunit sur convocation du doyen d'âge des Conseillers.

TITRE II : ORGANISATION DE LA COUR CONSTITUTIONNELLE

CHAPITRE I DE LA PRESIDENCE DE LA COUR CONSTITUTIONNELLE

Article 5 : La présidence de la Cour Constitutionnelle est assurée par le Président assisté d'un Vice-président conformément à l'article 4 de la loi organique.

SECTION 1 ELECTIONS

Article 6 : Dans les huit (08) jours de l'installation de la Cour Constitutionnelle, le doyen d'âge des Conseillers convoque les membres de la Cour pour en élire le Président et le Vice-président. Un bureau provisoire est constitué à cet effet. Il est composé du plus âgé des Conseillers, Président, et du plus jeune, secrétaire de séance.

Article 7 : Les candidatures sont déposées et enregistrées au cours de la séance d'élection.
Peuvent être candidats au poste de Président les Conseillers Magistrats ou Juristes, membres de la Cour conformément à l'article 116 de la Constitution.

Article 8 : Le Président de la Cour Constitutionnelle est élu pour une durée de cinq (05) ans par ses pairs au scrutin uninominal, secret et écrit. L'élection a lieu en présence des sept (07) Conseillers à la Cour à la majorité absolue des membres présents et votants conformément à l'article 3 de la loi organique sur la Cour Constitutionnelle. Sont considérés comme membres votants, ceux qui votent pour ou contre le candidat. Aucune procuration n'est admise. Deux (02) scrutateurs, tirés au sort dépouillent le scrutin. Les bulletins blancs ou nuls ne sont pas comptés. Le doyen d'âge proclame le résultat qui est consigné dans un procès-verbal signé par le Président, le Secrétaire de séance ainsi que par les scrutateurs. Le Vice-président de la Cour Constitutionnelle est élu dans les mêmes conditions et au cours de la même séance. A la fin du scrutin, le Président de séance proclame les résultats et invite le Président et le Vice-président de la Cour Constitutionnelle à prendre place. Le Président de la Cour notifie la composition de la présidence de la Cour au Président de la République et au Président de l'Assemblée Nationale. Les résultats du scrutin sont publiés au Journal Officiel.

Article 9 : En cas de vacance de la présidence de la Cour Constitutionnelle, par démission, décès ou toute autre cause, la Cour élit un 4 nouveau

Président ou un nouveau Vice-président dans le mois qui suit l'événement intervenu et ce, en application des dispositions de l'article 12 de la loi organique sur la Cour Constitutionnelle.

SECTION 2 ATTRIBUTIONS - POUVOIRS

Article 10 : Le Président de la Cour Constitutionnelle exerce les pouvoirs et prérogatives que lui confèrent la Constitution et la loi organique.
Il assure le fonctionnement général de la Cour.
Il rend, après consultation des membres de la Cour, des ordonnances qui ne sont susceptibles d'aucun recours. Il préside les audiences et les réunions de la Cour dont il assure la police.
Pendant les audiences, réunions ou séances de travail de la Cour, il peut, quand il estime que l'ordre public est troublé ou menacé de l'être, requérir la force publique ou prendre toutes les mesures nécessaires, entre autres, ordonner le huis-clos.
Il peut faire appel, en tant que de besoin, à des consultants extérieurs dont les frais et honoraires sont supportés par le budget de la Cour.
Il représente l'institution dans les cérémonies officielles et dans les actes de la vie civile. Conformément à l'article 18 de la loi organique sur la Cour Constitutionnelle, les crédits nécessaires au fonctionnement de la Cour sont inscrits au budget national sur proposition du Président de la Cour.
Il est ordonnateur des dépenses de la Cour. Il détermine par ordonnance le règlement financier de la Cour. Pour toutes décisions importantes, il consulte l'Assemblée Générale constituée par tous les Conseillers à la Cour.

Article 11 : Le Vice-président supplée le Président en cas d'absence ou d'empêchement dans l'exercice de ses fonctions et, en cas de vacance jusqu'à l'élection du nouveau Président. Il peut recevoir délégation de pouvoirs du Président de la Cour pour des affaires déterminées.

CHAPITRE II DU CABINET DU PRESIDENT DE LA COUR CONSTITUTIONNELLE

Article 12 : Le cabinet du Président de la Cour Constitutionnelle est composé :
- d'un Directeur de cabinet ;

- d'un Secrétaire particulier ; - d'un Chef de protocole ;
- de deux Chargés de mission ;
- d'un Attaché de presse.

Aucune distinction n'est faite entre les personnes des deux sexes pour occuper ces fonctions.

Article 13 : Le Directeur de Cabinet est nommé par ordonnance du Président de la Cour Constitutionnelle. Il est chargé, sous l'autorité du Président de la Cour, de veiller au bon fonctionnement du cabinet. A ce titre, il a pour mission :

- d'assurer la coordination des activités du cabinet ;
- d'assister aux audiences du Président de la Cour Constitutionnelle ;
- d'exécuter toutes tâches à lui confiées par le Président de la Cour ;
- de rédiger, en concertation avec le Secrétaire Particulier, les correspondances privées du Président de la Cour.

Article 14 : Le Secrétaire Particulier est nommé par ordonnance du Président de la Cour Constitutionnelle. Il est chargé:

- de la rédaction du courrier confidentiel, de son traitement et de son expédition ; - de la rédaction de la correspondance privée du Président de la Cour Constitutionnelle;
- de la programmation des audiences en accord avec le Chef de Protocole ;
- du traitement des discours du Président et des communiqués de presse ainsi que de toutes autres tâches à lui confiées par le Président de la Cour.

Article 15 : Le Chef de Protocole est nommé par ordonnance du Président de la Cour Constitutionnelle. Il est chargé : - d'assurer le protocole du Président de la Cour ;

- d'assurer les relations de la Cour Constitutionnelle avec les représentations diplomatiques accréditées au Bénin, les Institutions nationales, les Institutions internationales représentées au Bénin ;
- d'organiser les audiences en relation avec le Secrétaire Particulier ;
- d'organiser les missions et voyages du Président et des membres de la Cour Constitutionnelle ; - d'organiser les réceptions officielles ;
- de toutes autres missions à lui confiées par le Président de la Cour.

Article 16 : Les Chargés de missions sont nommés par ordonnance du Président de la Cour Constitutionnelle. Ils sont chargés de l'exécution de toutes les missions spécifiques qui leur sont confiées par le Président de la Cour.

Article 17 : L'Attaché de presse est nommé par ordonnance du Président de la Cour Constitutionnelle. Il a pour mission :
- de rédiger les communiqués de presse ;
- de préparer à l'attention du Président de la Cour, les notes quotidiennes d'information et de revues de presse ;
- d'élaborer les dossiers de presse sur l'actualité nationale et internationale ;
- d'informer les organes de presse des activités de la Cour après instructions du Président ;
- d'organiser les conférences de presse ou les points de presse du Président de la Cour.

CHAPITRE III
DU SECRETARIAT GENERAL DE LA COUR CONSTITUTIONNELLE

Article 18 : Le Secrétariat Général est l'organe central de l'organisation administrative de la Cour Constitutionnelle.

Article 19 : L'organisation du Secrétariat Général de la Cour Constitutionnelle est déterminée par un décret pris en Conseil des Ministres sur proposition du Président de la Cour conformément à l'article 17 de la loi organique sur la Cour Constitutionnelle.

TITRE III FONCTIONNEMENT DE LA COUR CONSTITUTIONNELLE
CHAPITRE I DISPOSITIONS GENERALES

Article 20 : La Cour Constitutionnelle se réunit sur convocation de son Président ou en cas d'empêchement de celui-ci, sur convocation du Vice-président.

Ils sont suppléés en cas d'empêchement par le plus âgé des Conseillers.

Article 21 : Pour délibérer valablement, la Cour Constitutionnelle doit comprendre au moins cinq (05) membres. Lorsque ce quorum n'est pas atteint en raison d'empêchement ou de cas de force majeure, mention en est faite au procès-verbal de ladite séance. Le Secrétaire Général assiste aux séances de la Cour sans voix délibérative. Les décisions sont prises à la majorité simple des participants. L'abstention n'est pas admise lors d'un vote.

Article 22 : Les décisions de la Cour comportent les visas des textes applicables, les motifs sur lesquels elles se fondent et un dispositif. Elles contiennent la mention des membres qui ont siégé à la séance au cours de laquelle elles ont été prises. Les décisions et avis de la Cour Constitutionnelle sont signés par le Président et le Rapporteur.

Article 23 : Les décisions de la Cour Constitutionnelle sont publiées au Journal Officiel ou dans un journal d'annonces légales. Elles prennent effet à compter de leur prononcé. Elles sont notifiées aux parties concernées. Elles ne sont susceptibles d'aucun recours. Elles s'imposent aux pouvoirs publics, à toutes les autorités civiles, militaires et juridictionnelles et à toutes les personnes physiques ou morales. Elles doivent en conséquence être exécutées avec la diligence nécessaire. Les avis de la Cour ont en principe une valeur consultative.

Article 24 : Toute partie intéressée peut saisir la Cour Constitutionnelle d'une demande en rectification d'erreur matérielle d'une décision. Cette demande doit être introduite sous les mêmes formes que la requête introductive d'instance, et dans un délai d'un (01) mois à compter de la notification de la décision dont la rectification est demandée.

Article 25 : Si la Cour Constitutionnelle constate qu'une de ses décisions est entachée d'une erreur matérielle, elle peut la rectifier d'office et procéder à tous amendements jugés nécessaires. Article 26 : Tout membre de la Cour Constitutionnelle peut faire, à tout moment, des commentaires et publications sur les décisions et avis de la Cour. Lesdits travaux doivent être conformes au sens et à l'esprit des décisions et avis rendus par la Cour.

CHAPITRE II DES PROCEDURES

SECTION 1 : DISPOSITIONS COMMUNES

Article 27 : La Cour Constitutionnelle est saisie par une requête. Celle-ci est déposée au Secrétariat Général qui l'enregistre suivant la date d'arrivée.

Article 28 : La procédure devant la Cour Constitutionnelle est écrite, gratuite et secrète. Elle est contradictoire selon la nature de la requête.

Article 29 : Le dossier de la procédure est affecté à un Rapporteur dé- signé par le Président. Le Rapporteur procède à l'instruction de l'affaire en vue d'un rapport écrit à soumettre à la Cour. Il entend, le cas échéant les parties ; il peut également entendre toute personne dont l'audition lui paraît opportune ou solliciter par écrit des avis qu'il juge nécessaires. Il fixe aux parties des délais pour produire leurs moyens et ordonne au besoin des enquêtes. Le rapport analyse les moyens soulevés et énonce les points à trancher. Il est déposé au Secrétariat Général qui le communique sans délai aux membres de la Cour. Il est lu à l'audience par le Rapporteur.

Article 30 : Les parties peuvent se faire assister de toute personne physique ou morale compétente. Celle-ci peut déposer des mémoires signés par les parties concernées. Les débats ne sont pas publics, sauf décision contraire de la Cour Constitutionnelle notamment en ce qui concerne le contentieux électoral. Nul ne peut demander à y être entendu.

SECTION 2 : DU CONTROLE DE LA CONFORMITE A LA CONSTITUTION

Article 31 : La Cour Constitutionnelle peut être saisie conformément aux dispositions de la Constitution et de la loi organique sur la Cour 12 Constitutionnelle par le Président de la République, le Président de l'Assemblée Nationale, les Présidents de la Haute Autorité de l'Audiovisuel et de la Communication et du Conseil Economique et Social, ainsi que par toute association non gouvernementale de défense des Droits de l'Homme, toute association, ou tout citoyen. Pour être valable, la requête émanant d'une organisation non gouvernementale, d'une association ou d'un citoyen doit comporter ses nom, prénoms, adresse précise et signature ou empreinte digitale.

Article 32 : La Cour Constitutionnelle peut se saisir d'office sur la constitutionnalité des lois et de tout texte réglementaire censés porter atteinte aux droits fondamentaux de la personne humaine et aux libertés publiques. Dans ce cas, sa décision doit intervenir dans un délai de huit (08) jours à compter de la réunion de la Cour qui a décidé de cette saisine.

Article 33 : La saisine de la Cour Constitutionnelle avant la promulgation d'une loi en suspend le délai de promulgation.

Article 34 : Le Président de la Cour Constitutionnelle désigne parmi les membres de la Cour un Rapporteur chargé de l'instruction de la procédure. Le Rapporteur peut entendre toute personne dont l'audition lui paraît opportune et notamment les rapporteurs des Commissions parlementaires compétentes.

Article 35 : La Cour Constitutionnelle se prononce sur l'ensemble de la loi, tant sur son contenu que sur la procédure de son élaboration.

Article 36 : Lorsque la Cour constate la conformité à la Constitution, la publication de sa décision met fin à la suspension du délai de promulgation.

Article 37 : Lorsque la Cour constate la non-conformité totale à la Constitution, la loi ne peut être promulguée. Sa décision est notifiée au Président de la République et au Président de l'Assemblée Nationale. L'Assemblée Nationale procède à une nouvelle délibération en se conformant à ladite décision.

Article 38 : Lorsque la Cour constate la non-conformité partielle, ainsi que le caractère séparable de la disposition ou des dispositions censurées, le Président de la République peut, soit promulguer la loi amputée de la disposition incriminée, soit demander à l'Assemblée Nationale de procéder à une nouvelle délibération de la loi afin qu'elle se conforme à la décision de la Cour Constitutionnelle.

Article 39 : Lorsque la Cour constate la non-conformité totale à la Constitution d'une ordonnance, ce texte ne peut être appliqué. Lorsque la Cour Constitutionnelle constate la non-conformité partielle à la Constitution d'une ordonnance et qu'elle se prononce sur le caractère séparable de la ou des dispositions incriminées, celles-ci ne peuvent être appliquées. La décision est notifiée au Président de la République afin qu'il remédie à la situation juridique résultant de la décision. La décision est également notifiée au Président de l'Assemblée Nationale.

Article 40 : Lorsque la Cour constate la non-conformité totale à la Constitution d'un acte réglementaire, cet acte ne peut être appliqué. Lorsque la Cour constate la non-conformité partielle à la Constitution d'un acte réglementaire et qu'elle se prononce sur le caractère séparable de la ou des dispositions incriminées, celles-ci ne peuvent être appliquées.

La Cour peut indiquer, si elle l'estime nécessaire, ceux des effets du règlement incriminé qui doivent être considérés comme définitifs. La décision est notifiée au Président de la République afin qu'il remédie à la situation juridique résultant de la décision.

Article 41 : L'exception d'inconstitutionnalité prévue à l'article 24 de la loi organique sur la Cour Constitutionnelle peut être soulevée à tout moment de la procédure devant la juridiction concernée. Celle-ci doit saisir la Cour Constitutionnelle dans les délais de huit (08) jours au plus tard et surseoir à statuer jusqu'à la décision de la Cour.

Article 42 : Dans le cas où la Cour Constitutionnelle déclare contraire à la Constitution le texte attaqué, celui-ci cesse de produire ses effets à compter du prononcé de la décision.

Article 43 : Lorsque la Cour constate la non-conformité à la Constitution d'une loi, d'une ordonnance ou d'un acte réglementaire, l'autorité concernée est appelée à se conformer à la situation juridique résultant de cette décision.

Article 44 : Conformément aux dispositions de l'article 117 de la Constitution, les règlements intérieurs de l'Assemblée Nationale, de la Haute Autorité de l'Audiovisuel et de la Communication, du Conseil Economique et Social sont soumis à la Cour Constitutionnelle, avant leur mise en application. Lorsque la Cour, saisie par le Président de l'institution concernée, constate la non-conformité totale ou partielle à la Constitution des dispositions d'un Règlement Intérieur, ce texte ne peut pas être appliqué. La décision est notifiée au Président de l'institution intéressée qui procède sans délai à la mise en conformité de ce règlement avec la décision de la Cour. La décision définitive de conformité est notifiée au Président de l'institution concernée.

Le règlement n'entre en vigueur qu'après avoir été reconnu dans sa totalité conforme à la Constitution.

Article 45 : Lorsque la Cour Constitutionnelle, saisie par le Président de la République ou par le Président de l'Assemblée Nationale constate la non-conformité à la Constitution d'une ou plusieurs clauses de traités ou d'accords internationaux, ces engagements ne peuvent être ratifiés. La décision est notifiée au Président de la République qui remédie à la situation juridique résultant de la décision de la Cour Constitutionnelle. La décision est également notifiée au Président de l'Assemblée Nationale.

SECTION 3 : CONTROLE DE LA REGULARITE DES ELECTIONS ET DES OPERATIONS DE REFERENDUM.

Article 46 : Les attributions de la Cour Constitutionnelle en matière électorale sont déterminées par la Constitution, la loi organique sur la Cour Constitutionnelle et les lois électorales en vigueur.

Article 47 : Les règles de procédure suivies au niveau de la Cour Constitutionnelle figurent au TITRE II de la loi organique sur la Cour Constitutionnelle.

Article 48 : Lorsque, en application des dispositions de l'article 64 de la loi organique sur la Cour Constitutionnelle, une enquête est ordonnée par décision de la section ou de la Cour, cette décision doit mentionner :
- les faits à prouver ;
- le nom du rapporteur commis pour recevoir sous serment les dépositions des témoins ; - l'énumération des témoins qui doivent être entendus, à moins que la section ou la Cour ne laisse à cet égard toute latitude au rapporteur.

Article 49 : Les témoins sont entendus en l'absence des personnes visées à l'article 57 de la loi organique sur la Cour Constitutionnelle. Le procès-verbal des auditions dressé par le rapporteur est communiqué à ces personnes. Lorsque celles-ci ne déposent pas dans le délai de trois (03) jours leurs observations écrites conformément à l'article 54 de la loi organique, le rapporteur passe outre.

Article 50 : La décision de la Cour constatant l'inéligibilité ou annulant l'élection d'un député est notifiée sans délai à ce dernier, à l'Assemblée Nationale, ainsi qu'au requérant et au Ministère concerné.

SECTION 4 : DEMANDE D'AVIS

Article 51 : La Cour Constitutionnelle donne ses avis dans tous les cas où son intervention est prévue par la Constitution et/ou par des dispositions législatives ou réglementaires.

Article 52 : Les avis émis par la Cour Constitutionnelle sont notifiés à l'autorité qui l'a saisie.

TITRE IV DISPOSITIONS DIVERSES

Article 53 : Un insigne distinctif est porté par les membres de la Cour au cours des cérémonies officielles et en toute circonstance où ils ont à faire connaître leur qualité. Une cocarde leur est attribuée pour l'identification de leur véhicule. Il leur est délivré une carte professionnelle.

A l'occasion du serment du Président de la République, conformément à l'article 47 de la loi organique sur la Cour Constitutionnelle ainsi que des grandes cérémonies officielles, les membres de la Cour portent une tenue d'apparat. L'insigne, la cocarde, la carte professionnelle et la tenue d'apparat sont déterminés par la Cour.

Article 54 : Les membres de la Cour Constitutionnelle ont droit à un passeport diplomatique. Article 55 : Le Règlement Intérieur de la Cour Constitutionnelle est adopté à la majorité absolue des membres de la Cour.

Article 56 : Sur l'initiative de tout membre, le Règlement Intérieur peut être révisé par la Cour Constitutionnelle, et dans ce cas, le vote a lieu à la majorité absolue de ses membres.

Article 57 : Le présent Règlement Intérieur qui annule toutes dispositions antérieures contraires sera publié partout où besoin sera.

Fait à Cotonou, le 16 septembre 2005

Le Président Conceptia DENIS-OUINSOU

ANNEXE 5. Les chefs d'État du Dahomey, puis de la République depuis l'indépendance de 1960

Nom	Début du mandat	Fin du mandat	Fonction
Hubert Maga	1er août 1960	27 octobre 1963	Président de la République
Christophe Soglo	27 octobre 1963	25 janvier 1964	Président du gouvernement provisoire
Sourou Migan Apithy	25 janvier 1964	27 novembre 1965	Président de la République
Justin Ahomadegbé	27 novembre 1965	29 novembre 1965	Intérim
Tahirou Congacou	29 novembre 1965	22 décembre 1965	Intérim
Christophe Soglo	22 décembre 1965	19 décembre 1967	Chef de l'État
Jean-Baptiste	19	20	Chef du comité

Hachème	décembre 1967	décembre 1967	révolutionnaire
Maurice Kouandété	20 décembre 1967	21 décembre 1967	Chef de l'État
Alphonse Alley	21 décembre 1967	17 juillet 1968	
Émile Derlin Zinsou	17 juillet 1968	10 décembre 1969	Président de la République
Maurice Kouandété	10 décembre 1969	13 décembre 1969	Chef de l'État
Paul-Émile de Souza	13 décembre 1969	7 mai 1970	
Hubert Maga	7 mai 1970	7 mai 1972	Président du conseil présidentiel
Justin Ahomadegbé	7 mai 1972	26 octobre 1972	
Mathieu Kérékou	26 octobre 1972	4 avril 1980	
	4 avril 1980	4 avril 1991	Président de la

Nicéphore Soglo	4 avril 1991	4 avril 1996	République
Mathieu Kérékou	4 avril 1996	4 avril 2001	
	4 avril 2001	6 avril 2006	
Boni Yayi	6 avril 2006	5 avril 2011	
	6 avril 2011	06 avril 2016	
Patrice Talon	6 avril 2016	En fonction	

Chronologie des principaux événements politiques au Bénin

1857	Établissement d'un comptoir de commerce par les Français à Grand-Popo.
1889	Défaite du Roi Béhanzin dans la guerre contre les Français.
1892	Le Dahomey devient un protectorat français.
1904	Le Dahomey Dahomey fait partie de l'Afrique Occidentale Française (AOF).
1er août 1960	Le Dahomey obtient son indépendance de la France et Hubert Maga devient 1er Président de la République du Dahomey.
5 novembre 1960	Adoption de la Constitution du Dahomey…
11 décembre 1960	Elections législatives d'après l'indépendance. Victoire du Parti Dahoméen de l'Unité (PDU), réunion du Parti des Nationalistes du Dahomey (PND) de Sourou Migan Apithy et du Rassemblement Démocratique Dahoméen (RDD) de Hubert Maga.
Octobre 1963	Grèves et manifestations.
28 octobre 1963	Le Général Christophe renverse le Président Hubert Maga par un coup d'état sans effusion de sang.
Décembre 1963	Le pouvoir retourne dans les mains des civils: Sourou Migan Apithy devient président de la République et Justin Ahomadébgé devient Premier ministre et Vice-président.
5 janvier 1964	Une nouvelle constitution est adoptée par référendum.
29 novembre 1965	Le président de l'Assemblée nationale, Tahirou Congacou forme le nouveau gouvernement.
22 décembre 1965	Le Général Christophe Soglo reprend de nouveau le pouvoir à la suite d'un coup d'État.

17 décembre 1967	Le Commandant Kouandété organise un coup d'état et confie la formation d'un nouveau gouvernement au Lieutenant-colonel Alphonse Alley.
26 juin 1968	De jeunes militaires regroupés au sein du CMR confie le pouvoir au Dr Emile Derlin Zinsou.
10 décembre 1969	Le lieutenant-colonel Kouandété organise un autre coup d'État et le Président Emile Derlin Zinsou est écarté du pouvoir
13 décembre 1969	Paul Émile de Souza prend le pouvoir
7 mai 1970	Formation du Conseil présidentiel de trois membres composé de Sourou Migan Apithy, Hubert Maga et Justin Ahomadebgé, dont la présidence sera tournante…
26 octobre 1972	Le Conseil présidentiel est renversé dans un coup d'État par un groupe de jeunes militaires dirigé par le commandant Mathieu Kérékou. Le Gouvernement Militaire Révolutionnaire (GMR) est formé.
30 novembre 1972	Lancement du discours programme par le GMR
Décembre 1973	Création du Conseil national de la révolution (CNR).
30 novembre 1974	Le socialisme scientifique guidé par le marxisme-léninisme est adopté comme voie officielle du Dahomey.
30 novembre 1975	Le Dahomey change de nom et devient République populaire du Bénin. Instauration du Parti de la Révolution Populaire du Bénin (PRPB) comme parti unique.
16 janvier 1977	Un groupe de mercenaires dirigé par Bob Denard lance une agression armée aérienne contre le Bénin
26 août 1977	Adoption d'une nouvelle constitution: la Loi fondamentale.
Novembre 1979	Premières élections législatives de l'ère révolutionnaire au Bénin. Création de l'Assemblée Nationale Révolutionnaire

	(ANR).
Février 1980	Mathieu Kérékou est élu Président de la République du Bénin par l'ANR.
Août 1984	Réélection de Mathieu Kérékou comme Président de la République par l'ANR
1987	Accentuation de la crise économique, et recrudescence des mouvements de protestation des étudiants.
Août 1989	Réélection de Mathieu Kérékou.
Novembre 1989	Grève générale des fonctionnaires.
Décembre 1989	Renoncement à l'idéologie marxiste-léniniste.
Février 1990	La Suspension de Constitution.
Février 1990	Organisation de la Conférence Nationale des Forces Vives de la Nation à Cotonou.
Mars 1990	Création du Haut Conseil pour la République (HCR)
1990 (12 mars)	Nicéphore Soglo est nommé Premier Ministre du Bénin par le HCR.
Décembre 1990	Adoption par référendum du nouveau projet de Constitution instaurant un régime présidentiel et un multipartisme intégral.
2 février 1991	Organisation des premières élections législatives de l'ère du renouveau démocratique.
24 mars 1991	Nicéphore Soglo remporte les premières élections présidentielles de l'ère du renouveau démocratique face à Mathieu Kérékou.
7 juin 1993	Installation de la Cour constitutionnelle.
Janvier 1994	Dévaluation de 50 franc CFA.
28 mars1995	Organisation des 2e élections législatives

18 mars 1996	Mathieu Kérékou remporte le second tour des 2e élections présidentielles face à Nicéphore Soglo.
7 juin 1998	Installation de la nouvelle Cour constitutionnelle.
30 mars 1999	3e élections législatives
19 décembre 2000	Adoption de deux nouvelles lois électorales.
15 février 2001	Installation de la Haute Cour de Justice
4 mars 2001	Organisation du premier tour des 3e élections présidentielles (17 candidats sont autorisés à participer à la course).
22 mars 2001	Organisation du second tour des 3e élections présidentielles (Mathieu Kérékou réélu comme Président de la République pour un second tour)
05 avril 2001	Prestation de serment du nouveau Président élu (Mathieu Kérékou)
15 décembre2002	Organisation des premières élections municipales et communales de l'ère du renouveau démocratique (après la conférence des forces vives de la nation en 1990).
05 mars 2006	Organisation du premier tour des 4e élections présidentielles (26 candidats sont autorisés à participer à la course).
19 mars 2006	Organisation du second tour des 4e élections présidentielles (réélu comme Président de la République pour un second tour)
06 avril 2006	Prestation de serment du Président (Dr. Yayi Boni)
04 avril 2016	Prestation de serment du Président (Patrice Talon)

TABLE DES MATIERES

INDEX ALPHABETIQUE

Le Bénin
aux éditions L'Harmattan

Dernières parutions

ÉDUCATION ET GOUVERNANCE POLITIQUE AU BÉNIN
Du danxomè à l'ère démocratique
Gohy Gilles Expédit
Prenant comme analyseur la dynastie des Hwégbajavi de Danxômè avec l'institution du Vidaxô, préparant le futur roi à sa charge royale, l'auteur a montré qu'il existe une corrélation entre une bonne formation à diriger et la réussite du mandat d'un roi ou d'un président. Pour un savoir-devenir bon dirigeant, il propose une École de formation des dirigeants et élus potentiels (EFDEP).
(Coll. Études africaines, 49.00 euros, 564 p.)
ISBN : 978-2-343-05170-3, ISBN EBOOK : 978-2-336-37432-1

LA TRAITE DES ENFANTS EN AFRIQUE
L'application des conventions internationales relatives aux droits de l'enfant en République du Bénin
Bello Sakinatou
Tout en faisant le tour de la problématique de la traite des enfants et de la mise en œuvre des conventions relatives aux droits de l'enfant par les États parties, ce livre éclaire sur les aspects sociologiques et juridiques de la protection et de la traite des enfants en Afrique et plus particulièrement au Bénin. Il dévoile aussi le paradoxe qui existe entre la richesse normative, institutionnelle et financière en matière de protection des enfants et les graves violations dont font l'objet leurs droits.
(Coll. Harmattan Sénégal, 46.00 euros, 468 p.)
ISBN : 978-2-343-06141-2, ISBN EBOOK : 978-2-336-38126-8

CHRONIQUES POLITIQUES BÉNINOISES
Autopsie d'une démocratie en berne
Djossou Jules
Le Bénin traverse des turbulences avec une succession de crises sociopolitiques et d'affaires scabreuses. Des citoyens se sont érigés en vigiles des libertés. Mélangeant humour et dérision, l'auteur exprime ici son indignation face à cette classe politique qu'il décrit comme plus préoccupée par le résultat que par la responsabilité, plus attirée par le gain que par le devoir, plus intéressée par le titre que par le service.
(Coll. Points de vue, 17.00 euros, 178 p.)
ISBN : 978-2-343-04940-3, ISBN EBOOK : 978-2-336-36695-1

ORIGINES (LES) DU MOUVEMENT NATIONAL EN AFRIQUE NOIRE : LE CAS DU BÉNIN (1900-1939)
Anignikin Sylvain Coovi - Préface de Catherine Coquery-Vidrovitch
La question nationale constitue l'un des points les plus controversés de l'histoire de l'Afrique, la difficulté venant peut-être du fait que le débat porte souvent sur la période de la «décolonisation». Le phénomène est alors saisi dans ses manifestations les plus spectaculaires, mais rarement dans ses

fondements. Dans cet ouvrage, la démarche de l'auteur consiste à s'interroger sur ces fondements de façon à dégager «les origines du mouvement national en Afrique, le cas du Dahomey».
(Coll. Études africaines, 38.50 euros, 276 p.)
ISBN : 978-2-343-03907-7, ISBN EBOOK : 978-2-336-36666-1

AMAZONES (LES) DE LA SPARTE NOIRE
Les femmes guerrières de l'ancien royaume du Dahomey
Alpern Stanley B. - Traduit en français par Christiane Owusu-Sarpong
Les femmes guerrières du Dahomey, surnommé jadis «la petite Sparte noire», s'enorgueillissaient de posséder un corps endurci depuis l'enfance par un exercice rigoureux. Si, à l'origine, elles constituaient les gardes du palais royal, elles se transformèrent, à partir des années 1760, en troupes professionnelles avec leurs propres fanfares, drapeaux et insignes. Armées principalement de mousquets, de machettes et de massues, elles s'entraînaient, tiraient et se battaient mieux que les hommes, jusqu'au moment où le royaume fut vaincu par la France en 1892.
(34.50 euros, 340 p.)
ISBN : 978-2-343-04802-4, ISBN EBOOK : 978-2-336-36273-1

NÉGOCIER LA DÉMOCRATIE EN AFRIQUE
L'exemple du Bénin
Hinnou Patrick - Préface d'Yves Sintomer
Comment les logiques des élites politiques s'accommodent-elles des forces sociales et des citoyens ordinaires au niveau des arènes locales ? À partir du département du Mono, cet ouvrage élucide l'appropriation du multipartisme intégral, questionne la domination masculine de la politique, met en mouvement les logiques enchâssées du vote, sonde les limites de la gouvernance locale et découvre la recette du *made in Bénin* contre une société civile «attrape-tout».
(Coll. Études africaines, 47.00 euros, 478 p.)
ISBN : 978-2-343-03297-9, ISBN EBOOK : 978-2-336-36082-9

RÉINVENTER L'UNIVERSITÉ
Approches de solutions pour l'emploi des jeunes au Bénin
Hazoumê Marc-Laurent
Cette étude sur la résorption du chômage concerne le Bénin. Mais la réorientation de l'Université, telle que proposée, pourrait concerner un grand nombre de pays africains. Cet essai tente donc de répondre à d'importantes questions que pose tous les jours un système qui n'évolue guère. Puissent alors les propositions devenir une ouverture à des débats constructifs sur les systèmes éducatifs africains dans la perspective d'une atténuation du chômage des jeunes diplômés.
(Coll. Études africaines, 16.50 euros, 166 p.)
ISBN : 978-2-343-04088-2, ISBN EBOOK : 978-2-336-35716-4

COHABITATION INTERCULTURELLE AU BÉNIN
Poids des préjugés ethniques et quête de la paix
Ogui Gaston
L'altérité et l'ipséité, thèmes brûlants au cœur du débat du vivre-ensemble, s'expriment tantôt en termes de rivalités, tantôt en catégories d'enrichissement réciproque. La cohabitation interculturelle revêt au Bénin une certaine spécificité. Comment gérer aujourd'hui ces deux types de relations, rivalité et amitié, afin qu'elles soient facteurs d'une paix durable et d'une cohésion nationale avérées où chacun assume pleinement sa différence tout en s'ouvrant à l'acceptation de l'autre ?
(Coll. Afrique : politiques publiques, sécurité, défense, 16.50 euros, 164 p.)
ISBN : 978-2-343-03609-0, ISBN EBOOK : 978-2-336-35790-4

CONSTITUTION (LA) BÉNINOISE DU 11 DÉCEMBRE 1990 : UN MODÈLE POUR L'AFRIQUE ?
Mélanges en l'honneur de Maurice Ahanhanzo-Glélé
Études coordonnées par Aivo Frédéric Joël
Au-delà d'être «la constitution de tous les records en Afrique», «la constitution Glèlè» qui a arrimé, avec un succès étonnant, le Bénin au train de la démocratie libérale, fascine par son intangibilité et

l'attractivité du modèle politique qu'elle porte. Mais plus que ses records de longévité, de stabilité et d'immuabilité, c'est l'originalité des idées constitutionnelles de Maurice Ahanhanzo-Glélé que ses amis, collègues et disciples ont voulu mettre en lumière dans ce livre.
(Coll. Études africaines, 69.00 euros, 800 p.)
ISBN : 978-2-343-03682-3, ISBN EBOOK : 978-2-336-35614-3

ASSEMBLÉE (L') NATIONALE DU BÉNIN (5e LÉGISLATURE, 2007-2011)
Histoire d'une décadence
Debourou Djibril
En avril 2007 s'ouvrait la 5e législature de l'Assemblée nationale du Bénin, après des élections tenues dans un contexte politique confus. Elle fut le théâtre d'une âpre lutte pour le pouvoir, les interventions de l'opposition bloquant toute action judiciaire contre une presse volontiers licencieuse. L'auteur tente d'expliquer l'éclosion puis l'évolution de la crise politique majeure qui s'est jouée alors, initiée dans le dessein d'emporter le régime du changement prôné par Boni Yayi.
(Coll. Études africaines, 22.00 euros, 224 p.)
ISBN : 978-2-343-00490-7, ISBN EBOOK : 978-2-296-53784-2

CONTRIBUTION (LA) DE LA DÉCENTRALISATION AU DÉVELOPPEMENT LOCAL
L'exemple du Bénin
Muberankiko Gervais
Le développement durable est l'une des préoccupations majeures des dirigeants africains. Mais les plans de développement n'ont pas porté les fruits escomptés. Pour remédier à ce déficit, la décentralisation est la solution la plus adéquate, étant donné qu'elle exige la responsabilisation des autorités locales et la participation des populations. Elle est une des solutions à la crise de gouvernabilité des États africains en général et béninois en particulier et une condition nécessaire à l'enracinement de la démocratie et du développement.
(Coll. Etudes africaines, 16.50 euros, 162 p.)
ISBN : 978-2-336-00912-4, ISBN EBOOK : 978-2-296-51512-3

ÉMERGENCE DE L'ART D'INSPIRATION CHRÉTIENNE AU BÉNIN (XVIIe - XXe SIÈCLES)
Missions chrétiennes et arts locaux
Cakpo Érick
Depuis les expansions européennes des XVe et XVIe siècles, les missionnaires ont souvent considéré l'art chrétien occidental comme utile à la transmission du message chrétien hors d'Europe. Après cette période d'européo-centrisme, leur politique iconographique s'efforça d'aboutir à la création d'un art sacré adapté à l'imaginaire, aux langages d'images et aux sensibilités diverses des cultures extra-européennes. Quelles sont les raisons de ce changement de paradigme ?
(Coll. Ethnoesthétique, 16.50 euros, 160 p.)
ISBN : 978-2-336-00199-9, ISBN EBOOK : 978-2-296-51242-9

SOCIÉTÉ (LA) BAATONNU DU NORD-BÉNIN
Son passé, son dynamisme, ses conflits et ses innovations
Debourou Djibril
Grâce à des adaptations souvent très ingénieuses, les Baatombu (Bariba) ont pu vivre et construire leur histoire dans la savane du Borgu. Se fondant uniquement sur les activités politiques tumultueuses des Wasangari (la noblesse), les observateurs prédisent la fin de cette solidarité et la disparition imminente de l'État baatonnu. Qu'en est-il réellement ? Voici une étude détaillée de la société baatonnu et une réflexion sur la question complexe de son avenir.
(Coll. Etudes africaines, 55.00 euros, 710 p.)
ISBN : 978-2-336-00633-8, ISBN EBOOK : 978-2-296-51287-0

PRINCESSES MOSSI
Africaines de la tradition
Gerbaud Thibault
Au Burkina Faso, au sein de leurs quartiers, des femmes évoquent le mariage et l'éducation propres à leurs statuts de reine et de princesse de la société traditionnelle mossi. En rapportant une

histoire dynastique, un héritage, et portant une culture, une identité, elles dépeignent une double réalité, celle d'hier et celle d'aujourd'hui. Elles dévoilent ainsi leur acceptation et leur critique de la société actuelle où la place de la femme se redéfinit.
(20.00 euros) ISBN : 978-2-336-00788-5

BONI YAYI ou le grand malentendu
Le quatrième président du renouveau démocratique béninois
Victor Topanou Prudent
Ce livre est une analyse du premier quinquennat du président du Bénin, Boni Yayi. L'étude porte ainsi sur les déterminants du vote qui constituent les lourdes hypothèques qui pèsent sur la jeune démocratie béninoise. Mais au-delà du factuel, ce livre est une réflexion sur l'état de cette démocratie, ses fondamentaux, ses perspectives, ses incertitudes et dont les conclusions débouchent inexorablement sur la responsabilité des élites, leur sagacité mais aussi leur cupidité.
(Coll. Points de vue, 18.00 euros, 178 p.)
ISBN : 978-2-296-99280-1, ISBN EBOOK : 978-2-296-50236-9

DÉVELOPPEMENT DU BÉNIN
L'éducation au coeur de l'« Émergence »
Hazoumê Marc-Laurent - Préface de Félix Iroko
Pour atteindre les objectifs du Millénaire d'ici 2015, il va falloir aller à l'essentiel, c'est-à-dire faire de l'éducation, dans son aspect multidimensionnel, ce moyen puissant pour redonner espoir à toutes les couches de la société. Le Bénin est le cas concret choisi par l'auteur pour étayer l'ensemble de sa réflexion.
(Coll. Etudes africaines, 21.00 euros, 218 p.)
ISBN : 978-2-296-99464-5, ISBN EBOOK : 978-2-296-50132-4

ACQUIS (LES) ÉCONOMIQUES DU BÉNIN DE 1960 À 2010
Sous la direction de Robert R. Akinde – Préface de Christine A.I. Nougbodé Ouinsavi
De la date de son accession à l'indépendance (le 1er août 1960) à nos jours, l'histoire politique et économique du Bénin est marquée par deux périodes : une instabilité politique avec un système économique de type socialiste (de 1960 à 1990) et l'avènement de la démocratie avec une économie de marché tournée vers la mondialisation (de 1990 à nos jours). Voici un bilan exhaustif des acquis économiques et commerciaux du Bénin.
(Coll. Etudes africaines, 25.00 euros, 242 p.)
ISBN : 978-2-296-96746-5

L'HARMATTAN ITALIA
Via Degli Artisti 15; 10124 Torino
harmattan.italia@gmail.com

L'HARMATTAN HONGRIE
Könyvesbolt ; Kossuth L. u. 14-16
1053 Budapest

L'HARMATTAN KINSHASA
185, avenue Nyangwe
Commune de Lingwala
Kinshasa, R.D. Congo
(00243) 998697603 ou (00243) 999229662

L'HARMATTAN CONGO
67, av. E. P. Lumumba
Bât. – Congo Pharmacie (Bib. Nat.)
BP2874 Brazzaville
harmattan.congo@yahoo.fr

L'HARMATTAN GUINÉE
Almamya Rue KA 028, en face
du restaurant Le Cèdre
OKB agency BP 3470 Conakry
(00224) 657 20 85 08 / 664 28 91 96
harmattanguinee@yahoo.fr

L'HARMATTAN MALI
Rue 73, Porte 536, Niamakoro,
Cité Unicef, Bamako
Tél. 00 (223) 20205724 / +(223) 76378082
poudiougopaul@yahoo.fr
pp.harmattan@gmail.com

L'HARMATTAN CAMEROUN
BP 11486
Face à la SNI, immeuble Don Bosco
Yaoundé
(00237) 99 76 61 66
harmattancam@yahoo.fr

L'HARMATTAN CÔTE D'IVOIRE
Résidence Karl / cité des arts
Abidjan-Cocody 03 BP 1588 Abidjan 03
(00225) 05 77 87 31
etien_nda@yahoo.fr

L'HARMATTAN BURKINA
Penou Achille Some
Ouagadougou
(+226) 70 26 88 27

L'HARMATTAN SÉNÉGAL
10 VDN en face Mermoz, après le pont de Fann
BP 45034 Dakar Fann
33 825 98 58 / 33 860 9858
senharmattan@gmail.com / senlibraire@gmail.com
www.harmattansenegal.com

L'HARMATTAN BÉNIN
ISOR-BENIN
01 BP 359 COTONOU-RP
Quartier Gbèdjromèdé,
Rue Agbélenco, Lot 1247 I
Tél : 00 229 21 32 53 79
christian_dablaka123@yahoo.fr

Achevé d'imprimer par Corlet Numérique - 14110 Condé-sur-Noireau
N° d'Imprimeur : 130131 - Dépôt légal : juin 2016 - *Imprimé en France*

www.ingramcontent.com/pod-product-compliance
Lightning Source LLC
LaVergne TN
LVHW011215061026
849535LV00001BA/43
* 9 7 8 2 3 4 3 0 9 3 4 8 2 *